Os limites do capital

David Harvey

Os limites do capital

Tradução
Magda Lopes

Copyright © David Harvey, 2006
Copyright desta tradução © Boitempo Editorial, 2013
Traduzido do original em inglês *The Limits to Capital* (Londres/Nova York, Verso, 2006)

Coordenação editorial
Ivana Jinkings

Editores-adjuntos
Bibiana Leme e João Alexandre Peschanski

Assistência editorial
Livia Campos, Thaisa Burani e Marina Sousa

Tradução
Magda Lopes

Revisão técnica
Rubens Enderle

Preparação
Alícia Toffani

Revisão
Paula Nogueira

Diagramação
Crayon Editorial

Capa
Antonio Kehl
sobre escultura de Sergio Romagnolo

Produção
Livia Campos

CIP-BRASIL. CATALOGAÇÃO NA PUBLICAÇÃO
SINDICATO NACIONAL DOS EDITORES DE LIVROS, RJ

H271L

Harvey, David, 1935-
 Os limites do capital / David Harvey ; tradução de Magda Lopes. - [1. ed.] - São Paulo : Boitempo , 2013.

 Tradução de: The Limits to Capital
 Inclui bibliografia e índice
 ISBN 978-85-7559-358-5

 1. Economia. 2. Economia marxista. 3. Capital (Economia). 4. Capitalismo. I. Título.

13-06487 CDD: 335.4
CDU: 330.85

É vedada a reprodução de qualquer
parte deste livro sem a expressa autorização da editora.

Este livro atende às normas do acordo ortográfico em vigor desde janeiro de 2009.

1ª edição: novembro de 2013; 1ª reimpressão: maio de 2015

BOITEMPO EDITORIAL
Jinkings Editores Associados Ltda.
Rua Pereira Leite, 373
05442-000 São Paulo SP
Tel./fax: (11) 3875-7250 / 3872-6869
editor@boitempoeditorial.com.br | www.boitempoeditorial.com.br
www.boitempoeditorial.wordpress.com | www.facebook.com/boitempo
www.twitter.com/editoraboitempo | www.youtube.com/user/imprensaboitempo

Sumário

Introdução à edição inglesa de 2006 11
Introdução 35

1 – Mercadorias, valores e relações de classe 43
   I. Valores de uso, valores de troca e valores 47
      1. Valores de uso 47
      2. O valor de troca, o dinheiro e o sistema de preços 52
      3. A teoria do valor 58
      4. A teoria do mais-valor 66
   II. Relações de classe e o princípio capitalista da acumulação 71
      1. O papel de classe do capitalista e o imperativo para acumular ... 75
      2. As implicações para o trabalhador da acumulação por parte do capitalista ... 77
      3. A classe, o valor e a contradição da lei capitalista da acumulação ... 80
   Apêndice: A teoria do valor 84

2 – Produção e distribuição 89
   I. A parcela de capital variável no produto social total, o valor da força de trabalho e a determinação da taxa salarial 95
      1. O salário de subsistência 101
      2. Oferta e demanda para a força de trabalho 102
      3. Luta de classes com relação à taxa salarial 104
      4. O processo de acumulação e o valor da força de trabalho 107
   II. A redução do trabalho especializado ao trabalho simples 110
   III. A distribuição do mais-valor e a transformação dos valores em preços de produção 115

    IV. Juro, renda e lucro sobre o capital mercantil 124
        1. O capital-mercadoria 126
        2. O capital monetário e os juros... 127
        3. Renda sobre a terra 128
        4. Relações de distribuição e relações de classe na perspectiva histórica 129

3 – Produção e consumo, demanda e oferta e realização do mais-valor........131
    I. Produção e consumo, demanda e oferta e a crítica à Lei de Say 136
    II. A produção e a realização do mais-valor...................................... 141
        1. A estrutura de tempo e os custos da realização................................ 143
        2. Os problemas estruturais da realização 145
    III. O problema da demanda efetiva e a contradição entre as relações
        de distribuição e as condições de realização do mais-valor..................... 148

4 – Mudança tecnológica, processo de trabalho e composição
    de valor do capital 157
    I. A produtividade do trabalho no capitalismo 164
    II. O processo de trabalho.. 166
    III. As fontes da mudança tecnológica no capitalismo........................ 183
    IV. As composições técnicas, orgânicas e de valor do capital.............. 190
    V. Mudança tecnológica e acumulação 199

5 – A organização mutante da produção capitalista............................ 203

6 – A dinâmica da acumulação 225
    I. A produção do mais-valor e a lei geral da acumulação capitalista 227
    II. A acumulação mediante a reprodução expandida 237
    III. A taxa decrescente de lucro e suas influências mitigadoras 248

7 – Superacumulação, desvalorização e o "primeiro recorte"
    na teoria da crise 265
    I. A superacumulação e a desvalorização do capital 268
    II. A "desvalorização constante" do capital que resulta da
        produtividade crescente da mão de obra...................................... 272
    III. A desvalorização durante as crises 277

8 – Capital fixo 281
    I. A circulação do capital fixo 286
    II. As relações entre o capital fixo e o capital circulante.................... 294

III. ALGUMAS FORMAS ESPECIAIS DA CIRCULAÇÃO DO CAPITAL FIXO 303
   1. O capital fixo de larga escala e grande durabilidade 304
   2. O capital fixo do tipo "autônomo" 307
IV. OS BENS DE CONSUMO 310
V. O AMBIENTE CONSTRUÍDO PARA A PRODUÇÃO, A TROCA E O CONSUMO 314
VI. O CAPITAL FIXO, OS BENS DE CONSUMO E A ACUMULAÇÃO DE CAPITAL 318

9 – DINHEIRO, CRÉDITO E FINANÇAS 321
  I. DINHEIRO E MERCADORIAS 324
  II. A TRANSFORMAÇÃO DO DINHEIRO EM CAPITAL 335
  III. JUROS 339
  IV. A CIRCULAÇÃO DO CAPITAL QUE RENDE JUROS
    E AS FUNÇÕES DO SISTEMA DE CRÉDITO 346
    1. A mobilização do dinheiro como capital 347
    2. Reduções no custo e no tempo de circulação 349
    3. A circulação do capital fixo e a criação dos bens de consumo 351
    4. Capital fictício 353
    5. A equalização da taxa de lucro 357
    6. A centralização do capital 358
  V. O SISTEMA DE CRÉDITO: INSTRUMENTALIDADES E INSTITUIÇÕES 360
    1. Os princípios gerais da mediação financeira: a circulação do capital
    e a circulação das receitas 361
    2. As sociedades anônimas e os mercados para o capital fictício 364
    3. O sistema bancário 367
    4. Instituições estatais 370

10 – O CAPITAL FINANCEIRO E SUAS CONTRADIÇÕES 373
  I. O SISTEMA DE CRÉDITO SEGUNDO MARX 374
  II. O CAPITAL FINANCEIRO SEGUNDO LENIN E HILFERDING 379
  III. A CONTRADIÇÃO ENTRE O SISTEMA FINANCEIRO E SUA BASE MONETÁRIA 384
  IV. A TAXA DE JUROS E A ACUMULAÇÃO 389
  V. O CICLO DA ACUMULAÇÃO 393
    1. Estagnação 394
    2. Recuperação 394
    3. Expansão baseada no crédito 396
    4. Febre especulativa 397
    5. O *crash* 397
  VI. A POLÍTICA DA ADMINISTRAÇÃO DO DINHEIRO 399
  VII. A INFLAÇÃO COMO UMA FORMA DE DESVALORIZAÇÃO 401

VIII. O CAPITAL FINANCEIRO E SUAS CONTRADIÇÕES 411
  1. O capital financeiro como uma "classe" de financistas
     e capitalistas monetários 412
  2. O capital financeiro como a unidade do capital bancário e industrial 414
  3. O capital financeiro e o Estado.. 417
IX. O "SEGUNDO RECORTE" NA TEORIA DA CRISE: A RELAÇÃO ENTRE A PRODUÇÃO,
    O DINHEIRO E AS FINANÇAS 421

11 – A TEORIA DA RENDA 427
  I. O VALOR DE USO DA TERRA 431
    1. A terra como a base para a reprodução e a extração 432
    2. Espaço, lugar e localização.. 435
    3. Localização, fertilidade e preços da produção 440
  II. PROPRIEDADE DA TERRA 442
  III. AS FORMAS DE RENDA 450
    1. Renda monopolista 450
    2. Renda absoluta.. 451
    3. Renda diferencial 455
  IV. O PAPEL CONTRADITÓRIO DA RENDA FUNDIÁRIA E DA PROPRIEDADE DA TERRA
      NO MODO DE PRODUÇÃO CAPITALISTA 461
    1. A separação do trabalhador braçal da terra como meio de produção 462
    2. A posse de terra e o princípio da propriedade privada................................ 462
    3. A propriedade da terra e o fluxo de capital 463
  V. RELAÇÕES DE DISTRIBUIÇÃO E LUTA DE CLASSES ENTRE O PROPRIETÁRIO
     DA TERRA E O CAPITALISTA... 465
  VI. O MERCADO FUNDIÁRIO E O CAPITAL FICTÍCIO 470

12 – A PRODUÇÃO DAS CONFIGURAÇÕES ESPACIAIS: AS MOBILIDADES
     DO CAPITAL E DO TRABALHO 477
  I. AS RELAÇÕES DE TRANSPORTE E A MOBILIDADE DO CAPITAL
     COMO MERCADORIA 481
  II. A MOBILIDADE DO CAPITAL VARIÁVEL E DA FORÇA DE TRABALHO 485
  III. A MOBILIDADE DO CAPITAL MONETÁRIO.. 492
  IV. A LOCALIZAÇÃO DOS PROCESSOS DE PRODUÇÃO 494
    1. A tecnologia versus a localização como fontes de mais-valor relativo............... 497
    2. O tempo de rotação do capital na produção: a inércia geográfica
       e temporal e o problema da desvalorização... 501
  V. A CONFIGURAÇÃO ESPACIAL DOS AMBIENTES CONSTRUÍDOS 502
  VI. A TERRITORIALIDADE DAS INFRAESTRUTURAS SOCIAIS 506

VII. As mobilidades do capital e do trabalho consideradas como um todo 514
   1. Complementaridade 516
   2. Contradições e conflito 520

13 – Crise na economia espacial do capitalismo:
      a dialética do imperialismo 523
   I. Desenvolvimento geográfico desigual 526
   II. Concentração e dispersão geográficas 528
   III. A regionalização da luta de classes e entre facções 530
   IV. Arranjos hierárquicos e a internacionalização do capital 533
   V. O "terceiro recorte" na teoria da crise: aspectos geográficos 536
      1. Desvalorização particular, individual e específica do local 537
      2. A formação da crise dentro das regiões 538
      3. Crises cíclicas 540
      4. Criação de novos arranjos para coordenar a integração espacial
         e o desenvolvimento geográfico desigual 541
   VI. A construção das crises globais 543
      1. Mercados externos e subconsumo 545
      2. A exportação de capital para a produção 547
      3. A expansão do proletariado e a acumulação primitiva 549
      4. A exportação da desvalorização 552
   VII. Imperialismo 552
   VIII. Rivalidades interimperialistas: a guerra global como uma forma
       de desvalorização 556

Epílogo 561
Referências bibliográficas 569
Índice onomástico 584
Índice remissivo 586

Introdução à edição inglesa de 2006

Os limites do capital foi escrito em uma tentativa de tornar o pensamento político-econômico de Marx mais acessível e mais relevante para os problemas específicos da época. O momento era a década de 1970, quando palavras como "globalização", "derivativos financeiros" e "fundos *hedge*" não faziam parte do nosso vocabulário, quando o euro e organizações como a Organização Mundial do Comércio (OMC) e o Tratado Norte-Americano de Livre Comércio (Nafta) eram meros devaneios, e quando a mão de obra organizada e os partidos políticos substantivamente (em oposição a nominalmente) ainda influenciavam a política dentro da estrutura aparentemente sólida de determinados Estados-nação. *Os limites do capital* foi escrito antes de Thatcher e Reagan assumirem o poder, antes de a China começar sua impressionante onda de desenvolvimento capitalista, antes que a financialização de tudo parecesse normal, antes que a terceirização e a mobilidade do capital global começassem a desafiar seriamente os poderes soberanos dos Estados-nação para regulamentar alguns aspectos de seus próprios negócios. Foi escrito quando o assalto da classe capitalista contra o poder da classe trabalhadora, o Estado de bem-estar social e todas as formas de regulação do Estado eram incipientes e fragmentados, em vez de consumados e amplamente difundidos. Foi também escrito bem antes do fim da Guerra Fria, da "mercadização" das antigas economias comunistas, do descrédito geral do comunismo e da disseminada rejeição das teorias keynesianas do intervencionismo do Estado social-democrático. Foi, em suma, escrito antes que a contrarrevolução neoliberal houvesse se consolidado.

No entanto, *Os limites do capital* se revelou um texto presciente. Em alguns aspectos, é até mais relevante agora porque descreve uma maneira teórica de se enfrentar as contradições inerentes à maneira como funciona o capitalismo neoliberal. Sua relevância contemporânea surge por várias razões. Em primeiro lugar, as principais obras de Marx na economia política assumem a forma de uma crítica da teoria liberal clássica (Adam Smith e Ricardo em particular). O método crítico se aplica igualmente a um neoliberalismo de livre mercado que deriva sobretudo do liberalismo do século XVIII, modificado de acordo com os preceitos da economia neoclássica (que abandonou a teoria do valor-trabalho em favor de princípios marginalistas, pavimentando o caminho para infinitas elaborações da teoria sobre a maneira como os mercados atuam). O aparato crítico de Marx é muito mais aplicável ao neoliberalismo do que foi ao "liberalismo incorporado" e ao keynesianismo que dominaram o mundo capitalista avançado até meados da década de 1970.

Uma segunda razão surgiu de maneira mais fortuita. Para entender os processos urbanos que eram na época o enfoque imediato do meu interesse, eu precisava expandir algumas das categorias não plenamente desenvolvidas de Marx. O capital fixo (particularmente aquele incorporado nos ambientes construídos), as finanças, o crédito, a renda, as relações de espaço e os gastos estatais, tudo isso tinha de ser reunido de maneira a se compreender melhor os processos urbanos, o setor imobiliário e os desenvolvimentos geográficos desiguais. O aparato teórico que emergiu disso era bem adequado para confrontar as mudanças gerais e dramáticas que ocorreram subsequentemente. Como se constatou, eu havia construído uma base teórica robusta para a exploração crítica do que poderia consistir um processo de globalização liderado pelas finanças. *Os limites do capital* era – e continua sendo – o único texto que eu conheço que procura integrar os aspectos financeiro (temporal) e geográfico (global e espacial) com a acumulação dentro da estrutura geral do argumento de Marx de uma maneira mais holística e dialética do que segmentada e analítica. Ele proporciona um vínculo sistemático entre a teoria de base (para a qual há muitas exposições excelentes e concorrentes) e a expressão dessas forças no local.

Uma terceira razão é diretamente política. A década de 1970 foi tumultuada. A crise global de acumulação do capital que então se aclarava era a pior desde os anos 1930. O forte intervencionismo estatal que havia prevalecido na maioria dos países capitalistas avançados após 1945 e que gerou altos índices de crescimento enfrentava dificuldades. O embargo do petróleo subsequente à guerra entre Israel e os países árabes em 1973 mascarou o início da recessão e levantou o problema de como os petrodólares que fluíam para os Estados do Golfo seriam reciclados para a economia global mediante o sistema financeiro. O valor da propriedade despencava no mundo todo, e o colapso simultâneo de várias instituições financeiras no início de 1973, associado ao emaranhado dos arranjos financeiros do sistema internacional Bretton Woods, criou problemas complicados. A desregulação financeira e a austeridade orçamentária já estavam sendo especuladas como soluções (particularmente nos Estados Unidos, com um evento urbano – a disciplina fiscal da cidade de Nova York em 1975 – liderando o caminho). O Reino Unido foi disciplinado pelo Fundo Monetário Internacional em 1975-1976, e o Chile se tornou neoliberal na esteira do golpe de Pinochet contra Allende, em 1973. A inquietação da classe trabalhadora crescia em toda parte e movimentos políticos de esquerda ganhavam terreno tanto na Europa como em muitas áreas do mundo em desenvolvimento. Até mesmo nos Estados Unidos a combinação dos movimentos antiguerra, dos direitos civis e de estudantes desafiava o sistema político, ameaçando as elites político-econômicas e a legitimidade corporativa e estatal. Havia, em resumo, uma crise generalizada de acumulação do capital, associada a um sério desafio ao poder da classe capitalista.

As soluções que emergiram vitoriosas (embora muito desigualmente) das confusões da década de 1970 estavam amplamente associadas às linhas neoliberais, ou ao chamado "livre mercado", em que o capital financeiro (em parte devido ao problema do petrodólar) preponderava. Essa vitória não era de forma alguma inevitável e, como agora se torna cada vez mais claro, não ocorreu sem suas próprias contradições e instabilidades internas, tanto políticas quanto econômicas. Mas uma consequência da neoliberalização tem sido altamente previsível. No Livro I d'*O capital*, Marx mostra que quanto mais uma sociedade se adapta a uma economia desregulada, de livre mercado, mais a assimetria de poder entre aqueles que controlam e aqueles excluídos do controle dos meios de produção produzirá uma "acumulação de riqueza num polo" e uma "acumulação de miséria, o suplício do trabalho, a escravidão, a ignorância, a brutalização e a degradação moral no polo oposto"[1]. Três décadas de neoliberalização produziram precisamente esse resultado desigual. Um argumento plausível pode ser construído, como procurei mostrar em *O neoliberalismo: história e implicações*, de que as principais facções da classe capitalista fizeram isso desde o início da agenda neoliberalizadora. A elite da classe capitalista emergiu do tumulto da década de 1970, restaurando, consolidando e, em alguns casos, reconstituindo o seu poder no mundo todo.

Essa guinada política – a restauração e reconstituição do poder de classe – é tão importante que merece alguns comentários mais detalhados. O poder de classe é, em si, evasivo por ser uma relação social que se esquiva da avaliação direta. Mas uma condição visível e necessária (embora de modo algum suficiente) para o seu exercício é a acumulação de renda e riqueza em poucas mãos. A existência dessas acumulações e concentrações já se fazia notar nos relatórios das Nações Unidas em meados da década de 1990. Comprovou-se então que o patrimônio líquido das 358 pessoas mais ricas do mundo era "igual à renda combinada de 45% das pessoas mais pobres do mundo – 2,3 bilhões de pessoas". As 200 pessoas mais ricas do

---

[1] Karl Marx, *O capital*, Livro I (trad. Rubens Enderle, São Paulo, Boitempo, 2013), p. 721.

mundo "mais que duplicaram seu patrimônio líquido nos quatro anos até 1998 para mais de 1 trilhão de dólares", de modo que "os bens dos três maiores bilionários do mundo somavam mais que o Produto Nacional Bruto (PNB) de todos os países menos desenvolvidos e de seus 600 milhões de pessoas". Tais tendências se aceleraram, embora de modo desigual. A parcela da renda nacional apropriada por 1% da elite de alta renda dos Estados Unidos mais que duplicou entre 1980 e 2000, enquanto mais que triplicou a parcela do 0,1% da elite. "A renda do percentil 99 aumentou 87%" entre 1972 e 2001, enquanto a do "percentil 99,9 aumentou 497%". Em 1985, a riqueza combinada das 400 pessoas mais ricas dos Estados Unidos, apresentada na revista *Forbes*, "era de 238 bilhões de dólares", com "um patrimônio líquido médio de 600 milhões de dólares", ajustado pela inflação. Em 2005, seu patrimônio líquido médio era de 2,8 bilhões de dólares e seus bens coletivos atingiam 1,13 trilhão de dólares – "mais que o Produto Interno Bruto do Canadá". Grande parte dessa guinada se deu a partir das taxas rapidamente crescentes da remuneração dos executivos. "Em 1980, um diretor-executivo ganhava em média 1,6 milhão por ano, em dólares de hoje", mas, em 2004, esse ganho se elevou para 7,6 milhões. As políticas fiscais do governo Bush aumentaram escandalosamente essas disparidades. A maior parte dos benefícios das reduções dos impostos vai para o 1% das pessoas de maior renda e a legislação tributária mais recente concede um abatimento fiscal de aproximadamente "20 dólares àqueles que estão no centro da distribuição da renda", ao passo que "o 0,1% das pessoas com maior renda, cuja renda média é de 5,3 milhões de dólares, economizaria em média 82.415 dólares"[2].

Essas tendências não se restringem aos Estados Unidos. Sempre que possível, as políticas neoliberais consolidaram – com dispersão geográfica muito desigual – disparidades maciças na renda e na riqueza que delas resultam. Na onda de privatizações e reestruturação econômica no México após 1988, 24 bilionários mexicanos apareceram na lista das pessoas mais ricas do mundo, na *Forbes*, em 1994, com Carlos Slim classificado em 24º lugar. Em 2005, o México, com toda a sua pobreza, declarou mais bilionários do que a Arábia Saudita. Poucos anos depois da "terapia de choque" das reformas de mercado na Rússia, sete oligarcas controlavam quase metade da economia. Explosões similares na desigualdade foram registradas no Leste Europeu e na Europa central, na esteira das reformas de mercado. Embora seja

---

[2] Ver Programa das Nações Unidas para o Desenvolvimento, *Relatório do desenvolvimento humano 1996* e *Relatório do desenvolvimento humano 1999* (Nova York, Pnud); Eric Dash, "Off to the Races Again, Leaving Many Behind", *New York Times*, 9 abr. 2006, p. 1, 5; Paul Krugman, "Graduates versus Oligarchs", *New York Times*, 27 fev. 2006, p. A19; Nina Munk, "Don't Blink. You'll Miss the 258th Richest American", *New York Times*, 25 set. 2005, p. 3.

extremamente difícil obter dados firmes e conclusivos, há na China sinais abundantes da acumulação de imensas fortunas privadas desde 1980 (sobretudo no desenvolvimento do setor imobiliário). As reformas neoliberais de Margaret Thatcher na Grã-Bretanha contribuíram para que o 1% das pessoas com mais alta renda duplicasse sua parcela da renda nacional em 2000. Os chamados "Estados em desenvolvimento" do leste e sudeste da Ásia, que inicialmente conseguiam (como a Coreia do Sul) combinar um forte crescimento com uma razoável equidade de distribuição, experimentaram um aumento de 45% na desigualdade desde 1990, principalmente depois do feroz ataque financeiro às suas economias em 1997-1998. As vastas fortunas de alguns negociantes influentes na Indonésia escaparam incólumes do trauma que deixou cerca de 15 milhões de indonésios desempregados.

Nesse ínterim, a força de trabalho global ficou sob intensa pressão. Relatos provenientes do mundo todo em meados da década de 1990 descreviam as condições desesperadas dos trabalhadores, por exemplo, das fábricas da Nike no Vietnã, da Gap em El Salvador e do ramo de vestuário em Dacca. Uma importante personalidade da televisão norte-americana, Kathy Lee Gifford, amante das crianças, ficou escandalizada ao saber que a linha de roupas que ela estava vendendo pelo Walmart era confeccionada por crianças de treze anos em Honduras, mediante uma remuneração irrisória, ou por mulheres exploradas em Nova York que não eram pagas havia meses (para seu crédito, ela então se uniu à campanha contra o trabalho forçado em condições sub-humanas). Escândalos denunciando o trabalho infantil no Paquistão na fabricação de tapetes e bolas de futebol tornaram-se lugar-comum na mídia, e a comissão de 30 milhões de dólares paga a Michael Jordan pela Nike foi contraposta aos relatos da imprensa sobre as condições pavorosas dos trabalhadores da Nike na Indonésia e no Vietnã. Em épocas mais recentes, emergiram relatos profundamente perturbadores sobre as condições e práticas de trabalho na China, quando os trabalhadores deixaram o trabalho nas áreas rurais e se transferiram para as florescentes cidades industrializadas[3]. Importantes meios de comunicação têm documentado abundantemente as condições e práticas de trabalho que poderiam ser inseridas no capítulo de Marx sobre "A jornada de trabalho" em *O capital* sem que ninguém percebesse. Consta que cerca de um bilhão de pessoas está lutando para sobreviver com menos de um dólar por dia, e dois bilhões com dois dólares por dia, enquanto os ricos estão acumulando fortunas em todo o globo com uma velocidade impressionante.

Por que, então, o mundo não irrompeu em uma revolta revolucionária contra a restauração capitalista, suas crescentes desigualdades e sua ausência de preocupação

---

[3] Cf. o trabalho de Pun Ngai na bibliografia abaixo.

com a justiça distributiva? Em países como a China e a Índia, a agitação extremamente fragmentada e às vezes supostamente revolucionária é perceptível em toda parte. Na América Latina, a revolta contra o neoliberalismo assumiu uma feição mais populista do que mais diretamente socialista, e, até agora, líderes como Chávez impediram golpes militares, apoiados pelos Estados Unidos, do tipo daquele que matou Allende no Chile. Protestos de rua na França fizeram o governo anular a legislação que iria neoliberalizar mais ainda os mercados de trabalho. Um movimento de justiça social tem vindo à tona, mais espetacularmente nas ruas de Seattle, Gênova, Quebec, Bangkok e Melbourne, e está agora mais coerentemente representado pelo Fórum Social Mundial e suas inúmeras ramificações regionais. Hoje em dia muitos acreditam que "outro mundo é possível". Mas há muito pouco acordo em relação a como poderia ser esse mundo, e os tradicionais ideais socialistas são minoria, enquanto os movimentos sociais articulados pelas instituições da sociedade civil (com as ONGs na liderança) se movem para uma posição de vanguarda, insistindo que as redes, e não as hierarquias, devem ser a principal forma organizacional. Também não há um acordo geral sobre os principais problemas que precisam ser tratados.

As dificuldades são em parte ideológicas. A aceitação disseminada dos benefícios a serem atingidos pelo individualismo e as liberdades que um livre mercado supostamente confere, assim como a aceitação da responsabilidade pessoal pelo próprio bem-estar, constituem, em conjunto, uma séria barreira ideológica para a criação de solidariedades nas lutas. Elas apontam para modos de oposição baseados nos direitos humanos e em associações voluntárias (como as ONGs), em detrimento de solidariedades sociais, partidos políticos e a tomada do poder estatal. Por isso, há uma percepção de que todos temos de ser neoliberais. Mas as formas mais tradicionais de luta são difíceis de articular, dada a incrível volatilidade do capitalismo contemporâneo, a evidente diminuição da soberania dos Estados individuais sobre suas questões econômicas e a redefinição da ação do Estado em torno da necessidade de cultivar um bom clima de negócios para atrair o investimento. Por isso, é cada vez mais difícil identificar o inimigo e onde ele está. Eventos longínquos, por exemplo, na China ou em Bangalore (se você vive nos Estados Unidos ou na Grã-Bretanha) ou em Washington (se você vive em Xangai, Buenos Aires ou Joanesburgo) com frequência têm ramificações locais de grande alcance. E o fato de o sucesso, medido a partir da forte acumulação do capital e até mesmo da redução da pobreza, ser atingido em algum momento em algum lugar (como Taiwan, Baváriaou Bangalore) ou em algum setor (como a informática) mascara o fato de que o neoliberalismo não está conseguindo estimular a acumulação agregada, que dirá melhorar o bem-estar social agregado.

Mas a neoliberalização é um enorme sucesso do ponto de vista das classes mais altas. Ela devolveu o poder de classe às elites governantes (como nos Estados Unidos e na Grã-Bretanha), criou condições para a consolidação da classe capitalista (como no México, na Índia e na África do Sul) ou abriu caminho para a formação da classe capitalista (como na China e na Rússia). Com a mídia dominada pelos interesses da classe alta, foi possível propagar o mito de que os estados fracassaram economicamente porque não foram competitivos, ou seja, não foram suficientemente neoliberais. A desigualdade social aumentada dentro de um território foi construída como necessária para encorajar o risco e a inovação empresariais, que conferiam poder competitivo e estimularam o crescimento. Ao que consta, se as condições entre as classes inferiores se deterioraram foi porque elas falharam, em geral por razões pessoais ou culturais, em melhorar seu próprio capital humano (por meio da dedicação à educação, à ética de trabalho protestante, à submissão à disciplina do trabalho). Seguindo o raciocínio, os problemas que surgiram na Indonésia, na Argentina ou em qualquer outro lugar foram específicos, devidos à falta de força competitiva ou a falhas pessoais, culturais ou políticas. Num mundo neoliberal darwiniano só os mais aptos poderão e irão sobreviver.

No entanto, a maciça crise financeira e da dívida que primeiro esmagou o leste e o sudeste da Ásia em 1997-1998 e depois se disseminou por todo lugar, incluindo a Rússia (1998) e a Argentina (2001), levou alguns a argumentar que os capitalistas também eram vulneráveis (os poderosos *chaebols* da Coreia do Sul foram à falência), e que, do ponto de vista dos trabalhadores, empregos degradantes eram melhores do que nenhum emprego. A explosão da "bolha especulativa" do mercado de ações no fim da década de 1990, o começo da recessão em 2001, o 11 de Setembro e o início de uma guerra imperialista contra o Iraque mascararam com sucesso o fato de que as concentrações de riqueza e renda estavam progredindo em velocidade rápida. Estava-se ganhando dinheiro e o poder de classe se consolidava, não só apesar de, mas também por causa das crises financeiras e de uma guerra imperialista.

Mas o neoliberalismo se mantém profundamente fragmentado em virtude de suas contradições internas. Há, portanto, uma necessidade gritante de uma análise dessas contradições, o que requer a aplicação de instrumentos teóricos robustos, como aqueles preconizados por Marx. A tarefa não é regurgitar os textos de Marx, mas estendê-los, revisá-los e adaptá-los de maneira que possam lidar com as complexidades da nossa época. O próprio Marx entendia claramente que havia muito a fazer. Nos *Grundrisse*, por exemplo, ele delineou os diferentes "momentos" que precisavam ser integrados na teoria geral do capital:

1) as determinações universais abstratas, que, por essa razão, correspondem mais ou menos a todas as formas de sociedade [...]. 2) As categorias que constituem a articulação interna da sociedade burguesa e sobre as quais se baseiam as classes fundamentais.

Capital, trabalho assalariado, propriedade fundiária. As suas relações recíprocas. Cidade e campo. As três grandes classes sociais. A troca entre elas. Circulação. Sistema de crédito (privado). 3) Síntese da sociedade burguesa na forma do Estado. Considerada em relação a si mesma. As classes "improdutivas". Impostos. Dívida pública. Crédito público. A população. As colônias. Emigração. 4) Relação internacional da produção. Divisão internacional do trabalho. Troca internacional. Exportação e importação. Curso do câmbio. 5) O mercado mundial e as crises.[4]

Em *Os limites do capital* escavei apenas parte desse rico terreno de tópicos inserido nos textos de Marx. Entretanto, ao reunir os fragmentos do pensamento de Marx sobre alguns desses tópicos fiquei atento ao fato de que aquilo que Marx chamava de "interação mútua" que ocorre "entre os diferentes momentos" em "qualquer todo orgânico" só poderia ser transformado em algo semelhante a uma unidade mediante a aplicação adequada do método dialético. Com relação a esse ponto, segui a prática de Marx, em vez de formulações abstratas, em grande parte derivadas de uma análise do legado de Hegel em Marx. "Toda forma desenvolvida", escreve Marx em *O capital*, deve ser captada "no fluxo do movimento", e é isso que a dialética tem de fazer[5]. A prática de Marx é uma dialética sutil, baseada no processo que capta perfeitamente os fluxos do capital no espaço e no tempo. Cada vez mais encaro Marx como um expoente magistral de uma filosofia baseada no processo, e não como um mero praticante (apesar de "ter os pés bem firmes sobre a terra") da *Lógica* de Hegel.

Os limites do capital, embora seja um livro presciente, logra apenas um êxito parcial em estender e adaptar os entendimentos de Marx ao nosso próprio tempo. Embora as inovações que a obra apresenta tenham na verdade se movido para o centro do palco, muito precisa ser feito para articular como o desenvolvimento geográfico desigual, os sistemas financeiros, o comportamento do rentista, os diferentes modos de apropriação e exploração, assim como os diferentes modos de formação e dissolução de classe estão realmente funcionando. O mundo social e chamado natural em que vivemos está sendo selvagemente reestruturado e precisamos saber como, por que e o que pode ser feito a respeito dele.

A desvantagem de trabalhar dentro da estrutura do pensamento de Marx é que isso às vezes inibe reformulações. Ainda acho, é claro, que os argumentos esboçados

---

[4] Karl Marx, *Grundrisse* (trad. Mario Duayer et al., São Paulo/Rio de Janeiro, Boitempo/Editora UFRJ, 2011), p. 61.
[5] Para relatos mais completos dessa visão da dialética de Marx, ver Bertell Ollman, *Dialectical Investigations* (Nova York, Routledge, 1993), e David Harvey, *Justice, Nature, and the Geography of Difference* (Cambridge, Blackwell, 1996), cap. 2.

por Marx com relação à formação do "capital fictício", finanças e circulação do crédito (que abordo nos capítulos 9 e 10) são brilhantemente perspicazes e mais relevantes do que nunca. Na época em que escrevi, havia muito poucos trabalhos marxianos adicionais aos quais recorrer. As páginas de revistas como *Socialist Register* e *Historical Materialism* estão agora repletas de discussões teóricas e investigações de materialistas históricos sobre a natureza, as funções e as contradições do dinheiro e das finanças, e estas clamam por uma síntese mais profunda. As inovações financeiras dos últimos trinta anos não podem ser ignoradas, e a probabilidade de crises monetárias e financeiras obviamente deve, à luz da história recente, estar na linha de frente das nossas preocupações teóricas. Mas há uma tendência deplorável, embora compreensível, de se enxergar os problemas financeiros e monetários isoladamente da totalidade da teoria marxiana. A conexão entre o sistema de crédito e os momentos de circulação diferencial dos diferentes capitais (particularmente a circulação do capital fixo nas áreas construídas) é, por exemplo, de fundamental importância. Na esteira do declínio do mercado de ações no final da década de 1990, os investimentos em bens imóveis compensaram grande parte da deficiência da absorção do capital excedente, não apenas nos Estados Unidos, mas, de maneira desigual, em grande parte do mundo capitalista (de Londres e Madri até Xangai, Hong Kong e Sidney). Os fundos de investimento imobiliário [*real-estate investment trusts*, Reits] tornaram-se mais uma vez os preferidos do mercado de ações. Em *Os limites do capital*, esse aspecto da teoria infelizmente recebeu muito pouca atenção em uma época em que podíamos ver perfeitamente uma repetição do *crash* global do mercado imobiliário de 1973 (quando muitos dos ambiciosos Reits foram à falência).

Longe da "eutanásia do rentista", vislumbrada por Keynes, o poder de classe está cada vez mais articulado mediante os pagamentos pelo arrendamento. Embora o capítulo sobre a renda permaneça adequado em alguns aspectos, é preciso reavaliá-lo. Países produtores de petróleo como a Venezuela, conforme aponta Coronil em *The Magical State* [O Estado mágico], organizaram-se em torno da extração de renda por meio da exploração do recurso natural. Isso não só problematiza a maneira como a natureza é valorizada no capitalismo (de maneiras só referidas brevemente no capítulo 11), mas também coloca o problema do entendimento de como circula esse dinheiro de renda (mesmo sob o comando de Chávez). A Organização dos Países Exportadores de Petróleo (Opep) e outras preferem recorrer às rendas do monopólio em vez de às rendas absolutas ou diferenciais que foram o principal enfoque de Marx. A emergência de um mercado imobiliário global e da urbanização como um canal em expansão para a acumulação do capital permitiu que alguns centros dinâmicos do capitalismo, como Hong Kong, sobrevivessem tanto com base no desenvolvimento imobiliário e nas extrações de renda (monopolistas e diferenciais) quanto com base em qualquer outra coisa. A incrível explosão do interesse em atividades culturais (incluindo a venda de cidades como mercadorias únicas e autênticas para o turismo), a ênfase no conhecimento e nas indústrias de informação e a organização de eventos espetaculares como as Olimpíadas (sem falar no papel da arquitetura assinada do Museu Guggenheim de Bilbao) caem no escopo das formas contemporâneas de busca de renda monopolista (ver meu ensaio "A arte da renda"). Mais assustadora ainda é a ênfase contemporânea nos direitos de propriedade intelectual, como as patentes de materiais genéticos e formas de vida. A aplicação de licenças, patentes e acordos de *royalties* tornou-se uma questão central nas negociações da Organização Mundial do Comércio (OMC), transformando o Acordo sobre Aspectos dos Direitos de Propriedade Intelectual Relacionados com o Comércio, que garante esses direitos sobre a propriedade intelectual, em um importante veículo para a sustentação do poder da classe corporativa e capitalista no mundo todo. As rendas das patentes e do monopólio andam juntas.

Há, também, a grave questão de como analisar o que acontece quando o capitalismo se torna canibalístico (uma questão levantada, por exemplo, na p. 550). Essa tendência é mais disseminada e mais complicada do que então supus. A onda de privatização que assolou o mundo após 1980, em alguns casos imposta pelo poder das instituições internacionais (com o Fundo Monetário Internacional na liderança), mas em outros casos por efeito das alianças de classes locais, obrigou um novo ciclo de fechamento das áreas públicas. Rosa Luxemburgo, em sua obra seminal *A acumulação do capital*, apontou para uma marcante diferença entre a exploração da mão de obra ativa na produção (na qual a relação de classe entre o capital e o trabalho é fundamental) e a acumulação por meio da força, da fraude, da predação e da pilhagem dos bens, tipicamente associada à análise que Marx faz da acumulação primitiva. Marx tendeu a relegar esta última forma de acumulação à pré-história do capitalismo, mas, para Luxemburgo, esses dois aspectos da acumulação estão "organicamente vinculados" e são contínuos, de tal forma que "a carreira histórica do capitalismo só pode ser apreciada considerando-os em conjunto". Em sua opinião, o lado predatório estava associado ao saque imperialista das formações sociais não capitalistas. Em *O novo imperialismo*, no entanto, meu argumento é de que essa atividade predatória foi internalizada no capitalismo (por exemplo, por meio da privatização, da desindustrialização ou da erosão dos direitos de pensão e previdenciários orquestrados em grande parte pelo sistema de crédito e pelo desdobramento dos poderes do Estado). Como este é um processo internalizado contínuo, prefiro chamá-lo de "acumulação por despossessão", em vez de acumulação primitiva. Essa categoria é crucial para a interpretação do capitalismo neoliberal e das formas contemporâneas do capitalismo. Mas ocorre que a resistência ao capitalismo e ao imperialismo exibe necessariamente um caráter dual. As lutas contra a despossessão (dos direitos de terra, da previdência social, dos direitos à pensão e à atenção à saúde, das qualidades ambientais, da própria vida) têm um caráter diferente das lutas em torno do processo de trabalho que há muito dominaram a política marxista. Uma tarefa política básica não tem apenas de estabelecer o vínculo orgânico entre as duas formas de acumulação no capitalismo contemporâneo, mas também entender o vínculo orgânico entre as duas formas de lutas de classes que produzem. As lutas contra a despossessão dominam grande parte do movimento alternativo à globalização que se reúne no Fórum Social Mundial, por exemplo.

O papel do Estado na acumulação por despossessão também representa um desafio analítico. *Os limites do capital*, como aponto no Epílogo, não propõe uma teoria específica do Estado capitalista, ainda que os envolvimentos do Estado estejam onipresentes no texto. Deixo este como um "negócio inacabado", em parte devido a uma relutância em me engajar no debate intenso, intimidador e abrangente sobre a natureza do Estado capitalista que se alastrou nos círculos marxianos durante a década de 1970. Grande parte desse debate parece agora ultrapassado, embora tenha levantado questões que continuam a ser de fundamental importância. Foi substituído por um debate ainda mais abrangente (no qual os marxistas, com exceção de Jessop, desempenham um papel mais brando) sobre a maneira de entender o Estado contemporâneo e seus poderes. O único consenso parece ser de que o significado do Estado mudou dramaticamente nos últimos trinta anos e que o principal agente de pressão nessa mudança foi algo chamado "globalização" (o que quer que isso possa significar). Alguns, tanto da esquerda quanto da direita, agora proclamam o Estado como irrelevante, e alguns movimentos sociais de oposição são abertamente céticos com relação ao valor político de se tomar o poder do Estado. Talvez não me seja possível lidar, aqui, com as complexidades desses argumentos. Mas fico do lado daqueles que consideram o Estado como um "momento" vital na dialética e na dinâmica contraditórias da acumulação do capital, ao mesmo tempo que admito prontamente que os poderes do Estado se transformaram em estruturas totalmente diferentes daquelas que dominavam na década de 1970. Arranjos institucionais "de tipo estatal" em diferentes escalas sociais (de locais até globais) desempenham agora papéis-chave de coordenação. Formas de Estado muito diferentes (corporativista, desenvolvimentista, neoliberal, neoconservadora etc.) coexistem com dificuldade dentro do sistema de Estado contemporâneo. Mas, também sobre esse ponto, *Os limites do capital* tem algo interessante, embora incompleto, a dizer, não só porque indica como a acumulação do capital necessariamente produz e transforma espacialidades e estruturas territoriais (mostrando que, se algo como Estados não existisse, os capitalistas teriam de criá-los), mas porque também ressalta pontos prováveis de intervenção do

Estado dentro de um capitalismo neoliberalizador. Por isso, não é difícil extrair de *Os limites do capital* (como está dito no Epílogo) alguma noção de como deve ser um Estado distintivamente neoliberal[6].

A insistência na espacialidade inerente da acumulação do capital, na terceira parte de *Os limites do capital*, foi uma de suas contribuições mais inovadoras, mas, ao mesmo tempo, uma das mais incompletas para uma extensão adicional da teoria marxiana. Percebi, então, que alguma maneira tinha de ser encontrada para desenvolver teorias do imperialismo a partir dos modelos marxianos da formação de crise especificadas em termos meramente temporais e não espaciais. Fiz isso em grande parte mediante uma teoria simplificada do "ajuste espacial" (entendido como expansões e reestruturações geográficas) como uma solução temporária para as crises entendidas (ver o capítulo 7) em termos da superacumulação do capital. Os excedentes do capital que, do contrário, ficariam desvalorizados, poderiam ser absorvidos por meio das expansões geográficas e de deslocamentos espaço-temporais. Também procurei articular como o espaço e o desenvolvimento geográfico desigual foram produzidos através de investimentos de capital de longo prazo e, em geral, com financiamento da dívida, incorporados na terra (por exemplo, redes de transporte e comunicações e áreas construídas). A imobilidade desses investimentos fixos estava em contradição com os capitais fluidos e geograficamente móveis que buscam soluções espaciais para a superacumulação. A paisagem geográfica criada pelo capitalismo estava limitada, por isso, a ser o local de instabilidade e contradição e o lugar das lutas de classes. Tudo isso também envolveria a produção de configurações espaciais e "regiões" de atividade (mediante, por exemplo, bens de capital sendo incorporados nas áreas construídas das cidades, mediante divisões territoriais de trabalho etc.) e essas alianças de classes regionais, e formas de organização e governança territorial emergiriam em torno dessas estruturas espaciais — tudo isso então parecia bastante óbvio, assim como o aumento dos conflitos geopolíticos sobre a acumulação e a desvalorização que poderiam e seriam articulados principalmente, embora não exclusivamente, pelo sistema estatal. É contra esse pano de fundo que emerge uma teoria de uma forma de imperialismo distintamente capitalista.

Mais tarde reformulei essa teoria em *O novo imperialismo* como "uma fusão contraditória" da política do Estado e do império, e dos processos moleculares da acumulação do capital no espaço e no tempo. As lógicas de poder territoriais e capitalistas diferem uma da outra e não são redutíveis uma à outra. Essa teoria do imperialismo requer uma cuidadosa reconstrução de como as duas lógicas se entre-

---

[6] Ver David Harvey, *O neoliberalismo: história e implicações* (São Paulo, Loyola, 2008), cap. 3.

laçam, particularmente em relação à dinâmica da acumulação pela despossessão e por meio da reprodução expandida. Em *O neoliberalismo: história e implicações* procurei integrar a mudança de papel do Estado e do sistema estatal desde 1980 para a reconstituição do poder de classe mediante desenvolvimentos geográficos desiguais, competição entre países, acumulação por despossessão e o aumento de formas capitalistas financeiras, baseadas no crédito e em rentistas. Entendo que, em alguns aspectos, as perspectivas de formação de crise e desvalorização se aprofundaram. Se as crises sempre se originam como desvalorizações específicas do lugar ou da região, sua generalização depende de processos espaciais de arrastamento ou contágio. As progressivas crises financeiras e de crédito que abalaram o mundo capitalista nos últimos trinta anos pedem uma análise mais profunda, assim como o papel das instituições internacionais que procuram contê-las.

Tenho, aqui, de enfatizar novamente uma advertência muito importante apresentada na introdução original. A linearidade da narrativa em *Os limites do capital* faz parecer que o capital tem uma existência espectral própria antes de chegar tangivelmente à Terra, em espaço e tempo. Parece que as tendências de crise do capitalismo podem ser colocadas sequencialmente, movendo-se do geral (por exemplo, a queda da taxa de lucro) para o temporal (financeira) e para o espacial (desenvolvimento geográfico desigual e geopolítico). Entretanto, é equivocado enxergar os três recortes na teoria da crise apresentados em *Os limites do capital* como sequenciais. Devem ser entendidos como aspectos simultâneos para a formação e resolução da crise dentro da unidade orgânica do capitalismo.

Apresento dois argumentos para corroborar essa posição. Para começar, qualquer tipo de materialismo exige que o triunvirato formado por espaço-tempo-processo seja considerado uma unidade no nível ontológico. Whitehead certa vez observou que todas as questões sobre a natureza (incluindo a atividade humana) podem no fim ser reduzidas a questões sobre o espaço e o tempo. Infelizmente, há muito pouca reflexão dentro da tradição marxista sobre a natureza do espaço e do tempo. Esta é uma falha séria, pois o materialismo histórico – ou, como prefiro chamá-lo, materialismo histórico-geográfico – não pode existir sem uma sólida apreciação da dialética de espaço-temporalidade. Ocorre que há uma estrutura espaço-temporal subjacente à teorização de Marx e ela se baseia em uma fusão dialética das três maneiras fundamentais de se entender o espaço-tempo. Segundo a teoria absoluta, principalmente associada aos nomes de Newton, Descartes e Kant, o espaço é uma rede fixa e imutável, bem separada do tempo, em cujo interior as coisas materiais, os eventos e os processos podem ser claramente individualizados e descritos. A ordenação espacial é o domínio do conhecimento geográfico; o desdobramento temporal é o domínio da história. Este é, em primeira instância, o domínio primário dos valores de uso na teoria marxiana. É o espaço que define os direitos da propriedade primária na terra, as fronteiras do Estado, a distribuição física da fábrica, a forma material da mercadoria e o corpo individualizado do trabalhador. Segundo a teoria relativa, principalmente associada ao nome de Einstein, um mundo de movimento define as estruturas espaço-tempo, que não são fixas nem euclidianas. As relações de transporte geram diferentes métricas baseadas na distância física, no custo e no tempo, e os espaços topológicos passíveis de alteração (aeroportos comerciais e redes de comunicação) definem a circulação das mercadorias, do capital, do dinheiro, das pessoas, das informações etc. A distância entre Nova York e Londres é relativa, não fixa. O espaço-tempo relativo é o domínio privilegiado do valor de troca, das mercadorias e do dinheiro em movimento. A visão relacional, associada principalmente ao nome de Leibniz, declara que o espaço-tempo não tem existência independente, que ele é inerente à matéria e ao processo, sendo por eles criado. O universo, por exemplo, não se originou do espaço e do tempo. O *big bang* criou o espaço-tempo a partir da matéria em movimento. O capital cria o espaço-tempo. O espaço-tempo relacional é o principal domínio da teoria do valor de Marx. Marx acreditava (um tanto surpreendentemente) que o valor é imaterial, porém objetivo. "Na objetividade de seu valor [das mercadorias] não está contido um único átomo de matéria natural." Como "na testa do valor não está escrito o que ele é", ele esconde a sua relacionalidade dentro do fetichismo das mercadorias. O valor é uma relação social no espaço-tempo relacional. A única maneira de podermos tangivelmente captá-lo é por meio de seus efeitos objetivos, mas isso nos lança naquele mundo peculiar em que as relações materiais são estabelecidas entre as pessoas (relacionamo-nos uns com os outros por meio do que produzimos e comercializamos) e as relações sociais são construídas entre coisas (preços monetários são estabelecidos para o que produzimos e comercializamos). Se o valor é uma relação social e esta é sempre imaterial, mas objetiva (experimente medir qualquer relação social de poder diretamente e você sempre vai falhar), então isso torna controvertidas, se não deslocadas, todas aquelas tentativas de apresentar alguma medida direta e essencialista dele. Mas que tipo de relação social é pressuposto aqui? O valor é uma relação interna dentro da mercadoria. Ele internaliza toda a geografia histórica dos processos de trabalho, da produção e da concretização da mercadoria, e da acumulação do capital no espaço-tempo do mercado mundial.

As três estruturas espaço-temporais – absoluta, relativa e relacional – devem ser mantidas em tensão dialética uma com a outra exatamente da mesma maneira que o valor de uso, o valor de troca e o valor dialeticamente interligado no interior da teoria marxiana. Por exemplo, poderia não haver valor no espaço-tempo relacional sem trabalhos concretos construídos em inúmeros lugares (fábricas) em espaços e tempos absolutos. E também o valor não emergiria como um poder imaterial, porém objetivo, sem os inúmeros atos de troca, os contínuos processos de circulação, que unem o mercado global no espaço-tempo relativo. A roca incorpora valor (isto é, o trabalho abstrato como uma determinação relacional desprovida de medida material) ao tecido, realizando um trabalho concreto em um espaço e tempo absolutos. Para o valor ser concretizado, a mercadoria precisa se mover para o espaço-tempo relativo das relações de troca. O poder objetivo da relação de valor é registrado quando a roca é obrigada a desistir de confeccionar o tecido e a fábrica fica silenciosa, porque as condições no mercado mundial são tais que tornam sem valor essa atividade nesse espaço e tempo absolutos e específicos. Embora tudo isso possa parecer óbvio, o fracasso em reconhecer a interação entre as diferentes estruturas espaço-temporais na teoria marxiana produz, com frequência, uma confusão conceitual. Por exemplo, grande parte da discussão das chamadas "relações globais-locais" converteu-se em uma confusão conceitual devida à incapacidade de se entender as diferentes espaço-temporalidades envolvidas. Não podemos dizer que a relação de valor faz com que a fábrica feche as portas como se houvesse alguma força abstrata externa. As condições concretas cambiantes do trabalho na China, quando mediadas pelos processos de troca no espaço-tempo relativo, transformam o valor em uma relação social abstrata no mercado mundial de tal maneira que provocam o fechamento concreto do processo de trabalho no México. Um termo popular como "globalização" funciona relacionalmente de maneira similar, embora, é claro, mascare convenientemente as relações de classe. Se procurarmos a globalização no espaço e tempo absolutos, não iremos encontrá-la.

Lampejos desse tipo mais tarde me permitiram formular ideias da "compressão do tempo-espaço" em *Condição pós-moderna*, e da "produção social do espaço e do tempo" em *Justice, Nature and the Geography of Difference* [Justiça, natureza e geografia da diferença]. Mais recentemente, em *Spaces of Global Capitalism: Towards a Theory of Uneven Geographical Development* [Os espaços globais do capitalismo: rumo a uma teoria do desenvolvimento geográfico desigual], estendi ainda mais o argumento, estabelecendo uma relação cruzada dos conceitos de absoluto, relativo e relacional do espaço-tempo com as distinções de Lefebvre entre as práticas sociais materiais (espaço experienciado), as representações do espaço (o espaço tal como é concebido) e os espaços de representação (o espaço tal como é vivido). Sustento a necessidade urgente de um relato mais adequado da espaço-temporalidade da teoria marxiana, não só por se tratar de uma necessidade ontológica, mas também porque muitos dos fracassos dos projetos socialistas e comunistas derivam de um fracasso em apreciar as complexidades das relações espaço-temporais nas questões humanas.

Embora tudo isso possa soar muito abstrato, interpretar Marx através de uma lente espaço-temporal torna-se muito revelador com respeito à espacialidade do poder e do comando sobre o espaço como uma força produtiva e um recurso político na luta de classes. O *Manifesto Comunista* deixa isso claro – por exemplo, que a burguesia chegou ao poder, em parte, devido a uma estratégia geográfica de usar o comércio e a mobilidade (operando no espaço-tempo relativo) para minar os espaços absolutos dos poderes feudais baseados na terra. Embora o capital do comerciante e o capital que rende juros sejam atualmente formas derivativas, eles surgiram antes da forma primária moderna do capital de produção precisamente devido a seu comando superior sobre o espaço[7]. A ascensão da forma do dinheiro sempre foi fundamentalmente dependente dos movimentos históricos e geográficos e de suas conexões. O dinheiro está eternamente internalizando os efeitos do mundo espaço-temporal que a sua circulação cria e em que suas valorizações estão ocorrendo. O dinheiro – a principal medida contábil do capital – não é nada sem crédito, confiança e vínculos comerciais dentro de uma economia de espaço em fluxo contínuo. Os escritos contemporâneos sugerem que o crédito e as relações sociais de confiança podem ter precedido à ascensão da forma-dinheiro e do valor que ela representa. Além disso, o poder burguês está sempre relacionado ao posicionamento geopolítico no mercado mundial, e, aqui, não surpreende descobrir que as formas imperialistas de dominação desempenharam um papel formativo na ascensão do capitalismo, mesmo quando o capitalismo reconfigurou radicalmente o que se entende por práticas imperialistas (como Wood declarou recentemente[8]). Imediatamente após descrever como o dinheiro necessariamente explode todas as barreiras temporais e espaciais, Marx refere-se às possibilidades de crises em que as "antíteses da metamorfose da mercadoria [adquirem] suas formas desenvolvidas de movimento"[9]. A implicação disso é que as crises não têm existência fora das espaço-temporalidades que o capitalismo cria. O capital financeiro contemporâneo, com a ajuda da tecnologia da informação, reconfigurou radicalmente a espaço-temporalidade nos últimos quarenta anos de maneira a tumultuar outras formas de circulação do capital e também a vida cotidiana. Quebrar a rigidez de uma forma espaço-temporal existente através da aceleração e do investimento estrangeiro direto (para citar duas forças óbvias em ação nos últimos tempos) tornou-se um aspecto fundamental do que se entende por crise. As dificuldades no Leste e no Sudeste Asiático em 1997-1998 tinham muito a ver, por exemplo, com as mudanças nas espaço-temporalidades. Enfatizo que os três "recortes" no entendimento da formação da crise em *Os limites do capital* devem ser lidos como momentos distinguíveis, mas concomitantemente presentes nas contradições internas do capitalismo.

---

[7] Karl Marx, *O capital*, Livro I, cit.
[8] Ellen Meiksins Wood, *Império do capital* (São Paulo, Boitempo, no prelo).
[9] Karl Marx, *O capital*, Livro I, cit., p. 187.

Ao escrever *Os limites do capital*, eu não poderia, é claro, deixar de confrontar a questão de como interpretar a crise da década de 1970. O que uniu tão dramaticamente o urbano e o geral foi a chamada crise fiscal de Nova York em 1975-1977, que, com o benefício da visão retrospectiva, agora interpreto como um pontapé inicial na contrarrevolução neoliberal e na restauração do poder de classe. Contudo, a questão de como entender a formação da crise permanece, de longe, a mais controvertida da economia política marxiana. Não só há várias escolas de pensamento sobre a questão, mas interpretações distintas têm há muito fortalecido as diferentes estratégias políticas.

Marx insistia que deveríamos entender as crises realizando um exame da dinâmica interna do capitalismo. Isso o levou, de maneira equivocada aos olhos de muitas pessoas, a subestimar a ideia de que as restrições ambientais ou populacionais eram fundamentais. Na época de Marx, essas restrições eram em grande parte expressadas em termos dos lucros diminuídos ricardianos na agricultura ou na dinâmica populacional malthusiana. Marx era um crítico ferino de ambos (ele dizia que Ricardo, quando se vê diante de uma crise, "fugindo da economia, ele se refugia na química orgânica"). Nos últimos trinta anos, aproximadamente, surgiu uma literatura substancial, no interior da comunidade marxiana, declarando que a posição de Marx a esse respeito não pode nem deve ser apoiada. Muitos da esquerda afirmam atualmente que é a crise ambiental que define a crise da nossa época e que nossa política deve evoluir de acordo com ela (ver, por exemplo, John Bellamy Foster e James O'Connor). Discordo dessa posição, particularmente quando ela é formulada em uma linguagem apócrifa, relacionando-a ao "fim da natureza" ou a algum tipo de "colapso ambiental". No entanto, considero muito seriamente questões ambientais como os buracos na camada de ozônio e o aquecimento global, a destruição do *habitat* e a perda da biodiversidade, a exaustão dos recursos, a destruição das florestas e a desertificação, a possibilidade de pandemias e de catástrofes ecológicas. O papel da renda e a valorização da natureza precisam ser trazidos de volta ao centro da análise. Também entendo muito bem que as questões de justiça ambiental são profundamente relevantes para a política contemporânea. Tampouco ignoro as questões da dinâmica populacional. Levo todas essas questões tão a sério quanto as condições e rivalidades geopolíticas, geoeconômicas e culturais que têm produzido e continuam a sustentar as guerras comerciais, o imperialismo, o neocolonialismo e os conflitos militares.

Mas algo fundamental é perdido quando nos recusamos a confrontar as contradições internas do capitalismo como o cerne dos nossos problemas. Acredito, mais ainda do que acreditava há 25 anos, que uma política que se esquiva das principais contradições só consegue tratar dos sintomas. Rejeito inteiramente a política daqueles que têm procurado tirar do nosso alcance um entendimento das contradições político-econômicas (ou mesmo o conceito de capitalismo). Se as principais contradições forem reveladas, como sustentava Marx, no curso das crises, então é à teoria da crise que devemos recorrer para obtermos uma percepção política sobre as estratégias de longo prazo que devem ser buscadas.

No capítulo 6, examino três amplas escolas de pensamento sobre a teoria da crise de Marx. A primeira, com frequência caracterizada como uma teoria de "esmagamento do lucro", encara que a organização da força de trabalho e a escassez de mão de obra reduzem a taxa de acumulação até o ponto de crise da classe capitalista e, por extensão, do sistema capitalista como um todo (certamente isso não é um problema na atual conjuntura, embora houvesse evidência disso na década de 1970). A segunda enxerga uma deficiência da demanda efetiva ou "subconsumo" como o problema fundamental, pois os capitalistas estão reinvestindo e os trabalhadores estão por definição consumindo menos valor do que produzem. Malthus considerava o comércio exterior e o consumo por parte das "classes não produtivas" como a resposta para o problema da demanda efetiva, enquanto Rosa Luxemburgo declarava que a pilhagem imperialista organizada das sociedades não capitalistas era a única opção. As teorias de subconsumo têm sua contrapartida burguesa na teoria keynesiana. Várias escolas da teorização marxista-keynesiana consideram que a resposta é o manejo fiscal e monetário do Estado. Embora o subconsumo parecesse ser um problema sério na década de 1930, não havia muita evidência disso na década de 1970. A teoria da queda da taxa de lucro se baseia na ideia de que a busca competitiva por inovações para a economia de mão de obra desloca a mão de obra ativa (a fonte de todo o valor e do mais-valor na teoria marxiana) da produção. Outras coisas (como o grau de exploração da força de trabalho) permanecendo iguais, isso produz uma tendência secular para uma queda da taxa do lucro. O próprio Marx anexou tantas advertências, condicionalidades e circunstâncias mitigadoras a essa teoria (ver o capítulo 6) que é difícil sustentá-la como uma teoria geral da crise, mesmo que se concentre na questão crucial dos efeitos potencialmente desestabilizadores das mudanças tecnológicas sobre a dinâmica capitalista. Concluí que cada teoria revela algo importante sobre a dinâmica contraditória do capitalismo, mas que todas são manifestações superficiais de alguma outra coisa.

No capítulo 7, declaro que o problema mais profundo é a tendência à superacumulação. As crises surgem quando as quantidades sempre crescentes de mais-valor que os capitalistas produzem não podem ser lucrativamente absorvidas. A palavra importante aqui é "lucrativamente" (e devo deixar claro que esta não guarda nenhuma relação direta com a suposta lei da queda da taxa de lucro). Considero esmagadora a evidência dessa linha de argumentação de "excedente de capital". O capitalismo surgiu de excedentes acumulados por grupos localizados de negociantes e comerciantes que pilhavam à vontade o resto do mundo desde o século XVI. A forma industrial de capitalismo surgida no final do século XVIII na Grã-Bretanha absorveu com sucesso esses excedentes, ao mesmo tempo que os expandiu. Tendo por base a mão de obra assalariada e a produção fabril, a capacidade de absorção e produção de mais-valor foi internalizada, sistematizada e aumentada, em parte, pela estruturação do mundo capitalista, mais clara e expansivamente em torno das relações sociais capital-trabalho. Isso envolveu a internalização bem-sucedida das forças da mudança tecnológica e da produtividade crescente para gerar excedentes sempre maiores. Onde esses excedentes poderiam ser lucrativamente distribuídos? "Crise" é o nome que se dá às fases de desvalorização e destruição dos excedentes de capital que não podem ser lucrativamente absorvidos.

O capital excedente pode assumir muitas formas. Pode haver uma abundância de mercadorias no mercado (daí o surgimento do subconsumo). Isso pode às vezes aparecer como um excedente de dinheiro ou como um excesso de crédito (daí o surgimento das crises financeiras e monetárias e da inflação). Ou pode aparecer como um excesso de capacidade produtiva (fábricas e maquinário ociosos característicos das fases deflacionárias de desvalorização). Pode aparecer como um excesso de capital investido em áreas construídas (*crashes* no mercado imobiliário), em outros bens (ondas de especulação e *crashes* em ações e títulos, futuros de mercadorias ou futuros de moedas etc.) ou como uma crise fiscal do Estado (gastos excessivos em infraestruturas sociais e funções da previdência social – talvez exigidos pela força de trabalho sindicalizada). A forma que o excedente de capital assume não é previamente determinante, mas cada uma confere um caráter específico à crise. Entretanto, mudar de uma forma para outra às vezes alivia as pressões (um excesso de crédito pode ser transferido aos consumidores, o que alivia os problemas de subconsumo e provoca o retorno à operação de fábricas pressionadas). Além disso, é claro, há o fato de que, para todas essas teorias, o onde e o quando se realizam os excedentes de capital estão especificados de maneira temporal, porém não espacial. As duas grandes inovações de *Os limites do capital* foram introduzir a ideia dos deslocamentos temporais dos excedentes (orquestrados mediante o sistema de crédito e os gastos com financiamento da dívida pública) para os investimentos de capital de longo prazo (como, digamos, o túnel sob o Canal da Mancha) e a ideia dos deslocamentos espaciais realizados através de expansões geográficas – a criação do mercado mundial, o investimento direto e o investimento em carteira, as exportações de capital e mercadorias e, mais brutalmente, o aprofundamento e a ampliação do colonialismo, do imperialismo e do neocolonialismo. A associação dos deslocamentos temporais e espaciais (por exemplo, investimento estrangeiro direto para financiamento do crédito) oferece mecanismos para respostas de base amplos e extremamente importantes, embora muito temporários a longo prazo, para o problema da absorção do excedente de capital. Segue-se então a integração do desenvolvimento geográfico desigual no nosso entendimento da geografia histórica do capitalismo. O efeito disso é abrir a possibilidade de crises localizadas, de desvalorizações de capital altamente localizadas e baseadas na localidade (aqui uma desindustrialização, lá uma crise financeira) como uma maneira de neutralizar o problema global da absorção/desvalorização do excedente. Ocorre também que grande parte do que vemos na maneira da produção de estresses e degradações ambientais é uma manifestação da busca de soluções para o problema de absorção do excedente de capital.

A absorção do excedente é, portanto, o principal problema. As crises de desvalorização acontecem quando a capacidade para essa absorção entra em colapso. Em *O neoliberalismo: história e implicações*, apresento a história de como esses mecanismos têm operado na economia global a partir da década de 1970. Deixe-me reformular o argumento em termos de excedente de capital. A década de 1970 foi uma fase de excedente crônico de capital, grande parte dele transferido para os Estados produtores de petróleo após 1973 e depois reciclado como capital monetário por meio dos bancos de investimento de Nova York. Usos lucrativos para o excedente eram difíceis de encontrar porque as saídas existentes – especulação nos mercados imobiliários, ondas de gastos estatais com a guerra, gastos crescentes com a previdência social – estavam saturadas ou organizadas de modo a dificultar o lucro. Instalou-se, então, uma crise crônica de estagflação.

A virada subsequente para a neoliberalização incluiu derrubar toda possível barreira ao desdobramento lucrativo do excedente. Se a classe trabalhadora era forte o bastante para constituir uma barreira à lucratividade, então ela tinha de ser disciplinada, seus salários e benefícios reduzidos, eliminando-se inteiramente sua capacidade para exercer um esmagamento do lucro. Esse objetivo foi alcançado por meio da violência no Chile, pelas falências em Nova York, e, politicamente, por Reagan e Thatcher em nome do combate à inflação. Como se tudo isso não fosse suficiente, as corporações podiam resolver as coisas por conta própria e se transferir fisicamente para o estrangeiro, para qualquer lugar onde a mão de obra fosse mais barata e mais dócil. Mas, para isso acontecer, todas as barreiras ao comércio exterior precisariam ser derrubadas. As tarifas tinham de ser reduzidas, acordos comerciais antiprotecionistas criados e uma ordem internacional aberta que permitisse o fluxo relativamente livre do capital no mundo todo. Se isso não pudesse ser realizado de maneira pacífica, seriam empregadas a coerção financeira (orquestrada pelo FMI) ou operações secretas (organizadas pela CIA). A busca por múltiplos ajustes espaciais teve início e explodiu o desenvolvimento geográfico desigual. O fim da Guerra Fria acrescentou ainda mais oportunidades para empreendimentos e expansões estrangeiros lucrativos. Mas o capital tinha de encontrar um regime facilitador e também oportunidades adequadas para aplicar seus excedentes nos países em que penetrava. Ondas de privatização abriram novos setores para a aplicação lucrativa de capital da Grã-Bretanha para México, Rússia, Índia e China. Regimes de baixas taxas corporativas (estabelecidos para atrair o investimento estrangeiro), infraestruturas financiadas pelo Estado, fácil acesso aos recursos naturais, um ambiente regulatório facilitador, um bom clima para os negócios, todos esses elementos tinham de ser fornecidos para os excedentes de capital serem lucrativamente absorvidos. Se tudo isso significasse que as pessoas tinham de ser despojadas de seus bens e de seu patrimônio, que assim fosse. E foi o que a neoliberalização realizou. Por trás disso, arranjos institucionais tiveram de ser feitos para facilitar as transações financeiras globais e para garantir sua segurança. Isso requereu a aplicação de poderes estatais hegemônicos apoiados pelos militares, pelos políticos e pela força coerciva econômica para garantir o regime financeiro internacional. O imperialismo dos Estados Unidos apoiou – em conluio com a Europa e o Japão – os poderes do FMI, da OMC, do Banco Mundial, do Banco de Compensações Internacionais e de uma série de outras instituições que iriam regulamentar o sistema global para garantir um terreno em constante expansão para a absorção lucrativa das quantidades sempre crescentes de capital excedente produzido.

Mas nem tudo vai bem com esse sistema. A incrível expansão na absorção capitalista do mais-valor, associada a outro ciclo desestabilizador de inovações tecnológicas, simplesmente conduziu à produção de excedentes ainda mais maciços. Desde o início da década de 1990, grande parte desse excedente vem sendo especulativamente absorvido, fluindo para todos os tipos de bens – o mercado de ações dos Estados Unidos na década de 1990, os mercados imobiliários após 2000 e agora os mercados de insumos primários e monetários ou os mercados de ações "emergentes" de alto risco na Ásia e na América Latina. A quantia que os fundos *hedge* administram "disparou de 40 bilhões de dólares há 15 anos para 1 trilhão de dólares hoje", para que, "no fim de 2004, houvesse 3.307 fundos de investimento, um aumento de 74% desde 1999"[10]. Os ganhos especulativos são hoje fundamentais para a sobrevivência das classes superiores, mas isso evidentemente implica a ameaça de importantes desvalorizações quando várias bolhas de ativos explodirem. A categoria escorregadia do "capital fictício" é, como Marx observou há muito tempo, algo sem o qual o capitalismo não consegue viver, mas que pode facilmente fugir do controle. Ficções, como as protagonizadas pelo Barings Bank e pela Enron, foram solucionadas, deixando no seu rastro muita ruína financeira. Mas o sistema de crédito se ba-

---

[10] Jenny Anderson, "Fund Managers Raising the Ante in Philanthropy", *New York Times*, 3 ago. 2005, seção Business, p. 1, 3.

seia, como Marx também observa, na fé e nas expectativas. O capitalismo vive cada vez mais baseado apenas na fé. O estímulo da confiança, particularmente dos consumidores, torna-se fundamental para um capitalismo sustentável.

Nos últimos trinta anos, a neoliberalização promoveu, de modo surpreendente, a derrubada de inúmeras barreiras no mundo todo para a absorção dos excedentes de capital. Também inventou todas as maneiras de novas formas de especulação em valores patrimoniais que similarmente absorvem quantidades maciças de excedentes de capital, embora a um risco considerável. O que é igualmente surpreendente é a sua capacidade para organizar e orquestrar gigantescas desvalorizações do capital no mundo todo sem explodir – pelo menos até agora –todo o sistema. Quando os excedentes não puderem mais ser absorvidos, eles terão de ser desvalorizados ou destruídos. As desvalorizações têm sido desenfreadas desde meados da década de 1970. As crises fiscais, raras antes de 1970, disseminaram-se por todo o mundo, com efeitos frequentemente devastadores (o México, em 1982 e 1995; a Indonésia, a Rússia e a Coreia do Sul, em 1998; a Argentina, em 2001). Nem os Estados Unidos escaparam de sérios episódios de desvalorização. A Crise das Instituições de Poupança e Empréstimo, em 1987, custou cerca de 200 bilhões de dólares para ser retificada e as imensas falências do Long Term Capital Management e de Orange County, em meados da década de 1990, seguidas de uma quebra no mercado de ações que eliminou 7 trilhões de dólares do mercado de capitais dos Estados Unidos em 2000, foram eventos sérios. Embora alguns capitalistas tenham sido atingidos, o talento da estrutura atual das instituições não está apenas em disseminar os riscos, mas também em disseminá-los assimetricamente, de maneira a garantir que os custos da desvalorização recaiam em sua maior parte sobre aqueles menos capazes de arcar com eles. Quando o México foi à falência em 1982, o Tesouro dos Estados Unidos e o FMI garantiram que os banqueiros de investimento de Nova York sofreriam muito pouco, enquanto as pessoas comuns do México foram obrigadas a arcar sozinhas com uma grande perda. Na verdade, as crises financeiras tornaram-se o meio preferido para acelerar a concentração do poder econômico e político nas mãos da elite.

Os desequilíbrios globais atualmente existentes são de proporções impressionantes. Os excedentes de capital estão em toda parte, mas agora particularmente concentrados no leste e no sudeste da Ásia. Por outro lado, os Estados Unidos estão administrando uma economia devedora em escala inédita. A capacidade para contornar essa situação, como declaro em *O neoliberalismo: história e implicações*, está sobre o fio da navalha. A retificação dos desequilíbrios globais atualmente relacionados provavelmente será dolorosa, senão catastrófica. Mas, além de tudo isso, temos de reconhecer que quase todas as nossas aflições ambientais, políticas, sociais e culturais são produto de um sistema que busca o mais-valor para produzir mais

mais-valor, o que requer, portanto, uma absorção lucrativa. As desastrosas consequências sociais, políticas e ambientais da infinita "acumulação pela acumulação e produção pela produção" estão aí, diante de nossos olhos. No meio do que Marx, nos *Grundrisse*, chama de "contradições agudas, crises, convulsões"[11], talvez devêssemos prestar atenção à sua conclusão de que "a destruição violenta de capital, não por circunstâncias externas a ele, mas como condição de sua autoconservação, é a forma mais contundente em que o capital é aconselhado a se retirar e ceder espaço a um estado superior de produção social".

LEITURAS ADICIONAIS

Arrighi, G. *The Long Twentieth Century*: Money, Power and the Origin of Our Times. Londres, Verso, 1994. [Ed. bras.: *O longo século XX*: dinheiro, poder e as origens do nosso tempo, trad. Vera Ribeiro, Rio de Janeiro/São Paulo, Editora Unesp/Contraponto, 1996.]

Arrighi, G.; Silver, B. *Chaos and Governance in the World System*. Minneapolis, University of Minnesota Press, 1999. [Ed. bras.: *Caos e governabilidade no moderno sistema mundial*, trad. Vera Ribeiro, Rio de Janeiro, Contraponto/Editora UFRJ, 2001.]

Brenner, R. *The Boom and the Bubble*: The US in the World Economy. Londres, Verso, 2002. [Ed. bras.: *O boom e a bolha*, trad. Zaida Maldonado, Rio de Janeiro, Record, 2003.]

Duménil, G.; Lévy, D. *Capital Resurgent*: Roots of the Neoliberal Revolution. Cambridge, Harvard University Press, 2004.

Coronil, F. *The Magical State*: Nature, Money and Modernity in Venezuela. Chicago, University of Chicago Press, 1997.

Fine, B.; Saad-Filho, A. *Marx's* Capital. 4. ed., Londres/Nova York, Pluto Press, 2003.

Gowan, P. *The Global Gamble*: Washington's Faustian Bid for Global Dominance. Londres, Verso, 1999.

Foster, J. B. *Ecology Against Capitalism*. Nova York, Monthly Review Press, 2002.

Harvey, D. *The Condition of Postmodernity*. Oxford, Blackwell, 1989. [Ed. bras.: *Condição pós-moderna*, São Paulo, Loyola, 1994.]

_____. *Justice, Nature and the Geography of Difference*. Cambridge, Blackwell, 1996.

_____. The Art of Rent: Globalization, Monopoly and the Commodification of Culture. In: Leys, C.; Panitch, L. (orgs.). *Socialist Register*. Londres, v. 38, 2002. Disponível em <http://socialistregister.com/index.php/srv/article/view/5778#.UhjRsxusim4>. Acesso

---

[11] Karl Marx, *Grundrisse*, cit., p. 627.

em: 24 ago. 2013. [Ed. bras.: "A arte da renda: a globalização e transformação da cultura em *commodities*", em *A produção capitalista do espaço*, trad. Carlos Szlak, São Paulo, Annablume, 2005, cap. 8.]

_____. *The New Imperialism*. Oxford, Oxford University Press, 2003. [Ed. bras.: *O novo imperialismo*, São Paulo, Loyola, 2004.]

_____. *A Brief History of Neoliberalism*. Oxford, Oxford University Press, 2005. [Ed. bras.: *O neoliberalismo*: história e implicações, São Paulo, Loyola, 2008.]

_____. *Spaces of Global Capitalism*: Towards a Theory of Uneven Geographical Development. Londres, Verso, 2006.

Jessop, B. Liberalism, Neoliberalism, and Urban Governance: a State Theoretical Perspective. In: Brenner, N.; Theodore, N. (orgs.). *Spaces of Neoliberalism*: Urban Restructuring in North America and Western Europe. Oxford, Blackwell, 2002.

Luxemburgo, R. *The Accumulation of Capital*. Londres, 1968. [Ed. bras.: *Acumulação do capital*, São Paulo, Nova Cultural, 1988.]

Mertes, T. (org.). *A Movement of Movements*. Londres, Verso, 2004.

Ngai, P. *Made in China*: Women Factory Workers in a Global Workplace. Durham/Hong Kong, Duke University Press/Hong Kong University Press, 2005.

O'Connor, J. *Natural Causes*: Essays in Ecological Marxism. Nova York, Guilford Press, 1997.

Ollman, B. *Dialectical Investigations*. Nova York, Routledge, 1993.

Panitch, L.; Gindin, S. Finance and the American Empire. In: _____. (orgs.). *Socialist Register*, v. 41, 2005. Disponível em <http://socialistregister.com/index.php/srv/issue/view/442#.UhjXUhusim5>. Acesso em: 24 ago. 2013.

Saad-Filho, A.; Johnston, D. *Neoliberalism*: A Critical Reader. Londres, Pluto Press, 2005.

Wood, E. M. *Empire of Capital*. Londres, Verso, 2003. [Ed. bras.: *Império do capital*, trad. Paulo Castanheira, São Paulo, Boitempo, no prelo.]

Introdução

Todos que estudam Marx, diz-se, se sentem impelidos a escrever um livro sobre a experiência. Ofereço este trabalho como uma prova parcial de uma proposição desse tipo. Mas tenho uma desculpa adicional. Depois de concluir *Justiça social e a cidade* (há quase uma década), determinei-me a melhorar a tentativa – o que notei mais tarde ter sido um erro – e as formulações a esse respeito e escrever uma declaração definitiva sobre o processo urbano no capitalismo a partir de uma perspectiva marxista. Quanto mais profundamente ia me envolvendo no projeto, mais tomava consciência de que alguns dos aspectos mais básicos da teoria marxiana à qual eu buscava apelar permaneciam bastante inexplorados e, em alguns casos, quase desprovidos de consideração. Então, comecei a escrever a teoria da urbanização, para integrá-la com estudos históricos detalhados do processo urbano extraídos da Grã-Bretanha, da França e dos Estados Unidos e, enquanto isso, casualmente encher algumas "caixas vazias" na teoria marxiana. O projeto logo se tornou totalmente pesado. Neste livro, longo como ele é, trato apenas das "caixas vazias" na teoria. Deixe-me explicar como isso aconteceu.

Em Marx, é ao mesmo tempo uma virtude e uma dificuldade que tudo se relacione a todo o resto. É impossível trabalhar em uma "caixa vazia" sem simultaneamente trabalhar em todos os outros aspectos da teoria. Os fragmentos e trechos que eu precisava entender – como a circulação do capital em áreas construídas, o papel do crédito e dos mecanismos (como a renda) que medeia a produção das configurações espaciais – não podiam ser entendidos sem uma atenção cuidadosa aos seus relacionamentos com o resto da teoria. Vi, por exemplo, que erros anteriores sobre a interpretação da renda surgiram precisamente de uma falha em integrar esse aspecto isolado da distribuição na teoria geral da produção e distribuição que Marx propunha. No entanto, a dificuldade é que existem muitas interpretações diferentes dessa teoria geral. Além disso, como era de se esperar, a investigação dos tópicos que eram para mim de particular interesse sugeriam novas maneiras de pensar na teoria do valor, na teoria da crise etc. Não tive outra opção senão escrever um tratado sobre a teoria marxiana em geral, prestando atenção particular na circulação do capital nas áreas construídas, no sistema de crédito e na produção das configurações espaciais.

Tudo isso me levou muito mais longe do meu interesse original na urbanização no capitalismo; nos detalhes da administração de Haussmann em Paris e nas subsequentes glórias e horrores da Comuna de Paris; nos processos de transformação urbana e na luta de classes em minha cidade de adoção, Baltimore. Entretanto, os vínculos estavam ali. Acho que é possível juntar tudo isso, transcender os aparentes limites entre a teoria, abstratamente formulada, e a história, concretamente registrada; entre a clareza conceitual da teoria e as confusões aparentemente infinitas da prática política. Mas o tempo e o espaço me obrigam a escrever a teoria como uma concepção abstrata, sem referência à história. Nesse sentido, temo que a presente obra seja apenas uma pálida justificativa para uma concepção maravilhosa. E, além disso, uma violação dos ideais do materialismo histórico.

Como autodefesa, devo dizer que ninguém mais parece ter encontrado uma maneira de integrar teoria e história, de preservar a integridade de ambas, mesmo que transcendendo sua separação. Marx se esforçou muito para manter a relação história-teoria intacta no primeiro livro d'*O capital*, mas cobriu provavelmente cerca de um vigésimo do que pretendia como resultado (ele nunca terminou *O capital* e projetou livros sobre comércio exterior, mercado mundial e crises, o Estado etc., que ficaram totalmente intocados). E a história desaparece quase inteiramente dos estudos preparatórios que compõem o segundo livro. De minha parte, o que pretendia era imergir nos materiais que Marx reuniu nos três livros d'*O capital*, nas três partes das *Teorias do mais-valor* e nos *Grundrisse*, para me ocupar dos tópicos particulares que me interessavam. Não havia como fazer isso, exceto despindo a teoria de qualquer conteúdo histórico direto.

Porém, espero que a teoria geral aqui apresentada seja útil para o estudo da história e da formulação das práticas políticas. Eu achei que seria. Isso me ajudou a entender por que o capitalismo se engaja em ostentações periódicas de insana especulação da terra; por que Haussmann foi derrubado em 1868 pelos mesmos tipos de dificuldades financeiras que incomodaram Nova York na década de 1970; por que fases da crise são sempre manifestas como uma reorganização conjunta tanto das tecnologias quanto das configurações regionais para a produção; e assim por diante. Só posso esperar que outros considerem a teoria tão útil. E, caso não considerem, então suponho que cabe a mim demonstrar a utilidade da teoria nas obras futuras que tenham um conteúdo histórico, geográfico e político mais explícito. Entretanto, isso não deve ser considerado a ponto de significar que encaro a teoria como correta e sacrossanta. Ela certamente merece todos os tipos de modificação à luz da revisão crítica, uma melhor e mais geral construção da teoria, e uma testagem completa em contraposição ao registro histórico, assim como aos entusiasmos da luta política. Publico esses achados teóricos como uma contribuição a um processo de descoberta coletivo. Faço isso agora porque não posso levar o tema muito adiante sem uma mudança radical na direção, o que levará muitos anos mais para produzir frutos.

Eu poderia inflar esta introdução com comentários eruditos sobre questões como epistemologia e ontologia, sobre a teoria e a prática do materialismo histórico, sobre a "verdadeira" natureza da dialética. Prefiro deixar os métodos tanto da investigação quanto da apresentação falarem por si por meio do texto e deixar o objeto da investigação emergir no decorrer do estudo, em vez de defini-lo *a priori*, como algum cartaz recortado em um palco iluminado por trás. Mas alguns comentários gerais sobre o que eu tentei fazer, e como, podem ser úteis ao leitor.

O objetivo geral foi combinar um modo de pensar que eu entendo como dialético com tanta simplicidade de exposição quanto um tema tão notoriamente complicado possa permitir. Esses objetivos não são facilmente conciliados. Em alguns pontos, o esforço para a simplicidade me leva perigosamente próximo dos perigos do reducionismo, ao passo que em outros a luta para me manter fiel à intrincada integridade do tema me conduz à beira do obscurantismo. Não evitei nenhum desses erros para minha própria satisfação, e estou bastante consciente de que o que aparenta ser reducionista para o especialista há muito embebido na teoria marxiana pode parecer desnecessariamente obscuro para o novato no assunto. Minha tática diante disso foi me esforçar em prol da simplicidade nos capítulos de abertura para proporcionar aos novatos, dispostos a lutar com conceitos reconhecidamente difíceis, a maior oportunidade possível de lidar com as contribuições mais substantivas dos capítulos posteriores. Tentei me manter o mais fiel possível à complexidade do tema nos capítulos sobre o capital fixo, as finanças e o dinheiro, a renda e a produção de configurações espaciais.

Entretanto, não quero que a argumentação seja construída linearmente, apesar da aparente linearidade no fluxo. Os primeiros capítulos não são alicerces firmes e fixos sobre os quais todos os capítulos subsequentes estão erigidos. Nem os últimos capítulos derivados ou deduzidos de um conjunto original de proposições adiantadas no início. Em vez disso, começo com as abstrações mais simples que Marx propôs e depois busco expandir seu significado considerando-as em diferentes contextos. A visão do todo deve se desenvolver na medida em que mais e mais fenômenos são integrados no vasto quadro composto do que parece ser o capitalismo, como um modo de produção. A dificuldade aqui é criar um modo de apresentação – uma forma de argumentação, se você assim preferir – que não seja uma violação ao conteúdo dos pensamentos expressados. Cada capítulo se concentra em um aspecto particular do todo. A dificuldade é preservar o enfoque e ao mesmo tempo manter a relação com todo o resto que está amplamente à vista. A constante invocação de "todo o resto" seria uma confusão desnecessária nos capítulos posteriores e tornaria os capítulos iniciais incompreensíveis, porque os temas ainda não analisados teriam de ser invocados sem explicação. Marx tentou lidar com o problema nos capítulos de abertura de *O capital* criando uma linguagem de tal densidade e total abstração que a maioria dos mortais é deixada totalmente perplexa, pelo menos na primeira leitura. Busquei um campo intermediário. Uso noções de oposição, antagonismo e contradição como fios de conexão para unir os materiais. Assim, emprego um recurso lógico que Marx usa com grande efeito. Os detalhes serão explorados posteriormente, mas vale a pena elucidar por antecipação a tática geral, pelo menos para dar ao leitor alguma ideia de como será desenvolvida a argumentação subsequente.

A cada passo na formulação da teoria encontramos antagonismos que estão incorporados em configurações intrigantes de contradição *interna* e *externa*. A resolução de cada uma simplesmente provoca a formação de novas contradições ou sua translação para algum terreno novo. Dessa maneira a argumentação pode se deslocar para dentro e para fora para abranger cada aspecto do modo de produção capitalista. Por exemplo, Marx abre *O capital* com a ideia de que a mercadoria material é ao mesmo tempo um valor de uso e um valor de troca, e que as duas formas de valor são necessariamente opostas uma à outra. Essa oposição (que é interna ao produto) adquire sua expressão externa na separação entre as mercadorias em geral (valores de uso) e o dinheiro (a mera representação do valor de troca). Mas o dinheiro então internaliza funções que só podem ser resolvidas em sequência se ele circular de certa maneira como *capital*. E assim a argumentação prossegue para abranger o antagonismo de classe entre o capital e o trabalho, a dinâmica contraditória da mudança tecnológica e, finalmente, se desenvolve para uma reflexão elaborada e prolongada sobre essas contradições aparentemente inconciliáveis que conduzem o capitalismo para os cataclismos de crises. Os sete primeiros capítulos resumem e interpretam a argumentação de Marx, de acordo com essa lógica, até o ponto que chamo de "o primeiro recorte" na teoria da crise, como é exemplificado pela teoria da taxa de lucro decrescente.

Nos capítulos remanescentes, uso o mesmo recurso lógico para estender a argumentação de Marx para um terreno menos familiar. No capítulo 8, a análise do capital fixo e da formação de bens de consumo mostra que os excedentes de capital e trabalho produzidos sob as condições descritas no "primeiro recorte" na teoria da crise podem ser absorvidos pela criação de novas formas de circulação voltadas para usos futuros, em vez de para usos presentes. Mas então descobrimos que essas novas formas, em longo prazo, estão em desacordo com uma dinâmica contínua da mudança tecnológica, ela própria uma condição necessária para a perpetuação da acumulação. Como resultado, o "valor" colocado no capital fixo torna-se uma magnitude instável. A circulação continuada do capital é ameaçada por uma grande dilaceração.

O sistema de crédito surge então para resgatá-la. Nos capítulos 9 e 10 descobrimos que o sistema de crédito, como uma espécie de "sistema nervoso central" para a regulação do fluxo de capital, tem o potencial para resolver todos os desequilíbrios aos quais o capitalismo está propenso, para resolver as contradições anteriormente identificadas, mas só pode fazê-lo à custa da internalização das contradições. A concentração maciça do poder financeiro, acompanhada pelas maquinações do capital financeiro, pode tão facilmente desestabilizar quanto estabilizar o capitalismo. E, em qualquer dos casos, uma oposição fundamental surge entre o sistema financeiro – a criação do dinheiro como dinheiro de crédito – e sua base monetária (o uso do dinheiro como uma medida de valor). Isso determina o palco para examinar os aspectos financeiros e monetários da formação da crise, incluindo pânicos financeiros e inflação. Esse constitui o "segundo recorte" na teoria da crise.

O capítulo sobre a renda completa nominalmente a teoria da distribuição, mas também nos permite considerar as dinâmicas espacial e temporal a partir de uma perspectiva teórica. Uma análise posterior das mobilidades geográficas do capital e do trabalho mostra como as contradições do capitalismo são, pelo menos em princípio, suscetíveis a um "ajuste espacial" – a expansão geográfica e o desenvolvimento geográfico desigual resistem à possibilidade de um capitalismo propenso à contradição por direito próprio. Isso conduz diretamente ao "terceiro recorte" na teoria da crise, que lida com a formação da crise em seus aspectos espaciais. Sob esse título podemos abordar os problemas do imperialismo e das guerras interimperialistas a partir de uma perspectiva nova. Vemos mais uma vez que a busca de um "ajuste espacial" para as contradições internas do capitalismo simplesmente termina por projetá-las, embora em novas formas, no cenário mundial. Afirmo que isso nos permite a construção de uma estrutura para teorizar sobre a geografia histórica do modo de produção capitalista.

Não digo que esse seja o fim das questões – como poderia ser, considerando-se o modo de teorização? Indico algumas áreas de assuntos inacabados no epílogo. Também não afirmo que tudo o que tenho a dizer seja original ou incontestável. O que me conduz a outra questão que merece ser abordada nesta introdução.

A tradição intelectual marxista passou por um notável ressurgimento na década passada, o qual foi marcado por discussões animadas e polêmicas vigorosas, reforçadas por não pouco sarcasmo. Tenho me esforçado, nem sempre com sucesso, para me manter em dia com a literatura, que tem aumentado enormemente, mesmo durante o espaço dos mais ou menos cinco anos que levei para escrever este livro. Reconhecer o estímulo a cada pensamento expressado no texto requereria um número incontável de notas de rodapé. Por isso, quero simplesmente reconhecer meu profundo débito aos esforços coletivos de muitos escritores, pensadores e profissionais abalizados. A coragem daqueles como Paul Sweezy, Maurice Dobb, Paul Baran, Edward Thompson, Eric Hobsbawm, Roman Rosdolsky e outros, que mantiveram viva a chama do pensamento marxista durante anos incrivelmente difíceis, foi sempre uma inspiração. Sem o estímulo do ressurgimento do pensamento marxista, que escritores tão diversos como Althusser, Poulantzas, Wallerstein, Amin, Mandel e outros articularam, eu provavelmente teria desistido deste projeto há muito tempo. Entre esses pensadores, conto com Manuel Castells e Vicente Navarro como amigos pessoais, que repetidas vezes me proporcionaram ajuda e encorajamento.

Também me esforcei para selecionar o melhor que pude os debates (embora deva confessar que desisti de alguns deles com profunda frustração). Mas confrontar as várias posições assumidas sobre cada ponto de controvérsia estenderia infinitamente o texto, apesar de algumas obras, como a de Kozo Uno, terem aparecido tarde demais no cenário para que eu lhes prestasse a devida atenção que merecem. Então, decidi me ocupar diretamente apenas dos debates mais fundamentais, pois estes se chocavam com pontos-chave da minha própria argumentação. E, mesmo assim, tendo a renunciar à polêmica e simplesmente menciono de passagem aqueles que foram os participantes mais ativos no debate. Espero que a uniformidade do fluxo compense a ausência de pirotecnias verbais.

Finalmente, há aquelas pessoas e instituições com as quais estou diretamente em débito de uma maneira ou de outra. Tenho a satisfação de agradecer o recebimento de uma bolsa do Memorial Guggenheim em Paris, que me permitiu ter tempo para estudar a experiência da urbanização francesa, mas, talvez mais importante, me permitiu enfrentar as complexidades ativas da tradição marxista francesa. M. G. Wolman, chefe do Departamento de Geografia e Engenharia Ambiental na Universidade Johns Hopkins, demonstrou um profundo comprometimento com o princípio da liberdade de pesquisa e, desse modo, ajudou a criar condições de trabalho que foram extremamente favoráveis.

Tive também a boa sorte de me reunir com um grupo de pessoas no início da década de 1970 que participaram de uma exploração notavelmente estimulante do pensamento marxista. Dick Walker e Lee Jordan, Gene Mumy, Jörn e Altrud Barnbrock, Flor Torres e Chuck Schnell, Ric Pfeffer, Lata Chatterjee e Barbara Koeppel compartilharam suas perspectivas e, mediante seus esforços coletivos, ajudaram a remover as camadas de mistificação que nos cercavam. E, o que é melhor, fizeram isso com um espírito de diversão e alegria que é realmente raro no companheirismo humano. E, nos últimos anos, Beatriz Nofal e Neil Smith continuaram essa tradição. Eles também acompanharam, página por página, o manuscrito. Tenho uma dívida enorme para com eles. Barbara, Claudia, John e Rosie me proporcionaram um apoio muito especial. Finalmente, John Davey, da Basil Blackwell, esperou de maneira paciente e encorajadora o produto final e bondosamente me permitiu requisitar um canto às vezes ensolarado da sua cozinha para escrever estas e muitas outras linhas.

1. Mercadorias, valores e relações de classe

> O método de análise que empreguei, e que ainda não havia sido aplicado aos assuntos econômicos, torna bastante árdua a leitura dos primeiros capítulos [...]. Eis uma desvantagem contra a qual nada posso fazer, a não ser prevenir e premunir os leitores ávidos pela verdade. Não existe uma estrada real para a ciência, e somente aqueles que não temem a fadiga de galgar suas trilhas escarpadas têm chance de atingir seus cumes luminosos.[1]

Marx inicia a sua análise n'*O capital* examinando a natureza das mercadorias. À primeira vista, essa escolha parece um tanto arbitrária. No entanto, se revirmos os escritos preparatórios para *O capital* – que se estenderam por quase três décadas –, perceberemos que a escolha não foi de modo algum arbitrária. Ela foi o resultado de uma extensa investigação, uma longa viagem de descoberta que levou Marx a uma conclusão fundamental: deslindar os intrincados segredos do próprio capitalismo. Começamos com o que é, na verdade, uma conclusão.

Marx considera a mercadoria como uma incorporação material do *valor de uso*, do *valor de troca* e do *valor*. Mais uma vez, esses conceitos nos são apresentados de uma maneira aparentemente abstrata, de forma a parecer que nos encontramos "diante de uma construção *a priori*"[2]. Estes são os conceitos absolutamente fundamentais para tudo o que se segue. São o eixo em torno do qual gira toda a análise do capitalismo. Temos de entendê-los para conseguir entender o que Marx tem a dizer[3].

---

[1] Karl Marx, *O capital*, Livro I, cit., p. 93.
[2] Ibidem, p. 90.
[3] É a marca registrada do método materialista de Marx iniciar a discussão examinando as características dos objetos materiais com os quais todos estão familiarizados. "Eu não começo nunca dos

Nisso há certa dificuldade. Entender totalmente os conceitos requer que entendamos a lógica interna do próprio capitalismo. Como provavelmente não conseguimos ter esse entendimento no início, somos obrigados a usar os conceitos sem saber exatamente o que eles significam. Além disso, a maneira relacional de proceder de Marx significa que ele não consegue tratar nenhum conceito como um bloco de construção fixo, conhecido ou mesmo passível de ser conhecido, baseado no qual se interpreta a rica complexidade do capitalismo. Ele parece dizer que não podemos interpretar valores sem entender os valores de uso e os valores de troca, e não podemos interpretar estas últimas categorias sem um pleno entendimento das primeiras. Marx nunca trata nenhum conceito isoladamente, como se pudesse ser entendido em si mesmo. Ele sempre se concentra em um ou outro da tríade de possíveis relações entre eles – entre o valor de uso e o valor de troca, entre o valor de uso e o valor, entre o valor de troca e o valor. O que realmente importa são as relações entre os conceitos.

No decorrer d'*O capital*, podemos observar Marx se deslocando de um par relacional para outro, usando *insights* acumulados a partir de um ponto de vista para estabelecer interpretações para outro. É como se, para emprestar uma imagem de Ollman, Marx visse cada relação como uma "janela" separada da qual podemos olhar a estrutura interna do capitalismo. A visão de qualquer janela isolada é plana e desprovida de qualquer perspectiva. Quando nos movemos para outra janela podemos enxergar coisas que anteriormente estavam escondidas. Munidos desse conhecimento, podemos reinterpretar e reconstituir nosso entendimento do que vimos através da primeira janela, proporcionando-lhe maior profundidade e perspectiva. Movendo-nos de janela em janela e registrando atentamente o que vemos, podemos nos aproximar cada vez mais do entendimento da sociedade capitalista e de todas as suas contradições inerentes.

Essa maneira dialética de proceder impõe muita coisa ao leitor. Somos obrigados a tatear no escuro, providos de conceitos altamente abstratos e aparentemente sobre os quais entendemos pouco *a priori*, trabalhando a partir de perspectivas que ainda não estamos em posição de avaliar. Por isso, muitos leitores encontram grande dificuldade na leitura dos primeiros capítulos d'*O capital*. Mas, após andar às cegas por um período doloroso e frequentemente frustrante, começamos a perceber onde estamos e o que estamos buscando. Entendimentos sombrios emergem quando Marx nos esclarece pouco a pouco diferentes aspectos da complexidade

---

'conceitos', nem, por isso mesmo, do 'conceito de valor' [...]. Eu parto da forma social mais simples em que se corporifica o produto do trabalho na sociedade atual, que é a '*mercadoria*'", idem, "Glosas marginais ao *Tratado de economia política* de Adolph Wagner", *Serviço Social em Revista* (trad. Evaristo Colmán, Londrina, Editora da Universidade de Londrina, 2011), v. 13, p. 175-9.

intrincada do capitalismo. O significado dos conceitos de valor de uso, valor de troca e valor torna-se mais claro no decorrer da análise. Quanto mais entendemos como o capitalismo funciona, mais entendemos a que esses conceitos se referem[4].

Tudo isso contrasta vivamente com a abordagem de "blocos de construção" do conhecimento, tão típica da ciência social burguesa e profundamente enraizada nos modos de pensar burgueses amplamente aceitos. Segundo essa linha de pensamento, é ao mesmo tempo possível e desejável construir bases sólidas para o conhecimento, isolando os componentes básicos que estão no interior do sistema social e submetendo-os a uma detalhada investigação. Uma vez entendido o componente, podemos construir sobre ele como se houvesse uma base fixa e imutável para uma investigação subsequente. De tempos em tempos, é claro, as pedras fundamentais do conhecimento parecem insatisfatórias, e quando as rachaduras nelas existentes se tornam óbvias para todos, testemunhamos uma daquelas dramáticas revoluções no pensamento – mudanças de paradigma, como são às vezes chamadas –, tão características da ciência burguesa.

A maioria de nós criados nas tradições de pensamento ocidentais se sente à vontade com essa estratégia de investigação. E – se é que a entendemos – encaramos o afastamento de Marx dessas tradições como desconcertante, se não totalmente perverso. E sempre está ali a tentação de procurar reduzir o não familiar ao familiar reafirmando os argumentos de Marx em termos mais prontamente compreensíveis. Essa tendência está na raiz de muitas interpretações equivocadas de Marx tanto pelos marxistas quanto pelos não marxistas. Isso produz o que chamarei de uma interpretação "linear" da teoria apresentada n'*O capital*[5].

---

[4] Bertell Ollman, "Marxism and Political Science: Prolegomenon to a Debate on Marx's Method", *Politics and Society*, 1973. Engels também nos adverte especificamente contra "a falsa suposição de que Marx deseja definir onde ele apenas investiga, e que em geral podemos esperar definições fixas, específicas e conclusivamente aplicáveis nas obras de Marx. É autoevidente que quando as coisas e suas inter-relações são concebidas, não como fixas, mas como mutáveis, suas imagens mentais, as ideias, são do mesmo modo sujeitas à mudança e transformação; e elas não são encapsuladas em definições rígidas, mas desenvolvidas em seu processo de formação histórica ou lógica" (Karl Marx, *Capital*, Livro III, Nova York, International Publishers, 1967, p. 13-4).

[5] Essa interpretação "linear" de Marx caracteriza as apresentações tanto de Joan Robinson (*An Essay on Marxian Economics*, Londres, Macmillan, 1967) quanto de Paul Samuelson ("Understanding the Marxian Notion of Exploitation: a Summary of the So-Called Transformation Problem Between Marxian Values and Competitive Prices", *Journal of Economic Literature*, 1971) sobre o assunto (este parece ser um dos poucos pontos em que estão de acordo). Versões "estruturalistas" mais preocupantes podem ser encontradas em Martin Bronfenbrenner ("'Das Kapital' for the Modern Man", em D. Horowitz (org.), *Marx and Modern Economics*, Nova York, Modern Reader Paperbacks, 1968) e em Jon Elster ("The Labor Theory of Value: a Reinterpretation of Marxist Economics", *Marxist Perspectives*, 1978), embora até mesmo Paul Sweezy (*The Theory of Capitalist*

Essa interpretação "linear" continua ao longo do texto que se segue. Diz-se que Marx estabeleceu três blocos de construção potenciais para interpretar a produção e a troca de mercadorias, apresentando-nos os conceitos de valor de uso, valor de troca e valor. Ele supostamente se abstrai das questões do valor de uso na primeira página d'*O capital* e depois encara o estudo delas como irrelevante para o seu propósito, embora continue sendo de interesse histórico. Uma investigação dos valores de troca serve apenas para mostrar que os segredos do capitalismo não podem ser revelados por um estudo apenas deles. E assim Marx constrói a teoria do valor-trabalho como a base sólida, o bloco de construção fixo que, quando se constrói sobre ele, vai nos dizer tudo o que precisamos saber sobre o capitalismo. A justificação da teoria do valor-trabalho, segundo essa visão, está na descoberta de Marx de que "toda história é a história da luta de classes", e que a teoria do valor-trabalho deve ser mantida porque é a expressão das relações de classe do capitalismo.

Essa versão "linear" da teoria de Marx se depara com várias dificuldades, das quais vamos considerar brevemente uma. No terceiro livro d'*O capital*, Marx examina a "transformação dos valores em preços". A precisão do seu procedimento de transformação é vital para a interpretação "linear" porque Marx parece estar derivando os valores de troca do bloco de construção fixo da teoria do valor. Como todos admitem que o capitalismo opera com valores de troca e não com valores, a análise de Marx das "leis do movimento" do capitalismo se sustenta ou cai, de acordo com essa interpretação, com a coerência lógica da transformação.

Infelizmente, a transformação de Marx é incorreta. Parece não haver uma relação necessária entre os valores incorporados nas mercadorias e as proporções em que as últimas são trocadas. Os detratores (e alguns simpatizantes) burgueses ficaram encantados. Eles retratam o primeiro e o terceiro livros como contradizendo inconciliavelmente um ao outro. Dizem que Marx finalmente recuperou o juízo no terceiro livro e entendeu que a teoria do valor do primeiro foi uma distração irrelevante, na medida em que diz respeito ao entendimento dos processos reais de produção e troca de mercadoria. Tudo o que era requerido para realizar esta última era uma teoria de preços relativos sem nenhuma referência a valores. E esse argumento, dada a interpretação linear, é suficientemente poderoso para conduzir os marxistas a certa insegurança quanto à relevância da teoria do valor marxiana ou às suas linhas de defesa, que soam meramente assertivas em oposição a coerentes e convincentes.

Development, Nova York, Monthly Review Press, 1968 [ed. bras.: *Teoria do desenvolvimento capitalista*, Rio de Janeiro, Zahar, 1967]) – em uma obra que de resto merece a maior admiração – pareça cair nessa armadilha. Em minha opinião, ele enfrentou dificuldades por não compreender totalmente o relacionamento que Marx cria entre os conceitos de valor de uso e valor.

Mas um exame da obra de Marx mostra que os valores de troca, longe de serem derivados da teoria do valor em alguma etapa tardia do jogo, são desde o início fundamentais para a investigação. Sem algum entendimento deles não podemos dizer nada significativo sobre o valor. O valor de troca e o valor são categorias relacionais, e nenhuma delas pode ser tratada como um bloco de construção fixo e imutável. O estudo de Marx do problema da transformação é apenas um passo em uma investigação contínua das intrincadas relações entre eles. E, mais definitivamente, ele não está buscando derivar valores de troca dos valores, como parece ser o caso na interpretação linear. Isso explica por que Marx, que estava plenamente consciente dos defeitos lógicos do seu argumento (embora talvez não de todas as implicações), pôde rejeitá-los como não importantes em relação ao tópico atual no qual ele estava interessado. Entretanto, esta é uma questão à qual retornaremos no capítulo 2.

Por isso devemos evitar qualquer coisa que cheire a uma interpretação "linear" da teoria marxiana. Mas se seguirmos o método de Marx, isso significa que estamos propensos a encontrar os tipos de dificuldades enfrentadas por qualquer leitor d'*O capital*. Temos de começar tateando no escuro, munidos das categorias marxianas que são, na melhor das hipóteses, parcialmente entendidas. Infelizmente, não há como evitarmos essa dificuldade – "não existe uma estrada real para a ciência".

Neste capítulo tentarei reconstruir o argumento de Marx sobre as relações entre os valores de uso, o valor de troca e os valores em condições de produção e troca de mercadoria. Ao mesmo tempo, buscarei explicar o que Marx está fazendo e por quê. Dessa maneira, espero tornar um pouco menos fatigante a íngreme subida para os cumes luminosos da teoria marxiana.

I. VALORES DE USO, VALORES DE TROCA E VALORES

1. Valores de uso

Na base da concepção do mundo de Marx está a noção de uma apropriação da natureza pelos seres humanos para satisfazer suas vontades e necessidades. Essa apropriação é um processo material incorporado nos atos de produção e consumo. Sob condições de produção de mercadoria, os atos de produção e consumo são separados pela troca. Mas a apropriação da natureza sempre permanece fundamental. Daí nunca podermos ignorar o que Marx chama de "a forma natural" das mercadorias. Fazer isso seria remover a satisfação dos desejos e necessidades humanos de qualquer relação com a natureza.

Esse lado material das mercadorias é capturado em sua relação com os desejos e necessidades humanos pelo conceito do seu *valor de uso*. O valor de uso pode ser encarado "sob um duplo ponto de vista: o da qualidade e o da quantidade". Como um "conjunto de muitas propriedades" que podem ser úteis "sob diversos aspectos", a mercadoria possui algumas qualidades que se relacionam a diferentes tipos de desejos e necessidades humanas. O alimento satisfaz a nossa fome, as roupas a nossa necessidade de aquecimento, e a habitação a nossa necessidade de abrigo. E, embora Marx insista que "cada uma dessas coisas é um conjunto de muitas propriedades e pode, por isso, ser útil sob diversos aspectos", ele também insiste que "na consideração do valor de uso será sempre pressuposta sua determinidade quantitativa, como uma dúzia de relógios, uma braça de linho, uma tonelada de ferro etc."[6].

Em relação ao valor de troca, que é encarado principalmente como uma relação quantitativa, Marx enfatiza os aspectos qualitativos dos valores de uso. Mas em um sistema sofisticado e intrincado de produção de mercadoria, os aspectos quantitativos dos valores de uso se tornam de grande importância. Os produtores usam uma determinada quantidade de dados – força de trabalho, matérias-primas e instrumentos de produção – para criar uma quantidade de produtos físicos que é usada para satisfazer os desejos e as necessidades de um determinado número de pessoas. A proporção dos insumos físicos em relação aos produtos no processo de produção proporciona uma medida física de eficiência. A descrição de insumos e produtos agregados nos proporciona um quadro geral de como a apropriação da natureza se relaciona aos desejos e necessidades sociais.

Em uma sociedade caracterizada pela divisão do trabalho e pela especialização da produção, podemos definir as exigências de reprodução social em termos da quantidade de produto em uma indústria específica (como ferro e aço) necessária para satisfazer as demandas de todas as outras indústrias (como a automobilística, de construção, de maquinários etc.). Um estado de reprodução é aquele em que os insumos e os produtos estão equilibrados. Podemos identificar um excedente dentro de um sistema desse tipo como um *produto excedente*: ou seja, uma quantidade de valores de uso materiais além daqueles necessários para reproduzir o sistema em um dado Estado. O produto excedente pode ser usado de várias maneiras, como na construção de monumentos ou na criação de novos meios de produção para ajudar a produzir ainda mais produto excedente. O produto excedente de diferentes indústrias pode ser recombinado de forma que a quantidade total de produto se expanda no correr do tempo, seja pela expansão simples das indústrias existentes ou pela formação de indústrias inteiramente novas.

As características quantitativas de tal sistema de produção física são de considerável interesse, embora haja, é claro, alguns problemas de especificação. Precisamos

---

[6] Karl Marx, *O capital*, Livro I, cit., p. 113-4.

saber quais valores de uso são requeridos para reproduzir ou expandir a força de trabalho (nunca uma questão fácil), como identificar as indústrias, como registrar contabilmente o capital fixo, os produtos em comum etc. Mas a necessidade óbvia de equilibrar as quantidades de insumos e produtos torna o estudo direto dos aspectos físicos tanto possível quanto potencialmente esclarecedor – por isso, eles têm sido o foco desde que Quesnay produziu seu *Quadro econômico*. Marx abordou a técnica no segundo livro d'*O capital* e, em anos mais recentes, Leontieff criou um método elaborado para estudar a estrutura dos fluxos físicos dentro da economia. Há atualmente estudos de insumo e produto de economias urbanas nacionais, regionais e selecionadas. A questão é, portanto, que ideias podemos derivar da lógica interna do capitalismo estudando isoladamente as características físicas desse sistema de produção?

Marx reconhece, é evidente, que, para sobreviverem, todas as sociedades devem se reproduzir fisicamente. Do ponto de vista da produção, o aspecto físico da reprodução social é captado por uma descrição do processo de trabalho. Podemos esboçar essa descrição em termos universais: "[1] a atividade orientada a um fim, ou o trabalho propriamente dito; [2] seu objeto e [3] seus meios"[7].

Os estudos de economia política de Marx o fazem desconfiar profundamente de categorias universais desse tipo. Ele encarava as próprias categorias como um produto de uma determinada sociedade e buscou conceitos que pudessem servir para distinguir o capitalismo de outros modos de produção e, assim, servir de base para dissecar a lógica interna do capitalismo. Marx procura, assim, tornar esse materialismo genuinamente histórico.

Na primeira página d'*O capital*, Marx parece se abstrair do uso de valores, argumentando que um entendimento da natureza exata dos desejos e necessidades "não fará diferença" nem contribuirá em nada para um estudo de economia política. Não podemos discriminar entre as sociedades tendo por base seus valores de uso. Por isso, "descobrir [...] as múltiplas formas de uso das coisas é um ato histórico", não uma tarefa da economia política.

Isso tem sido interpretado por alguns para indicar que Marx achava que as características estruturais do capitalismo podiam ser investigadas independentemente de qualquer consideração dos valores de uso. Nada poderia estar mais distante da

---

[7] Ibidem, p. 256. Ian Steedman (*Marx after Sraffa*, Atlantic Highlands, Humanities Press, 1977), desenvolvendo a ideia de Piero Sraffa (*The Production of Commodities by Means of Commodities*, Londres, Cambridge University Press, 1960 [ed. bras.: *A produção de mercadorias por meio de mercadorias*, Rio de Janeiro, Zahar, 1977]), reinterpreta Marx à luz das características dos sistemas de produção físicos. Ben Fine e Laurence Harris (*Re-Reading Capital*, Londres, Macmillan, 1979) resumem as críticas dessa abordagem.

verdade. Aliás, se Marx tivesse realmente seguido tal caminho, ele teria destruído a base materialista da sua investigação. Tendo rejeitado o valor de uso como uma categoria universal na primeira página d'*O capital*, ele o introduz como uma categoria relacional na segunda. A mercadoria é concebida como uma incorporação tanto do valor de uso quanto do valor de troca. Isso determina o cenário para considerar o valor de uso em relação tanto ao valor de troca quanto ao valor[8].

Em sua forma relacional, a categoria "valor de uso" é extremamente importante para a análise subsequente. Marx afirma que "somente um *vir obscurus* que não entendeu nada de *O capital*"[9] pode concluir que o valor de uso não desempenha nenhum papel no trabalho. Marx esclarece explicitamente sua estratégia nos *Grundrisse*. Um valor de uso é "objeto da satisfação de um sistema qualquer de necessidades humanas. Esse é o seu aspecto material, que pode ser comum às épocas de produção mais díspares e cujo exame, em consequência, situa-se fora do âmbito da economia política". Mas então ele acrescenta: "O valor de uso entra na esfera da economia política tão logo é modificado pelas relações de produção modernas ou, por sua vez, intervém, modificando-as"[10].

Essa é uma afirmação extremamente importante. Ela explica como e por que Marx vai organizar o estudo do valor de uso dentro da sua argumentação. Os valores de uso são moldados de acordo com as modernas relações de produção e, por sua vez, intervêm para modificar essas relações. As análises do processo de trabalho, da organização social e técnica da produção, das características materiais do capital fixo e de coisas semelhantes – todas consideradas do ponto de vista dos valores de uso – estão interligadas da maneira mais intrincada com o estudo dos valores de troca e dos valores. No caso do capital fixo, por exemplo, encontramos Marx afirmando repetidamente que o valor de uso aqui "desempenha um papel como categoria econômica"[11]. Uma máquina é um valor de uso produzido em relações de produção capitalistas. Ela incorpora o valor de troca e o valor. E tem um papel extremamente importante a

---

[8] Roman Rosdolsky (*The Making of Marx's* Capital, Londres, Pluto Press, 1977, p. 73-98) apresenta uma excelente discussão sobre o uso de Marx do conceito "valor de uso" e da maneira que o conceito é empregado, principalmente nos *Grundrisse* e n'*O capital*. Ele também chama atenção para a seguinte afirmação mais surpreendente em Paul Sweezy (*The Theory of Capitalist Development*, cit., p. 26), de que "Marx excluiu o valor de uso [ou como ele seria atualmente chamado, "utilidade"] do campo de investigação da economia política baseado no fato de que ele não incorpora diretamente uma relação social". Paul Sweezy, como indica Rosdolsky, está repetindo aqui uma má interpretação de Marx que remonta pelo menos aos escritos de Rudolf Hilferding no início da década de 1990.

[9] Karl Marx, "Glosas marginais ao *Tratado de economia política* de Adolph Wagner", cit.

[10] Idem, *Grundrisse*, cit., p. 756.

[11] Ibidem, p. 541.

desempenhar na modificação do processo de trabalho, das estruturas da produção, das relações entre os insumos e os produtos etc. A produção e o uso das máquinas recaem em grande medida no reino da economia política.

Evidentemente, não estamos ainda em uma posição de entender como o conceito de valor de uso é modificado por – ao mesmo tempo que modifica – relações de produção capitalistas, porque temos ainda de entender as interpretações marxianas do valor de troca e do valor. Porém, poderia ser útil considerar como o entendimento marxiano do valor de uso se desenvolve no decorrer da análise, examinando extensivamente um importante exemplo.

Considere a concepção dos desejos e necessidades humanos que Marx parece relegar a uma mera questão da história na primeira página d'*O capital*. No fim da primeira seção, após um breve exame dos valores de troca e dos valores, Marx modifica sua argumentação e insiste que o produtor de mercadorias "tem de produzir não apenas valor de uso, mas valor de uso para outrem, valor de uso social". A menos que a mercadoria satisfaça um desejo ou necessidade social, ela não pode ter valor de troca nem valor[12]. A categoria de valor de uso, embora atualmente entendida como valor de uso social em relação ao valor de troca e ao valor, inegavelmente já está desempenhando uma função econômica.

Isso nos convida a considerar como os desejos e necessidades sociais são modificados pelo capitalismo. Durante grande parte do primeiro livro, Marx assume que esses desejos e necessidades sociais são conhecidos. Por exemplo, no que diz respeito aos trabalhadores, eles são vistos como "um produto histórico" dependente "do grau de cultura de um país, mas também depende, entre outros fatores, de sob quais condições e, por conseguinte, com quais costumes e exigências de vida se formou a classe dos trabalhadores livres num determinado local"[13]. Mas Marx passa a considerar como a acumulação do capital afeta as condições de vida do trabalhador. O "padrão de vida" do proletariado é agora visto como algo que varia segundo a dinâmica da acumulação capitalista.

Próximo ao fim do segundo livro d'*O capital*, Marx dá um passo à frente. Todo o sistema físico da reprodução é desagregado em três setores que produzem meios de produção, bens salariais (necessidades) e luxos. Os fluxos entre os setores têm de ser equilibrados (em termos de quantidade, valor e dinheiro) para ocorrer a simples reprodução ou para haver uma expansão ordeira da produção. A concepção dos desejos e necessidades dos trabalhadores sofre agora mais uma modificação. Os trabalhadores dependem da produção da mercadoria capitalista para satisfazer suas

---

[12] Idem, *O capital*, Livro I, cit., p. 119.
[13] Ibidem, p. 246.

necessidades, ao mesmo tempo que os produtores de mercadoria dependem dos trabalhadores para gastar o seu dinheiro com as mercadorias que os capitalistas podem produzir. O sistema de produção (sob o controle capitalista) tanto responde quanto cria os desejos e necessidades por parte do trabalhador.

Isso prepara o caminho para se considerar a produção do novo consumo como um aspecto necessário para a acumulação do capital. E essa produção de consumo pode ser realizada de várias maneiras: "Primeiro, ampliação quantitativa do consumo existente; segundo, criação de novas necessidades pela propagação das existentes em um círculo mais amplo; terceiro, produção de novas necessidades e descoberta e criação de novos valores de uso"[14]. Por isso, a concepção do valor de uso se desloca de algo incorporado em "qualquer sistema independentemente das necessidades humanas" para um entendimento mais específico de como os desejos e as necessidades humanas são moldados no modo de produção capitalista[15].

2. O VALOR DE TROCA, O DINHEIRO E O SISTEMA DE PREÇOS

Nada é mais básico para o funcionamento da sociedade capitalista do que a transação elementar em que adquirimos certa quantidade de valor de uso em troca de certa quantidade de dinheiro. A informação gerada por essas transações – de que um alqueire de trigo é vendido por tanto, um par de sapatos custa tanto, uma tonelada de aço é comercializada por tanto etc. – proporciona sinais que orientam tanto as decisões de produção quanto as de consumo. Os produtores decidem quanto produzir de uma mercadoria de acordo com o preço médio de venda e adquirem determinadas quantidades de mercadorias a um preço de compra para garantir sua produção. As famílias decidem quanto comprar de uma mercadoria de acordo com o seu preço em relação aos seus desejos, necessidades e à sua renda disponível. Essas transações – tão fundamentais para a vida diária no capitalismo – constituem o "mundo de aparência" ou a "forma fenomenal" da atividade econômica. O problema da economia política tem sido sempre explicar por que as mercadorias são trocadas aos preços em que o são.

Os valores de troca expressos por meio do sistema de preço seriam relativamente fáceis de entender se pudéssemos aceitar inquestionavelmente duas suposições iniciais. Em primeiro lugar, uma mercadoria funciona como um numerário não

---

[14] Idem, *Grundrisse*, cit., p. 332-3.
[15] Ver Michael Lebowitz, "Capital and the Production of Needs", *Science and Society*, 1977-1978.

tendencioso – como o dinheiro –, para que os valores relativos de todas as outras mercadorias possam ser inequivocamente expressados como um preço. Em segundo lugar, nós vivemos em um mundo de produção de mercadoria – todos os bens são produzidos para troca no mercado. Em uma sociedade capitalista, essas duas suposições parecem quase "naturais" – parecem não levantar dificuldades sérias, nem que seja pelo fato de refletirem condições com as quais estamos muito familiarizados. Munidos delas, podemos passar a analisar diretamente o sistema de preços. Vemos que as mercadorias são trocadas de acordo com preços relativos e que os preços mudam em resposta às condições de oferta e demanda. O sistema de preços evidentemente proporciona um mecanismo descentralizado extremamente sofisticado para coordenar as várias atividades dos inúmeros e diversos agentes econômicos. E parece que as leis de oferta e demanda serão suficientes para explicar os preços relativos.

Marx aceita a importância da oferta e demanda no equilíbrio do mercado, mas nega veementemente que a oferta e a demanda possam nos dizer qualquer coisa sobre quais serão os preços de equilíbrio das mercadorias.

> Se a oferta e a demanda equilibram uma à outra, elas deixam de explicar qualquer coisa, não afetam os valores de mercado e, por isso, nos deixam muito mais no escuro sobre as razões de o valor de mercado ser expresso nessa soma de dinheiro e não em outra. É evidente que as verdadeiras leis internas da produção capitalista não podem ser explicadas pela interação da oferta e da demanda.[16]

Esta é uma afirmação muito forte, e temos de ver a justificativa de Marx para ela. Finalmente definiremos isso no capítulo 3. Mas um dos eixos do seu argumento está em sua análise do dinheiro.

Marx abre sua argumentação n'*O capital* tratando do valor de troca como se fosse uma questão simples, a ser abordada em sua apresentação inicial da teoria do

---

[16] Karl Marx, *Capital*, Livro III, cit., p. 189. Devemos notar que Marx acompanhou Ricardo nesse aspecto. Ricardo considerava a oferta e a demanda importantes como um mecanismo de equilíbrio, mas, como Marx, ele não considerava essa concepção do mundo suficientemente poderosa para constituir a base da teoria do valor. "Você diz que a oferta e a demanda regulam o valor", escreveu ele a Malthus, mas "isso, acho eu, não diz nada" (citado em Ronald Meek, *Smith, Marx and After*, Londres/Nova York, Chapman & Hall/Wiley, 1977, p. 158). A oferta e a demanda estão no cerne da teoria do valor neoclássica e marginalista, mas a crítica de Piero Sraffa (*The Production of Commodities by Means of Commodities*, cit.) desta última empurrou pelo menos um segmento da teoria econômica contemporânea de volta à base comum apresentada, pelo menos nesse aspecto, tanto por Marx quanto por Ricardo. Ronald Meek (*Smith, Marx and After*, cit., cap. 10) apresenta uma boa discussão sobre isso.

valor. Então retorna imediatamente às questões da troca para mostrar que esta é realmente problemática e que um estudo dela, em relação ao valor, é muito esclarecedor. A direção geral que ele segue é mostrar que o valor de troca de uma mercadoria não pode ser entendido sem se analisar a natureza do "dinheiro" que permite que o valor de troca seja inequivocamente expresso como um preço. Ele desafia, particularmente, a ideia de que qualquer mercadoria possa ser um *numerário não tendencioso* e procura mostrar que, ao contrário, o dinheiro incorpora uma contradição fundamental.

A dificuldade, diz ele, "não está em compreender que dinheiro é mercadoria, mas em descobrir como, por que e por quais meios a mercadoria é dinheiro"[17]. A forma do dinheiro é uma criação social. "A natureza", argumenta Marx, "não produz nenhum dinheiro, da mesma maneira que não produz taxa de câmbio ou banqueiros"[18]. E o dinheiro não é estabelecido arbitrariamente ou por mera convenção. A mercadoria dinheiro é produzida no curso da história por um processo social específico – a participação nos atos de troca – que tem de ser entendido se quisermos nos aprofundar na lógica interna do sistema de preços[19].

Marx trata a simples forma da mercadoria como o "germe" da forma do dinheiro. Uma análise do escambo direto mostra que as mercadorias podem assumir o que ele chama de formas "equivalentes" e "relativas" do valor. Quando uma comunidade mensura o valor dos bens que estão sendo adquiridos em contraposição ao valor isolado de um bem que está sendo descartado, então este

---

[17] Karl Marx, *O capital*, Livro I, cit., p. 167.
[18] Idem, *Grundrisse*, cit., p. 183.
[19] Estudos sobre a teoria do dinheiro de Marx são poucos e eventuais. Roman Rosdolsky (*The Making of Marx's* Capital, cit.) apresenta uma excelente discussão de como Marx chegou à sua concepção final do dinheiro. *Marx on Money* (Nova York, Urizen Books, 1976 [ed. bras.: *A moeda em Marx*, São Paulo, Paz e Terra, 1978]), de Suzanne De Brunhoff, é útil, mas, como indica sua autocrítica no final, ela deixa de abordar muitos pontos que procura incluir em suas obras posteriores (1976 e 1978), que são em geral excelentes. Laurence Harris ("On Interest, Credit and Capital", em *Economy and Society*, 1976; e "The Role of Money in the Economy", em F. Green e P. Nore [orgs.], *Issues in Political Economy: a Critical Approach*, Londres, Macmillan, 1979) e Christian Barrère (*Crise du système de crédit et capitalisme monopoliste d'État*, Paris, Economica, 1977) também reúnem alguns materiais interessantes. O que é desesperador, no entanto, é a maneira pela qual as obras sobre Marx frequentemente desviam o problema do dinheiro para um lado como se fosse um tópico especial, em vez de tratá-lo como fundamental para toda a análise. A única exceção é Ernest Mandel (*Marxist Economic Theory*, Londres, Merlin, 1968), que acertadamente integra o dinheiro e o crédito em seu texto. Da mesma maneira, há um risco inerente no aumento da quantidade de estudos especiais da teoria do dinheiro de Marx como algo que possa ser tratado isoladamente de outros aspectos da sua teoria. Espero evitar essa cilada nos capítulos 9 e 10.

último funciona como sua forma de equivalente. Em um estado inicial, cada comunidade ou agente de barganha possuirá mercadorias que operam como a forma de equivalente. Com a proliferação da troca, uma mercadoria (ou um conjunto de mercadorias) provavelmente vai emergir como o "equivalente universal" – uma mercadoria-dinheiro básica, como o ouro. Os valores relativos de todas as outras mercadorias podem então ser expressos em termos da mercadoria-dinheiro. O "valor", consequentemente, adquire uma medida claramente reconhecível, única e socialmente aceita. O deslocamento de muitas determinações diferentes (subjetivas e, com frequência, acidentais) do valor de troca para uma medida padrão de dinheiro é produzido por uma proliferação de relações de troca até o ponto em que a produção de bens para troca se torna "um ato social normal". Mas, por outro lado, também podemos ver que um sistema geral de troca de mercadoria seria impossível sem o dinheiro para facilitá-lo. Por isso, o aumento da troca e a emergência de uma mercadoria-dinheiro necessariamente andam juntos.

A mercadoria que veste "a capa do dinheiro" torna-se distinta de todas as outras. E a análise de suas características especiais mostra-se esclarecedora, uma vez que "o enigma do fetiche do dinheiro não é mais do que o enigma do fetiche da mercadoria, que agora se torna visível e ofusca a visão"[20].

A mercadoria-dinheiro, como qualquer outra mercadoria, tem um valor, um valor de troca e um valor de uso. Seu valor é determinado pelo tempo de trabalho socialmente necessário em sua produção e reflete as condições sociais e físicas específicas do processo de trabalho sob o qual ele é produzido. Os valores de troca de todas as outras mercadorias são mensurados em relação ao parâmetro formado por essas condições de produção específicas da mercadoria dinheiro. Desse ponto de vista, o dinheiro funciona como uma *medida de valor*, e o seu valor de troca deve presumivelmente refletir esse fato. O valor de uso do dinheiro é o fato de ele facilitar a circulação de todas as outras mercadorias. Assim, ele atua como um *meio de circulação*. Porém, no curso de sua atuação como meio de troca, o dinheiro adquire um valor de troca derivado da "ação social de todas as outras mercadorias", que excluem "uma mercadoria determinada, na qual todas elas expressam universalmente seu valor"[21]. O dinheiro se torna o valor do que ele vai comprar. Resultado: a mercadoria-dinheiro adquire um valor de troca duplo – ditado por suas próprias condições de produção (seu valor de troca "inerente") e pelo que ele vai comprar (seu valor "reflexo").

---

[20] Karl Marx, *O capital*, Livro I, cit., p. 167.
[21] Ibidem, p. 161.

Marx explica que tal dualidade surge porque o valor de troca, que inicialmente concebíamos como um atributo internalizado de todas as mercadorias, é agora representado por um padrão de medida que é externo e totalmente separado das próprias mercadorias[22]. O problema de como representar e medir os valores fica desse modo resolvido. Mas a solução só é alcançada à custa da internalização da dualidade do valor de uso e do valor interno ao valor de troca do próprio dinheiro. O dinheiro, em suma, "só resolve as contradições tanto da troca direta como do valor de troca na medida em que as põe universais"[23]. E tudo isso tem algumas ramificações muito importantes.

Podemos ver, por exemplo, que a quantidade total de dinheiro que circula na sociedade em uma dada velocidade tem de ser suficiente para facilitar uma dada quantidade de troca de mercadoria a preços apropriados. Podemos designar a demanda por dinheiro como $P \cdot Q$ (em que P é um vetor dos preços e Q as respectivas quantidades de mercadorias em circulação) e a oferta de dinheiro como $D \cdot V$ (em que D é a quantidade de dinheiro disponível e V é a sua velocidade de circulação). Em equilíbrio, $DV = PQ$[24]. Se a quantidade de mercadorias em circulação de repente aumenta, enquanto D e V permanecem constantes, então o valor reflexo da mercadoria-dinheiro aumentará a um nível que pode estar bem acima do seu valor inerente. Um aumento na oferta de dinheiro ou em sua velocidade de circulação pode retificar isso. Mas o volume da troca de mercadoria está eternamente flutuando, dia a dia, embora as próprias condições que regem determinada mercadoria a ser escolhida como a mercadoria-dinheiro (escassez etc.) contribuam para o ajustamento instantâneo em sua oferta. Uma saída possível para essa dificuldade é criar um fundo de reserva, um "tesouro", que pode ser usado de maneira flexível diante das flutuações potencialmente amplas no volume da troca de mercadoria. Outra possibilidade é usar algum tipo de sistema de crédito e depois usar a mercadoria-dinheiro para pagar o saldo das contas no fim de um determinado período (um dia, um mês ou um ano). Dessa maneira, a demanda de dinheiro pode ser muito reduzida, assim como neutralizados os efeitos das flutuações cotidianas no volume da troca de mercadorias.

Isso imediatamente atrai nossa atenção para algumas funções adicionais do dinheiro – como uma *reserva de valor* e como um *meio de pagamento*. Ambos dependem da capacidade do dinheiro de operar como uma forma independente de poder social que, por sua vez, deriva do fato de o dinheiro ser a expressão social do próprio valor. Marx sugere que o indivíduo traz consigo no bolso "seu poder social,

---

[22] Idem, *Grundrisse*, cit., p. 95.
[23] Ibidem, p. 147.
[24] Idem, *O capital*, Livro I, cit., p. 195.

1. Mercadorias, valores e relações de classe / 57

assim como seu nexo com a sociedade"[25]. Essa potência social é uma "figura absolutamente alienável" e, por isso, pode-se tornar a "potência privada da pessoa privada"[26]. A ambição por esse poder social conduz à apropriação, ao furto, ao açambarcamento, à acumulação – tudo se torna possível. Marx prossegue extensivamente nesse raciocínio, particularmente no *Grundrisse*[27], para descrever os efeitos destruidores da monetização, mediante as relações de poder social, nas sociedades tradicionais.

Mas n'*O capital* ele está preocupado em enfatizar outro ponto. Se o uso do dinheiro como reserva de valor ou como meio de pagamento proporciona a única maneira de manter alinhadas as duas formas de valor de troca que o dinheiro internaliza, então isso requer que o poder social do dinheiro seja usado de certa maneira. Se a reserva é necessária para equilibrar o processo de troca[28], isso implica que o dinheiro reservado seja usado segundo alguns princípios racionais – o dinheiro deve ser retirado de circulação quando a produção de mercadorias estiver em baixa, e lançado de volta na circulação quando a produção de mercadorias se restabelecer. Quando o dinheiro é usado como um meio de pagamento, todos os agentes do processo de troca tornam-se ao mesmo tempo devedores e credores, o que mais uma vez implica alguns princípios articulados para contrair e saldar dívidas. Em ambos os casos, nossa atenção se concentra em uma forma particular de circulação. Entendemos por que a circulação de dinheiro, como um fim em si, surge como uma "necessidade social que deriva do próprio processo de circulação"[29].

Marx define a forma de circulação das mercadorias (mercadoria-dinheiro-mercadoria, ou, resumidamente, M-D-M) como uma troca de valores de uso (o uso de sapatos em relação ao de pão, por exemplo) que depende essencialmente das *qualidades* dos bens que estão sendo trocados. O dinheiro funciona aqui como um intermediário conveniente. Agora encontramos uma forma de circulação, D-M-D, que começa e termina exatamente com a mesma mercadoria. A única motivação possível para colocar o dinheiro em circulação em uma base repetida é obter mais dele no fim do que foi possuído no começo. Uma relação *quantitativa* substitui a relação de troca das *qualidades*. O dinheiro é lançado em circulação para fazer mais dinheiro – um lucro. E o dinheiro que circula de tal maneira é chamado de *capital*.

---

[25] Idem, *Grundrisse*, cit., p. 105.
[26] Idem, *O capital*, Livro I, cit., p. 189, 206.
[27] Ver particularmente p. 67-181.
[28] Idem, *O capital*, Livro I, cit., p. 207.
[29] Ibidem, p. 209.

Chegamos ao ponto em que podemos ver que as condições da troca geral de mercadorias compõem a forma capitalista de circulação socialmente necessária. Suas implicações sociais são inúmeras. É criado um espaço social no qual as operações dos capitalistas se tornam necessárias para estabilizar as relações de troca. Mas

> é somente enquanto a apropriação crescente da riqueza abstrata é o único motivo de suas operações que ele funciona como capitalista ou capital personificado, dotado de vontade e consciência. Assim, o valor de uso jamais pode ser considerado como finalidade imediata do capitalista. Tampouco pode sê-lo o lucro isolado, mas apenas o incessante movimento do lucro. Esse impulso absoluto de enriquecimento, essa caça apaixonada ao valor é comum ao capitalista e ao entesourador, mas, enquanto o entesourador é apenas o capitalista ensandecido, o capitalista é o entesourador racional. O aumento incessante do valor, objetivo que o entesourador procura atingir conservando seu dinheiro fora da circulação, é atingido pelo capitalista, que, mais inteligente, lança sempre o dinheiro de novo em circulação.[30]

E assim chegamos à questão mais fundamental que possivelmente podemos formular a uma sociedade capitalista: de onde vem o lucro? Somente a teoria do valor pode nos equipar com os recursos suficientes para abordar essa questão.

3. A teoria do valor

Atualmente consideramos a teoria do valor implícita nos processos de produção e troca de mercadorias. Diferentemente dos valores de uso e dos preços, não há um ponto de partida óbvio para a análise. Ou começamos com suposições sobre a natureza do valor, ou buscamos uma teoria do valor objetiva por meio de uma investigação material de como a sociedade funciona. Marx usa a segunda abordagem. Como o mundo das aparências é dominante em nossa sociedade, os preços das quantidades dos valores de uso proporcionam os dados para o estabelecimento de uma versão inicial da teoria do valor. Uma vez que esta esteja vigorando, o relacionamento dialético entre os valores, os preços e os valores de uso pode ser examinado como um meio para dissecar a lógica interna do capitalismo.

O argumento inicial d'*O capital* é extremamente simples. Marx define a mercadoria como uma incorporação dos valores de uso e de troca, abstrai-se imediatamente dos primeiros e prossegue diretamente para a análise dos valores de troca. Atribuir dois valores de uso (que são em si qualitativamente diferentes) iguais na

---

[30] Ibidem, p. 229.

troca implica que os dois valores de uso têm algo em comum. O único atributo que todas as mercadorias têm em comum é o fato de serem produtos do trabalho humano. As mercadorias, "como cristais dessa substância social que lhes é comum, elas são valores – valores de mercadorias"[31].

O argumento é quase idêntico àquele apresentado em *Princípios de economia política e tributação* de Ricardo. Nesse estágio, Marx parece seguir Ricardo, tratando a questão do valor como uma busca por uma medida de valor apropriada[32]. A única diferença é a introdução da distinção entre "o trabalho útil concreto", que produz valores de uso, e "o trabalho humano abstrato", que "cria valor"[33]. Entretanto, o argumento de Marx parece, agora, meramente tautológico – a medida de valor é aquele aspecto do trabalho humano que cria valor!

Marx escapa da tautologia mediante uma análise da diferença entre o trabalho abstrato e o trabalho concreto. Todo trabalho é concreto no sentido de que envolve a transformação material da natureza. Mas o intercâmbio de mercado tende a obliterar as diferenças individuais tanto nas condições de produção quanto por parte daqueles que realizam o trabalho. Se pago de acordo com o tempo de trabalho real incorporado, então quanto mais preguiçoso for o trabalhador, mais eu devo pagar. Mas, em geral, pago o preço vigente no mercado. O que acontece na verdade é que a comensurabilidade das mercadorias atingida por meio da troca torna o trabalhador nelas incorporado igualmente comensurável. Se ele demora em média um dia para fabricar um par de sapatos, então o trabalho abstrato incorporado em um par de sapatos é um dia, não importa se ele requeira do trabalhador individual duas ou cinquenta horas para fabricá-lo. O trabalho abstrato é definido então como um "tempo de trabalho socialmente necessário"[34].

Isso insere a qualificação "socialmente necessário" na teoria do tempo de trabalho de Ricardo como medida de valor. Isso dificilmente torna a versão de Marx suficientemente vigorosa para suportar o peso de toda análise subsequente, nem parece profunda o bastante para justificá-la como *a* base sólida da teoria marxiana, e, portanto, como uma proposição a ser defendida a todo custo. Até perguntarmos o que, exatamente, quer dizer "socialmente necessário".

---

[31] Ibidem, p. 116.
[32] Makoto Itoh ("A Study of Marx's Theory of Value", *Science and Society*, 1976) apresenta um excelente estudo sobre a maneira que Marx se vale dos argumentos de Ricardo para moldar sua própria concepção n'*O capital*; e o artigo de Geoff Pilling ("The Law of Value in Ricardo and Marx", *Economy and Society*, 1972) também é de considerável interesse. Ver ainda Diane Elson, *Value: the Representation of Labour in Capitalism* (Londres/Atlantic Highlands, CSE Books/Humanities Press, 1979).
[33] Karl Marx, *O capital*, Livro I, cit., p. 128.
[34] Ibidem, p. 117.

A invocação da necessidade social deve nos alertar. Ela contém as sementes para a crítica da economia política de Marx, assim como para a dissecação do capitalismo. O que Marx finalmente vai nos mostrar, em um discurso impregnado de profunda preocupação em marcar os limites entre liberdade e necessidade no capitalismo, é que o trabalho humano abstrato é uma destilação, finalmente realizada em relações de produção muito específicas, de uma variedade aparentemente infinita de atividades de trabalho concretas. Vamos descobrir que o trabalho abstrato só pode se tornar medida do valor ao passo que um tipo específico de trabalho humano – o trabalho assalariado – se torna geral.

Isso imediatamente diferencia a teoria do valor de Marx das teorias do valor-trabalho convencionais (a de Ricardo, particularmente). Marx transforma uma declaração universal a-histórica em uma teoria do valor que opera apenas nas relações de produção capitalistas. Ao mesmo tempo, a teoria do valor vai além do problema de simplesmente definir uma medida de valor para determinar os preços relativos das mercadorias. A teoria do valor passa a refletir e incorporar as relações sociais essenciais que estão no cerne do modo de produção capitalista. Em suma, o valor é concebido como uma relação social. Porém, Marx não nos lança essa concepção arbitrariamente, como um construto *a priori*. Em vez disso, procura nos mostrar, passo a passo, que esta é a única concepção de valor que tem sentido; que a lei do valor, como ele a concebe, na verdade opera como uma força condutora dentro da história capitalista. E a prova disso deve estar necessariamente no fim da sua análise, não no início[35].

Marx inicia quase imediatamente a explicação do "socialmente necessário". Somos informados de que ele é o trabalho "requerido para produzir um valor de uso qualquer sob as condições normais para uma dada sociedade e com o grau social médio de destreza e intensidade do trabalho". Isso não pode ser entendido sem se voltar a uma análise dos valores de uso. Em primeiro lugar, a produtividade do trabalho é considerada em termos meramente físicos: é estabelecida "pelo grau médio de destreza dos trabalhadores, o grau de desenvolvimento da ciência e de sua aplicabilidade tecnológica, a organização social do processo de produção, o volume e a eficácia dos meios de produção e as condições naturais"[36]. Em segundo lugar, o trabalho não pode criar valor, a menos que crie valores de uso social – valores de uso para outrem. Nesse estágio, Marx não elabora o que ele quer dizer com um "valor de uso social". Simplesmente afirma que, para continuar sendo valor, ele tem de ser criado na produção e concretizado por meio da troca e do

---

[35] O contraste entre essa e outras interpretações da teoria do valor será considerado no Apêndice deste capítulo.
[36] Karl Marx, *O capital*, Livro I, cit., p. 118.

consumo. Esse breve retorno à esfera dos valores de uso é um antegozo do muito que está por vir.

Nesse ponto Marx opta por se concentrar mais no valor em relação ao valor de troca. Sua investigação das formas materiais do valor atingidas por meio da troca revela que a substância do valor – o trabalho humano abstrato – só pode influenciar a produção e a troca de mercadorias se houver alguma maneira desse valor ser representado materialmente. Segue-se rapidamente a conclusão: "o dinheiro, como medida de valor, é a forma necessária de manifestação da medida imanente de valor das mercadorias: o tempo de trabalho"[37].

Observe, uma vez mais, a invocação de *necessidade*. Quando voltamos a relacioná-la à ideia do "tempo de trabalho socialmente necessário" chegamos a uma importante proposição. A existência de dinheiro é uma condição necessária para separar e destilar o trabalho abstrato do trabalho concreto.

Podemos compreender isso examinando as consequências de um crescimento nas relações de troca. Esse crescimento, já vimos, depende da forma-dinheiro, ao mesmo tempo que dá origem a ela. Mas isso também tem consequências para a distinção entre o trabalho concreto e o trabalho abstrato:

> Somente no interior de sua troca os produtos do trabalho adquirem uma objetividade de valor socialmente igual, separada de sua objetividade de uso, sensivelmente distinta. Essa cisão do produto do trabalho em coisa útil e coisa de valor só se realiza na prática quando a troca já conquistou um alcance e uma importância suficientes para que se produzam coisas úteis destinadas à troca [...]. A partir desse momento, os trabalhos privados dos produtores assumem, de fato, um duplo caráter social. Por um lado, como trabalhos úteis determinados, eles têm de satisfazer uma determinada necessidade social e, desse modo, conservar a si mesmos como elos do trabalho total, do sistema natural-espontâneo da divisão social do trabalho. Por outro lado, eles só satisfazem as múltiplas necessidades de seus próprios produtores na medida em que cada trabalho privado e útil particular é permutável por qualquer outro tipo útil de trabalho privado, portanto, na medida em que lhe é equivalente. A igualdade *toto coelo* [plena] dos diferentes trabalhos só pode consistir numa abstração de sua desigualdade real, na redução desses trabalhos ao seu caráter comum como dispêndio de força humana de trabalho, como trabalho humano abstrato.[38]

---

[37] Ibidem, p. 169.
[38] Ibidem, p. 148-9.

O rápido movimento de Marx de uma "janela" para outra no primeiro capítulo d'*O capital* nos levou ao ponto de podermos enxergar claramente as interconexões entre o crescimento da troca, a ascensão da forma do dinheiro e a emergência do trabalho abstrato como uma medida de valor. Mas também adquirimos uma perspectiva suficiente nessas inter-relações para ver que a maneira como as coisas aparecem para nós na vida diária pode tanto ocultar quanto revelar seu significado social. Essa ideia é captada por Marx no conceito do "caráter fetichista da mercadoria".

A extensão da troca coloca os produtores em relações de dependência recíproca, porém eles se relacionam por meio dos produtos que trocam, e não diretamente como seres sociais. Por outro lado, as próprias coisas mudam de acordo com seu valor, o que é medido em termos do trabalho abstrato. E o trabalho abstrato se torna a medida do valor diante de um processo social específico. O "caráter fetichista da mercadoria" descreve um estado no qual "as relações sociais entre seus trabalhos privados aparecem como aquilo que elas são, isto é, não como relações diretamente sociais entre pessoas em seus próprios trabalhos, mas como relações reificadas entre pessoas e relações sociais entre coisas"[39].

Não é por acaso que Marx expõe o princípio geral do "caráter fetichista da mercadoria" imediatamente depois de considerar a emergência da forma monetária do valor[40]. Nesse ponto, ele está preocupado com a análise do uso do princípio geral do "fetichismo" para explicar o caráter problemático da relação entre o valor e sua expressão monetária:

> somente a análise dos preços das mercadorias conduziu à determinação da grandeza do valor, e somente a expressão monetária comum das mercadorias conduziu à fixação de seu caráter de valor. Porém, é justamente essa forma acabada – a forma-dinheiro – do mundo das mercadorias que vela materialmente, em vez de revelar, o caráter social dos trabalhos privados e, com isso, as relações sociais entre os trabalhadores privados.[41]

A troca de mercadorias por dinheiro é bastante real, embora oculte as nossas relações sociais com os outros por trás de uma mera coisa – a forma monetária em si. Por exemplo, o ato da troca não nos diz nada sobre as condições do trabalho dos produtores e nos mantém em um estado de ignorância diante das nossas relações

---

[39] Idem.
[40] Isaak Rubin (*Essays on Marx, Theory of Value*, Detroit, Black & Red, 1972 [ed. bras: *A teoria marxista do valor*, São Paulo, Polis, 1987]) faz alguns comentários fascinantes sobre o tema do fetichismo n'*O capital* de Marx.
[41] Karl Marx, *O capital*, Livro I, cit., p. 150.

sociais ao passo que estas são mediadas pelo sistema do mercado. Apenas reagimos aos preços das quantidades dos valores de uso. Mas isso também sugere que no momento que "equiparam entre si seus produtos [...] na troca, como valores", os homens "não sabem disso, mas o fazem". A existência do dinheiro – a forma de valor – oculta o significado social do próprio valor. "Na testa do valor não está escrito o que ele é"[42].

Considere agora a relação entre os valores e preços que isso implica. Se o sistema de preço permite a formação de valores ao mesmo tempo que oculta da vista a base social destes, então a magnitude dos preços relativos não tem necessariamente de corresponder à magnitude dos valores relativos. Marx considera que os desvios entre as duas magnitudes não constituem "nenhum defeito" da forma-preço, porque são "aquilo que faz dela a forma adequada a um modo de produção em que a regra só se pode impor como a lei média do desregramento que se aplica cegamente"[43]. O fluxo e refluxo da produção de mercadorias para a troca, que se originam das decisões espontâneas de uma miríade de produtores, podem ser acomodados pelo sistema de preço precisamente porque os preços são livres para flutuar de maneiras que uma medida rígida de valores não poderia. Os valores, afinal, expressam um ponto de equilíbrio nas taxas de câmbio depois de a oferta e a demanda terem se equilibrado no mercado. A flexibilidade dos preços permite que o processo de equilíbrio ocorra e, por isso, é essencial para a definição dos valores.

Mais perturbador, no entanto, é o fato de que a forma-preço "pode abrigar uma contradição qualitativa, de modo que o preço deixe absolutamente de ser expressão de valor". Os objetos que não são produtos de trabalho humano – a terra, a consciência, a honra etc. – "podem ser comprad[o]s de seus possuidores com dinheiro e, mediante seu preço, assumir a forma-mercadoria"[44]. Então, as mercadorias que são produtos do trabalho humano devem ser distinguidas das "formas-mercadorias" que têm preço, mas não valor. Esse tópico não é seriamente abordado de novo até o terceiro livro d'*O capital*. Nele descobriremos o fetichismo que está anexado às categorias de renda (que coloca um preço na terra e faz parecer que o dinheiro saiu do solo) e juros (que colocam um preço no próprio dinheiro). Neste momento nós também deixaremos de lado essas questões espinhosas.

A caracterização de Marx do fetichismo das mercadorias nos encoraja a considerar profundamente o significado social do valor. Em uma de suas primeiras declarações sobre o assunto, Marx encara o valor como "a existência civil da

---

[42] Ibidem, p. 149.
[43] Ibidem, p. 177.
[44] Idem.

propriedade"[45]. N'*O capital*, Marx não é, em parte alguma, tão contundente, mas não obstante essa dimensão de seu argumento é de grande importância.

A troca de mercadorias pressupõe o direito dos proprietários privados de dispor livremente dos produtos do seu trabalho. Essa relação jurídica é "volitiva [e] reflete a relação econômica" da troca[46]. Para serem estabelecidas relações de troca que reflitam com precisão as exigências sociais, os produtores precisam "apenas se confrontar tacitamente como proprietários privados daquelas coisas alienáveis e, precisamente por meio delas, como pessoas independentes umas das outras". Ou seja, as "pessoas jurídicas" (indivíduos, corporações etc.) devem ser capazes de abordar uma à outra em um patamar igual na troca, como únicos e exclusivos proprietários das mercadorias com a liberdade de comprar e vender a quem lhes aprouver. Para tal condição existir é necessária não apenas uma base legal sólida para a troca, mas também o poder para manter os direitos de propriedade privada e fazer cumprir os contratos. Esse poder, é claro, reside no "Estado". O Estado, de uma forma ou de outra, é uma precondição necessária para o estabelecimento de valores.

Na medida em que os direitos de propriedade privada e o cumprimento dos contratos são garantidos, a produção pode cada vez mais ser realizada como um conjunto de "trabalhos úteis, executados separadamente uns dos outros como negócios privados de produtores independentes" que expressam a sua relação com a sociedade por meio da troca dos seus produtos[47]. O sistema de preço, que também requer regulamentação do Estado, ainda que apenas para garantir a qualidade do dinheiro em circulação (ver capítulo 10), facilita a coordenação das atividades espontâneas de inúmeros indivíduos para que a produção atinja a "medida socialmente proporcional"[48]. Podemos, sob tais condições, estudar o "comportamento [...] dos homens em seu processo social de produção" como se ele fosse "meramente atomístico", para que suas relações um com o outro na produção assumam "a figura reificada de suas relações de produção, independentes de seu controle e de sua ação individual consciente"[49].

Esse modelo de trabalho de uma sociedade de mercado e todas as suas armadilhas políticas e legais foram, é claro, muito prevalentes na economia política da época e remontam, como tão habilmente mostrou o professor MacPherson,

---

[45] Idem, "Debatten über das Holzdiebstahlsgesetz", *Rheinische Zeitung*, n. 298, 25 out. 1842. Assinado "einen Rheinländer".
[46] Idem, *O capital*, Livro I, cit., p. 159.
[47] Ibidem, p. 120.
[48] Ibidem, p. 150.
[49] Ibidem, p. 167.

pelo menos a Hobbes e Locke[50]. Marx claramente adotou a posição de que a operação da lei do valor dependia da existência de condições societárias básicas. Além disso, ele considera que as noções de "individualidade", "igualdade", "propriedade privada" e "liberdade" assumem significados muito específicos no intercâmbio no mercado – significados que não devem ser confundidos com ideologias gerais de liberdade, individualidade, igualdade etc. Ao passo que esses significados altamente específicos são universalizados nas noções burguesas de constitucionalidade, criamos confusões tanto no pensamento quanto na prática.

Considere, por exemplo, a noção de *igualdade*, que desempenha um papel fundamental no argumento de Marx. Aristóteles muito tempo antes declarou que "a troca não pode ocorrer sem igualdade" – um princípio que Marx cita de forma aprovável. Isso não significa que todos sejam ou devam ser considerados iguais em todos os aspectos. Simplesmente significa que não trocaríamos um valor de uso por outro em condições de intercâmbio livre a menos que valorizássemos os dois pelo menos igualmente bem. Ou, colocando em termos de dinheiro, um dólar é igual a outro dólar tendo em vista seu poder de compra, não importando no bolso de quem esteja. Toda justificativa para a operação do sistema de preço se baseia no princípio de que "o processo de circulação de mercadorias exige a troca de equivalentes"[51]. Por isso, a definição de valores se baseia nessa ideia restrita e bem específica de igualdade, no sentido de que os diferentes valores de uso produzidos sob diferentes condições concretas do trabalho humano são todos reduzidos no decorrer do intercâmbio no mercado para o mesmo padrão. Eles podem ser induzidos a uma relação de equivalência. Entretanto, uma vez que temos tal ideia de igualdade firmemente estabelecida, podemos usá-la para impulsionar toda a discussão da lógica interna do capitalismo para um plano de discurso novo e mais frutífero. Vamos ver como Marx faz isso.

---

[50] Por isso não pretendo indicar que concordo inteiramente com Crawford MacPherson, cuja *Political Theory of Possessive Individualism* (Oxford, Clarendon Press, 1962) ignora, entre outras coisas, a organização patriarcal das famílias, ao mesmo tempo que ignora muitas das reais complexidades – ver Keith Tribe, *Land, Labour and Economic Discourse* (Londres/Boston, Routledge & K. Paul, 1978) e Alan Macfarlane, *The Origins of English Individualism: The Family, Property and Social Transition* (Oxford, Blackwell Basil, 1978 [ed. bras.: *Família, propriedade e transição social*, Rio de Janeiro, Zahar, 1980]). O próprio Marx aborda esses temas com algum detalhamento nos *Grundrisse*, cit., p. 67-181.

[51] Karl Marx, *O capital*, Livro I, cit., p. 235.

4. A TEORIA DO MAIS-VALOR

Chegamos agora ao ponto em que podemos apresentar uma concepção do capital que integra o nosso entendimento do relacionamento entre os valores de uso, os valores de troca e os valores. O capital, insiste Marx, deve ser definido mais como um processo do que como uma coisa. A manifestação material desse processo existe como uma transformação do dinheiro em mercadorias e de volta ao dinheiro mais o lucro: D-M-(D+ΔD). Já que definimos o dinheiro como a representação material do valor, podemos também dizer que o capital é um processo de expansão do valor. Marx chama isso de produção de mais-valor.

No decorrer da sua circulação, o capital deve assumir as formas de dinheiro (valor de troca) e mercadorias (valores de uso) em diferentes momentos:

> Na verdade, porém, o valor se torna, aqui, o sujeito de um processo em que ele, por debaixo de sua constante variação de forma, aparecendo ora como dinheiro, ora como mercadoria, altera sua própria grandeza e, como mais-valor, repele a si mesmo como valor originário valoriza a si mesmo.

Entretanto, não devemos divorciar o nosso entendimento desse processo de "autoexpansão do valor" da sua expressão material. Por essa razão,

> Como sujeito usurpador de tal processo, no qual ele assume ora a forma do dinheiro, ora a forma da mercadoria, porém conservando-se e expandindo-se nessa mudança, o valor requer, sobretudo, uma forma independente por meio da qual sua identidade possa ser constatada. E tal forma ele possui apenas no dinheiro. Este constitui, por isso, o ponto de partida e de chegada de todo processo de valorização. [...] O valor se torna, assim, valor em processo, dinheiro em processo e, como tal, capital.[52]

Essa definição do capital tem alguns efeitos abrangentes. Em primeiro lugar, implica que o capital atuante na sociedade não é igual ao estoque de dinheiro nem ao estoque total de valores de uso (que podemos definir como a *riqueza social* total). O dinheiro que está no meu bolso como um meio para comprar as mercadorias que eu preciso para viver não está sendo usado como capital. Nem os valores de uso da casa em que moro ou a pá que uso para cavar o jardim. Há, portanto, uma grande parte de coisas que ocorrem na sociedade que não estão diretamente relacionadas à circulação do capital, e por isso devemos resistir à tentação de redu-

---

[52] Ibidem, p. 230-1.

zir tudo a essas simples categorias marxianas. O *capital monetário* é, então, parte do estoque total de dinheiro, e o *capital produtivo* e o *capital das mercadorias* são porções da riqueza social total, captadas em um processo de circulação muito específico. Em consequência disso, o capital pode ser formado pela conversão do dinheiro e pelos valores de uso, colocando-os em circulação para fazerem dinheiro, para produzirem mais-valor.

Em segundo lugar, a definição de "processo" do capital significa que podemos determinar um "capitalista" como um agente econômico que coloca dinheiro e valores de uso em circulação para produzir mais dinheiro. Os indivíduos podem ou não apreciar o seu papel, personificá-lo e internalizar seu argumento para a sua própria psicologia. Os capitalistas podem ser pessoas boas ou más. Mas não precisamos nos preocupar com isso: podemos simplesmente tratar "as máscaras econômicas das pessoas" como "personificações das relações econômicas, como suporte das quais elas se defrontam umas com as outras"[53]. Para os propósitos imediatos, podemos nos concentrar mais nos *papéis* do que nas próprias pessoas. Isso nos permite abstrair da diversidade das motivações humanas e operar no nível da necessidade social enquanto ela for captada em um estudo dos papéis dos agentes econômicos.

Por fim, mas não menos importante, a definição de Marx do capital demonstra uma relação necessária, mais que fortuita, entre a forma capitalista de circulação e a determinação dos valores como o tempo de trabalho socialmente necessário. Como esta é uma proposta muito importante, devemos recapitular a sua base.

Já vimos que a extensão da troca e da ascensão do dinheiro são essenciais um ao outro. Também vimos que a contradição internalizada dentro da forma do dinheiro (entre o seu valor de uso e o valor) só poderia ser resolvida se houvesse um fundo de reserva de dinheiro que pudesse ser lançado em circulação, ou dela retirado, como condições da troca de mercadorias requerida. O dinheiro deve começar a circular de determinada maneira. Como D-M-D não produz mudança qualitativa na natureza da mercadoria mantida no início e no fim do processo, a única motivação sistêmica para essa forma de circulação é através de uma mudança quantitativa, o que significa um processo de circulação da fórmula

$$D - M - (D + \Delta D)$$

Marx nos mostra que, mesmo na ausência das diferentes motivações humanas (a paixão pelo ouro, a ambição pelo poder social e o desejo de dominar), a forma

---

[53] Ibidem, p. 160.

capitalista de circulação teria de aparecer em resposta às pressões contraditórias exercidas sobre o dinheiro por meio da expansão e extensão da troca. Mas a troca também estabelece valores como aqueles reguladores das relações de troca. E assim podemos derivar a conexão: a ascensão da forma de circulação capitalista e dos valores como os reguladores da troca andam lado a lado porque ambas são o produto da extensão e da expansão da troca.

Porém, no livro de Marx, as contradições raramente são resolvidas e quase sempre deslocadas. É o que acontece nesse caso. A forma de circulação capitalista se baseia em uma *desigualdade* porque os capitalistas possuem mais dinheiro (valores) no fim do processo do que possuíam no início. Mas os valores são estabelecidos por um processo de troca que se baseia no princípio da *equivalência*. Isso cria uma dificuldade. Como os capitalistas entendem uma desigualdade, ΔD, mediante um processo de troca que pressupõe equivalência? Em resumo, onde o lucro surge em condições de troca justa?

Segundo Marx, por mais que possamos tentar, não conseguiremos encontrar uma resposta para essa pergunta no reino da troca. Violando o princípio da equivalência (por meio de trapaça, trocas forçadas, roubo e coisas parecidas) só podemos conseguir que um indivíduo lucre à custa da perda de outro. Isso pode resultar na concentração de dinheiro e de meios de produção em poucas mãos, mas não pode constituir uma base estável para uma sociedade em que inúmeros produtores deverão buscar e produzir um lucro "justo" sem canibalizar um ao outro no processo.

Por isso, temos de buscar a resposta por meio de um cuidadoso escrutínio do reino da produção. Temos de mudar a nossa "janela" para o mundo daquela formada pela relação entre o valor de troca e o valor, e considerar a relação entre o valor e o valor de uso. A partir do sexto capítulo do primeiro livro d'*O capital*, até bem adiantado no terceiro livro, Marx, com algumas exceções significantes, vai assumir que todas as mercadorias são negociadas em seus valores, que não há distinção entre preços e valores. O problema do lucro torna-se então idêntico àquele da expansão dos valores. E a solução para esse problema tem de ser buscada sem apelar para a ideia de desvios entre preços e valores. A partir dessa nova "janela" para a lógica interna do capitalista, Marx enxerga o seu caminho claramente andando rumo à construção da teoria do mais-valor. Vamos ver como flui o argumento.

A produção ocorre no contexto de relações sociais definidas. A relação social que domina no modo de produção capitalista é aquela entre o trabalho assalariado e o capital. Os capitalistas controlam os meios de produção, o processo de produção e a disposição do produto final. Os trabalhadores vendem a sua força de trabalho como uma mercadoria em troca de salários. Em suma, nós pressupomos que a produção ocorre no contexto de uma relação de classe definida entre o capital e o trabalho.

A força de trabalho como mercadoria tem caráter dual: ela tem um valor de uso e um valor de troca. O valor de uso é estabelecido de acordo com as regras da troca de mercadorias, pelo tempo de trabalho socialmente necessário requerido para reproduzir aquela força de trabalho em certo padrão de vida e com certa capacidade de se envolver no processo de trabalho. O trabalhador abre mão do valor de uso da força de trabalho em troca do seu valor de troca.

Uma vez que os capitalistas adquirem força de trabalho, eles podem colocá-la para trabalhar de maneiras benéficas para eles próprios. Como os capitalistas compram certa extensão de tempo durante a qual mantêm os direitos de uso da força de trabalho, eles podem organizar o processo de produção (sua intensidade, tecnologia etc.) para garantir que os trabalhadores, durante aquele período, produzam um valor maior do que recebem. Para o capitalista, o valor de uso da força de trabalho não é simplesmente o fato de ele poder ser colocado no trabalho para produzir mercadorias, mas o fato de ele ter a capacidade especial para produzir um valor maior do que ele próprio tem – ele pode, em suma, produzir *mais-valor*.

A análise de Marx é baseada na ideia de que "o valor da força de trabalho e sua valorização no processo de trabalho são, portanto, duas grandezas distintas"[54]. O excesso do valor que os trabalhadores incorporam nas mercadorias com relação ao valor que eles requerem para a sua própria reprodução mede a exploração do trabalho na produção. Observe, contudo, que a regra de equivalência na troca não é de maneira alguma transgredida, mesmo que seja produzido mais-valor. Portanto, não há exploração na esfera da troca.

Essa solução para a origem do lucro é tão simples quanto elegante. Como diz Engels, ela ataca o lar "como um raio saído de um céu claro"[55].

A economia política clássica não poderia enxergar a solução porque ela confundia o trabalho como uma medida de valor e a força de trabalho como uma mercadoria negociada no mercado. Por isso, na teoria de Marx, há uma vital distinção entre o trabalho e a força do trabalho. "O trabalho", afirma Marx, "é a substância e a medida imanente dos valores, mas ele mesmo *não tem valor nenhum*". Supor o contrário seria inferir que poderíamos medir o valor do próprio valor. Além disso, "se existisse realmente algo como o valor do trabalho, e se ele [o capitalista] pagasse realmente esse valor, não existiria nenhum capital e seu dinheiro não se transformaria em capital"[56]. O que o trabalhador vende ao capi-

---

[54] Ibidem, p. 270.
[55] Ibidem, Livro II, p. 14.
[56] Ibidem, Livro I, p. 612.

talista não é o trabalho (a substância do valor), mas a força de trabalho – a capacidade de realizar na forma-mercadoria certa quantidade de tempo de trabalho socialmente necessário.

A distinção entre trabalho e força de trabalho conduz Marx a uma conclusão absolutamente essencial – conclusão esta que lhe permite retificar e transformar a teoria do valor-trabalho de Ricardo. Em uma sociedade em que o trabalho e a força do trabalho fossem indistinguíveis (como o são na teoria de Ricardo), a lei do valor só poderia operar em um grau muito restrito. A lei do valor "só se desenvolve livremente com base na produção capitalista"[57]. Isso pressupõe relações sociais de trabalho assalariado. Em outras palavras, a contradição entre capital e trabalho assalariado é "o último desenvolvimento da relação de valor e da produção baseada no valor"[58].

Isso significa, muito simplesmente, que o valor e a produção de mais-valor são parte e parcela um do outro. O pleno desenvolvimento de um se baseia no florescimento do outro. Como a produção de mais-valor só pode ocorrer em algumas relações de produção específicas, temos de entender como estas começaram a ocorrer. Precisamos entender a origem do trabalho assalariado.

E a única coisa da qual podemos ter certeza é que:

> a natureza não produz possuidores de dinheiro e de mercadorias, de um lado, e simples possuidores de suas próprias forças de trabalho, de outro. Essa não é uma relação histórico-natural [*naturgeschichtliches*], tampouco uma relação social comum a todos os períodos históricos, mas é claramente o resultado de um desenvolvimento histórico anterior, o produto de muitas revoluções econômicas, da destruição de toda uma série de formas anteriores de produção social.[59]

Marx agora juntou todos os fios lógicos de um argumento complexo. Ele começou, como nós, com a concepção simples da mercadoria como uma incorporação do valor de uso e do valor de troca. Da proliferação da troca ele derivou a necessidade de dinheiro como uma expressão do valor e mostrou uma relação necessária entre a forma capitalista da circulação e a determinação das relações de troca segundo o tempo de trabalho socialmente necessário. Ele agora nos mostrou que a contradição que isso gera entre a equivalência pressuposta pela troca e a desigualdade implicada pelo lucro só pode ser resolvida identificando-se uma mercadoria que tenha a característica especial de ser capaz de produzir um valor

---

[57] Ibidem, p. 606.
[58] Idem, *Grundrisse*, cit., p. 587.
[59] Idem, *O capital*, Livro I, cit., p. 244.

maior do que ela realmente tem. A força de trabalho é uma mercadoria desse tipo. Quando colocada para trabalhar e produzir mais-valor, ela pode resolver as contradições. Mas isso acarreta a existência de trabalho assalariado. Tudo o que resta é explicar a origem do próprio trabalho assalariado. É a essa tarefa que vamos nos dedicar agora.

II. RELAÇÕES DE CLASSE E O PRINCÍPIO CAPITALISTA DA ACUMULAÇÃO

As investigações de Marx das relações entre os valores de uso, os preços e os valores no contexto da produção e troca de mercadorias geram uma conclusão fundamental. A relação social que está na raiz da teoria do valor marxiana é a relação de classe entre o capital e o trabalho. A teoria do valor é uma expressão dessa relação de classe. Tal conclusão afasta Marx de Ricardo e constitui a essência da sua crítica da economia política burguesa. Mas o quê, exatamente, significa uma relação de classe?

O conceito de classe está inserido na análise d'*O capital* com a maior cautela. Não há profissões de fé diretas do tipo que "toda história é a história da luta de classes", nem encontramos a "classe" introduzida como algum *deus ex machina* que explica tudo, mas não tem de ser explicada. A concepção de classe se desenvolve no decorrer da investigação dos processos de produção e troca de mercadorias. Quando é apresentada uma definição inicial, Marx pode ampliar imensamente o escopo da sua investigação, incorporar ideias específicas sobre as relações de classe e transitar livremente entre valores de uso, preços, valores e relações de classe na dissecação da lógica interna do capitalismo. É isso que lhe permite romper a camisa de força da economia política tradicional.

A análise da produção e da troca de mercadorias revela a existência de dois papéis distintos e opostos na sociedade capitalista. Aqueles que buscam o lucro assumem o papel do capitalista, e aqueles que abrem mão do trabalho extra para nutrir esse lucro assumem o papel do trabalhador. No livro todo, Marx trata o capitalista como a "personificação" do capital e o trabalhador simplesmente como o portador de uma mercadoria, a força de trabalho[60]. Eles são tratados, em suma, como "personificações das relações econômicas, como suporte das quais elas se defrontam umas com as outras". Marx aborda as implicações sociais, morais, psicológicas e políticas desses papéis distintos e parte de uma representação de duas classes da

---

[60] Ibidem, p. 160.

estrutura social capitalista, apenas na extensão em que essas elaborações e pontos de partida são considerados necessários para a análise.

No entanto, esse tratamento formal e muito severo do conceito de classe está justaposto n'*O capital* com significados mais ricos, mais confusos, que derivam do estudo da história. Os analistas contemporâneos de tradição marxista são, consequentemente, admiradores da distinção entre os conceitos de classe na medida em que eles se relacionam com o *modo de produção capitalista*, e aqueles que se relacionam com as *formações sociais capitalistas*[61]. A distinção é útil. A análise formal do

---

[61] O termo "modo de produção" está abundantemente espalhado em toda a obra de Marx, mas o conceito de "formação social" não tanto. A distinção entre os dois conceitos tornou-se um acalorado tópico de debate em toda a obra de Louis Althusser (*For Marx*, Londres, Allen Lane, 1969), Louis Althusser e Étienne Balibar (*Reading* Capital, Londres, NLB, 1970), Nicos Poulantzas (*Classes in Contemporary Capitalism*, Londres, NLB, 1975 [ed. bras.: *As classes sociais no capitalismo de hoje*, Rio de Janeiro, Zahar, 1978]) e outros que trabalham no que se tornou conhecido como a tradição "althusseriana" do marxismo estruturalista. O debate subsequente foi do desnecessariamente obscuro e difícil (Louis Althusser e Étienne Balibar) para o ridículo (Barry Hindess e Paul Hirst, *Pre-Capitalist Modes of Production*, Londres/Boston, Routledge & Kegan Paul, 1975 [ed. bras.: *Modos de produção pré-capitalistas*, Rio de Janeiro, Zahar, 1976]), tendo atingido seu ponto mais baixo de autodestruição na obra de Barry Hindess e Paul Hirst (*Mode of Production and Social Formation*, Londres, Macmillan, 1977 [ed. bras.: *Modos de produção e formação social*, Rio de Janeiro, Zahar, 1978]) e Antony Cutler, Barry Hindess, Paul Hirst e Athar Hussain (*Marx's Capital and Capitalism Today*, Londres/Boston, Routledge and Kegan Paul, 1978); ver também a revisão desta última realizada por Laurence Harris ("The Science of the Economy", *Economy and Society*, 1978). Uma medida de sanidade, com alguns importantes *insights*, foi injetada no debate por escritores como Bertell Ollman (*Alienation: Marx's Conception of Man in Capitalist Society*, Londres, Cambridge University Press, 1971), Maurice Godelier (*Rationality and Irrationality in Economics*, Londres, NLB, 1972 [ed. bras.: *Racionalidade e irracionalidade na economia*, Rio de Janeiro, Tempo Brasileiro, 1970]), Göran Therborn (*Science, Class and Society*, Londres, NLB, 1976), Ernesto Laclau (*Politics and Ideology in Marxist Theory: Capitalism, Fascism, Populism*, Londres, NLB, 1977 [ed bras.: *Política e ideologia na teoria marxista*, São Paulo, Paz e Terra, 1978]) e, mais recentemente, G. A. Cohen (*Karl Marx's Theory of History: a Defence*, Princeton, Princeton University Press, 1978). Edward Thompson (*The Poverty of Theory and Other Essays*, Londres, London Merlin Press, 1978), justificadamente enraivecido pelo caráter a-histórico e não iluminado de grande parte do debate, rejeita tudo como sendo uma bobagem teórica completa e arrogante, mas no processo é corretamente censurado por Perry Anderson (*Arguments within English Marxism*, Londres, NLB, 1980) por rejeitar as pepitas de ouro inseridas no que ele admite ser uma boa quantidade de lixo túrgido.

Marx usa o termo "modo de produção" de três maneiras bem diferentes. Ele escreve o "modo de produção do algodão", por exemplo, e significa os métodos e técnicas reais usados na produção de um tipo específico de valor de uso. Por modo de produção *capitalista*, ele com frequência está se referindo à forma característica do processo de trabalho nas relações de classe do capitalismo (incluindo, é claro, a produção de mais-valor), presumindo a produção de mercadorias para troca. Esta é a principal maneira em que Marx usa o conceito por todo o *Capital*. O conceito é uma representação abstrata de um conjunto de relacionamentos razoável e estreitamente definidos (ver o capítulo 4 para uma discussão sobre a maneira que as forças produtivas [a capacidade de transformar a natureza] e as relações sociais [de classe] se combinam dentro do processo do trabalho para definir o modo de produção característico).

modo de produção capitalista procura desvendar a lógica absoluta do capitalismo despojado de todas as características complicadoras. Os conceitos usados não pressupõem mais que o estritamente necessário para essa tarefa. Mas uma formação social – uma sociedade como ela é constituída em um determinado momento histórico – é muito mais complexa. Quando Marx escreve sobre os eventos históricos reais, ele usa categorias de classe mais amplas, mais numerosas e mais flexíveis. Nas passagens históricas n'*O capital*, por exemplo, encontramos a classe capitalista tratada como um elemento dentro das classes dominantes na sociedade, enquanto a burguesia significa mais uma vez algo diferente. Em *O 18 de Brumário de Luís*

Mas Marx às vezes, particularmente em seus escritos preparatórios como os *Grundrisse*, usa o conceito holisticamente e com propósitos comparativos. O conceito então se refere a toda gama de produção, troca, distribuição e relações de consumo, assim como aos arranjos institucionais, jurídicos e administrativos, organização política e aparato estatal, ideologia e formas características de produção social (classe). Nessa veia podemos comparar os modos de produção "capitalista", "feudal", "asiático" etc. Esse conceito abrangente, porém extremamente abstrato, é de algumas maneiras o mais interessante, mas também cria as maiores dificuldades. É sobre esse uso do termo que todo o debate inflamou.

Vou tratar desse terceiro sentido do "modo de produção" como um conceito preliminar, cujo conteúdo ainda está por ser descoberto mediante cuidadosos estudos teóricos, históricos e comparativos. A ambiguidade que alguns têm corretamente detectado no próprio uso de Marx do conceito atesta a natureza experimental de suas próprias formulações, e faríamos bem em segui-lo nesse aspecto. O problema da abordagem de Althusser é que ele presume que uma teorização completa pode ser alcançada mediante algum tipo de "prática teórica" rigorosa. Embora ele gere algumas ideias importantes, o significado completo da ideia só vai se tornar aparente após um processo de investigação longo e arrastado que deve certamente incluir estudos históricos e comparativos. Mas temos de começar a investigação por algum lugar, armados com conceitos que ainda têm de ser esclarecidos. Para esse fim, vou primeiramente apelar para a segunda e mais limitada concepção do modo de produção para caminhar, passo a passo, na direção de um entendimento mais abrangente do modo de produção capitalista como um todo. Eu enfatizaria que é apenas uma das maneiras com a qual podemos abordar todo o significado do conceito. A ideia de uma "formação social" serve principalmente para nos lembrar que a diversidade das práticas humanas dentro de qualquer sociedade não pode ser reduzida simplesmente às práticas econômicas ditadas por seu modo de produção dominante. Althusser e Balibar sugerem duas maneiras em que podemos pensar em uma formação social. Em primeiro lugar, devemos reconhecer a "relativa autonomia" das práticas econômicas, políticas, ideológicas e teóricas na sociedade. O que é uma maneira de dizer que há uma oportunidade abundante, dentro de limites, para uma boa quantidade de variação cultural, instituição, política, moral e ideológica no capitalismo. Em segundo lugar, nas situações históricas reais vamos certamente encontrar vários modos de produção interligados ou "articulados" uns com os outros, embora nenhum modo possa ser claramente dominante. Elementos residuais de modos passados, as sementes dos modos futuros e dos elementos importados de algum modo contemporaneamente existente podem ser todos encontrados dentro de uma formação social específica. Devemos notar que todas essas características são explicáveis e não acidentais ou meramente idiossincráticas, mas para entendê-las temos de adotar uma estrutura de análise muito mais complexa que aquela ditada pela análise de qualquer modo de produção específico (concebido no sentido estrito). Por essa razão, a associação dos termos "modo de produção" e "formação social" é muito útil.

Bonaparte, que é frequentemente citado como um modelo da análise história de Marx em ação, encontramos os eventos na França de 1848 a 1851 analisados em termos do lumpemproletariado, do proletariado industrial, de uma pequena burguesia, de uma classe capitalista fracionada em industriais e financistas, de uma aristocracia fundiária e de uma classe camponesa. Tudo isso está muito distante da simples análise de duas classes apresentada em grande parte d'*O capital*[62].

A interação entre dois sistemas conceituais aparentemente disparatados – o histórico e o teórico – é crucial para a explicação do conceito de classe em toda a sua completude. E, por extensão, a interação é crucial para o entendimento da natureza do próprio valor. Mas os vínculos são difíceis de forjar, e Marx muito certamente não concluiu a tarefa. Em grande parte d'*O capital*, por exemplo, Marx se "ocupa" da questão do trabalho assalariado "teoricamente", exatamente da mesma maneira que o capitalista contemporâneo dela se ocupa "praticamente"[63]. Mas por trás desse fato teórico se oculta uma questão histórica importante: como e por que jamais aconteceu de o dono do dinheiro encontrar um trabalhador vendendo livremente a força de trabalho da mercadoria no mercado? A relação entre o capital e o trabalho não tem uma base "natural" – ela surge como o resultado de um processo histórico específico. E assim, no fim do primeiro livro d'*O capital*, Marx descreve os processos pelos quais o capitalismo veio a substituir o feudalismo.

A história que Marx conta é controversa em seus detalhes, mas simples em sua concepção básica[64]. A ascensão da classe capitalista segue junto da formação de um proletariado. Este último é "o resultado de uma luta de 400 anos entre capitalista e trabalhador"[65] na medida em que aqueles engajados no modo capitalista

---

[62] No terceiro livro d'*O capital*, Marx começa a desagregar a classe capitalista em "facções" ou "classes" separadas de capitalista mercantil, capitalista monetário, financista e proprietário de terra, tendo por base o papel distinto que cada um desempenha em relação à circulação do capital. Ele também considera, brevemente, as implicações da separação entre a posse e o controle, e os "salários de superintendência" pagos ao gerenciamento. Ao que parece, ele achava que a teoria da estrutura de classe no modo de produção capitalista seria um dos produtos finais a ser extraído, no final da análise, de suas investigações detalhadas de como operava a lei do valor.

[63] Karl Marx, *O capital*, Livro I, cit., p. 244.

[64] A versão de Marx da "acumulação primitiva" na Grã-Bretanha tem sido revisada repetidamente por historiadores e não pode ser considerada fora de toda a discussão sobre a transição do feudalismo para o capitalismo. O estudo de Maurice Dobb, *The Studies in the Development of Capitalism* (Nova York, International Publishers, 1963), sobre o desenvolvimento econômico do capitalismo muito a recomenda, e as linhas gerais do debate dentro do campo marxista estão detalhadas em Rodney Hilton (1976). O debate que girou em torno do estudo clássico de Edward Thompson, *The Making of the English Working Class* (Harmondsworth, Penguin, 1968), também merece um estudo cuidadoso.

[65] Karl Marx, *O capital*, Livro I, cit., p. 343.

de circulação lutaram para encontrar um modo de produção apropriado que fosse como uma base sistemática para gerar lucro. As duas classes são capturadas em uma oposição simbiótica, porém inexorável. Nenhuma delas pode existir sem a outra, embora a antítese entre elas seja profunda. Seu desenvolvimento mútuo assume várias formas intermediárias e segue de forma desigual por setor e por região. Mas, finalmente, a relação entre o capital e o trabalho se torna hegemônica e dominante dentro de uma formação social, no sentido de que toda a estrutura e direção do desenvolvimento dança principalmente conforme a sua música. E nesse ponto se justifica chamarmos essa sociedade de uma sociedade *capitalista*. Mas o ponto essencial tem de ser entendido. O trabalho assalariado não é uma categoria universal. A relação de classe entre o capital e o trabalho, e a teoria do valor que ela expressa, é uma criação histórica.

1. O papel de classe do capitalista e o imperativo para acumular

Lembre-se de que a esfera da troca é caracterizada por individualidade, igualdade e liberdade. É "inadmissível que nelas [nas compras e vendas] busquemos relações entre classes sociais inteiras", uma vez que no reino da troca (que inclui a compra e venda da força de trabalho) "as compras e as vendas são efetuadas apenas entre indivíduos singulares"[66]. Então, sob quais condições podemos buscar relações entre todas as classes sociais, e quais são as implicações do fato de a individualidade parecer ter precedência sobre a classe no reino da troca?

Marx demonstra que, sob a superfície das relações de troca, "sucedem processos inteiramente diferentes, nos quais desaparece essa aparente igualdade e liberdade dos indivíduos" porque "o valor de troca [...] já encerra em si a coação sobre o indivíduo"[67]. A coação surge da necessidade de proporcionar um valor de uso para outros a um preço que é regulado pelas condições médias de produção de uma mercadoria. E o mecanismo que está por trás dessa coação é a competição.

É importante entender a maneira com a qual Marx apela para o princípio da competição[68]. Ele argumenta que a competição pode explicar o motivo de as coisas serem vendidas no seu valor ou próximo ao seu valor, mas não consegue revelar a natureza do próprio valor; nem isso pode lançar qualquer luz sobre a origem do

---

[66] Ibidem, p. 662.
[67] Idem, *Grundrisse*, cit., p. 190.
[68] A suposição da competição perfeita desempenha um papel muito diferente na teoria de Marx do que aquele que ela desempenha na economia convencional. Marx a utiliza para mostrar como, mesmo quando o capitalismo está operando de uma maneira considerada perfeita pelos economistas políticos burgueses, ele ainda envolve a exploração da força de trabalho como fonte de lucro.

lucro. A equalização da taxa de lucro deve ser explicada em termos da competição, mas de onde vem o lucro requer uma estrutura de análise inteiramente diferente. Por isso, Marx não acha necessário analisar a competição em detalhes nos dois primeiros livros d'*O capital*, com uma exceção muito importante.

O comportamento do capitalista individual não depende de sua "boa ou má vontade", porque a "concorrência impõe a cada capitalista individual, como leis coercitivas externas, as leis imanentes do modo de produção capitalista"[69]. Na medida em que os indivíduos adotam o papel do capitalista, eles são obrigados a internalizar o motivo da busca do lucro como parte do seu ser subjetivo. Avareza, cobiça e as predileções da miséria encontram escopo para expressão em tal contexto, mas o capitalismo não é baseado nesses traços de caráter – queira ou não, a competição lhes impõe participantes desafortunados.

Há outras consequências para os capitalistas. Considere, por exemplo, o que eles podem fazer com o excedente do qual se apropriam. Eles têm uma escolha de consumi-lo ou reinvesti-lo. Surge então "um conflito fáustico entre os impulsos da acumulação e do desfrute"[70]. Em um mundo de inovação e mudança tecnológicas, o capitalista que reinveste pode obter a vantagem competitiva do capitalista que desfruta do excedente como receitas. A paixão pela acumulação expulsa o desejo de desfrute. O capitalista não se abstém do desfrute por inclinação:

> O capitalista só é respeitável como personificação do capital. Como tal, ele partilha com o entesourador o impulso absoluto de enriquecimento. Mas o que neste aparece como mania individual, no capitalista é efeito do mecanismo social, no qual ele não é mais que uma engrenagem. Além disso, o desenvolvimento da produção capitalista converte em necessidade o aumento progressivo do capital investido numa empresa industrial, e a concorrência impõe a cada capitalista individual, como leis coercitivas externas, as leis imanentes do modo de produção capitalista. Obriga-o a ampliar continuamente seu capital a fim de conservá-lo, e ele não pode ampliá-lo senão por meio da acumulação progressiva.[71]

A regra que rege o comportamento de todos os capitalistas é, então, "a acumulação pela acumulação, a produção pela produção"[72]. E essa regra, imposta pela competição, opera independentemente da vontade individual do capitalista. É a marca registrada do comportamento individual, e assim se imprime como a carac-

---

[69] Karl Marx, *O capital*, Livro I, cit., p. 342, 677.
[70] Ibidem, p. 669.
[71] Ibidem, p. 667.
[72] Ibidem, p. 670.

terística distintiva de todos os membros na classe dos capitalistas. Isso também une todos os capitalistas, pois eles todos têm uma necessidade comum: promover as condições para a acumulação progressiva.

2. As implicações para o trabalhador da acumulação por parte do capitalista

A competição entre os capitalistas empurra cada um deles para o uso de um processo de trabalho que é pelo menos tão eficiente quanto a média social. Mas os que acumulam mais rapidamente tendem a expulsar do negócio aqueles que acumulam em uma velocidade mais lenta. Isso implica um incentivo eterno para os capitalistas individuais aumentarem a velocidade de acumulação por meio da exploração crescente no processo de trabalho relativo à velocidade social média da exploração. As implicações disso para o trabalhador são inúmeras.

O limite máximo da jornada de trabalho, por exemplo, é estabelecido por restrições físicas e sociais que são, no entanto, "de natureza muito elástica e permitem as mais amplas variações"[73]. Mediante a competição ou a tendência, os capitalistas podem procurar ganhar o mais-valor *absoluto* estendendo a jornada de trabalho. Os trabalhadores, por outro lado, demandam uma jornada de trabalho "normal" e, obviamente, vão sofrer se a necessária paixão dos capitalistas pela acumulação tiver permissão para passar não controlada. A batalha está iniciada:

> O capitalista faz valer seus direitos como comprador quando tenta prolongar o máximo possível a jornada de trabalho [...] Por outro lado, [...] o trabalhador faz valer seu direito como vendedor quando quer limitar a jornada de trabalho a uma duração normal determinada. Tem-se aqui, portanto, uma antinomia, um direito contra outro direito, ambos igualmente apoiados na lei da troca de mercadorias. Entre direitos iguais, quem decide é a força. E assim a regulamentação da jornada de trabalho se apresenta, na história da produção capitalista, como uma luta em torno dos limites da jornada de trabalho – uma luta entre o conjunto dos capitalistas, *i.e.*, a classe capitalista, e o conjunto dos trabalhadores, *i.e.*, a classe trabalhadora.[74]

---

[73] Ibidem, p. 306.
[74] Ibidem, p. 309. A ideia segundo a qual, em uma sociedade delimitada por classes, como o capitalismo, a força é a única maneira de decidir entre dois direitos leva Marx a fazer duras críticas àqueles, como Proudhon, que buscaram moldar uma sociedade socialmente justa apelando para algumas concepções burguesas de justiça. Robert Tucker, *The Marxian Revolutionary Idea* (Nova York, Norton, 1970), tem um excelente capítulo a respeito desse tópico.

Finalmente chegamos ao ponto em que é não apenas admissível, mas *necessário* buscar os relacionamentos entre todas as classes sociais. E agora podemos ver mais claramente por que um mundo de igualdade, liberdade e individualidade na arena da troca oculta um mundo de luta de classes, que afeta tanto o capital quanto o trabalho, no reino da produção.

Os trabalhadores individuais são livres para vender o seu trabalho sob quaisquer condições de contrato (por qualquer duração da jornada de trabalho) que lhes agradem – em princípio. Mas eles também têm de competir uns com os outros no mercado de trabalho. E tudo isso significa que "o trabalhador isolado, o trabalhador como 'livre' vendedor de sua força de trabalho, [...] sucumbe [...] sem poder de resistência" diante da tendência dos capitalistas para acumular. O único remédio é os trabalhadores "se unirem [...] como classe" para resistir às depredações do capital[75]. E quanto mais os trabalhadores oferecem formas de resistência coletivas, mais os capitalistas serão obrigados a se constituírem como uma classe para garantir coletivamente que as condições para a acumulação progressiva sejam preservadas.

O estudo da luta de classes sobre a duração da jornada de trabalho revela mais um ponto. Na ausência de organização de classe por parte do trabalho, a competição desenfreada entre os capitalistas tem o potencial para destruir a força de trabalho, a verdadeira fonte do próprio mais-valor. De tempos em tempos, os capitalistas devem, em seu próprio interesse, se constituir como uma classe e pôr limites à extensão da sua própria competição. Marx interpreta que as primeiras fábricas inglesas atuam como uma tentativa feita "por um Estado dominado pelo capitalista e pelo *landlord*" visando "uma limitação compulsória da jornada de trabalho" que, "num caso, exauriu o solo, no outro matou na raiz a força vital da nação"[76]. Há, portanto, uma distinção – com frequência muito difusa – entre a regulação desse tipo e a regulação obtida através de vitórias da classe trabalhadora e de seus aliados na luta para conseguir uma jornada de trabalho razoável.

Os capitalistas também podem acumular capturando o mais-valor *relativo*. Marx identifica duas formas. Uma queda no valor da força de trabalho ocorre quando a produtividade do trabalho nos setores produtores de "bens salariais" – as mercadorias que o trabalhador necessita – aumenta. O padrão de vida absoluto, medido em termos das *quantidades* de bens materiais e serviços que o trabalhador pode produzir, permanece inalterado: só as relações de troca (os preços) e os valores mudam. O barateamento sistemático dos bens salariais está, no entanto, além da capacidade dos capitalistas individuais. Uma estratégia de clas-

---

[75] Karl Marx, *O capital*, Livro I, cit., p. 370-3.
[76] Ibidem, p. 313.

se de algum tipo (subsídios para as mercadorias básicas, alimento barato e políticas habitacionais etc.) é requerida para essa forma de mais-valor relativo ser traduzida em um meio sistemático, em oposição a um meio esporádico e descontrolado, para acelerar a acumulação.

A segunda forma de mais-valor relativo está dentro do alcance dos capitalistas individuais. Os indivíduos podem alavancar a lacuna entre o tempo de trabalho socialmente necessário e seus próprios custos de produção privados. Os capitalistas que empregam técnicas de produção superiores e com uma produtividade de trabalho mais alta que a média podem ganhar um lucro excedente negociando a um preço estabelecido pela média social quando seus custos de produção por unidade estão bem abaixo da média social. Essa forma de mais-valor relativo tende a ser efêmera, pois a competição obriga outros produtores a se atualizarem ou saírem do negócio. Mas estando à frente do campo na produtividade, os capitalistas individuais podem acelerar sua própria acumulação relativa à média social. Isso então explica por que o capitalista "cuja única preocupação é a produção de valor de troca, esforça-se continuamente para diminuir o valor de troca das mercadorias", aumentando a produtividade do trabalho[77].

Aqui está a mola mestra para a mudança organizacional e tecnológica no capitalismo. Voltaremos a esse ponto mais tarde (ver capítulo 4). No momento estamos simplesmente interessados em falar das consequências para o trabalhador quando os capitalistas individuais buscam mais-valor relativo por meio da extensão da cooperação, da divisão do trabalho e do emprego de máquinas.

A cooperação e a divisão do trabalho dentro do processo de trabalho implicam a concentração da atividade do trabalho e dos trabalhadores em um local e o estabelecimento dos meios para coordenação e controle sob a autoridade despótica do capitalista. A competição obriga a concentração progressiva da atividade (até que, supostamente, todas as economias de escala estejam esgotadas) e o enrijecimento progressivo das estruturas de autoridade e dos mecanismos de controle dentro do local de trabalho. Com isso segue uma organização hierárquica e formas de especialização que estratificam a classe trabalhadora e criam uma camada social de administradores e supervisores que dirigem – em nome do capital – as operações cotidianas no local de trabalho.

O emprego de máquinas e o advento do sistema fabril têm resultados ainda mais profundos para o trabalhador. Ocorre uma redução nas habilidades individuais requeridas (um processo agora descrito, de forma mais deselegante, como "degradação de competências" ou "desqualificação") – o artesão torna-se um ope-

---

[77] Ibidem, p. 394.

rário fabril. A separação do trabalho "mental" do trabalho "manual" é enfatizada, enquanto o primeiro tende a ser convertido em um poder "do capital sobre o trabalho". As mulheres e as crianças também podem ser mais facilmente conduzidas à força de trabalho, e a força de trabalho de toda a família vem substituir o trabalho do indivíduo. A intensidade do processo de trabalho aumenta e são impostos ritmos cada vez mais estritos e rígidos. E em tudo isso o capitalista tem à mão um dispositivo novo e muito poderoso para regular a atividade e a produtividade do trabalhador – a máquina. O trabalhador tem de se adaptar aos ditames da máquina, e a máquina está sob o controle do capitalista ou do seu representante.

O resultado geral é o seguinte. A competição pela acumulação requer que o capitalista inflija uma violência diária sobre a classe trabalhadora no local de trabalho. A intensidade dessa violência não está sob o controle dos capitalistas individuais, particularmente se a competição for desregulada. A busca incessante pelo mais-valor relativo aumenta a produtividade do trabalho ao mesmo tempo que desvaloriza e deprecia a força de trabalho, sem falar na perda da dignidade, da sensação de controle sobre o processo do trabalho, do assédio constante por parte dos supervisores e da necessidade de se adaptar aos ditames da máquina. Como indivíduos, os trabalhadores mal estão em posição de resistir, mais particularmente porque uma produtividade crescente tem o hábito de "liberar" certo número deles para as fileiras dos desempregados. Os trabalhadores só conseguem desenvolver o poder de resistir por meio de algum tipo de ação de classe – sejam atos espontâneos de violência (quebra das máquinas, incêndios e a fúria da massa de épocas anteriores, que de modo algum desapareceram) ou a criação de organizações (como os sindicatos) capazes de travar uma luta de classes coletiva. A compulsão dos capitalistas para captar um mais-valor ainda mais relativo não passa incontestada. A batalha ocorre mais uma vez e as principais linhas da luta de classes se formam em torno de questões como a aplicação das máquinas, a velocidade e intensidade do processo de trabalho, o emprego de mulheres e crianças, as condições de trabalho e os direitos do trabalhador no local de trabalho. O fato de as lutas sobre essas questões serem uma parte da vida diária na sociedade capitalista atesta para o fato de que a busca pelo mais-valor relativo é onipresente e que a necessária violência implicada nessa busca pode provocar algum tipo de reação de classe por parte dos trabalhadores.

3. A CLASSE, O VALOR E A CONTRADIÇÃO DA LEI CAPITALISTA DA ACUMULAÇÃO

Nessa altura, a explicação do conceito de classe não está em parte alguma próxima de sua completude. Não dissemos nada sobre a maneira em que uma "classe" se constitui social, cultural e politicamente em uma dada situação histórica; nem nos aventuramos a dizer qualquer coisa sobre os problemas complexos de consciência de classe, ideologia e as identificações do *self* que as ações de classe inevitavelmente pressupõem. Mas a versão limitada do conceito de classe que apresentamos é suficiente para permitir algumas reflexões e conclusões.

Considere, primeiro, o significado que devemos agora anexar a "tempo de trabalho socialmente necessário" como a medida de valor. A classe capitalista deve se reproduzir e só pode fazê-lo mediante a acumulação progressiva. A classe trabalhadora deve também se reproduzir em uma condição apropriada para a produção de mais-valor. E, acima de tudo, a relação de classe entre o capital e o trabalho deve ser reproduzida. Como todos esses aspectos são socialmente necessários para a reprodução do modo de produção capitalista, eles entram no conceito de valor. Assim, o valor perde sua conotação tecnológica e física simples e passa a ser visto como uma relação social. Nós penetramos nos fetichismos da troca de mercadorias e identificamos o seu significado social. Dessa maneira, o conceito de classe está incorporado na concepção do próprio valor.

Entretanto, estamos agora em uma posição de sermos muito mais explícitos sobre a natureza da lei do valor. Considere como a questão se sustenta historicamente. O trabalho assalariado é um produto histórico, assim como a relação de classe entre o capital e o trabalho. A lei do valor capitalista é um produto histórico específico das sociedades em que domina o modo de produção capitalista. A descrição da passagem de sociedade pré-capitalista para capitalista pretende nos revelar como essa transmissão pode ter ocorrido. Em primeiro lugar, a emergência da forma do dinheiro e o aumento da troca dissolvem consistentemente os vínculos de dependência pessoal e os substitui por dependências impessoais via o sistema de mercado. O crescimento do sistema de mercado dá origem a um modo de circulação distintamente capitalista, baseado na busca do lucro. Esse modo de circulação contém uma contradição; por um lado, ele pressupõe liberdade, igualdade e individualidade; por outro, o próprio lucro pressupõe uma desigualdade. Essa contradição fundamental dá origem a várias formas instáveis de capitalismo nas quais os lucros são buscados sem o comando do processo de produção. Os banqueiros põem o dinheiro para trabalhar a fim de operarem mais dinheiro, os comerciantes buscam o lucro através da troca, os especuladores imobiliários negociam em aluguéis e propriedades, e assim por diante. A troca forçada, a pilhagem, o roubo e todas as outras práticas coercivas podem sustentar esses sistemas durante algum tempo. Mas no fim torna-se necessário dominar a própria produção para resolver a contradição fundamental entre a igualdade pressuposta pela troca e a desigualdade requerida para se obter lucro. Inicialmente frágeis, várias fases da industrialização, como experimentos com o sistema de plantação, pavimentam o caminho para a institucionalização da forma industrial do capitalismo que se baseia no trabalho assalariado e na produção de mais-valor. O advento do modo de produção capitalista resolve as contradições da troca, mas não o faz as deslocando. Surgem novas contradições de um tipo totalmente diferente.

A análise de classe d'*O capital* destina-se a revelar a estrutura dessas novas contradições na medida em que elas prevalecem no cerne do modo de produção capitalista. Por extensão, passamos a ver a teoria do valor incorporando e internalizando poderosas contradições que constituem a mola mestra da mudança social.

Lembre-se, antes de tudo, da maneira que a igualdade, a individualidade e a liberdade da troca são transformadas pela competição em um mundo de compulsão e coerção, de modo que cada capitalista individual seja obrigado, queira ou não, à acumulação pela acumulação. Entretanto, o reino da igualdade, da individualidade e da liberdade nunca é inteiramente abolido. Na verdade, não pode ser, porque a troca continua a desempenhar um papel fundamental e as leis da troca permanecem intactas. A produção de mais-valor resolve a contradição dentro do modo de produção capitalista de acordo com as leis da troca. Só na produção o caráter de classe das relações sociais se torna claro. Dentro da classe capitalista isso produz uma contradição entre a individualidade pressuposta pela troca e a ação de classe necessária para organizar a produção. Isso cria problemas, porque a produção e a troca não são separadas uma da outra, mas estão organicamente ligadas dentro da totalidade do modo de produção capitalista.

Vimos essa contradição em ação na análise de Marx das lutas sobre a duração da jornada de trabalho. Ali descobrimos os capitalistas individuais, cada um agindo em seu próprio interesse e encerrados em uma luta competitiva um com o outro, podendo produzir um resultado agregador que vai contra o seu interesse de classe visto como um todo. Por sua ação individual eles podem pôr em risco a base para a acumulação. E, como a acumulação é o meio pelo qual a classe capitalista se reproduz, eles podem pôr em risco a base para a sua própria reprodução. São então obrigados a se constituir como uma classe – em geral através da ação do Estado – e colocar limites à sua própria competição. Mas, assim fazendo, são obrigados a intervir no processo de troca – nesse caso no mercado de trabalho – e assim violar as regras da individualidade e da liberdade na troca.

A contradição dentro da classe capitalista entre a ação individual e as exigências de classe nunca pode ser resolvida dentro das leis pressupostas pelo modo de produção capitalista. E, como veremos em breve, essa contradição está na mesma raiz de muitas das contradições internas dentro da forma de acumulação capitalista. Também serve para explicar muitos dos dilemas sociais e políticos que têm incomodado a classe capitalista em toda a história do capitalismo. Há uma linha flutuante contínua entre a necessidade de preservar a liberdade, a igualdade e a individualidade, e a necessidade de aplicar uma ação de classe com frequência repressiva e coerciva. A produção de mais-valor só resolve as contradições dentro do modo de circulação capitalista colocando uma nova forma de contradição dentro da classe capitalista – aquela entre o capitalista individual e o interesse da classe capitalista em reproduzir as precondições gerais para a acumulação.

Em segundo lugar, considere a relação entre o capital e o trabalho que a produção de mais-valor pressupõe. Como qualquer outra mercadoria, a força de trabalho muda no mercado de acordo com as regras de troca normais. Mas já vimos que nem o capitalista nem o trabalhador podem realmente se permitir deixar o mercado para a força de trabalho operar livremente, e que os dois lados são obrigados em certos momentos a tomar uma ação de classe. A classe trabalhadora deve lutar para se preservar e se reproduzir não só fisicamente, mas também social, moral e culturalmente. A classe capitalista deve necessariamente infligir uma violência sobre a classe trabalhadora para sustentar a acumulação, ao mesmo tempo que deve também conter seus próprios excessos e resistir àquelas demandas por parte da classe trabalhadora que ameaçam a acumulação. A relação entre capital e trabalho é ao mesmo tempo simbiótica e contraditória. A contradição é a fonte da luta de classes. Isso também gera contradições internas dentro da forma de acumulação capitalista, ao passo que ajuda a explicar grande parte do desdobramento da história capitalista.

Somente nos capítulos finais do primeiro livro d'*O capital* finalmente apreciamos a transformação que Marx elaborou na teoria do valor-trabalho de Ricardo. Agora encaramos o tempo de trabalho socialmente necessário como o padrão de valor apenas na medida em que um modo de circulação capitalista e um modo de produção capitalista com suas relações sociais distintas passaram a existir. E este é o resultado de um processo específico de transformação histórica que criou o trabalho assalariado como uma categoria vital na vida social. A caminho dessa conclusão fundamental, Marx reuniu um corpo de valiosos *insights* sobre a estrutura do capitalismo. Já vimos a importância de algumas relações jurídicas expressadas por meio dos direitos de propriedade e da aplicação desses direitos pelo Estado. Notamos a importância de alguns tipos de liberdade, individualidade e igualdade.

Por isso, a teoria do valor internaliza e incorpora as contradições fundamentais do modo de produção capitalista como estas são expressas por meio das relações de classe. A necessidade social requer que tanto o capital quanto o trabalho sejam reproduzidos, assim como a relação de classe entre eles. A relação capital-trabalho é em si uma contradição que constitui a fonte da luta de classes, enquanto a reprodução do capital e do trabalho incorpora uma contradição entre a individualidade e a ação de classe coletiva. O conceito de valor não pode ser entendido independentemente da luta de classes.

O conceito de tempo de trabalho socialmente necessário agora se estende bem além do que Ricardo jamais sonhou quando enunciou sua teoria do valor-trabalho.

Devemos estar preparados para segui-la onde quer que ela nos leve, pois, na verdade, criamos um veículo poderoso com o qual analisar a lógica interna do capitalismo.

APÊNDICE: A TEORIA DO VALOR

A própria interpretação da teoria do valor de Marx é objeto de muita controvérsia. Escolas de pensamento rivais se distanciaram tanto nos últimos anos que suas raízes comuns estão atualmente quase indiscerníveis. A seriedade da fissura é ilustrada pelo crescente clamor por parte de alguns para abandonar totalmente o conceito de valor, pois ele é um "grilhão importante" para uma investigação materialista histórica do capitalismo[78]. A demanda pode ser justificada quando aplicada àquela interpretação do valor como um conceito meramente contábil, como um critério fixo e imutável vinculado aos insumos do trabalho, o que se supunha então que explicasse não somente os preços relativos das mercadorias, mas também as partes distributivas, a exploração etc. Tal concepção estreita é logo considerada insatisfatória quando colocada em contraposição a fins tão grandiosos. É difícil de forma inequívoca a relação entre valores e preços relativos, e o capital fixo e os produtos em comum criam problemas aparentemente insuperáveis (ver capítulo 8). As críticas da teoria do valor culminaram em uma muito bem--sucedida campanha contra as interpretações tradicionais, como aquelas apresentadas em Dobb, Sweezy e Meek[79].

A reação de muitos tem sido reafirmar o que diziam ser desde o começo o verdadeiro significado da posição tradicional, que o valor é uma expressão unificada dos aspectos quantitativos e qualitativos do capitalismo e que nenhum deles tem sentido sem o outro[80]. Com isso, o valor é investido com "mais que uma significância estritamente econômica" – ele expressa "não meramente a base material da exploração capitalista, mas também, e inseparavelmente, sua forma social"[81]. Embora alguns, como

---

[78] Ian Steedman, *Marx after Sraffa*, cit.; Geoff Hodgson, "A Theory of Exploitation without the Labor Theory of Value", *Science and Society*, 1980; David Levine, *Economic Theory* (Londres/Boston, Routledge and K. Paul, 1978); Michio Morishima, *Marx's Economics* (Londres, Cambridge University Press, 1973); Jon Elster, "The Labor Theory of Value: a Reinterpretation of Marxist Economics", cit.

[79] Maurice Dobb, *Political Economy and Capitalism* (Londres, Routledge, 1940 [ed. bras.: *Economia política e capitalismo*, São Paulo, Graal, 1978]); Paul Sweezy, *The Theory of Capitalist Development*, cit.; Ronald Meek, *Studies in the Labour Theory of Value* (Londres, Lawrence and Wishart, 1973).

[80] Paul Sweezy, "Marxian Value Theory", *Monthly Review*, 1979.

[81] Simon Clarke, "The Value of Value", *Capital and Class*, 1980, p. 4.

Desai[82], evidentemente sintam que não há problema em explorar os aspectos quantitativos e qualitativos em conjunto, o efeito de interpretações mais "radicais" do valor tem sido negar os rigores da matematização quantitativa empregada pelos "construtores de modelo" (principalmente economistas como Morishima, Roemer[83] e outros) e empurrar a teoria marxiana para uma crítica mais vigorosa da economia política (que às vezes inclui tratar com desdém os construtores de modelo) e uma exposição mais vibrante do materialismo histórico. O perigo aqui é que o "valor" degenere em uma concepção puramente metafísica. O que será ganho em ultraje moral será perdido em convicção científica. Ou ainda que a teoria do valor, abrangendo "toda a grande extensão de interpretações materialistas da história", vá se tornar vítima da objeção de Joan Robinson[84] de que "algo que significa tudo não significa nada". Essas acusações não se ajustam bem com aquelas que se identificam com a alegação de Marx de que ele erigiu uma base realmente científica para o entendimento do modo de produção capitalista.

Tudo isso estabeleceu o cenário para uma reconstrução mais cuidadosa do que o próprio Marx disse (na tradição de estudiosos como Rubin, Rosdolsky[85] e outros). Embora a ideia de valor como uma ferramenta contábil ou como uma magnitude empiricamente observável tivesse claramente de ser abandonada, ela ainda poderia ser tratada como um "fenômeno real com efeitos concretos"[86]. Poderia ser construída como a "essência" que está por trás da "aparência", a "realidade social" que está por trás do fetichismo da vida cotidiana. A validade do conceito poderia ser então avaliada em termos dos efeitos concretos que nos ajudam a interpretar e entender. O conceito de valor é fundamental, pois nos ajuda a entender, de uma maneira que nenhuma outra teoria do valor consegue, a intrincada dinâmica das relações de classe (tanto na produção quanto na troca), da mudança tecnológica, da acumulação e de todas as suas características associadas de crises periódicas, desemprego etc. Mas, para realizar isso, as interpretações tradicionais do valor como qualquer coisa que seja alcançada pelo trabalho na produção tem de dar lugar a um entendimento mais complexo do trabalho *social* expressado e coordenado dentro de uma unidade de produção e troca, mediado pelas relações de distribuição[87].

---

[82] Meghnad Desai, *Marxian Economics* (Oxford, Basil Blackwell, 1979 [ed. bras.: *Economia marxista*, Rio de Janeiro, Zahar, 1984]).
[83] Michio Morishima, *Marx's Economics*, cit.; John Roemer, "A General Equilibrium Approach to Marxian Economics", *Econometrica*, 1980.
[84] Joan Robinson, "The Labor Theory of Value", *Monthly Review*, 1977.
[85] Isaak Rubin, *Essays on Marx, Theory of Value*, cit.; Roman Rosdolsky, *The Making of Marx's* Capital, cit.
[86] Geoff Pilling, "The Law of Value in Ricardo and Marx", cit.; Ben Fine e Laurence Harris, *Re-Reading Capital*, cit., cap. 2.
[87] Idem.

Mas mesmo essa concepção, embora obviamente muito mais próxima da intenção de Marx, não capta totalmente a significância da verdadeira revolução que Marx elaborou em seu método de abordagem. Elson[88] recentemente reuniu um conjunto de ensaios interessantes (e acrescentou uma peça extraordinariamente sagaz de sua autoria) que exploram os aspectos revolucionários da teoria do valor de Marx em termos da unidade de ciência rigorosa e política. Tenho grande simpatia por essas discussões e encaro o meu próprio trabalho como um ensaio exploratório ao longo das linhas que Elson e outros começaram a definir.

Baseio a minha própria interpretação em uma leitura de textos de Marx em que algumas ideias se destacam como dominantes. O valor é, em primeiro lugar, "um modo de existência social definida da atividade humana" atingido nas relações capitalistas de produção e troca[89]. Por isso, Marx não está fundamentalmente preocupado em moldar uma teoria de preços relativos ou mesmo estabelecer regras de distribuição fixas do produto social. Ele está mais diretamente interessado na questão de como e por que o trabalho no capitalismo assume a forma que assume[90]. A *disciplina* imposta pela troca de mercadorias, as relações de dinheiro, a divisão social do trabalho, as relações de classe da produção, a alienação do trabalho do conteúdo e do produto do trabalho e a imperativa "acumulação pela acumulação" nos ajudam a entender tanto as realizações reais quanto as limitações do trabalho humano no capitalismo. Essa disciplina contrasta com a atividade do trabalho humano como "o fogo vivo e doador de forma"*, como a "transitoriedade das coisas, a sua temporalidade", e como expressão livre da criatividade humana. O paradoxo a ser entendido é como a liberdade e transitoriedade do trabalho ativo como um processo é *objetificado* em uma fixidez tanto das coisas quanto das relações de troca entre as coisas. A teoria do valor trata da concatenação das forças e restrições que a disciplina cultiva como se fossem uma necessidade externamente imposta. Mas ela faz o mesmo no reconhecimento claro de que, na análise final, o trabalho produz e reproduz as condições da sua própria dominação. O projeto político visa liberar o trabalho como "o fogo vivo e doador de forma" da disciplina férrea do capitalismo.

Por isso o trabalho não é nem nunca poderá ser uma medida de valor fixa e invariável. Marx zomba daqueles economistas burgueses que buscavam estabelecê-lo como

---

[88] Diane Elson, *Value: the Representation of Labour in Capitalism*, cit.
[89] Karl Marx, *Theories of Surplus Value* (Londres, Lawrence and Wishart, 1969), parte 1, p. 46.
[90] Cf. Diane Elson, *Value: the Representation of Labour in Capitalism*, cit., p. 123.
* Tradução livre da expressão "*the living form-giving fire*" (*Grundrisse*), que se refere ao trabalho e à sua natureza – a transitoriedade das coisas, sua temporalidade e sua formação através da vivência do tempo. (N. T.)

tal[91]. Por meio da análise do fetichismo das mercadorias, Marx nos mostra por que "o valor não pode andar por aí com um rótulo descrevendo o que ele é" e por que a economia política burguesa não pode lidar com a questão real: por que "o trabalho se representa no valor e a medida do trabalho, por meio de sua duração temporal, na grandeza de valor do produto do trabalho?"[92]. "A prova e a demonstração da relação de valor real", escreveu Marx para Kugelmann em um alto estado de indignação diante das críticas ao *Capital*, está na "análise das relações reais", de forma que "toda aquela tagarelice sobre a necessidade de provar o conceito de valor vem da completa ignorância tanto do tema tratado quanto do método científico". O valor não pode ser definido no início da investigação, mas tem de ser descoberto no seu decorrer. O objetivo é descobrir exatamente como o valor é atribuído às coisas, aos processos e até mesmo aos seres humanos, nas condições sociais que prevalecem dentro de um modo de produção dominantemente capitalista. Proceder de outro modo significaria "apresentar a ciência *antes* da ciência". A ciência consiste, conclui Marx, "em demonstrar como a lei do valor se afirma"[93].

Um relato completo desse "como" requer uma teorização rigorosa. Marx em parte atinge este último mediante uma aplicação cruel dos modos de raciocínio dialéticos – cujos princípios são muito diferentes, mas tão duros e rigorosos quanto qualquer formalismo matemático. A tarefa do materialismo histórico é também "se apropriar da matéria em seus detalhes, analisar suas diferentes formas de desenvolvimento e rastrear seu nexo interno" com toda a integridade e o respeito inflexível pelas "relações reais" que caracterizam as formas materialistas da ciência. "Somente depois de consumado tal trabalho é que se pode expor adequadamente o movimento real", de modo que a vida da matéria é agora refletida idealmente[94].

O método de exposição n'*O capital* – o método que tenho tentado reproduzir neste livro – é resolver as restrições à aplicação livre do trabalho humano no capitalismo, passo a passo, para ver as contradições desta ou daquela forma como contendo as sementes de outras contradições que requeiram mais exploração. A reflexão, como o tema que ela descreve, está eternamente em transformação. A descrição rigorosa do "como" não é um alvará para o dogmatismo, mas uma abertura para uma ciência realmente revolucionária e criativa da história humana. E que a ciência é apenas uma parte de uma luta muito mais ampla para disciplinar a própria disciplina, "para expropriar os expropriadores" e, desse modo, atingir a reconstrução consciente da forma de valor através da ação coletiva.

---

[91] Karl Marx, *Theories of Surplus Value*, cit., parte 1, p. 150, e parte 3, p. 134.
[92] Idem, *O capital*, Livro I, cit., p. 155.
[93] Karl Marx e Friedrich Engels, *Selected Correspondence* (Moscou, Progress Publishers, 1955), p. 208-9.
[94] Karl Marx, *O capital*, Livro I, cit., p. 90.

2. Produção e distribuição

O relacionamento entre a criação de valor por meio da produção e da distribuição dos valores nas formas de salários, lucros, juros, renda etc., nunca foi fácil de reconhecer. Marx começou a resolver as contradições e corrigir os erros na economia política clássica. Nisso ele achava que havia sido muito bem-sucedido. A julgar pelo som e pela fúria das controvérsias que envolvem suas interpretações, ele ou foi muito bem-sucedido ou se iludiu diante do sucesso do seu empreendimento.

Embora as nuances fossem consideráveis, Marx se viu diante de duas linhas de argumentação básicas, ambas com suas origens na apresentação um tanto confusa da teoria do valor de Adam Smith. Por um lado, Smith parece acreditar que o valor das mercadorias é estabelecido pelo trabalho e que este regula os salários, o lucro e a renda. Há, então, mais que uma sugestão de uma teoria do mais-valor em Smith, porque o lucro e a renda podem, sob essa interpretação, ser encarados como deduções do valor produzido pelo trabalho. Por outro lado, Smith também declarou que, na "sociedade civilizada", os salários, o lucro e a renda eram "as três fontes originais de receita, assim como de todo valor intercambiável". O valor, nesse caso, parece surgir da reunião dos valores separados de renda, salários e lucro quando estes estão incorporados em uma mercadoria.

Ricardo localizou a contradição e rejeitou firmemente a segunda interpretação em favor de uma teoria do valor-trabalho. Mas então surgiu uma estranha lacuna entre a teoria do valor (estabelecida apenas pelo tempo de trabalho) e a teoria da distribuição (estabelecida pela relativa escassez de terra, mão de obra e capital). Isso tudo era muito desesperador, pois Ricardo achava que o "principal problema da economia política" era determinar as leis que regulam a distribuição do produto entre as três classes na sociedade – os proprietários de terra, os donos dos estoques e os trabalhadores. Ele até confessou, "em um momento de desencorajamento" (segundo Sraffa), achar que "as grandes questões de renda, salários e lucros" eram totalmente separadas da doutrina de valor e que elas tinham de ser explicadas "pela proporção em que todo o produto é dividido entre os proprietários de terra, os capitalistas e os trabalhadores"[1]. A implicação da distribuição era o resultado de um processo social independente daquela produção dominante que foi explicitada por J. S. Mill, que traçou uma sólida distinção entre "as leis de produção de riqueza que são as leis reais da natureza [...] e os modos de sua distribuição, que, sujeitas a algumas condições, dependem da vontade humana". Consequentemente, o socialismo de Mill se concentrava em questões de distribuição e tratava os relacionamentos sociais da produção como separados e imutáveis[2].

Há vários ecos dessa separação entre a produção e a distribuição nas representações neorricardianas na atualidade. Sraffa demonstra que os valores e os preços relativos prevalecentes em um sistema de produção de mercadoria não podem ser determinados sem se fixar a taxa salarial. Como o trabalho não é uma mercadoria reprodutível no sentido normal, a taxa salarial torna-se uma variável que tem de ser determinada fora das relações técnicas prevalecentes dentro do sistema de produção de mercadoria. E como a taxa salarial no sistema de Sraffa se move no sentido inverso à taxa de lucro, é um passo curto para se enxergar a luta de classes como fundamental. Embora o apelo à luta de classes como o determinante fundamental das parcelas de lucro e salários relativas soe muito marxiano, a concepção que Sraffa desenvolve é bem diferente daquela apresentada por Marx, e um debate um tanto acrimonioso se seguiu posteriormente entre neorricardianos e marxistas[3].

A segunda linha de argumentação a ser considerada adota a concepção de Smith de renda, salários e lucro como fontes simultaneamente de valor e de receita. Isso finalmente conduz à noção de que as parcelas distributivas da renda, dos salários e do lucro eram meros reflexos da contribuição da terra, do trabalho e do capital para o processo de produção – "é a sua forma de existência como ela aparece na

---

[1] Ver a introdução de Piero Sraffa para Ricardo em *The Works and Correspondence of David Ricardo* (Londres, Cambridge University Press, 1970).

[2] Maurice Dobb, *Theories of Value and Distribution since Adam Smith: Ideology and Economic Theory* (Londres, Cambridge University Press, 1973), p. 125. Em geral, Maurice Dobb apresenta uma visão geral excelente.

[3] Piero Sraffa, *The Production of Commodities by Means of Commodities*, cit.; Ian Steedman (*Marx after Sraffa*, cit.) é um dos principais expoentes da posição "neorricardiana", e Robert Rowthorn (*Capitalism, Conflict and Inflation*, Londres, Lawrence and Wishart, 1980) um de seus principais oponentes. Ben Fine e Laurence Harris (*Re-Reading Capital*, cit.) apresentam um bom resumo do debate (embora se caracterizando contra o neorricardianismo) e Maurice Dobb ("A Note on the Ricardo-Marx-Sraffa Discussion", *Science and Society*, 1975-1976), pouco antes de sua morte, lançou um vibrante apelo para um melhor entendimento dos dois lados.

superfície, divorciada das conexões ocultas e de vínculos de conexão intermediários". Raramente Marx era mais pungente do que quando estava se opondo aos fetichismos do que ele estava acostumado a chamar de "economia política vulgar". A noção de que as rendas podiam de algum modo sair do solo era apenas uma "ficção sem fantasia, uma religião do vulgar", que apresentava a realidade como "um mundo encantado pervertido e confuso, no qual o Senhor Capital e a Senhora Terra faziam sua caminhada fantasmagórica como personagens sociais e ao mesmo tempo diretamente como meras coisas"[4].

A "vulgaridade" dessa visão derivou não tanto dos erros *per se* como do que Marx considerou o cultivo deliberado de conceitos para propósito apologético (uma motivação que a maioria certamente jamais atribuiu a Adam Smith). Separar terra, trabalho e capital como fatores independentes e supostamente autônomos da produção tinha dupla vantagem para as classes dominantes, pois lhes permitia proclamar "a necessidade física e a eterna justificação de suas fontes de receita", ao mesmo tempo que dissimulava qualquer noção de exploração, pois o ato da produção podia em princípio ser retratado como a reunião harmoniosa de fatores de produção separados e independentes.

Nesse aspecto, a estrutura neoclássica é quase idêntica à economia política vulgar, da qual Marx se queixava tão amargamente. A essência da argumentação neoclássica é que a concorrência pelos fatores produtivos – terra, trabalho e capital – obriga os empresários a pagar uma quantidade igual ao valor que a unidade marginal (a última empregada) de cada fator cria. Dado um estado tecnológico particular e a oferta relativa de fatores de produção (escassez), a concorrência assegura que cada fator "obtenha o que cria", que "a exploração de um fator não possa ocorrer". Este é então um passo curto para inferir que as partes distributivas de renda, salários, juros etc., são quinhões socialmente justos. A implicação política é que não há propósito ou apelo para a luta de classes, e que a intervenção do governo deve estar confinada em grande parte a garantir que prevaleça a concorrência perfeita. Nos léxicos de muitos escritores marxistas, isso se qualifica como "economia política vulgar" com uma vingança[5].

Marx apresenta sua concepção geral do relacionamento entre a produção e a distribuição na "Introdução" aos *Grundrisse*, assim como no terceiro livro d'*O ca-*

---

[4] Karl Marx, *Theories of Surplus Value*, cit., parte 3, p. 453-540; *Capital*, Livro III, cit., cap. 48.
[5] Carl Gerdes ("The Fundamental Contradiction in the Neoclassical Theory of Income Distribution", *Review of Radical Political Economics*, 1977), Carlo Benetti (*Valeur et répartition*, Grenoble, Presses universitaires de Grenoble, 1976) e Carlo Benetti, Claude Berthomieu e Jean Cartelier (*Economie classique, économie vulgaire*, Grenoble, Presses Universitaires de Grenoble, 1975) assumem fortes posições antimarginalistas, enquanto Ronald Meek (*Smith, Marx and After*, cit., cap. 9) assume uma visão um pouco menos antagonista.

pital (cap. 51). Ele criticou vigorosamente aqueles que exigiam uma concepção econômica em que "a distribuição habita perto da produção, como uma esfera autônoma" e caracteriza como "absurdos" aqueles (como J. S. Mill) "que desenvolvem a produção como uma verdade eterna, enquanto banem a história para o reino da distribuição". Ele é igualmente crítico daqueles que estão contentes em tratar tudo "duas vezes", como um agente de produção e como uma fonte de renda. A conclusão geral a que Marx chega "não é que a produção, a distribuição, a troca e o consumo sejam idênticos, mas que todos eles são membros de uma totalidade, diferenças dentro de uma unidade", e que os "efeitos recíprocos" entre esses diferentes "momentos" têm de ser entendidos no contexto da sociedade capitalista considerada como um "todo orgânico". Isso tudo é muito abstrato, e devemos considerar mais explicitamente o que ele quer dizer com isso.

Marx enfatiza que as formas de distribuição são reflexos das relações sociais da produção. Ele sugere que "a maneira determinada do compartilhamento na produção determina as formas de distribuição", e que as relações de distribuição são "meramente a expressão de específicas relações históricas de produção"[6]. Desse ponto de vista, a distribuição aparece como se fosse determinada por considerações da produção.

Mas Marx então tira proveito dos significados alternativos da distribuição. Seu propósito é mostrar como as relações de produção e distribuição se interpenetram e se interligam. Ele indica que ambas são produto do mesmo processo histórico que dependia da separação entre o trabalhador e os instrumentos de produção, assim como da expropriação da terra dos produtores diretos. Ele continua, argumentando que a distribuição não deve ser considerada simplesmente como a distribuição de produto ou valor entre as classes sociais, mas também como a distribuição dos instrumentos de produção, da terra e da distribuição dos indivíduos (em geral pelo nascimento) entre as várias posições de classe. Essas formas de distribuição "imbuem as próprias condições de produção [...] com uma qualidade social específica", e por isso a produção não pode ser considerada separada da "distribuição nela contida", pois fazer isso significaria produzir uma "abstração vazia"[7]. É nesse sentido que a produção e a distribuição devem ser pensadas como "diferenciações dentro de uma totalidade" que não podem ser entendidas sem que se considere o relacionamento que cada um tem com o outro.

Mais uma vez, Marx rompe a camisa de força da economia política convencional para encarar a produção e a distribuição no contexto das relações de classe.

---

[6] Karl Marx, *Capital*, Livro III, cit., p. 882.
[7] Idem, *Grundrisse*, cit., p. 51.

E toda a estrutura para se pensar na distribuição fica reformulada no processo. "No estudo das relações de distribuição", observa ele, "o ponto de partida inicial é o suposto fato de que o produto anual é repartido entre os salários, o lucro e a renda. Entretanto, se for assim expressado, é uma declaração inexata"[8]. Se construirmos cuidadosamente sobre os resultados já obtidos por meio da investigação dos valores de uso, dos preços, dos valores e das relações de classe, veremos por que esse "suposto fato" é na verdade uma "declaração inexata" do problema.

Antes de tudo, lembre-se de que Marx define o capital como um processo[9]. A expansão do valor ocorre mediante a produção de mais-valor pelos capitalistas que empregam um tipo específico de trabalho – o trabalho *assalariado*. Este, por sua vez, pressupõe a existência de uma relação de classe entre o capital e o trabalho. Quando submetemos essa relação a um cuidadoso escrutínio vemos imediatamente que o salário não pode de modo algum ser concebido como uma "receita" ou como uma "parcela distributiva" no sentido comum. O trabalhador não reivindica uma parte do produto em virtude da sua contribuição para o valor do produto. A essência da transação é algo totalmente diferente. O trabalhador desiste dos direitos de controle sobre o processo de produção, o produto e o valor incorporado no produto, em troca do valor da força de trabalho. E esta última não tem diretamente nada a ver com a contribuição do trabalho para o valor do produto.

O trabalhador recebe, então, o valor da força de trabalho, e pronto. Tudo o mais é apropriado como mais-valor pela classe capitalista como um todo. A maneira na qual o mais-valor é então dividida nas diferentes formas de lucro no capital industrial, na renda sobre a terra, no juro sobre o capital monetário, no lucro sobre o capital de negociação etc., é apresentada por meio de considerações totalmente diferentes. A relação de classe entre o capital e o trabalho é de um tipo completamente diferente em comparação com as relações sociais mantidas entre diferentes segmentos da classe capitalista (industriais, negociantes, rentistas e capitalistas monetários, proprietários de terras etc.). Quando Marx insiste que nos concentremos na produção para descobrir os segredos da distribuição, ele o faz porque é lá que a relação fundamental entre o capital e o trabalho se torna muito clara.

Marx frequentemente se congratulava sobre sua capacidade de explicar a origem do lucro por meio de uma teoria do mais-valor que não fazia referência às categorias distributivas da renda e do juro. Mas uma coisa é mostrar a *origem* do lucro no mais-valor – e por extensão na relação de classe entre o capital e o trabalho – e outra, totalmente diferente, é determinar a *grandeza* desse lucro e aparecer com

---

[8] Idem, *Capital*, Livro III, cit., p. 878.
[9] Cf. neste volume p. 66-7.

regras que fixem a divisão do produto social total em salários, lucro sobre o capital industrial, renda, juros etc.

Deve ser dito desde o início que Marx estava menos preocupado com as grandezas do que com o entendimento dos relacionamentos sociais. Mas ele lutou corajosamente com alguns aspectos quantitativos da distribuição, como adequadamente atestam inúmeros exemplos numéricos n'*O capital*. Infelizmente, como observou seu editor Engels, "embora possuísse um bom domínio da álgebra, Marx apresentava deficiências ao calcular com números"[10]. Seus vários erros matemáticos permitiram que muitos de seus críticos – particularmente aqueles positivistas, que são da opinião de que nada significativo pode ser dito de uma relação social a menos que possa ser acuradamente quantificado – encontrassem várias lacunas na maneira com que Marx lidava com aspectos práticos e quantitativos da distribuição que, quando consideradas em conjunto, podem ser usadas para desacreditar a versão de Marx da *origem* do próprio lucro.

Consequentemente, seguiu-se uma longa e complexa controvérsia em torno da teoria da distribuição de Marx. Não há dúvida de que a controvérsia abarca questões de considerável peso e importância. A dificuldade, no entanto, é manter a preocupação de Marx com o significado social e as origens históricas na linha de frente de uma controvérsia que, em seus detalhes, está inevitavelmente dominada por preocupações quantitativas e matemáticas. Essa tarefa se torna ainda mais difícil devido à sofisticação da técnica matemática requerida para avaliar as várias "provas" matemáticas apresentadas para mostrar que a teoria do valor marxiana é, ou não é, totalmente inconsistente em seu tratamento da produção e da distribuição.

Nesse aspecto, a obra de Morishima e Catephores[11] é interessante. Os autores salientam que, até muito recentemente, a teoria do valor-trabalho foi exclusivamente formulada com bases em um sistema de equações simultâneas. Usando tal abordagem, Morishima havia anteriormente mostrado que a teoria do valor marxiana apresentava um desempenho insatisfatório quando confrontada com vários problemas e, por isso, concluiu que ela deveria ser abandonada – sugestão esta que foi previsivelmente recebida com desagrado por muitos marxistas. Em sua obra mais recente, Morishima e Catephores mostram que, se a teoria do valor for formulada em termos de desigualdades lineares, a maioria dos problemas desaparece. Isso os leva a retirar sua proposta anterior "de remover o conceito do valor da economia marxiana"[12].

---

[10] Idem, *Capital*, Livro II, cit., p. 284.
[11] Michio Morishima e George Catephores, *Value, Exploitation and Growth* (Maidenhead, McGraw--Hill, 1978).
[12] Ver Michio Morishima, *Marx's Economics* (Londres, Cambridge University Press, 1973) e Michio Morishima e George Catephores, *Value, Exploitation and Growth*, cit., p. 19.

A intenção é mostrar que, apesar de todo o seu rigor – um rigor que o próprio Marx evidentemente admirava e aspirava –, a matematização da teoria marxiana é em si uma questão contenciosa. Por isso, devemos tratar as provas matemáticas pelo que elas são: rigorosas deduções tendo por base algumas *suposições* que podem ou não captar a complexidade dos relacionamentos sociais com os quais Marx lida.

Há, no entanto, duas áreas de controvérsia que, segundo os críticos de Marx, ameaçam as próprias fundações da teoria marxiana em geral. É interessante notar que nenhuma está preocupada com o processo geral da distribuição do valor social total entre as várias categorias de salários, renda, juros e lucro. A primeira trata da redução do trabalho heterogêneo para o trabalho simples – o "problema da redução", como é geralmente referido – e está preocupada com o impacto na teoria do valor da maneira com que o capital variável (ou massa salarial total) é dividido entre os vários indivíduos dentro da classe trabalhadora. A segunda trata da maneira que Marx transforma os valores em preços de produção – em resumo, o "problema da transformação". Isso está relacionado à maneira com que o mais-valor é distribuído entre os produtores capitalistas. Essas duas questões têm sido o centro das atenções de amargos debates que, longe de serem suavizados no correr do tempo, se tornaram ainda mais acirrados. Em consequência disso, portanto, tentarei lidar com essas importantes controvérsias enquanto elaboro os argumentos de Marx com referência às relações entre a produção e a distribuição. De acordo com as preocupações de Marx, vou tentar me concentrar nos significados sociais e históricos, sem negar a importância de um rigoroso argumento matemático sempre que for apropriado. Creio que ficará evidente que o desafio marxiano das teorias passadas e presentes da produção e da distribuição – todas aquelas que enfrentam seus próprios problemas internos e crônicos – é poderoso. Na verdade, as tentativas elaboradas para desacreditá-lo parecem sugerir que Marx estava se aproximando de algo de grande importância. O que não quer dizer, é claro, que a teoria marxiana esteja isenta de séria dificuldade: nesse aspecto, o bombardeio de críticas por parte dos economistas políticos burgueses, tanto passados quanto presentes, tem sido útil para definir o que deve ser feito para tornar a teoria marxiana da produção e da distribuição um empreendimento mais coerente.

I. A PARCELA DE CAPITAL VARIÁVEL NO PRODUTO SOCIAL TOTAL, O VALOR DA FORÇA DE TRABALHO E A DETERMINAÇÃO DA TAXA SALARIAL

O valor do produto social total em um determinado ano pode ser expresso como $c + v + m$, em que c é o valor do capital constante (máquinas, matérias-primas, insumos de energia etc.), v é o valor pago pela força de trabalho e m é o mais-valor produzido. Em uma base anual, podemos tratar o capital constante como a força de trabalho despendida para substituir o valor equivalente dos meios de produção esgotados. Por isso, ele não entra como uma categoria importante na teoria da distribuição. Esta última está interessada, portanto, em explicar a maneira e a proporção em que o valor recém-criado é dividido entre os trabalhadores (v) e os capitalistas (m). Devemos também considerar que v é dividido entre os trabalhadores individuais e m entre os capitalistas individuais ou entre as várias facções da burguesia (como renda, juro, lucro da empresa, impostos etc.).

Para entender totalmente a teoria da distribuição de Marx temos de explorar os relacionamentos entre valor, valor de uso e valor de troca, pois definem o valor da força de trabalho, o padrão de vida do trabalhador e a taxa salarial. Isso vai nos ajudar a enfatizar tanto a crítica de Marx da economia política convencional quanto do próprio capitalismo. Começamos com o relacionamento entre a taxa salarial (um conceito do valor de troca) e o valor da força de trabalho.

A massa salarial total em uma economia pode ser encarada como o produto do número de trabalhadores empregados (n) e da *taxa salarial média* (s). O capital variável total também pode ser representado como $v \cdot n$, onde v é uma magnitude chamada *valor da força de trabalho*. Podemos ver imediatamente que tanto a massa salarial total quanto a parcela de v no produto social total vão variar, tudo o mais permanecendo constante, segundo os números totais empregados. Embora este seja um princípio importante, estamos aqui mais interessados no relacionamento entre a taxa salarial e o valor da força de trabalho. Por que então distinguir entre eles?

O principal propósito de Marx aqui é expor o significado social do pagamento do salário[13]. Ele declara que o sistema salarial mascara a diferença entre o trabalho humano abstrato como a substância de valor e o valor da força de trabalho, que, como qualquer outra mercadoria, é fixado por seus custos de produção. Aqueles, como Smith e Ricardo, que falharam em fazer essa distinção tipicamente caem em "confusão e contradição complexas", enquanto seus irmãos mais "vulgares" poderiam encontrar aqui uma "base segura" para ocultar a verdadeira origem do lucro na exploração do trabalhador. "A forma-salário", declara Marx, extingue "todo ves-

---

[13] Pouco tem sido escrito sobre as teorias de determinação salarial de Marx. Tanto Ernest Mandel (*The Formation of the Economic Thought of Karl Marx*, Nova York, Monthly Review Press, 1971) quanto Roman Rosdolsky (*The Making of Marx's Capital*, cit.) apresentam relatos proveitosos, mas de longe a contribuição recente mais interessante é a de Robert Rowthorn (*Capitalism, Conflict and Inflation*, cit., cap. 7), que trata das questões substantivas ao mesmo tempo que apresenta a evolução histórica do pensamento de Marx em relação à base proporcionada por Ricardo.

tígio da divisão da jornada de trabalho em trabalho necessário e mais-trabalho", porquanto "todo trabalho aparece como trabalho pago". E sobre isso "repousam todas as noções jurídicas, tanto do trabalhador como do capitalista, todas as mistificações do modo de produção capitalista, todas as suas ilusões de liberdade, todas as tolices apologéticas da economia vulgar"[14]. Declaramos que o valor é um conceito que se destina a refletir o relacionamento de classe entre o capital e o trabalho. O conceito do valor da força de trabalho serve principalmente para manter a ideia da exploração na linha de frente da análise.

Mas o que exatamente Marx quer dizer com o valor da força de trabalho? Ele declara que esse valor é determinado pelo valor das mercadorias necessárias para manter e reproduzir os indivíduos que trabalham em seu "estado normal". O pacote de mercadorias específicas requeridas para fazer isso vai variar segundo a ocupação (o dispêndio de energia aumentado requer mais alimentos, por exemplo) e segundo "as condições climáticas e outras condições físicas". Inclui também os custos de criar os filhos e, considerando que as habilidades especiais requerem tempo e esforço para adquirir e manter, estas também afetam o custo da reprodução da força de trabalho. Mas, em "contrapartida para o caso de outras mercadorias", ali entra na determinação do valor da força de trabalho "um produto histórico", que depende "em grande medida do grau de cultura de um país, mas também depende, entre outros fatores, de sob quais condições e, por conseguinte, com quais costumes e exigências de vida se formou a classe dos trabalhadores livres num determinado local"[15].

Essa declaração requer alguma elaboração, particularmente porque a última sentença foi tema de algumas discussões contenciosas. Lembre-se, antes de tudo, de que os trabalhadores ganham com dificuldade suas existências separadas por meio de uma forma de circulação do tipo M-D-M. Eles negociam o valor de uso da única mercadoria que possuem em troca de um salário monetário. Então convertem esse dinheiro em mercadorias suficientes para reproduzir sua própria existência. O conceito "valor da força de trabalho" está relacionado à totalidade desse processo de circulação em que a classe dos trabalhadores é reproduzida.

Podemos, no entanto, considerar o que está envolvido em cada elo nesse fluxo geral da reprodução social. A negociação sobre o salário monetário nominal e as condições do contrato (a duração da jornada de trabalho, a taxa de remuneração do trabalho, a velocidade e a intensidade do trabalho etc.) se concentra no primeiro

---

[14] Karl Marx, *O capital*, Livro I, cit., p. 610.
[15] Ibidem, p. 246. Cf. idem, *Wages, Price and Profit* (Pequim, Foreign Languages Press, 1965 [ed. bras.: *Trabalho assalariado e capital & Salário, preço e lucro*, São Paulo, Expressão Popular, 2010]), p. 72.

elo. O principal interesse de Marx, é claro, é que as discussões sobre o contrato de trabalho que ocorrem no mercado não violem a regra de que todas as mercadorias devem ser trocadas dentro do seu valor, porque o valor de uso da força de trabalho para o capitalista é precisamente a sua capacidade para produzir mais-valor. Além disso, a infinita variedade de formas que a barganha salarial pode assumir (salários horários, trabalho por empreitada, taxas diárias etc.) efetivamente oculta a relação de exploração de classe na produção, colocando toda a ênfase nos vários modos de intercâmbio no mercado. Além disso, a taxa salarial individual pode ocultar muito sobre os custos sociais da reprodução. Se, como frequentemente acontece, a força de trabalho de toda uma família é substituída por aquela do trabalhador individual, então a quantidade de força de trabalho suprida pode aumentar dramaticamente, a taxa salarial individual pode cair, enquanto os custos da reprodução (medidas como o pacote de mercadorias necessárias para garantir a reprodução da família) podem ainda ser totalmente satisfeitos[16].

Evidentemente, as discussões sobre o contrato de trabalho em um mercado supostamente "livre" podem produzir uma infinita variedade de resultados com respeito às taxas salariais individuais, às estruturas salariais e às condições do contrato. Mas Marx segue os economistas políticos clássicos ao observar que os salários tendem a pairar em torno de algum tipo de média social que eles chamavam de "preço natural". O problema é então explicar como chegar a esse preço natural. A economia política clássica surgiu com várias respostas para tal questão. Marx se concentra nos salários reais, em oposição aos salários nominais. Isso dirige a nossa atenção para o próximo passo no processo, a conversão dos salários em mercadorias.

Como proprietários do dinheiro, os trabalhadores são livres para comprar como lhes aprouver, e devem ser tratados como consumidores com gostos e preferências autônomos. Não devemos minimizar isso[17]. Frequentemente surgem situações em que os trabalhadores podem escolher e exercem escolha, e como o fazem tem importantes implicações. Mesmo se, como em geral acontece, forem restringidos a comprar apenas aquelas mercadorias que os capitalistas estão preparados para vender, aos preços ditados pelos capitalistas, a ilusão de liberdade de escolha no mercado desempenha um papel ideológico muito importante. Tudo isso proporciona solo fértil para as teorias de soberania do consumidor, assim como para aquela in-

---

[16] Idem, *O capital*, Livro I, cit., cap. 5. Esse fenômeno tem sido frequentemente observado nos estágios iniciais do desenvolvimento capitalista em muitos países, mas pode também ser identificado nos países capitalistas avançados – testemunha do forte movimento das mulheres casadas na força de trabalho nos Estados Unidos a partir de 1950.

[17] Idem, *Grundrisse*, cit., cap. 3.

terpretação particular da pobreza que responsabiliza direta e cabalmente a vítima pelo fracasso de fazer um orçamento para sobreviver adequadamente. Há, além disso, abundantes oportunidades aqui para várias formas secundárias de exploração (proprietários de terra, negociantes varejistas, instituições de poupança), que podem mais uma vez desviar a atenção daquilo que Marx considerava como a principal forma de exploração na produção.

No entanto, devemos ir além dessas aparências superficiais e tentar descobrir o significado essencial do valor da força de trabalho como um processo de reprodução social do trabalhador. Evidentemente, os trabalhadores necessitam de valores de uso para sobreviver. Na medida em que esses valores de uso são proporcionados na forma de mercadoria, os trabalhadores precisam de um salário suficiente para pagar o preço de mercado. O valor da força de trabalho pode nesse ponto ser interpretado em relação ao salário real – a interseção daquele pacote particular de valores de uso necessário para a sobrevivência do trabalhador e do valor de troca das mercadorias inseridas nesse pacote.

Considere a questão, em primeiro lugar, do ponto de vista dos valores de uso. Nem todos os valores de uso são proporcionados como mercadorias. Muitos são moldados dentro da família. Na medida em que os trabalhadores satisfazem suas próprias necessidades, eles ganham certa autonomia do capital (ver capítulo 6). Vamos supor, por enquanto, que os trabalhadores tenham de adquirir todos os valores de uso básicos que necessitam como mercadorias. Temos então de definir esse pacote particular de valores de uso que satisfazem as necessidades dos trabalhadores. Não podemos fazer isso sem a devida consideração dos "elementos históricos e morais" que entram no padrão de vida do trabalho. Marx não é muito útil aqui. Ele simplesmente se abstrai de toda a questão afirmando que "a quantidade média dos meios de subsistência necessários ao trabalhador num determinado país e num determinado período é algo dado"[18]. Para propósitos de análise podemos considerar o padrão de vida do trabalhador, definido em termos do valor de uso, constante. Esse dispositivo permite a Marx gerar um *insight* teórico muito importante. Se o valor de troca daquele pacote fixo de valores de uso diminui (como certamente deve ocorrer, dada a produtividade aumentada do trabalho), então o valor da força de trabalho pode baixar sem nenhum efeito prejudicial sobre o padrão de vida do trabalhador. E isso, é claro, é uma importante fonte de mais-valor relativo para o capitalista; m aumenta porque v diminui.

Munidos desse achado, podemos evocar todos os tipos de combinações possíveis. A parcela de v no produto social total pode cair (implicando uma elevação na

---

[18] Idem, *O capital*, Livro I, cit., p. 246.

taxa total de exploração), ao mesmo tempo que o padrão de vida do trabalhador melhora, ou uma taxa declinante de exploração pode estar acompanhada por uma queda no padrão de vida.

Mas Marx definitivamente não pretendia sugerir que o padrão de vida do trabalho permanecesse constante. Este evidentemente variava muito segundo as circunstâncias históricas, geográficas e "morais", e ele enfatizou bastante "o papel importante que a tradição histórica e o hábito social desempenham nesse aspecto"[19]. Ele também encarava as necessidades mais como relativas do que como absolutas:

> O crescimento rápido do capital produtivo traz à tona com a mesma rapidez um aumento da riqueza, do luxo, das necessidades sociais e dos prazeres sociais. Por isso, embora os prazeres do trabalhador tenham aumentado, a gratificação social que eles se permitem caiu em comparação com os prazeres aumentados do capitalista [...]. Nossos desejos e prazeres têm sua origem na sociedade; por isso nós os avaliamos em relação à sociedade; não os avaliamos em relação aos objetos que servem para sua gratificação. Pelo fato de eles serem de uma natureza social, são de uma natureza relativa.[20]

Segundo Marx, as necessidades são produzidas por um processo histórico específico[21]. Na medida em que a evolução do capitalismo é baseada na produção de um "sistema de necessidades constantemente ampliado e mais rico"[22], devemos prever os eternos deslocamentos no dado formado pelo padrão de vida "normal" do trabalho. Como a maioria dos principais conceitos de Marx, aquele do valor da força do trabalho só revela seus segredos no fim da análise, não no início. Estamos agora em uma posição de no mínimo apreciar a direção pela qual ela foi conduzida. O valor da força de trabalho só pode ser entendido em relação às modalidades concretas da reprodução da classe trabalhadora nas condições históricas específicas impostas pelo capitalismo.

Mas essa formulação grandiosa se aproxima de se qualificar como algo que pode significar tudo e, portanto, nada: ou seja, até a trazermos de volta à terra, considerando os processos históricos em que o padrão de vida, o valor da força de trabalho e a parcela de capital variável no produto social total são realmente regulados. Os economistas políticos clássicos ofereceram várias hipóteses sobre o assunto, que

---

[19] Idem, *Wages, Price and Profit*, cit., p. 72-3.
[20] Idem, *Wage Labour and Capital* (Pequim, Foreign Languages Press, 1978 [ed. bras.: *Trabalho assalariado e capital & Salário, preço e lucro,* São Paulo, Expressão Popular, 2010]), p. 33.
[21] Michael Lebowitz ("Capital and the Production of Needs", cit.) resume os pontos de vista de Marx.
[22] Karl Marx, *Grundrisse*, cit., p. 333.

Marx ou rejeita ou reformula como parte de sua própria e distinta teoria da distribuição. Vamos em seguida considerar as quatro principais hipóteses.

1. O SALÁRIO DE SUBSISTÊNCIA

Marx é às vezes descrito como um teórico do salário de subsistência[23]. Nada poderia estar mais longe da verdade. Ele se opôs vigorosamente à doutrina da suposta "lei de ferro" dos salários de Lasalle e, como já vimos, negou que os salários estivessem inexoravelmente vinculados às exigências de mera reprodução fisiológica do trabalhador. O capital, como um processo, é muito mais flexível e adaptável do que isso.

A concepção equivocada pode ser em parte baseada na visão de Marx de que o valor *mínimo* da força de trabalho é determinado pelas mercadorias "fisicamente indispensáveis" para a renovação das energias vitais do trabalhador[24]. E ele certamente enxergava, dentro do capitalismo, tendências em ação que baixariam os salários a esse mínimo fisiológico, inclusive abaixo dele, ameaçando assim até a reprodução física da força de trabalho. Entretanto, havia também tendências mitigadoras que empurrariam a taxa salarial para a outra direção. A concepção equivocada poderia também ter suas raízes no hábito de Marx, em grande parte do influente primeiro livro d'*O capital*, de supor que o trabalho em geral negocia em seu valor e que o padrão de vida é, na verdade, constante em termos dos valores de uso requeridos para a reprodução social. Por meio dessas suposições ele pôde derivar a teoria do mais-valor relativo. No processo ele com frequência usa a linguagem de "subsistência", "custos mínimos de reprodução", "necessidades básicas" etc., sem relacionar firmemente essas concepções à ideia dos "elementos históricos e morais" envolvidos na determinação do valor da força de trabalho.

---

[23] A condenação de Marx das proposições de LaSalle pode ser encontrada na *Crítica do programa de Gotha* (trad. Rubens Enderle, São Paulo, Boitempo, 2012). Roman Rosdolsky (*The Making of Marx's* Capital, cit., p. 295-7) comenta sobre a versão marxista das teorias do salário de subsistência, enquanto William Baumol ("The Transformation of Values: What Marx 'Really' Meant [an Interpretation]", *Journal of Economic Literature*, 1974) as critica, como Gérard Maarek (*An Introduction to Karl Marx's* Das Kapital: *a Study in Formalisation*, Nova York, Oxford University Press, 1979), que encontra um vestígio de uma "lei de ferro dos salários" na obra de Marx quando lá não há nenhuma. William Baumol, no entanto, assume a posição muito curiosa de que "é uma questão de semântica se preferimos pensar no valor dos salários partindo do valor da força de trabalho, que *definimos* como uma subsistência fisiológica ou, antes, interpretaríamos o valor da força de trabalho como uma quantidade extremamente flexível". Longe de ser uma "questão de semântica", acho que um conceito de valor flexível é fundamental para todo o argumento marxiano.

[24] Karl Marx, *O capital*, Livro I, cit., p. 247.

Há em tudo isso o risco de considerável confusão em relação à verdadeira natureza do argumento de Marx. Pois, além do mínimo fisiológico (que eternamente espreita ao fundo), parece haver concepções um pouco variadas do que fixa o valor da força de trabalho e do que constitui "subsistência". Como explica corretamente Rowthorn,

> Marx define o valor da força de trabalho de três maneiras diferentes, baseando-se sucessivamente em: (1) o custo da produção da força de trabalho sob determinadas condições históricas, (2) o padrão de vida tradicional a que os trabalhadores estão acostumados e (3) o padrão de vida que prevalece nos modos ou formas de produção não capitalistas.[25]

(A última é importante porque fixa o "salário mínimo requerido para induzir as pessoas a buscarem trabalho ou permanecerem trabalhando no setor capitalista".) Essas definições não são conceitualmente equivalentes, mas Rowthorn prossegue defendendo o que me parece ser o ponto vital. Ele diz que há um "fio comum" percorrendo todas as várias definições: se o mínimo (ainda que definido) não for satisfeito, então

> há consequências muito sérias: ou o suprimento de força de trabalho de boa qualidade diminui, pois os trabalhadores não conseguem se manter ou se reproduzir adequadamente, ou abandona totalmente o setor capitalista; ou, ainda, há um conflito e um rompimento quando os trabalhadores lutam pelo que consideram sua justa recompensa.[26]

O fio unificador passa a ser o fio colocado para a acumulação adicional de capital. Vamos abordar essa ideia na seção "O processo de acumulação e o valor da força de trabalho" (I.4).

2. Oferta e demanda para a força de trabalho

A ideia de que a taxa salarial varia em resposta às condições de oferta e demanda não é de modo algum difícil de aceitar. Mas Marx rejeita firmemente o argumento de que a oferta e a demanda ditam o preço natural da força de trabalho, que dirá o seu valor ou o padrão de vida do trabalho. A oferta e a demanda são fundamentais para o equilíbrio do mercado, mas em equilíbrio elas "cessam também de explicar qualquer coisa" – até mesmo o preço natural da

---

[25] Robert Rowthorn, *Capitalism, Conflict and Inflation*, cit., p. 210.
[26] Idem.

força de trabalho deve ser determinado "independentemente da relação entre procura e oferta"[27].

Devemos ser cuidadosos para interpretar corretamente a ideia de Marx. Ele nunca declarou que o processo de troca era irrelevante para a determinação de valores. Na verdade, ele é da firme opinião de que os valores em geral e o valor da força de trabalho em particular só surgem quando esse intercâmbio floresce no mercado. As forças que determinam o valor da força de trabalho devem, no fim, ser expressas por meio desse processo do mercado. O que Marx objeta é a identificação equivocada dos mecanismos de demanda e oferta, pois estes são claramente visíveis no mercado com as forças subjacentes que operam *mediante* o mercado. Marx aqui acompanha Ricardo, perguntando, em primeiro lugar, o que determina a oferta e a demanda nos mercados de trabalho. E quando nos aprofundamos nessa questão descobrimos que a acumulação de capital tem certo poder em relação a ambas. Vejamos como isso pode acontecer.

As variáveis demográficas desempenham um papel muito importante no lado da oferta. Ricardo aceitou a lei da população de Malthus como o meio pelo qual a oferta de trabalhadores se ajustaria à acumulação por intermédio do aumento das taxas salariais. Marx não nega a existência desse mecanismo[28]. Mas, supostamente por repulsa a qualquer coisa que mesmo remotamente evocasse o malthusianismo, ele menospreza a ideia (ver capítulo 6). Ele se concentra, então, nos processos de acumulação primitiva (proletarização forçada), na mobilização de setores latentes do exército industrial de reserva (mulheres e crianças), na migração (da área rural para a urbana ou de formações sociais pré-capitalistas como a Irlanda) e na produção de populações excedentes relativas por mecanismos específicos do capitalismo. A ação direta por parte do capital ou a ação realizada em prol do capital através da ação do Estado (cercamentos etc.) torna-se o principal objeto da sua análise das forças que regulam a oferta de força de trabalho. E embora ele faça isso, podemos facilmente ver que as políticas de população e imigração implementadas pelo Estado capitalista se adequariam a essa perspectiva do manejo geral da oferta de força de trabalho por parte do capital.

Do lado da demanda, o capital é capaz de ajustar suas exigências – certamente, não sem estresse e dificuldade – por meio da reorganização, da reestruturação e da mudança tecnológica. Além disso, a mobilidade do capital monetário no cenário mundial proporciona ao capital a capacidade de se adaptar a diferentes situações

---

[27] Karl Marx, *O capital*, Livro I, cit., p. 608.
[28] Ibidem, cap. 15. Michio Morishima e George Catephores (*Value, Exploitation and Growth*, cit., cap. 5) tentam introduzir algum argumento explícito com relação ao crescimento populacional na teoria de Marx.

demográficas, assim como às várias circunstâncias "históricas e morais" que, pelo menos de início, podem afetar diferencialmente o valor da força de trabalho de região para região e de país para país. Na medida em que a acumulação do capital envolve o deslocamento eterno do capital de uma linha de produção para outra, de um local para outro, sem falar da tendência eterna para reestruturar a organização social e técnica da produção, também a demanda por força de trabalho é expressiva das exigências da acumulação.

Mais uma vez, voltamos à ideia de que as exigências gerais da acumulação do capital têm a capacidade de exercer uma influência controladora hegemônica com relação tanto à demanda quanto à oferta de força de trabalho. "O capital age sobre os dois lados ao mesmo tempo"[29]. É aí, acredito eu, que Marx quer se posicionar com respeito às forças subjacentes que determinam o valor da força de trabalho. No entanto, não quer dizer que todas as forças que operam no mercado tenham esta qualidade. A escassez pode surgir por razões que estão totalmente fora da influência do capital. Mas encontramos Marx afirmando nessas circunstâncias que os salários podem estar "acima do valor" e podem assim permanecer por extensos períodos de tempo[30]. Dessa maneira, Marx indica, na verdade, que quer distinguir entre *forças contingentes*, que podem empurrar as taxas salariais para cá e para lá, e forças *socialmente necessárias*, que atacam a acumulação do capital em geral e ditam o valor da força de trabalho. Nesse ponto ele é inteiramente consistente com sua estratégia geral: enxergar o valor como uma expressão de necessidade social nas relações de classe do capitalismo e afirmar que os valores (incluindo aquele da força de trabalho) se tornam os reguladores da vida econômica apenas na medida em que o modo de produção capitalista se torna hegemônico dentro de uma formação social.

3. Luta de classes com relação à taxa salarial

A ideia de que as partes relativas de v e m no produto social total (e por implicação v, o valor da força de trabalho) são fixadas pela luta de classes, pela relação de poder entre o capital e a mão de obra organizada, parece muito marxiana. Ela tem sido colocada em uso nos últimos tempos na forma de uma hipótese de "redução da margem de lucro" da crise capitalista. A discussão segue mais ou menos da seguinte maneira. Uma luta bem-sucedida por parte do trabalho (porque o trabalho ou está escasso ou está mais bem organizado) eleva as taxas salariais e diminui os

---

[29] Karl Marx, *O capital*, Livro I, cit., p. 715.
[30] Ibidem, seção VI.

lucros. A resultante "redução da margem de lucro" retarda a acumulação e finalmente conduz à estagnação. A reação do capital é criar (quer por projeto consciente ou porque não há escolha) uma severa recessão (como aquela de 1973-1974), que tem o efeito de disciplinar o trabalho, reduzindo os salários reais e restabelecendo as condições para a restauração dos lucros e, portanto, da acumulação. Muitos marxistas têm atacado vigorosamente esse esquema, com frequência o apelidando de puro neorricardianismo[31].

As questões aqui levantadas são de grande importância. Temos de considerar em particular o grau que a cambiante relação de poder entre o capital e o trabalho pode alterar substancialmente as parcelas relativas das duas partes no produto total e o grau em que as lutas diárias sobre os salários nominais e reais, assim como sobre o padrão de vida do trabalho (concebido em termos do valor de uso), podem afetar substancialmente o valor da força de trabalho.

Marx admite prontamente que as magnitudes cambiantes dos salários e do lucro limitam uma à outra, e que o equilíbrio entre elas

> só é determinado pela luta contínua entre o capital e o trabalho, o capitalista constantemente tendendo a reduzir os salários ao seu mínimo físico e a estender a jornada de trabalho ao seu máximo físico, enquanto o trabalhador constantemente pressiona na direção oposta. O assunto se resolve em uma questão dos respectivos poderes dos combatentes.[32]

Mas Marx também declara que uma ascensão no salário real só significa uma queda na taxa de lucro na suposição de não ocorrerem mudanças nas forças produtivas do trabalho, expansão nas quantidades de capital e de força de trabalho empregadas, e expansão da produção. Do contrário, dependendo da taxa e das condições de acumulação, as taxas reais de salários e lucro podem subir ou descer

---

[31] Andre Glyn e Robert Sutcliffe (*British Capitalism, Workers and the Profit Squeeze*, Harmondsworth, Penguin, 1972) e Raford Boddy e James Crotty ("Class Conflict and Macro-Policy: the Political Business Cycle", *Review of Radical Political Economics*, 1975) apresentam os dois relatos mais simples e diretos sobre a "redução da margem de lucro" como um fenômeno empírico, enquanto Makoto Itoh ("The Formation of Marx's Theory of Crisis", *Science and Society*, 1978) apresenta um argumento mais teórico. As melhores de várias críticas da tese são as de David Yaffe ("The Marxian Theory of Crisis, Capital and the State", *Economy and Society*, 1973) e John Weeks ("The Process of Accumulation and the 'Profit-Squeeze' Hypothesis", *Science and Society*, 1979), sendo que este último apresenta uma avaliação dura, e em minha opinião bastante correta, da tese como uma proposição teórica.

[32] Karl Marx, *Wages, Price and Profit*, cit., p. 74.

juntas ou se mover inversamente[33]. O salário real pode subir, declara Marx, contanto que a subida não perturbe "o progresso da acumulação"[34]. A questão é, portanto: será que o poder organizado da classe trabalhadora pode impedir que o salário real aumente, mesmo que isso ameace a acumulação?

Falhando a transição para o socialismo, Marx nega tal possibilidade como uma proposta de longo prazo. Sua razão não é difícil de comprovar. Afinal, as lutas sobre a distribuição têm lugar no mercado. Para Marx, a principal relação está na produção – é aí que o mais-valor tem sua origem. Interpretar a parte do trabalho no produto social total como o resultado de uma mera relação de poder no mercado entre o capital e o trabalho é uma abstração inadmissível. E assim Marx reduz a luta de classes sobre as partes distribucionais ao *status* de um dispositivo de equilíbrio, mais parecido com a oferta e a demanda. No decorrer do ciclo industrial, por exemplo, o poder aumentado do trabalho durante a expansão deve empurrar os salários acima do valor, ainda que apenas para compensar a queda dos salários abaixo do valor durante a depressão subsequente. As relações de poder cambiantes podem gerar flutuações salariais em torno do preço natural que reflete o valor subjacente da força de trabalho. E se, como resultado da forte organização trabalhista, os salários permanecem acima do valor por qualquer período estendido, isso ocorre porque não interfere com a acumulação. Assim, Marx adverte explicitamente os trabalhadores "para eles próprios não exagerarem na operação fundamental dessas lutas diárias" e "não ficarem exclusivamente absorvidos nessas inevitáveis lutas de guerrilha que incessantemente surgem das invasões intermináveis do capital ou de mudanças no mercado". Em vez do "lema conservador, '*Um salário diário justo para um trabalho diário justo!*', eles devem inscrever na sua bandeira o *slogan revolucionário, 'Pela abolição do sistema salarial!*'"[35].

A luta de classes desempenha aqui um papel ambivalente. Por um lado, ajuda a preservar algum senso de dignidade e a repelir as formas mais grosseiras de violência que os capitalistas estão habituados a aplicar naqueles que eles empregam. Isso também forma a base para as lutas sobre a definição do pacote de valores de uso que compõem a vida padrão do trabalhador (atenção à saúde *versus* consumo obrigatório de proteção militar, por exemplo). Concentrando-se no reino dos valores de uso e das necessidades humanas, essas lutas podem constituir a base de um movimento realmente revolucionário, que tem como objetivo a abolição de um sistema fundamentado na irracionalidade fundamental da acumulação pela acumulação. Mas, na opinião de Marx, a luta dentro dos confins do capitalismo sobre

---

[33] Idem, *Theories of Surplus Value*, cit., parte 2, p. 408.
[34] Idem, *O capital*, Livro I, cit., p. 696.
[35] Idem, *Wages, Price and Profit*, cit., p. 78.

o salário real serve apenas para garantir que a força de trabalho negocie dentro do seu valor ou próximo a ele. Esse valor pode ser atingido *mediante* um processo de luta de classes, mas isso de maneira alguma significa que ele simplesmente reflete os poderes relativos do capital e do trabalho no mercado.

É interessante notar que a hipótese da "redução da margem de lucro", adequadamente interpretada, mais que contradiz essa conclusão. O equilíbrio de poder cambiante entre o capital e o trabalho pode na verdade alterar de tal maneira o salário real que consegue restringir ou aumentar a taxa de lucro. Esse tipo de coisa é exatamente o que esperaríamos que acontecesse dentro do reino da troca. É, contudo, uma descrição de um movimento superficial, e deixa o próprio valor da força de trabalho intocado. Se os salários reais saírem da linha com a acumulação, então as forças compensadoras serão postas em movimento, o que as pressionará para baixo e, se necessário, diminuirão o poder relativo do trabalho organizado no mercado (seja mediante o aumento do desemprego ou mediante restrições políticas e outras ao poder da força de trabalho organizada)[36]. Como uma descrição desses movimentos superficiais, a hipótese de "redução da margem de lucro" é inteiramente plausível, até mesmo incensurável. Mas, como sustentam seus críticos, esta é uma concepção inteiramente inadequada das leis gerais do movimento do capitalismo, e certamente uma rendição inadmissível da teoria da formação de crise de Marx. A luta de classes desse tipo tem pouco ou nada a ver com a determinação do valor subjacente da força de trabalho, embora tenha um papel vital a desempenhar, como a demanda e a oferta, no equilíbrio do mercado.

4. O processo de acumulação e o valor da força de trabalho

Marx rejeita abertamente todas as formulações que imutavelmente fixam o valor da força de trabalho (como o salário de subsistência fisiológica) ou a parcela do capital variável no produto total (como a chamada teoria do "fundo de desemprego") baseado no fato de que "o capital não é uma grandeza fixa, mas uma parte

---

[36] Evidentemente, a questão é que se o equilíbrio do poder entre o capital e o trabalho chegar ao ponto de ameaçar seriamente a acumulação, então deverão ser tomadas medidas para retificar esse equilíbrio de poder. A intenção do Wagner Act de 1933 nos Estados Unidos foi, portanto, melhorar o poder de barganha dos sindicatos no mercado para ajudar a resolver o que era geralmente interpretado como uma crise de subconsumo. Em contraste, podemos notar a presente tentativa em muitos países capitalistas avançados de conter o poder sindical em uma época que as demandas salariais (e o poder para fazê-las persistir) são vistas como a principal causa de inflação crônica. Esses deslocamentos no equilíbrio do poder não ocorrem automaticamente nem sem constantes lutas terríveis. Mas o equilíbrio muda com o tempo, e há todas as razões para se acreditar que os próprios deslocamentos são em parte uma resposta aos problemas da acumulação.

elástica da riqueza social, parte esta que flutua constantemente", e de que a força de trabalho constitui uma das "potências elásticas do capital", que do mesmo modo deve ser construído para estar em constante fluxo[37]. Ele também declara que tanto a luta de classes sobre as partes distribucionais quanto a demanda e a oferta desempenham papéis vitais no equilíbrio do mercado e podem obrigar os salários reais a se separarem dos valores, às vezes por períodos estendidos. Mas, na análise final, eles operam como mediadores do mercado apenas para as forças mais fundamentais que determinam o valor da força de trabalho. Então, quais são essas "forças mais fundamentais"?

A resposta geral de Marx para essa questão não é difícil de localizar. Uma distribuição inicial dos meios de produção "determinada pela produção" separa o capital do trabalho, mas daí em diante as relações de distribuição têm de ser encaradas como "meramente a expressão das relações de produção históricas específicas". Além disso, a produção e a distribuição "constituem membros de uma totalidade, diferenças dentro de uma unidade, que também incluem a troca e o consumo" (ver anteriormente as p. 91-2). O valor da força de trabalho não pode ser fixado na abstração das relações internas dentro dessa totalidade – uma totalidade que, além disso, é dominada pela imperativa acumulação pela acumulação. Observamos anteriormente (p. 44) que Marx desenvolve seus conceitos relacionalmente. Agora encontramos um exemplo específico dessa estratégia em ação. Como sempre, o problema é tornar essa concepção extremamente abstrata mais acessível à interpretação concreta.

Ainda não estamos em uma posição de deslindar todo o argumento. Mas a concepção geral é mais ou menos essa. Há uma *distribuição de equilíbrio* entre o capital variável e o mais-valor determinado em relação à taxa de acumulação e à estrutura geral da produção e do consumo[38]. Há também um caminho para o desenvolvimento do equilíbrio para o emprego total que, quando dividido em *v*, produz um valor de equilíbrio das forças de trabalho individuais. Se há uma elevação geral no padrão de vida do trabalhador (medida nos valores de uso controlados), e se estes se tornam uma parte do "produto histórico" abrangido no valor da força de trabalho, é porque a acumulação do capital requer a produção de novas

---

[37] Karl Marx, *O capital*, Livro I, cit., p. 684.
[38] Aqueles que transformariam Marx em um teórico do equilíbrio geral, repleto de todas as ferramentas neoclássicas, têm muita dificuldade nesse ponto da análise. Eles invariavelmente acham que não podem determinar a taxa salarial equilibrada e, por isso, são obrigados a considerar o padrão de vida ou o salário de equilíbrio como um fator permanente estrutural e exogenamente determinado – ver Gérard Maarek, *An Introduction to Karl Marx's* Das Kapital*: a Study in Formalisation*, cit., John Roemer, "A General Equilibrium Approach to Marxian Economics", cit., e Michio Morishima e George Catephores, *Value, Exploitation and Growth*, cit., cap. 4.

necessidades, ou porque as leis da acumulação são indiferentes com respeito às formas específicas do valor de uso produzido. O valor da força de trabalho tem de ser construído como um ponto de referência regulado pelo processo de acumulação. Ele pode ser definido, em suma, como a *remuneração socialmente necessária da força de trabalho*; socialmente necessária, ou seja, do ponto de vista da acumulação continuada do capital. A invocação da necessidade social é importante. Ela nos permite distinguir entre o conceito de equilíbrio do valor da força de trabalho e as inúmeras circunstâncias acidentais e contingentes que podem pressionar para cima ou para baixo esse valor de equilíbrio.

Deve ser enfatizado que essa conclusão se aplica somente àquela concepção muito estreita do padrão de vida que se baseia na quantidade de valores de uso materiais que o trabalhador pode controlar mediante a troca de mercadorias. Isso não dita que pacote específico de valores de uso será proporcionado (gastos com saúde ou em danceterias), nem lida com aqueles aspectos da vida e da cultura dentro da classe trabalhadora que estão fora da esfera da troca de mercadorias. Nesses dois aspectos, a classe trabalhadora pode exercer certa economia e, por meio de suas próprias lutas e de suas próprias escolhas, pode produzir grande parte da sua própria cultura e grande parte da sua própria história. O fato de ela estar em uma posição de fazê-lo deve ser atribuído precisamente ao fato de que molda a sua existência em uma troca de qualidades através de uma forma de circulação definida por M-D-M[39].

É claro que a importância dessa troca para o capital é inteiramente diferente. Com ela, o capitalista procura ganhar mais-valor. À primeira vista parece que, quanto menos para o trabalhador, mais para o capital. Mas quando observamos o processo de acumulação como um todo vemos, em primeiro lugar, que "a manutenção e reprodução constantes da classe trabalhadora continuam a ser uma condição constante para a reprodução do capital"[40]. O próprio capital deve limitar sua própria "sede ilimitada de riquezas", na medida em que esta destrói a capacidade de reproduzir força de trabalho de uma dada qualidade. Mas também observamos que os capitalistas pagam salários, que recebem de volta como pagamento pelas merca-

---

[39] Esse ponto foi levantado e elaborado em uma forte crítica às teorias de luta de classes marxistas por Michael Burawoy ("Toward a Marxist Theory of the Labor Process: Braverman and Beyond", *Politics and Society*, 1978). Ele aponta que, se os trabalhadores estão interessados apenas nos valores de uso que podem controlar, então podem ter acesso ou até cooperar em sua própria exploração no local de trabalho, contanto que isso resulte em seu benefício na forma de bens materiais. O fato de os capitalistas estarem interessados em valores e os trabalhadores em valores de uso proporciona uma base para a cooperação, em vez de uma confrontação no processo de trabalho. Michael Burawoy tem um propósito, mas em geral vai muito além dele.

[40] Karl Marx, *O capital*, Livro I, cit., p. 647.

dorias que produzem. A distribuição aqui funciona como um elo que medeia entre a produção e o consumo ou, como prefere Marx, entre a criação de valor na produção e a realização de valor na troca. O capitalista deve, afinal, produzir valores de uso *sociais* – mercadorias que alguém pode se permitir ter e que alguém queira ou necessite. Os capitalistas individuais não podem razoavelmente esperar diminuir os salários de seus próprios empregados e ao mesmo tempo preservar um mercado em expansão para as mercadorias que produzem.

Tudo isso nos conduz além dos limites estreitos da distribuição *per se*, mas é exatamente aonde Marx quer nos levar. Ele quer que vejamos que o valor da força de trabalho e a parcela de trabalho no valor recém-criado não podem ser entendidos fora do processo geral da produção e do entendimento do mais-valor. Vamos abordar o estudo desse processo no capítulo 3.

II. A REDUÇÃO DO TRABALHO ESPECIALIZADO AO TRABALHO SIMPLES

O capital variável total não é dividido igualmente entre os trabalhadores individuais. A maneira que ele é dividido depende de uma ampla variedade de fatores – grau de habilidade, extensão da força sindical, estruturas costumeiras de remuneração, idade e tempo de serviço, produtividade individual, escassez relativa nos mercados de trabalho específicos (setoriais ou geográficos) etc. Em suma, somos confrontados com *forças de trabalho heterogêneas* que são *diferencialmente recompensadas.*

Isso constitui um duplo problema para a teoria marxiana. Em primeiro lugar, os próprios diferenciais salariais requerem explicação. Em segundo lugar, e esta é a questão na qual nos concentraremos mais aqui, a heterogeneidade da força de trabalho tem sido encarada por alguns críticos burgueses como o calcanhar de aquiles da teoria do valor de Marx. Vamos ver por quê.

Marx explicou os valores de troca das mercadorias com referência ao tempo de trabalho socialmente necessário nelas incorporados (na próxima seção veremos como essa concepção deve ser também modificada). Para isso ele tinha de construir um padrão de valor que consiste em *trabalho abstrato simples* e que presumia haver alguma maneira satisfatória de reduzir a heterogeneidade manifesta do trabalho humano concreto, com toda a sua diversidade em relação à habilidade e coisas semelhantes, a unidades de trabalho abstrato simples. O próprio tratamento de Marx do problema é ambivalente e enigmático. Ele simplesmente declara que "a experiência mostra" que "essa redução ocorre constantemente" por um "processo social que ocorre pelas costas dos produtores"[41]. Em uma nota de rodapé ele esclarece que "não se trata aqui da remuneração ou do valor que o trabalhador recebe por, digamos, uma jornada de trabalho, mas sim do valor das mercadorias nas quais sua jornada se objetiva". Tudo isso é totalmente consistente com a distinção entre o valor da força de trabalho e o trabalho social como a essência de valor. O processo em que as habilidades heterogêneas são reduzidas a simples trabalho deve ser independente dos processos de determinação da taxa salarial no mercado.

Marx não se dá ao trabalho de explicar o que ele quer dizer com um "processo social que ocorre por trás dos produtores". O apelo à "experiência" sugere que ele a achava absolutamente óbvia. Para ele, ela pode ter sido, mas certamente não o foi para seus críticos. Se, como insiste Böhm-Bawerk[42], o único processo social que consegue realizar o trabalho é a troca dos produtos daquela força de trabalho no mercado, então "temos a circunstância muito comprometedora de que o padrão da redução é determinado pelas relações de troca reais" quando as relações de troca supostamente devem ser explicadas nos termos do trabalho social que incorporam. Há, ao que parece, uma "circularidade fundamental e inevitável" na teoria do valor de Marx. Diz-se então que os valores não podem ser determinados independentemente dos preços do mercado, e que estes últimos, não os primeiros, são fundamentais para se entender como o capitalismo funciona. Os mais violentos oponentes de Marx, de Böhm-Bawerk até Samuelson[43], têm consequentemente ridicularizado a teoria do valor marxiana como uma "abstração relevante", e declaram que a moderna teoria do preço que defendem é bem superior à formulação de Marx. Até mesmo um crítico relativamente simpático, como Morishima[44], conclui que a redução envolve diferentes taxas de exploração (que perturbam seriamente a teoria do mais-valor) ou a conversão de diferentes habilidades a uma medida comum mediante taxas salariais (que destroem totalmente a teoria do valor). Em face dessa forte crítica, uma solução para o problema da redução se torna imperativa.

Uma linha de resposta tem sido reduzir o trabalho especializado ao trabalho simples, supondo que a força de trabalho transmite valor em proporção ao seu custo de produção. Isso falha em estabelecer a redução independentemente do processo de troca, e não pode por si evitar a circularidade de que Böhm-Bawerk se queixa. Por

---

[41] Karl Marx, *O capital*, Livro I, cit., p. 122.
[42] Eugen von Böhm-Bawerk, *Karl Marx and the Close of his System* (Nova York, Augustus M. Kelley, 1949).
[43] Paul Samuelson, "Wages and Prices: a Modern Dissection of Marxian Economic Models", *American Economic Review*, 1957.
[44] Michio Morishima, *Marx's Economics*, cit.

isso, tanto Rowthorn[45] quanto Roncaglia[46] procuram identificar um processo de produção que realize a redução sem referência à troca. Rowthorn declara:

> O trabalho especializado é equivalente a grande parte do trabalho realizado no período vigente, *somado* à grande parte do trabalho incorporado nas habilidades do trabalhador interessado. Parte do trabalho incorporado nas habilidades é em si especializado e pode por sua vez ser decomposto em trabalho não especializado *somado* ao trabalho incorporado nas habilidades produzidas em cada período anterior. Estendendo indefinidamente para trás essa decomposição, pode-se eliminar inteiramente o trabalho especializado, substituindo-o por uma série de trabalhos não especializados realizados em diferentes pontos no tempo. [...] A redução [...] pode ser realizada de maneira bastante independente do nível de salários e a análise evita a carga de circularidade de Bawerk.[47]

Essa abordagem passa por várias dificuldades. O trabalho simples se torna a unidade contábil, e se presume que o custo de produção desse trabalho simples não tem efeito sobre o sistema. Além disso, as habilidades que os trabalhadores adquirem aparecem como uma forma de capital constante controlado por eles. A redução é realizada, segundo Tortajada[48], à custa da introdução de uma versão da teoria do capital humano. Isso oblitera as questões de exploração de classe e enterra os processos sociais reais em uma mitologia de progresso pessoal que muito certamente vai contra o impulso geral da teoria marxiana. Tortajada continua dizendo que tais dificuldades se originam "da própria maneira em que o problema da redução foi colocado, tanto pelos críticos da teoria marxista quanto por aqueles que tentam contestá-la". Em resumo, os marxistas procuraram responder ao problema em um terreno definido mais pelos críticos burgueses do que pelos termos em que Marx o define. Lembre-se de que o trabalho abstrato tem início mediante um processo que expressa a unidade subjacente tanto da produção quanto da troca, em um modo de produção distintamente capitalista.

Então, vamos voltar ao argumento de Marx. Segundo ele, o trabalho abstrato

> é desenvolvido tanto mais pura e adequadamente quanto mais o trabalho perde todo caráter de arte; a sua perícia particular devém cada vez mais algo abstrato, indiferente,

---

[45] Robert Rowthorn, *Capitalism, Conflict and Inflation*, cit.
[46] Alessandro Roncaglia, "The Reduction of Complex Labour to Simple Labour", *Bulletin of the Conference of Socialist Economists*, 1974.
[47] Robert Rowthorn, *Capitalism, Conflict and Inflation*, cit., cap. 8.
[48] Tortajada, "A Note on the Reduction of Complex Labour to Simple Labour", *Capital and Class*, 1977.

e devém mais e mais atividade puramente abstrata, puramente mecânica, por conseguinte, indiferente à sua forma particular.[49]

A indiferença diante de um determinado tipo de trabalho pressupõe uma totalidade muito desenvolvida de tipos efetivos de trabalho, nenhum dos quais predomina sobre os demais. Portanto, as abstrações mais gerais surgem unicamente com o desenvolvimento concreto mais rico, ali onde um aspecto aparece como comum a muitos, comum a todos. [...] A indiferença em relação ao trabalho determinado corresponde a uma forma de sociedade em que os indivíduos passam com facilidade de um trabalho a outro, e em que o tipo determinado do trabalho é para eles contingente e, por conseguinte, indiferente. [...] Um tal estado de coisas encontra-se no mais alto grau de desenvolvimento na mais moderna forma de existência da sociedade burguesa – os Estados Unidos. [...] Esse exemplo do trabalho mostra com clareza como as próprias categorias mais abstratas, apesar de sua validade para todas as épocas – justamente por causa de sua abstração –, na determinabilidade dessa própria abstração, são igualmente produto de relações históricas e têm sua plena validade só para essas relações e no interior delas.[50]

O trabalho abstrato torna-se a medida de valor ao passo que a força de trabalho existe como uma mercadoria que os capitalistas podem livremente controlar no mercado. O processo de acumulação requer fluidez na aplicação da força de trabalho a diferentes tarefas no contexto de uma divisão de trabalho rapidamente proliferante. O capitalista pode criar essa fluidez organizando a divisão do trabalho dentro da empresa e transformando o processo de trabalho de modo a reduzir as barreiras técnicas e sociais ao movimento do trabalho de um tipo de atividade para outra. As habilidades que são monopolizáveis são anátemas ao capital. Na medida em que se tornam uma barreira à acumulação, elas devem ser subjugadas ou eliminadas pela transformação do processo de trabalho. As habilidades monopolizáveis tornam-se irrelevantes porque o capitalismo as torna assim[51].

A redução de trabalho especializado para trabalho simples é mais que um construto mental; é um processo real e observável, que opera com efeitos devastadores para os trabalhadores. Por isso, Marx presta considerável atenção à destruição das habilidades do artesão e à sua substituição pelo "trabalho simples" – um processo que, como Braverman documenta em grandes detalhes, continuou incessantemente durante toda a história do capitalismo (considere, por exemplo, a transformação

---

[49] Karl Marx, *Grundrisse*, cit., p. 231.
[50] Ibidem, p. 56-7. Cf. também *Results of the Immediate Process of Production* (Harmondsworth, Penguin, 1976), p. 1.033.
[51] Idem, *Wages, Price and Profit*, cit., p. 76.

da indústria de automóveis de produção manual especializada para a tecnologia de linha de montagem em massa, e a redução do trabalho especializado para o trabalho simples que foi gerado)[52].

Isso não quer dizer que o capital tem sido em toda parte bem-sucedido em forçar tais reduções, e Marx foi o primeiro a admitir que o legado histórico das habilidades manuais e do artesão foi com frequência extremamente resistente aos ataques organizados pelo capital. A história desse processo de redução também não está isenta de contradições. A rotinização das tarefas a certo nível em geral requer a criação de habilidades mais sofisticadas em outro nível. A estrutura do emprego torna-se mais hierárquica e aqueles que estão no topo dessa hierarquia – os engenheiros, os cientistas da computação, os planejadores e desenhistas etc. – começam a acumular algumas habilidades monopolizáveis. Isso cria problemas para a análise de classe e para um entendimento do processo de trabalho no capitalismo – problemas aos quais retornaremos no capítulo 4.

Concluímos, então, que o "processo social" a que Marx se refere não é outro senão a ascensão de um modo de produção distintamente capitalista sob o controle hegemônico do capitalista em uma sociedade dominada pela simples troca de mercadorias[53]. A redução para trabalho abstrato simples poderia não ocorrer em qualquer outro tipo de sociedade – pequenos produtores de mercadorias, artesãos, camponeses, escravos etc. Os valores só se constituem os reguladores da atividade social na medida em que certo tipo de sociedade, caracterizado por relações de produção e troca específicas da classe, começa a existir.

À luz dessa conclusão, é instrutivo voltar ao tipo de exemplo a que os críticos de Marx apelam quando procuram desacreditar seu argumento. Böhm-Bawerk utiliza o exemplo da troca entre um escultor e um operário britador para mostrar que o trabalho como valor é indistinguível do valor das diferentes forças de trabalho determinadas por meio da troca de seus produtos. Seu exemplo não é errado. Mas é o tipo de forma de trabalho específico e individualizado que, na opinião de Marx, deixa inclusive de ser "pensável" em uma totalidade de trocas bem desenvolvidas. Além disso, ambos os trabalhadores do exemplo de Böhm-Bawerk são autônomos, embora um – o escultor – possua habilidades de monopólio especiais. A condição

---

[52] Harry Braverman, *Labor and Monopoly Capital* (Nova York, Monthly Review Press, 1974 [ed. bras.: *Trabalho e o capital monopolista*, Rio de Janeiro, Zahar, 1974]). Tem havido inúmeras críticas ao argumento de Braverman, que vamos examinar no capítulo 4.

[53] Meghnad Desai (*Marxian Economics*, cit., p. 20) escreve: "A relação valor-trabalho é, assim, ao mesmo tempo uma fórmula e um processo histórico. Por isso a categoria de trabalho abstrato, não diferenciado, não é uma abstração, mas uma tendência histórica". Ver também o estudo de Christopher Arthur, "The Concept of 'Abstract Labor'", *Bulletin of the Conference of Socialist Economists*, 1976, sobre o conceito de trabalho abstrato.

na qual Marx está interessado é aquela na qual ambos os trabalhadores são empregados por capitalistas para produzir mercadorias – monumentos e estradas –, embora nenhum dos dois tenha qualquer habilidade monopolizável, ainda que o trabalho partilhado possa ser de produtividade diferente. Böhm-Bawerk se abstrai inteiramente das relações de produção capitalistas – dificilmente uma base adequada para moldar uma crítica válida de Marx. O raciocínio circular a que Böhm-Bawerk achou ter chegado é um produto da extirpação das raízes do problema da redução em processos históricos reais, que transformam o processo de trabalho e generalizam a troca de mercadorias. Colocado nesse contexto mais amplo, o problema da redução se torna insignificante. Somos então deixados com duas questões distintas. Em primeiro lugar, precisamos explicar os diferenciais de salário que existem com o pleno entendimento de que estes não têm necessariamente a ver com a maneira na qual o trabalho social se torna o valor essencial. Em segundo lugar, temos de considerar o grau em que a reorganização do processo de trabalho no capitalismo realmente eliminou as habilidades monopolizáveis e, desse modo, realizou a redução que é a base para a teoria do valor. Vamos retomar essa segunda questão no capítulo 4, pois ela impõe sérios desafios teóricos ao sistema marxiano.

III. A DISTRIBUIÇÃO DO MAIS-VALOR E A TRANSFORMAÇÃO DOS VALORES EM PREÇOS DE PRODUÇÃO

Marx achava que um dos "melhores pontos" em seu trabalho era o "tratamento do mais-valor independentemente de suas formas particulares como lucro, juro, renda fundiária etc."[54]. A teoria do mais-valor explica a *origem* do lucro na exploração do trabalho dentro dos limites do processo de produção sob a relação social do trabalho assalariado. A teoria da distribuição tem de lidar com a conversão do mais-valor em lucro. Marx deu grande importância a esse passo. Escreveu ele:

> Até o momento a economia política [...] ou por imposição se abstraiu das distinções entre o mais-valor e o lucro, e de suas relações, para poder manter a determinação do valor como uma base, ou abandonou essa determinação do valor e, com ela, todos os vestígios de uma abordagem científica.

No terceiro livro d'*O capital* (p. 168), Marx declara que "a conexão intrínseca" entre mais-valor e lucro é "aqui revelada pela primeira vez". Essa é uma declaração

---

[54] Karl Marx e Friedrich Engels, *Selected Correspondence*, cit., p. 192.

forte, que imporia algum exame, mesmo que não tivesse sido o centro de atenção de uma imensa e loquaz controvérsia.

O argumento de Marx com respeito à relação entre mais-valor e lucro é, em linhas gerais, este: o mais-valor tem sua origem no processo de produção em virtude da relação de classe entre o capital e o trabalho, mas é distribuído entre cada capitalista segundo regras da concorrência.

Ao considerar como o mais-valor é distribuído entre os produtores capitalistas em diferentes setores, Marx mostra que as mercadorias não podem mais trocar os seus valores – uma condição que ele assumiu apoiar nos dois primeiros livros d'*O capital*. Eles devem realizar trocas de acordo com seus "preços da produção". Faríamos bem em eliminar, desde o início, uma potencial fonte de confusão. Esses preços da produção ainda são medidos em valores e não devem ser confundidos com preços monetários utilizados no mercado. Marx ainda defende o tempo de trabalho socialmente necessário como um critério. O que ele agora mostra é que as mercadorias não mudam mais conforme o tempo de trabalho socialmente necessário nelas incorporado.

Para acompanhar o argumento de Marx, devemos primeiro apresentar algumas definições e comentários básicos. O tempo despendido para produzir uma mercadoria é chamado de "período de produção". O tempo despendido para realizar o valor incorporado na mercadoria mediante o processo de troca é chamado de "tempo de curso". O "tempo de rotação" do capital é o tempo levado para o valor de um dado capital ser realizado por meio da produção e da troca – é, então, a soma do período de produção e do tempo de curso. O "capital consumido" é o valor total das matérias-primas e dos instrumentos de produção usados no decorrer de um período de produção. Como o capital fixo pode ser totalmente empregado durante o período de produção, mas não totalmente usado, o capital consumido durante um período de produção será igual ou menor que o "capital empregado". Podemos tratar o "capital constante", c, como o capital consumido ou como o capital empregado, dependendo do que estamos procurando mostrar. O "capital variável", v, é o valor da força de trabalho consumida em um período de produção. A "taxa do mais-valor" (ou "taxa de exploração") é dada pela proporção de mais-valor em relação ao capital variável, m/v. A "composição de valor do capital" é definida como c/v. A "taxa de lucro", l, é $m/(c + v)$, que, quando reformulada, torna-se:

$$l = \frac{m/v}{(c/v) + 1}$$

Observe que todas essas medidas estão expressas em *valores*.

Agora assumimos um processo competitivo que equaliza a taxa de lucro em todas as indústrias e setores. O que então se torna claro é que as taxas de troca são afetadas pelas diferenças na composição de valor do capital. Considere o seguinte exemplo. Uma economia tem duas indústrias. A primeira emprega 80 unidades de capital constante e 20 unidades de capital variável e cria 20 unidades de mais-valor, enquanto as medidas para a segunda são $20c$, $80v$ e $80m$. O capital adiantado total nas duas indústrias é exatamente o mesmo. Definimos estes como os "custos da produção", $c + v$. A taxa de exploração, m/v, é a mesma nas duas indústrias. Também assumimos um período de produção idêntico. Mas agora percebemos que a taxa de lucro na primeira indústria (com uma composição de alto valor) é 20%, enquanto a taxa de lucro na segunda indústria (com uma composição de baixo valor) é 80%. A taxa de lucro não é equalizada.

Vamos agora supor que as duas indústrias têm pesos iguais e que a taxa de lucro médio, l, é 50%. O efeito de equalizar a taxa de lucro é mudar as relações de troca das duas mercadorias. Cada mercadoria agora troca de acordo com as relações indicadas por $c + v + l$, em vez de $c + v + m$. A primeira dessas medidas é chamada de "preço de produção". Enfatizamos uma vez mais que esta é medida em valores, não em preços monetários. Na concorrência, podemos esperar que as mercadorias mudem mais de acordo com seus preços de produção do que com seus valores.

Podemos construir um argumento idêntico com respeito aos capitais que têm tempos de rotação diferentes. Marx não fez isso diretamente, mas devemos também reconhecer a importância do tempo de rotação na formação de relações de troca. Como o capitalista está interessado no lucro durante um período de tempo médio (uma taxa anual de retorno sobre o capital, por exemplo), o capital que efetua muitas rotações em um ano vai obter uma taxa de retorno muito mais elevada do que o capital que efetua apenas uma rotação (supondo-se composições de valor similares e taxas de exploração idênticas). O capital e o trabalho vão tender a ser realocados de setores com tempos de rotação inferiores àqueles com tempos de rotação superiores, até que as taxas de retorno anuais sejam igualadas. Os preços relativos serão afetados, e temos uma razão adicional para as mercadorias não mais serem trocadas de acordo com seus valores.

O que Marx está fazendo aqui é implementar sua regra geral segundo a qual a produção determina a distribuição, sendo que a primeira não pode ser considerada independentemente da distribuição nela incluída. O procedimento de transformação de Marx na verdade tira proveito de um duplo sentido de "distribuição". É a distribuição do capital entre as diferentes indústrias, de acordo com a taxa de lucro geral que conduz à formulação dos preços da produção, que tem o efeito de distribuir o mais-valor diferencialmente, de acordo com as composições de valor e os tempos de rotação dos diferentes capitais.

O efeito distributivo geral pode ser apresentado de uma maneira muito simples. Cada capitalista contribui para o mais-valor agregado total na sociedade, de acordo com a força de trabalho que cada um emprega, e se baseia no mais-valor agregado segundo o capital total que cada um adianta. De uma maneira um tanto engraçada, Marx chamou essa situação de "comunismo capitalista" – "de cada capitalista segundo sua força de trabalho total e para cada capitalista de acordo com seu investimento total"[55]. Mais especificamente, isso significa que as indústrias com baixa composição de valor (indústrias com "mão de obra intensiva") ou um tempo de rotação rápido produzem mais mais-valor do que obtêm de volta na forma de lucro, embora aconteça o oposto no caso das indústrias com composição de alto valor (chamados setores de "capital intensivo") ou baixo tempo de rotação. Este é um resultado importante. Ele proporciona a base para algumas interpretações marxistas equivocadas do imperialismo – países dominados por indústrias com baixa composição de valor renunciarão ao mais-valor em prol de países dominados por alta composição de valor[56].

Então, por que toda a controvérsia? As próprias declarações de Marx, somadas a alguns comentários provocativos de Engels em seus prefácios ao segundo e terceiro livros d'*O capital*, serviram para concentrar a atenção no que é na verdade uma característica fundamental na teoria marxiana: a relação entre mais-valor e lucro. Infelizmente, a solução que Marx propõe é equivocada ou incompleta. Os críticos burgueses têm atacado o que enxergam como um erro fundamental e o utilizado para desacreditar toda a teoria da produção e distribuição marxiana, insistindo, o tempo todo, que a distribuição deve ser restaurada ao seu lugar de direito de onde Marx procurou desalojá-la. Consideremos a natureza do suposto "erro"[57].

---

[55] Ibidem, p. 206.

[56] Arghiri Emmanuel, *Unequal Exchange: a Study of the Imperialism of Trade* (Nova York, Monthly Review Press, 1972); o erro surge porque quando são derivadas soluções adequadas ao problema da transformação, elas não mostram necessariamente uma transferência do valor de setores com baixa composição de valor para setores com alta composição.

[57] Há uma imensa literatura sobre o problema da transformação. William Baumol ("The Transformation of Values: What Marx 'Really' Meant (an Interpretation)", cit.), Meghnad Desai (*Marxian Economics*, cit.), Laibman ("Values and Prices of Production: the Political Economy of the Transformation Problem", *Science and Society*, 1973-1974), Ira Gerstein ("Production, Circulation and Value: the Significance of the 'Transformation Problem' in Marx's Critique of Political Economy", *Economy and Society*, 1976), Michael Howard e John King (*The Political Economy of Marx*, Londres, Longman, 1975), Michio Morishima (*Marx's Economics*, cit.), Paul Samuelson ("Understanding the Marxian Notion of Exploitation: a Summary of the So-Called Transformation Problem Between Marxian Values and Competitive Prices", cit.) e Anwar Shaikh ("An Introduction to the History of Crisis Theories", em Union of Radical Political Economics, *U. S. Capitalism in Crisis*, Nova York, Union of Radical Political Economics,1978) apresentam bons relatos partindo de várias perspectivas. A história inicial do debate está coberta em um excelente trabalho de autoria de Guilles Dostaler (*Valeur et prix: histoire d'un débat*, Paris, Maspero, 1978).

Marx monta um quadro para cinco indústrias de composição de valor variável para ilustrar como os preços da produção serão formados quando a taxa de lucro for igualada por meio da concorrência[58]. Ele assume, para propósitos de exposição, que os capitalistas adquirem mercadorias aos seus valores e os vendem segundo seus preços de produção. Ele também assume que a taxa de lucro média é conhecida e que esta pode ser calculada por antecipação atribuindo um peso igual a cada um dos cinco setores e à produção média de mais-valor em relação ao capital total antecipado.

Podemos localizar imediatamente dois problemas. Se todas as mercadorias mudam de acordo com seus preços de produção, então isso se aplica tanto aos insumos quanto aos produtos. Os capitalistas compram a preços de produção e não, como apresenta Marx em seus esquemas, segundo os valores. Marx está perfeitamente consciente disso, mas achou que "a nossa presente análise não necessita de um exame mais profundo desse ponto"[59]. Em segundo lugar, como o capital é redistribuído a partir de setores com baixa a alta composição de valor, o produto total do mais-valor muda e isso altera a taxa de lucro. Evidentemente, o procedimento de transformação que Marx cria está incompleto. Ele é, no máximo, uma aproximação. Marx não enfatiza que isso fosse assim, e Engels prossegue confundindo muito as questões, proclamando triunfantemente em seu prefácio que Marx estabeleceu a solução para o problema, o que confundiria e silenciaria eternamente seus críticos.

Böhm-Bawerk[60] apontou imediatamente os defeitos no procedimento de Marx, tratou-os como erros fundamentais e ridicularizou com alvoroço todo o esquema marxiano. Em vez de silenciar os críticos, a solução de Marx para o problema da transformação proporcionou-lhes abundante munição para usá-la contra ele.

O problema da transformação assumiu sua aparência atual com tentativas matemáticas para corrigir o erro de Marx. Von Bortkiewicz foi o primeiro a apresentar uma solução matemática em 1907. Ele usou uma abordagem de equação simultânea e mostrou ser possível resolver o problema da transformação em determinadas condições rigorosamente definidas. O problema então se transformou num problema de identificar e justificar as condições para a solução.

O problema matemático formal surge porque, para se identificar uma solução, é necessário, dada a abordagem da equação simultânea, controlar algo constante entre a estrutura do valor e o preço da estrutura da produção. Como o próprio Marx declarou que a soma dos preços da produção deve igualar a soma dos valores, e que o mais-valor total deve igualar o lucro agregado total, esses dois têm de ser mais comumente escolhidos como constantes. O problema é que essas duas condi-

---

[58] Karl Marx, *Capital*, Livro III, cit., cap. 9.
[59] Ibidem, p. 164-5.
[60] Eugen von Böhm-Bawerk, *Karl Marx and the Close of his System*, cit.

ções não podem ser simultaneamente controladas, dada essa representação matemática particular. Em consequência disso, toda uma série de soluções matemáticas foi proposta, cada uma usando uma condição constante diferente[61].

Isso permite a Samuelson[62] declarar que, como não há razão lógica para se escolher uma constante em vez de outra, a transformação de Marx dos valores em preços de produção não é uma transformação matemática em nenhum sentido real, mas simplesmente um processo de apagar um conjunto de números e substituí-lo por outro. O preço da análise da produção no terceiro livro d'*O capital* não tem uma relação lógica necessária com a teoria do valor proposta no primeiro. Este último, então, pode ser encarado ou como um ensaio de metafísica ou como um "desvio irrelevante" a caminho da mais fundamental teoria do preço apresentada no terceiro livro. Como a teoria do preço foi "revolucionada" desde a época de Marx (principalmente por meio da "revolução" marginalista, que está na base da teoria neoclássica contemporânea), Marx pôde, no que diz respeito à sua contribuição para a teoria do preço, ser relegado aos livros de história como um "pós-ricardiano menor". Assim Samuelson combate o fantasma marxiano.

Uma linha de resposta a Samuelson tem sido aceitar sua contribuição matemática e depois argumentar que, embora ele possa ser "um economista matemático excelente", é um "economista político terrível". Assim, Laibman[63] escolhe a taxa de exploração como a constante, baseado no fato de que a luta de classes e a tensão social entre o capital e o trabalho é o marco qualitativo do modo de produção capitalista. Por mais verdadeiro que este último possa ser, isso implica que o equilíbrio entre os salários e os lucros em uma economia capitalista é estabelecido pela luta de classes e por nada mais – uma proposição que negamos anteriormente. Esse é um preço alto demais para superar as objeções de Samuelson.

A segunda linha de defesa requer tratar o problema da transformação como um problema histórico. Nessa interpretação, as mercadorias realmente mudavam seus valores em condições de simples troca de mercadorias entre produtores independentes não sujeitos à regra do capital. Com a ascensão das relações de produção capitalistas, as relações de valor tornam-se obscurecidas e finalmente enterradas sob os preços da produção. Essa interpretação encontra alguma justificativa no comen-

---

[61] Paul Sweezy (*The Theory of Capitalist Development*, cit.) apresenta um relato da solução de Bortkiewicz e as várias soluções matemáticas são revistas por David Laibman, "Values and Prices of Production: the Political Economy of the Transformation Problem", cit.

[62] Paul Samuelson, "Understanding the Marxian Notion of Exploitation: a Summary of the So-Called Transformation Problem Between Marxian Values and Competitive Prices", cit.

[63] David Laibman, "Values and Prices of Production: the Political Economy of the Transformation Problem", cit.

tário de Marx de que "a troca de mercadorias em seus valores [...] requer um estágio muito inferior à sua troca em seus preços de produção, o que requer um nível definido de desenvolvimento capitalista". Por isso, "é bastante apropriado encarar os valores das mercadorias não apenas teoricamente, mas também historicamente antes dos preços da produção"[64]. Engels opinou que "se Marx tivesse a oportunidade de rever mais uma vez o terceiro livro, ele sem dúvida teria estendido consideravelmente essa passagem"[65]. E assim Engels começou a elaborar a ideia e, em seu "acréscimo" ao terceiro livro, escreveu uma versão histórica mais longa do problema da transformação. Várias outras versões comedidas desse problema foram apresentadas, desde então, por escritores como R. L. Meek[66].

Há dois problemas nessa abordagem histórica, ainda que soe muito marxiano apelar para a história para resolver um dilema lógico. Observamos, antes de tudo, que esse relato segue inteiramente contrário ao argumento que apresentamos anteriormente, ou seja, que os valores não podem ser totalmente estabelecidos na ausência de relações de produção capitalistas. Isso contradiz a ideia de uma relação integral entre a teoria do valor e a capacidade para produzir mais-valor. Além disso, como documentam detalhadamente Morishima e Catephores, a abordagem geral de Marx indica que o que ele estava "buscando na teoria do valor-trabalho não era a descrição abstrata de um período pré-capitalista do qual ele poderia derivar geneticamente o capitalismo, mas sim as ferramentas teóricas que lhe permitiriam chegar ao fundo das relações econômicas capitalistas". A versão histórica do problema da transformação – mesmo em suas traduções mais moderadas e sofisticadas – deve, por isso, ser rejeitada[67].

Como não podemos apelar para a luta de classes ou para a história para resolver o problema, temos de voltar atrás para tratar a transformação como um "dispositivo estático, atemporal e analítico" para dissecar as relações sociais do capitalismo. Somos obrigados a encontrar uma técnica matemática razoável para tratar do problema. Mais tarde, Shaikh propôs seguir a técnica que Marx usou e planejou soluções iterativas que, a cada etapa da iteração, ajustam os custos do insumo e a taxa de lucro até serem identificados os preços equilibrados da produção. Segundo essa visão, Marx simplesmente realizou o primeiro cálculo nessa sequência e não se deu ao trabalho de tratar do resto porque não lhe parecia tão importante chegar à

---

[64] Karl Marx, *Capital*, Livro III, cit., p. 177.
[65] Ibidem, p. 896.
[66] Ronald Meek, *Smith, Marx and After*, cit., cap. 7.
[67] Michio Morishima e George Catephores (*Value, Exploitation and Growth*, cit.) apresentam argumentos detalhados e, em minha opinião, bastante corretos, de por que eles acham que Marx teria rejeitado tal abordagem histórica.

solução matemática correta para chegar à importante conclusão social. Morishima, com sua costumeira ingenuidade matemática, mostra que, se o procedimento da transformação for tratado como um processo de Markov, muitas dificuldades que surgem quando ele é tratado em termos de equações simultâneas desaparecem – a igualdade entre a soma dos preços de produção e a soma dos valores pode coexistir com satisfação com a igualdade do mais-valor e do lucro total, como Marx insistiu que ocorreria. O que realmente surpreende, na opinião de Morishima, é como Marx se aproximou da resolução do problema apesar de sua inerente dificuldade e de sua técnica matemática extremamente limitada[68].

Várias ideias interessantes no problema da transformação surgiram, na verdade, do campo não marxista. Tanto Baumol quanto Morishima[69] tiveram muitas coisas positivas e relevantes a dizer sobre o problema. Baumol, por exemplo, declara corretamente que a preocupação fundamental de Marx foi estabelecer uma teoria da distribuição e que a transformação real dos valores em preços de produção é uma questão lateral[70]. Morishima também defende a visão de que Marx estava se esforçando mais na direção dos *insights* sociais do que na exatidão matemática, e que, desse ponto de vista, o que Marx se dispôs a fazer, fê-lo muito bem.

Então, qual é o significado social do que Marx estava buscando? Ele apresenta suas conclusões convincentemente, comparando o efeito da transformação com aquele produzido pela apropriação capitalista do mais-valor relativo:

> Com o desenvolvimento do mais-valor relativo [...] os poderes produtivos [...] do trabalho no processo de trabalho direto parecem transferidos do trabalho para o capital. Assim, o capital se torna um ser muito místico, pois todas as forças sociais do trabalho parecem se dever mais ao capital do que ao trabalho como tal, e parecem provir do útero do próprio capital [...].
> Tudo isso obscurece cada vez mais a verdadeira natureza do mais-valor e, portanto, o mecanismo real do capital. Isso é ainda mais atingido mediante a transformação de [...] valores em preços de produção. [...] Um processo social complicado intervém aqui: o processo de equalização dos capitais, que divorcia os preços relativos médios [da produ-

---

[68] Michio Morishima (*Marx's Economics*, cit.), Anwar Shaikh ("An Introduction to the History of Crisis Theories", cit.) e Meghnad Desai (*Marxian Economics*, cit.) são todos úteis aqui.

[69] William Baumol, "The Transformation of Values: What Marx 'Really' Meant (an Interpretation)", cit.; Michio Morishima, *Marx's Economics*, cit.

[70] William Baumol ("The Transformation of Values: What Marx 'Really' Meant [an Interpretation]", cit.) parece ter captado melhor o que Marx estava tentando fazer com a transformação, e sua leitura cuidadosa é compensatória. Guilles Dostaler (*Marx: la valeur et l'économie politique*, Paris, Anthropos, 1978) apresenta um relato similar e tenta reconciliar as questões dentro da estrutura do tipo da teoria do valor que estamos aqui adotando.

ção] das mercadorias de seus valores, assim como os lucros médios nas várias esferas da produção [...] da real exploração do trabalho pelos capitais particulares. Não só isso parece ser assim, mas é verdade que os preços médios [da produção] de mercadorias diferem do seu valor e, portanto, do trabalho nelas realizado, e o lucro médio de um capital particular difere do mais-valor que esse capital extraiu dos trabalhadores empregados por ele. [...] Os próprios lucros médios normais parecem imanentes no capital e independentes da exploração.[71]

O fato de o lucro ter sua origem na exploração da força de trabalho não é mais óbvio, mas se torna nebuloso tanto para o capitalista quanto para o trabalhador. "Disfarçada como lucro, o mais-valor realmente nega a sua origem, perde o seu caráter e se torna irreconhecível". Isso, por sua vez, conduz à "total incapacidade do capitalista prático, cego pela concorrência como ele é, e incapaz de compreender seus fenômenos, reconhecer a essência interior e a estrutura interior desse processo que está por trás da aparência externa"[72]. E, na medida em que os teóricos do capital refletiram essa confusão, também falharam em penetrar nos segredos que estavam ocultos pelos fenômenos da concorrência. E são esses segredos que Marx declara ter revelado total e efetivamente pela "primeira vez".

O fetichismo que surge da transformação dos valores em preços de produção desempenha um papel fundamental no argumento de Marx. Ele realiza uma função ideológica e apologética, ao mesmo tempo que mistifica a origem do lucro como mais-valor. Essa mistificação é perigosa para o capital porque a reprodução da classe capitalista depende inteiramente da criação e recriação contínua do mais-valor. Mas mesmo que os capitalistas conseguissem penetrar abaixo do fetichismo da sua própria concepção, eles ainda seriam impotentes para retificar um estado de coisas potencialmente sério. A concorrência os obriga, querendo ou não, a alocar o trabalho social e dispor seus processos de produção de modo a equalizar a taxa de lucro. O que Marx agora nos mostra é que isso não tem necessariamente nada a ver com a maximização do produto agregado do mais-valor na sociedade. Encontramos nisso uma base material para essa sistemática distribuição indevida do trabalho social e para esse viés sistemático na organização do trabalho, que conduzem o capitalismo a crises periódicas. A concorrência necessariamente conduz cada capitalista a se comportar de maneira a ameaçar a base da sua própria reprodução social. Eles se comportam assim porque a lógica das forças de mercado os obriga a reagir aos preços de produção em vez de às exigências diretas para a produção de

---

[71] Karl Marx, *Capital*, Livro III, cit., p. 827-9.
[72] Ibidem, p. 167-8.

mais-valor. Este é o *insight* crucial que surge de um estudo do problema da transformação. É um resultado que devemos buscar até sua conclusão lógica mais amarga nos capítulos subsequentes.

IV. JURO, RENDA E LUCRO SOBRE O CAPITAL MERCANTIL

Dados o som e a fúria do debate sobre os problemas da redução e da transformação, é um pouco surpreendente achar que os outros componentes da teoria da distribuição de Marx tenham desencadeado tão pouca controvérsia. Isso pode ser em parte explicado pelo estado espantosamente confuso em que Marx deixou suas teorias da renda e do juro, e do fracasso dos marxistas em propor esclarecimentos convincentes e consensuais da confusão que Marx deixou para trás.

Como cada um desses aspectos da distribuição será longamente examinado nos capítulos posteriores, aqui vou me limitar a alguns comentários gerais sobre a direção à qual Marx parecia encaminhado e as razões que ele apresenta para lá se dirigir.

Lembre-se de que a teoria do mais-valor se sustenta sozinha, independentemente de qualquer teoria da distribuição, à parte daquele mais fundamental de todos os arranjos distribucionais, que separa o trabalho do capital. O mais-valor é convertido em lucro mediante o processo social da concorrência. O lucro, por sua vez, é dividido nos componentes do lucro sobre o capital mercantil, do juro sobre o capital monetário, da renda derivada da terra e do lucro da empresa. A tarefa de qualquer teoria da distribuição é explicar a necessidade social para essa distribuição do mais-valor, e os processos sociais que a realizam.

A maneira sequencial da apresentação – movendo-se da produção para a distribuição do mais-valor – não deve nos levar a pensar que as relações de distribuição não têm importância para se entender a produção. Uma vez que Marx declara que a produção pode ser considerada separadamente da "distribuição nela incluída", temos de considerar a possibilidade muito real de que a renda e o juro desempenham papéis importantes como condições da produção.

Na verdade, mais tarde vou procurar mostrar que a formação do capital fixo – e em particular a criação das infraestruturas físicas no ambiente construído – não pode ser entendida independentemente dos processos sociais que regulam a distribuição. Por isso, os relacionamentos da distribuição afetam as condições da produção. Marx evidentemente não nega isso, mas insiste que, por mais importantes que possam ser esses impactos, eles nunca poderiam explicar a origem do mais-valor.

Marx abriu uma perspectiva sobre a lógica subjacente que dita as relações de distribuição examinando o processo geral da circulação do capital. Ele descreve o processo de expansão do valor passando por uma sequência de metamorfoses – mudanças de estado. A maneira mais simples de olhar para isso é vê-lo como um processo em que o dinheiro é lançado em circulação para se obter mais dinheiro. O dinheiro é apresentado para adquirir a força de trabalho [T] e os meios de produção [Mp], que estão juntos moldados mediante a produção [P] em mercadorias a serem vendidas no mercado:

$$D - M \begin{pmatrix} T \\ Mp \end{pmatrix} \ldots P \ldots M' - D' \text{ (etc.)}$$

O dinheiro no fim do processo é maior que no início, e o valor da mercadoria produzida é maior que o valor das mercadorias usadas como insumos. As duas fases D-M e M'-D' são transformações produzidas por meio de compra e venda, enquanto P, o processo de produção, envolve uma transformação material no produto e na incorporação do trabalho socialmente necessário.

O processo de circulação que começa com dinheiro e termina com dinheiro (mais lucro) é a forma paradigmática da circulação do capital. Mas quando olhamos para a circulação como um processo interminável, descobrimos que podemos dissecá-lo de várias maneiras diferentes. Podemos olhar para isso como início e fim, com o ato da produção ou com o capital em um estado de mercadoria. Podemos criar três janelas separadas para avistar as características gerais da circulação do capital (ver Fig. 2.1). De cada janela vemos algo diferente. Marx descreve o que podemos ver de cada uma delas nos capítulos iniciais do segundo livro d'*O capital*.

Vemos que as condições e preocupações que regulam a circulação do *capital monetário* são muito diferentes daquelas que controlam o capital amarrado como *capital produtivo* a um processo de produção específico, e que ambos são mais uma vez diferentes daqueles que regulam a circulação do *capital-mercadoria*. No fim, é claro que estamos interessados na circulação do capital como um todo, mas, na visão de Marx, não podemos entender isso sem primeiro examinar suas diferenciações.

Essas diferenciações, com problemas ligados à transformação do capital de um estado para outro, podem dar origem a especializações de função. Por exemplo, os capitalistas negociantes assumem uma responsabilidade específica pelo capital na forma de mercadoria e se especializam em transformar as mercadorias em dinheiro. Do mesmo modo, a circulação do dinheiro requer as habilidades especiais do banqueiro e do financista que, ao assumirem o comando do uso geral do dinheiro como capital, tornam-se *capitalistas monetários* que recebem juro. Isso conduz o capitalista produtivo ao comando apenas da produção do próprio mais-valor.

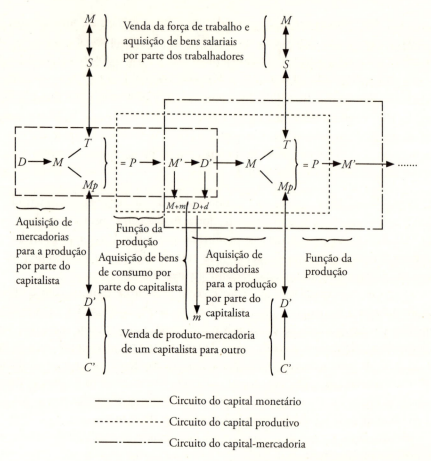

Figura 2.1 – A circulação do capital (extraída de Meghnad Desai, *Marxian Economics*, cit., p. 33)

A desagregação dos diferentes circuitos do capital nos permite estabelecer algumas condições necessárias para regular as relações entre a produção de mais-valor e sua distribuição. Entretanto, isso não nos cria as condições suficientes que determinam os arranjos distribucionais que devem prevalecer no capitalismo. No momento, devemos continuar contentes com uma simples descrição das categorias distribucionais que Marx identifica.

1. O CAPITAL-MERCADORIA

Quando o capital é mantido na forma de mercadoria ele existe como *capital-mercadoria*. Mas como o capital só permanece capital se for valor em movimento, esse capital-mercadoria deve ser continuamente convertido em capital monetário para manter o seu caráter como capital. A velocidade e a eficiência dessa transformação são de grande importância para o capitalista. O tempo de curso (período em que o capital assume a forma de mercadoria) afeta o tempo de rotação e, assim, a taxa de lucro. A transformação incorre em alguns custos que são deduções necessárias do mais-valor produzido – negociar uma mercadoria aufere valor, mas não o cria. Reduzir o tempo de circulação e economizar nos custos de circulação necessários é importante para os capitalistas envolvidos na produção, porque, por ambos os meios, aumenta o mais-valor que permanece em suas mãos. Isso proporciona uma oportunidade para o capital mercantil. O comerciante assume todos os custos e a responsabilidade pelo *marketing* em troca de uma fatia do mais-valor produzido. Com a equalização da taxa de lucro, o comerciante deve receber exatamente a mesma taxa de lucro que o produtor sobre o capital adiantado. A vantagem de tudo isso para os produtores capitalistas é, evidentemente, uma redução do tempo de rotação e economias nos custos de circulação (por meio de economias de escala, especialização da função etc.).

Colocado em termos de valor, isso significa que os produtores vendem abaixo do valor para os comerciantes, que então vendem a mercadoria pelo seu valor. A diferença é uma apropriação do mais-valor que cobre as necessárias despesas incorridas e o lucro sobre o capital que o comerciante adianta. Isso coloca o capital dos comerciantes em uma relação estranha com a produção de mais-valor. Por um lado, a relação é parasitária no sentido de que o comerciante não cria valor, mas simplesmente se apropria dele. Por outro lado, o capital dos comerciantes pode expandir o mais-valor obtido pelo produtor mediante a aceleração da rotação do capital e da redução dos custos necessários da circulação.

2. O CAPITAL MONETÁRIO E OS JUROS

Quando o capital assume a forma-dinheiro e se torna *capital monetário*, ele se manifesta como capital em sua forma mais pura – como valor de troca divorciado de qualquer valor de uso específico. O paradoxo, é claro, é que ele não pode manter seu caráter como capital sem ser colocado em circulação em busca de lucro. O processo normal de circulação no modo capitalista de produção envolve o uso do capital monetário para criar mais-valor mediante a produção de mercadorias. Isso implica que o *valor de uso* do capital monetário seja capaz de regular a força de trabalho e os meios de produção, que podem então ser usados para produzir valor maior do que o dinheiro originalmente representado. A capacidade para produzir mais-valor parece ser então uma força do próprio capital monetário. O capital monetário, em consequência, torna-se uma mercadoria como qualquer outra. Ele processa um valor de uso e um valor de troca. Esse valor de troca é a taxa de juros.

O "capital que rende juros", observa Marx, "é o *fetiche automático* consumado [...], dinheiro fazendo dinheiro, e dessa forma ele não mais carrega nenhum traço da sua origem"[73]. "[Para o] economista comum, que deseja representar o capital como uma fonte de valor independente, uma fonte que cria valor, essa forma é, evidentemente, um presente dos deuses, uma forma em que a fonte do lucro não é mais reconhecível."

O resultado é que o juro sobre o capital monetário torna-se separado do que Marx chama de "lucro da empresa" – o rendimento obtido do envolvimento na produção real de mercadorias. A separação surge porque, quando os capitalistas individuais seguram o dinheiro, eles têm a escolha de colocá-lo em circulação como capital monetário gerando juro, ou colocá-lo diretamente em circulação por meio da produção de mercadorias. Essa escolha de algum modo depende da organização da própria produção, porque a aquisição de grandes itens – fábrica e maquinário, por exemplo – envolve o açambarcamento ou um sistema do capitalista economizando e fazendo empréstimos para amenizar o que do contrário seria um processo de investimento extremamente irregular.

Trataremos dos detalhes do sistema de crédito e do juro sobre o capital monetário nos capítulos 9 e 10. Nosso interesse, aqui, é mostrar que a diferença entre o capital em forma de dinheiro ou em forma produtiva finalmente conduz à separação entre o juro sobre o capital monetário e o lucro da empresa. Essa distinção atinge uma divisão do excedente em duas formas diferentes, que podem finalmente se cristalizar em uma divisão entre os capitalistas monetários e os empresários produtores. Embora ambos tenham um interesse comum na expansão do mais-valor, eles não necessariamente se entendem quando se trata da divisão do mais-valor produzido.

3. Renda sobre a terra

Como teremos muito a dizer sobre a natureza da renda em um capítulo posterior, precisamos considerá-la aqui apenas da maneira mais peremptória. À primeira vista, não parece haver uma posição lógica para a renda na circulação do capital como o retratamos. O poder de monopólio que se acumula para os proprietários de terra mediante a propriedade privada da terra é a base da renda como uma forma de mais-valor. No entanto, o poder que esse privilégio confere não seria nada não fosse o fato de a terra ser uma *condição* de produção em geral necessária. Na agricultura, a terra se torna até um *meio* de produção no sentido de que ela é limpa, melhorada e trabalhada de maneira a tornar-se parte do processo de produção.

---

[73] Idem, *Theories of Surplus Value*, cit., parte 3, p. 455.

A circulação do capital encontra uma barreira na forma da propriedade fundiária. O proprietário da terra pode exigir um tributo – apropriar-se de uma parte do mais-valor – em troca do uso da terra como uma condição ou meio de produção. O grau em que essa barreira é manifesta como um poder de classe dos proprietários de terra depende das circunstâncias históricas. Mas como o tempo todo existe o poder para apropriar uma parte do excedente na forma de renda, isso deve necessariamente refletir um padrão de relacionamentos sociais que, quer se queira ou não, penetra no cerne do processo de produção e condiciona sua organização e sua forma.

4. Relações de distribuição e relações de classe na perspectiva histórica

Com exceção da renda, que se baseia no poder de monopólio da propriedade privada na terra, a divisão do mais-valor em juro sobre o capital monetário, lucro sobre o capital produtivo (lucro da empresa) e lucro sobre o capital dos comerciantes está implícita nos três circuitos do capital e nas três formas fundamentais que o capital pode assumir no processo de circulação. Mas aqui não estamos lidando simplesmente com o relacionamento lógico entre a circulação do capital e a distribuição que ela envolve.

Marx, por exemplo, enfatiza que todas essas formas de capital – capital mercantil, capital monetário e renda sobre a terra – tinham uma existência histórica que remonta a bem antes do advento do capital industrial no sentido moderno. Por isso, temos de considerar um processo histórico de confirmação em que essas formas separadas e independentemente poderosas do capital tornam-se integradas em um modo de produção puramente capitalista. Essas diferentes formas de capital tinham de ser tornadas *subservientes* a um processo de circulação dominado pela produção de mais-valor por parte da mão de obra assalariada. Por isso, a forma e a maneira desse processo histórico devem ser um objeto de atenção.

Essas formas de apropriação do mais-valor, todas as quais ocultam a origem do mais-valor, também têm de ser consideradas em termos das relações sociais que ao mesmo tempo pressupõem e sustentam. O resultado é que temos agora de modificar a noção das relações de classe que prevalecem dentro do modo de produção capitalista. Embora haja certa comunidade de interesse tanto entre os apropriadores capitalistas quanto entre os produtores capitalistas de mais-valor – uma comunidade de interesse que dá suporte a toda a concepção da burguesia na sociedade capitalista –, há também diferenciações no seio da burguesia que têm de ser interpretadas como "frações" ou como classes autônomas. Uma "classe" de rentistas que vive inteiramente do juro sobre seu capital monetário não deve ser confundida com os capitalistas industriais que organizam a produção de mais-valor, os capitalistas comerciantes que circulam mercadorias ou a classe do proprietário de terras que vive da renda da terra. Nessa conjuntura, não importa muito se usamos ou não a linguagem da classe ou das frações ou camadas. O essencial é reconhecer os relacionamentos sociais que devem ser anexados às diferentes formas de distribuição, e reconhecer tanto a unidade quanto a diversidade que, como resultado, devem prevalecer dentro da burguesia. Porque da mesma maneira que a distinção entre salários e lucros como uma categoria genérica não pode ser considerada exceto como uma relação de classe entre capitalistas e trabalhadores, também as relações de distribuição são de natureza social, não importa o quanto os vulgarizadores possam buscar ocultá-las em termos da noção fetichista de que o dinheiro e a terra magicamente *produzem* juro e renda. Mais uma vez temos de reconhecer que, embora essas relações de distribuição entrem na produção e a condicionem de importantes maneiras, é o estudo do próprio processo da produção que revela os segredos da distribuição. Fingir o contrário é cair vítima do mundo das aparências, que é turvado por fetichismos, e falhar em penetrar na "essência interna e na estrutura interna [...] que estão por trás da sua aparência externa".

3. Produção e consumo, demanda e oferta e realização do mais-valor

A noção de que deve haver algum tipo de equilíbrio entre a produção e o consumo, entre a demanda e a oferta, parece bastante inócua. O principal papel do mercado em um sistema geral de troca de mercadorias parece ser equilibrar a demanda e a oferta e, desse modo, alcançar a relação necessária entre a produção e o consumo. Porém, toda a relação entre a demanda e a oferta, entre a produção e o consumo, tem sido o centro da atenção de uma batalha imensa e ocasionalmente terrível na história da economia política. A intensidade do debate é compreensível, pois as apostas são altas. Aqui, não só confrontamos frontalmente a interpretação dos ciclos dos negócios e a estabilidade em curto e longo prazo do capitalismo, mas entramos no cerne da controvérsia sobre a viabilidade fundamental do próprio modo de produção capitalista.

Na época de Marx, o principal ponto de controvérsia era sobre a proposição de que a oferta necessariamente criava a sua própria demanda. Havia várias versões matizadas da Lei de Say, como ela é em geral chamada[1]. A mais simples delas declara que os rendimentos pagos aos fornecedores dos fatores de produção (terra, mão de obra e capital) na forma de salários, lucros e rendas devem igualar o preço total dos produtos produzidos a esses fatores. Isso significa que "a renda gerada durante a produção de um determinado produto é igual ao valor desse produto", e que qualquer aumento na "oferta de produto significa um aumento na renda necessária para criar uma demanda para esse produto", com a consequência geral de que "a oferta cria a sua própria demanda". Um corolário da lei é que pode não ha-

---

[1] Aqui eu me baseei muito em um excelente estudo de Thomas Sowell, *Say's Law: an Historical Analysis* (Princeton, Princeton University Press, 1972), sobre a Lei de Say.

ver superprodução geral ou "saturação geral", e que as crises são o resultado de "choques exógenos" (guerras, revoluções, disseminados fracassos nas colheitas etc.) ou de desproporcionalidades temporárias na produção. Poderia haver superprodução dentro de uma indústria ou região geográfica, mas isso significaria subprodução em algum outro local. As transferências de capital e trabalho poderiam equilibrar o sistema. O que a Lei de Say impossibilitava era uma saturação *geral*.

A economia política clássica era dividida com relação à validade da Lei de Say. Ricardo, James Mill, John Stuart Mill e a maioria dos respeitados economistas da época aceitavam alguma versão dela. Os "teóricos gerais da saturação", como Malthus e Sismondi, poderiam oferecer explicações para as crises periódicas do capitalismo, mas poderiam não corresponder às reputações intelectuais de seus oponentes. Na opinião de Malthus, a principal causa de uma saturação geral era o desejo de uma demanda efetiva para a produção. A intensidade do desejo de consumo (e nisso Malthus tinha a primeira versão da teoria da utilidade do consumidor) constituía a mola mestra que direcionava a acumulação. À visão de Ricardo de que esses desejos humanos são ilimitados e essa frugalidade e poupança eram a mola mestra da acumulação, Malthus opôs as devidas barreiras a um insuficiente desejo de consumo e ao problema de que "a poupança, levada além de certo limite, destruirá os lucros".

Marx caracterizou a Lei de Say como "verborreia lamentável" e "tagarelice infantil", e criticou profundamente Ricardo – a quem ele costumava admirar – por sua "infeliz falácia" em aceitar uma versão da Lei de Say. Ricardo, apontou Marx, "apelou para a banal suposição de Say de que o capitalista produz valor de uso diretamente para o consumo [e] negligencia o fato de que a mercadoria tem de ser convertida em dinheiro"[2]. Os ricardianos se apegam ao "conceito de unidade" entre demanda e oferta e entre produção e consumo "diante da contradição". Por isso, quando se tratava de crises de superprodução geral, eles se limitavam a insistir "que se a produção fosse realizada segundo os manuais, jamais ocorreriam crises"[3].

Marx foi igualmente vociferante em sua condenação de Malthus, cuja análise era "infantilmente fraca, trivial e sem significado", e cuja principal obra sobre economia política era um "esforço cômico de impotência"[4]. Os raios verbais que Marx disparou contra Malthus tinham mais a ver com a apologia do último "pelos presentes eventos que estavam ocorrendo na Inglaterra, pelo latifúndio, o 'Estado e a Igreja', os pensionistas, os coletores de impostos, os agiotas, os burocratas e os criados domésticos" do que com a posição de Malthus sobre a controvérsia da "saturação geral". Com respeito a esta última, Marx dá crédito a Malthus por não procurar

---

[2] Karl Marx, *Theories of Surplus Value*, cit., parte 2, p. 468.
[3] Ibidem, p. 500.
[4] Ibidem, p. 53.

esconder "as contradições da produção burguesa", ainda que ele as tivesse exposto para "provar que a pobreza da classe trabalhadora é necessária" e para demonstrar "aos capitalistas a necessidade de hierarquia bem alimentada na Igreja e no Estado para criar uma demanda adequada para as mercadorias que produzem"[5]. Marx tinha muito mais simpatia por Sismondi que, segundo ele, havia "captado mais grosseiramente, mas não obstante corretamente", as "contradições fundamentais" no interior de um sistema capitalista "impelido por suas próprias leis imanentes [...] para desenvolver as forças produtivas, como se a produção não ocorresse em uma base social restrita". Consequentemente, Sismondi conseguia enxergar que "as crises não são acidentais [...], mas essencialmente explosões – que ocorrem em grande escala e em períodos definidos – das contradições imanentes", que criam "as mais profundas e mais ocultas causas das crises"[6]. Infelizmente, Marx não diz muito mais sobre Sismondi em *Teorias do mais-valor*, justificando que "uma crítica de suas posições pertence a uma parte da minha obra que lida com o movimento real do capital (competição e crédito), que só posso tratar depois de ter terminado este livro"[7].

Como Marx não concluiu seu projeto, não conseguimos encontrar nenhuma teoria da crise completa e coerente em seus escritos; nem sabemos exatamente quais aspectos da teoria da "saturação geral" estava disposto a aceitar. Seus comentários críticos sobre a Lei de Say e suas observações dispersas sobre as relações entre a produção e o consumo levaram alguns marxistas a interpretar Marx como um "subconsumista" que encarava o desequilíbrio entre a oferta e a efetiva demanda exercida pela massa do proletariado como a principal barreira à acumulação e como a fonte de crises periódicas e recorrentes. Esta é a opinião de Paul Sweezy, por exemplo[8]. E o próprio Marx não disse que "a razão fundamental para todas as crises reais sempre permanece sendo a pobreza e o consumo restrito das massas em oposição à tendência da produção capitalista para desenvolver as forças produtivas, como se o poder absoluto de consumo da sociedade constituísse o seu limite"[9]?

Rosa Luxemburgo[10], por outro lado, tem uma queixa inteiramente diferente. A análise de Marx da reprodução social no segundo livro d'*O capital* parecia mostrar que a acumulação do capital podia continuar indefinidamente e sem limites. E isso

---

[5] Ibidem, p. 57.
[6] Ibidem, p. 56, 84.
[7] Ibidem, p. 53.
[8] Paul Sweezy, *The Theory of Capitalist Development*, cit.; para uma história crítica de teorias de subconsumo, ver o excelente estudo de Michael Bleaney, *Underconsumption Theories* (Nova York, International Publishers, 1976).
[9] Karl Marx, *Capital*, Livro III, cit., p. 484.
[10] Rosa Luxemburgo, *The Accumulation of Capital* (Londres, Routledge and K. Paul, 1951 [ed. bras.: *A acumulação do capital*, São Paulo, Nova Cultural, 1985]).

parecia colocar Marx de acordo com a versão de Ricardo da Lei de Say – que não há quantidade de capital que não possa ser empregada em um país, pois o único limite à demanda agregadora é aquele imposto pela própria produção.

Marx foi diferentemente representado, tanto por marxistas quanto por não marxistas, como, entre outras coisas, um subconsumista, um teórico do desenvolvimento do equilíbrio e um teórico da tendência para a estagnação secular em longo prazo[11]. Sua evidente simpatia pela visão de Sismondi de que o nível de produto agregado não foi arbitrariamente escolhido, e que há um ponto de equilíbrio para a distribuição da renda agregada e o produto que facilitaria a reprodução e expansão tanto do produto quanto do rendimento durante períodos de tempo sucessivos, levou alguns economistas burgueses a enxergar Marx como o precursor de Keynes. Keynes, embora apelando para Malthus e ignorando Sismondi, certamente colocou Marx naquele "submundo furtivo" de teóricos que mantinha viva a questão da demanda efetiva deficiente. O ataque de Keynes à Lei de Say – que foi transmitido por Ricardo e John Stuart Mill aos economistas neoclássicos – não foi menos vigoroso que aquele que Marx lançou muitos anos antes. Também cobria grande parte do mesmo terreno. E é interessante notar que o economista polonês Kalecki, que independentemente chegou a muitos dos mesmos resultados que Keynes apresentou em sua *Teoria geral do emprego, do juro e da moeda*, partiu firmemente enraizado na teoria marxiana.

Entretanto, os relacionamentos entre a teoria marxiana e a keynesiana não são fáceis de reconhecer. Aparte diferenças óbvias na metodologia, na filosofia e na persuasão política, o próprio Keynes estava muito preocupado com os fenômenos de curto prazo e as políticas de estabilização que o governo podia adotar, enquanto Marx estava bem mais preocupado com a dinâmica de longo prazo e com a lógica interna do capitalismo como o motor da mudança histórica. Mas quando a teoria keynesiana é projetada para longo prazo, começa a exibir paralelos com alguns aspectos da teoria marxiana, enquanto a teoria marxiana do juro, da formação do capital fixo e dos ciclos de negócios – por mais fracamente articulada que esta seja – pode ser proveitosamente comparada com a teoria keynesiana. Além disso, estamos lidando com duas teorias que estão evoluindo rapidamente, e nas quais há uma boa parte de influência mútua. É tão fácil enxergar Marx através das lentes coloridas keynesianas quanto enxergar a teoria keynesiana como um "caso especial" da teoria marxiana[12].

---

[11] Irina Osadchaya (*From Keynes to Neo-Classical Synthesis: a Critical Analysis*, Moscou, Progress Publishers,1974) apresenta uma visão interessante das diferentes maneiras pelas quais os argumentos de Marx foram apropriados pelas diversas escolas de pensamento.

[12] John Keynes (*The General Theory of Employment, Interest and Money*, Nova York, Harcourt, Brace, 1936 [ed. bras.: *A teoria geral do emprego, do juro e da moeda*, São Paulo, Nova Cultural, 1996])

Marx também foi tratado como o precursor da teoria do desenvolvimento moderno. Aqui é interessante seguir a linhagem de descendência. Feldman, economista soviético da década de 1920, tentou elaborar sobre os modelos de reprodução social contidos no segundo livro d'*O capital* (exatamente aqueles que tanto incomodavam Luxemburgo). Ele surgiu com um "modelo" de desenvolvimento econômico que antecipou em alguns aspectos as conclusões alcançadas muitos anos depois por Harrod e Domar. O modelo de desenvolvimento de Harrod-Domar buscava um caminho intermediário entre a ênfase ricardiana na produção e a ênfase keynesiana na demanda. Domar – que reconheceu voluntariamente seu débito a Feldman – enfatizava que o seu propósito era resolver os dilemas deixados em aberto por Marx e Keynes, investigando "os efeitos da acumulação do capital nos atuais investimentos, taxas de lucro e níveis de rendimento e de emprego". Ele também buscou mostrar que

> ali existe uma taxa de crescimento do rendimento, embora vagamente definida, que, se alcançada, não conduzirá a taxas de renda reduzidas, escassez das oportunidades de investimento, desemprego crônico e calamidades similares [...] e até onde podemos agora julgar, essa taxa de crescimento não vai além das nossas possibilidades físicas.

Essa possibilidade de crescimento equilibrado – um equilíbrio dinâmico – não significa a sua realização automática na prática e, assim, tanto Harrod como Domar usaram a noção de equilíbrio – de maneira muito parecida como fez Marx – como a base para o entendimento da instabilidade crônica do capitalismo[13].

Esboço tudo isso para mostrar que a análise de Marx do relacionamento entre a produção e o consumo é suscetível a diferentes interpretações e, por isso, ele pode ser visto como o precursor de muitas teorias burguesas contemporâneas diferentes

---

faz apenas uma referência de passagem a Marx, mas Michal Kalecki (*Selected Essays on the Dynamics of the Capitalist Economy*, Londres, Cambridge University Press, 1971) e Joan Robinson (*An Essay on Marxian Economics*, cit.; "Marx and Keynes", em David Horowitz [org.], *Marx and Modern Economics*, Nova York, Modern Reader Paperbacks, 1968) foram muito mais diretamente influenciados. Sobre o relacionamento entre os pensamentos keynesiano e marxiano, ver Gérard Duménil, *Marx et Keynes face à la crise* (Paris, Economica, 1977); Ben Fine, *Economic Theory and Ideology* (Nova York, Holmes & Meier Publishers, 1981); Paul Mattick, *Marx and Keynes* (Boston, P. Sargent, 1969); e Shigeto Tsuru, "Keynes *versus* Marx: the Methodology of Aggregates", em David Horowitz (org.), *Marx and Modern Economics*, cit.

[13] Irina Osadchaya (*From Keynes to Neo-Classical Synthesis: a Critical Analysis*, cit.) discute isso (vem daí a citação de Domar), mas veja também Mark Blaug, *Economic Theory in Retrospect* (Londres, Heinemann, 1978); Alexander Erlich, "Dobb and the Marx-Feldman Model: a Problem in Soviet Economic Strategy", *Cambridge Journal of Economics*, 1978; Karl Kühne, *Economics and Marxism* (Nova York, St. Martin's Press, 1979); e Wilhelm Krelle, "Marx as a Growth Theorist", *German Economic Review*, 1971.

e, com frequência, absolutamente incompatíveis. As formulações de Marx geraram também interpretações diversas dentro da tradição marxiana com as obras de Luxemburgo, Bauer, Bukharin, Grossman e Sweezy, representando o que parecem ser cursos bem diferentes, dependendo de que aspecto dos próprios escritos de Marx sobre as relações de produção e consumo recebe uma posição prioritária[14].

Então o que precisamente Marx diz sobre essas questões? Se houvesse uma resposta simples não haveria campo para controvérsia. Quanto à razão de Marx não ter deixado clara a sua posição – isso podemos estabelecer com razoável certeza. As crises no mercado mundial em que "todas as contradições da produção burguesa irrompem coletivamente" só seriam plenamente entendidas depois de um estudo completo da competição, do sistema de crédito, do Estado etc. Por exemplo, Marx adiou a consideração das posições de Sismondi porque queria primeiro preparar o campo para a teoria – não queria postular uma teoria sobre uma base conceitual inadequada. Por isso, ele aproxima as relações entre a produção e o consumo, entre a demanda e a oferta, com a maior circunspecção. E quando essas questões são abordadas é em geral em um contexto muito específico e sob suposições bastante restritas. Marx nos deixou com várias análises parciais, mas sem um quadro da totalidade. Isso explica por que sua obra gerou tão grande variedade de teorias com frequência conflitantes. A síntese que ele buscava seria presumivelmente apresentada em seu trabalho sobre o mercado mundial e as crises – uma obra que ele nunca chegou a preparar. Evidentemente, não podemos determinar com precisão alguma como poderia ter sido essa obra. Mas podemos prosseguir sobre parte do terreno que Marx preparou com sua característica eficácia e buscar alguns indícios de para onde ele se dirigia.

I. PRODUÇÃO E CONSUMO, DEMANDA E OFERTA E A CRÍTICA À LEI DE SAY

Marx apresentou, de maneira extremamente abstrata, seus pensamentos sobre as relações entre a produção e o consumo na célebre "Introdução" aos *Grundrisse*. Ali

---

[14] O formidável debate sobre se o capitalismo estava ou não prestes a entrar em colapso produziu uma imensa onda de literatura no início do século XX. Paul Sweezy resume grande parte desse debate, assim como Karl Kühne (*Economics and Marxism*, cit.); mas veja também Rosa Luxemburgo, *The Accumulation of Capital*, cit.; Rosa Luxemburgo e Nicolai Bukharin, *Imperialism and the Accumulation of Capital* (Nova York, Monthly Review Press, 1972 [ed. bras.: *A economia mundial e o imperialismo*, São Paulo, Nova Cultural, 1986]); Henryk Grossman, "Archive: Marx, Classical Political Economy and the Problem of Dynamics", *Capital and Class*, 1977; Anton Pannekoek, "The Theory of the Collapse of Capitalism", *Capital and Class*, 1977; e Roman Rosdolsky, *The Making of Marx's* Capital, cit.

3. Produção e consumo, demanda e oferta e realização do mais-valor / 137

ele declara que "produção, distribuição, troca e consumo [...] são membros de uma totalidade, diferenças dentro de uma unidade"[15], e que as interações mútuas entre esses diferentes momentos são extremamente complexas em sua estrutura. Ele é crítico do que chama de "a noção óbvia, banal" de que

> A produção cria os objetos correspondentes às necessidades; a distribuição os reparte segundo leis sociais; a troca reparte outra vez o já repartido, segundo a necessidade singular; finalmente, no consumo, o produto sai desse movimento social, devém diretamente objeto e serviçal da necessidade singular e a satisfaz no desfrute.[16]

Tal concepção é, para Marx, extremamente inadequada. Então, o que constitui uma representação adequada?

Em termos da relação entre a produção e o consumo, Marx vê três formas fundamentais que esta pode assumir. Em primeiro lugar, o consumo e a produção podem constituir uma *identidade imediata*, porque o ato da produção envolve o consumo de matérias-primas, instrumentos de trabalho e força de trabalho. A produção e o consumo são aqui o mesmo ato, e podemos chamá-lo de "consumo produtivo". O consumo também em geral requer um processo de produção simultâneo (isso é particularmente verdade em relação aos serviços pessoais), e essa "produção para o consumo" (como a preparação do alimento em casa) também se baseia em uma identidade imediata entre a produção e o consumo. A distinção entre o consumo produtivo e a produção para o consumo torna-se importante nas relações de produção capitalistas, porque o primeiro se baseia inteiramente na esfera da produção de mais-valor, enquanto a segunda – na medida em que envolve serviços pessoais para a burguesia ou para a atividade produtiva dentro da família dos trabalhadores (cozinhar, lavar etc.) – pode permanecer fora da esfera da produção direta de mais-valor.

Em segundo lugar, Marx vê a produção e o consumo em uma relação de *mediação*. A produção cria o material para o consumo e dita também a maneira ou o modo de consumo, ao mesmo tempo que proporciona o motivo para o consumo por meio da criação de novos desejos e necessidades. Por outro lado, o consumo origina produção no sentido duplo de que a produção se torna totalmente redundante sem o consumo, ao passo que o consumo também proporciona o motivo para a produção por meio da representação de desejos humanos idealizados como desejos e necessidades humanos específicos.

---

[15] Karl Marx, *Grundrisse*, cit., p. 53.
[16] Ibidem, p. 44.

Em terceiro lugar, e a mais difícil de captar de todas, é a maneira como a produção e o consumo se relacionam a fim de "cada um deles criar o outro ao se completar e criar a si mesmo como o outro". Essa é a percepção marxiana da dialética, dos significados relacionais, em ação com uma vingança. Marx pretende aqui comunicar a percepção de um processo de produção que flui para – "completa-se em" – um processo de consumo, e vice-versa. A unidade dos dois processos constitui um processo social de reprodução. "A coisa importante a ser enfatizada aqui é apenas que [a produção e o consumo] aparecem como momentos de um processo em que a produção é o verdadeiro ponto de partida e, por conseguinte, também o momento dominante." Mas para que este não seja mal-entendido como significando que a produção determina o consumo, Marx rapidamente acrescenta que o consumo "como necessidade" é em si um momento intrínseco da produção quando colocado dentro do contexto de um processo de reprodução social – "o indivíduo produz um objeto e, consumindo-o [...] ele é reproduzido como um indivíduo produtivo". Em uma sociedade caracterizada pela divisão do trabalho e pela troca e pelo relacionamento social entre o trabalho e o capital, os processos de reprodução devem abraçar a reprodução da força de trabalho e também a reprodução da relação social entre o capital e o trabalho. Vamos desenvolver brevemente as implicações disso.

Essa visão "dialética" da relação entre a produção e o consumo constitui, para Marx, a única maneira adequada de conceituar o problema. Ela enfatiza que o *valor* deve ser entendido em termos da *unidade de produção e consumo* fundamental, embora rompida pela separação entre eles. A partir desse ponto de vista podemos desvendar os segredos da oferta e da demanda e lançar as bases para uma crítica da Lei de Say. Vamos acompanhar Marx nesse caminho.

"Nada pode ser mais tolo", troveja Marx n'*O capital*,

> do que o dogma de que a circulação de mercadorias provoca um equilíbrio necessário de vendas e compras, uma vez que cada venda é uma compra, e vice-versa. Se isso significa que o número das vendas efetivamente realizadas é o mesmo das compras, trata-se de pura tautologia. Mas ele pretende provar que o vendedor leva seu próprio comprador ao mercado.[17]

O primeiro passo de Marx é colocar a questão da relação entre as aquisições e as vendas no contexto de um sistema de troca de mercadorias generalizada, em oposição a situações de simples permuta. Não era admissível, em sua opinião, estabe-

---

[17] Karl Marx, *O capital*, Livro I, cit., p. 186.

lecer "o equilíbrio metafísico" da "oferta e demanda" reduzindo o processo de circulação à permuta direta[18].

A circulação de mercadorias envolve transformações contínuas do valor de uso material para a forma de valor de troca. Mas cada sequência M-D-M deve ser vista apenas como um elo em "muitas dessas sequências", constituindo uma "rede infinitamente intrincada dessa série de movimentos que constantemente terminam e constantemente se reiniciam em número infinito de diferentes pontos". Assim, cada venda ou compra individual "se situa como uma transação isolada independente, cuja transação complementar [...] não necessita ser imediatamente acompanhada, mas pode ser dela separada temporal e espacialmente"[19]. Essa separação das vendas e aquisições no espaço e no tempo cria a possibilidade – e apenas a possibilidade – de crises[20]. E é o dinheiro que possibilita essa separação, pois uma pessoa que acabou de vender não tem a obrigação imediata de comprar, podendo, em vez disso, guardar o dinheiro. Marx sugere, em uma concepção de crise muito simples durante a criação de uma refutação direta à Lei de Say, que

> [A compra e a venda] se separam e podem se tornar independentes uma da outra. Em um dado momento, a oferta de todas as mercadorias pode ser maior que a demanda por todas as mercadorias, pois a demanda pela *mercadoria geral*, o dinheiro [...] é maior que a demanda por todas as mercadorias específicas [...]. Se a relação entre a demanda e a oferta é considerada em um sentido mais amplo e mais concreto, então ela compreende também a relação de *produção* e *consumo*. Aqui, mais uma vez, a unidade dessas duas fases, que existe e obrigatoriamente se aplica durante a crise, deve ser oposta à *separação* e ao *antagonismo* dessas duas fases.[21]

Isso anuncia um importante tema na análise de Marx. "A crise", declara ele, "nada mais é que a aplicação obrigatória da unidade das fases do processo de produção que se tornaram independentes uma da outra" ou, como ele prefere colocar n'*O capital*: "De tempos em tempos, o conflito de ações antagonistas encontra uma saída nas crises. As crises são sempre soluções momentâneas e poderosas para as contradições existentes. São erupções violentas que durante algum tempo restauram o equilíbrio perturbado"[22].

---

[18] Idem, *A Contribution to the Critique of Political Economy* (Nova York, International Publishers, 1970 [ed. bras.: *Contribuição à crítica da economia política*, São Paulo, Expressão Popular, 2004]), p. 94.
[19] Ibidem, p. 93.
[20] Idem, *O capital*, Livro I, cit., p. 186; *Theories of Surplus Value*, cit., parte 2, p. 500-13.
[21] Ibidem, p. 504-5.
[22] Idem, *Capital*, Livro III, cit., p. 249.

Marx frequentemente faz uso do conceito de equilíbrio em sua obra. Devemos especificar a interpretação a ser dada a ela; do contrário estamos correndo o risco de interpretar mal a sua análise. Ao considerar a oferta e a demanda, por exemplo, Marx comenta que "quando duas forças operam igualmente em direções opostas, elas equilibram uma à outra, não exercem influência externa, e nenhum fenômeno que ocorra nessas circunstâncias deve ser explicado por outras causas além do efeito dessas duas forças". Por isso, "se a oferta e a demanda equilibram uma à outra, elas deixam de explicar qualquer coisa", e, em consequência, "as verdadeiras leis internas da produção capitalista não podem ser explicadas pela interação da oferta e da demanda"[23]. O equilíbrio entre a oferta e a demanda é alcançado apenas mediante uma reação contra a constante perturbação do equilíbrio.

Como prova dessa última proposição, Marx cita os eternos ajustes alcançados por meio da competição, o que inquestionavelmente mostra "que há algo a ajustar e, por isso, a harmonia é sempre apenas um resultado do movimento que neutraliza a desarmonia existente". Além disso, "os necessários equilíbrio e interdependência das várias esferas da produção" não podem ser alcançados exceto "através da constante neutralização de uma desarmonia constante"[24].

Tudo isso soa e é bastante convencional. O que diferencia Marx da economia política burguesa (tanto antes quanto a partir dela) é a ênfase que ele coloca na *necessidade* de saídas do equilíbrio e o papel fundamental das crises na restauração desse equilíbrio. Os antagonismos incorporados dentro do modo de produção capitalista são tais que o sistema está sendo constantemente obrigado a se distanciar de um estado de equilíbrio. No curso normal dos acontecimentos, insiste Marx, um equilíbrio só pode ser alcançado por acidente[25]. Assim, ele inverte a proposição ricardiana de que o desequilíbrio é acidental e procura identificar as forças internas ao capitalismo que geram desequilíbrio. Mas, para fazer isso, Marx tem de gerar conceitos de equilíbrio adequados para tal tarefa. E é exatamente por essa razão que ele achou necessário ir além da aparência superficial da demanda e da oferta e até mesmo das caracterizações da produção e do consumo para articular uma teoria do valor apropriada ao seu propósito. Só depois que a teoria do valor fizer o seu trabalho podemos voltar às questões da oferta e da demanda e da produção e do consumo para explorá-las em detalhes. Enquanto isso, o centro da atenção se desloca para aquele da produção e da realização do mais-valor como capital – pois, afinal, é realmente nisso que se resume o modo de produção capitalista.

---

[23] Ibidem, p. 190.
[24] Idem, *Theories of Surplus Value*, cit., parte 2, p. 529.
[25] Idem, *Capital*, Livro II, cit., p. 495.

II. A PRODUÇÃO E A REALIZAÇÃO DO MAIS-VALOR

A relação entre a produção e o consumo foi até agora considerada em termos dos valores de uso e dos preços. Vamos agora examiná-la do ponto de vista dos valores e incorporar um entendimento dela no contexto da produção de mais-valor.

Lembre-se, antes de tudo, que o capital é definido como um processo – como um valor "em processo" que passa por uma expansão contínua mediante a produção de mais-valor. Considere, agora, a estrutura do processo de circulação como foi mostrado na Figura 2.1. Em sua forma mais simples, e considerado a partir do ponto de vista do capitalista individual, o capital circula através de três fases básicas. Na primeira, o capitalista atua como um *comprador* nos mercados de mercadorias (incluindo o mercado para a força de trabalho). Na segunda, o capitalista atua como um organizador da produção; e na terceira, ele aparece no mercado como um *vendedor*. O valor assume uma aparência material diferente em cada fase: na primeira, aparece como dinheiro, na segunda como um processo de trabalho e, na terceira, como uma mercadoria material. A circulação do capital pressupõe que as translações contínuas possam ocorrer de uma fase para outra sem qualquer perda de valor. As translações não são automáticas, e as diferentes fases são separadas tanto no tempo como no espaço. Em consequência, "surgem relações de circulação e também de produção que são muitas minas para explodir" o funcionamento tranquilo da sociedade burguesa:

> O ciclo do capital só se desenrola normalmente enquanto suas distintas fases se sucedem sem interrupção. Se o capital estaciona na segunda fase D-M, o capital monetário se enrijece como tesouro; se na fase da produção, tem-se, de um lado, que os meios de produção restam desprovidos de qualquer função, e, de outro, que a força de trabalho permanece ociosa; se na última fase M'-D', as mercadorias não vendidas e acumuladas bloqueiam o fluxo da circulação.[26]

No entanto, as confusões surgem porque Marx confere um significado duplo à palavra "circulação". Como "circulação do capital" pensamos no capital se movendo por todas as suas fases, uma das quais é a esfera da *circulação* – o tempo em que uma mercadoria acabada está no mercado a caminho de ser trocada. A circulação do capital pode ser concebida da seguinte maneira: o mais-valor se origina na produção e é realizado através da circulação. Embora o momento fundamental no processo possa ser a produção, o capital "que não passa no teste da circulação" não é mais capital.

---
[26] Ibidem, p. 48.

Marx define a "realização do capital" em termos do movimento bem-sucedido do capital através de cada uma de suas fases[27]. O capital monetário deve ser realizado por meio da produção; o capital produtivo deve ser realizado na forma de mercadoria; e as mercadorias devem ser realizadas como dinheiro. Essa realização não é conseguida automaticamente porque as fases de circulação do capital são separadas no tempo e no espaço.

O capital não realizado é diferentemente denominado de "desvalorizado", "subestimado", "depreciado" ou até mesmo "destruído". Marx – ou seus tradutores – parece usar esses termos de maneira intercambiável e inconsistente. Vou restringir meus próprios usos deles da seguinte maneira. A "destruição do capital" refere-se à perda física dos valores de uso. Vou restringir o uso da ideia de "depreciação do capital", em grande parte de acordo com o uso moderno, para lidar com a cambiante valorização monetária dos bens (de onde se conclui que a apreciação é tão importante quanto a depreciação). E vou reservar o termo "desvalorização" para situações em que o tempo de trabalho socialmente necessário incorporado na forma material é perdido sem, necessariamente, qualquer destruição da própria forma material.

Esses todos são conceitos muito importantes e vão desempenhar um papel fundamental na análise que se segue. O próprio Marx adota algumas expressões confusas – como "depreciação dos valores" e "depreciação moral", e até estende essas expressões para falar sobre a "depreciação da força de trabalho" e também da "depreciação do trabalhador" como pessoa. O jogo de palavras é interessante porque concentra a atenção nos relacionamentos. Mas pode também ser confuso se o sentido daquilo que está sendo descrito não for mantido claramente à vista.

Restringindo o meu próprio uso desses termos para que a destruição se relacione ao uso dos valores, à depreciação aos valores de troca e à desvalorização aos valores, espero esclarecer alguns dos significados de Marx. Entretanto, esse esclarecimento será adquirido a um alto custo se não conseguirmos reconhecer que os valores de uso, os valores de troca e os valores são expressivos de uma unidade

---

[27] Alguns tradutores e teóricos preferem o termo "processo de valorização" para cobrir a criação de mais-valor mediante o processo do trabalho (ver a introdução de Ernest Mandel à edição da Penguin d'*O capital*). Embora este tenha a virtude de fazer uma distinção clara entre os processos de realização na produção e os processos de realização no mercado (e enfatize as diferenças fundamentais entre eles), tem a desvantagem de desviar a atenção da necessária continuidade no fluxo do capital através das diferentes esferas de produção e troca. Como estou interpretando o valor em termos da unidade de produção e troca, prefiro usar o termo "realização" para me referir ao movimento perpétuo e à autoexpansão do capital e deixar o contexto ou um modificador adequado para indicar se estou falando sobre a realização através do processo do trabalho (valorização), realização através da troca ou a unidade de ambos.

fundamental que requer que a destruição, a depreciação e a desvalorização do capital sejam vistas como parte e parcela uma da outra.

Todas as crises são crises de realização e resultam na desvalorização do capital. Um exame da circulação do capital e de suas possíveis desagregações sugere que essa desvalorização pode assumir diferentes formas tangíveis: (1) capital monetário ocioso; (2) capacidade produtiva não utilizada; (3) força de trabalho desempregada ou subempregada; e (4) um excedente de mercadorias (estoques excessivos).

Nos *Grundrisse*[28], Marx apresenta grande parte dessa ideia geral. Mais uma vez, para evitar mal-entendidos, devemos tomar medidas para esclarecer seu argumento. Um erro comum, por exemplo, é encarar uma crise de "realização" como aquela forma particular de crise que surge do fracasso em encontrar um comprador para as mercadorias. A realização e a venda de mercadorias seriam então tratadas como a mesma coisa. Mas Marx declara que as barreiras à realização existem tanto dentro quanto entre cada uma das fases da circulação. Vamos considerar as diferentes formas que essas barreiras à circulação do capital assumem.

1. A ESTRUTURA DE TEMPO E OS CUSTOS DA REALIZAÇÃO

Nos *Grundrisse*, Marx apresenta um argumento que à primeira vista parece um tanto peculiar. Ele sugere que, quando o capital assume uma determinada forma – como um processo de produção, como um produto esperando para ser vendido, como uma mercadoria circulando nas mãos dos capitalistas comerciantes, como dinheiro esperando para ser transferido ou usado – então esse capital está "potencialmente desvalorizado"[29]. O capital que fica "em repouso" em qualquer um desses estados é chamado alternadamente de "negado", "inaproveitado", "dormente" ou "fixo". Por exemplo, "Enquanto permanece fixado em sua figura de produto acabado, o capital não pode atuar como capital, é capital *negado*"[30]. Essa "desvalorização potencial" é superada ou "suspensa" assim que o capital reassume seu movimento[31]. A vantagem de enxergar a desvalorização como um necessário momento do "processo de realização"[32] é que isso nos permite enxergar imediatamente a possibilidade de uma desvalorização geral do capital – uma crise – e nos afasta das identidades assumidas sob a Lei de Say. Qualquer fracasso em manter certa velocidade de circulação do capital através das várias fases de produção e realização vai gerar uma crise. Assim,

---

[28] Ibidem, cap. 3.
[29] Ibidem, p. 519.
[30] Ibidem, p. 451.
[31] Ibidem, p. 364.
[32] Ibidem, p. 343.

a estrutura de tempo da produção e da realização torna-se uma consideração fundamental. Vão resultar crises se os estoques aumentarem, se o dinheiro ficar ocioso por mais tempo do que é estritamente necessário, se mais estoques forem mantidos por um período mais longo durante a produção etc. Por exemplo, "uma crise não ocorre apenas porque a mercadoria não é vendável, mas porque não é vendável dentro de um determinado período de tempo"[33].

Algo mais está também envolvido. Em certo sentido, o tempo absorvido em cada fase é uma perda para o capital, se não por outro motivo, porque "transcorre um tempo inaproveitado"[34]:

> Enquanto [o capital] persiste no processo de produção, não é capaz de circular; e [é] potencialmente desvalorizado. Enquanto persiste na circulação, não é capaz de produzir [...]. Enquanto não pode ser lançado no mercado, é fixado como produto; enquanto tem de permanecer no mercado, é fixado como mercadoria. Enquanto não pode ser trocado pelas condições de produção, é fixado como dinheiro.[35]

Por isso, há uma considerável pressão para acelerar a velocidade da circulação do capital, pois fazê-lo significa aumentar tanto a soma dos valores produzidos quanto a taxa de lucro. As barreiras para a realização são minimizadas quando "a passagem do capital de uma fase para outra" ocorre "à mesma velocidade com a qual gira o conceito"[36]. O tempo de circulação do capital é, em si, uma medida fundamental que também indica algumas barreiras à acumulação. Como uma taxa acelerada da circulação do capital reduz o tempo durante o qual as oportunidades passam inaproveitadas, uma redução no tempo de circulação libera recursos para mais acumulação.

Alguns custos são também anexados à circulação do capital. As mercadorias têm de ser movidas do seu ponto de produção para o seu destino final para o consumo. Marx trata esses movimentos físicos como parte do processo de produção material (ver capítulo 12) e, portanto, como criadores de valor. Mas outros aspectos da circulação são tratados como improdutivos de valor, pois serão encarados como custos de transação que são pagos como deduções do mais-valor, não importa se esses custos foram gerados pelo produtor ou por algum agente especializado (um comerciante, um varejista, um banqueiro etc.). Os custos de contabilidade, armazenagem, comercialização, informação, coleta, propaganda etc., são todos en-

---

[33] Idem, *Theories of Surplus Value*, cit., parte 2, p. 514.
[34] Idem, *Grundrisse*, cit., p. 451.
[35] Ibidem, p. 519.
[36] Ibidem, p. 527.

carados como custos de circulação necessários. O mesmo se aplica aos custos anexados à circulação de dinheiro – instituições bancárias, mecanismo de pagamento etc. Marx os chama de *"faux frais"* (custos mortos) de circulação, visto que são inevitáveis e devem ser incorridos para o capital circular na forma de dinheiro e mercadorias. Devemos incluir aqui algumas funções básicas do Estado, na medida em que estas são necessárias para preservar e melhorar os mecanismos de circulação. Os custos mortos reduzem a acumulação porque devem ser pagos pelo mais-valor produzido. As economias nesses custos (incluindo aquelas que derivam da exploração da força de trabalho) têm o efeito de liberar o capital para acumulação e são, por isso, meios importantes para aumentar a acumulação.

As perdas imputadas estabelecidas pelo tempo absorvido, assim como os custos reais que estão ligados à circulação, compreendem todo o conjunto de barreiras à realização do capital. Em consequência disso, a tendência para acumular também deve ser manifestada como uma tendência para reduzir esses custos de circulação – do transporte, dos custos da transação, dos custos da comercialização etc. A remoção ou redução dessas barreiras é uma parte importante da missão histórica da burguesia, como é a acumulação pela acumulação. E por isso teremos frequentes ocasiões para reviver essa ideia, tanto em um contexto teórico como em seu contexto histórico.

2. Os problemas estruturais da realização

Em cada momento ou fase na circulação do capital encontramos tipos específicos de problemas, e vale a pena examinar cada um destes sequencialmente enquanto consideramos a transição do dinheiro para meios de produção e força de trabalho, e a translação desses "fatores de produção" para uma atividade de trabalho que produza uma mercadoria que deverá então encontrar um comprador no mercado.

(a) Se os capitalistas não conseguirem encontrar no mercado as quantidades e qualidades certas de matérias-primas, meios de produção ou força de trabalho a um preço apropriado às suas exigências de produção individual, então seu dinheiro não é realizável como capital. O dinheiro cria um açambarcamento. Essa barreira parece um pouco menos assustadora porque o dinheiro é a forma geral de valor e pode ser convertido em todas as outras mercadorias sem qualquer dificuldade. O capitalista tem ampla variedade de opções. Essas opções são estreitadas se o capitalista emprega grandes quantidades de capital fixo que têm uma vida relativamente longa. Para realizar o valor do capital fixo, o capitalista é obrigado a manter um tipo específico de processo de trabalho com exigências específicas de insumos durante vários anos. Entretanto, quando vemos isso agregado, não conseguimos ser tão confiantes de que todos os capitalistas terão suas necessidades totais satisfeitas para os insumos de matéria-prima e para a força de trabalho. Além disso, com uma parte do excedente sendo reinvestido, esses capitalistas que produzem meios de produção para outras indústrias devem expandir sua produção prevendo exigências futuras que podem ou não se materializar. Uma expansão agregada na demanda por força de trabalho também cria uma série de problemas. Alguns dos problemas estruturais que surgem no caso agregado serão examinados posteriormente. O importante aqui é reconhecer que as dificuldades e as incertezas surgem até mesmo nessa primeira fase, em que o dinheiro tem de ser convertido em insumos de matéria-prima e força de trabalho.

(b) Dentro dos confins do processo de produção, os capitalistas devem desfrutar dessa relação com a força de trabalho e devem possuir a tecnologia que permite que o valor das mercadorias adquiridas seja preservado e o mais-valor adicionado. Marx observa, um tanto ironicamente, que a realização do capital na produção depende da "desvalorização" do trabalhador[37]. A afirmação é bastante pertinente. Os capitalistas devem moldar o processo de trabalho para se adaptar pelo menos à média social e impor um ritmo e intensidade de trabalho ao trabalhador adequados à extração do mais-valor. Eles devem reagir à incessante guerra de guerrilha que acompanha a luta de classes no local de trabalho e impor, se puderem, um controle despótico sobre o processo de trabalho. Se não conseguirem, isso significará que o mais-valor não será produzido e que o capital monetário que estava inicialmente no bolso do capitalista não foi realizado como capital. E a competição impõe outra obrigação ao capitalista: acompanhar o processo geral da mudança tecnológica. A reorganização do processo de trabalho conduz a "revoluções no valor": o tempo de trabalho socialmente necessário é reduzido e o valor do produto da unidade cai. O capitalista que não consegue acompanhar o processo experimenta uma desvalorização do capital – o capital é perdido porque as condições de trabalho específicas concretas e individuais não correspondem às condições para incorporar a mão de obra abstrata. Há, evidentemente, muitas barreiras a serem superadas para o capital monetário ser realizado na produção.

(c) Como vendedores, os capitalistas se veem na posse de mercadorias materiais que devem encontrar usuários dispostos a abrir mão de um valor de troca equivalente ao valor incorporado em cada mercadoria. A conversão de valores de uso materiais específicos na forma geral de valor de troca – dinheiro – parece mais difícil em princípio do que a conversão de dinheiro em mercadorias. Por essa razão, Marx coloca uma ênfase particular nisso. Encontramos aqui a barreira do consu-

---

[37] A. D. Magaline (*Lutte de classe et dévalorisation du capital*, Paris, Maspero, 1975) constrói um argumento muito interessante baseado nisso.

mo. Essa barreira tem um aspecto dual. Antes de tudo, a mercadoria deve preencher uma necessidade social; ser um valor de uso social. Há limites claros para tipos específicos de valores de uso – quando cada um na sociedade capitalista for um orgulhoso possuidor de uma bicicleta, por exemplo, o mercado para bicicletas estará estritamente limitado às exigências de reposição. Diante de uma saturação de mercado desse tipo, o capital é obrigado a estimular novos desejos e necessidades sociais por meio de vários estratagemas. A evolução contínua dos desejos e necessidades sociais é, por isso, vista como um aspecto importante da história capitalista – um aspecto que expressa uma contradição básica. No *Manuscritos econômico-filosóficos*, Marx declara que o capitalismo "produz, por um lado, o refinamento das carências e dos seus meios; por outro, a degradação brutal, a completa simplicidade rude abstrata da carência"[38]. E há muita coisa nos *Grundrisse* e n'*O capital* para validar essa disputa.

Mas do ponto de vista dos capitalistas que procuram converter suas mercadorias em dinheiro, o problema não é simplesmente satisfazer os desejos e necessidades sociais, mas encontrar clientes com dinheiro suficiente para comprar as mercadorias que eles querem. A demanda *efetiva* do produto – a necessidade apoiada pela capacidade de pagar – é a única medida relevante[39]. Se não existir uma demanda efetiva por mercadorias, a mão de obra incorporada na mercadoria é uma mão de obra inútil e o capital investido em sua produção é perdido, desvalorizado.

Por isso, é nesse ponto da circulação do capital que os capitalistas estão mais vulneráveis. Como detentores do dinheiro ou senhores do processo de produção, os capitalistas exercem um controle direto. Mas quando a mercadoria tem de ser trocada, o destino dos capitalistas depende das ações de outras pessoas – trabalhadores, outros capitalistas, consumidores não produtivos etc. –, todas possuidoras de dinheiro e que devem gastá-lo de determinadas maneiras para que o valor incorporado nas mercadorias seja realizado.

Entretanto, quando encaramos os processos agregados da circulação do capital ficamos imediatamente impressionados diante da visão de um importante problema. Se o modo de produção capitalista é caracterizado pela expansão perpétua do valor mediante a produção de mais-valor, de onde vem a demanda efetiva agregada para realizar esse valor em expansão por meio da troca?

---

[38] Karl Marx, *Manuscritos econômico-filosóficos* (trad. Jesus Ranieri, São Paulo, Boitempo, 2010), p. 140.
[39] Idem, *Theories of Surplus Value*, cit., parte 2, p. 506.

III. O PROBLEMA DA DEMANDA EFETIVA E A CONTRADIÇÃO ENTRE AS RELAÇÕES DE DISTRIBUIÇÃO E AS CONDIÇÕES DE REALIZAÇÃO DO MAIS-VALOR

A "demanda social", isto é, o fator que regula o princípio da demanda, é essencialmente sujeito ao relacionamento mútuo das diferentes classes e à sua respectiva posição econômica e, portanto, em especial, em primeiro lugar à proporção de mais-valor total em relação aos salários e, em segundo lugar, à relação das várias partes em que o mais-valor é dividido (lucro, juro, renda da terra, taxas etc.). Assim, isso mais uma vez demonstra que nada pode ser explicado pela relação da oferta à demanda antes de determinar a base sobre a qual se assenta essa relação.[40]

Uma investigação da demanda social efetiva conduzirá Marx à seguinte conclusão:

> As condições de exploração direta, e aquelas de realizá-la, não são idênticas. Elas divergem não só em tempo e local, mas também logicamente. As primeiras são apenas limitadas pelo poder produtivo da sociedade, as últimas pela relação proporcional dos vários ramos da produção e do poder de consumo da sociedade. Mas esta última mencionada é [...] determinada [...] pelo poder do consumidor baseado nas condições antagônicas da distribuição.[41]

Há, então, uma contradição básica entre os arranjos distributivos característicos do capitalismo e a criação de uma demanda efetiva suficiente para realizar o valor das mercadorias por meio da troca. Vamos acompanhar Marx rumo a essa conclusão.

Considere, primeiro, a demanda exercida pela classe trabalhadora. Esta nunca pode ser uma "demanda adequada" em relação à acumulação do capital sustentado, porque os "trabalhadores nunca podem comprar mais que uma parte do valor do produto social igual [ao] valor do capital variável adiantado"[42]. Mas isso não significa que a demanda de trabalhadores para os bens salariais não seja importante ou que não justifique algum escrutínio cuidadoso.

Considerado do ponto de vista da relação de classe entre o capital e o trabalho, o consumo individual do trabalhador se transforma em "mero incidente do processo da produção", pois ele serve para reproduzir a força de trabalho requerida para a produção de mais-valor[43]. Ao mesmo tempo, os trabalhadores se encontram em uma relação de "loja própria" com a produção de mercadorias capitalistas.

---

[40] Idem, *Capital*, Livro III, cit., p. 181-2.
[41] Ibidem, p. 244.
[42] Ibidem, Livro II, p. 348.
[43] Ibidem, Livro I, p. 646.

O capital paga salário mensalmente, p. ex.; o trabalhador leva esse salário para o merceeiro etc.; este último o deposita direta ou indiretamente com o banqueiro; e, na semana seguinte, o fabricante o toma outra vez do banqueiro para reparti-lo novamente entre os mesmos trabalhadores etc., e assim por diante.[44]

A reprodução da classe trabalhadora e o poder do consumidor que a acompanha ficam capturados dentro da circulação do capital. Os capitalistas precisam coletivamente produzir bens salariais suficientes e apresentar capital variável suficiente na forma de salários para garantir que a classe trabalhadora possua a demanda efetiva requerida para sua própria reprodução. Mas os capitalistas individuais estão sob pressão competitiva contínua para cortar os salários e reduzir o valor da força de trabalho, enquanto aqueles que produzem bens salariais encaram os trabalhadores como uma fonte de demanda efetiva. Assim, Marx comenta:

> Contradição no modo de produção capitalista: os trabalhadores, como compradores de mercadorias, são importantes para o mercado. Mas como vendedores de sua mercadoria – a força de trabalho –, a sociedade capitalista tem a tendência de reduzi-los ao mínimo do preço.
> Contradição adicional: [...] as potências produtivas jamais podem ser empregadas ao ponto de que, com isso, um valor maior possa não só ser produzido, como realizado; mas a venda das mercadorias, a realização do dinheiro-mercadoria e, assim, também a do mais-valor, está limitada não pelas necessidades de consumo da sociedade em geral, mas pelas necessidades de consumo de uma sociedade cuja grande maioria é sempre pobre e tem de permanecer pobre.[45]

Essa contradição não pode ser superada por aumentos ou alterações salariais no valor da força de trabalho. Mudanças desse tipo também resultam na conversão de luxos em necessidades – que ilustram como "os desejos sociais são muito elásticos e cambiantes" –; quando "restaura-se o equilíbrio, e a conclusão de todo o processo é que o capital social e, por conseguinte, também o capital monetário reparte-se numa proporção modificada entre a produção de meios necessários de subsistência e a de artigos de luxo"[46].

Embora o capital variável, que constitui a demanda efetiva dos trabalhadores, tenha sua origem no capital, os capitalistas que produzem bens salariais são potencialmente vulneráveis aos hábitos do consumidor da classe trabalhadora. Por isso,

---

[44] Idem, *Grundrisse*, cit., p. 566.
[45] Idem, *Capital*, Livro II, cit., p. 316.
[46] Ibidem, Livro II, p. 341; Livro III, p. 188.

"o capitalista, assim como a sua imprensa, fica com frequência insatisfeito com a maneira em que [o trabalhador] gasta [o seu] dinheiro", e todo esforço é então despendido (sob o disfarce de filantropia e cultura burguesas) para "aumentar a condição do trabalhador através de uma melhoria dos seus poderes mentais e morais e para transformá-lo em um consumidor racional"[47]. "Racional" é definido, é claro, em relação à acumulação do capital e não tem necessariamente nada a ver com os desejos e necessidades humanos fundamentais. Então, mesmo os trabalhadores, particularmente nas sociedades capitalistas avançadas, estão sujeitos às bajulações dos publicitários, enquanto o governo também entra – em geral em nome do bem-estar social – para coletivizar o consumo de tal modo que lhe proporcione a possibilidade de manejá-lo (mediante políticas fiscais e gastos do governo) de maneira consistente com a acumulação. Entretanto, tudo isso não nega aquele outro lado da "racionalidade" capitalista que eternamente pressiona por salários reais mais baixos. O que nos leva de volta à contradição fundamental que impede a demanda de os trabalhadores se tornar uma solução para o efetivo problema da demanda.

Os capitalistas geram uma demanda efetiva para o produto como compradores de matérias-primas, produtos parcialmente acabados e vários meios de produção (que incluem maquinário, prédios e infraestruturas físicas requeridas para a produção). O valor total do capital constante adquirido fornece a demanda total para o produto das indústrias que produzem essas mercadorias. Como acontece com o capital variável, essa demanda efetiva pelo capital constante se origina com o capitalista. A expansão da produção requer o aumento de gastos ligados ao capital constante e à expansão da demanda efetiva. Na medida em que a mudança tecnológica obriga substituições entre a variável e insumos de capital constante (a produção se torna mais constante – capital-intensiva), então testemunharemos um deslocamento para a produção e o consumo de meios de produção.

Entretanto, devemos notar que a demanda agregada total em qualquer ponto no tempo é igual a $c + v$, enquanto o valor do produto total é $c + v + m$. Em condições de equilíbrio, isso ainda nos deixa com o problema de não saber de onde vem a demanda de m, o mais-valor produzido, mas não realizado por meio da troca.

Antes de tudo, podemos buscar uma resposta para isso tendo em vista o consumo de luxos por parte da burguesia. O que deve acontecer para a demanda e a oferta se equilibrarem é a classe capitalista colocar dinheiro em circulação para a compra de mercadorias exatamente equivalentes ao mais-valor produzido:

---

[47] Ibidem, Livro II, p. 515-6.

3. Produção e consumo, demanda e oferta e realização do mais-valor / 151

Ainda que à primeira vista possa parecer paradoxal, é a própria classe capitalista que coloca em circulação o dinheiro que serve para a realização do mais-valor incorporado nas mercadorias. Mas, note bem, ela não o coloca em circulação como dinheiro antecipado e, portanto, não como capital. Ela o gasta como um meio de compra para seu consumo individual.[48]

Isso nos indica imediatamente que uma das condições necessárias sustentada para a acumulação é que "o consumo de toda a classe capitalista e de seus servidores acompanhe aquele da classe trabalhadora", e que os capitalistas devem gastar uma parte de seu mais-valor como renda para a compra de bens de consumo[49]. Para isso acontecer é necessária "uma suficiente prodigalidade da classe capitalista"[50] ou uma desagregação da classe capitalista em capitalistas que economizam e de "classes consumidoras" que "não só constituem uma saída gigantesca para os produtos lançados no mercado, mas que não lançam nenhuma mercadoria no mercado"[51]. Essas "classes consumidoras" representam "o consumo pelo consumo" e existem como uma espécie de imagem refletida da "acumulação pela acumulação" que prevalece entre os capitalistas produtivos.

Malthus, é claro, viu a necessidade de consumo conspícuo por parte da burguesia e apostou nisso como uma condição necessária e suficiente para a acumulação de capital. Marx aceita que, para evitar as crises, o consumo burguês deve acompanhar a acumulação, mas desdenha a noção de Malthus de que tal classe de consumidores improdutivos – ou compradores – pode atuar como o *deus ex machina* para a acumulação – fornecendo tanto o estímulo para o ganho quanto os meios para realizar o mais-valor através do consumo. Os capitalistas individuais em geral têm, é claro, a capacidade de sobreviver muito bem e viver da sua riqueza enquanto esperam que o mais-valor retorne a eles. Desse ponto de vista, na verdade, parece que os capitalistas lançam o dinheiro em circulação para adquirir bens de consumo que, no fim do período de produção, serão recompensados pela produção de mais-valor. Porém, há limites claros para isso como um processo social geral. Em primeiro lugar, temos de considerar de onde exatamente vêm esses recursos financeiros se não for do mais-valor. O que nos coloca à beira de uma tautologia do seguinte tipo: os recursos financeiros para realizar o mais-valor vêm da produção do próprio mais-valor. Vamos finalmente ter de mergulhar nessa tautologia e descobrir o que está por trás dela.

---

[48] Ibidem, p. 334.
[49] Ibidem, p. 332.
[50] Ibidem, p. 410.
[51] Idem, *Theories of Surplus Value*, cit., parte 3, p. 50-2.

Já podemos ver, entretanto, que as condições de distribuição prevalecentes na sociedade capitalista erguem barreiras à realização por meio da troca que são muito mais restritivas do que aquelas que existem na esfera da própria produção. Segundo Marx, "é da natureza da produção capitalista produzir sem considerar os limites do mercado"[52]. "Como o mercado e a produção são dois fatores independentes", continua ele, "a expansão de um não corresponde à expansão do outro". A superprodução, uma saturação de mercadorias,

> é especificamente condicionada pela lei geral da produção de capital: produzir no limite estabelecido pelas forças produtivas [...] sem qualquer consideração pelos atuais limites do mercado ou pelas necessidades apoiadas pela capacidade de pagar; e isso é realizado mediante a expansão contínua da reprodução e da acumulação [...] embora por outro lado a massa dos produtores (a classe trabalhadora) permaneça ligada ao nível médio das necessidades, e deva permanecer ligada a ela dependendo da natureza da produção capitalista.[53]

Uma potencial saída dessa dificuldade é expandir as relações comerciais com sociedades e setores não capitalistas ou pré-capitalistas. Esta seria a solução de Luxemburgo para o problema da demanda efetiva, e a levou a estabelecer uma firme conexão entre a acumulação do capital e a expansão geográfica do capitalismo mediante as políticas coloniais e imperialistas. Marx, na maior parte d'*O capital*, exclui de consideração as questões de comércio exterior e assume "que a produção capitalista se consolidou em toda parte e apoderou-se de todos os ramos industriais"[54]. Mas nos *Grundrisse*[55] ele não se restringe tanto. Ele declara que uma "condição da produção baseada no capital é a produção de um círculo sempre ampliado da circulação", de forma que a "tendência de criar o *mercado mundial* está imediatamente dada no próprio conceito do capital". Isso leva Marx a uma proposição geral que se aplica tanto à disseminação geográfica como ao aprofundamento da influência do capitalismo sobre a vida social:

> O capital, de acordo com essa sua tendência, move-se para além tanto das fronteiras e dos preconceitos nacionais quanto da divinização da natureza, bem como da satisfação tradicional das necessidades correntes, complacentemente circunscrita a certos limites, e da reprodução do modo de vida anterior. O capital é destrutivo disso tudo e revolu-

---

[52] Ibidem, parte 2, p. 522-5.
[53] Ibidem, p. 535.
[54] Idem, *O capital*, Livro I, cit., p. 657.
[55] Idem, *Grundrisse*, cit., p. 332.

ciona constantemente, derruba todas as barreiras que impedem o desenvolvimento das forças produtivas, a ampliação das necessidades, a diversidade da produção e a exploração e a troca das forças naturais e espirituais.[56]

A capacidade do capitalismo para gerar essas transformações revolucionárias no modo de vida e de se tornar um sistema mundial não foi apreciada pelos teóricos da saturação geral. Desse ponto de vista, conclui Marx,

> Os economistas que, como Ricardo, concebem a produção como imediatamente idêntica à autovalorização do capital – que, portanto, não se preocupam nem com os limites do consumo [...] apreenderam de maneira mais correta e profunda a natureza positiva do capital do que os economistas que, como Sismondi, enfatizaram os limites do consumo.[57]

O que Ricardo deixou de apreciar foi que a derrubada incessante e inexorável das antigas barreiras e a transformação revolucionária das necessidades em uma escala mundial "só transfere as contradições para uma esfera mais ampla e lhes dá maior latitude"[58].

Embora Marx aceite a ideia de que a acumulação inevitavelmente resulta na penetração e na absorção de setores não capitalistas – incluindo aqueles em locais distantes – pelo capitalismo, ele nega especificamente que isso possa resolver o problema efetivo da demanda. Ele claramente achava que se fosse encontrada uma solução para isso, esta deveria estar dentro do próprio modo capitalista de produção[59].

E assim, Marx passa a considerar outra possível solução para o problema. "O mais-valor criado em um ponto requer a criação do mais-valor em outro ponto [...], mesmo que, de início, seja só produção de mais ouro e prata, mais dinheiro, de maneira que, se o mais-valor não pode ser reconvertido imediatamente em capital, na forma do dinheiro ele existe como possibilidade de capital novo."[60] Talvez a demanda extra requerida para realizar o mais-valor possa se originar simplesmente de uma expansão da quantidade de dinheiro, quer diretamente mediante a produção de uma mercadoria monetária, como o ouro, ou indiretamente mediante o sistema de crédito.

À primeira vista, tal solução parece ter algum sentido. Uma análise do dinheiro mostra que a insuficiência na quantidade de dinheiro pode impedir seriamente a circulação de mercadorias. Em condições de insuficiência de dinheiro, frequentemente observamos uma aceleração na acumulação quando a oferta de dinheiro aumenta.

---

[56] Ibidem, p. 334.
[57] Idem.
[58] Idem, *Capital*, Livro II, cit., p. 468.
[59] Aqui Marx parece estar seguindo a *Filosofia do direito* de G. W. F. Hegel. Ver capítulo 12.
[60] Karl Marx, *Grundrisse*, cit., p. 332.

A partir daí podemos ser atiçados a extrair a inferência injustificável de que uma expansão na oferta de dinheiro sempre conduz à acumulação, e que isso acontece suprindo a efetiva demanda pelo produto que do contrário estaria faltando. Embora Marx aceite que a organização do sistema de crédito seja uma condição necessária para a sobrevivência da acumulação (ver capítulo 9), ele nos adverte contra "forjar representações místicas sobre a força produtiva do sistema de crédito"[61]. Mas ainda é tentador ver a fonte da demanda efetiva extra no próprio sistema de crédito. Além disso, do ponto de vista do circuito do capital monetário, D-M-(D+ΔD), parece que mais dinheiro é requerido no fim de cada curso para acomodar ΔD, o lucro.

Por todas essas razões, é tentador aceitar uma versão da ilusão monetarista na qual o problema da demanda efetiva é resolvido por uma expansão na oferta de dinheiro. Embora Marx observe que os produtores de ouro realmente criam mais dinheiro do que adiantam na produção (pois eles produzem o mais-valor que é lançado diretamente em circulação como dinheiro), ele rejeita peremptoriamente que isso possa proporcionar uma solução para o problema da demanda efetiva. Como o dinheiro é mais um custo de circulação do que uma atividade produtiva, confiar nos produtores de dinheiro para fornecer a demanda extra teria o efeito de afastar o capital da produção de mais-valor para colocá-lo na absorção de mais-valor como custos de circulação. Marx observa que a tendência histórica tem sido buscar economizar nos custos da circulação por meio do sistema de crédito, o que ilustra a inutilidade de recorrer aos produtores de mercadorias monetárias como uma fonte de demanda efetiva. Combater as "representações místicas" que cercam o sistema de crédito é uma questão mais complexa que vamos examinar em detalhes nos capítulos 9 e 10, mas vamos descobrir, no fim, que argumentos similares se aplicam.

Marx desfere o *golpe de misericórdia* na ilusão monetarista, considerando o papel do dinheiro em relação à mercadoria e aos circuitos do capital produtivo. A quantidade de dinheiro requerida em uma dada velocidade de circulação (mais o que quer que seja requerido como um estoque reserva) está relacionada ao valor total das mercadorias que estão sendo circuladas. Desse ponto de vista, "isso não muda absolutamente nada [...] quer essa massa de mercadorias contenha ou não algum mais-valor". O estoque de dinheiro pode precisar de substituição ou aumento para acomodar a proliferação da troca, mas isso não tem diretamente nada a ver com a realização do mais-valor por meio da troca[62].

Essa investigação dos aspectos monetários para a realização do mais-valor parece conduzir a um beco sem saída. Mas uma análise adequada dela nos proporciona

---

[61] Idem, *Capital*, Livro II, cit., p. 346.
[62] Ibidem, p. 473.

3. Produção e consumo, demanda e oferta e realização do mais-valor / 155

alguns indícios sobre qual pode ser a única resolução possível ao problema efetivo da demanda. A ilusão surge em parte, por exemplo, de uma confusão da quantidade total de dinheiro com a quantidade total de dinheiro funcionando como capital. O capital monetário pode ser aumentado convertendo-se em uma quantidade crescente de um estoque constante de dinheiro em capital. E assim Marx chega à sua própria solução. *É a conversão adicional de dinheiro em capital que supre a demanda efetiva requerida para realizar mais-valor na troca*. Vamos explorar essa solução simples, embora um tanto surpreendente, para o problema.

O dinheiro deve existir antes de poder ser convertido em capital. Além disso, uma insuficiência de dinheiro relativa à quantidade de mercadorias em circulação na verdade agirá como um impedimento à acumulação. Mas a criação de dinheiro não garante de maneira alguma sua conversão em capital. Essa conversão envolve a criação do que Marx chama de "capital fictício" – dinheiro que é lançado em circulação como capital sem qualquer base material em mercadorias ou atividade produtiva. Esse capital fictício, formado por processos que vamos considerar em detalhes no capítulo 9, está sempre em uma posição precária justamente porque não tem base material. Mas isso então o prové da sua força característica: na busca de uma base material ele pode ser trocado pelo mais-valor incorporado nas mercadorias. O problema da realização, como existe na esfera da troca, está resolvido.

Mas essa solução para o problema da demanda efetiva significa a criação de novo capital monetário, que deve agora ser realizado na produção. E assim fechamos o círculo. Estamos de volta à esfera da produção, que é, evidentemente, onde Marx insiste que devemos estar o tempo todo. A solução para o problema da realização na troca é convertido no problema de realizar o mais-valor através da exploração da força de trabalho na produção. Vimos, mais uma vez, a necessidade social de acumulação perpétua, mas agora derivamos essa necessidade de um estudo dos processos de realização dentro do contínuo fluxo da produção e do consumo.

Foi no primeiro livro d'*O capital*, em um capítulo intitulado, bastante significativamente, "Transformação de mais-valor em capital", que Marx estabeleceu a necessidade social da "acumulação pela acumulação, a produção pela produção", dadas as relações sociais prevalecentes no capitalismo. É no capítulo paralelo no segundo livro, intitulado "A circulação do mais-valor", que Marx tenta derivar o mesmo princípio de um estudo das relações entre a produção e o consumo. Vemos que um equilíbrio entre a produção e o consumo só pode ser alcançado no modo de produção capitalista – dadas às suas relações de distribuição "antagonistas" – mediante a perpétua acumulação.

Entretanto, a acumulação perpétua depende da existência de força de trabalho capaz de produzir mais-valor. Por isso, a necessária expansão geográfica do capitalismo deve ser interpretada como o capital em busca de mais-valor. A inserção das relações capitalistas em todos os setores da economia e a mobilização de várias fontes "latentes" de força de trabalho (mulheres e crianças, por exemplo) têm uma base similar. E assim passamos a ver o capitalismo como o que ele realmente é: um modo de produção perpetuamente revolucionário, constantemente trabalhando sob a necessidade social de se transformar internamente, embora esteja o tempo todo pressionado contra as capacidades do mundo social e físico para sustentá-lo. Este é, evidentemente, um processo contraditório. Para começar, o capitalismo encontra barreiras externas porque as "fontes duradouras dessa fertilidade" – o solo e o trabalhador – não têm capacidades ilimitadas[63]. Mas ele também encontra "limites existentes da própria circulação"[64] – e estas são as "contradições internas do capitalismo" que Marx vai procurar expor.

O que Marx fez então por nós foi dar uma interpretação muito específica da ideia de que "produção, distribuição, troca e consumo [...] são membros de uma totalidade, diferenças dentro de uma unidade"[65]. Ele remodelou a ideia do *valor* como um conceito que deve captar as relações dentro dessa totalidade. Ele demonstrou, com respeito ao relacionamento entre a produção e o consumo, como cada um "cria o outro à medida que se realiza", e nos mostra precisamente o que deve acontecer quando "a distribuição [interpõe-se] à produção e ao consumo"[66].

Mas Marx também nos mostrou que o carrossel da acumulação perpétua não é uma máquina automática ou mesmo bem lubrificada. Ele nos mostrou o relacionamento necessário que deve prevalecer entre a produção e a distribuição, a produção e a realização de mais-valor, o consumo e a formação de novo capital, e entre a produção e o consumo. Ele também identificou toda uma série de condições necessárias – particularmente com respeito à criação de dinheiro e instrumentos de crédito – que devem ser mantidas para o equilíbrio ser atingido.

Mas também nos mostrou que nada garante que esse ponto de equilíbrio seja encontrado na prática. O melhor que podemos esperar é que o equilíbrio seja atingido "por acaso". O pior, e é isso que Marx está começando a nos mostrar, é que há fortes fontes afastando o sistema do equilíbrio, que a acumulação pela acumulação é um sistema instável tanto em curto quanto em longo prazo. As crises então aparecem como o único meio efetivo de uma oposição ao desequilíbrio, para restaurar o equilíbrio entre a produção e o consumo. Entretanto, essas crises envolvem a desvalorização, a depreciação e a destruição do capital. E esse nunca é um processo confortável com o qual conviver – particularmente porque também envolve a desvalorização, a depreciação e a destruição do trabalhador.

---

[63] Ibidem, Livro I, p. 573.
[64] Idem, *Grundrisse*, cit., p. 334.
[65] Ibidem, p. 53.
[66] Ibidem, p. 48-9.

4. Mudança tecnológica, processo de trabalho e composição de valor do capital

> A tecnologia desvela a atitude ativa do homem em relação à natureza, o processo imediato de produção de sua vida e, com isso, também de suas condições sociais de vida e das concepções espirituais que delas decorrem.[1]

De todas as más interpretações do pensamento de Marx, talvez a mais chocante seja aquela que faz dele um determinista tecnológico[2]. Ele não encara a mudança

---

[1] Karl Marx, *O capital*, Livro I, cit., p. 446.
[2] Sidney Hook (*Towards the Understanding of Karl Marx: a Revolutionary Interpretation*, Nova York, John Day Co.,1933), muito tempo atrás, procurou eliminar tal interpretação, mas esta passou por algum renascimento nos últimos anos. De longe o argumento mais poderoso é aquele apresentado por G. A. Cohen em *Karl Marx's Theory of History: a Defence*, cit., que aceita a denominação de "tecnológico", mas não aquela de "determinista" em sua interpretação da primazia das forças de produção dentro da versão de Marx do materialismo histórico. A obra de G. A. Cohen, embora extremamente útil no esclarecimento de muitos pontos em Marx, demonstra as consequências que surgem quando Marx é interpretado de acordo com "os padrões de clareza e rigor que distinguem a filosofia analítica do século XX" (p. ix). Segundo G. A. Cohen, Marx define uma força produtiva como "a propriedade de objetos", em vez de uma relação de posse entre os objetos (p. 28). A lista das forças produtivas inclui a força de trabalho (e todas as suas qualidades) e os meios de produção (incluindo os instrumentos de produção, as matérias-primas e os espaços). G. A. Cohen analisa as declarações de Marx e descobre que, embora haja inúmeras ocasiões em que Marx afirma que as mudanças nas forças produtivas geram mudanças nas relações sociais, "não há generalizações afirmando o suposto movimento inverso [...] no corpo da obra de Marx" (p. 138). A relação "dialética" entre as forças produtivas e as relações sociais não se mantém e, por isso, a primazia das forças produtivas é estabelecida. O único motivo de dúvida é a afirmação de que é a burguesia que revoluciona as forças produtivas que mudam as relações sociais. G. A. Cohen admite que as relações de produção capitalistas "são um estímulo prodigioso para o desenvolvimento das forças produtivas", mas torna isso compatível com a primazia da tese das forças produtivas ao afirmar que "a função das relações capitalistas é promover o crescimento na força produtiva – elas surgem e persistem quando estão aptas a fazê-lo".

tecnológica como a força impulsora da história. Essa interpretação equivocada do seu argumento surgiu, em parte, da imposição de significados contemporâneos nas palavras de Marx, e também de um fracasso em entender seu método de investigação. Por exemplo, definições comumente aceitas agora indicam que a tecnologia significa a aplicação do conhecimento científico para criar a ferramenta física para a produção, a troca, a comunicação e o consumo. O significado de Marx é ao mesmo tempo mais amplo e mais restrito do que isso.

Quando Marx fala de "tecnologia", ele se refere à forma concreta assumida por um processo de trabalho real em um dado momento, à maneira observável em que são produzidos os valores de uso específicos. Essa tecnologia pode ser diretamente descrita de acordo com as ferramentas e as máquinas usadas, a estrutura física dos processos de produção, a divisão técnica do trabalho, o desdobramento real das forças de trabalho (tanto as quantidades quanto as qualidades), os níveis de cooperação, as cadeias de comando e as hierarquias da autoridade, e os métodos específicos de coordenação e controle utilizados.

A tarefa é, então, penetrar por baixo dessa aparência superficial e entender por que os processos de trabalho particulares assumem as formas tecnológicas específicas que assumem. Para isso, Marx considera o processo de trabalho em termos das *forças produtivas* e das *relações sociais da produção* nele incorporadas[3]. Por "força produtiva", Marx entende o poder absoluto de transformar a natureza. Por "relações sociais", entende a organização social e as implicações sociais do que, do como e do porquê da produção. São conceitos abstratos e precisamos perceber bem seu significado. Muito do que vem a seguir se baseia em sua interpretação adequada. Esses conceitos serão utilizados para mostrar as contradições dentro da produção, de uma maneira muito parecida com aquela de que a dualidade do valor de uso e do valor de troca proporciona a alavanca conceitual para expor as contradições da troca de mercadorias. O paralelo é apropriado. A força produtiva e as relações sociais devem ser inicialmente encaradas como dois aspectos do mesmo processo de

---

A caracterização da definição inicial de Marx de força produtiva é, em minha opinião, correta. Mas como o "valor de uso", essa concepção inicial tem em si pouco interesse para Marx. Mais uma vez, como o valor de uso, as forças produtivas só são integradas de volta ao argumento quando são entendidas como uma relação social especificamente incorporada dentro do modo de produção capitalista. G. A. Cohen, no entanto, se apega à definição inicial sem perceber a transformação no uso que Marx faz do termo. Todo o fluxo do argumento em *O capital* é precisamente adequado para desvendar a interpenetração dialética das forças produtivas e das relações sociais como o local das contradições que impulsionam eternamente o capitalismo para novas configurações. A filosofia analítica pode ser boa em analisar sentenças, mas, aparentemente, não é tão boa para capturar o fluxo total de um argumento.

[3] Göran Therborn, em *Science, Class and Society*, cit., p. 356-86, reconstrói de maneira muito completa a gênese desses conceitos em todo o desenvolvimento intelectual de Marx.

trabalho material, da mesma maneira que o valor de uso e o valor de troca são dois aspectos de uma única mercadoria. O valor de troca nas mercadorias tem um referente externo na forma de dinheiro, e as relações sociais da produção têm um referente externo na forma das relações de classe que prevalecem na sociedade em geral e que permeiam a mudança, a distribuição e o consumo, assim como a produção. E, da mesma maneira que o valor de uso se torna reintegrado na economia política como valor de uso *social*, assim a ideia puramente física da força produtiva é reintegrada na economia política como o poder de criar mais-valor para o capital mediante a produção de mercadorias materiais. Dada a importância desses conceitos, devemos nos mover com cuidado ao estabelecer o seu significado.

Começamos eliminando uma fonte de confusão comum. Identificar "tecnologia" com "forças produtivas" é um erro, e também a mola mestra dessa leitura equivocada de Marx que o transforma em um determinista tecnológico. A tecnologia é a forma material do processo de trabalho, por meio da qual as forças produtivas e as relações de produção subjacentes são expressas. Comparar tecnologia com forças produtivas seria igual a comparar o dinheiro, a forma material do valor, com o próprio valor, ou comparar o trabalho concreto com o trabalho abstrato. Mas, da mesma maneira que uma análise do dinheiro pode revelar muito sobre a natureza do valor, uma análise das tecnologias reais pode "revelar" a natureza das forças produtivas e as relações sociais incorporadas dentro do modo de produção capitalista. Esse é o sentido a ser atribuído à citação com a qual iniciamos este capítulo.

A análise das tecnologias existentes pode ser um exercício preliminar útil (e necessário). Mas Marx concebe o seu método de maneira muito diferente[4]. Ele começa pelas abstrações mais simples possíveis, extraídas das "relações reais da vida", e então desenvolve conceituações mais ricas e cada vez mais complexas para "abordar, passo a passo", as formas concretas que as atividades assumem "na superfície da sociedade"[5]. Ele declara que este é "o único método materialista e, portanto, científico" de interpretar os fenômenos com os quais nos encontramos cercados – a produção de mercadorias, dinheiro e troca, formas tecnológicas concretas, crises etc.[6].

O método materialista de Marx e a sua preocupação com as "relações reais da vida" o conduzem a concentrar a atenção no processo de trabalho como um ponto de partida fundamental para a investigação. Ele escreve que

> O processo de trabalho, como expusemos em seus momentos simples e abstratos, é atividade orientada a um fim – a produção de valores de uso –, apropriação do elemen-

---

[4] Karl Marx, *Grundrisse*, cit., p. 27-37.
[5] Idem, *Capital*, Livro III, cit., p. 25.
[6] Ibidem, Livro I, p. 446.

to natural para a satisfação de necessidades humanas, condição universal do metabolismo entre homem e natureza, perpétua condição natural da vida humana.[7]

E o que pode ser mais fundamental do que isso? A relação com a natureza é tratada dialeticamente, é claro. A separação entre o "humano" e o "natural" é encarada como uma separação dentro de uma unidade porque a "vida física e mental do homem estar interconectada com a natureza não tem outro sentido senão que a natureza está interconectada consigo mesma, pois o homem é parte da natureza"[8]. A linguagem é muito hegeliana, mas Marx não parte dessa posição em suas últimas obras[9]. A atenção se desloca, no entanto, para um estudo da separação dentro da unidade:

> O trabalho é, antes de tudo, um processo entre o homem e a natureza [...]. Ele se confronta com a matéria natural como com uma potência natural. A fim de se apropriar da matéria natural de uma forma útil para sua própria vida, ele põe em movimento as forças naturais pertencentes a sua corporeidade: seus braços e pernas, cabeça e mãos. Agindo sobre a natureza externa e modificando-a por meio desse movimento, ele modifica, ao mesmo tempo, sua própria natureza.[10]

Aqui encontramos o conceito de "força produtiva" em sua forma mais simples e mais facilmente compreensível: ela representa o *poder* para transformar e apropriar a natureza mediante o trabalho humano. Esse poder pode ser aumentado pelo uso de vários instrumentos de trabalho que, com a própria terra, formam os meios de produção e constituem a base necessária para o trabalho produtivo[11]. Entretanto, a forma específica que a relação com a natureza assume é um produto social, "um presente, não da natureza, mas de uma história abarcando milhares de

---

[7] Ibidem, p. 261.
[8] Idem, *Manuscritos econômico-filosóficos* (São Paulo, Boitempo, 2010), p. 84.
[9] Alfred Schmidt apresenta um estudo abrangente de *The Concept of Nature in Marx* (Londres, NLB, 1971). Ele se equivoca, como mostra Neil Smith em "The Production of Nature" (mimeo, 1980), ao definir a natureza como o reino dos valores de uso e se esquecer de que a preocupação de Marx é com os valores de uso *social* ou, nesse caso, com a produção de valores de uso na forma de uma "natureza produzida" (o ambiente construído, uma paisagem física modificada pela ação humana). Essa natureza produzida assume uma forma de mercadoria e, por isso, deve ser concebida em termos da relação entre os valores de uso, os valores de troca e os valores. A natureza, nessas circunstâncias, não pode mais ser vista como totalmente externa à existência humana e à sociedade humana. Abordaremos mais detalhadamente essa questão nos capítulos 8 e 11.
[10] Karl Marx, *O capital*, Livro I, cit., p. 255.
[11] Ibidem, p. 258.

séculos"[12]. A tecnologia real do processo de trabalho é moldada pelos processos históricos e sociais e necessariamente reflete as relações sociais entre os seres humanos quando eles se combinam e cooperam nas tarefas fundamentais da produção. As forças produtivas do trabalho não podem ser aferidas de maneira abstrata dessas relações sociais.

Além disso, o processo de trabalho é ao mesmo tempo instrumental e intencional em relação aos desejos e necessidades humanos – "o que desde o início distingue o pior arquiteto da melhor abelha é o fato de que o primeiro tem a colmeia em sua mente antes de construí-la com a cera"[13]. As concepções mentais do mundo podem se tornar uma "força material" em duplo sentido: são "objetivadas" nos objetos materiais e materializadas nos processos reais da produção. Por isso, a atividade da produção incorpora certo conhecimento do mundo – conhecimento que é também um produto social. Cada modo de produção desenvolve um tipo específico de ciência, um "sistema de conhecimento" apropriado para suas necessidades físicas e sociais distintas. Marx vai elaborar muito sobre como o capitalismo procura unificar "as ciências naturais com o processo de produção" e sobre como o princípio da "análise do processo de produção em suas fases constituintes – e de resolução dos problemas assim propostos pela aplicação da mecânica, da química e de toda a série de ciências naturais – torna-se o princípio determinante em toda parte"[14]. Ele até comenta a respeito de como a própria invenção se torna um negócio e a produção de novos entendimentos científicos se torna necessariamente integrada na dinâmica do capitalismo[15].

Então, o processo de trabalho é inicialmente concebido como uma *unidade* de forças produtivas, relações sociais e concepções mentais do mundo. No primeiro momento, a importância da separação dentro da unidade é que ela molda as perguntas que formulamos sobre qualquer tecnologia, qualquer processo de trabalho, que possamos encontrar.

Considere, por exemplo, uma pessoa cavando um canal. Podemos descrever o uso dos nervos e dos músculos e talvez medir o gasto físico de energia por parte do escavador. Do mesmo modo, podemos descrever as qualidades da natureza (a facilidade com que a terra pode ser escavada) e os instrumentos de trabalho (pá ou

---

[12] Ibidem, Livro II, p. 512.
[13] Ibidem, Livro I, p. 256.
[14] Ibidem, Livro II, p. 387, 461.
[15] Idem, *Grundrisse*, cit., p. 587. David Noble, em *America by Design: Science, Technology and the Rise of Corporate Capitalism* (Nova York, Knopf, 1977), explora em detalhes como a ciência da engenharia, a inovação tecnológica e o capitalismo corporativo se relacionam mutuamente nos Estados Unidos depois da Guerra Civil. Apesar de todos os seus defeitos, a obra de John D. Bernal *Science in History* (Cambridge, MIT Press, 1969) ainda permanece um clássico.

escavadeira). E podemos medir a produtividade do trabalho de acordo com os metros de canal escavados por hora de trabalho. Porém, se nos limitarmos a essa descrição física direta, perderemos muita coisa importante. Na verdade, Marx consideraria a medida da produtividade uma abstração sem significado. Para interpretar adequadamente a atividade, primeiro precisamos descobrir o seu propósito, o projeto consciente do qual ela é uma parte e a concepção mental do mundo que está incorporada na atividade e o seu resultado. Devemos também conhecer as relações sociais envolvidas. O trabalho está sendo realizado por um escravo, por um trabalhador assalariado, um artesão, um socialista dedicado, um fanático religioso que participa de uma cerimônia religiosa ou um senhor rico com uma inclinação por exercícios físicos árduos? Ações físicas idênticas poderiam ter uma infinita variedade de significados sociais. Não podemos interpretar as atividades sem algum entendimento do seu propósito social. Somente dessa maneira podemos ter uma medida significativa da produtividade. Nesse sentido, Marx dissertará muito sobre a ideia de que a produtividade em relação aos desejos e necessidades humanos é muito diferente da produtividade em relação à criação de mais-valor. E, finalmente, só quando entendemos completamente o significado social e o propósito social seremos capazes de entender por que algumas tecnologias são escolhidas em vez de outras; por que algumas concepções mentais do mundo têm precedência sobre outras. No fim, o importante é a relação entre as forças produtivas, as relações sociais da produção e as concepções mentais do mundo, todas expressas no interior de um único processo de trabalho.

A partir daí se conclui que as revoluções nas forças produtivas não podem ser realizadas sem uma reestruturação radical das relações sociais e do sistema de conhecimento. Entretanto, segundo Marx, o ímpeto para essa mudança está na própria natureza do próprio processo de trabalho – "agindo sobre a natureza externa e modificando-a por meio desse movimento, ele modifica, ao mesmo tempo, sua própria natureza"[16]. Por isso, a relação (dialética) recíproca entre o sujeito e o objeto do trabalho está no cerne do processo de desenvolvimento. Esse processo, quando generalizado para contextos sociais e históricos, conduz à ideia de que "ao adquirir novas forças produtivas, os homens mudam seu modo de produção; e, mudando seu modo de produção [...] eles mudam todas as suas relações sociais", assim como suas concepções mentais do mundo[17].

Podemos dissecar esse processo mais exatamente considerando as separações dentro da unidade do processo de trabalho. O que acontece, por exemplo, se a

---

[16] Karl Marx, *O capital*, Livro I, cit., p. 255.
[17] Idem, *Poverty of Philosophy* (Nova York, International Publishers, 1963), p. 109.

cooperação social requerida para operar certo tipo de sistema de produção não está acessível, ou se a capacidade social e o desejo de transformar a natureza não correspondem aos meios de produção disponíveis? O que acontece quando o resultado desejado não corresponde ao entendimento científico do processo de produção necessário para produzir esse resultado? Existe potencialidade para todos os tipos de oposições e antagonismos entre as forças produtivas, as relações sociais e as concepções mentais do mundo. No entanto, uma coisa é falar de potencialidade e outra bem diferente é estabelecer, como Marx procura fazer, a *necessidade* dessas contradições no capitalismo.

Seu argumento geral prossegue da seguinte maneira. Para produzir e reproduzir, os seres humanos são impelidos a ingressar em relações sociais e a lutar para se apropriarem da natureza de uma maneira consistente com essas relações sociais e com o seu conhecimento do mundo. No decorrer dessa luta eles necessariamente produzem novas relações com a natureza, novos conhecimentos e novas relações sociais. Controles sociais poderosos podem manter as sociedades em estados relativamente estacionários – estados a que Marx se refere como "pré-história". Mas, uma vez que esses controles são derrubados (por quaisquer meios), o equilíbrio é perturbado e forças contraditórias entram em jogo. As contradições entre as forças produtivas, as relações sociais e as concepções mentais do mundo tornam-se a fonte central de tensão. A luta eterna para superar as contradições torna-se a força motriz da história.

A interpretação geral das forças que dominam a trajetória da história humana é utilizada para entendermos a dinâmica do capitalismo. A busca insaciável por parte dos capitalistas para se apropriarem do mais-valor impele as eternas revoluções nas forças produtivas. Mas essas revoluções criam condições que são inconsistentes com a acumulação adicional do capital e com a reprodução das relações de classe. Isso significa que o sistema capitalista é inerentemente instável e propenso a crises. Embora cada crise possa ser resolvida por meio de uma reestruturação radical das forças produtivas e das relações sociais, a fonte básica do conflito jamais é eliminada. Surgem novas contradições que geram formas de crises mais gerais. A única resolução fundamental para as contradições está na eliminação da sua fonte, na criação de relações sociais fundamentalmente novas – aquelas do socialismo.

Colocado nesses termos, esse argumento provavelmente não vai convencer ninguém. Sua utilidade está nas questões que ele vai levantar. Ele dirige a nossa atenção, antes de tudo, para as relações sociais que semeiam mudanças nas forças produtivas e, em particular, nos impelem a confrontar a base de classe para tais mudanças. Em segundo lugar, somos desafiados a mostrar que a velocidade, a forma e a direção das revoluções na capacidade para transformar a natureza podem ser sempre consistentes com o crescimento estável e equilibrado. E, se não for assim, não devemos ter aqui uma explicação fundamental para as crises periódicas evidentes do capitalismo? Estas são as grandes questões que procuraremos responder nos próximos capítulos. Mas antes precisamos, com muito cuidado, vincular o nosso aparato conceitual à forma histórica específica assumida pelo modo de produção capitalista.

I. A PRODUTIVIDADE DO TRABALHO NO CAPITALISMO

Inicialmente, podemos ser tentados a tratar a produtividade do trabalho em termos puramente físicos e avaliá-la pela quantidade de matéria-prima que um trabalhador consegue transformar, usando determinados instrumentos de produção, em uma dada quantidade de produto acabado ou semiacabado, dentro de algum período de tempo padronizado. Marx está em pé de guerra com essa concepção[18]. Ela falha em distinguir entre trabalho concreto e trabalho abstrato, e presume que os capitalistas estão interessados na produção de valores de uso em vez de no valor em geral e no mais-valor em particular. Marx propõe uma definição distintamente capitalista da produtividade do trabalhador:

> Só é produtivo o trabalhador que produz mais-valor para o capitalista ou serve à autovalorização do capital. [...] Assim, o conceito de trabalhador produtivo não implica de modo nenhum apenas uma relação entre atividade e efeito útil, entre trabalhador e produto do trabalho, mas também uma relação de produção especificamente social, surgida historicamente e que cola no trabalhador o rótulo de meio direto de valorização do capital.[19]

Marx prossegue acrescentando, enigmaticamente, que "ser trabalhador produtivo não é, portanto, uma sorte, mas um azar". Essa definição de valor da produtividade proporciona a Marx uma ferramenta poderosa com a qual combater os economistas comuns.

> Só a mentalidade estreita burguesa, que encara as formas de produção capitalistas [...] como eternas [...] pode confundir o problema do que é força de trabalho produtiva do

---

[18] Mark Blaug ("Technical Change and Marxian Economics", em David Horowitz (org.), *Marx and Modern Economics*, Nova York, Modern Reader Paperbacks, 1968, p. 231) acusa Marx de fazer uma "terrível confusão entre a produtividade física e a produtividade de valor", mas a confusão se origina mais da má interpretação de Mark Blaug da maneira relativa de Marx de proceder do que do próprio Marx.
[19] Karl Marx, *O capital*, Livro I, cit., p. 578.

4. Mudança tecnológica, processo de trabalho e composição de valor do capital / 165

ponto de vista do capital, com a questão do que é força de trabalho produtiva em geral [...] e, consequentemente, se considera muito sábia apresentando a resposta de que toda mão de obra que produz o que quer que seja [...] por esse próprio fato constitui mão de obra produtiva.[20]

Munido mais com essa concepção de *valor* do que com a produtividade *física*, Marx pode também ridicularizar a noção comumente sustentada de que o capital é em si de algum modo produtivo. Os aumentos na produtividade física, particularmente aqueles atingidos por meio da aplicação de maquinário, parecem ser um atributo, até um produto, do capital. O capital "torna-se um ser muito místico uma vez que todas as forças produtivas sociais do trabalho parecem ser devidas ao capital, em vez de ao trabalho como tal, e parecem provir do útero do próprio capital"[21]. Mas o que essa aparência realmente denota? Segundo Marx, ela simplesmente representa a capacidade do capitalista de se apropriar das forças positivas do trabalho social, de tal maneira que estas últimas parecem ser as forças produtivas do capital[22]. E isso só pode acontecer devido às relações de classe específicas que prevaleçam dentro da produção, relações que dão ao trabalhador acesso aos meios de produção em condições amplamente ditadas pelo capital.

A definição de valor da produtividade de Marx também cria dificuldades. Ela tem gerado, por exemplo, um longo e um tanto tedioso debate sobre a diferença entre trabalhador "produtivo" e "improdutivo"[23]. Na definição de Marx, como apenas esse trabalhador que produz mais-valor é considerado "produtivo", várias atividades fisicamente produtivas (principalmente em serviços e circulação) terminam

---

[20] Idem, *Theories of Surplus Value*, cit., parte 1, p. 393.
[21] Idem, *Capital*, Livro III, cit., p. 827.
[22] Idem, *Theories of Surplus Value*, cit., parte 1, p. 389-91.
[23] Aqueles interessados em acompanhar o debate devem consultar Ben Fine e Laurence Harris, *Re-Reading Capital*, cit., cap. 3; Ian Gough, "Productive and Unproductive Labour in Marx", *New Left Review*, 1972; E. K. Hunt, "The Categories of Productive and Unproductive Labor in Marxist Economic Theory", *Science and Society*, 1979; James O'Connor, "Productive and Unproductive Labor", *Politics and Society*, 1975; e os vários números do *Bulletin of the Conference of Socialist Economists* (1973-1975). Há também uma considerável literatura em francês sobre o assunto: ver Arnaud Berthoud, *Travail productif et productivité du travail chez Marx* (Paris, Maspero, 1974); Michel Freyssenet, *Les rapports de production: travail productif et travail improductif* (Paris, CSU, 1971) e *La division capitaliste du travail* (Paris, Savelli, 1977); e Jacques Nagels, *Travail collectif et travail productif* (Bruxelas, Éditions de l'Université de Bruxelles, 1974). O debate assume uma importância adicional na medida em que alguns autores, como Nicos Poulantzas (*Classes in Contemporary Capitalism*, cit.), investigam diferenciais em estados de consciência subjetivos dentro de algumas frações da classe trabalhadora para os diferentes *status* do trabalhador produtivo e improdutivo.

sendo caracterizadas como "improdutivas", não importa o quão socialmente necessárias elas possam ser. O objetivo do argumento de Marx era tomar o que era uma mera classificação dos trabalhadores, como é discutido pelos economistas políticos (Adam Smith, em particular), e convertê-la em termos que reflitam as relações de produção capitalistas. Há muito pouca evidência de que Marx quisesse ir além disso. Ele certamente não estava propondo uma nova e mais elaborada classificação das ocupações em agrupamentos das produtivas e improdutivas – fazer isso teria sido exatamente colocar o debate de volta ao terreno definido pelos fisiocratas e por Adam Smith, terreno esse que Marx procurava desalojar. Tudo o que Marx estava sugerindo era, na verdade, que qualquer definição de trabalho produtivo no capitalismo tinha de ser visto em relação ao processo real da produção de mais-valor. Quando ampliamos a nossa perspectiva sobre esse processo – por exemplo, de dentro para fora do processo de trabalho para abarcar todo o processo de circulação do capital – a definição do trabalho produtivo também se amplia. "Para trabalhar produtivamente, já não é mais necessário fazê-lo com suas próprias mãos; basta, agora, ser um órgão do trabalhador coletivo, executar qualquer uma de suas subfunções."[24]

A ideia de que o que conta é a produtividade do trabalhador coletivo, e não a produtividade do trabalhador individual, tem implicações para a nossa concepção da força produtiva. As maneiras em que os trabalhadores se relacionam e reforçam mutuamente um ao outro no desempenho de suas várias tarefas têm evidentemente uma influência na sua produtividade coletiva. A eficiência não é uma questão puramente técnica, mas, como todo especialista em relações industriais sabe, é pelo menos em parte uma questão social. O dilema para o capitalista é mobilizar os poderes positivos da cooperação como uma força produtiva do capital mediante mecanismos que, em última instância, devem ser julgados coercivos. As estratégias do enriquecimento no emprego, na cooperação e na integração trabalhador--gerência parecem especificamente destinadas a mascarar a relação básica de dominação e subordinação que necessariamente prevalece dentro do processo de trabalho. Isso nos leva a considerar, no entanto, o papel decisivo da luta de classes dentro do próprio processo de trabalho.

II. O PROCESSO DE TRABALHO

Um dos aspectos mais convincentes do primeiro livro d'*O capital* é a maneira com que Marx se desloca tão fluentemente das abstrações mais profundas e mais simples

---

[24] Karl Marx, *O capital*, Livro I, cit., p. 577.

possíveis (como valor) para reflexões sobre a história das lutas sobre a jornada de trabalho e a mecanização, para a implicação da necessidade de uma derrubada revolucionária do capitalismo. Embora o trabalho seja executado com um talento artístico consumado, seus próprios feitos podem em si ser um tanto equivocados. Colocado no contexto do seu projeto geral, até mesmo como está articulado nos dois outros livros d'*O capital*, podemos perfeitamente argumentar que o vínculo entre a história e a teoria no primeiro livro está prematuramente estabelecido, e que as implicações políticas são muito apressadamente derivadas. Marx não estava necessariamente errado nisso. Nem a interpretação histórica nem a ação política podem esperar pela perfeição da teoria, enquanto esta última só pode emergir da eterna testagem contra a experiência histórica e a prática política. Mas o primeiro livro é um documento tão sedutor que muitos marxistas o tratam como a palavra final quando ele deve ser encarado como uma tentativa extraordinária, porém preliminar, de explicar como a interpretação histórica e as estratégias para a ação política se determinam mutuamente e se relacionam uma com a outra.

O caráter controvertido do argumento de Marx se torna imediatamente aparente no debate contemporâneo sobre a natureza do processo de trabalho no capitalismo. O debate é importante porque o processo de trabalho é fundamental para a operação de qualquer modo de produção. Se a maneira de Marx representá-lo está errada, então quase todo o resto deve também ser questionado. O debate assumiu uma urgência e uma direção adicionais desde a publicação de *Labor and Monopoly Capital*, de Braverman, em 1974. Com exceção do fascinante ensaio de Gramsci sobre o "fordismo"[25], esta foi a primeira obra importante na tradição marxista a abordar as mudanças no processo de trabalho no século XX. Obras subsequentes questionaram tanto a concepção original de Marx quanto a sua extensão de autoria de Braverman.

Marx organiza seus pensamentos sobre o assunto em torno da distinção entre a subsunção "formal e real do trabalho ao capital"[26]. A "subsunção formal" é suficiente para a produção de mais-valor absoluta e surge assim que os trabalhadores são impelidos a vender sua força de trabalho para sobreviver. O processo de trabalho prossegue como antes, com exceção da introdução de "uma relação econômica de supremacia e subordinação", que surge porque os capitalistas "naturalmente" dirigem e supervisionam as atividades do trabalhador, e devido a uma tendência do trabalho de se tornar bem mais contínuo e intensivo, "pois todo esforço é feito para garantir que não mais (ou mesmo menos) tempo de trabalho socialmente

---

[25] Antonio Gramsci, *Prison Notebooks* (Londres, Lawrence & Wishart, 1971 [ed. bras.: *Cadernos do cárcere*, trad. Carlos Nelson Coutinho, Rio de Janeiro, Civilização Brasileira, 1999]).
[26] Karl Marx, *O capital*, Livro I, cit., p. 578.

necessário seja consumido na fabricação do produto"[27]. Mediante a competição na troca, o tempo de trabalho socialmente necessário começa a ser percebido como regulador do processo de trabalho, ainda que os trabalhadores mantenham um controle substancial sobre suas habilidades tradicionais e sobre os métodos empregados. A redução do trabalho especializado para o simples não ocorre. E a única imposição envolvida surge da necessidade de o trabalhador vender sua força de trabalho para sobreviver.

A "real submissão do trabalho ao capital" surge quando os capitalistas começam a reorganizar o próprio processo de trabalho para obter mais-valor relativo. Com isso, todo o modo de produção "é alterado e uma *forma de produção especificamente capitalista* começa a aparecer", juntamente com "as relações de produção correspondentes"[28]. Em outras palavras, as relações de classe que prevalecem dentro do capitalismo em geral agora penetram dentro do processo de trabalho por meio da reorganização das forças produtivas.

Os capitalistas mobilizam as forças que surgem da cooperação e da divisão detalhada do trabalho, e lucram com a produtividade aumentada do trabalho daí resultante. Os trabalhadores tornam-se cada vez mais "modos especiais de existência do capital" e ficam cada vez mais sujeitos ao controle "despótico" dos capitalistas e de seus representantes. Uma estrutura hierárquica e autoritária das relações sociais emerge dentro do local de trabalho. Os métodos de trabalho podem continuar os mesmos, mas a especialização dos trabalhadores em tarefas específicas podem permitir que estas sejam simplificadas a ponto de poderem ser realizadas por trabalhadores com pouco conhecimento ou habilidades. "Na manufatura, o enriquecimento do trabalhador coletivo e, por conseguinte, do capital em sua força produtiva social é condicionado pelo empobrecimento do trabalhador em suas forças produtivas individuais"[29]. Emerge então uma distinção geral entre o trabalho especializado e o não especializado, mas a base técnica da produção também requer a preservação de uma hierarquia das forças de trabalho e das habilidades, juntamente com diferenciais de salário (a redução do trabalho especializado para o simples não é completa). Nesses casos, também, a força de trabalho cada vez mais produtiva surge de uma reorganização dos processos de trabalho existentes e não envolve necessariamente nenhum investimento importante por parte dos capitalistas – embora novos locais e prédios possam ser necessários, pois a cooperação com frequência significa a agregação de vários processos sob o mesmo teto[30].

---

[27] Idem, *Results of the Immediate Process of Production* (Harmondsworth, Penguin, 1976), p. 1.025.
[28] Ibidem, p. 1.024.
[29] Idem, *O capital*, Livro I, cit., p. 436.
[30] Ibidem, cap. 11.

4. Mudança tecnológica, processo de trabalho e composição de valor do capital / 169

O capitalismo supera a "base técnica estreita" da manufatura mediante a introdução de maquinário e a organização do sistema fabril. A transição para um modo de produção verdadeiramente *capitalista* torna-se então possível. Embora isso envolva um investimento ativo por parte dos capitalistas, a vantagem é que a máquina pode ser usada para aumentar a produtividade física do trabalho ao mesmo tempo que permite que os capitalistas controlem a intensidade e o ritmo do processo de trabalho mediante a regulação da velocidade da máquina. O trabalhador torna-se então um mero "apêndice" – um escravo – da máquina. A separação do trabalho mental do trabalho manual, a destruição das habilidades do trabalho artístico e do trabalho artesanal, e a sua substituição por meras habilidades atendidas por máquinas, o emprego de mulheres e crianças – tudo isso foi consequência. Para Marx, o empobrecimento do trabalhador no capitalismo tinha tanto, se não mais, a ver com a degradação imposta ao trabalhador no processo de trabalho quanto com os baixos salários e os altos índices de exploração. Com o uso capitalista das máquinas, "o instrumento de trabalho torna-se o meio de escravizar, explorar e empobrecer o trabalhador; a combinação social e a organização dos processos de trabalhos são transformadas em um modo organizado de extinguir a vitalidade, a liberdade e a independência individuais do trabalhador"[31].

A violência que a classe capitalista deve necessariamente impor ao trabalhador para extrair mais-valor em parte alguma é mais prontamente aparente do que na relação degradada com a natureza que resulta no processo de trabalho. Isso provoca sua própria resposta. Os trabalhadores recorrem a atos individuais de violência, sabotagem – patologia industrial de todos os tipos – assim como a formas coletivas de resistência ao uso e abuso das máquinas. As lutas sociais às quais essa resistência violenta dá origem constituem um tema central nas histórias sociais e políticas daqueles países que seguiram o caminho capitalista para a industrialização. Mas Marx parece insistir que, em longo prazo, as formas individuais e coletivas de resistência do trabalhador *dentro* do processo de trabalho devem cair diante das forças esmagadoras que o capital pode exibir. As formas de resistência isolada só atrasam o inevitável. Somente um movimento revolucionário de base ampla pode reconquistar para o trabalhador o que do contrário quase certamente estará perdido.

Mas todo esse processo também não está isento de compensações e contradições. A rotina das tarefas requer habilidades gerenciais, conceituais e técnicas (de engenharia) sofisticadas. Isso envolve um novo tipo de ordenação hierárquica (a que Marx concede pouca atenção, embora isso esteja implicado na necessária persistência da cooperação e da divisão detalhada do trabalho dentro do sistema fa-

---

[31] Idem, *Results of the Immediate Process of Production*, cit., p. 506.

bril). Os trabalhadores também passam a ser indiferentes às tarefas específicas que realizam, prontos a se adaptar a cada nova tecnologia e capazes de se deslocar livremente de uma linha de produção para outra. Essa capacidade de adaptação – que com frequência envolve alfabetização, habilidades matemáticas, capacidade para seguir instruções e para tornar rapidamente as tarefas parte da rotina – se contrapõe de maneiras importantes à tendência para a degradação do trabalho. Habilidades desse tipo, embora muito diferentes daquelas do artesão tradicional, implicam a criação de um novo tipo de trabalhador: o "indivíduo plenamente desenvolvido, para o qual as diversas funções sociais são modos alternantes de atividade"[32]. "Liberando" os trabalhadores de suas habilidades tradicionais, o capital ao mesmo tempo gera um tipo novo e peculiar de liberdade para o trabalhador.

Devemos notar como a palavra "habilidade" sofre uma sutil transformação de significado. Por um lado, há a habilidade artística e artesanal que confere certo poder a quem a possui, porque ela é, até certo ponto, monopolizável. Essas habilidades são anátemas ao capital. Podem atuar como uma barreira à acumulação do capital (as taxas salariais são sensíveis à sua escassez) e impedir a penetração das relações sociais capitalistas de dominação e subordinação dentro da produção. Essas são as habilidades que têm de ser eliminadas para o capitalismo sobreviver. Por outro lado, é importante para o capital que novas habilidades emerjam: habilidades que permitam flexibilidade e adaptabilidade e, acima de tudo, que possam ser substituídas – que não são passíveis de monopolização. A "desqualificação das habilidades" sobre a qual Marx escreve com assiduidade envolve uma transformação direta das habilidades monopolizáveis em não monopolizáveis. Mas o primeiro tipo de habilidade pode jamais desaparecer totalmente. As habilidades dos engenheiros, dos cientistas, dos administradores, dos designers etc. frequentemente se tornam monopolizáveis. A única questão é, então, saber se os poderes do monopólio que estão ligados a essas habilidades são totalmente absorvidos como um poder do capital, mediante a formação de uma facção distinta da burguesia (os administradores e os cientistas), ou se podem ser capturados como parte dos poderes coletivos do trabalho.

Braverman, em uma obra que é ao mesmo tempo rica e cativante, atualiza o relato de Marx e procura também mostrar como o processo do trabalho foi modificado à medida que o capitalismo se moveu para o seu "estágio de monopólio"[33]. É difícil lidar com um argumento tão sutil em poucos parágrafos. Entretanto, Braverman confere uma importância fundamental ao *gerenciamento científico* e à *revolução científico-técnica* como dois aspectos do capital que "crescem a partir do

---

[32] Idem, *O capital*, Livro I, cit., p. 558.
[33] Harry Braverman, *Labor and Monopoly Capital*, cit.

capitalismo monopolista e o possibilitam". Ambos têm profundas implicações para as relações sociais dentro da produção e para a forma que o processo de trabalho assume. A gerência científica (taylorismo) envolve uma separação sistemática do trabalho mental da concepção do trabalho manual da execução e, desse modo, fragmenta e simplifica o último, que até mesmo um "macaco amestrado" conseguiria realizar. A mobilização da ciência e da tecnologia proporciona ao capital a capacidade organizada para revolucionar quase à vontade as forças produtivas. Ela aumenta a separação do trabalho manual do mental e, quando combinada com a gerência científica, garante que o controle do processo do trabalho passe das mãos do trabalhador para aquelas da gerência – "essa transição se apresenta na história como a progressiva *alienação do processo de produção* do trabalhador"[34]. Isso garantiu "que, à medida que o artesanato declinasse, o trabalhador se afundasse ao nível da força de trabalho geral e indiferenciada, adaptável a uma ampla série de tarefas, enquanto à medida que o cenário crescesse, ele estaria concentrado nas mãos da gerência"[35]. A "desqualificação das habilidades" da massa dos trabalhadores prosseguia rapidamente e, à medida que o capital adquiria um controle cada vez mais profundo e completo sobre o processo de trabalho, o trabalho "se aproximava mais ao correspondente, na vida, à abstração empregada por Marx na análise do modo de produção capitalista" – a redução do trabalho especializado ao trabalho abstrato simples é completa[36]. O problema apresentado anteriormente está resolvido.

O único problema substancial que resta ao capital é habituar e reconciliar os trabalhadores – seres humanos com aspirações e preocupações reais – com a degradação do trabalho e com a destruição das habilidades tradicionais. O aparente deslocamento na estratégia gerencial do controle do trabalho para o controle do trabalhador por meio de programas de relações industriais planejados para aumentar a satisfação no emprego, reduzir as sensações de alienação etc., é interpretado por Braverman como uma extensão e um aprofundamento das táticas do taylorismo para penetrar dentro da composição muito psicológica dos próprios trabalhadores. Mas isso também tem de ser colocado em seu contexto. O mais notável na contribuição de Braverman é a forma que ele aborda a maneira muito específica em que os processos do trabalho industrial são transformados no capitalismo monopolista para a transformação de todos os aspectos da vida no século XX[37].

Ele mostra, por exemplo, como outros reinos, além da produção, são afetados pelas mesmas tendências. Grande parte do trabalho de concepção e controle

---

[34] Ibidem, p. 57-8.
[35] Ibidem, p. 120-1.
[36] Ibidem, p. 182.
[37] Ibidem, p. 271.

torna-se rotina, fazendo com que as próprias oportunidades para as novas formas de habilidades que o capitalismo crie sejam de modo geral negadas. O trabalho engajado na circulação de mercadorias, dinheiro, informação e coisas semelhantes – atividades que se tornaram cada vez mais importantes à medida que o capitalismo monopolista se tornou mais complexo – também foi degradado e desqualificado em suas habilidades, assim como grande parte do trabalho de administração. Mas Braverman não para no trabalho de escritório. Ele estende o seu argumento para a comunidade e para o cerne da vida familiar, onde mostra as profundas implicações para a divisão sexual do trabalho, a organização familiar etc. Ele trata, como disse Burawoy, da

> penetração de toda a estrutura social pela mercadorização da vida social e, com ela, a degradação do trabalho manifestada por meio da separação da concepção e da execução. Como um crescimento canceroso, o espírito da mercadorização e da degradação aparece com um ímpeto próprio [...]. Ele não pode descansar até ter subordinado a si toda a estrutura da vida social. Uma preocupação com causas específicas, produzindo isso mais aqui do que ali, mais agora do que mais tarde, é irrelevante para o amplo movimento da história.[38]

O trabalho de Braverman, embora descrevesse o elogio universal como uma contribuição importante, também provocou uma torrente de críticas e comentários. Como Braverman explicitamente fundamenta seus argumentos nos de Marx, surgiu um debate geral com relação à adequação com a qual um ou outro, ou ambos, lidou com o processo de trabalho no capitalismo. A discussão foi extremamente matizada e com frequência idiossincrática. Alguns buscam representações mais rigorosas e mais acuradas dentro da estrutura ampla que Marx e Braverman definem; outros fazem objeção, não a Marx, mas à extensão que Braverman faz de Marx para as condições do capitalismo no século XX; enquanto outros expressam fortes críticas a ambos. É pouco provável que eu possa aqui fazer justiça a esse debate. Apresento a seguir um mosaico das críticas dirigidas tanto a Marx quanto a Braverman[39].

---

[38] Michael Burawoy, "Toward a Marxist Theory of the Labor Process: Braverman and Beyond", *Politics and Society*, 1978, p. 295-6.

[39] Ao montar uma colagem das críticas, estou totalmente consciente de que não faço justiça ao ponto de vista de ninguém individualmente, embora não esteja sendo inteiramente justo com Harry Braverman ou com Marx. As numerosas contribuições para o debate foram resumidas e revistas por Tony Elger, "Valorization and 'Deskilling'; a Critique of Braverman", *Capital and Class*, v. 7, 1979, que também proporciona uma extensa bibliografia. Meu mosaico também se inspira expressivamente em Michael Burawoy, "Toward a Marxist Theory of the Labor Process: Braverman

O último foi acusado por seus críticos de uma variedade de ofensas. Por toda a sua compaixão e preocupação, tanto Braverman quanto Marx tratam os trabalhadores dentro do processo de trabalho como objetos, dominados pelo capital e subordinados à sua vontade. Eles ignoram os trabalhadores como seres humanos, dotados de uma consciência e de vontade, capazes de articular preferências ideológicas, políticas e econômicas sobre a fábrica, capazes (quando lhes é adequado) de se adaptar e se comprometer, mas também preparados, quando necessário, para travar uma guerra perpétua contra o capital para proteger seus direitos dentro da produção. A luta de classes dentro do processo de trabalho é, assim, reduzida a um caso transitório de importância relativamente menor, e a "resistência do trabalhador como uma força que provoca mudanças de acomodação no modo de produção capitalista" é totalmente negligenciada[40]. Marx e Braverman descrevem equivocadamente a mudança tecnológica e organizacional como uma reação inevitável à operação da lei do valor, às regras que governam a circulação e a acumulação do capital, quando as lutas travadas pelos trabalhos na fábrica afetaram o curso da história capitalista[41]. Essa história, quando adequadamente reconstruída pelas técnicas fiéis ao materialismo histórico, apresenta um relato totalmente diferente daquele apresentado por Marx ou Braverman. Este último impôs constructos teóricos às realidades históricas e, desse modo, distorceu a história. Pior ainda, suas teorias refletiam mais a ideologia capitalista do que a prática capitalista. Segundo Lazonick[42], Marx apresenta uma "descrição equivocada dos efeitos da mula automática [...] porque tirou sua conclusão da onipotência da tecnologia na submissão do trabalho ao capital, partindo de uma aceitação acrítica da ideologia

---

and Beyond", cit., e *Manufacturing Consent: Changes in the Labor Process under Monopoly Capitalism* (Chicago, University of Chicago Press, 1979); Richard Edwards, *Contested Terrain: the Transformation of the Workplace in the Twentieth Century* (Nova York, Basic Books, 1979), Andrew Friedman, *Industry and Labour* (Londres, Macmillan, 1977) e "Responsible Autonomy *versus* Direct Control over the Labour Process", *Capital and Class*, 1977; e Bryan Palmer, "Class, Conception and Conflict: the Thrust for Efficiency, Managerial Views of Labour, and the Working Class Rebellion, 1903-1922", *Review of Radical Political Economics*, 1975. Os números especiais de *Politics and Society* (v. 8, n. 3-4, 1978) e *Monthly Review* (v. 28, n. 3, 1976), e o simpósio publicado no *Cambridge Journal of Economics* (v. 3, n. 3, 1979), que contém uma importante declaração de abertura escrita por Elbaum e outros autores, além de artigos detalhados por William Lazonick, Zeitlin e outros, também foram extensivamente usados.

[40] Andrew Friedman (*Industry and Labour*, cit., e "Responsible Autonomy *versus* Direct Control over the Labour Process", cit.) é particularmente vigoroso sobre esse ponto.

[41] Richard Edwards (*Contested Terrain: the Transformation of the Workplace in the Twentieth Century*, cit.) adota este como tema básico em seu livro.

[42] William Lazonick, "Industrial Relations and Technical Change: the Case of the Self-Acting Mule", *Cambridge Journal of Economics*, 1979, p. 258-9.

capitalista" (particularmente aquela defendida por Ure e Babbage). Palmer, Edwards e Burawoy também encaram Braverman como uma vítima da ideologia do taylorismo porque, segundo eles, a história mostra que a classe trabalhadora derrotou o taylorismo na fábrica e obrigou os capitalistas a buscarem meios de controle novos e mais aceitáveis (para o trabalhador)[43]. Os capitalistas tinham de se comprometer, em parte devido à pura tenacidade da luta da classe trabalhadora na fábrica, mas também porque os novos processos de produção, em vez de reduzirem a força do trabalhador para lutar contra o capital, aumentaram, por sua própria complexidade e interdependência, a capacidade para a sabotagem e a desordem. Por isso, os capitalistas tiveram de "fabricar o consentimento" e despertar a cooperação voluntária dos trabalhadores[44]. O resultado líquido foi transformar o "terreno contestado" dentro do local de trabalho em um "terreno de compromisso"[45]. A cooperação entre o capital e o trabalho, sobre a forma assumida pelo processo de trabalho (esquemas de enriquecimento no emprego, "autonomia responsável" etc.), sobre a definição da estrutura do emprego e do salário (hierarquicamente ordenado para oferecer ao trabalhador mobilidade dentro da empresa e até mesmo uma carreira), torna-se a ordem do dia e, pouco a pouco, substitui a confrontação e o conflito na fábrica.

Essas críticas são potencialmente devastadoras. Elas não só desafiam as linhas básicas da interpretação histórica e teórica traçadas por Marx, como também desafiam a própria base da política revolucionária de Marx[46]. As críticas foram seria-

---

[43] Ver Bryan Palmer, "Class, Conception and Conflict: the Thrust for Efficiency, Managerial Views of Labour, and the Working Class Rebellion, 1903-1922", cit.; Richard Edwards, *Contested Terrain: the Transformation of the Workplace in the Twentieth Century*, cit.; e Michael Burawoy, "Toward a Marxist Theory of the Labor Process: Braverman and Beyond", cit.

[44] O cuidadoso estudo de Michael Burawoy do *Manufacturing Consent: Changes in the Labor Process Under Monopoly Capitalism* (Chicago, University of Chicago Press, 1979) é uma excelente tentativa de documentar essa ideia.

[45] As expressões são de Richard Edwards (*Contested Terrain: the Transformation of the Workplace in the Twentieth Century*, cit.) e Bernard Elbaum et al. ("The Labour Process, Market Structure and Marxist Theory", *Cambridge Journal of Economics*, 1979).

[46] Richard Edwards (*Contested Terrain: the Transformation of the Workplace in the Twentieth Century*, cit.) declara, por exemplo, que a perpetuação e o aumento da ordenação hierárquica das estruturas de emprego e salário sob o controle "burocrático" das grandes corporações (um sistema que ele distingue acentuadamente do controle "técnico" mediante o taylorismo) fragmentou, em vez de homogeneizar, a classe trabalhadora. Os indivíduos e os grupos de trabalhadores buscam seus próprios interesses por meio de uma mistura de confrontação e compromisso, e os mais privilegiados deles (que com frequência ocorrem de ser aqueles com as habilidades artesanais tradicionais) podem ganhar grande parte do que querem (salários e pensões, segurança no emprego, responsabilidade no trabalho etc.). E, nas condições do oligopólio, o capital tem um espaço adicional para fazer essas concessões. A classe trabalhadora nos Estados Unidos nunca foi e provavelmente não se tornará

mente levadas a diante e em alguns casos cuidadosamente documentadas. Por isso, elas não podem ser desdenhosamente rejeitadas. A virtude de construir defesas contra elas é que isso aguça e em alguns aspectos corrige a nossa interpretação de para onde Marx estava se dirigindo.

A acusação de que Marx trata o trabalhador como um "objeto" em certo sentido é verdade. Era precisamente o objetivo de Marx que o mundo não fosse entendido apenas pela experiência subjetiva direta dele, e que a própria visão da classe trabalhadora de suas potencialidades e poderes ficasse seriamente enfraquecida sem o avanço de uma ciência verdadeiramente materialista. Apresentar esse argumento não nega a validade das experiências subjetivas dos trabalhadores nem diz que a absoluta criatividade e variedade das reações dos trabalhadores não merecem ser comentadas ou estudadas. É vital entender como os trabalhadores enfrentam, os "jogos" que inventam para tornar suportável o processo de trabalho, as formas particulares de camaradagem e competição mediante as quais eles se relacionam um com o outro, as táticas de cooperação, confrontação e a sutil maneira de evitar lidar com aqueles que estão em postos de autoridade e, acima de tudo, talvez, as aspirações e o senso de moralidade com os quais eles investem suas vidas cotidianas. É também imperativo entender como os trabalhadores constroem uma cultura distinta, criam instituições e captam outros para as suas próprias, e constroem organizações para sua autodefesa.

Mas o que Marx busca é um entendimento do que os trabalhadores estão sendo obrigados a lidar *com* e a se defender *contra*; para chegar a um acordo com as forças manifestas que lhes são impingidas a cada passo. Por que os trabalhadores têm de enfrentar novas tecnologias, acelerações, dispensas, "desqualificação das habilidades" e autoritarismo no local de trabalho, e inflação no mercado? Entender tudo isso requer que construamos uma teoria materialista do modo de produção capitalista, da circulação e acumulação do capital mediante a produção de mercadorias. E a teoria mostra que, do ponto de vista do capital, os trabalhadores são na verdade objetos, um mero "fator" de produção – a *forma variável* do capital – para a criação de mais-valor. A teoria exibe para os trabalhadores, como em um espelho, as condições objetivas de seu próprio estranhamento, e expõe as forças que dominam sua existência social e sua história. A construção dessa teoria, por técnicas que foram

---

realmente revolucionária, e a trombeta de Marx convocando uma transformação revolucionária do modo de produção corre o risco de cair em ouvidos moucos. A única estratégia política da esquerda é proteger o "terreno do compromisso" tão laboriosamente construído através de anos de luta de classes (particularmente na arena política) e buscar, por métodos social-democráticos, estender esse terreno para onde for possível, em nome do socialismo. Críticas pungentes a essa abordagem podem ser encontradas em duas revisões da obra de Edwards em *Monthly Review*, dez. 1979.

além da simples replicação da experiência subjetiva, foi, certamente, a realização mais notável de Marx.

Mas o inquestionável poder revelador da teoria marxiana não garante por si a sua absorção por parte do proletariado como um guia para a ação. Afinal, a consciência política e de classe não é forjada pelo apelo à teoria. Ela tem suas raízes profundas na própria estrutura da vida cotidiana e na experiência do trabalho em particular. Mas a teoria mostra que o capitalismo é caracterizado pelos fetiches que obscurecem, tanto para o capitalista quanto para o trabalhador, a origem do mais-valor na exploração. Por isso, a experiência subjetiva imediata do processo de trabalho não conduz necessariamente às mesmas conclusões que Marx expressou, pelas mesmas razões que o próprio Marx revelou. Não obstante, a experiência subjetiva é real por tudo isso. Então, pode existir uma lacuna entre o que a experiência diária ensina e o que a teoria prega – uma lacuna que as ideologias dos capitalistas não são de modo algum avessas a deixar persistir e a exacerbar. Marx, por sua vez, estava mais que um pouco inclinado a negar a autenticidade da experiência (a categoria desafortunada, "falsa consciência", vem imediatamente à mente), pressionando muito fortemente para o poder revelador da teoria. Além disso, sua hostilidade profunda e descomprometida para com aqueles socialistas que teceram redes utópicas do subjetivismo e da ilusão tornou ainda mais difícil para ele criar um espaço em seu próprio pensamento em que a experiência viva e subjetiva da classe trabalhadora pudesse desempenhar seu próprio papel. Em consequência disso, ele não conseguiu resolver o problema da consciência política, e é interessante notar que Braverman também achou prudente evitar essa questão[47].

Entretanto, a questão é fundamental e não vai desaparecer. Ela tem incomodado alguns dos melhores pensadores marxistas – por exemplo, Lukács, Gramsci e aqueles da escola de Frankfurt, como Fromm, Marcuse, Horkheimer e Habermas – que buscaram uma explicação do caráter não revolucionário das classes trabalhadoras nos países capitalistas avançados mediante uma integração de Marx e Freud. Mas é justo dizer que a dualidade do trabalhador como "objeto para o capital" e como "sujeito criativo vivo" nunca foi adequadamente resolvida na teoria marxista. Na verdade, esta tem sido a causa de um atrito imenso e continuado dentro da tradição marxista. Aqueles, como E. P. Thompson, em seu épico *A formação da classe operária inglesa*, que insiste principalmente no trabalhador como sujeito criativo, frequentemente se veem castigados e condenados ao ostracismo como "moralistas" e "utópicos" por seus colegas mais teoricamente inteligentes, cuja principal preocupação parece ser a preservação da integridade e do rigor da ciência materia-

---

[47] Ver Harry Braverman, *Labor and Monopoly Capital*, cit., p. 27. Michael Burawoy, em "Toward a Marxist Theory of the Labor Process: Braverman and Beyond", cit., se concentra mais diretamente nesse ponto ao moldar sua crítica de Harry Braverman.

lista marxista. Thompson condena estes últimos por uma "separação arbitrária de um 'modo de produção' de tudo o que realmente acontece na história" – uma "prática teórica" autovalidadora que "termina sem nos dizer nada e se desculpando por tudo". Mais especificamente, ele lança o seu desprezo sobre as

> autoridades no "processo de trabalho" que nunca acharam relevante para a sua exaltada teoria a obra de Christopher Hill sobre "os usos do sabatarianismo", nem a minha sobre "o tempo e a disciplina de trabalho", nem a de Hobsbawm sobre "o artesão vagabundo", nem aquele de uma geração de (americanos, franceses e britânicos) "historiadores do trabalho" (um grupo com frequência rejeitado com desprezo) sobre o estudo de tempos e movimentos, do taylorismo e do fordismo.

Não surpreendentemente, os críticos de Marx e Braverman extraíram muita força da obra de Thompson[48].

Então, o que acontece com a nossa teoria quando admitimos de volta o trabalhador como "sujeito criativo"? Thompson é bastante explícito. "Contrariando a visão de alguns profissionais teóricos", escreve ele,

> nenhum trabalhador conhecido dos historiadores jamais teve mais-valor extraído de sua pele sem encontrar alguma maneira de contra-atacar (há muitas maneiras de se diminuir o ritmo); e, paradoxalmente, *mediante* o seu contra-ataque, as tendências foram desviadas e as "formas de desenvolvimento" foram elas próprias desenvolvidas de maneiras inesperadas.[49]

Aqui chegamos à raiz do problema: o papel da luta de classes e da resistência do trabalhador em modificar e guiar a evolução do próprio processo de trabalho. Será que os trabalhadores podem, como sujeitos criativos que resistem às depredações do capital, se tornar assim pelo menos autores parciais de sua própria história? Será que eles podem alterar as formas da mudança tecnológica, os sistemas de controle e autoridade gerencial, a organização, a intensidade e a velocidade do trabalho, os padrões de investimento e reinvestimento e, daí, a direção, o ritmo e o conteúdo da acumulação do próprio capital? A experiência imediata sugeriria uma resposta positiva para essas perguntas. A teoria parece indicar o contrário. Será que podemos conciliar as duas?

---

[48] Edward Thompson, *The Poverty of Theory and Other Essays*, cit. p. 347-54. O debate entre Edward Thompson e Perry Anderson (*Arguments within English Marxism*, Londres, NLB, 1980) gira em torno dessa dualidade e, lido da maneira correta, oferece alguma esperança de reconciliar os diferentes pontos de vista dentro de formulações novas e muito mais poderosas.

[49] Edward Thompson, *The Poverty of Theory and Other Essays*, cit., p. 345-6.

O que a teoria marxiana ensina é que o capitalismo opera sob o imperativo eterno e incansável para revolucionar as forças produtivas (entendidas em termos do valor da produtividade da força de trabalho). Isto é, já declaramos, uma proposição abstrata concretizada por referência às especificidades da mudança tecnológica[50]. Tanto Marx quanto Braverman podem aqui ser julgados culpados de uma transição fácil demais da abstração para as estratégias muito concretas da desqualificação das habilidades. Uma inspeção mais próxima do que acontece na fábrica indica que a interseção da resistência do trabalhador e da contrapressão gerencial é um assunto muito complicado, que não tem resultados inteiramente previsíveis; a sutil mistura de coerção, cooptação e integração que compõe a estratégia do manejo é recebida com respostas igualmente sutis de resistência e cooperação por parte dos trabalhadores. E nós também tomamos consciência, como declara Friedman, das limitações tanto da repressão quanto da autonomia do trabalhador dentro do processo da produção. Quando levada aos seus limites, nenhuma estratégia parece inteiramente viável e, por isso, as relações sociais dentro da empresa quase inevitavelmente envolverão um equilíbrio flutuante entre as duas[51].

Mas o que tudo isso significa? Em primeiro lugar, mais definitivamente significa que não podemos entender a consciência política dos trabalhadores sem uma consideração atenta à maneira como operam esses processos. Mas isso, em si, não diz nada em particular sobre a velocidade, a direção e o conteúdo da acumulação do capital. As formas concretas de tecnologia, organização e autoridade podem variar muito de um local para outro, de uma empresa para outra, já que essas variações não desafiam o processo de acumulação. Há, evidentemente, mais maneiras de se conseguir lucro do que de se tirar a pele de um gato. E se o valor da produtividade do trabalho puder ser mais bem assegurado por algum nível razoável de autonomia do trabalhador, que assim seja. O capital é, aparentemente, indiferente ao modo como o valor da produtividade do trabalho é preservado e aumentado. E é essa indiferença que é captada no conceito abstrato de forças produtivas.

---

[50] Existem várias tentativas de se amarrar a interpretação de Marx, e algumas delas são extremamente úteis; ver, por exemplo, Brighton Labour Process Group, "The Capitalist Labour Process", em *Capital and Class*, 1977, e Christian Palloix "The Labour-Process: From Fordism to Neo-Fordism", em Conference of Socialist Economists, *The Labour Process and Class Strategies*, Londres, 1976. A revisão de Tony Elger, "Valorization and 'Deskilling'; a Critique of Braverman", cit., também merece ser consultada, tanto pelas informações que contém quanto pela posição que adota.

[51] Tanto Andrew Friedman, *Industry and Labour*, cit., e "Responsible Autonomy *versus* Direct Control over the Labour Process", cit., quanto Michael Burawoy, "Toward a Marxist Theory of the Labor Process: Braverman and Beyond", cit., e *Manufacturing Consent: Changes in the Labor Process under Monopoly Capitalism*, cit., exploram esse processo com alguma atenção.

Marx, por sua vez, se concentra fundamentalmente no extraordinário poder do capital para se adaptar às circunstâncias variadas em que ele se encontra – circunstâncias que incluem uma enorme diversidade "na natureza", assim como na "natureza humana". Por exemplo, a ameaça da mobilidade do capital, do fechamento de fábricas, de *"runaway shops"** e da consequente perda do emprego é uma força poderosa com a qual disciplinar o trabalhador. Tais adaptações por parte do capital não são isentas de custos ou de contradições internas, mas no longo prazo o que Marx prevê é que a resistência do trabalhador deve ceder diante desses enormes poderes de adaptação. E a força direcionadora que está por trás de tudo isso é a tendência para igualar a taxa de lucro por meio da competição. A nobre ação defensiva travada aqui, a resistência específica oferecida ali, podem ser importantes para se entender o desenvolvimento desigual do capitalismo mundial (por que, por exemplo, a indústria britânica ficou para trás daquela das outras nações), mas elas beiram a insignificância, tornam-se irrelevantes, quando julgadas em contraposição ao amplo movimento da história da acumulação capitalista.

É precisamente em relação aos poderes adaptativos do capital em geral e aos processos de competição em particular que os críticos de Marx entram nas brigas mais assustadoras. Por um lado, Friedman e Elbaum et al. parecem querer negar a eficácia da competição como o imperativo direcionador de revoluções eternas nas forças produtivas para substituí-la pelas lutas de classes dentro da produção[52]. É como se, tendo entrado no processo de trabalho de uma maneira mais instrutiva, eles então se esquecessem de que há todo um mundo lá fora de preço competitivo, desinvestimento e reinvestimento, mobilidade do capital monetário etc. O que Marx descreve como o efeito disciplinador mútuo da lei do valor na troca e no interior da produção é totalmente ignorado. Burawoy, por sua vez, embora enfatize a importância ideológica, política e econômica das lutas na fábrica, é obrigado a voltar à competição para explicar por que essas lutas não se tornaram a fonte de mudanças no processo de trabalho. E, assim, ele chega à conclusão, frequentemente insinuada em outras obras desse tipo, de que "a luta de classes não foi o coveiro do capitalismo, mas seu salvador"[53].

---

* Plantas industriais transferidas pelos proprietários para outra localização para escapar de pressões sindicais ou leis estatais. (N. T.)
[52] Bernard Elbaum et al., em "The Labour Process, Marke Structure and Marxist Theory", *Cambridge Journal of Economics*, cit., p. 228-9, declaram que a competição divide os capitalistas e, desse modo, checam a capacidade dos capitalistas para usar novas tecnologias para minar o poder dos seus trabalhadores. Na seção III, a seguir, vamos abordar a maneira em que a competição e a luta de classes se entrelaçam em relação à mudança tecnológica.
[53] Michael Burawoy, *Manufacturing Consent: Changes in the Labor Process under Monopoly Capitalism*, cit., p. 178-9, 195.

De um modo bem interessante, isso nos proporciona a chave para colocar as lutas na fábrica na perspectiva adequada. Como as lutas econômicas sobre a taxa salarial (ver capítulo 2), elas são uma parte da guerra de guerrilha eterna entre o capital e o trabalho. Os trabalhadores colocam limites na alavancagem do capital com respeito à mudança tecnológica, mas a contrapressão gerencial do mesmo modo impede qualquer movimento real na direção da genuína autonomia ou do autogerenciamento do trabalhador. Dentro do fluxo e refluxo da militância do trabalhador e da contrapressão gerencial, podemos localizar uma tendência para "a introdução da mudança unidirecional de longo prazo no processo de trabalho". A dinâmica cíclica das lutas na fábrica são fatores de equilíbrio para as mudanças de longo prazo dentro da trajetória geral do desenvolvimento capitalista[54]. Desse ponto de vista, essas lutas devem ser encaradas como resultantes de conflitos e transitórias, o que não quer dizer que sejam política ou ideologicamente desimportantes. Elas podem proporcionar a base para lutas políticas mais amplas e grandiosas, embora os fetichismos necessários que as cercam impeçam qualquer translação automática da experiência delas para estados mais gerais de consciência política[55].

As lutas desse tipo desempenham um papel muito importante para o capital. Elas são, por um lado, uma eterna ameaça ao sistema. Mas, por outro, ajudam a estabilizar os negócios por uma razão básica e muito fundamental. A mudança tecnológica em eterna aceleração pode ser extraordinariamente destrutiva para o capital – isto é, como veremos, uma importante fonte de instabilidade (imagine uma sociedade em que as tecnologias mudassem todos os dias!). A resistência do trabalhador pode conter o passo da mudança tecnológica e, na medida em que isso coloca um patamar mínimo para a concorrência, pode ajudar a estabilizar o curso do desenvolvimento capitalista. Há aqui um "terreno de compromisso" no qual o capital pode estar relutantemente disposto a operar. De uma maneira muito semelhante, esses capitalistas passam a ver os benefícios a serem extraídos da regulação da jornada de trabalho, uma vez que os custos sociais de não regulá-la se tornaram prontamente aparentes, e assim podem vir a reconhecer o benefício das formas institucionalizadas de negociação com o trabalhador sobre o ritmo e a direção da mudança tecnológica. O problema para o capital é evitar os contratempos dentro do processo de trabalho e atingir aquele ritmo e configuração da mudança tecnológica consistentes com a acumulação sustentada. O capital não é necessariamente bem-sucedido nisso e, como veremos, há forças em ação que militam contra qualquer solução bem-sucedida para esse problema. Mas os capitalistas estão certamen-

---

[54] Ibidem, p. 178.
[55] Aqui estamos simplesmente ecoando Marx e Lenin sobre a diferença entre a consciência "sindicalista" economicista e a consciência "socialista revolucionária".

4. Mudança tecnológica, processo de trabalho e composição de valor do capital / 181

te conscientes dos imensos perigos que espreitam a mudança tecnológica irrestrita e quase certamente passam a encarar a negociação com os trabalhadores na fábrica como parte do pacote de controles – outros incluem a monopolização e a regulamentação estatal – que contém mudança tecnológica dentro de certos limites aceitáveis para eles. Desse ponto de vista, as restrições modestas que lhes são impostas mediante a militância do trabalhador podem ser encaradas como úteis. O problema, é claro, é que as exigências dos trabalhadores nem sempre são conhecidas por sua parcimônia, e, nesse ponto, o capital deve reagir com toda a força e poder que possa reunir[56].

Isso nos deixa com um problema residual de alguma importância. Tanto Marx quanto Braverman indicam que a redução do trabalho especializado para o trabalho abstrato simples ocorre por meio da divisão técnica do trabalho, a mecanização, a automação e a gerência científica. Além disso, "para Marx, a tendência da evolução do processo de trabalho era criar um proletariado industrial homogêneo que descobriria sua unidade em sua submissão comum ao capital mediante a destruição das habilidades 'tradicionais' e 'pré-industriais'". Elbaum et al. declaram que esses pontos de vista são simples demais.

> Seja qual for a estrutura técnica da produção, os capitalistas podem requerer divisões hierárquicas do trabalho como modos de gerenciamento. E, na determinação da estrutura destas hierarquias, as lutas formais e informais por parte de grupos estratégicos de trabalhadores com frequência desempenham um papel fundamental [...] não só o [...] desenvolvimento do capitalismo industrial falha em eliminar todos esses grupos "tradicionais" como os artesãos e até mesmo os trabalhadores externos, mas também as relações entre os diferentes grupos de trabalhadores (especialmente os artesãos e os menos especializados) desempenharam um papel crucial na determinação da estrutura da divisão de trabalho que emerge da mudança técnica.[57]

Várias questões estão envolvidas aqui – questões de veracidade histórica em diferentes relatos da evolução do processo de trabalho, questões de estratégia e ideologia política, de consciência de classe etc. Mas a questão mais importante neste

---

[56] A existência disseminada de cooperação entre a gerência e os trabalhadores que, acredito eu, Michael Burawoy (*Manufacturing Consent: Changes in the Labor Process under Monopoly Capitalism*, cit.) acha que deve ser interpretada sob essa luz. Quando duas partes cooperam e uma detém consideravelmente mais poder (na análise final) do que a outra, a natureza voluntária da cooperação pode ser razoavelmente questionada. Eu me sinto um tanto similarmente cético quando leio que os suspeitos estão "cooperando" com as autoridades na investigação de algum crime.

[57] Bernard Elbaum et al., "The Labour Process, Marke Structure and Marxist Theory", cit., p. 228-9.

ponto da nossa investigação do modo de produção capitalista diz respeito à redução do trabalho especializado para o trabalho simples. Se a evolução histórica do processo de trabalho não se moveu na direção dessa redução, então que crença podemos ter em uma teoria do valor que pressupõe que tal redução ocorreu? Certamente, os relatos que os historiadores do trabalho atualmente nos apresentam indicam que, se a redução realmente ocorreu, foi por um processo que seguiu um caminho mais tortuoso e intrincado[58]. Vemo-nos obrigados a refletir, uma vez mais, sobre a relação entre a teoria do modo de produção capitalista como um todo e a evolução histórica das formações sociais capitalistas.

Podemos começar simplificando o problema. Em primeiro lugar, a separação de hierarquias gerenciais e de base técnica é em princípio irrelevante porque ambas têm um papel na mobilização das forças produtivas do trabalho para a criação de mais-valor. Em segundo lugar, Marx muito certamente não declarou que a redução do trabalho especializado para o trabalho abstrato simples envolvia a homogeneização da força de trabalho até o ponto onde não restasse mais nenhuma especialização. A redução significou a eliminação das *habilidades monopolizáveis* e a criação de um padrão de habilidade flexível que permitisse substituições relativamente fáceis. As habilidades então remanescentes poderiam razoavelmente ser responsabilizadas por tantos múltiplos de trabalho abstrato simples. Finalmente, devemos recordar a insistência de Marx em que a redução em si não tem nada diretamente a ver com o padrão das diferenças salariais baseadas nos custos da produção ou em "diferenças que há muito deixaram de ser reais e continuam a existir apenas em convenção tradicional"[59]. O sistema salarial, obscurecendo a origem do mais-valor, contém caracteristicamente todos os tipos de distorções e esquisitices – o trabalho por empreitada, por exemplo, poderia ter efeitos diferenciais substanciais sobre as recompensas dos trabalhadores e assim dar um "maior espaço de ação" à "individualidade e, com ela, o sentimento de liberdade, a independência e o autocontrole dos trabalhadores", assim como a "sua concorrência uns com os outros"[60]. Marx sem dúvida não se sintonizou muito com os detalhes da determinação salarial ou com sua ordenação hierárquica. Mas a razão disso foi simplesmente que ele não atribuía grande importância a essa "aparência superfi-

---

[58] As obras de David Montgomery, *Workers' Control in America* (Londres, Cambridge University Press, 1979), Katherine Stone, "The Origin of Job Structures in the Steel Industry", *The Review of Radical Political Economics*, 1974, e Maurice Zeitlin, "Corporate Ownership and Control: the Large Corporation and the Capitalist Class", *American Journal of Sociology*, 1979, constituem alguns exemplos excelentes.

[59] Karl Marx, *O capital*, Livro I, cit., p. 274.

[60] Ibidem, p. 626.

cial" das coisas. A medida essencial da redução do trabalho especializado para o trabalho simples está no grau em que o capitalismo criou habilidades que são facilmente reprodutíveis e facilmente substituíveis. Todas as evidências sugerem que esta tem sido a direção em que o capitalismo vem se movendo, com ilhas de resistência substanciais aqui e inúmeros bolsões de resistência ali. Na medida em que a redução do trabalho especializado para o simples ainda está em vias de ser consumada, temos de concluir que o capitalismo está em vias de se tornar mais fiel à lei do valor insinuada em seu modo de produção dominante[61]. Desse ponto de vista, pelo menos, parece haver pouco campo para a discussão da linha de argumentação básica de Marx ou Braverman.

III. AS FONTES DA MUDANÇA TECNOLÓGICA NO CAPITALISMO

O fato de a sociedade capitalista ter exibido um grau extraordinário de dinamismo tecnológico e organizacional durante toda a sua história é evidente. A dificuldade é explicar esse dinamismo de uma maneira que localize suas origens dentro da sociedade, em vez de tratá-lo como alguma força externa com sua própria dinâmica autônoma[62]. É nesse aspecto que encontramos Marx em sua maior eficiência tanto como analista quanto como crítico. Ele atribuirá amplamente o dinamismo tecnológico e organizacional do capitalismo a uma luta desesperada, travada pelo capital, para estabilizar as condições inerentemente instáveis da reprodução de classe. Irá medir os limites desse processo e explorar suas contradições. Moldará uma teoria da formação da crise. E, em parte, baseará o seu apelo à transição para o socialismo na necessidade de curar as grandes irracionalidades que surgem da contradição explosiva entre o crescimento nas forças produtivas e nas relações sociais nas quais se baseia o modo de produção capitalista.

Quando passamos a considerar a matriz das relações sociais que impelem a mudança tecnológica, nos vemos confrontados com algumas contracorrentes que correm em direção uma à outra de maneiras interessantes. A concorrência entre os capitalistas e, em menor grau, dentro da classe trabalhadora, desempenha um papel

---

[61] Devemos observar que a perfeição da competição é similarmente vital para a obtenção de relações de valor puras na esfera da troca, mas essa perfeição jamais existiu em parte alguma, ainda que, como veremos no capítulo 5, a tendência histórica dentro do capitalismo venha sendo para a perfeição da competição.

[62] A. D. Magaline (*Lutte de classe et dévalorisation du capital*, cit.) tem uma excelente revisão das perspectivas marxiana e não marxiana sobre essas questões. Para um bom exemplo destas últimas, ver Arnold Heertje, *Economics and Technical Change* (Nova York, Wiley, 1977).

importante, mas não podemos julgar a reação a essa concorrência isoladamente da segmentação fundamental entre o capital e o trabalho, que é a marca registrada das relações sociais capitalistas. Considere, por exemplo, as possíveis reações dos capitalistas ao aumento da concorrência. Eles podem (1) baixar a taxa salarial, (2) aumentar a intensidade de uso de um sistema de produção existente, (3) investir em um novo sistema de produção, (4) economizar em insumos de capital constantes (usar por mais tempo máquinas antigas, usar de maneira mais eficiente insumos de energia e matéria-prima, procurar matérias-primas mais baratas no mercado etc.), (5) buscar "combinações de fator" e substituições mais eficientes, (6) mudar a organização social da produção (estruturas de emprego, cadeias de comando) na busca de um gerenciamento mais eficiente, (7) apelar para os trabalhadores para cooperarem e trabalharem mais arduamente para salvar seus empregos, (8) criar novas estratégias para a comercialização (diferenciação do produto, propaganda etc.), (9) mudança de local (ver capítulo 12). Através de uma ou de qualquer combinação dessas reações, os capitalistas podem esperar preservar ou melhorar sua posição competitiva. A estratégia escolhida dependerá das circunstâncias e das possibilidades, assim como das predileções gerenciais. O curso da mudança tecnológica nessas condições parece difícil de prever.

Mas o ponto central que Marx quer enfatizar é o de que a concorrência impele o capitalismo para revoluções eternas nas forças produtivas por quaisquer meios de qualquer tipo. Os capitalistas concorrem uns com os outros no reino da troca. Cada um tem a possibilidade de alterar seu próprio processo de produção para que ele se torne mais eficiente que a média social. Esta é, para eles, a fonte do mais-valor relativo. Uma vez que os competidores a captaram, os inovadores originais têm todo o incentivo para mais uma vez dar um salto à frente para manter o mais-valor relativo que eles estavam previamente conseguindo. É claro que aqui há muitas oportunidades para o empresário arrojado, imaginativo e individualista – esse indivíduo inspirado e nobre tão importante para o folclore do capitalismo e tão frequentemente descrito como a única fonte do seu dinamismo tecnológico[63].

A consequência social da concorrência é, evidentemente, obrigar o contínuo salto para frente na adoção de novas tecnologias e novas formas organizacionais independentes da vontade de qualquer empresário particular – contanto, é claro, que os mercados continuem competitivos. A única questão colocada é: quais são os limites para um processo desse tipo?

---

[63] Provavelmente o mais desavergonhado defensor dessa ideia dentro dos círculos intelectualmente respeitáveis foi Joseph Schumpeter, *The Theory of Economic Development* (Cambridge, Harvard University Press, 1934 [ed. bras.: *A teoria do desenvolvimento econômico*, São Paulo, Abril Cultural, 1984]); *Business Cycles* (Nova York/Londres, McGraw-Hill Book Company, 1939).

4. Mudança tecnológica, processo de trabalho e composição de valor do capital / 185

Mas os capitalistas também são extremamente interdependentes uns dos outros, e o grau dessa interdependência aumenta com a proliferação na divisão do trabalho. Efeitos colaterais e multiplicadores tornam-se importantes:

> O revolucionamento do modo de produção numa esfera da indústria condiciona seu revolucionamento em outra. Isso vale, antes de mais nada, para os ramos da indústria isolados pela divisão social do trabalho – cada um deles produzindo, por isso, uma mercadoria autônoma –, porém entrelaçados como fases de um processo global. Assim, a fiação mecanizada tornou necessário mecanizar a tecelagem, e ambas tornaram necessária a revolução mecânico-química no branqueamento, na estampagem e no tingimento [...]. Mas a revolução no modo de produção da indústria e da agricultura provocou também uma revolução nas condições gerais do processo de produção social, isto é, nos meios de comunicação e transporte [que] [...] foi gradualmente ajustado ao modo de produção da grande indústria por meio de um sistema de navios fluviais transatlânticos a vapor, ferrovias e telégrafos. Entretanto, as terríveis quantidades de ferro que tinham de ser forjadas, soldadas, cortadas, furadas e moldadas exigiam, por sua vez, máquinas ciclópicas [...]. A grande indústria teve, pois, de se apoderar de seu meio característico de produção, a própria máquina, e produzir máquinas por meio de máquinas. Somente assim ela criou sua base técnica adequada e se firmou sobre seus próprios pés.[64]

Parece não haver fim para tal espiral de efeitos multiplicadores. Para começar, qualquer desenvolvimento desigual das forças produtivas dentro das diferentes fases de um sistema verticalmente integrado de produção vai criar problemas para o fluxo estável de insumos e produtos da matéria-prima bruta até o produto acabado. E é difícil imaginar como as estruturas tecnológicas puderam algum dia estar exatamente certas para equilibrar um processo desse tipo. Os efeitos gerais de alastramento para outras esferas também serão provavelmente marcados pelo desenvolvimento desigual e por efeitos colaterais em espiral. Considere, por exemplo, aquelas mudanças tecnológicas que diminuem o custo e o tempo de circulação. À medida que a divisão do trabalho prolifera e as interações do mercado se tornam mais complexas, os custos tendem a subir e a pressão para reduzi-los aumenta. Do ponto de vista físico, isso significa pressão para reduzir o custo e o tempo de movimento das mercadorias e para economizar nos custos do atacado, do varejo e da comercialização. Inovações que afetam a velocidade que o dinheiro pode circular (o sistema de crédito) e que as informações podem ser coletadas e disseminadas – o telégrafo, o telefone, o rádio, o telex etc. – também se tornam imperativas. Nem

---

[64] Karl Marx, *O capital*, Livro I, cit., p. 457-8.

mesmo os aparelhos domésticos ficam imunes: a tecnologia no consumo final deve acompanhar as exigências para absorver as quantidades aumentadas das mercadorias produzidas.

Em certo ponto do tempo provavelmente haverá uma desigualdade considerável no desenvolvimento das forças produtivas entre as firmas individuais, as indústrias e até setores e regiões inteiros. Mas os estados tecnológicos não são independentes um do outro. Cada um serve para definir o outro mediante efeitos de interação múltiplos. Estes são extremamente difíceis de rastrear. Na verdade, as interações são tão extensas, tão amplas as ramificações, que a mudança tecnológica parece assumir uma dinâmica autônoma, inteiramente divorciada de suas origens na competição capitalista e nas relações de classe. A mudança tecnológica pode se tornar "fetiche" como uma "coisa em si", como uma força direcionadora exógena na história do capitalismo. A presunção da necessidade e inevitabilidade da mudança tecnológica se torna tão forte que a luta por ela – incorporada em uma ideologia prevalecente de progresso tecnológico – passa a ser um fim em si.

Isso tudo aponta para uma espiral sem fim e sempre acelerada de mudança tecnológica, estimulada pela competição e sustentada por meio de efeitos multiplicadores que reverberam pelas esferas cada vez mais integradas da atividade econômica. O notável nessas circunstâncias não é o fato de a sociedade capitalista ser tecnologicamente dinâmica, mas o fato do seu dinamismo ter sido tão tranquilo e controlado. O fato de isso acontecer deve em parte ser atribuído a barreiras que surgem das relações sociais do capitalismo. Considere, então, as barreiras que o próprio capital ergue contra a tendência para a mudança tecnológica e organizacional em perpétua aceleração.

Qualquer mudança tecnológica e organizacional incorre em custos diretos e indiretos. Entre os primeiros estão os gastos em nova fábrica e equipamentos, o custo do retreinamento da força de trabalho e outros custos diretos de implementação. Entre os últimos estão a inexperiência gerencial com novas técnicas ou novos sistemas de autoridade, resistência do trabalhador e até mesmo sabotagem dos métodos aos quais os trabalhadores não estão acostumados ou que eles acham degradantes, horas perdidas aprendendo no emprego, e mais uma variedade de efeitos de externalidades não previstas que não entraram nos cálculos iniciais. Qualquer firma tem de pesar os custos e benefícios da mudança em relação aos estados de competição existentes e esperados. Como muitos desses custos e benefícios são desconhecidos e o estado da competição é sempre imprevisível, a capacidade individual e a tendência para correr riscos – mais uma vez, muito enfatizada pelos intérpretes burgueses da história capitalista – entram nela como um elemento de mediação.

Entretanto, os principais entre os custos potenciais são aqueles ligados à retirada prematura do capital fixo que ainda não foi totalmente amortizado. O valor incor-

4. Mudança tecnológica, processo de trabalho e composição de valor do capital / 187

porado nas máquinas e em outras formas de capital fixo só pode ser recuperado após certo período de tempo. As revoluções nas forças produtivas podem ter impactos desastrosos aqui e obrigarem os produtores a assumir grandes perdas se novos equipamentos (mais baratos e mais eficientes) entrarem no mercado. Isso nos leva ao território que iremos explorar em detalhes no capítulo 8. No momento, vamos simplesmente observar a ironia de que o capital fixo, ele próprio um dos principais meios empregados para aumentar a produtividade do trabalho social, se torna, uma vez instalado, uma barreira para outras inovações. Assim, o capital constitui barreiras para sua própria dinâmica dentro de si mesmo.

Os potenciais efeitos perturbadores da mudança tecnológica podem ser rastreados em todo o sistema de produção e negociação do valor. Mudanças importantes são difíceis de absorver e podem provocar um grave choque na estabilidade do sistema. Quando o desenvolvimento se torna demasiado desigual, ele pode semear crises de desproporcionalidade entre, por exemplo, a capacidade para produzir meios de produção em relação à capacidade para produzir bens de consumo. Deixando de lado os efeitos disciplinadores das crises, há outras forças em ação que servem para moderar a inserção arbitrária e potencialmente catastrófica de mudança tecnológica no que é frequentemente um sistema de produção e negociação muito delicadamente equilibrado. As empresas individuais vão naturalmente relutar em adotar inovações que aumentem seu produto além do que o sistema pode absorver. Conscientes dos obstáculos no transporte e nas comunicações, ou na capacidade do mercado, as firmas vão moderar seus impulsos para a mudança tecnológica competitiva e se acomodar a lucros médios, em vez de excedentes. E, na medida em que o resultado da competição for sempre algum grau de monopolização, as práticas monopolistas se tornam parte de uma estratégia para controlar o ritmo geral da mudança tecnológica. A participação ativa do Estado através de leis de patentes, financiamento da pesquisa básica etc., pode adicionar uma bateria impressiva de controles potenciais que mantêm a tendência para a aceleração perpétua no progresso tecnológico sob controle. Vamos retomar essas questões no capítulo 5.

As barreiras para a mudança tecnológica e organizacional estão aí. Servindo para manter o ritmo da mudança em limites razoáveis para o capital, elas ajudam a equilibrar o que do contrário poderia ser um processo perigosamente instável. Quando levadas a extremos, essas barreiras atuam como barreiras para a própria acumulação e, por isso, devem ser superadas para o capitalismo poder sobreviver. O caminho para a mudança tecnológica nunca foi exatamente tranquilo, mas as forças que o regulam têm de ser muito delicadamente equilibradas para a continuação tranquila da acumulação do capital ser assegurada.

Alguns dos mecanismos pelos quais um equilíbrio delicado é mantido tornam-se mais evidentes quando introduzimos no cenário a relação de classe entre o capital e o trabalho. Já vimos que o valor da força de trabalho, assumindo um padrão de vida constante em termos físicos, é reduzido pela produtividade crescente do trabalho no setor de bens salariais, mas que as forças contrárias estão também em ação para garantir que o trabalho obtenha um "equilíbrio na participação de mercado" do valor total produzido. Se o trabalho obtiver mais do que a sua parte e os salários se moverem acima do valor de uma maneira que ameace a acumulação, então a pressão aumentará para a introdução de tecnologias que economizem a força de trabalho e induzam o desemprego. A produção de uma relativa população extra que diminua os salários e detenha o poder do trabalho em relação ao capital torna-se um dispositivo crucial para garantir a perpetuação da acumulação em face das condições cambiantes da oferta de trabalho. A tecnologia também pode ser acionada para diminuir o poder da mão de obra organizada, seja na fábrica ou na mesa de negociações. As máquinas, declara Marx, "são a arma mais poderosa para reprimir as greves, essas periódicas revoltas da classe trabalhadora contra a autocracia do capital". A máquina a vapor, por exemplo, "permitiu aos capitalistas esmagar as crescentes reivindicações dos trabalhadores, que ameaçavam conduzir à crise o incipiente sistema fabril". Na verdade, "poder-se-ia escrever uma história inteira dos inventos que, a partir de 1830, surgiram meramente como armas do capital contra os motins operários"[65]. A dinâmica da competição capitalista parecia mais uma vez apontar para a completa destruição do poder econômico e político do trabalhador.

Mas há também em ação tendências contrárias – tendências que estabelecem um patamar mínimo para a competição e, por isso, servem para regular o ritmo da mudança tecnológica. O emprego ou não do capital fixo dependeria, por exemplo, da "diferença entre o valor da máquina e o valor da força de trabalho por ela substituída". Dadas as diferenças internacionais no preço da força de trabalho, não era de modo algum surpreendente que as máquinas inventadas na Inglaterra só encontrassem "aplicação na América do Norte" e que a Inglaterra, "o país das máquinas", devesse ao mesmo tempo ser caracterizada por um "um desperdício mais desavergonhado de força humana para ocupações miseráveis". A razão para isso poderia ser apresentada de um modo bastante brutal:

> na Inglaterra, ocasionalmente ainda se utilizam, em vez de cavalos, mulheres para puxar os barcos nos canais, porque o trabalho exigido para a produção de cavalos e máquinas é uma quantidade matematicamente dada, ao passo que o exigido para a manutenção das mulheres da população excedente está abaixo de qualquer cálculo.[66]

---

[65] Ibidem, p. 508.
[66] Ibidem, p. 466-7.

Às vezes, quando o exército industrial de reserva se torna maciço, o capital tem abundantes incentivos para voltar às técnicas de mão de obra intensiva (daí a revivificação contemporânea do trabalho escravo até mesmo nos países capitalistas avançados). O estímulo para formas mais complexas de mudança tecnológica e organizacional certamente é embotado em épocas de excedente crônico de mão de obra.

Também temos declarado que a luta de classes na fábrica tem um importante papel a desempenhar como um dispositivo de equilíbrio. Essas lutas podem servir para deter de inúmeras maneiras a aceleração perigosa da mudança tecnológica (por exemplo, as novas tecnologias requerem algum grau de cooperação do trabalhador quando são introduzidas). Por isso, a guerra de guerrilha na fábrica pode desempenhar papéis tanto positivos quanto negativos na estabilização do capitalismo.

Mas as relações exatas aqui são muito complexas. Podemos ter certeza de que o imperativo para acumular está perpetuamente no pano de fundo. O problema é que as formas reais de mudança tecnológica e organização são tão variadas, e as forças que as regulam tão interligadas, que não conseguimos prontamente distingui-las. Embora a mudança tecnológica desempenhe um papel fundamental na teoria marxiana, não temos um entendimento completo dela. O fato de a competição e a interdependência capitalistas, assim como a luta de classes entre o capital e o trabalho, constituírem o eixo em torno do qual gira a análise é inquestionável. Mas a interação e os efeitos multiplicadores não foram totalmente analisados, assim como as consequências da produção direta de novos conhecimentos científicos.

Isso indica uma séria lacuna na exposição de Marx. A lacuna está ali, mas devemos interpretar corretamente o seu significado. Afinal, se a tecnologia de um processo de trabalho particular é uma expressão e uma incorporação das contradições fundamentais do capitalismo, como Marx frequentemente afirma, então um pleno entendimento da primeira depende de uma solução completa do último. Em vista disso, um entendimento da tecnologia deve ser encarado como um produto final dessa linha de investigação que Marx não concluiu.

Mas não podemos sequer iniciar a análise das leis do movimento do capitalismo sem antes apresentar alguma conceituação da tecnologia. Isso Marx faz mediante os conceitos abstratos de força produtiva e relações sociais, pois estes estão incorporados na materialidade concreta do processo de trabalho. Assim, Marx pode abstrair os detalhes específicos das mudanças tecnológicas reais e simplesmente declarar que as revoluções nas forças produtivas são um produto necessário das relações sociais do capitalismo. Mas um entendimento mais profundo disso, como o entendimento da própria lei do valor, deve emergir no decorrer da investigação subsequente. O que Marx procura provar é que as revoluções nas forças produtivas são fundamentalmente antagônicas às próprias relações sociais que as semeiam.

Aqui, na opinião de Marx, está a principal contradição do capitalismo: aquela entre a evolução das forças produtivas e das relações sociais.

A prova que Marx apresenta dessa proposição geral é parcial e incompleta. Primeiro precisamos ver até que ponto ele progrediu nesse árduo caminho; depois, através de uma avaliação crítica, tentar empurrar sua argumentação até seus limites.

IV. AS COMPOSIÇÕES TÉCNICAS, ORGÂNICAS E DE VALOR DO CAPITAL

Agora vamos abordar a difícil questão do impacto das revoluções eternas nas forças produtivas sobre o próprio capital. Assim será conveniente assumir que as tecnologias concretas empregadas (no sentido amplo que Marx dá a esse termo, que inclui todas as características organizacionais) expressam fielmente a configuração fundamental das forças produtivas. Vamos trabalhar do mesmo modo com os *valores*, na suposição de que todas as mercadorias são negociadas em seus valores (os preços refletem valores). Essas suposições possibilitam maior grau de generalidade à discussão e nos permitem falar mais livremente sobre os efeitos concretos *potenciais* das forças fundamentais de uma maneira que é *potencialmente* generalizável para a experiência histórica. O caráter tentativo dessas identificações e o caráter hipotético das generalizações resultantes devem estar aparentes a partir de nossas observações anteriores.

No primeiro momento, um estado tecnológico particular está associado à certa produtividade física da força de trabalho. Essa produtividade física é medida em diversas unidades não comparáveis – o número de metros de pano tecido, o número de sapatos fabricados, as toneladas de ferro e aço produzidas etc., por trabalhador por hora. Marx chama essas proporções de "a composição técnica do capital". Quando reduzidas a uma base de valores comum, são expressas em termos da proporção de capital constante para capital variável empregado em um período de produção padronizado. A proporção c/v é chamada de "a composição de valor do capital". Em alguns casos, a proporção $c/(v + m)$ é preferível como medida, porque esta capta com maior precisão a proporção entre o trabalho "morto" passado (meios de produção de todos os tipos de propriedade do capitalista) e o novo valor acrescentado pelo "trabalho ativo". Indústrias e setores diferentes podem então ser comparados segundo as diferentes composições de valor de seus capitais. As indústrias de capital constante intensivo exibem composições de alto valor, enquanto aquelas indústrias que empregam muito trabalho ativo estão na outra extremidade da escala da composição de valor.

Já vimos como e por que os capitalistas precisam recorrer à mudança tecnológica. Isso significa que as composições técnicas do capital estão eternamente mudando. O próximo passo é mostrar como as mudanças na composição técnica afetam a composição de valor. Para fazer isso Marx introduz o conceito da "composição orgânica do capital". Diz ele: "para expressá-la, chamo a composição de valor do capital, porquanto é determinada pela composição técnica do capital e reflete suas modificações, de composição orgânica do capital"[67]. A implicação imediata dessa observação é que a composição de valor também pode mudar por razões que não têm nada a ver com a composição técnica.

Temos aqui três conceitos fundamentais para o argumento que se segue. Infelizmente, há uma boa parte de confusão no pensamento de Marx – e uma confusão bastante maciça na literatura subsequente – quanto às relações entre as composições técnicas, orgânicas e de valor do capital. A distinção entre as composições de valor e orgânicas, por exemplo, parece muito importante. Mas em alguns pontos encontramos Marx usando os termos alternadamente, enquanto em outros ele parece enfatizar que os termos devem ser mantidos separados. A inconsistência do uso pode ser em parte explicada pelo fato de que ele chegou a esses conceitos relativamente tarde e não conseguiu um refinamento apropriado dos mesmos. O conceito de composição orgânica, por exemplo, aparece apenas na terceira edição do primeiro livro de *O capital*, supostamente como uma amostra das ideias a serem publicadas no inacabado terceiro livro. Seja como for, há muita confusão aqui que deve ser organizada[68].

Considere, em primeiro lugar, a ideia de que a composição de valor pode alterar por outras razões além de mudanças na composição técnica. Em suas críticas a Ricardo e Cherbuliez[69], Marx sugere que a composição de valor pode alterar e altera independentemente as forças que regulam a composição orgânica. No capítulo sobre a "rentabilidade absoluta" em *O capital*[70], ele vai além:

---

[67] Ibidem, p. 689.
[68] A posição que assumo é bastante similar àquela apresentada em Ben Fine e Laurence Harris (*Re-Reading Capital*, cit.), mas estou particularmente em dívida com Gérard Duménil ("L'expression du taux de profit dans 'Le Capital'", *Revue Économique*, 1975; *Marx et Keynes face à la crise*, Paris, Economica, 1977) por estimular ideias sobre o assunto. Há uma boa quantidade de literatura atualmente emanando de autores com uma inclinação mais matemática, como John Roemer, "Technical Change and the 'Tendency of the Rate of Profit to Fall'", *Journal of Economy Theory*, 1977, e "The Effect of Technological Change on the Real Wage and Marx's Falling Rate of Profit", *Australian Economic Papers*, 1978, mas de longe a obra mais instrutiva é a de Von Weizsäcker, "Organic Composition of Capital and Average Period of Production", *Revue d'Économie Politique*, 1977. Joan Robinson ("The Organic Composition of Capital", *Kyklos*, 1978), como se poderia esperar, também apresenta uma contribuição estimulante que não pode ser muito facilmente negligenciada.
[69] Karl Marx, *Theories of Surplus Value*, cit., parte 2, p. 275-89; parte 3, p. 382-96.
[70] Idem, *Capital*, Livro III, cit., p. 766.

capitais de igual composição orgânica podem ser de diferentes composições de valor, e capitais com percentagens idênticas de composição de valor podem mostrar graus variados de composição orgânica e, assim, expressar diferentes estágios no desenvolvimento da produtividade social do trabalho.

Como há, presumivelmente, apenas uma proporção de valor que pode prevalecer dentro de um processo de produção, essa declaração bastante extraordinária nos coloca em certa dúvida quanto à interpretação exata a dar à composição orgânica *vis-à-vis* a composição de valor. Depois disso, certamente, não podemos tratar a composição orgânica e de valor como termos idênticos (como tão frequentemente é feito na literatura).

Marx aparentemente pretendia reservar o termo "composição orgânica" para indicar aquelas mudanças na tecnologia *dentro* de uma empresa que afetam a composição de valor do capital. Esse é um rótulo que identifica uma *fonte* particular de mudanças na composição de valor. A importância de tal identificação está no seguinte: a mistura tecnológica dentro da empresa está amplamente sob o controle de capitalistas individuais, que podem alterá-la e realmente a alteram (na medida em que são capazes de fazê-lo) em sua busca incessante de mais-valor, quer em resposta à competição ou por preocupação pela situação da luta de classes. A dinâmica de um processo desse tipo pode ser entendida independentemente dos custos flutuantes dos insumos na produção.

Mas as composições de valor serão também alteradas por várias considerações sobre as quais os capitalistas individuais não têm controle. As forças externas que regulam a composição de valor são diversas em sua origem, mas podemos proveitosamente separá-las em dois grupos. Primeiro, devemos considerar as forças "acidentais e conjunturais" que afetam o valor dos insumos que os capitalistas adquirem no mercado. Estes variam desde "acidentes" climáticos (não importa se são induzidos ou não por ação humana), contratempos no comércio, guerras, a exploração sistemática da superfície da terra para recursos mais "produtivos" etc., todos os quais afetam o tempo de trabalho socialmente necessário requerido para produzir mercadorias. Em segundo lugar, temos de considerar a multiplicidade de interação e efeitos multiplicadores que vinculam a produtividade do trabalho em um setor com o valor dos insumos para outro. Entretanto, os efeitos de interação, que têm suas origens dentro do processo de trabalho, não estão sob o controle do capitalista individual. Em outras palavras, a composição de valor do capital dentro de um processo de produção depende fundamentalmente do estado da tecnologia adotada pelos empresários que produzem os insumos para esse processo de produção.

O contraste entre as forças internas e externas à empresa é muito importante, e é, acredito eu, a ideia que Marx estava procurando captar na distinção entre as

4. Mudança tecnológica, processo de trabalho e composição de valor do capital / 193

composições de valor e orgânica. Os capitalistas individuais controlam seu próprio processo de produção e escolhem sua tecnologia segundo as circunstâncias econômicas. Mas eles operam em um ambiente de mercado em que os valores dos insumos são fixados por forças sobre as quais nenhum indivíduo tem controle, mesmo que as escolhas tecnológicas individuais dos empresários tenham efeitos multiplicadores sistêmicos. O que Marx vai finalmente tentar provar é que escolhas individuais aparentemente racionais por parte dos indivíduos ameaçarão a base para a acumulação e, portanto, a própria sobrevivência da classe capitalista. Foi essa contradição que Marx buscou captar por meio dos conceitos similares de composição de valor e composição orgânica.

O primeiro livro d'*O capital* considera a produção do ponto de vista do empresário individual que procura maximizar os lucros na competição. Somente aquelas inovações tecnológicas que captam o mais-valor relativo dentro da empresa são consideradas. Embora os efeitos multiplicadores das inovações tecnológicas sejam mencionados, o impacto que estas podem ter sobre o valor das proporções de insumos é em geral ignorado, exceto no caso do capital variável – o valor em queda da força de trabalho como um resultado do aumento da produtividade nas indústrias que produzem bens salariais é considerado uma fonte primordial de mais-valor relativo para os capitalistas. Aqui encontramos a suposta "tendência para a economia de mão de obra" no relato de Marx da inovação tecnológica. Mas com a atenção voltada à mudança tecnológica dentro da empresa, Marx pode concluir que há uma tendência inevitável para a composição de valor aumentar como resultado da crescente produtividade física do trabalhador. Essa ideia emerge vigorosamente no terceiro livro d'*O capital*, à página 212:

> A mesma quantidade de força de trabalho, colocada em movimento por um capital variável de um determinado valor, opera, se desenvolve e consome produtivamente, no mesmo espaço de tempo, uma quantidade sempre crescente de trabalho, máquinas e capital fixo de todos os tipos, matérias-primas e auxiliares – e, consequentemente, um capital constante de um valor sempre crescente. Essa contínua diminuição relativa do capital variável *vis-à-vis* o constante [...] é idêntica à composição de valor orgânico progressivamente mais alta do capital social em sua média. É, do mesmo modo, apenas outra expressão para o desenvolvimento progressivo da produtividade social do trabalhador.

A pretensa "lei" do "aumento da composição orgânica do capital" desempenha um papel vital no argumento de Marx e, por isso, devemos considerá-la cuidadosamente. O que Marx está dizendo é que a proporção de trabalho "morto" para trabalho "vivo" tende a aumentar como resultado da inovação tecnológica dentro da empresa. Mas ele não nos prova que isso vai necessariamente acontecer. Na verdade, à medida que nos aprofundamos mais em seu argumento, descobrimos que todos os tipos de dificuldades estão ligados à maneira em que ele formula o problema. O fato é que ele não se libertou inteiramente das concepções equivocadas da economia política tradicional. Vamos ver em quais aspectos isso acontece.

A economia política tradicional lidou com a estrutura da produção capitalista em termos de um estoque de capital fixo e fluxo de capital circulante. O lucro foi então interpretado como um fluxo dos ganhos reais a serem obtidos do emprego apropriado de um estoque de bens (dinheiro ou instalações físicas). Marx rompeu com essa concepção e substituiu a distinção entre capital constante e variável. Ele concebia ambos como fluxos[71]. O capital, lembre-se, é definido por Marx como um *processo* em que o valor sofre uma expansão, e por isso ele buscou definições que refletissem o fluxo desse processo. A força de trabalho é usada para preservar o valor dos meios de produção usados ao mesmo tempo que ela adiciona valor – "é pelo mero acréscimo de novo valor que ele [o trabalhador] conserva o valor anterior"[72]. A composição de valor do capital representa a proporção entre o valor que está sendo preservado e o valor que está sendo adicionado. É uma proporção entre dois fluxos. Vimos que o conceito de composição orgânica concentra a nossa atenção na maneira em que a mudança tecnológica no interior do processo de produção permite a mesma quantidade de força de trabalho aplicada para preservar e expandir maior valor do que anteriormente. Surgem então duas dificuldades.

Antes de tudo, podemos enxergar claramente que a composição de valor do capital, como Marx a avalia, é extremamente sensível ao grau de interpretação vertical nos processos de produção. Se um processo de produção começa com o algodão bruto e termina com uma camisa, o valor do insumo inicial do capital constante é pequeno em comparação com o capital variável aplicado. Se o mesmo processo de produção é dividido em duas empresas independentes, uma que produz roupas de algodão e outra, camisas, então a quantidade de capital constante parece aumentar porque o trabalho incorporado na produção de roupas aparece agora como o capital constante adquirido pelos fabricantes de camisas.

---

[71] Mark Blaug, "Technical Change and Marxian Economics", cit., p. 229, queixa-se amargamente da maneira pela qual Marx "se arrastou livremente entre as definições de estoque e fluxo sem advertir o leitor", enquanto Von Weizsäcker, "Organic Composition of Capital and Average Period of Production", cit., p. 201, comenta que "o que Marx realmente estava procurando era a proporção de capital constante (um estoque) para o produto de capital variável e a velocidade da circulação do capital variável (um fluxo)". A última parte dessa definição é útil, mas eu diria que Marx está também interessado no processo de trabalho como um fluxo que preserva ativamente o capital constante.

[72] Karl Marx, *O capital*, Livro I, cit., p. 277.

Podemos ilustrar essa ideia por meio de um diagrama (ver Figura 4.1)[73]. Considere um processo que se inicia no tempo t_0, com um insumo inicial de capital constante c_0, e que prossegue até o tempo tn adicionando capital variável ao valor de v_0 e adicionando mais-valor m_0. A composição de valor do capital nesse caso é c_0/v_0. Agora considere esse mesmo processo de produção dividido em dois segmentos no tempo tk, de forma que o valor total naquele momento se torna o insumo do capital constante, c_2, no segundo segmento do processo (ver Figura 4.2). A composição de valor médio nesse caso é $(c_1 = c_2)/(v_1 = v_2)$, que é obviamente muito maior que c_0/v_0.

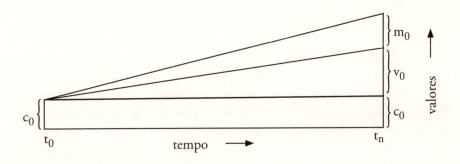

Figura 4.1

Um modelo de estoque e fluxo desse processo encontra a quantidade de estoque do capital constante sensível ao grau de integração vertical. Um modelo de fluxo puro degenera rapidamente no *reductio ad absurdum* de que somente aquele trabalho que está sendo incorporado nesse exato momento é o trabalho vivo, enquanto todo outro trabalho tem de ser considerado como trabalho "morto" passado. O último modelo só pode ser salvo considerando-se como esses fluxos são rompidos pelas trocas do mercado, o que nos leva de volta, uma vez mais, à questão do grau da integração vertical.

---

[73] A ideia vem basicamente de Gérard Duménil, "L'expression du taux de profit dans 'Le Capital'", cit.

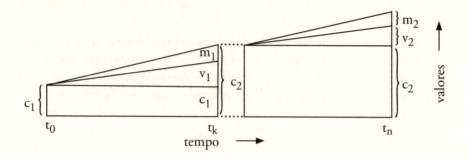

Figura 4.2

Essa dificuldade não é de modo algum tão prejudicial ao argumento de Marx quanto parece à primeira vista. Afinal, ele inclui as características organizacionais em sua caracterização da tecnologia, e os níveis de centralização e concentração, em que o problema da integração vertical também deve ser incluído, são de vital interesse para ele. Na verdade, podemos usar essa aparente dificuldade de maneiras criativas. Se a concentração vertical tem o efeito de diminuir o valor da composição do capital – sempre assumindo, é claro, que a tecnologia de produção real permanece constante – então ela proporciona um mecanismo que se contrapõe à suposta "lei da ascensão da composição orgânica". Antes de ficarmos fascinados com essa ideia, precisamos considerar melhor algumas circunstâncias importantes que a modificam.

O segundo livro de *O capital* trata do processo de circulação do capital. O ato da produção é agora tratado como um momento em um processo de circulação. Estamos aqui para apreciar amplamente o que significa conceber o capital como um processo, como um *fluxo*. Somos expostos a uma análise dos custos de circulação, tempos de rotação, produção e circulação, assim como às peculiaridades da circulação do capital fixo. Mais importante de tudo, do ponto de vista dos problemas que estamos presentemente considerando, os tempos de rotação do capital variável e do capital constante, assim como o mais-valor, são examinados com algum detalhamento.

A mudança tecnológica é vista como importante e necessária em cada um desses aspectos. A diminuição dos custos de circulação e a redução dos tempos de rotação podem servir para acelerar a acumulação. O uso do capital fixo levanta um problema, pois por um lado ele pode servir para aumentar o valor da produtividade do trabalho, enquanto por outro lado ele requer um tempo de rotação mais longo e, assim, diminui a acumulação. O impacto dessas mudanças tecnológicas na composição do valor – dentro das empresas e também na sociedade como um todo – não é explorado de nenhuma forma coerente. Em algumas passagens esparsas Marx parece sugerir que tempos de rotação mais rápidos aumentam as composições de valor. Mas, em geral, o conceito de composição de valor ou composição orgânica é totalmente ignorado no segundo livro.

A composição de valor do capital é claramente muito sensível às velocidades de rotação relativas tanto do capital variável quanto do capital constante. Se o tempo levado para reobter o capital variável diminui, então o capital variável adiantado diminui e a composição de valor aumenta, ainda que a quantidade de força de trabalho empregada continue exatamente a mesma. O tempo de rotação do capital constante é ainda mais problemático. Temos de lidar com várias matérias-primas e insumos de energia, em diferentes velocidades, assim como acontece com o capital fixo (máquinas, prédios etc.), cujas rotações podem ser muito mais lentas do que a de outros itens. Não é fácil criar uma medida de volume do capital constante sendo preservado nessas condições. Mesmo deixando de lado os problemas complicados ligados à circulação do capital fixo (ver capítulo 8), deve ser evidente que uma aceleração no tempo de rotação do capital constante reduz a composição de valor do capital.

Por isso, independentemente do grau de integração vertical, os tempos de rotação relativos do capital variável e do capital constante dentro da empresa têm um impacto direto sobre as composições de valor dos capitais usados na produção. Nas circunstâncias certas, a queda da composição do valor atingida mediante a integração vertical crescente poderia ser mais que compensada pelo aumento do tempo de rotação da constante relativa ao capital variável usado.

Mas a análise apresentada no segundo livro também nos indica outras circunstâncias que militam diretamente contra o aumento da integração vertical na produção. A circulação geral do capital assume a forma

$$D - M \begin{pmatrix} T \\ Mp \end{pmatrix} \ldots P \ldots M' - D' \text{ (etc.)}$$

Quanto tempo o capital deve permanecer dentro da produção antes de testar o seu valor na esfera da troca? A resposta de Marx a essa pergunta é: o tempo mais curto possível, pois o capital só é valor quando está em movimento, isto é, no ato de ser transformado de dinheiro em atividade produtiva e daí em mercadorias e daí em dinheiro, e assim por diante. Por isso, há um forte incentivo para acelerar ao máximo a rotação do capital. Isso milita contra a integração vertical da produção, pois esta última requer que o capital permaneça durante um período mais longo na produção, antes de entrar na esfera da troca. A divisão de um processo de produção em muitas fases e empresas diferentes vinculadas pelo intercâmbio no mercado parece ser altamente desejável, pois ela diminui o tempo de rotação do capital. Por essa razão, até grandes corporações preferem subcontratar um lote de produção para pequenas empresas com tempos de rotação mais curtos. Mas o efeito disso, como já vimos, é aumentar a composição de valor do capital independentemente de quaisquer mudanças que possam ser instituídas com respeito aos processos de produção. Examinaremos as implicações disso para a organização capitalista da produção no próximo capítulo.

Há um aspecto em que a estrutura construída no segundo livro de *O capital* nos proporciona um meio para analisar as forças que regulam a composição de valor do capital. Nos dois últimos capítulos desse volume, Marx constrói um modelo desagregado de uma economia e examina as condições para o aumento do equilíbrio (ver capítulo 6). Esse modelo desagregado proporciona um formato interessante para explorar alguns dos efeitos de interação da mudança tecnológica em diferentes setores de uma economia. Considere uma economia dividida em dois setores produzindo necessidades (que fixam o valor da força de trabalho) e meios de produção (os elementos do capital constante). Se a velocidade da mudança tecnológica é mais alta no setor que produz necessidades, então a composição de valor total do capital tenderá a aumentar devido à economia relativa nos gastos do capital variável. Do contrário, a crescente produtividade do trabalho no setor que produz meios de produção torna-se uma alavanca para baixar a composição de valor agregado do capital. Por isso, se a composição de valor agregado do capital vai aumentar ou não em resposta à inovação tecnológica, dependerá inteiramente dos setores em que essas mudanças tecnológicas ocorrem e dos efeitos de interação que elas têm na economia como um todo[74]. Temos aqui a possibilidade de discriminar entre economia do capital constante, economia do capital variável ou formas neutras de mudança tecnológica.

Ao que parece, há uma série de considerações que derivam da análise do segundo livro e que têm implicações para o entendimento do impacto da mudança tecnológica e organizacional sobre a composição de valor do capital. Poucas dessas considerações são abordadas no terceiro livro. Como este último pretende tratar da produção capitalista como um todo, como uma unidade de produção, troca e negociação, a omissão é um pouco surpreendente. Isso tem uma explicação bastante simples. O esboço do terceiro livro que chegou até nós foi escrito relativamente cedo, antes que fosse realizada a extensiva investigação registrada no segundo livro.

Podemos apenas especular em relação ao que Marx pode ter escrito no terceiro livro se o tivesse revisado após concluir o assunto inacabado do segundo. Mas po-

---

[74] Michael Howard e John King, em *The Political Economy of Marx*, cit., p. 198-9, resumem essa discussão. Ver também Arnold Heertje, "Essay on Marxian Economics", *Schweizerisches Zeitschrift für Volkwirtschaft und Statistik*, 1972, para uma apresentação técnica.

demos evitar algumas confusões desnecessárias se mantivermos em mente o propósito geral do seu projeto. E podemos até dar alguns passos bastante modestos e simples para esclarecer e avançar nessa sua argumentação.

V. MUDANÇA TECNOLÓGICA E ACUMULAÇÃO

Já mostramos por que o capitalismo é, por necessidade, tecnologicamente dinâmico, por que ele existe sob o imperativo: "inovar ou morrer!". Muito simplesmente, as relações de classe dominantes do capitalismo reforçam e asseguram reorganizações perpétuas do processo de trabalho na busca pelo mais-valor relativo. Certamente, os capitalistas não operam em um vazio, e encontram vários impedimentos – a luta de classes dentro do processo de trabalho, os limites do conhecimento científico e tecnológico, problemas de cancelamento dos valores incorporados em máquinas e equipamentos velhos, o custo completo da mudança etc. A velocidade, a forma e a direção da mudança tecnológica são restringidas de maneiras importantes. E também sabemos que o imperativo básico para revolucionar perpetuamente as forças produtivas (entendidas como uma proposição abstrata) pode ser negociado mediante o alcance de ampla variedade de estados tecnológicos reais (entendidos como a configuração particular dos equipamentos físicos e a organização social que preserva e promove a produtividade do trabalho). E, acima de tudo, temos visto como é importante enfatizar que, no fim, o que importa é a produtividade do *valor* no trabalho. As mudanças na produtividade física são apenas um meio para atingir esse fim. Por isso, a mudança tecnológica existe como a principal alavanca para aumentar a acumulação do capital mediante aumentos perpétuos na produtividade do valor da força de trabalho.

Se sujeitarmos todo esse processo a um cuidadoso escrutínio, imediatamente tomamos consciência do seu caráter contraditório. Essas contradições, devemos enfatizar, são internas ao próprio capital e seriam uma importante fonte de confusão e estresse, mesmo na ausência de quaisquer barreiras "na natureza" (as limitações da base de recursos) ou nas formas específicas da luta de classes que a real submissão do trabalho ao capital pode incitar. Então vamos, por um momento, imaginar um mundo em que a generosidade da "natureza" seja ilimitada e em que os trabalhadores negociem com o capital com uma docilidade e um servilismo mais característicos de um autômato do que de um ser humano. O propósito de uma ficção tão terrível é nos ajudar a entender como o capitalismo cria barreiras dentro de si, assim frustrando continuamente o seu próprio processo de desenvolvimento.

Considere, primeiro, o que acontece com a taxa de exploração, m/v, com o aumento da produtividade da força de trabalho. Há a ironia, é claro, que "a produtividade crescente do trabalho acompanha, como vimos, o barateamento do trabalhador e, portanto, uma taxa crescente de mais-valor"[75] – mas então isso é exatamente o que se quer dizer com aumentar o valor da produtividade da força de trabalho. Entretanto, Marx em geral sustenta que os tipos de mudanças tecnológicas que aumentam a taxa de exploração só podem fazê-lo em uma velocidade diminuída[76]. Esta é uma proposição forte, que requer uma prova rigorosa. Marx nos oferece apenas um limite matemático segundo o qual quanto maior a proporção do capital variável no valor total adicionado, maior a dificuldade para reduzir ainda mais essa proporção. Mas os limites necessários aqui são sociais, não matemáticos. Podemos invocar a necessidade de manter o poder de consumo dos trabalhadores como uma fonte necessária de demanda efetiva para a negociação do capital através da troca. Podemos, em resumo, invocar todos os argumentos apresentados no capítulo 2, que sugerem a existência de um equilíbrio na participação de mercado do capital variável no produto social total que não pode ser separada sem se destruir as condições de equilíbrio para a produção e a negociação do capital em geral. Vemos aqui a contradição necessária que surge quando cada capitalista luta para reduzir a parcela de capital variável no valor adicionado dentro da empresa enquanto especula sobre a venda do seu produto para os trabalhadores empregados por outros capitalistas. Esse dilema surge independentemente de quaisquer lutas sobre a taxa de salário real, e podemos prontamente ver como essas lutas, no conjunto certo de circunstâncias, podem ajudar a livrar os capitalistas das dificuldades que eles próprios criam.

Considere, em segundo lugar, o que acontece com a taxa de lucro agregada nas condições de mudança tecnológica geral. Se medirmos a taxa de lucro como $m/(c + v)$, que é o mesmo que $m/v/(1 + c/v)$, então obviamente a taxa de lucro vai cair se a composição de valor do capital aumentar, enquanto a taxa de mais-valor permanece constante. Vamos abordar essa ideia em detalhes no capítulo 6, mas podemos ver imediatamente que uma composição de valor estável do capital tem um papel potencialmente importante na estabilização da taxa de lucro agregada. Mas a ideia de composição orgânica nos diz que a mudança tecnológica dentro da empresa é principal e necessariamente orientada para aumentar a composição do valor. Certamente, várias influências contrárias podem ser identificadas – os efeitos da interação *podem* ser tais que mantenham a composição de valor geral estável em face de uma composição orgânica crescente. Mas também podemos ver claramente que os capitalistas individuais, pressionados pela competição e na busca perpétua de mais-valor relativo, captam a forma efêmera desta última de vantagem tecnoló-

---

[75] Karl Marx, *O capital*, Livro I, cit., p. 679.
[76] Idem, *Grundrisse*, cit., p. 427.

gica temporária, mas no processo tendem a criar um misto tecnológico agregado na sociedade que é inconsistente com uma taxa de lucro estável. Em resumo, os capitalistas individuais se comportam de maneira a ameaçar as condições que permitem a reprodução da classe capitalista.

Tudo isso coloca a questão da mistura tecnológica no centro das contradições do capitalismo. Concordar com essa posição central não é, evidentemente, proporcionar-lhe ação autônoma na moldagem da história capitalista. Isso simplesmente diz que a tecnologia real incorporada em um processo de trabalho é um local de contradições semeadas por exigências antagonistas. É esse antagonismo que Marx capta, embora de uma maneira indistinta e confusa, por meio dos conceitos duais de composição orgânica e composição de valor. O problema para o capital em geral é de algum modo estabilizar a composição de valor diante de uma tendência perpétua para aumentar a composição orgânica através da mudança tecnológica dentro da empresa. O que Marx fundamentalmente procurará nos mostrar é que há apenas uma maneira em que isso pode ser feito: por meio de crises. Estas últimas podem ser interpretadas como a reestruturação forçada do processo de trabalho de modo a levar todo o sistema para trás, para algo que mais ou menos corresponda às condições da acumulação equilibrada.

Marx não apresenta o argumento dessa forma nem explora todas as suas complexidades e dimensões. Vamos levar a argumentação mais adiante nos próximos capítulos. Há, no entanto, uma dimensão dele que merece mais um comentário aqui, pois está implícita nas considerações que já avançamos neste capítulo.

Marx com frequência enfatiza o contraste entre a anarquia e a desordem características das relações de mercado e do despotismo, da autoridade e do controle que existem dentro da empresa. Essa polarização não é, na prática, tão feroz quanto Marx a descreveu – a luta de classes dentro do processo de trabalho modifica este último, e o comportamento monopolista, oligopolista e de "liderança do preço" modifica o primeiro. Mas, mesmo levando em conta essas modificações, o princípio geral ao qual Marx apelou parece razoavelmente válido. Observe que o conceito de composição orgânica está ligado a determinações dentro da empresa e, por isso, está dentro da arena do controle capitalista. A composição de valor, por outro lado, representa a relação geral entre o trabalho vivo e o trabalho morto após todos os efeitos de interação e outras forças diversas dentro do mercado terem sido aplainados – está por isso ligada às determinações expressadas pela anarquia e pela desordem do mercado.

Os limites entre o reino do controle e a anarquia do mercado são estabelecidos pelo tamanho da empresa. Onde exatamente esses limites estão traçados é da maior importância para o trabalho da economia como um todo. Por isso, devemos considerar as forças, se ainda há alguma, que determinam em linhas gerais a posição deles. Aqui, a análise da definição do fluxo da composição de valor produz alguns resultados interessantes. Já mostramos que quanto maior for o grau de integração vertical, maior será a composição de valor do capital dentro da empresa e maior a arena do controle capitalista direto. A isso se opõe a exigência de acelerar o tempo de rotação do capital pela atividade fragmentada, a subcontratação e a geração de uma proliferação na divisão do trabalho. Isso serve para aumentar a composição de valor do capital, ao mesmo tempo que estende a arena das relações de troca caóticas e anárquicas à custa da produção regulada e controlada. Entre essas duas forças, podemos começar a localizar a exigência de alguma organização de equilíbrio da produção que fixe o grau de integração vertical, o tamanho da empresa etc., e desse modo fixe os limites entre o mercado e o ambiente (relativamente) controlado dentro da empresa. Como esse equilíbrio é o produto de forças fundamentalmente opostas, ele é inerentemente instável. Mas aqui há uma conexão com as perspectivas de acumulação. A composição de valor do capital não pode ser determinada independentemente destas características organizacionais. Se uma composição de valor estável do capital é essencial para lucros estáveis, então há alguma forma de organização equilibrada consistente com a acumulação equilibrada. Essa é uma ideia fundamental e muito simples, que ajuda a entender a organização cambiante da produção capitalista. Abordaremos essa ideia de maneira mais concreta no próximo capítulo.

5. A ORGANIZAÇÃO MUTANTE DA PRODUÇÃO CAPITALISTA

Aparentemente vivemos em um mundo muito diferente daquele que prevalecia no tempo de Marx. Em parte alguma isso é mais evidente do que nas mudanças dramáticas que têm ocorrido nas formas capitalistas de organização de produção e comercialização. "Desde o início da Revolução Industrial", escreve Hymer, "tem havido uma tendência para a empresa representativa aumentar em tamanho da *oficina* para a *fábrica*, para *a corporação nacional*, para a *corporação multidivisional* e, agora, para a *corporação multinacional*"[1]. Embora os governos nunca tenham exatamente *laissez-faire* com respeito à atividade econômica durante todo o século XIX (sempre desempenharam papéis fundamentais com relação ao dinheiro e às obras "públicas" em grande escala, assim como para garantir a base legal dos contratos e a propriedade privada), a atual familiar intervenção do Estado por intermédio de políticas fiscais e monetárias era desconhecida antes da década de 1930. A escala completa e a complexidade da organização – tanto no governo quanto nos negócios – tornaram-se quase irreconhecíveis nos últimos duzentos anos.

Qualquer teoria da evolução econômica do capitalismo deve considerar essas mudanças organizacionais maciças e explicar sua necessidade histórica. Marx frequentemente se referia ao que chamava de "leis de centralização do capital", e Engels versou extensamente sobre essa ideia. Engels escreveu que a necessidade de resolver o "antagonismo" entre o controle exercido dentro da oficina e a "anarquia da produção na sociedade em geral" inevitavelmente conduziu a centralização do capital como um meio para estender as ilhas de controle sistemático dentro do mar

---

[1] Stephen Hymer, "The Multinational Corporation and the Law of Uneven Development", em J. Bhagwati (org.), *Economics and World Order from the 1970s to the 1990s* (Nova York, Macmillan, 1972), p. 113.

das forças cegas do mercado. As sociedades anônimas foram o primeiro passo organizacional nessa direção, mas logo "essa forma também se torna insuficiente" e dá lugar a monopólios em larga escala (trustes, cartéis etc.), que buscam a dominação do mercado e a integração vertical na produção e na distribuição. Por fim, "o representante oficial da sociedade capitalista – o Estado – terá finalmente de assumir a direção da produção". Essas transformações necessárias, declarou Engels, não "acabam com a natureza capitalista" da produção, mas simplesmente servem da melhor maneira para conseguir a produção de mais-valor.

Depois de Engels, Hilferding tentou realizar uma análise abrangente do "capital financeiro", conceituado como a unificação do capital bancário e do capital produtivo por meio de vários arranjos organizacionais. Lenin, baseando-se muito na argumentação de Hilferding, embora rejeitando sua política, chamou o imperialismo de "o mais elevado estado do capitalismo monopolista" e, logo depois, cunhou a expressão "capitalismo de monopólio estatal" para descrever as novas formas de organização econômica que se desenvolviam nos países capitalistas avançados. Desde então, uma série de escritores procurou caracterizar e interpretar tais mudanças organizacionais. Isso não se provou fácil e foi seguido por um debate caloroso sobre os pontos fundamentais da teoria marxiana[2].

Em sua maior parte, o debate se concentra em uma suposta transição das formas "competitivas", através das formas "monopolistas" ou "financeiras" do capitalismo, para um atual estágio de capitalismo "monopolista estatal". Alguns escritores desafiam a terminologia de estágios, enquanto outros a aceitam como algo descritivamente útil, mas interpretam o significado dos termos de maneira bastante diferente. No texto que se segue, tentarei analisar o *processo* de transição sem me incomodar particularmente com os rótulos a serem nele colocados. Assim, espero identificar uma interpretação da transformação organizacional que seja consistente com a teoria do valor marxiana e, portanto, capaz de enterrar vários dos fantasmas que assombram a literatura marxista.

---

[2] Rudolf Hilferding, *Le capital financier* (Paris, Éditions de Minuit, 1970); Vladimir I. Lenin, *Selected Works* (Moscou, Progress, 1970). Grande parte do debate contemporâneo no mundo de língua inglesa se origina de Paul Baran e Paul Sweezy (*Monopoly Capital*, Nova York, Monthly Review Press, 1966), mas na Europa o debate assumiu uma feição bem diferente – ver Paul Boccara, *Études sur le capitalisme monopoliste d'État, sa crise et son issue* (Paris, Éditions Sociales, 1974), Nicos Poulantzas, *Classes in Contemporary Capitalism*, cit., Elmar Altvater, "Notes on Some Problems of State Interventionism", *Kapitalistate*, San Francisco, San Francisco Bay Area Kapitalistate Group, 1973, e as recentes declarações resumidas de Ben Fine e Laurence Harris, *Re-Reading Capital*, cit., cap. 7 e 8, John Holloway e Sol Picciotto, *State and Capital: a Marxist Debate* (Londres, E. Arnold, 1978) e John Fairley, "French Developments in the Theory of State Monopoly Capitalism", *Science and Society*, 1980.

Poderia ser útil no início nos lembrarmos de que se Marx nos ensinou qualquer coisa foi, certamente, que o mundo das aparências é ilusório e que é tarefa da ciência penetrar sob as aparências e identificar as forças que estão em ação abaixo delas. Se a teoria de Marx é tão robusta quanto ele declara, então deve nos proporcionar a base necessária para interpretar as formas dramáticas e muito evidentes da mudança organizacional que ocorreu no capitalismo durante aproximadamente o último século.

Começamos conectando a questão da mudança organizacional com o debate geral sobre a mudança tecnológica desenvolvido no capítulo anterior. Essa conexão é direta e óbvia, ainda que apenas porque Marx inclui especificamente as características organizacionais em sua definição de tecnologia. A necessidade de realizar revoluções perpétuas nas forças produtivas implica, então, que devem existir revoluções perpétuas na organização da produção. Entretanto, se a abordagem geral de Marx da mudança tecnológica se mantém, então devemos interpretar a mudança organizacional como uma reação a forças contraditórias. Devemos também antecipar que a organização conseguida em determinado momento incorporará poderosas contradições que provavelmente serão fonte de instabilidade e crises.

Nisso não há intenção de tentar divorciar a análise da mudança organizacional da análise das formas cambiantes do processo de trabalho. Cada uma tem de ser vista como integrante da outra. Entretanto, a concentração no lado organizacional dessa relação nos proporciona alguns *insights* especiais. Isso também nos permitirá considerar o grau em que os argumentos de Marx, moldados em um mundo organizado ao longo de linhas totalmente diferentes daquelas com que agora estamos familiarizados, ainda se aplicam.

A luta competitiva pelo mais-valor e a necessidade de disciplinar os trabalhadores segundo as leis da acumulação constituem, como já vimos, a base para o dinamismo tecnológico do capitalismo. A apropriação por parte do capital dos poderes produtivos do trabalho requer inovação organizacional. A análise da cooperação e a divisão detalhada do trabalho e das máquinas indicam a necessidade de uma organização hierárquica do processo de trabalho e a separação do trabalho mental do trabalho manual. A escala de produção crescente também requer a concentração de capital, principalmente através da acumulação.

Mas a concentração poderia ser também acelerada por um processo de centralização do capital. Os capitalistas em larga escala podem engolir os menores, quer por meio da competição ou empregando vários estratagemas financeiros (incorporações, fusões etc.). Tudo isso requer novos arranjos institucionais e organizacionais, com frequência explicitamente sancionados ou encorajados pelo Estado. A centralização completa "a obra da acumulação, colocando os capitalistas industriais em condições de ampliar a escala de suas operações". Isso constitui o "ponto de partida" para "a transformação progressiva de processos de produção isolados e fixados pelo costume em processos de produção socialmente combinados e cientificamente ordenados". A centralização pode ser realizada "num piscar de olhos", o que iria requerer muitos anos de concentração através da acumulação para vir a acontecer. Marx conclui que há uma "lei de concentração do capital" que desempenha um papel fundamental na regulação da organização cambiante da produção no capitalismo[3].

Muita atenção tem sido dada a essa suposta "lei" na literatura subsequente, pois ela parece explicar muitíssimo bem a centralização observável e bastante maciça do poder econômico e político dentro de algumas corporações dominantes. Entretanto, assim como acontece com todas as declarações do "tipo lei" de Marx, devemos ser cautelosos ao lhe atribuir poderes absolutos e incontrolados. Da mesma maneira que podemos identificar forças opostas à "lei da crescente composição orgânica do capital", podemos também conceber várias forças que se opõem à tendência para a centralização.

Marx prestou muita atenção ao fenômeno da centralização. Ele declara que o monopólio é o inevitável resultado da competição e que o impulso para o controle conduzirá à integração vertical progressiva dentro do sistema de produção capitalista. O limite para este só seria atingido "no instante em que o capital social total estivesse reunido nas mãos, seja de um único capitalista, seja de uma única sociedade de capitalistas"[4]. Mas ele declara em outra parte que a tendência para a centralização "logo produziria o colapso da produção capitalista se não fossem as tendências contrárias, que têm um efeito de descentralização contínua"[5]. Algumas "forças de repulsão" estão sempre em ação para garantir que "partes dos capitais originais se descolem e passem a funcionar como novos capitais independentes"[6].

O que Marx parece estar propondo é que há alguma organização de "equilíbrio" da produção – expressada em termos do tamanho da empresa, grau de integração vertical, nível de centralização financeira, ou seja, o que for – que é consistente com a acumulação capitalista e a operação da lei do valor. Além disso, ele parece estar sugerindo que esse ponto de equilíbrio seria atingido, pelo menos em teoria, pelo desenvolvimento de tendências opostas para a centralização e a descentralização. Como sempre, devemos encarar o conceito de equilíbrio como um meio conveniente para identificar condições de desequilíbrio às quais a sociedade está propensa. E, também como sempre, devemos procurar identificar as forças que perturbam

---

[3] Karl Marx, *O capital*, Livro I, cit., p. 703.
[4] Idem.
[5] Ibidem, Livro III, p. 246, e *Theories of Surplus Value*, cit., parte 3, p. 311.
[6] Idem, *O capital*, Livro I, cit., p. 701.

a organização equilibrada da produção no capitalismo e promover a centralização ou descentralização excessiva.

O problema, evidentemente, é o fato de Marx não ser explícito com relação ao tipo de centralização ao qual está se referindo (financeira, produtiva etc.) e de não declarar explicitamente quais são as "forças de repulsão" que contribuem para a descentralização, embora em vários lugares discuta o incentivo para o capital se engajar na subcontratação extensiva de suas operações[7] e a tendência dentro do capitalismo para abrir novos ramos de produção que são tipicamente de pequena escala e de trabalho intensivo[8].

Entretanto, considerando os achados do capítulo anterior sobre os limites para a integração vertical e os necessários limites entre a produção e a troca, podemos teorizar sobre esse processo. A integração vertical aumentada diminui a composição do valor (que é vantajosa para a obtenção de lucro), mas aumenta o tempo de rotação (que diminui as perspectivas de lucros). O grau de integração vertical pode, em um primeiro momento, ser interpretado como produto destes dois incentivos opostos.

Considerações gerais que fixam os limites entre a esfera do controle capitalista dentro da produção e do mercado também entram em jogo agora. No mercado, é verdade, "o diversificado jogo do acaso e do arbítrio tem pleno desempenho". Mas também devemos nos lembrar de que a lei do valor, apoiada pela "autoridade" da competição e pela "coerção que sobre eles é exercida pela pressão de seus interesses recíprocos", é estabelecida em parte por meio de coordenações do mercado, que determinam "quanto do tempo total de trabalho disponível a sociedade pode gastar na produção de cada tipo particular de mercadoria"[9]. As esferas da produção e da troca são mutuamente condicionadas. O capitalismo não pode funcionar sem as coordenações do mercado e ainda assim permanecer sendo capitalismo. A centralização estende a esfera da produção controlada à custa da troca. Se a esfera da operação do último é cortada no ponto em que as coordenações do mercado estão seriamente prejudicadas, então os processos que permitem que os valores sejam determinados (ver capítulo 1) tornam-se menos efetivos e a operação da lei do valor fica enfraquecida. Isso, presumivelmente, explica por que a centralização excessiva sem "forças de repulsão" contrárias "produziriam o colapso da produção capitalista". As esferas da produção e da troca, como separações dentro de uma unidade, são importantes para a manutenção do capitalismo. O limite entre elas pode ser fluido, mas ele não é capaz, evidentemente, de se distanciar muito de algum ponto de equilíbrio sem ameaçar seriamente a reprodução do próprio capitalismo.

---

[7] Ibidem, cap. 11.
[8] Idem, *Grundrisse*, cit., cap. 3.
[9] Idem, *O capital*, Livro I, cit., p. 429-30.

O comentário de Marx de que a lei do valor se afirma como "uma lei da natureza" no capitalismo não foi uma observação casual ou irreverente. Certamente, a lei do valor é um produto social, mas as relações sociais do capitalismo asseguram que uma sociedade capitalista não esteja apenas ligada às consequências da lei, mas deva também buscar sempre aperfeiçoar o funcionamento da lei. Isso exige que a mudança organizacional seja interpretável de acordo com tal processo. Se essa ideia for aceita como hipótese, então a tarefa que temos é explicar como as mudanças evidentes e de longo alcance na estrutura organizacional do capitalismo têm servido para aperfeiçoar a operação da lei do valor. Nessa linha, presumivelmente, Engels argumentou que as mudanças organizacionais observáveis durante o século XIX foram promovidas pelo desejo de aperfeiçoar a produção de mais-valor.

Mas a transição das formas de organização competitivas para o monopólio e depois para o monopólio estatal certamente parecem representar um movimento distante da "autoridade" da competição e, portanto, um movimento distante do poder regulatório da lei do valor. Alguns marxistas têm extraído uma conclusão desse tipo. Baran e Sweezy, por exemplo, declaram:

> Não podemos nos contentar em remendar e emendar o modelo competitivo que dá suporte à teoria econômica [de Marx] [...]. Na tentativa de entender o capitalismo em seu estágio de monopólio, não podemos nos abstrair do monopólio ou introduzi-lo como mero fator modificador; devemos colocá-lo no próprio centro do esforço analítico.[10]

O abandono do "modelo competitivo" em Marx certamente envolve o abandono da lei do valor – o que, para seu crédito, Baran e Sweezy estão plenamente preparados para fazer. O problema é que não podemos retirar o eixo da análise de Marx sem questionar ou comprometer seriamente todas as outras categorias marxianas. Afinal, quando as categorias são definidas relacionalmente, uma não pode ser alterada ou magicamente varrida da análise sem perturbar todas as outras[11].

Boccara também aceita a ideia de uma transição de um estágio competitivo, passando de um monopólio para um monopólio estatal, mas busca reconciliar es-

---

[10] Paul Baran e Paul Sweezy, *Monopoly Capital*, cit., p. 5-6.
[11] Paul Boccara, *Études sur le capitalisme monopoliste d'État, sa crise et son issue*, cit., p. 31. Há certa ironia aqui. Enquanto Paul Baran e Paul Sweezy se preparam para abandonar a lei do valor na troca, Harry Braverman (*Labor and Monopoly Capital*, cit.), inspirando-se na obra desses autores, mostra convincentemente como a noção de valor marxiana capta com uma precisão devastadora as condições que prevalecem dentro da produção (ver capítulo 4, seção II). Como os valores podem prevalecer dentro da produção, mas não na troca, para mim é um mistério.

sas transições com a teoria marxiana encarando-as "dialeticamente", em vez de unilateralmente. O movimento de uma forma para outra é, em sua opinião, uma tentativa de superar as contradições implícitas em uma forma anterior pela criação de uma nova forma de capitalismo que está, por sua vez, condenada a expressar as contradições básicas fundamentais do capitalismo, embora de maneiras novas e aparentemente muito diferentes. Não devemos

> confundir o fato de que o capitalismo sempre permanece capitalismo com a ideia de que a relação de produção e a estrutura econômica geral permanecem não modificadas. Segundo a teoria marxista, as relações de produção são o objeto de um incessante processo de transformação [...]. Isso não impede que a natureza essencialmente capitalista destas relações seja preservada e aprofundada; a relação de exploração fundamental do proletariado persiste.[12]

Para ser convincente, o tipo de reconciliação que Boccara propõe deve ser ao mesmo tempo teoricamente seguro e historicamente apropriado. Uma teoria marxiana da dinâmica capitalista deve estar unida aos resultados da investigação materialista histórica – uma unificação que Marx insistiu ser vital para ambas. Como esta é sempre uma tarefa difícil, vou proceder de maneira esquemática. Teoricamente, vou presumir que a operação da lei do valor depende da articulação de um conjunto de mecanismos competitivos que serve três propósitos fundamentais: igualar os preços das mercadorias, igualar a taxa de lucro entre as empresas e entre os setores e, finalmente, canalizar o movimento do capital e alocar a força de trabalho para que a acumulação possa ser mantida. Em prol da simplicidade, vou também me abstrair das mecânicas reais do processo em que novas estruturas organizacionais são formadas. A tarefa básica é então comparar os estágios supostamente diferentes do capitalismo com respeito ao grau de competição, preço e equalização do lucro, e o fluxo autossustentável do capital em linhas de atividade produtiva de mais-valor.

Considere, agora, o estágio supostamente "competitivo" do capitalismo como ele existia, digamos, na década de 1840, no mundo capitalista "avançado". A atividade industrial nessa época era organizada quase inteiramente nos moldes da empresa familiar, usando métodos de contabilidade e práticas de negócios extremamente tradicionais, no sentido de que o empresário da década de 1840 teria se sentido muito à vontade em meio aos negócios dos mercadores italianos do século

---

[12] Para uma forte crítica da formulação de Paul Boccara, ver Bruno Théret e Michel Wieviorka, *Critique de la théorie du capitalisme monopoliste d'État* (Paris, Maspero, 1978).

XIV. A posse e o gerenciamento do negócio eram uma coisa só, o tamanho da firma fazia com que toda a estrutura industrial pudesse ser razoavelmente caracterizada como extremamente descentralizada. É claro que havia naquela época muitos exemplos de indústrias verticalmente integradas, em que a divisão social do trabalho ainda tinha de ser consolidada, assim como as formas de monopólio mais antigas que ainda não tinham sido eliminadas – por exemplo, a Companhia das Índias Orientais Britânicas durou até 1845. Podemos razoavelmente supor que esta última desapareceria com o tempo, como desapareceriam os setores de atividade extensiva ainda organizados ao longo dos moldes pré-capitalistas (produção artesanal, agricultura camponesa, comércio pequeno-burguês e produção em oficina etc.). Todas essas formas finalmente seriam reduzidas ao puro modelo capitalista. As únicas atividades em larga escala e centralizadas eram as obras públicas ou quase públicas – ferrovias, canais, instalações portuárias etc. – e as finanças do governo. Algumas das principais casas bancárias, como a Barings e a Rothschilds, estavam em posição de instalar ou derrubar governos, e os poderes fiscais estavam cada vez mais integrados no mundo das altas finanças via dívida do governo. Nessas arenas havia queixas abundantes relacionadas a imensas concentrações do poder econômico e financeiro. Mas a atividade industrial e agrícola, de modo geral, acontecia em pequena escala e resistia ao envolvimento de longo prazo direto com a produção industrial e agrícola. A principal conexão entre a atividade produtiva e o mundo das finanças está na provisão de crédito comercial de curto prazo.

Uma coisa é apontar para a pequena escala da empresa e para a fragmentação da atividade econômica; outra totalmente diferente é presumir que isso envolvia uma competição perfeita, a equalização dos preços e dos lucros, que dirá uma base adequada para a acumulação sustentada. As variações de preço de uma localidade para outra eram muito marcadas. Embora não haja muitos estudos sistemáticos sobre os diferenciais nas taxas de lucro, quaisquer evidências que tenhamos – todas as quais em termos de dinheiro e preço – sugerem que elas variavam muito de firma para firma, de indústria para indústria e de local para local[13]. O mecanismo para igualar os preços e lucros por meio da competição era qualquer coisa menos perfeito, e as alocações de mão de obra eram no máximo aleatórias. Não é difícil enxergar o motivo.

Para começar, os custos de transporte eram relativamente altos e a integração espacial das economias nacionais, que dirá da economia internacional, estava em

---

[13] Estudos sobre o que realmente aconteceu com as taxas de lucro são poucos e cronologicamente muito espaçados. Jean Bouvier, François Furet e Marcel Gillet (*Le mouvement du profit en France au XIXe siècle*, Paris, La Haye, Mouton et Cie, 1965) produziram uma das melhores e mais instrutivas obras sobre o assunto.

seus estágios iniciais. Firmas muito pequenas podiam operar como monopolistas nos mercados locais que comandavam. Os custos da transação – gastos necessários para a circulação – eram também relativamente altos em relação ao volume e ao valor, ao passo que o fluxo de informações era lento, esporádico e incompleto em relação aos movimentos do preço, oportunidades de lucro, técnicas de produção etc. Os mercados de capital estavam em um estado bastante primitivo; frequentemente eram mais locais do que nacionais, e toda a estrutura institucional para facilitação do fluxo de dinheiro (seja para permitir a troca de mercadorias ou sua função como capital monetário) dificilmente era adaptada para produzir ajustes rápidos na produção. E, para coroar tudo isso, a estrutura familiar tradicional da propriedade era ao mesmo tempo uma barreira e uma virtude quando se tratava de ser capaz de reagir a novas oportunidades de lucro. Como a posse e o controle eram idênticos e a forma de sociedade anônima ainda estava por penetrar na atividade industrial e agrícola, o potencial para a expansão nos negócios, através da operação em larga escala ou da disseminação geográfica, era estritamente limitado pelas capacidades gerenciais da família ou de uma sociedade limitada.

Por isso, um alto grau de descentralização organizacional acompanhou o poder de monopólio e todos os tipos de atritos e obstáculos que inibiam a competição genuína e impediam a equalização de preços e lucros[14]. A virtude dos capitalistas empresariais pioneiros, aquelas figuras lendárias do capitalismo do século XIX, está precisamente em sua notável capacidade para manter a acumulação diante de todos esses obstáculos – incluindo, devemos notar, seu próprio modo de organização. E, embora as transferências tecnológicas e os movimentos do capital fossem bastante notáveis, dado o estado geral das coisas, isso não atingia nem podia atingir, por quaisquer padrões, a perfeição da competição. Então, por que costumamos chamar esse período da história do capitalismo de "o estágio competitivo clássico"?

A resposta provavelmente está na maneira com a qual a "empresa" foi idealizada no pensamento burguês e no papel hegemônico que esse pensamento desempenha na moldagem do nosso entendimento do mundo. A visão dos empresários, visando seu próprio interesse, mas guiados pela mão invisível do mercado a fim de melhorarem o bem-estar social, é comum a Adam Smith e aos economistas neoclássicos contemporâneos. Estes últimos, em particular, idealizam as empresas de um modo que elas jamais existiram e tratam como fetiche a empresa de pequeno porte, que carece de qualquer grau de poder monopolista de mercado, como o agente ideal

---

[14] Alfred Chandler, em *Strategy and Structure* (Cambridge, MIT Press, 1962), p. 3, escreve: "as companhias compravam suas matérias-primas e seus produtos acabados no âmbito local. Quando fabricavam para um mercado que distasse mais de alguns quilômetros da fábrica, compravam e vendiam mediante agentes comissionados, que representavam os negócios de várias empresas".

para se conseguir um equilíbrio competitivo. Daí surgiu uma injustificada associação entre a pequena escala da organização e a competitividade.

Marx não se deixava enganar por tal visão. E não deveria mesmo. No estágio supostamente "competitivo" do capitalismo, quando as empresas eram relativamente pequenas, a lei do valor operava de maneira imperfeita e as leis do movimento só eram parcialmente sentidas. Por isso, o problema na década de 1840 era aperfeiçoar a competição, melhorar a operação da lei do valor e continuar a aumentar a produtividade do trabalho de modo que a acumulação pudesse ser sustentada. Os obstáculos à circulação e ao movimento tinham de ser superados e os monopólios locais eliminados pela integração espacial. Os custos das transações tinham de ser muito reduzidos, os mecanismos para a coleta e disseminação das informações melhorados, e uma estrutura institucional para facilitar os pagamentos em dinheiro, os fluxos do capital etc., tinha de ser criada. Tinham de ser encontradas soluções para todos esses problemas. A ironia aqui é que a organização da empresa tradicional de pequena escala – tão idealizada na teoria burguesa como o paradigma da competitividade – era uma das barreiras mais sérias para se encontrar soluções para esses problemas. A organização tradicional da empresa tinha de ser superada para aperfeiçoar a competitividade da troca e da obtenção de lucro.

Até certo ponto, as barreiras à competição foram reduzidas por maciças melhorias no transporte, nas comunicações e nas técnicas bancárias. Entretanto, em cada um desses setores podemos testemunhar a ascensão das formas de organização em larga escala, quase monopolistas, com uma força de mercado imensa para os padrões do século XIX. As ferrovias, em particular, proporcionavam o campo de desenvolvimento para as formas modernas de organização corporativa. A "revolução organizacional", que ocorreu no fim do século XIX e culminou na emergência de trustes e cartéis, pode em parte ser vista como uma tentativa de lidar com todas essas barreiras à competição, substituindo o negócio familiar pela empresa moderna. Segundo Chandler, essa substituição ocorreu quando a "coordenação administrativa permitiu maior produtividade, custos mais baixos e lucros maiores do que a coordenação por parte dos mecanismos do mercado". As vantagens da nova forma eram muitas:

> Pela rotinização das transações entre as unidades, os custos destas transações foram diminuídos. Vinculando a administração de unidades de produção com unidades de compra e distribuição, os custos da informação sobre os mercados e fontes de suprimento foram reduzidos. De muito maior importância, a internalização de muitas unidades permitiu que o fluxo de produtos de uma unidade para outra adquirisse um uso

mais intensivo das facilidades e do pessoal empregado nos processos de produção e distribuição e, assim, aumentasse a produtividade e reduzisse os custos.[15]

A empresa moderna desse tipo, continua Chandler, "apareceu pela primeira vez na história quando o volume de atividades atingiu um nível que tornou a coordenação administrativa mais eficiente e mais lucrativa do que a coordenação do mercado". A busca pelo lucro diminuiu o papel da troca e estendeu a esfera da produção porque, em certa escala de produtos, os custos de transação e circulação eram mais elevados no mercado do que dentro da empresa. Internalizando esses custos, a empresa poderia diminuir as barreiras para a circulação do capital e melhorar a capacidade para igualar a taxa de lucro. Por isso, a centralização do capital pode melhorar, em vez de diminuir, a capacidade de igualar os lucros.

Na visão de Marx, a empresa moderna também envolve uma "transformação do capitalista que realmente funciona em um mero gerente, administrador do capital de outras pessoas, e do dono do capital em [...] um mero capitalista monetário"[16]. A forma financeira que o capitalismo então assumiu permitiu "uma enorme expansão da escala de produção e dos empreendimentos", bem além daquela que os capitalistas individuais jamais esperavam alcançar. E isso significava "a abolição do capital como propriedade privada dentro da estrutura da própria produção capitalista"[17].

A separação da posse e da gerência ajudou a superar as limitações administrativas da empresa familiar de estilo antigo e abriu o campo para a aplicação de técnicas modernas de gerenciamento e organização. Mas havia riscos à espreita. Adam Smith, sem dúvida tendo em mente as bolhas especulativas do início do século XVIII, encarava as sociedades anônimas como permissões para que empresários irresponsáveis especulassem com o dinheiro de outras pessoas. A relutância em sancionar as formas de organização de sociedade anônima, exceto para obras semipúblicas em larga escala – canais, ferrovias, docas etc. – derivou precisamente dessas objeções. Toda a história dos *crashes* especulativos de meados do século XIX até a época atual sugere que as objeções estão longe de serem infundadas, e que a forma "financista" do capitalismo enfrenta um problema eterno de manter a sua própria casa em ordem (ver capítulos 9 e 10).

Mas o efeito líquido de aumentar a escala, a centralização do capital, a integração vertical e a diversificação dentro da forma de empresa corporativa tem sido substituir a "mão invisível" do mercado pela "mão visível" dos gerentes. Então, como essa mão visível, ou coordenação gerencial dentro da esfera da produção, se

---

[15] Ibidem, p. 6-12.
[16] Karl Marx, *Capital*, Livro III, cit., p. 436.
[17] Idem.

relaciona com a expressão do valor que, assim nos diz nossa teoria, deve pelo menos ser parcialmente atingida mediante a troca?

O controle do monopólio e o poder do mercado permitem que a grande corporação seja mais um "criador de preço" do que um "cumpridor de preço" no mercado. Contudo, ainda que os gerentes tenham à sua disposição várias estratégias de preço, nenhuma é exatamente arbitrária e algumas, como o preço de custo marginal, estão tão sintonizadas com as condições de oferta e demanda quanto sempre esteve qualquer fixação de preço no mercado aberto. Embora seja verdade que os preços resultantes não são os mesmos que aqueles atingidos por meio de preços competitivos, os desvios não são de modo algum suficientemente substanciais para garantir que se abandone a ideia de que os valores são expressos por meio dos preços de mercado. A oferta e a demanda simplesmente substituem a competição aberta como o mecanismo utilizado. A objeção a que os gerentes tomem decisões baseadas em considerações de estabilidade e crescimento em um prazo relativamente longo tem mais substância (embora para muitos o longo prazo não seja tão longo assim). A mudança dos horizontes de tempo e da capacidade para planejar a obsolescência é particularmente importante quando se trata das questões do uso do capital fixo (ver capítulo 8).

Pode haver também pouca dúvida de que a "classe gerencial" tenha até certo ponto assumido uma vida própria, se tornado "relativamente autônoma" dos donos do capital e, desse modo, se transformado em uma "fonte de permanência, poder e crescimento contínuos"[18]. Na medida em que as estruturas gerenciais se burocratizaram, tornaram-se rígidas, inflexíveis e incapazes de grandes adaptações. E, na medida em que a corporação moderna capturou a ciência, a tecnologia e o planejamento – que, por meio das leis de patente, desenvolveu uma capacidade para regular a inovação –, ela internalizou com sucesso os processos de mudança tecnológica[19]. A corporação começa a produzir novos tipos de processos de trabalho e novas estruturas organizacionais, assim como novos produtos e novas linhas produção. Na medida em que isso domina alguns ramos da produção, os promove à custa de todos os outros, com frequência em detrimento da estrutura econômica geral. E, na medida em que as corporações são obrigadas, em virtude de seu tama-

---

[18] Alfred Chandler (*The Visible Hand: the Managerial Revolution in American Business*, Cambridge, Belknap Press, 1977) proporciona boas histórias sobre isso. O problema geral da "classe gerencial" tem sido abordado por vários autores, tais como Nicos Poulantzas (*Classes in Contemporary Capitalism*, cit.), James Becker (*Marxian Political Economy*, Cambridge, Cambridge University Press, 1977) e Erik Olin Wright (*Class, Crisis and the State*, Londres, NLB, 1978 [ed. bras.: *Classe, crise e o Estado*, Rio de Janeiro, Zahar, 1979]).

[19] David Noble, em *America by Design: Science, Technology and the Rise of Corporate Capitalism*, cit., apresenta um excelente relato de como isso aconteceu.

nho e importância, a negociar com os governos, elas executam as políticas abertamente, veladamente e inescrupulosamente em interesse próprio.

Em todos esses aspectos, a forma das organizações corporativas modernas parece ser a antítese da competitividade e, por implicação, incapaz de igualar os preços e lucros de acordo com os preços da produção e a taxa média de lucro.

Mas vamos olhar para o outro lado desse quadro. Os grandes conglomerados financeiros atingiram a capacidade de deslocar o capital e a força de trabalho de uma linha para outra e de uma parte do mundo para outra "num piscar de olhos". Isso pode desenvolver, e na verdade desenvolve, sistemas extremamente sofisticados para a coleta e o uso de informações sobre as técnicas de produção, o mercado e as oportunidades de lucro. Os custos das transações são mínimos dentro da corporação, e a produção e a distribuição podem ser planejadas até o último detalhe como se não houvesse barreiras à negociação. Do mesmo modo, isso pode responder a muitas das dificuldades presentes sobre a crescente confiança no capital fixo programando a obsolescência. Em todos esses aspectos, a corporação moderna aumentou a potencialidade para atingir uma equalização da taxa de lucro *dentro* dos seus limites[20].

No entanto, uma coisa é falar da potencialidade e outra muito diferente apontar para a necessidade de avanço. Para descobrir os segredos da equalização do lucro e das formas de competição contemporâneas temos de entrar no labirinto das estruturas gerenciais modernas mais ou menos da mesma maneira que Marx insistiu que deveríamos entrar no "terreno oculto da produção, em cuja entrada se lê: *No admittance except on business*. Aqui se revelará não só como o capital produz, mas como ele mesmo, o capital, é produzido"[21].

Chandler é um dos poucos historiadores que teve o privilégio de se inserir nesse difícil território. Suas descobertas são muito interessantes. A mais importante do ponto de vista da nossa argumentação é que o que aparece externamente como um movimento constante e aparentemente irreversível para a centralização tem sido acompanhado internamente por uma descentralização progressiva e controlada na estrutura da gerência. Aqui talvez consigamos encontrar o segredo do movimento de oposição à descentralização, que impede o colapso da produção capitalista me-

---

[20] Esta é a principal conclusão a ser extraída da obra de Christian Palloix, *Les firmes multinationales et le procès d'internationalisation* (Paris, Maspero, 1973); ver também as leituras organizadas por Hugo Radice (*International Firms and Modern Imperialism*, Harmondsworth/Baltimore, Penguin Books, 1975). Em contraste com a disjunção que prevalece entre Paul Barran e Paul Sweezy, por um lado, e em Harry Braverman por outro (ver a nota 11 deste capítulo), Christian Palloix associa essa visão da crescente inserção da lei do valor mediante a troca internacional com a crescente inserção da lei do valor na produção (ver Christian Palloix, "The Labour-Process: From Fordism to Neo-Fordism", cit.).

[21] Karl Marx, *O capital*, Livro I, cit., p. 250.

diante a centralização excessiva. A ideia de uma organização equilibrada, atingida por um equilíbrio entre as forças de repulsão, que contribuem para a descentralização, e as forças de centralização, não é de modo algum remota. Mas ela agora é expressa por uma internalização da competição dentro de uma corporação que se apresenta ao mundo como um monstro monopolista centralizado.

As evidências históricas não são inconsistentes com esse argumento. As estruturas descentralizadas e multidivisionais dentro da grande corporação começam a emergir na década de 1920, em resposta a tipos de problemas específicos com os quais os sistemas centralizados do período imediatamente precedente tiveram grande dificuldade para lidar. Como disse Chandler, "colocando uma pressão cada vez mais intolerável sobre as estruturas administrativas existentes, a expansão territorial e, em muito maior extensão, a diversificação criaram a forma multidivisional". A reorganização estrutural realizada na General Motors em meio à crise dos anos 1921-1922 criou uma organização descentralizada que

> não apenas a ajudou a conquistar a maior parcela do mercado automobilístico nos Estados Unidos, mas também a expandir e administrar com sucesso suas atividades de fabricação e comercialização no estrangeiro. Além disso, devido à sua estrutura administrativa, ela foi capaz de executar brilhantemente uma ampla estratégia de diversificação na fabricação e na venda de todos os tipos de máquinas e de produtos que utilizam máquinas nos anos seguintes à queda do mercado automobilístico, no final da década de 1920.

A competição, até mesmo da variedade limitada que opera no oligopólio do mercado, logo obrigou as outras empresas automotivas a fazerem o mesmo. A estrutura corporativa descentralizada e multidivisional se tornou generalizada no mundo todo na década de 1960[22].

Evidentemente, o ponto interessante é que essa estrutura descentralizada é organizada de tal forma que cada divisão (seja ela uma linha de produção ou um território) pode ser mantida financeiramente responsável. O desempenho gerencial de cada divisão pode ser medido em termos de uma taxa de retorno sobre o capital de cada divisão. A função da gerência central é monitorar o desempenho e alocar os recursos – força de trabalho, habilidades gerenciais e finanças – em relação à lucratividade presente ou futura estimada de cada divisão. Com os custos das transições mantidos em um mínimo, a estrutura gerencial moderna cria uma for-

---

[22] Alfred Chandler (*Strategy and Structure*, cit., 1962, p. 44-6); Leslie Hannah (*The Rise of the Corporate Economy*, Londres, Methuen, 1976) apresenta um estudo análogo da experiência britânica. Ver também John Scott, *Corporations, Classes, Capitalism* (Londres, Hutchinson, 1979).

ma de competição dentro de si que com frequência tem o efeito de igualar a taxa de lucro. A conclusão fundamental para a qual isso aponta é que o conglomerado financeiro moderno é, pelo menos em termos da sua organização interna, bem mais eficiente e efetivo na equalização da taxa de lucro do que seus antepassados, pelo que se supõe perfeitamente competitivos, na primeira metade o século XIX.

Essa estrutura corporativa multidivisional e a internalização da competição não surgiram por acaso. Os grandes trustes e cartéis formados no início do século XX, em uma fase de centralização maciça do capital, estavam enfrentando, dentro de um curto período, uma profunda dificuldade financeira, apesar de todo o seu suposto imenso poder de mercado. E estavam em dificuldades precisamente porque não sabiam exatamente de onde, no meio de suas operações complexas, estavam vindo os lucros ou que custos desnecessários estavam sendo incorridos. O colapso da produção capitalista na verdade parecia iminente, não fossem postas em ação "as forças de repulsão" para criar a estrutura multidivisional.

No entanto, as "forças de repulsão" foram mobilizadas por restrições externas operando por meio do mercado – restrições que obrigaram até as maiores corporações a entrar em algum tipo de submissão à lei do valor. Isso nos leva à questão de como a competição é mantida entre os conglomerados financeiros e o grau em que essa competição produz uma equalização dos preços e dos lucros em todas as unidades econômicas, não importa o seu tamanho ou tipo.

O principal teste do oligopólio e do monopólio está no grau de poder do mercado e na capacidade para ditar preços isentos das pressões competitivas do mercado. Os preços do mercado são igualados aos ditames do monopólio ou de acordo com as estratégias de "liderança do preço" dentro de um oligopólio. As taxas de lucro ainda têm de ser igualadas, mas a equalização é distorcida pelos preços do monopólio que supostamente se desviam dos preços da produção que seriam negociados na competição.

É fácil enfatizar esse argumento. As grandes corporações, operando dentro de um ambiente de mercado oligopolista, estão sujeitas a várias pressões competitivas. Elas competem por meio da diferenciação do produto, da sofisticação do mercado e assim por diante. A separação entre a posse e a gerência também tem um impacto importante sobre a forma que a competição agora assume. Na medida em que a corporação opera sobre fundos emprestados e cria dinheiro por meio do lançamento de ações e bônus, ela entra em uma competição geral por capital monetário. O desempenho de uma empresa é medido em termos da produção (o mais-valor distribuído como lucros para os possuidores de ações e bônus) e das perspectivas para o crescimento em longo prazo. Uma empresa ineficiente e com baixos salários não consegue permanecer viva por muito tempo, não importa qual seja o poder de mercado com relação aos preços.

Por isso a competição assume muitas formas além daquelas associadas à competição pelo preço no mercado. As práticas gerenciais e as reorganizações internalizaram os processos competitivos dentro da empresa (criaram até mercados de trabalho internos), enquanto a competição pelo capital monetário deslocou a sua atenção para os mercados de capital como o meio para disciplinar até a mais poderosa das unidades econômicas. Essas formas de competição podem ser tão efetivas quanto a equalização dos preços e dos lucros, dada a eficiência superior atingida em outros aspectos, como a forma clássica da coordenação do mercado, em que a "mão invisível" supostamente guiava os empresários infalivelmente para se comportarem em conformidade com a lei do valor.

Entretanto, isso não quer dizer que a competição funciona perfeitamente no oligopólio. Na verdade, há muitos problemas resumidos pelas relações entrelaçadas entre as instituições financeiras e as corporações industriais, a proliferação de companhias de *holding* e grandes conglomerados financeiros (que com frequência prestam pouca atenção aos detalhes do gerenciamento cotidiano) etc. Os processos competitivos – de qualquer tipo – estão sempre sujeitos a serem castrados pela centralização excessiva. E o tamanho, o peso e o poder dos agentes econômicos envolvidos significam que se torna cada vez menos certo que as formas de organização capitalistas venham a se aproximar daquele estado de equilíbrio que garantiria a equalização dos preços e dos lucros, além de uma acumulação sustentável.

O problema de manter os processos competitivos através de arranjos organizacionais se torna ainda mais agudo quando consideramos o envolvimento do Estado nas esferas de produção e troca. Estamos falando aqui das variedades de intervenção direta por parte do Estado, em vez de o Estado como protetor dos direitos de propriedade privada, contratos etc., ou o Estado como "gerente" dos processos de produção e reprodução da força de trabalho (por meio de investimentos na saúde, na educação, nos serviços de assistência social etc.). Embora toda a questão do intervencionismo do Estado seja demasiado complexa para ser tratada aqui em profundidade, podemos identificar imediatamente as tendências opostas para a centralização e a descentralização expressas tanto dentro quanto através do aparato do Estado.

Por um lado, vemos o Estado procurando evitar a centralização excessiva, quer regulando as formas de organização capitalistas (por meio de uma série de leis destinadas a evitar o monopólio), quer gerando arranjos administrativos descentralizados dentro de si mesmo. A estrutura política e administrativa do federalismo e a organização da indústria bancária nos Estados Unidos proporcionam exemplos excelentes de arranjos altamente descentralizados mantidos através da própria ação do Estado.

Por outro lado, o governo frequentemente atua no sentido de estimular a centralização do capital. Fusões e incorporações podem ser encorajadas e até subsidiadas como parte de uma política de reorganização industrial patrocinada pelo

Estado. Os empreendimentos de larga escala que estão além do escopo do capital privado podem ser financiados, construídos e até gerenciados pelo governo – por exemplo, nenhuma fábrica de ferro e aço de larga escala foi construída nos últimos anos na Europa sem a extensiva participação do governo. Serviços de utilidade pública, o transporte e as comunicações são campos em que o governo ou participa diretamente ou regulamenta, em parte devido à escala de investimento requerida e em parte porque estamos aqui lidando com "monopólios naturais" que surgem porque é fisicamente impossível ter um grande número de competidores operando na mesma área (quinze diferentes ferrovias entre dois pontos simplesmente não tem sentido). E os governos podem buscar, em determinadas circunstâncias, consolidar a empresa enfraquecida em algum setor-chave da economia e subsidiá-la para baixar o custo dos constantes insumos de capital às empresas privadas. Isso conduz, é claro, a uma distorção dos preços do mercado em relação aos preços da produção, o que pode conduzir a uma reestruturação das taxas de lucro de acordo com as linhas ditadas pelo governo.

As políticas fiscais e monetárias que os governos buscam também têm impactos profundos. Destinadas a manter "a estabilidade e o crescimento econômicos", essas políticas, sejam ou não construídas nos moldes keynesianos, não podem evitar ter implicações para as formas de organização capitalistas. Para começar, a canalização do fluxo de capital por meio do próprio aparato do governo produz poderes fiscais e monetários altamente centralizados para o governo. Os gastos militares e as obras públicas de larga escala podem, em determinadas condições, absorver grandes porções do produto social total. Além disso, as leis que governam a taxação, os arranjos de depreciação etc., que podem ser construídos como parte da série de ferramentas para garantir a estabilidade e o crescimento econômicos, frequentemente têm profundas consequências para a organização corporativa.

Essas são questões muito complexas e que merecem um estudo atento. O propósito de abordá-las aqui é considerar em termos teóricos gerais o grau em que estes tipos de arranjos organizacionais podem possivelmente ser consistentes com a operação da lei do valor como Marx a definia. Aparentemente, pelo menos, as atividades do governo parecem ter pouco ou nada a ver com a manutenção desse processo de troca competitivo por meio do qual a teoria marxiana enxerga a lei do valor operando. O "capitalismo monopolista do Estado", como é às vezes chamado, parece cada vez mais fundamentalmente antagonista à operação da lei do valor do que o capitalismo monopolista ou financeiro[23].

---

[23] Nos últimos anos, a teoria do Estado tem sido objeto de intensa discussão entre os marxistas. O debate tem sido multilateral e impossível de ser resumido em um curto espaço. Ben Fine e Laurence Harris, *Re-Reading Capital*, cit., John Holloway e Sol Picciotto, *State and Capital: a Marxist*

Podemos reduzir a complexidade dessa questão nos concentrando nos mecanismos em que o Estado pode ser disciplinado pelo capital. Infelizmente, isso não resolve todas as dificuldades, mas indica um caminho que podemos seguir para nos livrarmos do que parece ser um sério impasse teórico.

Poderíamos conceber o Estado como politicamente controlado no interesse da classe capitalista. A ideia de que o Estado é "o comitê executivo da burguesia" não é desconhecida nos círculos marxistas. Embora haja com frequência um elemento de verdade em uma concepção desse tipo, não temos necessariamente de invocá-lo aqui, pois há outras forças em ação que podem servir igualmente para disciplinar o Estado às exigências do capital – assumindo, é claro, que os arranjos legais e institucionais básicos do capitalismo sejam preservados. Essas forças são principalmente financeiras. Em primeiro lugar, as taxas – que constituem o cerne da atividade do Estado – são em si uma fatia do mais-valor ou do nosso capital variável. O Estado não pode extrair mais do que alguma "parcela de equilíbrio" de mais-valor ou do capital variável sem destruir fundamentalmente os arranjos distribucionais que dão suporte à circulação do capital. Devemos notar aqui, é claro, que, como a produção e o consumo nunca podem ser equilibrados nas relações de distribuição antagonistas, este se torna um objetivo característico das políticas keynesianas de realizar o impossível – por isso, quanto mais as políticas keynesianas são bem-sucedidas na produção e no consumo equilibrados em longo prazo, mais elas ameaçam as relações de distribuição social que são fundamentais para o capitalismo. Quando a política pública é obrigada a reverter para proteger essas relações de distribuição social, a capacidade para equilibrar a produção e o consumo é imediatamente diminuída.

Em segundo lugar, na medida em que o Estado se engaja na produção direta em uma base de longo prazo, ele em geral tem de pedir emprestado aos mercados de capital. Não pode pedir emprestado o que não está ali e é obrigado a competir, embora em uma base um tanto privilegiada, por sua parcela de capital monetário. Ele deve também pagar uma taxa de retorno sobre o capital que toma emprestado – um retorno

---

Debate, cit., e Erik Olin Wright, *Class, Crisis and the State*, cit., apresentam interessantes perspectivas e sínteses. A maneira que introduzo o Estado na presente discussão sugere certa simpatia pela abordagem defendida por Holloway e Picciotto. Eles defendem uma teoria do Estado materialista construída a partir de um exame cuidadoso do necessário relacionamento entre as formas de Estado por um lado e, por outro, entre as formas de produção e as relações sociais como estão expressas mediante os contraditórios processos de acumulação. Despojada do seu formalismo lógico e potencialmente árido, acredito que essa abordagem tenha muito a oferecer para nos ajudar a entender diversos aspectos do Estado no capitalismo. Se ela pode ou não nos conduzir durante todo o caminho até a completa teoria do Estado é outra questão, sobre a qual não estou preparado para especular nessa conjuntura. Voltarei a isso nos comentários de conclusão desta obra.

que deve vir diretamente da exploração da força de trabalho no setor sob o seu controle ou indiretamente pela taxação do mais-valor produzida em outros lugares.

O que tudo isso significa é que em um ponto ou outro o Estado tem de ser financeiramente responsável em relação aos processos fundamentais da circulação do capital e da produção de mais-valor. Os mecanismos por meio dos quais essa responsabilidade é reiterada são com frequência intrincados e sutis. Mas há exemplos suficientes do exercício bruto dos poderes disciplinares para tornar esse argumento mais do que meramente plausível. Um poder capitalista dominante, como os Estados Unidos, ou uma agência internacional, como o Fundo Monetário Internacional (FMI), provavelmente pressionará muito os governos mais fracos para que se adaptem a determinados padrões de comportamento. A participação do governo em alguns setores considerados do domínio da empresa privada pode ser reduzida, contendo a centralização excessiva do poder econômico dentro do governo. Exigências severas podem ser impostas às operações das empresas estatais (com respeito à sua eficiência e lucratividade, por exemplo) quando os governos buscam apoio financeiro. A Grã-Bretanha, a Itália e Portugal estão entre os vários países que têm sido financeiramente disciplinados pelo FMI nos últimos anos. O governo da cidade de Nova York também foi similarmente disciplinado por forças mobilizadas dentro do sistema financeiro dos Estados Unidos no período de 1973 a 1978.

Uma conclusão razoável que podemos extrair disso é que Estados que se afastam demais das formas organizacionais e das políticas que são consistentes com a circulação do capital, com a preservação dos arranjos distribucionais do capitalismo e com a produção sustentada do mais-valor logo se veem em dificuldades financeiras. A crise fiscal, em suma, se transforma no meio em que a disciplina do capital pode ser fundamentalmente imposta a qualquer aparato do Estado que permaneça dentro da órbita das relações de produção capitalistas.

Ao que parece, toda a história da mudança organizacional no capitalismo pode ser interpretada como uma progressão ditada por uma luta em busca da perfeição na operação da lei do valor. Por esse relato, o capitalismo se tornou mais, e não menos, receptivo à lei do valor. A aparência superficial de um movimento afastado da competitividade e em direção às formas de monopólio e monopólio estatal – embora descritivamente precisa em alguns aspectos – ao ser inspecionada torna-se histórica e teoricamente equivocada, se considerada de forma literal. O capitalismo nunca foi perfeitamente competitivo ou mesmo remotamente situado em conformidade com esse ideal. Lutando para se tornar mais competitivo, o capitalismo desenvolveu estruturas que divergem de uma imagem predominante do que deve parecer uma organização verdadeiramente competitiva. Mas em suas práticas ele desenvolveu novos modos de competição que permitem que a lei do valor opere de maneiras diversas, mas cada vez mais efetivas. A vida diária para a massa das pessoas mantidas cativas nas relações sociais do capitalismo passou a ser cada vez mais competitiva. A competição no estágio internacional se aviva; a disciplina dos governos pelos mecanismos financeiros torna-se parte da nossa dieta diária de notícias. Os gerentes divisionais sentem a borda afiada da competição diariamente em suas comunicações com a gerência central. De todos esses pontos de vista, percebemos as leis de movimento do capitalismo ainda no curso da perfeição, a lei do valor finalmente se envolvendo em si mesma como o ditador absoluto de nossas vidas.

Mas dizer que a lei do valor está sendo aperfeiçoada não sugere que estejamos entrando em uma era de harmonia capitalista. Longe disso. A lei do valor incorpora contradições e os arranjos organizacionais que são moldados de acordo com seu funcionamento não podem, em tais circunstâncias, estar isentos de contradições. O resultado é uma tendência de instabilidade organizacional dentro do modo de produção capitalista[24].

O impulso para controlar todos os aspectos da produção e da troca tende a criar uma supercentralização dos capitais – tanto no setor privado quanto no estatal –, que é na verdade uma ameaça à perpetuação da própria produção capitalista. Na medida em que as forças mitigadoras que contribuem para a descentralização são difíceis de entrar em movimento, o sistema entra em estagnação, fica atolado e é mantido cativo pelo peso e a complexidade da sua própria estrutura organizacional. Inversamente, a descentralização excessiva e a oportunidade e o capricho do mercado podem criar tal clima de incerteza, tantas lacunas entre a produção e a negociação, que isso também tem de ser compensado por movimentos rumo à centralização. O ponto de equilíbrio entre essas duas tendências opostas é inerentemente instável. Ele é, no máximo, atingido apenas por acaso, e não há mecanismos para impedir as relações antagonistas do capitalismo que empurram as estruturas organizacionais para o desequilíbrio. Nesse ponto podemos perceber que as crises têm um papel construtivo a desempenhar não somente impondo novas tecnologias no sentido estrito, mas também forjando novas estruturas organizacionais que estejam mais de acordo com a lei do valor, na medida em que proporcionem a base para uma acumulação renovada mediante a produção de mais-valor. Entretanto, esta é uma questão que vamos retomar no capítulo 7.

Além disso tudo, existe uma ironia ainda mais profunda. A lei do valor é um produto social. E a relação social que está no fundo dela não é outra senão aquela que existe entre o capital e o trabalho. Mas a própria lei do valor envolve toda uma

---

[24] Rudolf Hilferding, em *Le capital financier*, cit., observou muito claramente que o impacto do oligopólio, dos cartéis etc. distorceu os preços da produção ainda mais do que aconteceria de outro modo, e que, por isso, a monopolização tendeu a exacerbar, em vez de sanar, os problemas fundamentais da instabilidade.

5. A organização mutante da produção capitalista / 223

série de transformações organizacionais que não podem ser realizadas sem uma transformação simultânea das relações de classe. A ascensão de uma "classe gerencial", separada e distinta dos donos do capital, das estruturas de intervenção e regulação do governo, de disposições cada vez mais hierárquicas na divisão do trabalho; a emergência de burocracias corporativas e governamentais – tudo isso obscurece o capital simples – a relação de trabalho que dá suporte à própria lei do valor[25].

O fato de essas extensas mudanças sociais serem o produto da lei do valor não deve ser encarado com surpresa. Isso simplesmente confirma a proposição marxista básica da qual partimos. Procuramos criar uma estrutura tecnológico-organizacional apropriada para um conjunto particular de relacionamentos sociais, apenas para descobrir que estes últimos precisam mudar para se acomodar à primeira – ao tentar mudar o mundo, mudamos a nós mesmos. Ou, colocando na forma marxiana mais clássica, a resolução de um conjunto de contradições dentro do aparato social e tecnológico do capitalismo inevitavelmente engendra outras. As contradições são replicadas em formas novas e frequentemente mais confusas. E é, evidentemente, a elaboração de tal processo que está escrito na história das formas de organização capitalistas e nas transformações que elas sofreram.

---

[25] Observamos no capítulo 4, seção I, que a transformação do processo de trabalho tendeu para uma capacidade cada vez maior para obscurecer a origem do lucro no mais-valor, e aqui vemos a imagem refletida daquela ideia como está expressa nas formas de organização capitalistas. Tudo isso indica que o tema do necessário fetichismo que Marx enuncia nessa extraordinária passagem no primeiro volume de *O capital* é mais relevante do que nunca para o nosso entendimento do mundo.

6. A DINÂMICA DA ACUMULAÇÃO

O capitalismo é extremamente dinâmico e inevitavelmente expansionista. Impulsionado pelo motor da acumulação e abastecido pela exploração da força de trabalho, constrói uma força revolucionária permanente que constantemente reformula o mundo em que vivemos. Como podemos representar e analisar a dinâmica complexa – as leis internas do movimento – do modo de produção capitalista?

Marx lida com essa questão criando várias "representações abstratas" dos processos de produção e circulação do capital. Ele então trata tais representações como "objetos teóricos", investiga sistematicamente suas propriedades, e assim constrói vários "modelos" da dinâmica da acumulação. Cada "modelo" cria uma "janela" ou ponto de observação a partir do qual se pode ver um processo extraordinariamente complexo.

Em *O capital* são apresentados três "modelos" importantes da dinâmica da acumulação. Esses modelos refletem a maneira pela qual o "objeto teórico" é constituído em cada um dos três livros da obra. No primeiro livro, Marx procura revelar a origem do lucro em um processo de produção realizado sob a égide do relacionamento social entre o capital e o trabalho. A teoria do mais-valor é construída e elaborada sobre os processos da mudança tecnológica e organizacional, e grande ênfase é neles colocada. Mas questões ou dificuldades que podem estar ligadas à circulação do capital estão inteiramente excluídas da análise sob a simples suposição de que os capitalistas não experimentam dificuldade em dispor das mercadorias que produzem. Isso deixa Marx livre para constituir seu primeiro modelo da acumulação, que aborda as condições sociais e tecnológicas que fixam a taxa de exploração. O modelo, embora firmemente ancorado no domínio teórico da *produção*, lida com a *distribuição* dos valores produzidos entre os capitalistas e os trabalhadores. O modelo é apresentado em termos duros, rigorosos e inflexíveis.

O segundo livro de *O capital* se concentra na circulação do capital durante todas as suas fases:

$$D - M \begin{pmatrix} T \\ Mp \end{pmatrix} \ldots P \ldots M' - D' \text{ (etc.)}$$

A produção e a aquisição de força de trabalho são encaradas como "momentos" relativamente não problemáticos nesse processo. A atenção está voltada aos problemas que surgem quando o capital se move de um estado para outro e às relações de troca que devem prevalecer para o capital ser negociado. A mudança tecnológica é muito pouco enfatizada e as grandes linhas da luta de classes, tão evidentes no primeiro modelo, desaparecem quase inteiramente do quadro. Isso permite a Marx construir um "modelo" de acumulação totalmente diferente por meio da reprodução da circulação do capital. O modelo está fundamentado no domínio teórico da *circulação do capital e da troca*, e trata das condições de negociação do capital por meio do consumo (ver capítulo 3). Mas isso é argumentado de modo mais imaginativo e tentativo do que rigoroso.

A intenção no terceiro livro de *O capital* é sintetizar os achados dos dois primeiros livros e construir um modelo que integre o relacionamento de produção e distribuição com as exigências da produção e da negociação. Um modelo sintético da dinâmica capitalista – da "produção capitalista como um todo" – é construído em torno do tempo da "taxa em queda do lucro e de suas tendências contrárias". Esse modelo, enganosamente simples na sua forma, é utilizado como um veículo para expor as várias forças que contribuem para o desequilíbrio no capitalismo e, desse modo, proporcionar uma base para o entendimento da formação e resolução da crise. Infelizmente, o modelo faz muito pouca referência aos achados do segundo livro e, por isso, carece de um terreno firme em um domínio teórico que deve abranger conjuntamente a produção e a circulação. Então, o modelo tem de ser tratado como uma tentativa preliminar e bastante incompleta de entender um problema difícil e complexo. O que em seguida veremos é até que ponto esse terceiro modelo é incompleto.

A intenção deste capítulo é resumir as características de cada um desses "modelos" de acumulação e avaliar suas deficiências e também os *insights* que eles geram. Como Marx, tentarei apresentar o argumento de tal maneira que as contradições fundamentais inerentes entre a *produção* e a *troca*, entre as exigências de equilíbrio para a produção do mais-valor e a circulação do capital, evidenciem-se. Essas contradições realmente proporcionam uma base válida para o entendimento da formação e da resolução das crises no capitalismo. A mecânica real desse processo, tão vital para a lógica interna do capitalismo, será abordada no capítulo 7.

I. A PRODUÇÃO DO MAIS-VALOR E A LEI GERAL DA ACUMULAÇÃO CAPITALISTA

Se, como Marx afirma, "a vocação histórica do período burguês" é "a acumulação pela acumulação, a produção pela produção"[1], então uma parte do mais-valor deve ser convertida em novo capital para produzir mais mais-valor. Próximo ao fim do primeiro livro, Marx explica claramente a "influência do crescimento do capital no destino das classes trabalhadoras" e, no processo, constrói um modelo da dinâmica da acumulação. Algumas suposições são tacitamente incorporadas para facilitar a argumentação. Há apenas duas classes na sociedade: capitalistas e trabalhadores. Os primeiros são obrigados pela competição a reinvestir pelo menos parte do mais-valor do qual se apropriam para garantir sua própria reprodução como classe. Os trabalhadores, aos quais é negado qualquer acesso aos meios de produção, são inteiramente dependentes do emprego proporcionado pelos capitalistas para garantir sua sobrevivência (a classe trabalhadora não pode produzir nada para si). Os capitalistas não encontram barreiras para a disponibilização das mercadorias em seu valor. Os custos da circulação, assim como todos os custos da transação, são ignorados. A economia é considerada um simples agregado, de forma que as relações insumo-produto entre os diferentes setores podem ser ignorados.

Em uma economia tão extremamente simplificada há apenas duas formas de receita: salários e lucros agregados, ou, como foi conceituado em termos de valor, capital variável e mais-valor. Como sm/v representa a taxa de exploração, podemos explorar algumas facetas do "destino do trabalhador" examinando as mudanças na taxa de exploração nas relações sociais da produção e da troca capitalistas. Fazer isso requer que examinemos as partes relativas do capital variável (o total dos encargos salariais) e o mais-valor (antes da distribuição) no produto social total. Embora Marx conduza a análise em termos de valor, há um apelo tácito aos preços do mercado porque os salários são considerados livres para variar a partir do valor básico da força de trabalho. A taxa salarial, a taxa real da exploração, é fixada pela oferta e demanda de força de trabalho. O que Marx tem de explicar agora é como as realidades da oferta e da demanda do cotidiano são estruturadas a fim de garantir uma taxa de exploração consistente com as exigências da acumulação.

Marx constrói duas versões do seu modelo de acumulação. A primeira exclui as mudanças tecnológicas e organizacionais e presume que as produtividades físicas e de valor da força de trabalho continuam constantes. A acumulação nessas condições envolve um desembolso crescente do capital variável. Por isso, ele "reproduz a

---

[1] Karl Marx, *O capital*, Livro I, cit., p. 670.

relação capitalista em escala ampliada – de um lado, mais capitalistas, ou capitalistas maiores; de outro, mais assalariados". Em outras palavras, a "acumulação do capital é, portanto, multiplicação do proletariado"[2].

De onde vem esse aumento na oferta de força de trabalho? Podemos vislumbrar um aumento na população total ou uma participação cada vez maior de uma população existente na força de trabalho. Esse aumento quantitativo não é necessariamente acompanhado por qualquer aumento na taxa de exploração – a massa de força de trabalho explorada simplesmente aumenta para acompanhar a acumulação. Na verdade, o destino do trabalhador pode melhorar. Os salários podem aumentar e podem continuar aumentando, contanto que isso não interfira no progresso da acumulação. No entanto, se os salários subirem acima do valor da força de trabalho de tal maneira que a acumulação diminua, então a taxa de acumulação será ajustada:

> uma parte menor da renda é capitalizada, a acumulação desacelera e o movimento ascensional do salário recebe um contragolpe. O aumento do preço do trabalho é confinado, portanto, dentro dos limites que não só deixam intactos os fundamentos do sistema capitalista, mas asseguram sua reprodução em escala cada vez maior.[3]

A velocidade da acumulação parece se mover no sentido inverso ao da taxa salarial. Mas Marx insiste que, apesar das aparências, a acumulação permanece uma variável independente, e a taxa salarial, a variável dependente. Afinal, em primeiro lugar, foi a acumulação pela acumulação que obrigou a taxa salarial a aumentar, empurrando a demanda por força de trabalho acima e além de sua oferta disponível.

A primeira versão desse modelo nos permite explicar as oscilações de curto prazo nas taxas salariais em relação às flutuações na velocidade da acumulação. A taxa da exploração real, representada pelos salários, flutua em torno do valor de equilíbrio básico da força de trabalho. Mas não há nada na especificação do modelo que garanta que importantes saídas do equilíbrio não ocorram em longo prazo. Diante das fortes barreiras a qualquer aumento na oferta de força de trabalho, as taxas salariais poderiam aumentar tão acima do valor da força de trabalho que praticamente nada seria deixado para a acumulação. Nessas condições, a reprodução do capitalismo estaria ameaçada.

E assim Marx constrói sua segunda versão do modelo de acumulação. Ele agora abandona a suposição de que as produtividades físicas e de valor do trabalho per-

---

[2] Ibidem, p. 690.
[3] Ibidem, p. 697.

manecem constantes. As mudanças tecnológicas e organizacionais podem ser usadas como meios para manter a acumulação diante da escassez de mão de obra. Reduzindo a demanda por capital variável em relação ao capital total adiantado, essas mudanças diminuem a taxa salarial e, desse modo, permitem um aumento na taxa real de exploração. Segundo Marx, esse resultado é alcançado aumentando-se a composição de valor do capital. Por isso, um aumento na "produtividade do trabalho social se converte na mais poderosa alavanca da acumulação"[4].

Marx especifica os mecanismos exatos que permitem uma taxa crescente de exploração a ser atingida, não importa qual seja a velocidade da acumulação. As mudanças tecnológicas e organizacionais reduzem a demanda por trabalho em relação à oferta disponível, que é produzida por uma "população excedente relativa" ou um "exército industrial de reserva". Em resumo, uma parte da força de trabalho é dispensada do trabalho e substituída por máquinas.

> Mas se uma população trabalhadora excedente é um produto necessário da acumulação [...], essa superpopulação se converte, em contrapartida, em alavanca da acumulação capitalista, e até mesmo numa condição de existência do modo de produção capitalista. Ela constitui um exército industrial de reserva disponível, que pertence ao capital de maneira tão absoluta como se ele o tivesse criado por sua própria conta. Ela fornece a suas necessidades variáveis de valorização o material humano sempre pronto para ser explorado, independentemente dos limites do verdadeiro aumento populacional.[5]

Esse desemprego induzido pela tecnologia não só proporciona uma fonte de reserva de força de trabalho para facilitar a conversão de mais-valor em novo capital variável como também exerce uma pressão para baixar as taxas salariais:

> Nos períodos de estagnação e prosperidade média, o exército industrial de reserva pressiona o exército ativo de trabalhadores; nos períodos de superprodução e paroxismo, ele barra suas pretensões. A superpopulação relativa é, assim, o pano de fundo sobre o qual se move a lei da oferta e da demanda de trabalho. Ela reduz o campo de ação dessa lei a limites absolutamente condizentes com a avidez de exploração e a mania de dominação próprias do capital.[6]

Nós finalmente descobrimos aqui o segredo desses mecanismos que mantêm a parcela dos salários no produto total naquela proporção "absolutamente conve-

---

[4] Ibidem, p. 698.
[5] Ibidem, p. 707.
[6] Ibidem, p. 714.

niente" à acumulação do capital (ver capítulo 2). A mudança tecnológica, amplamente sob o controle dos capitalistas, pode ser utilizada para garantir que a taxa de exploração seja mantida próxima de uma condição de equilíbrio definida pelas exigências da acumulação. Não há nada que garanta que esse equilíbrio será realmente atingido. As oscilações clínicas nas parcelas relativas de salários e lucros vão refletir a "a formação constante, sobre a maior ou menor absorção e sobre a reconstituição do exército industrial de reserva ou superpopulação"[7].

As taxas salariais podem também ser sistematicamente mantidas comprimidas abaixo do valor da força de trabalho em determinadas condições. Vimos no capítulo 4 que a mudança tecnológica tem suas origens na competição e também na necessidade de lidar com a escassez de mão de obra ou com a exacerbação da luta de classes. O aumento do exército industrial de reserva só enfraquece o estímulo para a mudança tecnológica quando as taxas salariais caem tanto que o capital fixo custa mais que a mão de obra a que ele é destinado a suplantar. Inversamente, as taxas salariais só param de cair quando o estímulo para a mudança tecnológica fica enfraquecido. Não há nada que garanta que o limite inferior estabelecido para as taxas salariais por considerações desse tipo corresponderá ao salário de equilíbrio requerido para a acumulação equilibrada. Assim, fica montado o cenário para a derivação do famoso teorema de Marx relacionado ao inevitável e progressivo empobrecimento do proletariado.

O teorema é derivado muito naturalmente das suposições incorporadas nesse modelo de acumulação. Marx mostra que a acumulação e a mudança tecnológica no capitalismo significam um aumento no número absoluto de desempregados – uma tendência que, nas suposições do modelo, só poderia ser revertida brevemente em períodos de extraordinária expansão. O desemprego e o emprego são produzidos pelo capital. Consequentemente, a classe trabalhadora fica diante de uma crise endêmica com respeito à segurança no emprego, taxas salariais, condições de trabalho etc.

As forças que contribuem para um "aumento do proletariado" são tão poderosas que podem, a menos que contidas, reduzir os trabalhadores a "meras condições animais de existência". A única restrição que existe na suposição do modelo de Marx é aquela associada ao incentivo diminuído para inovar quando as taxas salariais caem a níveis ainda mais baixos. Como essa restrição é relativamente fraca, a lei geral da acumulação realmente implica o aumento da proletarização da população e o aumento do empobrecimento. Isso é frequentemente encarado como uma das "previsões" equivocadas de Marx em relação ao futuro da classe trabalhadora no capitalismo. Embora Marx não fosse de modo algum contrário a explorar tal proposição

---

[7] Ibidem, p. 708.

politicamente, esta não é na verdade uma previsão, mas uma proposição inteiramente contingente sobre as suposições do primeiro modelo de acumulação. O fato de existirem outras influências contrárias em ação vai se tornar aparente quando examinarmos o segundo modelo de acumulação mediante a reprodução expandida.

Há três conclusões fundamentais a serem extraídas do primeiro modelo de acumulação de Marx. Em primeiro lugar, a acumulação do capital está estruturalmente ligada à produção do desemprego e, por isso, gera uma crise endêmica de intensidade flutuante para grande parte da classe trabalhadora. Em segundo lugar, as forças que regulam as taxas salariais tendem a conservá-las abaixo desse nível requerido para manter o crescimento equilibrado. Essa segunda conclusão é vital para o argumento apresentado nos segundo e terceiro modelos de acumulação. Em terceiro lugar, o controle capitalista sobre a oferta de força de trabalho (mediante a produção de um exército industrial de reserva) destrói a força de trabalho dentro do processo do trabalho e inclina o equilíbrio da luta de classes na produção para a vantagem do capital (ver capítulo 4).

Toda a estrutura teórica que Marx constrói para derivar a lei geral da acumulação capitalista se baseia em algumas suposições fortes e bastante restritivas. Embora algumas destas sejam abandonadas no curso da análise subsequente, outras permanecerão incontestadas. É a estas últimas suposições que vamos nos referir agora.

Considere, por exemplo, a definição do valor da força de trabalho. A mudança tecnológica, que reduz o valor das necessidades, pode reduzir o valor da força de trabalho e, por conseguinte, gastar em capital variável sem de maneira alguma diminuir o número de trabalhadores empregados ou o seu padrão de vida. Esta é, como já vimos, uma fonte de valor excedente relativo para o capitalista. Mas também significa que a parcela dos salários no produto social total pode estar diminuindo, enquanto o padrão de vida real do trabalhador, medido em termos de valor de uso, permanece constante ou até aumenta (ver capítulo 2). Marx não inclui essa possibilidade em seu modelo e presume, na verdade, que o valor das mercadorias requeridas para reproduzir a mão de obra em um determinado padrão de vida (medido em termos de valor de uso) permanece constante ao longo do tempo. O empobrecimento dos trabalhadores é julgado em relação a esse padrão. Sob essas suposições, qualquer queda na parcela de capital variável no produto social total pode ser automaticamente representada como o empobrecimento absoluto do proletariado.

A suposição de que a família do trabalhador não tem capacidade para produzir para si mesma e de que o valor da força de trabalho é inteiramente definido pela troca de mercadorias no mercado também cria problemas, de interesse tanto teórico quanto histórico. Na medida em que os trabalhadores consigam se sustentar, o valor da força de trabalho diminui e a taxa de acumulação aumenta. Desse ponto de vista, é do interesse dos capitalistas pressionar o máximo possível os custos da reprodução da força de trabalho de volta à estrutura da vida familiar (e por isso geralmente sobre os ombros das mulheres)[8]. Isso então significa que os trabalhadores precisam ter pelo menos um acesso limitado aos seus próprios meios de produção. Mas se os trabalhadores puderem cuidar em parte das suas próprias necessidades de reprodução, então eles terão menos necessidade de participar como trabalhadores assalariados e certamente serão mais resilientes quando se tratar de greves e de outras formas de luta trabalhista. Desse ponto de vista, é do interesse da classe capitalista aumentar a dependência dos trabalhadores da troca de mercadorias, mas isso significa permitir um padrão de vida ascendente do trabalhador e um aumento no valor da força de trabalho.

Os capitalistas individuais, na livre busca de seus interesses materiais imediatos e individualizados, sem dúvida farão tudo o que puderem para manter os salários baixos. Por isso, a "tendência constante do capital é obrigar o custo da mão de obra a voltar a [...] zero". Quanto mais bem-sucedidos forem nesse empreendimento, menos controle poderão exercer sobre a força de trabalho: "se os trabalhadores pudessem viver de ar, tampouco seria possível comprá-los por preço algum"[9]. Por isso, há um conflito potencial entre a necessidade de economizar nos gastos de capital variável para aumentar a taxa de exploração, e a necessidade de controlar a força de trabalho por fortes vínculos de dependência econômica. Somente quando os trabalhadores são totalmente dependentes dos capitalistas para a manutenção de um padrão de vida razoável o capitalista poderá reivindicar o poder para dominar a força de trabalho no local de trabalho.

Essa contradição tem desempenhado um papel importante na história do capitalismo e, aparentemente, tem tido muito a ver com as mudanças nos padrões de vida, mudanças no processo de trabalho familiar, mudanças no papel das mulheres na família, na estrutura da vida familiar, nos estados de consciência de classe, nas formas de luta de classes etc. Marx exclui essas considerações do seu modelo de acumulação. Dificilmente podemos culpá-lo por isso, pois são questões difíceis e complexas. Entretanto, um escrutínio crítico das suposições em seu modelo nos permite gerar algumas especulações interessantes nas forças contraditórias que dominam a história capitalista.

---

[8] É nesse contexto que temos de considerar a questão do papel da família na determinação do valor da força de trabalho. Ver, em *New Left Review*, o debate subsequente à publicação do artigo de Wally Seccombe ("The Housewife and Her Labour under Capitalism", 1974), Conference of Socialist Economists ("On the Political Economy of Women", 1976). Ver ainda Susan Himmelweit e Simon Mohun, "Domestic Labour and Capital", *Cambridge Journal of Economics*, 1977, e Ellen Malos, *The Politics of Housework* (Londres, Allison & Busby, 1980).

[9] Karl Marx, *O capital*, Livro I, cit., p. 675.

As mudanças evidentes no padrão de vida material do trabalhador nos países capitalistas avançados refletem uma extensão do controle do capital sobre o trabalho mediante a maior dependência material que um padrão de vida ascendente induz? Essa tendência para o controle também significa uma tendência secular para reduzir o grau em que os trabalhadores e suas famílias têm de arcar com seus próprios custos de reprodução? Esses são os tipos de perguntas que podem ser formuladas[10].

Mas, mais importante que tudo, isso nos leva a considerar o muito surpreendente fracasso de Marx em realizar qualquer estudo sistemático dos processos que governam a produção e a reprodução da força de trabalho. A força de trabalho é, afinal, a única mercadoria fundamental para todo o sistema de produção capitalista. É também a única mercadoria que não é produzida diretamente nas relações de produção capitalistas. É produzida por um processo social em que a família da classe trabalhadora teve, e ainda tem, um papel fundamental a desempenhar no contexto das instituições sociais e tradições culturais que podem ser influenciadas pela burguesia e compensadas por todo tipo de intervenções do Estado, mas que, na análise final, estão sempre dentro do domínio da vida da classe trabalhadora. Como a quantidade e qualidade da oferta de trabalho é uma característica importante para a lei geral da acumulação capitalista, podemos esperar que Marx faça alguma referência a ela, nem que seja apenas para protelar adiante considerações mais detalhadas a seu respeito. Entretanto, um papel muito pequeno é dado ao problema e, certamente, ele não será retomado adiante. Essa omissão talvez seja uma das mais sérias de todas as lacunas na teoria de Marx, e uma que está se comprovando extremamente difícil de fechar, ainda que apenas porque as relações entre a acumulação e os processos sociais de reprodução da força de trabalho estão ocultas em tal labirinto de complexidade que parecem desafiar a análise[11].

---

[10] Na medida em que um padrão de vida material ascendente da força de trabalho aumenta a dependência dos trabalhadores e de suas famílias do capital, isso pode ser associado a um grau maior de cooperação e negociação do tipo que Michael Burawoy ("Toward a Marxist Theory of the Labor Process: Braverman and Beyond", cit.) relata. Os capitalistas supostamente estão conscientes do benefício que terão no aumento da dependência e, certamente, mediante a ação do Estado, saindo com frequência do seu caminho para encorajar o crescente endividamento etc.

[11] Esse é um tópico que garante uma análise histórica e teórica extensiva. Francis Thompson (*English Landed Society in the Nineteenth Century*, Londres, Routledge/Kegan Paul, 1963), John Foster (*Class Struggle in the Industrial Revolution*, Nova York, St. Martin's Press, 1975), Joan Scott e Louise Tilly (*Women, Work and Family*, Nova York, Holt, Rinehart and Winston, 1975), Claude Meillassoux (*Maidens, Meal and Money*, Londres, Cambridge University Press, 1981) e muitos outros assumiram a tarefa, enquanto a literatura feminista tem questionado muitas das ideias marxistas tradicionais e reformulado tanto o conteúdo quanto a direção da discussão de maneiras importantes – ver, por exemplo, Zillah Eisenstein, *Capitalist Patriarchy and the Case for Socialist Feminism* (Nova York, Monthly Review, 1979); Jane Humphries, "Class Struggle and the Persistence of the Working-Class Family", *Cambridge Journal of Economics*, 1977, Heidi Hartmann, "The Unhappy

Poderíamos defender Marx dessa crítica apontando que o propósito da lei geral da acumulação era estabelecer que o capital produzido em um exército industrial de reserva, não importa qual a oferta de mão de obra, e que poderíamos explicar a pobreza e o desemprego sem referência aos processos de reprodução social que eram frequentemente invocados, embora mal-entendidos, pelos economistas políticos clássicos. Os ataques de Marx à teoria da população malthusiana – uma teoria que Ricardo aceitava com alegria e acriticamente – eram explícitos e violentos. Mas Marx se queixava amargamente da visão malthusiana de uma lei supostamente "natural" da população. Marx argumentava que não existe essa "lei universal da população", mas que "cada modo de produção particular na história tem suas leis de população particulares, historicamente válidas"[12]. O que a lei geral da acumulação faz, com muito sucesso, é demonstrar que a produção de uma população excedente relativa por parte do capital subjaz "à pretensa 'lei natural da população'" que Malthus formulou e que Ricardo aceitou.

Entretanto, surgem problemas assim que procuramos empurrar a lei geral da acumulação para um território mais realista. Marx aconselha que, para fazer dessa uma teoria de acumulação e crescimento da população ela teria de ser construída como um todo integrado. A acumulação, declara ele, envolve como "condição fundamental o máximo crescimento da população – das capacidades de trabalho vivas"[13]. Além disso, "para a acumulação ser um processo contínuo e estável, esse crescimento absoluto da população – embora possa ser decrescente em relação ao capital empregado – é uma condição necessária. Uma população crescente parece ser a base da acumulação como um processo contínuo"[14]. O aumento da população, como diz Sweezy, parece ser uma importante suposição oculta na lei geral da acumulação capitalista. Ou seja, parece que os processos que Marx invoca não poderiam operar efetivamente em condições de declínio absoluto da população, e que quanto mais rápida for a velocidade da expansão na oferta de mão de obra por meio do crescimento populacional, menos marcadas se tornariam as flutuações cíclicas[15].

Marriage of Marxism and Feminism: Towards a More Progressive Union", *Capital and Class*, 1979; e a introdução de Eleanor Leacock a Engels, *The Origin of the Family, Private Property and the State* (Nova York, International Publishers, 1942). Ver também Eli Zaretsky, *Capitalism, the Family and Personal Life* (Londres, Pluto, 1976), Jacques Donzelot, *The Policing of the Families: Welfare versus the State* (Nova York, Pantheon Books, 1979) e Michel Merignas, "Travail social et structures de classe", *Critiques de l'Économie Politique*, 1978.

[12] Karl Marx, *O capital*, Livro I, cit., p. 707.
[13] Idem, *Grundrisse*, cit., p. 506.
[14] Idem, *Theories of Surplus Value*, cit., parte 2, p. 47; cf. *Grundrisse*, cit. p. 323s.
[15] Ver Paul Sweezy, *The Theory of Capitalist Development*, cit., p. 222-6, e Michio Morishima e George Catephores, *Value, Exploitation and Growth*, cit.

Mas somos providos com poucas ideias sobre os mecanismos que vinculam o crescimento da população com a acumulação. Quando se trata das características que promovem uma alta taxa de crescimento da população (idade precoce do casamento, taxas de natalidade crescentes etc.), Marx não interpreta muito diferentemente de Malthus. O único acréscimo que ele faz, e este de grande importância, é que a família trabalhadora, com o acesso negado aos meios de produção, lutaria tanto em períodos de prosperidade quanto em períodos de depressão para acumular a única forma de "propriedade" que possuía: a própria força de trabalho[16]. Mas as leis do crescimento da população no capitalismo – se é que existem tais leis – ainda têm de ser especificadas. E Marx parece estar atolado no mesmo pântano da ignorância que seus contemporâneos com respeito aos processos de reprodução da força de trabalho.

A força de trabalho pode também ser expandida pelo aumento da proporção da participação da população total como trabalhadores assalariados. Esse exército industrial de reserva "latente", como Marx o chama, pode existir de várias formas: mulheres e crianças na família ainda não empregadas como trabalhadores assalariados, proprietários camponeses e trabalhadores especializados independentes, artesãos de todos os tipos e uma série de outros que podem ganhar a vida sem vender sua força de trabalho como uma mercadoria. Marx declara que a expansão do modo de produção capitalista tende a ser destrutiva de todas essas formas sociais – muitas das quais são relíquias de um sistema econômico pré-capitalista – e a aumentar a proporção da população que tem de vender sua força de trabalho para sobreviver. Na própria época de Marx essa proporção era relativamente pequena, mesmo nos países capitalistas avançados, como a Grã-Bretanha. Somente em épocas muito recentes as relações sociais do capitalismo penetraram lentamente em todas as esferas da vida para tornar o trabalho assalariado a condição geral da existência. Nesse aspecto, nos encontramos nos movendo progressivamente na direção de uma perfeição dessas condições que permitem que a lei do valor opere de maneira irrestrita. Entretanto, a criação do proletariado moderno não foi uma questão fácil, e, desde os primeiros momentos da acumulação primitiva até o presente, envolveu a expropriação violenta, esquemas de todos os tipos e não poucas trapaças. Por isso, a mobilização de um exército industrial de reserva não deve ser encarada como uma tarefa simples ou facilmente realizável[17].

A expansão da oferta de trabalho por esses meios atinge seus limites quando toda a população fisicamente apta participa da força de trabalho. Embora esse limi-

---

[16] Karl Marx, *O capital*, Livro I, cit., p. 786.
[17] Ainda vale a pena ler o estudo de Lenin sobre *The Development of Capitalism in Russia* (Moscou, Foreign Languages, 1956 [ed. bras.: *O desenvolvimento do capitalismo na Rússia*, São Paulo, Abril Cultural, 1982]).

te esteja próximo de ser atingido em algumas economias industriais avançadas, há maciças reservas de força de trabalho em outras partes do mundo. A história do capitalismo está repleta de exemplos de economias pré-capitalistas que foram destruídas e de suas populações proletarizadas pelas forças do mercado ou por violência física. Isso aconteceu com os irlandeses em meados do século XIX (este era um dos exemplos favoritos de Marx), mas podemos ver os mesmos processos em ação hoje, quando mexicanos e porto-riquenhos são inseridos na força de trabalho nos Estados Unidos; quando os algerianos se tornam parte do proletariado francês; quando iugoslavos, gregos e turcos tornam-se parte da força de trabalho sueca, e assim por diante. Tudo isso nos leva ao limiar de outro problema que diz respeito à lei geral da acumulação capitalista – as mobilidades relativas do capital e do trabalho no cenário mundial (ver capítulo 12).

A mobilização de um exército industrial de reserva – particularmente a porção "latente" – depende da mobilidade social e geográfica do trabalho e do capital. Com respeito ao trabalho, por exemplo, "quanto mais rapidamente a força de trabalho pode ser transferida de uma esfera para outra e de um local de produção para outro", mais rapidamente a taxa de lucro pode ser igualada e a paixão pela acumulação satisfeita[18]. Uma força de trabalho extremamente móvel torna-se uma necessidade para o capitalismo. Mas aqui também podemos localizar uma contradição. O exército industrial de reserva só pode desempenhar o seu papel nas taxas salariais deprimidas se permanecer atuando como uma ameaça permanente àqueles já empregados. A força de trabalho não pode ser tão móvel a ponto de escapar inteiramente do controle do capital. Nesse aspecto, a mobilidade superior do capital no cenário mundial, impedindo as possibilidades de fuga no mundo todo, e atraindo cada vez mais da população do mundo para relações de troca de mercadorias, ou mesmo para relações de produção capitalistas, torna-se vital para a sustentação da acumulação pela acumulação.

Os aspectos sociológicos, demográficos e geográficos da oferta de trabalho são importantes para qualquer teoria geral da acumulação. Mas eles não podem ser aceitavelmente colocados de lado quando se considera o principal propósito de Marx ao construir esse primeiro modelo de acumulação. O que Marx demonstra de maneira convincente, rigorosa e brilhante é que se a miséria, a pobreza e o desemprego são encontrados no capitalismo, eles têm de ser interpretados como o produto desse modo de produção e não atribuídos à "natureza". Uma teoria mais geral da acumulação requer, no entanto, o abandono das suposições mais restritivas, e isso Marx passa a fazer em seu segundo e terceiro modelos.

---

[18] Karl Marx, *Capital*, Livro III, cit., p. 196.

II. A ACUMULAÇÃO MEDIANTE A REPRODUÇÃO EXPANDIDA

No fim do segundo livro de *O capital*, Marx tira a acumulação do reino da produção e molda suas características no reino da troca. Os modelos da "reprodução expandida" exploram as condições que permitiriam que a acumulação prosseguisse de maneira equilibrada mediante as trocas de mercadorias entre diferentes seções ou "setores" de uma economia. Os "esquemas de reprodução" que Marx constrói continuaram a fascinar desde então tanto escritores marxistas quanto não marxistas, e exerceram uma influência profunda, embora com frequência subterrânea, sobre todos os aspectos do pensamento econômico. Em consequência disso, os esquemas têm sido dissecados e analisados em detalhes, e os investigadores têm empregado variantes deles e os utilizado para lançar luz nas teorias marxiana e burguesa. Como há muitos relatos dos esquemas publicados em outros locais, vou simplesmente resumir suas principais características e apresentar uma interpretação e avaliação delas[19].

Marx apela para o uso de critérios de valor para desagregar uma economia em "setores". O setor 1 produz capital constante fixo e circulante – os valores de uso destinados ao consumo produtivo. O setor 2 produz os valores de uso para o consumo individual – as necessidades para os trabalhadores e os luxos para a burguesia. Um modelo de acumulação com dois setores é construído para mostrar como proporcionalidades definidas e taxas de crescimento relativo têm de ser mantidas na produção dos meios de produção (setor 1) e dos bens de consumo (setor 2) para que seja alcançada uma acumulação de longo prazo equilibrada. Entretanto, em vários pontos do texto Marx sugere que outras desagregações devem ser feitas – distinguindo entre o capital fixo e o circulante no setor 1, e entre as necessidades e os luxos no setor 2, por exemplo.

As quantidades físicas dos insumos e produtos nos dois setores têm de estar exatamente nas proporções certas para que a acumulação ocorra tranquilamente. O setor 1 precisa produzir exatamente a quantidade exata de meios de produção para satisfazer as necessidades de todos os produtores de máquinas, matérias-primas etc. O setor 2 tem de produzir exatamente a quantidade de bens de consumo capaz de sustentar a força de trabalho em seu padrão de vida comum e satisfazer os desejos e necessidades da burguesia. A forma material e a quantidade de mercadorias têm um importante papel potencial a desempenhar nesses modelos de acumulação[20].

As trocas físicas entre os setores são efetivadas por meio do mercado e, a partir daí, essas trocas de dinheiro entre os setores devem também estar em equilíbrio.

---

[19] Relatos completos podem ser encontrados em Meghnad Desai, *Marxian Economics*, cit.; Michael Howard e John King, cit.; Michio Morishima, *Marx's Economics*, cit.; e Paul Sweezy, *The Theory of Capitalist Development*, cit.

[20] Karl Marx, *Capital*, Livro II, cit., p. 94.

Para estudar tal processo sem muitas complicações, Marx assume que todas as mercadorias sejam trocadas em seus valores. Isso significa que o efeito da competição capitalista é ignorado, assim como o fato de que as mercadorias são trocadas aos preços de produção, e não de valores. Marx também abstrai inteiramente as flutuações nos preços do mercado monetário, nos fluxos reais do dinheiro, no sistema de crédito etc. Os esquemas têm por objetivo lidar apenas com os valores de uso e com os valores. Mas, na prática, a análise é conduzida quase inteiramente em termos de valor, com muito pouca referência às magnitudes materiais físicas.

A análise de Marx do fluxo de valor é em parte verbal e em parte numérica. As ideias podem ser expressas de maneira muito mais simples em termos algébricos. O produto total do setor 1, W_1, pode ser expresso como $c_1 + v_1 + m_1$ e, para o setor 2, $c_2 + v_2 + m_2 = W_2$. Se ocorre acumulação, então uma parte do valor excedente em cada setor é reinvestido para adquirir os meios de produção e a força de trabalho adicionais. Podemos então fragmentar os componentes do valor no *output* total para cada setor da seguinte maneira:

Setor 1
(meios de produção) $c_1 + v_1 + m_{01} + \Delta c_1 + \Delta v_1 = W_1$
Setor 2
(bens de consumo) $c_2 + v_2 + m_{02} + \Delta c_2 + \Delta v_2 = W_2$

Aqui, m_0 representa a quantidade de valor excedente que permanece para o consumo depois do reinvestimento em meios de produção adicional, Δc, e capital variável adicional, Δv.

Para esse sistema estar em equilíbrio, a quantidade total extraída dos meios de produção no setor 1 (W_1) tem de ser exatamente igual à demanda por meios de produção nos dois setores, 1 e 2 ($c_1 + \Delta c_1 + c_2 + \Delta c_2$). Presumindo que os trabalhadores e os capitalistas gastam todas as suas receitas em bens de consumo, então $W_2 = v_1 + \Delta v_1 + m_{02} + v_2 + \Delta v_2 + m_{01}$. É então fácil mostrar que a proporção de troca requerida entre os setores para manter o crescimento equilibrado é:

$$c_2 + \Delta c_2 = v_1 + \Delta v_1 + m_{01}$$

Em outras palavras, isso simplesmente significa que a demanda total por meios de produção no setor 2 deve ser exatamente igual à demanda total para bens de consumo emanada do setor 1. Se essa proporcionalidade não for mantida, então a acumulação equilibrada não poderá ser sustentada e ocorrerá uma crise de desproporcionalidade (super ou subprodução de meios de produção ou de bens de consumo).

O exemplo numérico de Marx tem algumas propriedades interessantes e, por isso, merece ser reconstruído. Os produtos dos dois setores são:

Setor 1 $4000c + 1000v + 1000m = 6000 = W_1$
Setor 2 $1500c + 750v + 750m = 3000 = W_2$

Observe que a taxa de exploração, m/v, é a mesma nos dois setores, mas tanto as composições de valor do capital, c/v, quanto as taxas de lucro, $s/(c + v)$, diferem entre os setores. Não há equalização na taxa de lucro – isso acompanha a simplificação de Marx de que as mercadorias são comercializadas em seus valores, em vez de de acordo com seus preços de produção.

As proporções de reinvestimento que vão manter esse sistema em equilíbrio são:

Setor 1 $4000c + 400\Delta c + 1000v + 100\Delta v + 500m_{01} = 6000 = W_1$
Setor 2 $1500c + 100\Delta c + 750v + 50\Delta v + 600m_{02} = 3000 = W_2$

A maneira como Marx estabelece isso presume que apenas os capitalistas poupam e que reinvestem apenas em seu próprio setor – uma suposição um tanto estranha, dada a caracterização habitual do capital como extremamente móvel entre os setores. Observe também que o reinvestimento ocorre de tal maneira que as composições de valor do capital permanecem intactas. Nenhuma mudança tecnológica está incorporada no modelo. Essa também é uma suposição estranha, que segue inteiramente ao contrário da ênfase dada à mudança tecnológica no primeiro modelo de acumulação. A taxa de reinvestimento também difere entre os dois setores – os capitalistas do setor 1 convertem a metade do seu valor excedente em meios de produção adicionais e capital variável, enquanto os capitalistas no setor 2 convertem apenas um quinto do valor excedente que eles produzem. Algo estranho ocorre com essa função de reinvestimento quando pegamos os números de Marx e continuamos a acumulação durante alguns anos. Para manter o sistema em equilíbrio, os capitalistas do setor 2 têm de aumentar sua taxa de reinvestimento no segundo ano e a cada ano subsequente em 20 a 30%.

Embora essas peculiaridades possam ser atribuídas em parte à escolha de números de Marx, servem também para concentrar a atenção nas taxas de reinvestimento relativas nos dois setores como fundamentais para preservar a estabilidade do sistema. Designando estas taxas como a_1 e a_2, respectivamente, e as composições do capital nos dois setores da mesma forma como k_1 e k_2, pode-se mostrar que uma condição para a troca equilibrada na reprodução expandida é:

$$\frac{a_2}{a_1} = \frac{1 + k_2}{1 + k_1}$$

que diz que as taxas de reinvestimento relativas devem refletir diferenças nas composições de valor nos dois setores[21]. Em consequência disso, as taxas de expansão relativas no emprego nos dois setores variam segundo as taxas de reinvestimento e as composições de valor.

O modelo de acumulação de dois setores que Marx constrói parece mostrar que, nas condições certas, incluindo as estratégias corretas de reinvestimento por parte dos capitalistas, a acumulação pode continuar para sempre relativamente isenta de problemas. Um modelo descrevendo a reprodução perpétua do capitalismo tem alguns atrativos para os economistas burgueses, mas apresenta sérios dilemas para os marxistas. Se o capitalismo pode continuar a acumular eternamente, então em que bases os marxistas preveem o fim inevitável do capitalismo ou mesmo a inevitabilidade da formação de crise? Rosa Luxemburgo, por exemplo, estava tão treinada nessas questões que todo o seu tratado sobre *A acumulação do capital* é dedicado a uma vigorosa denúncia dos erros e omissões de Marx em sua formulação dos esquemas de reprodução. Para melhor entender esse debate precisamos considerar as suposições incorporadas nos esquemas e a intenção de Marx ao construí-las.

O propósito de Marx não é difícil de adivinhar. Ele queria melhorar o notável *Quadro econômico* de Quesnay, em que "os inúmeros atos individuais da circulação estão imediatamente reunidos em seu característico movimento da massa social – a circulação entre grandes classes econômicas da sociedade funcionalmente determinadas"[22]. Ele quer, em suma, estudar o "processo de circulação" do "capital social agregado" em termos das *relações de classe* do capitalismo.

Mas ele também quer se livrar das contradições incorporadas nesse processo. Então cria um dispositivo que lhe permite identificar as taxas de crescimento simétricas nos diferentes setores, nas quantidades de produção, nas trocas de valor e no emprego que, se não forem satisfeitas, resultarão em crises. A razão para se ter tanto trabalho em definir o equilíbrio é, como sempre, ser mais capaz de entender por que as saídas dessa condição são inevitáveis nas relações sociais do capitalismo.

O crescimento harmonioso equilibrado que os esquemas de reprodução descrevem também tem de ser julgado em contraposição às suposições restritivas neles incorporados. Devemos observar, antes de tudo, que a maneira de exposição de Marx contraria o conceito do capital como um processo contínuo e, por isso, diverge da linha geral de ataque assumida em todo o segundo livro de *O capital*. Os esquemas de reprodução avaliam o capital como o valor de um estoque de insumos disponível no início de um período de produção (o capital inicial constante é va-

---

[21] Michael Howard e John King, *The Political Economy of Marx*, cit., p. 191.
[22] Karl Marx, *Capital*, Livro II, cit., p. 359.

riável), aumentado pelo valor excedente redistribuído para adquirir um capital constante e variável adicional no fim de um período de produção. Os equilíbrios necessários são definidos por um procedimento de contabilidade no "início e no fim do ano" que ignora tudo que ocorre no intervalo entre eles. A contabilidade também presume que todo o capital existe na forma de mercadorias que são totalmente usadas durante o período de produção – nenhum capital existe como dinheiro, como estoques ou como capital fixo conduzido de um período de produção para o seguinte. Moldando a acumulação em termos de estoque extremamente simplificado, Marx ganha muito em tratamento analítico. Mas o preço que ele paga é uma saída da própria concepção de fluxo, muito básica, mas mais difícil, que ele procura não discutir em profundidade nos capítulos precedentes, particularmente naqueles relacionados à circulação do capital variável e ao mais-valor.

Em segundo lugar, a ênfase no valor muda para a exclusão de tudo o mais inconsistente com o propósito estabelecido por Marx, e viola a sua regra de nunca tratar isoladamente qualquer um do triunvirato de valor, valor de uso e valor de troca. O crescimento equilibrado na verdade requereria que o valor de uso e as trocas de dinheiro também se equilibrassem. Embora Marx pudesse ser perdoado por abandonar uma destas dimensões de análise, ele não pode ser desculpado por abandonar duas, particularmente porque a sua intenção declarada era considerar tanto os aspectos do valor de uso quanto do valor em seu modelo. Se ele tivesse persistido nessa intenção, teria apresentado algumas ideias mais úteis.

Para saber, por exemplo, se uma troca equilibrada de valores coincide com a troca equilibrada de valores de uso, primeiro precisaríamos das informações necessárias sobre os coeficientes tecnológicos que relacionam os insumos físicos aos produtos e fixam os valores relativos das mercadorias que estão sendo trocadas. Isso nos conduz diretamente ao conceito muito importante de uma *tecnologia viável* – definida como aquela tecnologia da produção que consegue equilibrar as trocas físicas e de valor simultaneamente entre os setores. Isso evidentemente coloca severas restrições à tecnologia que pode ser adotada.

Marx parece estar consciente de algumas das dificuldades, porque mantém a tecnologia constante em seus modelos de reprodução expandida. Esse tratamento contrasta muito com a ênfase colocada na mudança tecnológica no modelo de acumulação do primeiro livro. O contraste é tão vivo que imediatamente sugere uma hipótese muito importante: que há um conflito potencial sério entre a "tecnologia viável" definida do ponto de vista da troca equilibrada e a mudança tecnológica requerida para manter a acumulação durante a produção. Esse confronto de requisitos, se adequadamente identificado e entendido, nos proporciona um instrumento para dissecar as crises no capitalismo. Se Marx tivesse apresentado tal argumento com firmeza, os problemas que incomodam o modelo sintético de acumulação no terceiro livro de *O capital* teriam sido mais facilmente resolvidos. Esse "confronto de requisitos tecnológicos" é, por isso, um tema ao qual retornaremos em detalhes na próxima seção e no capítulo subsequente.

Há várias outras suposições restritivas incorporadas no modelo de representação expandida de Marx que requerem um exame crítico. Há supostamente apenas duas classes na sociedade – capitalistas e trabalhadores – e outros aspectos da distribuição são ignorados. O dinheiro funciona apenas como um meio de pagamento; não há açambarcamento; o mais-valor produzido em um setor não pode ser investido em outro; não há equalização na taxa de lucro; há uma infinita oferta de força de trabalho etc. Com as técnicas matemáticas modernas é possível explorar o que acontece quando algumas dessas suposições são abandonadas e, em alguns casos, chegou-se a valiosos *insights*.

A obra de Morishima ao longo dessa linha é particularmente interessante porque ajuda a esclarecer alguns dos temas básicos com os quais Marx estava preocupado. Morishima considera o que acontecerá quando o mais-valor criado em um setor puder ser reinvestido em outro. Ele conclui que o crescimento equilibrado que os exemplos numéricos de Marx descrevem então se tornariam instáveis com "oscilações explosivas […] em torno do caminho do crescimento equilibrado, se o setor 2, que produz salários e artigos de luxo, for mais alto na composição de valor do capital (ou mais capital intensivo) do que o setor 1". Temos "explosão sem flutuações" ou "divergências monótonas de um caminho para o crescimento equilibrado" quando a composição de valor do capital é mais alto no setor 1 do que no setor 2. Por isso, é preciso muito pouco para gerar fortes flutuações cíclicas ou instabilidade crônica dos esquemas de reprodução – e isso, presumivelmente, era o que Marx estava querendo analisar. Entretanto, o caso que Morishima molda é de particular interesse porque sugere que a equalização da taxa de lucro na competição romperá o equilíbrio requerido para o crescimento equilibrado. Isso em si é uma perfeita ilustração do tema marxiano fundamental, que o crescimento equilibrado é impossível nas relações sociais do capitalismo[23].

O modelo de Morishima também incorpora suposições que têm sido devidamente criticadas. Desai aponta que, variando suas taxas de reinvestimento em vez de reinvestir em uma taxa constante como Morishima assume, os capitalistas podem ser capazes de amortecer a tendência para a instabilidade em longo prazo e as oscilações cíclicas explosivas. Mas, dessa maneira, podem também gerar movimentos cíclicos na taxa de desemprego, o que aponta para outra dificuldade: não há nenhuma garantia de que a "tecnologia viável" e a "taxa de reinvestimento apro-

---

[23] Michio Morishima, *Marx's Economics*, cit., p. 125-7.

priada" aumentarão a demanda por mão de obra de uma forma consistente com sua oferta. Isso nos traz de volta à contradição entre as condições estabelecidas para a acumulação sustentada no primeiro e no segundo modelos de acumulação[24].

Revela-se então que também não fizemos justiça à complexidade do próprio pensamento de Marx. O capítulo longo, tortuoso e elaborado, mas não obstante profundamente imaginativo que Engels reconstruiu das anotações de Marx sobre a reprodução simples contém uma grande quantidade de materiais que são difíceis de serem integrados no modelo simplificado da reprodução expandida. E também não devemos ignorar os interessantes capítulos sobre a circulação do capital variável e o mais-valor que o precedem. Marx estava totalmente consciente das dificuldades existentes na linha de análise que assumira. Embora possa parecer um pouco odioso pegar e escolher questões dessa grande quantidade de materiais como sendo de particular importância, há três problemas que se destacam.

Em primeiro lugar, devemos notar que a reprodução da força de trabalho é integrada à circulação do capital. Na verdade, o trabalhador se torna um "apêndice do capital", tanto na esfera da troca quanto na esfera da produção. Embora Marx não preste grande atenção aos detalhes, ele vê que a "acumulação equilibrada" requer que os trabalhadores usem o capital variável que recebem para comprar mercadorias dos produtores no setor 2. A demanda efetiva da classe trabalhadora – que depende da taxa salarial – torna-se um fator que pode contribuir para, ou depreciar, o crescimento equilibrado. Os processos descritos no primeiro livro de *O capital* explicam por que os salários não podem aumentar muito acima de alguma proporção de equilíbrio do produto nacional e, além disso, sugerem uma tendência prevalente para deprimir os salários muito abaixo desse equilíbrio. No segundo livro vemos por que os salários não podem cair muito abaixo desse nível de equilíbrio sem precipitar uma crise na circulação do capital dentro e entre os setores: mudanças rápidas na parcela de trabalho no produto total vão romper a acumulação equilibrada mediante a troca.

As consequências sociais de transformação da classe trabalhadora em um mero apêndice do capital – como "capital variável" – no reino da troca são inúmeras. Uma vez que o consumo dos trabalhadores integra-se à circulação do capital, sua independência e autonomia na esfera das relações de troca tornam-se uma potencial ameaça que os capitalistas devem tomar medidas para diminuir. Os capitalistas que produzem bens salariais são obrigados a produzir os valores de uso específicos que os trabalhadores querem e necessitam. Afinal, como possuidores de dinheiro, os trabalhadores são "livres" para exercer escolhas como consumidores. Mas

---

[24] Meghnad Desai, *Marxian Economics*, cit., cap. 16 e 17.

também podemos ver que o "consumo racional" – racional, ou seja, do ponto de vista da acumulação de capital – é uma necessidade para a translação tranquila do capital variável pago como salários para as mercadorias produzidas no setor 2. O mecanismo pelo qual o capital atinge o local de moradia para garantir o "consumo racional" por parte dos trabalhadores e da reprodução das quantidades e qualidades requeridas da força de trabalho é complexo. O próprio Marx zomba da maneira com que "o capitalista e sua imprensa [...] filosofam, tagarelam sobre a cultura e se envolvem em conversa filantrópica" quando "[o capitalista] está insatisfeito com a maneira em que a força de trabalho gasta o seu dinheiro"[25]. A isso devemos acrescentar os vários instrumentos de persuasão e dominação, incluindo aqueles mobilizados através da ação do Estado (em geral, é claro, em nome do bem-estar público), por meio dos quais a cultura e os hábitos de consumo da classe trabalhadora entram mais ou menos em conformidade com as exigências de "consumo racional para a acumulação". Entretanto, quanto mais nos aventuramos ao longo desse caminho, mais somos obrigados a entrar naquele domínio da reprodução da força de trabalho que Marx geralmente ignora[26]. Mas a transformação do trabalhador ativo em mero capital variável nos permite perceber, ainda que indistintamente, as linhas de uma forma diferente de luta de classes sobre a qualidade de vida para o trabalhador.

Em segundo lugar, Marx faz uma breve incursão na questão da formação e do uso do capital fixo. Isso criou demasiadas dificuldades para sua inclusão no modelo da reprodução expandida, mas no longo capítulo sobre a reprodução simples, Marx tem muito a dizer sobre os problemas de se encontrar uma taxa de investimento equilibrada para os itens de capital fixo que duram vários períodos de produção. Ele aponta então que o setor 1, que produz o capital fixo e também o capital constante circulante, tem de enfrentar alguns problemas peculiares de determinação do momento certo para o reinvestimento, os fluxos de dinheiro e coisas afins. Ele sugere que o investimento no capital fixo provavelmente engendrará fortes movimentos cíclicos, que têm a potencialidade de se desenvolver em crises, até mesmo nas mais rigorosas suposições de simplificação. Por isso, a circulação do capital entre os dois setores pelo menos é obrigada a oscilar em torno do

---

[25] Karl Marx, *Capital*, Livro II, cit., p. 515.
[26] Não devemos de modo algum ocultar a dificuldade de transformar a vida e a cultura da classe trabalhadora em padrões receptivos à exploração mediante a acumulação de capital. Isso dá origem a formas de conflito e luta no local de moradia que são um aspecto muito importante da vida capitalista – ver Manuel Castells, *The Urban Question* (Londres, Edward Arnold, 1977 [ed. bras.: *A questão urbana*, São Paulo, Paz e Terra, 2009]), e David Harvey, "Urbanization under Capitalism: a Framework for Analysis", *International Journal of Urban and Regional Research*, 1978.

equilíbrio assim que o capital fixo é introduzido no cenário. Este é um item importante de negócio inacabado na teoria de Marx – tão importante que vamos considerá-lo separadamente no capítulo 8.

Em terceiro lugar, embora o dinheiro seja tratado como um meio de pagamento no modelo de reprodução expandida, há inúmeras declarações no texto que indicam que a produção e a circulação de dinheiro não são tão simples quanto parecem. Marx elimina o problema colocado pelo capital monetário e o sistema de crédito, sob a alegação de que eles obscurecem os reais processos de circulação de valores[27]. Mas ele também reconhece que a circulação de dinheiro e a criação de crédito têm efeitos reais, embora a produção de uma mercadoria monetária não possa ser simplesmente incorporada como um ramo dentro do setor 1 porque tem algumas características muito peculiares (isto é, por exemplo, aquele ramo da produção que lança o dinheiro em circulação em vez de absorvê-lo na aquisição de capital constante e variável). Marx tenta lidar com tudo isso assumindo que "certa oferta de dinheiro, a ser usada para o avanço do capital ou para o gasto da receita [...] [existe] junto ao capital produtivo nas mãos dos capitalistas"[28]. De onde vem o dinheiro, quem é responsável por sua oferta e como essa oferta "promove" mudanças e "facilita o avanço do capital" são questões incômodas às quais retornaremos nos capítulos 9 e 10. Tudo isso não interfere necessariamente com o modelo da reprodução expandida, pois esse modelo assume que o capital só existe como mercadoria. Mas se buscarmos modelos mais realistas, em que o capital também assume a forma de dinheiro e de aparato produtivo conduzido de um período de produção para o seguinte, então toda a questão do dinheiro e do crédito torna-se fundamental para a análise.

Esses três tópicos não esgotam de maneira alguma as questões que Marx levanta, mas não as resolvem, na análise da acumulação mediante a troca. Eu as selecionei para serem mencionadas em parte para ilustrar a riqueza do tratamento imaginativo de Marx dos processos de reprodução do capital, e em parte para apresentar pontos de grande importância para a argumentação geral que estou procurando estabelecer. Com respeito à circulação do capital variável, por exemplo, podemos agora ver forças contrárias àquelas que contribuem para aumentar o empobrecimento do proletariado. No entanto, colocando o primeiro e o segundo modelos da acumulação em relação um ao outro, podemos identificar as forças que contribuem para uma taxa salarial equilibrada ou para partes dos salários no produto total. Qualquer saída radical dessa parcela de equilíbrio dos salários

---

[27] Karl Marx, *Capital*, Livro II, cit., p. 421.
[28] Ibidem, p. 420.

em valores totais provavelmente gerará uma crise na circulação do capital – crise que pode atingir as esferas da troca e da produção, dependendo de os salários estarem mais acima ou mais abaixo do seu valor de equilíbrio. Os processos sociais de determinação salarial – competição entre capitalistas, luta de classes etc. – garantem que esse equilíbrio só seja atingido por acaso. A produção e o consumo não podem ser mantidos em equilíbrio nas relações de distribuição antagonistas (ver a seção III, a seguir).

Então, onde isso nos deixa em termos de uma avaliação geral dos esquemas da reprodução expandida? Marx certamente não estava tentando construir uma estrutura com a qual modelar as realidades do processo de crescimento capitalista ou as realidades das estruturas de insumo e produto. Julgados em contraposição a esses tipos de projeto, os esquemas de produção seriam de mero interesse histórico – inovadores e imaginativos para a sua época, mas carentes do poder dos modelos contemporâneos. Julgados em relação ao próprio projeto de Marx, os esquemas têm uma interpretação completamente diferente. Eles são destinados a nos produzir *insights teóricos* na lógica interna da acumulação capitalista, *insights* gerados pela moldagem intensiva de um "objeto teórico" definido com respeito ao domínio da circulação do capital mediante a troca. Vamos considerar a natureza desses *insights* e a maneira com que eles podem ser legitimamente usados.

No primeiro livro de *O capital*, Marx escreve:

> Assim, o processo capitalista de produção, considerado em seu conjunto ou como processo de reprodução, produz não apenas mercadorias, não apenas mais-valor, mas produz e reproduz a própria relação capitalista: de um lado, o capitalista, do outro, o trabalhador assalariado.[29]

Nós também vimos, no primeiro modelo de acumulação, como "a reprodução em escala ampliada, ou seja, a acumulação, reproduz a relação capitalista em escala ampliada – de um lado, mais capitalistas, ou capitalistas maiores; de outro, mais assalariados"[30].

Os esquemas de reprodução nos permitem examinar a reprodução do relacionamento de classe entre o capital e o trabalho do ponto de vista das relações de troca. O capital circula, por assim dizer, entre a massa de trabalhadores, como um capital variável e, desse modo, transforma o trabalhador em um mero apêndice da circulação do próprio capital. O capital fica da mesma forma aprisionado dentro

---

[29] Ibidem, Livro I, p. 653.
[30] Ibidem, p. 690.

das regras de circulação do capital, porque só através da observância dessas regras é garantida a reprodução e a expansão do capital constante e da produção de mais mais-valor. Estamos, em suma, buscando as regras que governam a reprodução em uma escala progressiva de todas as classes sociais.

Notado apenas do ponto de vista da troca, esse processo de reprodução social na verdade parece estar relativamente isento de problemas. Certamente, há inúmeras peculiaridades e complicações que devem ser consideradas em qualquer relato completo da acumulação equilibrada. As dificuldades colocadas pela circulação do capital fixado, o problema da contabilidade para os inventários, os estoques de capital monetário, as operações do sistema de crédito etc., são todas importantes. Mas muitos desses problemas ou desaparecem na análise ou no máximo partilham oscilações cíclicas com um processo de reprodução secular que funciona sem percalços.

Uma exploração elaborada dessas características adicionais não produz mais que uma depressão em modelos que descrevem a reprodução das relações de classe do capitalismo em estados de perpetuidade e relativamente isentos de problemas. Considerados diretamente pelo que são, inteiramente separados do projeto geral de Marx, os modelos merecem as vigorosas denúncias às quais Luxemburgo os submete. E Luxemburgo está na verdade bastante correta em sua principal objeção: Marx em parte alguma explica em seus esquemas de reprodução de onde virá a demanda efetiva que servirá para negociar o valor das mercadorias na troca. Mas nesse ponto Marx está apenas sendo honesto consigo mesmo. Afinal, foi sua intenção principal no primeiro livro de *O capital* que nunca descobríssemos os segredos a respeito de onde vem o lucro pela análise do reino da troca. E, no capítulo sobre a circulação do mais-valor no segundo livro de *O capital*, Marx faz exatamente a mesma observação sobre a demanda efetiva. Por mais fundo que escavemos, nunca conseguimos descobrir como o capital é negociado na troca sem voltar ao reino da produção – aquele "terreno oculto [...] em cujo limiar está escrito: '*No admittance except on business*' [Entrada permitida apenas para tratar de negócios]". É, então, no reino da produção que "se revelará não só como o capital produz, mas como ele mesmo, o capital, é produzido"[31]. É também nesse reino da produção que o capital é realizado (ver capítulo 3). Ou seja, afinal, o que significa "a acumulação pela acumulação" como o *primus agens* no interior do modo de produção capitalista.

O que tudo isso faz, é claro, é nos obrigar a considerar o absoluto contraste entre as regras que regulam a acumulação no reino da produção e aquelas que regulam o acúmulo equilibrado no reino da troca. Interpretado no contexto do projeto geral

---

[31] Ibidem, p. 250.

de Marx, os esquemas da reprodução produzem a maior parte dos *insights* teóricos que necessitamos. Na verdade, a acumulação equilibrada mediante a troca é possível na perpetuidade, contanto que a mudança tecnológica fique confinada dentro de limites rígidos, contanto que haja uma oferta infinita de força de trabalho que sempre é comercializada em seu valor, e contanto que não haja competição entre os capitalistas e não haja equalização na taxa de lucro. Uma vez que reduzamos essas suposições, as variáveis fundamentais no primeiro modelo da acumulação, problemas crônicos vão surgir no processo de troca. A "tecnologia viável" que deve prevalecer na troca é eternamente perturbada pelas revoluções nas forças produtivas.

Em termos simples, as condições que permitem que o equilíbrio seja atingido no reino da produção contradizem as condições que permitem que o equilíbrio seja alcançado no reino da troca. É improvável que o capitalismo possa estar em tal estado que venha a satisfazer simultaneamente esses requisitos conflitantes. O cenário está montado para a construção do terceiro modelo de acumulação – aquele que expõe as contradições internas do capitalismo e demonstra como elas são a fonte de todas as formas de crise capitalista.

III. A TAXA DECRESCENTE DE LUCRO E SUAS INFLUÊNCIAS MITIGADORAS

Os esquemas de reprodução no segundo livro de *O capital* demonstram que o processo de produção capitalista como um todo representa uma síntese da produção e da circulação. No terceiro livro, Marx procura ir além da "reflexão geral relativa à sua síntese" para "localizar e descrever as formas concretas que se originam dos *movimentos do capital como um todo*" e, assim, "se aproximam passo a passo da forma que assumem na superfície da sociedade"[32].

Para Marx concluir o seu projeto, ele teria de construir um terceiro modelo de acumulação que sintetizasse as noções dos dois primeiros. O modelo deveria descrever e refletir as contradições internas do capitalismo e descrever também suas manifestações no mundo de aparência. Para Marx isso significava explicar a origem, as funções e as consequências sociais das crises.

Infelizmente, Marx não chegou efetivamente a concluir o seu projeto. Em vez disso, nos deixa com um esboço preliminar de como poderia parecer o terceiro modelo de acumulação. Ele articula suas ideias com "é a lei mais importante da economia política moderna" – aquela de uma tendência para uma taxa decrescente de

---

[32] Ibidem, Livro III, p. 25.

lucro. Ou seja, declara ele, "é uma lei que, a despeito de sua simplicidade, até agora nunca foi compreendida e muito menos conscientemente expressa"[33]. No entanto, a ideia de que as taxas de lucro tenderiam a declinar não era nova. Smith, Ricardo e John Stuart Mill descreveram o capitalismo gradualmente perdendo a força e caindo em um "estado estacionário", com uma taxa zero de acumulação. Sempre ansioso para transformar *O capital* em uma crítica da economia política, e também em uma exposição das "verdadeiras leis do movimento" do capitalismo, Marx tenta construir um modelo que explique a suposta tendência para uma taxa decrescente de lucro e ao mesmo tempo identifique as origens das crises no capitalismo.

A economia política clássica (com exceção de Smith) explicava a tendência para uma taxa decrescente de lucro por meio de fatores externos às operações do capitalismo. Ricardo sugeriu que a falha estava na natureza, porque a produtividade agrícola era sujeita a lucros decrescentes. Apelos desse tipo à "natureza" eram anátemas para Marx; quando se vê diante do problema dos lucros decrescentes, ele comenta ofensivamente sobre Ricardo: "fugindo da economia, ele se refugia na química orgânica"[34]. Marx procura a causa dos fenômenos dentro da lógica interna do capitalismo. O argumento que ele constrói é ao mesmo tempo brilhante e simples.

Ele diz: vamos definir a taxa de lucro como:

$$l = \frac{m}{c+v} = \frac{m/v}{1+c/v}$$

A partir da segunda destas expressões podemos ver que a taxa de lucro varia ao inverso da composição de valor e positivamente com uma taxa de exploração crescente. Se a taxa de exploração aumentar mais lentamente do que a composição de valor, então teremos uma taxa decrescente de lucro.

Marx em geral sustenta que a taxa de exploração só pode aumentar numa taxa decrescente. A dificuldade crescente em comprimir as taxas de exploração mais elevadas de uma força de trabalho já severamente empobrecida, o estado da luta de classes e a necessidade de manter um consumo módico por parte da classe trabalhadora exercem uma influência repressora. Além disso, pode ser mostrado que a taxa de lucro torna-se cada vez menos sensível a mudanças na taxa de exploração quanto maior se torna a composição de valor[35].

Por isso, o ônus da prova para a taxa decrescente de lucro está em mostrar que a composição de valor do capital tende a aumentar sem restrições. Marx simples-

---

[33] Idem, *Grundrisse*, cit., p. 626.
[34] Ibidem, p. 631.
[35] Ver Paul Sweezy, *The Theory of Capitalist Development*, cit.

mente invoca aqui a suposta "lei da composição orgânica crescente do capital" como sendo suficiente para essa tarefa. Ele então conclui que é o "desenvolvimento progressivo da produtividade social do trabalho" que, nas relações sociais do capitalismo, provoca uma tendência perpétua para uma taxa decrescente de lucro[36]. Por meio desse estratagema simples, Marx torna a lei dos lucros decrescentes compatível com as "leis de movimento do capitalismo".

Mas, dado o "enorme desenvolvimento das forças produtivas do trabalho social" no capitalismo, "a dificuldade que até então perturbou o economista, ou seja, explicar a taxa decrescente de lucro, dá lugar ao seu oposto, ou seja, explicar por que esse decréscimo não é maior e mais rápido"[37]. A "lei" passa a ser uma "tendência" porque é modificada por uma série de influências contrárias.

Marx lista seis dessas influências contrárias n'*O capital*, mas duas delas (o comércio exterior e um aumento no capital social) falham em se adaptar às suas suposições usuais (uma economia fechada e um conceito de mais-valor que exclui os fatos da distribuição). Isso nos deixa com (1) uma taxa crescente de exploração, embora com tendência a diminuir; (2) custos decrescentes do capital constante (que impedem a elevação na composição de valor); (3) depressão dos salários abaixo do valor da força de trabalho; e (4) um aumento no exército industrial de reserva (que preserva alguns setores das devastações do progresso tecnológico reduzindo o incentivo para substituir a força de trabalho por máquinas). Nos *Grundrisse*, Marx lista vários outros fatores "além da crise" que podem estabelecer a taxa do lucro. Ele escreve sobre a "desvalorização constante de uma parte do capital existente" (pelo qual eu presumo que ele se refere à obsolescência programada), a "transformação de grande parte do capital em capital fixo que não serve como agente da produção direta" (investimento em obras públicas, por exemplo) e o "desperdício improdutivo" (os gastos militares são frequentemente usados como um exemplo na literatura contemporânea). Ele também prossegue dizendo que o decréscimo na taxa de lucro pode ser "contido por meio da criação de novos ramos de produção em que é necessário mais trabalho imediato proporcionalmente ao capital, ou onde a força produtiva do trabalho ainda não está evoluída, *i.e.*, a força produtiva do capital" (setores de trabalho intensivo são abertos ou preservados)[38]. E, finalmente, a monopolização é tratada como um antídoto para a taxa decrescente de lucro.

Em termos mais brandos, esta é uma série de fatores um tanto diversificados a serem levados em conta. Todos merecem mais escrutínio do que Marx lhes conce-

---

[36] Karl Marx, *Capital*, Livro III, cit., p. 212.
[37] Ibidem, p. 232.
[38] Idem, *Grundrisse*, cit., p. 627-8.

de, e em parte alguma nos é apresentada uma firme análise deles. Alguns, como os salários se movendo abaixo dos valores, parecem ser no máximo paliativos temporários, enquanto outros, como as poupanças no capital constante e a abertura de linhas de produção de trabalho intensivo, parecem manter a taxa de lucro estável em longo prazo. Devemos também notar que alguns fatores, como o investimento em obras públicas e em gastos não produtivos, podem provavelmente ser mais bem construídos como reações à queda dos lucros, enquanto outros, como a preservação ou a abertura de linhas de produção de trabalho intensivo e poupanças no capital constante, ocorrem "naturalmente" com as mudanças tecnológicas geradas nas relações de produção capitalistas.

De todo modo, Marx nos deixa com a nítida impressão de que nenhuma dessa série variada de influências contrárias, quando consideradas separadamente ou todas juntas, pode se contrapor com sucesso à tendência em longo prazo para uma taxa decrescente de lucro. No máximo, elas adiam o inevitável. Ele pode então enfatizar seu argumento até sua conclusão final:

> A crescente inadequação do desenvolvimento produtivo da sociedade às suas relações de produção anteriores manifesta-se em contradições agudas, crises, convulsões. A destruição violenta de capital, não por circunstâncias externas a ele, mas como condição de sua autoconservação, é a forma mais contundente em que o capital é aconselhado a se retirar e ceder espaço a um estado superior de produção social.[39]

Aparentemente, Marx matou dois coelhos com uma só cajadada. Ele esclareceu os economistas políticos quanto à razão de a taxa de lucro precisar diminuir ao mesmo tempo que esboçou um modelo que reflete as contradições do capitalismo e suas manifestações concretas no "mundo da aparência". Infelizmente, seu argumento é incompleto e de modo algum rigorosamente especificado. E embora Engels imponha uma forma muito clara ao argumento por meio da sua edição, o texto está infestado de todo tipo de ambiguidades.

A explicação e o uso que Marx faz da lei têm sido, por isso, o centro da atenção de uma imensa e continuada controvérsia dentro da tradição marxista, ao mesmo tempo que ambos têm sido sujeitos a muita depreciação nos ambientes burgueses (o que, dado o que a lei descreve, dificilmente surpreende). A lei tem sido investigada a partir de vários pontos de vista (teórico, histórico, empírico), examinada atentamente por suas implicações políticas e interpretada de maneiras muito diferentes. Não vou tentar examinar as controvérsias ou sua maneira de serem esclare-

---

[39] Ibidem, p. 627.

cidas, pois aqueles que quiserem poderão se regalar com inúmeros artigos sobre o assunto[40]. Mas alguma avaliação desse terceiro modelo de acumulação de Marx é evidentemente requerida.

A avaliação pode proceder em dois níveis. No primeiro, podemos considerar o rigor, a coerência lógica e o significado histórico da "lei" dos lucros decrescentes como uma proposição por seu próprio mérito. No segundo nível, mais geral, podemos considerar até que ponto a lei (ou alguma versão dela) efetivamente sintetiza os achados dos dois primeiros modelos da acumulação para proporcionar, assim, uma firme interpretação das leis do movimento do capitalismo como um todo.

A seguir vou argumentar que Marx, em sua ansiedade para esclarecer os economistas políticos, é atraído para uma especificação equivocada do que deve ter sido um modelo sintético das contradições do capitalismo. Mais especificamente, assumindo o problema da inevitabilidade de uma taxa decrescente de lucro por parte dos economistas políticos da época e tratando esta como uma questão, Marx se desvia da lógica do seu próprio argumento até um ponto em que o que deveria ter sido uma proposição tangencial parece fundamental, enquanto a proposição fundamental fica enterrada em uma massa de argumentos tangenciais. Como resultado, Marx não sintetiza com sucesso os dois primeiros modelos da acumulação. Nem representa adequadamente as "formas concretas" que as contradições internas do capitalismo assumem "na superfície" da sociedade. Entretanto, apesar de todas essas falhas, ele consegue desmascarar o que bem poderia ser *a* fonte fundamental das crises capitalistas: por um lado, a contradição entre a evolução das forças de produção; por outro, as relações sociais nas quais a produção capitalista é baseada. Vamos detalhar esse argumento geral.

No entanto, o estado exato da chamada "lei" deve primeiro ser esclarecido. Uma coisa seria, por exemplo, afirmar teoricamente que, *se* há uma tendência para uma taxa decrescente de lucro, ela deve ser explicada de maneira consistente com as leis gerais do movimento do capitalismo; outra coisa seria sustentar, como Marx definitivamente faz em várias ocasiões, que a lei capta *a* lógica interna da dinâmica capitalista ao mesmo tempo que explica as tendências históricas reais e observáveis

---

[40] As pesquisas realizadas por Ben Fine e Laurence Harris (*Re-Reading Capital*, cit.) e Erik Olin Wright (*Class, Crisis and the State*, cit.) são úteis. Uma boa amostra de opinião seria proporcionada por Mario Cogoy, "The Fall in the Rate of Profit and the Theory of Accumulation: a Reply to Paul Sweezy", *Conference of Socialist Economists Bulletin*, 1973; Desai, *Marxian Economics*, cit.; Geoff Hodgson, "The Theory of the Falling Rate of Profit", *New Left Review*, 1974; Michio Morishima, *Marx's Economics*, cit.; Ian Steedman, *Marx after Sraffa*, cit.; Paul Sweezy, *The Theory of Capitalist Development*, cit.; e David Yaffe, "The Marxian Theory of Crisis, Capital and the State", cit.

na taxa de lucro real[41]. Há, na verdade, uma boa parte de confusão em relação ao estado epistemológico exato da lei – uma confusão indicada pela maneira que Marx alternadamente se refere a ela como uma "lei", uma "tendência" ou até mesmo como uma híbrida "lei tendencial". Em prol da conveniência, continuarei a me referir ao argumento da taxa decrescente de lucro como uma lei, sem presumir que tal rótulo lhe confira qualquer estado epistemológico.

O significado teórico da lei é bastante claro: a capacidade para produzir mais-valor relativo ao valor total circulante como capital é diminuído com o passar do tempo pelas próprias revoluções tecnológicas que os capitalistas individuais instituem em sua busca pelo mais-valor. No entanto, Marx se refere à lei mais em termos de valores do que em preços de mercado, de modo que as considerações monetárias tanto de longo quanto de curto prazo (como a inflação endêmica ou o pânico financeiro) não podem ser incluídas na análise. Isso significa que a lei não pode ser usada para descrever a "aparência superficial" da dinâmica capitalista. Além disso, o lucro é construído como mais-valor antes da sua distribuição como renda, juro, lucro sobre o capital industrial e dos comerciantes, impostos e assim por diante. Isso significa que a taxa de lucro sobre, digamos, o capital industrial pode aumentar ou diminuir, mais como resultado de mudanças na distribuição do que como um reflexo de movimentos na taxa de lucro como Marx a define[42].

Por isso, temos de ser particularmente cautelosos ao tratar da lei como uma proposição histórica ou empírica. Não podemos, por exemplo, reunir dados sobre lucros corporativos nos Estados Unidos desde 1945 e aprovar ou desaprovar a lei apelando para esse registro histórico particular. Tentativas ainda mais corajosas e mais sofisticadas – como aquela de Gillman[43] – para descrever mudanças na composição de valor do capital e para a taxa de lucro, durante um longo tempo, são suspeitas porque os necessários relacionamentos entre os valores e os preços do mercado são difíceis de estabelecer, enquanto os arranjos distribucionais deslocados também turvam consideravelmente as águas (a contabilidade dos impostos é particularmente incômoda). Um registro histórico dominado pelos movimentos dos preços e pelas partes distribucionais não pode ser facilmente comparado com a lei dos lucros decrescentes[44].

O máximo que a lei pode suportar como uma proposição histórica é o peso não substancial da explicação pela estagnação secular em longo prazo e pela crises periódicas violentas. Marx tende a enfatizar a crise, mas o texto apresenta muita

---

[41] Karl Marx, *Grundrisse*, cit., p. 627; *Capital*, Livro III, cit., cap. 13.
[42] Idem, *Grundrisse*, p. 629.
[43] Joseph Gillman, *The Falling Rate of Profit* (Londres, D. Dobson, 1957).
[44] Ver também a discussão de Meghnad Desai, *Marxian Economics*, cit., p. 193-8.

confusão sobre se o capitalismo poderia superar uma tendência inerente para o declínio de longo prazo devido talvez às convulsões violentas e à racionalizações atingidas no decorrer das crises. Escolas de pensamento diferentes existem sobre esse ponto[45].

Infelizmente, o argumento da taxa decrescente de lucro de Marx não é particularmente aprimorado ou rigorosamente definido, mesmo como uma proposição puramente teórica. Considere, por exemplo, a definição de lucro que Marx utiliza:

$$l = \frac{m/v}{1 + c/v}$$

Não está exatamente claro, no texto de Marx, a que c, o capital constante, se refere. Há três possibilidades: (1) o capital constante *usado* (preservado) no decorrer de um ano; (2) o capital constante *empregado* durante um ano todo (que incluiria o capital fixado não usado); ou (3) o capital *adiantado* para a aquisição de capital constante (em cujo caso as épocas de movimentação dos vários elementos de capital constante se tornam fundamentais para o cálculo). O próprio Marx oscila entre as duas primeiras definições e ocasionalmente invoca a terceira. Engels, sabendo que Marx não fez justiça aos achados do segundo livro de *O capital*, inseriu um capítulo sobre o "efeito do movimento sobre a taxa de lucro" e acrescenta sentenças e parágrafos para chamar a atenção para o que ele via como uma séria omissão de Marx na formulação do problema.

Em geral, a argumentação de Marx no terceiro livro de *O capital* reflete seu pensamento no primeiro livro, mas faz raras referências às poderosas formulações do segundo (o que não surpreende, pois o texto do terceiro livro que chegou até nós foi aparentemente escrito antes de terem sido realizadas as extensas investigações do segundo). A exclusão do capital fixo e do tempo de movimentação da análise nos deixa com apenas uma definição de c como o capital constante usado no decorrer de um ano e uma definição de lucro que de maneira alguma sintetiza as estruturas analíticas dos dois primeiros modelos de acumulação. Em resumo, a medida da taxa de lucro pode ser razoável se estivermos preparados para assumir que todo capital é produzido e usado em todos os setores durante um período de produção padrão. Tal definição limitada pode ser aceitável para alguns propósitos, mas dificilmente é adequada para captar a lógica interna do capitalismo como um todo, que dirá "as formas concretas" assumidas "na superfície da sociedade" pelas leis de movimento do capitalismo.

---

[45] Resumem parte dos debates Karl Kühne, *Economics and Marxism*, cit.; e Paul Sweezy, *The Theory of Capitalist Development*, cit.

Além disso, todas as objeções teóricas que levantamos no capítulo 4, associadas aos relacionamentos entre as composições técnicas, orgânicas e de valor do capital, agora entram totalmente em jogo como objeções à especificação de Marx da lei dos lucros decrescentes. Vamos aplicar tais observações, uma a uma, na argumentação.

Marx está totalmente consciente, é claro, de que as mudanças tecnológicas que reduzem o valor do capital constante fixo e circulante podem, nas condições certas, elevar a taxa de lucro ou pelo menos se contrapor à sua suposta tendência para decrescer. Mas ele não explica diretamente por que essas mudanças não conseguem estabilizar a composição de valor total do capital e, portanto, a taxa de lucro em longo prazo. Seus críticos por isso têm apontado para um suposto viés na teoria de Marx com relação à "poupança de trabalho" em oposição ao que é chamado de "poupança de capital" ou inovações "neutras" – um viés que alguns encaram como justificável na própria época de Marx, mas não muito adiante disso, dadas as formas predominantes de progresso tecnológico desde a segunda metade do século XIX[46]. Essa é uma caracterização um tanto infeliz do problema – que, devemos notar, se origina da teoria burguesa –, porque Marx está preocupado apenas com os movimentos na proporção de valor do capital constante e variável. Nesse aspecto, ele tem à mão, nos modelos de reprodução do segundo livro d'*O capital*, uma ferramenta pronta para explorar os impactos das taxas diferenciais de mudança tecnológica nos dois setores que produzem, respectivamente, bens de capital constantes e variáveis.

Assim, Morishima e Heertje[47] mostram que uma distribuição especial da mudança tecnológica – uma distribuição que se concentra particularmente em algumas seções dentro do setor 1, que produz meios de produção – pode conduzir a uma composição de valor estável ou mesmo declinante do capital na economia como um todo. A circunstância que permite que esse seja o resultado é exatamente o que Marx acreditava ser o momento em que o capital realmente se impôs – quando desenvolveu uma capacidade para produzir máquinas com a ajuda de máquinas[48]. Uma economia dedicada à produção de máquinas por máquinas sempre mais sofisticadas parece um tanto insano, é claro, mas a possibilidade técnica de que isso pudesse estabilizar a composição de valor do capital realmente existe. Somos então obrigados a perguntar se os processos sociais que regulam a mudança tecnológica no capitalismo são ou não uma garantia desse resultado.

---

[46] Ver Mark Blaug "Technical Change and Marxian Economics", cit.; e Arnold Heertje, *Economics and Technical Change*, cit.
[47] Michio Morishima, *Marx's Economics*, cit., p. 160-3; Arnold Heertje, *Economics and Technical Change*, cit.
[48] Karl Marx, *O capital*, Livro I, cit., p. 458.

Como os capitalistas individuais instituem mudanças tecnológicas em resposta a pressões competitivas e ao estado da luta de classes, podemos imediatamente concluir que a mistura particular de mudanças tecnológicas requeridas para manter a composição de valor do capital estável será no máximo alcançada por acaso. Na verdade, os capitalistas individuais que estão no comando do seu próprio processo de produção podem proceder melhor procurando aumentar a produtividade do trabalho que empregam em relação à média social. O impulso da inovação tecnológica dentro da empresa é sempre no sentido de economizar o tempo de trabalho socialmente necessário. E, em condições de escassez de mão de obra ou luta de classes exacerbada, há todos os incentivos para os capitalistas individuais economizarem na força de trabalho que empregam. O incentivo paralelo para os capitalistas individuais buscarem economias no emprego de capital constante é, em contraste, muito mais fraco. Os processos reais que regulam a mudança tecnológica no capitalismo são, na verdade, sistematicamente inclinados para a economia de capital variável, em oposição ao capital constante. O caráter anárquico da competição entre os capitalistas impede qualquer aplicação racional da mudança tecnológica – "racional", ou seja, do ponto de vista da sustentação da acumulação por meio de uma estabilização da composição de valor do capital. Por isso, as crises se tornam os meios para racionalizar as estruturas tecnológicas em relação às exigências da acumulação. Colocada nesses termos, a argumentação de Marx sobre a taxa de lucro em queda parece menos vulnerável às farpas de seus críticos. Não é aí, portanto, que estão as reais dificuldades da maneira de Marx formular o problema.

Uma linha de crítica diferente pode ser construída tendo por base as ideias apresentadas no capítulo 4, seção IV. Nos é mostrado que a medida da composição de valor *decresce* (todo o resto permanecendo constante) com o aumento da integração vertical. Em consequência, a medida da taxa de lucro captada pelas empresas individuais deve *aumentar* com o crescimento da integração vertical – mais uma vez, assumindo que todo o resto permanece constante. Em certo sentido, o efeito é ilusório, porque o argumento de Marx sobre a taxa decrescente de lucro é direcionado para a economia encarada como um agregado isolado. Ele está preocupado com a velocidade com que os capitalistas, encarados como um agregado, usam os valores que comandam para criar mais-valor. E a integração vertical, a menos que acompanhada pela mudança tecnológica, diferentes padrões de exploração etc., presumivelmente não tem impacto sobre aquela velocidade de agregação em si. Afeta-se a maneira como os capitalistas compartilham o mais-valor agregado. Um simples aumento na integração vertical parece ser uma maneira de elevar ou proteger os níveis de lucro dentro da empresa quando o mais-valor real produzido é inferior à média. Há evidentes oportunidades para o deslocamento da força de trabalho nessas condições.

A integração vertical crescente em geral significa o aumento da centralização do capital e o afastamento da tecnologia do capital variável na direção do capital constante. O que pode ser ganho mediante a integração vertical pode ser perdido devido à mudança da tecnologia no processo do trabalho. Por outro lado, a empresa de pequeno porte tem a vantagem de uma circulação mais rápida e uma mistura tecnológica que em geral depende mais do capital variável (embora este nem sempre seja o caso). A desagregação da produção, acompanhada por mudanças na mistura tecnológica, pode na verdade proporcionar um meio para aumentar a taxa de lucro agregada. O problema é que as vantagens da integração vertical exercem uma pressão exatamente na direção oposta. Nesse sentido, a taxa de lucro pode ser considerada sensível à mistura exata de características organizacionais e tecnológicas. Nós nos encontramos considerando, uma vez mais, a ideia de um grau ótimo de centralização e descentralização na produção em relação à acumulação sustentada.

É contra tal pano de fundo que podemos avaliar algumas das maneiras com que Marx pensava que a taxa de lucro podia ser estabilizada. Em alguns casos, estas envolvem a mobilização das "forças de repulsão" que tipicamente se contrapõem à centralização excessiva. Antes de qualquer coisa, os novos setores de mão de obra intensiva compensam o aumento da confiança no capital constante em setores mais velhos e mais centralizados. Poderíamos aqui introduzir a ideia de "ciclos de inovação do produto", pois tem sido frequentemente observado que novos produtos, inicialmente produzidos em uma pequena escala com tecnologias de trabalho intensivo, são por fim transformados em indústrias de produção em massa e de capital intensivo constante. Podemos então facilmente mostrar que, para a inovação do produto compensar plenamente a taxa decrescente de lucro, seria requerida uma velocidade perpetuamente acelerada de descoberta de produto. Isso é inconcebível em longo prazo.

Por outro lado, o aumento da divisão do trabalho e da especialização das empresas nas linhas de produção existentes proporciona um mecanismo mais poderoso de estabilização da composição de valor do capital. Historicamente, tem havido uma tendência para o que é chamado de "rotatividade" aumentada na produção – uma segmentação crescente de processos de produção previamente integrados em fases separadas, especializadas, coordenadas pelo mercado ou mais diretamente pela subcontratação. A vantagem está em uma eficiência superior derivada da especialização da função e do tempo de circulação reduzido do capital (um fenômeno que em breve examinaremos detalhadamente). Como as empresas menores, em parte em virtude do seu tamanho, tendem a exigir mão de obra mais intensiva, e como a especialização da função permite uma mudança dramática no caráter da força de trabalho requerida e também nas relações de trabalho, o resultado pode ser estabilizar a taxa de lucro agregada apesar das supostas desvantagens da desagregação[49].

O decréscimo na taxa de lucro pode também ser contido por mecanismos que detêm o ritmo da mudança tecnológica. Há uma série de maneiras – tomada do poder, leis de patente e coisas desse tipo – com que as grandes organizações poderosas enfraquecem a competição e o impulso para a inovação. Grandes populações excedentes relativas podem apressar o recuo para técnicas de trabalho intensivo, como o trabalho escravo[50], particularmente se as máquinas se tornam mais caras do que a mão de obra que elas substituem. Alguns críticos vão mais além nesse argumento. Eles dizem que não há nada irreversível na tecnologia, e que a troca e a "reversão" da troca da mão de obra para as técnicas de capital intensivo constante podem facilmente estabilizar a taxa de lucro[51]. Van Parijs[52], por sua vez, usa o teorema de Okishio[53] para mostrar que os capitalistas, na competição, vão escolher técnicas que necessariamente reduzem os valores unitários de todas as mercadorias (incluindo a força de trabalho) e aumentam a taxa de lucro transitória para si mesmos e também a taxa de lucro social, não importa o que aconteça com a composição de valor, contanto apenas que o padrão de vida do trabalhador permaneça constante. Essa poderosa versão da teoria do mais-valor relativo só se fragmenta na monopolização, aumentando os padrões de vida do trabalhador, ou graças às barreiras colocadas pela circulação do capital fixo.

A inovação por meio da competição não produz necessariamente o resultado particular que Marx prevê. Entretanto, ela pode ainda funcionar como a força básica fundamental que contribui para o desequilíbrio e as crises. Se os salários reais forem mantidos constantes, como supõe Okishio, a parcela de capital variável no produto total declina estimulando desequilíbrios entre a produção, a distribuição e a negociação, a menos que haja uma aceleração mitigadora na demanda por meios de produção e itens de luxo. Uma economia que se prende a tal trajetória logo se vê naquela condição "lunática" de produzir cada vez mais máquinas por máquinas, ou de se basear em uma disparidade sempre crescente na riqueza das duas grandes

---

[49] Michael Burawoy, em *Manufacturing Consent: Changes in the Labor Process under Monopoly Capitalism*, cit., apresenta algumas observações interessantes sobre a diferença nas relações de trabalho entre as grandes e pequenas companhias e o que isso pode significar para a produtividade da mão de obra.
[50] Barbara Koeppel, "The New Sweatshops", *The Progressive*, 1978.
[51] Michael Howard e John King, *The Political Economy of Marx*, cit., p. 207-10.
[52] Philippe Van Parijs, "The Falling-Rate-of-Profit Theory of Crisis: a Rational Reconstruction by Way of Obituary", *Review of Radical Political Economics*, 1980.
[53] Nobuo Okishio, "Technical Change and the Rate of Profit", *Kobe University Economic Review*, 1961.

classes sociais. Ademais, a mudança das técnicas, embora seja uma possibilidade real, é o tipo de ajuste que mais provavelmente será imposto no decorrer das crises do que atingido no curso normal dos acontecimentos.

Além disso, a troca e a reversão da troca das tecnologias incorrem em custos. Marx definitivamente sustenta que as reorganizações tecnológicas maciças só poderiam ser "impostas por catástrofes e crises"[54]. Esse era particularmente o caso, devido às "peculiaridades" ligadas à circulação e ao uso do capital fixo. Isso, no entanto, nos leva ao ponto em que temos de adotar estudos elaborados por Marx sobre os tempos de trabalho, produção e circulação, circulação do capital fixo etc., e integrá-los no modelo dos lucros em queda. Para isso temos de voltar aos conceitos básicos e redefinir o lucro de uma maneira que reflita genuinamente uma síntese do pensamento dos primeiro e segundo livros de *O capital*.

O capital, podemos nos lembrar, é concebido como um processo de circulação e expansão do valor. No segundo livro, vemos que o capital assume expressões materiais muito diferentes no decorrer da sua circulação. Isso sugere uma fórmula para o lucro muito diferente daquela utilizada por Marx[55].

$$L' = \frac{\text{mais-valor}}{\text{capital monetário} + \text{inventário de matérias-primas, capital fixo e força de trabalho} + \text{inventários de produtos parcialmente acabados e acabados} + \text{inventários de mercadorias no mercado ainda não vendidas}}$$

O denominador aqui visa captar em termos de valor a quantidade total de capital nas diferentes fases de sua circulação. Como se coloca, essa formulação não leva em conta os tempos de circulação diferenciais e presume que todos os produtos são produzidos e consumidos dentro de um período de circulação estabelecido. Também trata o mais-valor como um fluxo em relação aos estoques totais de capital nos vários estados.

Agora, consideremos como pode parecer uma versão de fluxo dessa fórmula. Não podemos sequer começar a especificar isso sem o conhecimento das estruturas e das exigências de tempo de produção e circulação em diferentes setores da economia. Os modelos da reprodução expandida são úteis na elucidação das estruturas.

---

[54] Karl Marx, *Capital*, Livro II, cit., p. 170.
[55] Gérard Duménil ("L'expression du taux de profit dans 'Le Capital'", cit.) estimula o pensamento ao longo destas linhas.

Podemos ver, por exemplo, que o capital que assume a forma de capital variável tem existência dual: por um lado, sua forma de dinheiro está em algum lugar entre os capitalistas que pagaram os salários e os produtores de mercadorias que ainda têm de receber de volta aquele dinheiro em troca dos bens salariais que eles oferecem, enquanto em sua forma de mercadoria ele existe como força de trabalho em ação sob o comando dos capitalistas. Podemos, dessa maneira, examinar as condições de circulação do capital constante e do capital variável, e do mais-valor[56].

Mas as exigências de tempo variam muito e são extremamente difíceis de incorporar em qualquer concepção de lucro (por exemplo, os diferentes componentes do capital constante são usados na produção em velocidades muito diferentes). Alguma maneira tem de ser encontrada para reduzir a infinita diversidade dos tempos de circulação a algum denominador comum. Em outras palavras, temos de identificar de maneira teórica e prática alguns "processos normais de circulação do capital" ou, como vou preferir chamá-lo, "o tempo de circulação socialmente necessário". Vou definir o último, por analogia com o conceito de tempo de trabalho socialmente necessário, como "o tempo médio usado para circular uma determinada quantidade de capital dentro de um setor particular, nas condições normais de produção e circulação prevalentes na época".

As empresas com tempos de curso mais curtos que o necessário vão receber lucros excedentes ou mais-valor relativo. Por isso, elas provavelmente estarão numa luta concorrencial para acelerar os tempos de curso. Podemos também ver que um tempo de curso mais rápido produz uma taxa de lucro mais elevada em uma base anual quando todo o resto é mantido constante. Os tempos de curso podem ser reduzidos por vários meios, como por exemplo dividir um processo de produção em fases independentes sob o comando de empresas independentes. Isso, como já vimos, proporciona um incentivo para a criação de uma "rotatividade" aumentada nos sistemas de produção. Por isso, os lucros decrescentes associados a uma desagregação crescente podem ser comprimidos por lucros crescentes associados a tempos de curso mais rápidos. Há, presumivelmente, um ponto de equilíbrio entre essas duas tendências opostas consistentes com uma taxa de lucro estável.

Entretanto, uma inspeção mais próxima do conceito de tempo de curso socialmente necessário sugere que o estamos usando para cobrir uma multiplicidade de complexidades que não devem ser tão desdenhosamente sepultadas. Diferentes elementos do capital variável e do capital constante circulam em velocidades diferentes mesmo dentro das empresas, e provavelmente haverá velocidades de circulação média amplamente divergentes nos diferentes setores. Podem ser necessárias déca-

---

[56] Karl Marx, *Capital*, Livro II, cit., cap. 15-17.

das para circular o capital investido em um projeto hidrelétrico e poucos dias para recuperar o capital aplicado no estabelecimento de um trabalho escravo na indústria de confecções. Como tempos de circulação tão divergentes podem ser reduzidos a algum parâmetro comum de modo a ser possível comparar as taxas de lucro?

É fundamental encontrar uma resposta para esse problema, assim como o foi para explicar como a força de trabalho abstrata se torna um parâmetro contra o qual diversas formas da força de trabalho concreta podem ser avaliadas. Sem uma medida comum do tempo de curso, não há equalização das taxas de lucro porque não haveria padrão contra o qual determinar se a taxa de lucro era mais alta ou mais baixa do que a média, ou mesmo crescente ou decrescente.

A solução que Marx está eternamente sugerindo no segundo livro d'*O capital*, mas que falha em ressaltar até sua conclusão, é que o sistema de crédito proporciona o mecanismo para reduzir diferentes tempos de curso a uma base comum, e que essa "base comum" é a taxa de juros. Da mesma maneira que o mercado de mercadorias serve para reduzir diversos trabalhos concretos ao denominador comum do trabalho abstrato, os processos do mercado que envolvem o próprio dinheiro (em particular, aquela parte do mercado monetário chamado de mercado de capitais) reduzem vários processos de produção concretos com suas exigências de tempo específicas e com frequência extremamente idiossincráticas a um tempo de circulação padronizado socialmente necessário.

Entretanto, essa conclusão abala profundamente a própria argumentação de Marx. Ele insiste que tanto a *origem* quanto a *taxa* de lucro podem ser discutidas independentemente dos fatos da distribuição. Embora a origem do lucro na exploração da força de trabalho possa de fato ser bastante discutida, nós concluímos que a *taxa* de lucro não pode ser discutida independentemente dos processos distributivos que determinam a taxa de juros, exceto sob algumas suposições extremamente restritivas (que especificaremos em brevemente).

A notória relutância de Marx em permitir os fatos de distribuição em sua análise se originou da sua luta feroz com uma economia política burguesa que tratava a distribuição como fundamental, embora evitando claramente a necessidade de considerar as relações sociais da produção. Mas Marx erra em outra direção. Sua recusa em assumir o papel do sistema de crédito e a taxa de lucro no segundo livro d'*O capital* impede o pleno florescimento de uma análise potencialmente rica do processo de circulação do capital. Seu fracasso em integrar até mesmo os achados limitados, embora profundamente sugestivos, sobre o tempo de curso em sua taxa decrescente de lucro impede esta última de ser usada como um modelo sintético viável das contradições do capitalismo.

Então, para onde isso nos leva com relação à lei dos lucros decrescentes? Será que não há uma maneira de minimizarmos os danos e resgatarmos ao menos uma parte da argumentação de Marx?

À primeira vista, parece que o máximo que podemos fazer é apresentar muito claramente as suposições que permitiriam apoiar a argumentação de Marx. Suponhamos:

(1) uma sociedade de duas classes compreendida apenas por capitalistas e trabalhadores;
(2) uma economia com uma estrutura extremamente simples em que todas as mercadorias são produzidas e consumidas dentro do mesmo período de tempo padrão: isso significa que todos os tempos de curso são considerados iguais, que não existem inventários ou acúmulos de mercadorias ou de dinheiro e que nenhum capital fixo é levado de um período de produção para o seguinte;
(3) o dinheiro funciona apenas como um meio de troca que reflete e mede os valores com precisão;
(4) as relações de produção e troca capitalistas dominam cada faceta da vida.

Então, dada a caracterização de Marx das "relações capitalistas de produção e troca", podemos deduzir que a taxa de lucro (mais uma vez assumindo que a fórmula de Marx para o lucro seja apropriada) deve necessariamente cair. O problema dos lucros decrescentes, que incomodou os economistas políticos da época, está efetivamente resolvido. Entretanto, não encaro isso como a mais importante conclusão a ser obtida de uma especificação mais rigorosa da lei de Marx.

A proposição fundamental emerge de uma consideração dos *processos* que tendem a gerar, em primeiro lugar, os lucros decrescentes. O que Marx na verdade nos mostra é que os capitalistas individuais – coagidos pela concorrência, capturados pelas necessidades da luta de classes e reagindo aos ditames ocultos da lei do valor – fazem ajustes tecnológicos que direcionam a economia como um todo distante de "um desenvolvimento 'sólido' e 'normal' do processo da produção capitalista"[57]. Em outras palavras, os capitalistas individuais, agindo em interesse próprio nas relações de produção e troca capitalistas, geram um misto tecnológico que ameaça uma acumulação adicional, destrói a potencialidade para o crescimento equilibrado e coloca a reprodução da classe capitalista como um todo em risco. Em suma, os capitalistas individuais necessariamente atuam de maneira a desestabilizar o capitalismo.

Infelizmente, Marx obscurece essa proposição fundamental concentrando-se em sua suposta expressão como uma lei de lucros decrescentes, com todas as conotações históricas, empíricas e teóricas que tal lei implica. Podemos resgatar Marx tanto de seus apologistas quanto de seus detratores, voltando ao princípio fundamental de uma contradição entre as forças de produção e as relações sociais da

---

[57] Ibidem, Livro III, p. 255.

produção no capitalismo e seguindo a expressão dessa contradição em termos das características tecnológicas e organizacionais às quais o capitalismo deve necessariamente aderir para conseguir um crescimento equilibrado.

No primeiro livro d'*O capital* vemos os capitalistas individuais no comando de seus próprios processos de produção, usando a mudança tecnológica *dentro* da empresa como uma "alavanca" para a acumulação – uma alavanca a ser usada contra outros capitalistas na luta pelo mais-valor relativo e contra o trabalhador na luta para impedir que a classe trabalhadora se aproprie de grande parte ou de qualquer parte do mais-valor produzido. Resultado: revoluções eternas nas forças produtivas e uma produtividade sempre crescente da força de trabalho. Essa é a ideia que Marx procurou captar em seu conceito de uma composição orgânica do capital.

Quando pressionamos a análise dos esquemas de reprodução no segundo livro de *O capital* um pouco além do que Marx teve tempo de fazer, chegamos ao conceito de uma *tecnologia viável* que permitiria a reprodução bem-sucedida das relações de classe, ao mesmo tempo que permitiria a "acumulação equilibrada" entre e dentro dos setores em termos físicos, monetários e de valor. O que Marx almeja em seu terceiro modelo é demonstrar que, para a acumulação ser sustentada, a composição de valor agregado do capital deva permanecer razoavelmente estável. Recuando para a estrutura dos esquemas de reprodução, podemos especificar mais claramente o que isso significa. A tecnologia viável agora abrange uma distribuição específica da mudança tecnológica entre os setores de modo a manter estável a composição de valor do capital. O que isso nos diz é que a dinâmica da mudança tecnológica e organizacional é fundamental para a estabilidade do capitalismo e que os caminhos da mudança compatíveis com o crescimento equilibrado são, se realmente existirem, extremamente restritos.

A questão básica que Marx apresenta é a seguinte: como os processos da mudança tecnológica e organizacional, regulados pelos capitalistas individuais que atuam nas relações de classe do capitalismo, chegam a adquirir a tecnologia viável para permitir a acumulação equilibrada e a reprodução perpétua das relações de classe? Embora Marx não prove seu argumento além de qualquer possível sombra de dúvida, ele apresenta um excelente exemplo de que a mistura tecnológica e organizacional necessária só poderia ser conseguida temporariamente por acaso, e que o comportamento dos capitalistas individuais tende eternamente a desestabilizar o sistema econômico. Acredito que esta seja a interpretação correta a ser dada ao que Marx descreve como a contradição fundamental entre as forças produtivas e as relações sociais no capitalismo. E eu também sugeriria que esta é a proposição fundamental que está enterrada no interior do argumento da taxa decrescente de lucro.

7. Superacumulação, desvalorização e o "primeiro recorte" na teoria da crise

A tendência para o decréscimo da taxa do lucro "gera superprodução, especulação, crises e capital excedente, juntamente com população excedente". Além disso, revela "que a produção capitalista encontra no desenvolvimento das forças produtivas uma barreira que não tem nada a ver com a produção de riqueza como tal; e essa barreira peculiar atesta as limitações e o caráter transitório meramente histórico do modo de produção capitalista [...]"[1].

Crises periódicas, declínio secular em longo prazo, estagnação e até mesmo, talvez, alguma catástrofe econômica fundamental parecem estar implícitos nos comentários de Marx. A interpretação exata a ser dada a eles é de grande importância política. Os teóricos do "*big bang*" assumem uma posição política totalmente diferente daqueles que enxergam o capitalismo terminando com uma lamúria. As diferenças políticas que dividiram o movimento socialista internacional no período de 1890 a 1926 – entre Luxemburgo e Lenin, entre aqueles que se mantinham fiéis a uma linha "revolucionária" e aqueles que, como Bernstein, Kautsky e Hilferding, buscavam um caminho social-democrático para o socialismo – eram frequentemente expressadas em termos de diferentes interpretações da dinâmica de longo prazo do capitalismo. Hoje em dia, a postura política do Partido Comunista Francês está refletida na teoria da transição para o capitalismo monopolista de Estado, e ataques àquela teoria por parte de autores como Magaline refletem a postura política bem diferente de outras forças da esquerda. Estratégias de aliança de classe, de "compromisso histórico", de "eurocomunismo", são também debatidas contra o pano de fundo de alguma teoria do

---

[1] Karl Marx, *Capital*, Livro III, cit., p. 242.

caminho evolucionário em longo prazo do capitalismo. Por isso, a busca por uma interpretação "correta" da teoria de Marx não é um exercício acadêmico vazio, mas uma tarefa politicamente sensível que deve ser realizada com todo o rigor que pudermos dispor.

O próprio Marx é enfurecidamente ambivalente. Como consequência disso, seus escritos foram sujeitos a interpretações amplamente divergentes[2]. A ambivalência permanece mesmo quando ele parece descartar algumas possibilidades. Por exemplo, ele declara com firmeza que "a superprodução não provoca uma queda constante no lucro, mas a superprodução *periódica* ocorre constantemente [...] seguida por períodos de subprodução", e que "quando Adam Smith explica o decréscimo na taxa de lucro devido a uma superabundância de capital [...] ele está se referindo a um efeito permanente e isso está errado. [...] A superabundância transitória do capital, a superprodução e as crises são algo diferente. Crises permanentes não existem"[3]. Mas o declínio secular de longo prazo ainda é possível – talvez até culminando na catástrofe final que alguns marxistas preveem – mediante o escopo ampliado e a intensidade aprofundada dessas crises periódicas. E a certa altura Marx parece indicar que o capitalismo realmente encara esse destino[4].

Tudo o que podemos dizer com absoluta certeza é que Marx encarava a sua exposição da lei dos lucros decrescentes como uma declaração do "primeiro recorte" da sua teoria da formação de crise no capitalismo. Chamo de "primeiro recorte" porque, como vimos no capítulo anterior, o seu fracasso em integrar todos os *insights* dos dois primeiros livros d'*O capital* impede uma declaração plena das contradições internas do capitalismo no terceiro livro. Mas também achamos que, ao escrever sobre a formação da crise, Marx é obrigado a prosseguir de maneiras desconcertantes a sua própria análise – invocando aspectos da teoria que ainda estão muito incipientes. E assim somos deixados com muitos assuntos inacabados. Uma inspeção dessas breves seções em que Marx considera explicitamente o aspecto e a forma das crises produz uma lista de questões invocadas que ainda estão por ser consideradas:

(1) o modo de produção, circulação e negociação peculiar do capital fixo e as dificuldades que surgem de diferentes momentos de circulação;

---

[2] Anwar Shaikh, em "An Introduction to the History of Crisis Theories", *U. S. Capitalism in Crisis*, Nova York, Union of Radical Political Economists, 1978, e Erik Olin Wright, em *Class, Crisis and the State*, cit., apresentam análises de diferentes interpretações da teoria da crise de Marx.
[3] Karl Marx, *Theories of Surplus Value*, cit., parte 2, p. 468, 497.
[4] Idem, *Grundrisse*, cit., cap. 2.

(2) o processo de mudança organizacional e estrutural que afeta o grau de centralização e descentralização do capital;
(3) o papel do sistema de crédito, dos juros acumulados e do capital monetário (todos os quais requerem que os aspectos monetários da circulação do capital sejam analisados);
(4) as intervenções do Estado na circulação do capital;
(5) os aspectos físicos da circulação de mercadorias (o movimento das mercadorias no espaço), com o comércio exterior, a formação do "mercado mundial" e toda a estrutura geográfica do capitalismo;
(6) as configurações complexas das relações de classe tanto dentro quanto entre as formações sociais (por exemplo, distinções faccionárias dentro da classe capitalista e distinções dentro do proletariado baseadas em diferentes valores nacionais da força de trabalho).

Essa lista não esgota os muitos aspectos que devem ser incluídos em qualquer versão final da teoria da crise. Deslocamentos na esfera da reprodução social – a reprodução da força de trabalho, da ideologia burguesa, nos aparatos políticos e militares destinados a garantir o controle etc. – tudo isso requer consideração. Mas Marx evidentemente encara as contradições inerentes na produção e na troca de mercadorias como fundamentais para se entender a formação da crise no capitalismo. Nesse sentido, a teoria do "primeiro recorte" da crise é mais que apenas uma primeira aproximação. Ela revela, em vez disso, as justificativas básicas para a evidente instabilidade do capitalismo como um modo de organização econômica e social.

A estrutura das relações de classe implícita nessa teoria do "primeiro recorte" da formação da crise não é difícil de esquematizar. No primeiro livro d'*O capital* vemos que a acumulação "reproduz a relação capitalista em escala ampliada – de um lado, mais capitalistas, ou capitalistas maiores; de outro, mais assalariados". Também vemos que o desemprego, um exército industrial de reserva, é necessário para a acumulação, e isso se traduz em uma crise endêmica para uma proporção flutuante da classe trabalhadora. No segundo livro d'*O capital* vemos as condições que permitem que atos individuais de circulação sejam unidos em um processo de "circulação entre grandes classes econômicas da sociedade funcionalmente determinadas" que permite a reprodução tanto da classe capitalista quanto da classe trabalhadora. As contradições são apresentadas no terceiro livro. Elas são expressas como um colapso destruidor dos processos de reprodução social das duas grandes classes sociais e assumem a forma de "um excesso de capital simultaneamente com uma crescente população excedente". E podemos ver que "uma pletora de capital surge das mesmas causas que aquelas que trazem à tona a superpopulação relativa", que envolve a condição peculiarmente irracional do "capital não empregado em um polo e uma população de trabalhadores desempregados no outro"[5].

A crise evidentemente atinge tanto o capital quanto o trabalho, assim como a própria base da reprodução das relações de classe. Um entendimento técnico do *modus operandi* da teoria do "primeiro recorte" da formação da crise de Marx tem de ser explicado, por isso, contra esse pano de fundo da crise na reprodução das relações de classe.

I. A SUPERACUMULAÇÃO E A DESVALORIZAÇÃO DO CAPITAL

O argumento da taxa decrescente de lucro de Marx não demonstra convincentemente que a paixão necessária dos capitalistas pela mudança tecnológica produtora de mais-valor, quando associada ao imperativo social da "acumulação pela acumulação", produz um excedente de capital com relação às oportunidades de empregá-lo. Tal estado de superprodução do capital é chamado de "superacumulação do capital".

Para a quantidade de capital em circulação ser mantida em equilíbrio com a capacidade limitada para negociar esse capital por meio da produção e da troca – uma condição exigida pela estabilização da taxa de lucro – uma parte do capital total deve ser eliminada. Para o equilíbrio ser restabelecido, a tendência à superacumulação deve ser contrabalançada pelos processos que eliminam da circulação o capital excedente. Esses processos podem ser examinados sob o título de "a desvalorização do capital".

À primeira vista, o conceito de "desvalorização" parece um pouco estranho, se não absurdo. Afinal, o capital foi inicialmente definido como "o valor em movimento" e, portanto, estamos aqui falando, na verdade, da "desvalorização do valor", o que soa como uma contradição[6]. O objetivo do argumento de Marx é ceder

---

[5] Idem, *Capital*, Livro III, cit., p. 245, 251.
[6] Aqueles que interpretam a teoria do valor marxiana como um mero sistema contábil podem não ver sentido na ideia de "desvalorização", e é perceptível que o conceito nunca emerge nas apresentações de Michio Morishima (*Marx's Economics*, cit.), Maurice Dobb (*Theories of Value and Distribution since Adam Smith: Ideology and Economic Theory*, cit.) ou mesmo Meghnad Desai (*Marxian Economics*, cit.). Os intérpretes burgueses têm uma grande dificuldade com isso. Assim, Ladislaus von Bortkiewicz, em "Value and Price in the Marxian System", *International Economic Papers*, v. 2, 1952, atribui a Marx "o desejo perverso de projetar as contradições lógicas nos próprios objetos, à maneira de Hegel". Deve-se notar que Marx foi, na verdade, profundamente influenciado pela *Lógica* de Hegel, e por isso não devemos nos surpreender ao descobrir que o conceito de valor contém sua própria negação na forma de "não valor". O que é interessante com relação à apresen-

à contradição, mas insistir que ela está no modo de produção capitalista, em vez de estar nos termos *per se*. Os últimos são simplesmente destinados a refletir as contradições inerentes na produção e na troca capitalistas. Todos eles estimulam reflexões fundamentais sobre a natureza do próprio conceito de valor.

No capítulo 1 observamos que Marx partiu da concepção de valor de Ricardo – tempo de trabalho incorporado – apenas para inserir a expressão qualificadora, "socialmente necessário", na definição. Então argumentei que é a invocação da "necessidade social" que proporciona a Marx a alavanca para moldar uma crítica da economia política e um relato das leis contraditórias do movimento do capitalismo. Por isso, o conceito de valor como tempo de trabalho incorporado não deve ser construído como um bloco imutável sobre o qual pode ser assentada uma análise das contradições do capitalismo, mas como um conceito que sofre modificações perpétuas em seu significado, quanto mais captamos quais são as características socialmente necessárias do capitalismo. E se, como Marx mostra no terceiro livro, o capitalismo é necessariamente repleto de contradições, então o conceito de valor deve necessariamente refletir esse fato. Em outras palavras, o "valor" não é uma métrica fixada para descrever um mundo instável, mas uma medida instável, incerta e ambivalente que reflete as contradições inerentes do capitalismo.

Marx nos alerta para essa possibilidade no início d'*O capital*[7], quando observa que o trabalho incorporado não preenche um desejo ou uma necessidade social, que não é um valor de uso, que é trabalho desperdiçado e, por isso, não é valor. O problema que essa noção coloca é daí em diante mantido em suspenso, na suposição de que todas as mercadorias são negociadas em seus valores ou em seus preços de produção (que ainda são medidos em valores). Entretanto, uma análise das contradições internas do capitalismo mostra uma tendência eterna para produzir "não valores", para desperdiçar a força de trabalho quer não a empregando quer a utilizando para incorporar o trabalho em mercadorias que não podem satisfazer desejos e necessidades sociais que estão estruturados nas relações sociais do capitalismo. Lembre-se de que o valor não é um atributo universal de todo trabalho humano em toda parte. Ele está ligado especificamente à produção e à troca capitalistas e agora deve ser visto incluindo o seu oposto, a não produção dos valores e a produção de não valores. É isso que a desvalorização envolve.

---

tação de Marx é de que forma ele supera "o modo de apresentação idealista" característico de Hegel e proporciona a toda a ideia uma base materialista. Muito simplesmente, podemos dizer que se o valor for interpretado como trabalho humano em seu aspecto social no capitalismo, então o "não valor" pode ser interpretado como o trabalho humano que perdeu seu significado social devido a processos que são também específicos do capitalismo.

[7] Karl Marx, *O capital*, Livro I, cit., p. 113s.

É interessante notar que já introduzimos o aparato conceitual para permitir essa modificação. No capítulo 3 mostramos como e por que Marx considerava a desvalorização como um "momento necessário" na circulação do valor. O capital, no curso de sua circulação, sofre uma série de "metamorfoses" do dinheiro para mercadorias materiais, daí para os processos de produção, depois para mercadorias etc. Como o capital é valor *em movimento*, o valor só pode permanecer valor continuando em movimento. Isso permite que Marx apresente uma definição puramente técnica da desvalorização como valor que está "em repouso", em qualquer estado particular, por mais de um momento. Um estoque das mercadorias que ainda não estão sendo usadas ou ainda não foram vendidas, uma reserva de dinheiro etc., podem todos ser agrupados sob o título de "capital desvalorizado", porque o valor não está em movimento. Essa desvalorização necessária, inerente na circulação do próprio capital, é automaticamente suspensa quando o valor reinicia seu movimento, realizando a "metamorfose" de um estado para outro. Nenhum efeito ruim permanente deriva da desvalorização, contanto que o capital consiga completar sua circulação por todas as fases dentro de um determinado período. Desse ponto de vista técnico podemos perceber que o conceito de "tempo de circulação socialmente necessário" está inserido na noção do próprio valor, e que o valor pode não ter significado independente das "necessárias desvalorizações" envolvidas na circulação do capital durante os diferentes estados.

O propósito da argumentação de Marx, que na verdade torna a desvalorização parte do próprio valor, é fugir das identidades assumidas pela Lei de Say, para mostrar que a oferta não cria necessariamente sua própria demanda e que a potencialidade para crises sempre se esconde na necessidade de eternamente superar os vários "momentos" ou "fases" na circulação do capital no tempo e no espaço[8]. Na maior parte d'*O capital*, Marx se satisfaz em invocar a possibilidade e apenas a possibilidade de crises. Mas, quando apresenta sua teoria do "primeiro recorte" da crise, o conceito da desvalorização vem à tona para ajudar a compreender os efeitos daninhos e permanentes das contraditórias leis do movimento do capitalismo. A desvalorização é a parte inferior da superacumulação.

Estamos agora em uma posição de nos inspirarmos nos *insights* gerados por aqueles que devem ter parecido argumentos abstratos e minuciosos adiantados no capítulo 3. A superacumulação do capital em geral pode ser imediatamente tradu-

---

[8] Se concebemos o "valor" como trabalho humano em seu aspecto social expressado durante a circulação contínua do capital ao longo da produção e da troca, então a crítica de Marx à Lei de Say, que enfatiza a "separação dentro da unidade" da produção e do consumo, significa que o próprio valor deve internalizar essa separação como "não valor". Dessa maneira, a possibilidade de crises e distúrbios é internalizada dentro da noção do próprio valor.

7. Superacumulação, desvalorização e o "primeiro recorte" na teoria da crise / 271

zida em manifestações particulares de capital excessivo "levantado" em todos os estados que ele assume no decorrer da circulação. Assim, podemos ter:

(1) uma superprodução de mercadorias – uma abundância de mercadorias materiais no mercado expressada como um excesso de estoques além daquele normalmente requerido para realizar a circulação tranquila do capital;
(2) inventários excedentes de insumos de capital constante e mercadorias parcialmente acabadas, além daqueles requeridos para a circulação normal do capital;
(3) capital ocioso dentro do processo de produção – particularmente o capital fixo que não está sendo usado em sua plena capacidade;
(4) capital monetário excedente e saldos de caixa ociosos além das reservas monetárias normais requeridas;
(5) excedentes da força de trabalho – o subemprego na produção, uma expansão do exército industrial de reserva além daquela normalmente requerida para a acumulação, uma taxa de exploração crescente que cria pelo menos uma desvalorização temporária da força de trabalho;
(6) taxas de rendimento do capital investido expressadas como taxas de juros reais decrescentes, taxas de lucro sobre o capital industrial e mercantil, aluguéis declinantes etc.

Essa lista resume as "formas de aparência" da superacumulação e vincula todas elas à contradição básica fundamental entre a evolução das forças produtivas e a barreira colocada pelas relações sociais do capitalismo. Isso permite a Marx expor o erro teórico na visão ricardiana de que poderia haver um excesso de capital, mas, em geral, não de superprodução de mercadorias[9]. Marx achava totalmente absurdo admitir "a existência e a necessidade de um fenômeno particular que é chamado de A, mas o nega assim que ele é chamado de B"[10].

A análise também nos ajuda a lidar com a controvérsia eternamente estrondosa e muito equivocada nos círculos marxistas sobre se as crises devem ser construídas como surgidas do "subconsumo" (a incapacidade das massas de pagar as imensas quantidades de mercadorias que os capitalistas produzem) ou de uma tendência para uma taxa decrescente de lucro[11]. No mundo das aparências, as taxas decrescentes de lucro e uma abundância de mercadorias são representações superficiais do mesmo proble-

---

[9] Ibidem, Livro III, p. 256.
[10] Idem, *Theories of Surplus Value*, cit. parte 2, p. 496-9.
[11] As confusões estão discutidas em detalhes por Michael Bleaney, *Underconsumption Theories*, cit., Anwar Shaikh, "An Introduction to the History of Crisis Theories", cit., e Erik Olin Wright, *Class, Crisis and the State*, cit.

ma básico. Concebida teoricamente, a tendência para as revoluções eternas nas forças produtivas, como estão expressas na crescente composição de valor do capital, só se torna a base para o entendimento da formação da crise quando é colocada em oposição às relações "antagonistas" de distribuição e produção nas quais o capitalismo se baseia. O fundamental é a oposição entre as forças produtivas e as relações sociais, e, portanto, não podemos atribuir prioridade a um ou outro lado.

Além disso, a análise sugere que a tendência para a superacumulação certamente será expressa na história capitalista por períodos e fases em que vamos testemunhar saturações no mercado, elevações maciças nos estoques, capacidade produtiva e capital monetário ociosos, desemprego e taxas decrescentes de lucro monetário (após a distribuição). Podemos adquirir certa confiança na teoria do "primeiro recorte" das crises de Marx até o ponto em que a história capitalista encontra-se muito regular e periodicamente marcada por eventos como estes. A interpretação tem de ser cautelosa, porque Marx deixa muita coisa de fora e a análise da formação de crise real ainda está por ser realizada. O máximo que podemos concluir neste ponto é que os sinais são muito otimistas.

Se a superacumulação assume nessa superfície formas de aparência, então podemos esperar que a sua nêmese – a desvalorização – ocorra nas mesmas maneiras tangíveis. O capital mantido na forma monetária pode ser desvalorizado pela inflação; a força de trabalho pode ser desvalorizada pelo desemprego e por salários reais diminuídos para o trabalhador; as mercadorias mantidas na forma acabada ou parcialmente acabada podem ser vendidas com perda; o valor incorporado no capital fixo pode ser perdido enquanto permanece ocioso. As mecânicas são diferentes em cada caso, e os impactos variarão de acordo com o tipo de desvalorização ao qual estamos nos referindo. Ainda não estamos em uma posição capaz de tornar explícitos todos os aspectos desse processo – ainda temos de implementar, por exemplo, estruturas para considerar a inflação, a formação e o uso do capital fixo. No entanto, podemos apresentar algumas análises mais detalhadas dos processos de desvalorização dado o aparato conceitual que temos à mão. Esse será o tema do restante deste capítulo.

II. A "DESVALORIZAÇÃO CONSTANTE" DO CAPITAL QUE RESULTA DA PRODUTIVIDADE CRESCENTE DA MÃO DE OBRA

Marx declara que há características na lógica interna do capitalismo que atrasam a taxa decrescente de lucro "não por meio de crises; é o caso, por exemplo, da desvalorização constante de uma parte do capital existente"[12].

---

[12] Karl Marx, *Grundrisse*, cit., p. 628.

7. Superacumulação, desvalorização e o "primeiro recorte" na teoria da crise / 273

O que Marx tem em mente aqui é bastante simples, em sua essência. Como o valor de uma mercadoria é estabelecido, em primeira instância, pelo tempo de trabalho socialmente necessário para produzi-lo, então esse valor cai com a produtividade crescente da força de trabalho. O mesmo princípio se mantém até quando apelamos para os preços de produção (a taxa de mudança difere entre os setores e, em alguns casos, pode subir em vez de diminuir). Por isso, a produtividade crescente do trabalho no capitalismo é geralmente acompanhada pela queda dos valores unitários das mercadorias[13], contanto que tudo o mais permaneça constante. O valor de uma mesma mercadoria pode se alterar de um momento para o outro. Na esfera da troca, esse fato se expressa como a diferença entre o preço de compra original e o custo subsequente que o substitui em termos reais.

Essa lacuna dá origem às potenciais apreciação e depreciação dos valores de troca das mercadorias[14]. Em certas circunstâncias, a depreciação pode ser entendida como uma forma de desvalorização. Quando a produtividade do trabalho está aumentando rapidamente, por exemplo, os valores unitários das mercadorias caem depressa para que o valor incorporado em inventários do capital constante, de produtos parcialmente acabados ou acabados e de mercadorias no mercado esteja sendo perpetuamente reavaliado em relação à produtividade recém-atingida da força de trabalho. Em condições normais, a depreciação pode ter apenas um impacto marginal nas mercadorias que são produzidas e usadas dentro de um período muito curto. Porém, os processos de produção que requerem um longo período de trabalho, grandes inventários de reserva de capital constante ou grandes quantidades de capital fixo, são muito mais sensíveis. As mercadorias que necessariamente permanecem muito tempo no mercado, ou só podem ser consumidas lentamente, são também afetadas – habitação, serviços públicos, redes de transporte etc.

As incessantes "revoluções no valor" promovidas pela busca eterna por mais-valor relativo sempre ameaçam o valor de qualquer trabalho passado e morto que ainda não tenha sido negociado mediante a produção ou o consumo final. Embora essa dificuldade seja sentida em algum grau em toda parte, é de muito maior importância social em algumas esferas do que em outras. O capitalista individual provavelmente percebe isso mais diretamente quando a introdução de um capital fixo mais barato e mais eficiente realmente reduz o valor das máquinas que ele está empregando. Há uma forte pressão para evitar esses efeitos negativos usando o capital fixo o mais rápido possível, o que significa intensificar o processo de trabalho, partir para um sistema de turnos etc.[15] A sociedade como um todo provavelmente

---

[13] Idem, *Capital*, Livro III, cit., p. 226.
[14] Ibidem, p. 311.
[15] Ibidem, p. 113-4.

percebe o problema mais enfaticamente quando há revoluções no valor da mercadoria monetária básica (ouro) ou quando há inflação no valor atribuído ao papel-moeda – este último como a forma social assumida pela desvalorização nos tempos modernos *par excellence*. Ambas são questões que abordaremos em capítulos posteriores, pois ainda não desenvolvemos a base técnica para discuti-las.

Aqui, no entanto, podemos dar alguma consideração à relação da superacumulação/desvalorização com a centralização do capital. Marx está aflito para enfatizar que uma *taxa* decrescente de lucro é acompanhada por uma *massa* crescente de lucro, e com isso ele quer dizer que as crises tendem a resultar não de declínios absolutos na produção de mais-valor, mas devido ao fato de que a massa do mais-valor produzida não consegue acompanhar a expansão da quantidade de capital que procura capturá-la. Se a redução da quantidade total de capital é tudo o que é necessário para trazer o sistema de volta ao equilíbrio, então a centralização do capital – que envolve a "expropriação progressiva dos produtores mais ou menos diretos"[16] – pode ser vista como um dos meios disponíveis para realizar essa tarefa. O controle dos pequenos capitalistas por parte dos grandes capitalistas priva os primeiros do seu capital através de um tipo de expropriação que, na verdade, desvaloriza o seu capital – para a vantagem dos grandes capitalistas. Os últimos podem absorver os bens materiais e financeiros dos pequenos capitalistas por um valor reduzido. A mesma massa de lucro é então dividida entre um número menor de capitalistas que conseguiram diminuir a quantidade total de capital em circulação sem, de maneira alguma, prejudicar suas próprias atividades. Na verdade, patrocinaram os custos de desvalorização dos pequenos capitalistas que foram expropriados. Na medida em que a centralização está sempre acontecendo no capitalismo, ela constitui um dos meios para se atingir uma constante desvalorização de uma parte do capital existente. Apoiados nisso, esperaríamos que crises periódicas fossem acompanhadas por fortes fases de centralização[17].

Quando Marx sugere que um aumento no "capital social" pode ajudar a impulsionar a taxa decrescente de lucro, está se referindo a uma forma de desvalorização bem diferente daquela realizada com auxílio da centralização. Se uma parte do capital na sociedade circula de tal maneira que reivindique apenas uma porção do mais-valor que ela ajuda a produzir, então é liberado um mais-valor que pode ser distribuído entre os capitalistas remanescentes para estabilizar a taxa de lucro. Marx

---

[16] Ibidem, p. 219.
[17] Leslie Hannah (*The Rise of the Corporate Economy*, cit., apêndice 1) apresenta alguns dados interessantes sobre a centralização do capital mediante fusões na Grã-Bretanha no século XX, e Michel Aglietta (*A Theory of Capitalist Regulation*, Londres, NBL, 1979) reúne materiais similares com relação aos Estados Unidos.

cita o exemplo das ferrovias, que podem ser produzidas e operadas com custo mais juros pagos na forma de dividendos[18]. O exemplo é instrutivo. Ele sugere que uma parte do capital fixo socialmente requerido pode ser emprestado a juros aos usuários, de forma física ou monetária. A disseminação da forma de organização de sociedades anônimas e o advento do "capitalismo financeiro" (que pode desenvolver práticas como o arrendamento de equipamentos financiados por bancos etc.) podem então ser interpretados como um ajuste organizacional e estrutural que compensa a superacumulação, pois uma parte do capital social total agora circula para captar juros em vez de reivindicar toda a parcela de mais-valor que produz. O capital que circula dessa maneira é *relativamente* desvalorizado porque recebe menos do que a taxa média de lucro. Por isso, a tendência para a superacumulação pode ser compensada pelos ajustes organizacionais que aumentam a quantidade de capital relativamente desvalorizado em circulação. A dificuldade com essa ideia é, evidentemente, o fato de Marx ser obrigado a invocar fatos da distribuição no ponto de seu argumento em que ainda não lançou as bases para considerar a taxa de juros ou os impactos das formas financeiras de capitalismo sobre as tendências na taxa de lucro. Mas esta, como já observamos, é uma área geral de fraqueza na teoria marxiana que requer retificação.

Esse argumento pode ser levado um passo adiante. Boccara[19], por exemplo, aponta que pode haver uma desvalorização *absoluta* do capital caso este continue a circular a uma taxa de lucro zero. Isso pode acontecer quando o Estado intervém para organizar alguns setores (por exemplo, serviços públicos e de transportes), de modo a contribuir para a produção agregada de mais-valor enquanto não reivindica nenhuma porção do mais-valor produzido. Assim, o Estado pode subsidiar o setor privado e aumentar artificialmente a taxa de lucro que os capitalistas individuais recebem. Esta, declara Boccara, é uma função importante do Estado no estágio de "monopólio estatal" do capitalismo.

Na verdade, Boccara vê os princípios análogos da superacumulação e da desvalorização como a chave para entender as transformações estruturais que o capitalismo experimentou no decorrer da sua história. Ele sugere que a única resposta viável de longo prazo para a superacumulação é realizar "desvalorizações estruturais" que permitam que a tendência para uma taxa decrescente de lucro seja contraposta pela manutenção de cada vez mais capital em circulação, tanto nos estados relativamente desvalorizados quanto nos absolutamente desvalorizados. As sucessivas transições das finanças competitivas para as finanças monopolistas e, então, final-

---

[18] Karl Marx, *Capital*, Livro III, cit., p. 240.
[19] Paul Boccara, *Études sur le capitalisme monopoliste d'État, sa crise et son issue*, cit.

mente, para o capitalismo monopolista de Estado, devem ser interpretadas como reorganizações sociais do capitalismo que permitem tal solução estrutural permanente para as contradições internas do capitalismo.

O argumento de Boccara é uma versão especial da teoria de Marx. Não é implausível, não é desprovido de evidências de apoio e, em alguns aspectos, é muito atrativo. Entretanto, os críticos declaram que se trata de uma simplificação grosseira e seriamente capciosa[20]. Concentra-se principalmente na maneira em que os capitalistas compartilham o mais-valor, em vez de nos processos sujeitos a crises da produção de mais-valor agregado. Toma um aspecto parcial da tese da superacumulação e da desvalorização de Marx e o transforma em uma estrutura monolítica para interpretar a teoria capitalista. E, pior, se vale dos processos da constante desvalorização do capital e os trata como resolução geral para a tendência crônica para a superacumulação, distorcendo seriamente a versão de Marx de como se desenvolve a crise capitalista. As críticas são, nesses aspectos, amplamente justificadas. Mas, não obstante, a constante desvalorização do capital é um processo bastante real com efeitos materiais tangíveis sobre a superacumulação. A análise de Boccara é útil nesse aspecto. Não é uma base apropriada para a interpretação da história capitalista ou da formação e resolução de crises no capitalismo.

Finalmente, temos de considerar a desvalorização da força de trabalho. A teoria do mais-valor relativo mostra que "é imanente no capital uma inclinação e uma constante tendência a aumentar a força produtiva do trabalho para baratear a mercadoria e, com ela, o próprio trabalhador"[21]. Além disso, Marx, observando que "esse desenvolvimento da força produtiva é, ao mesmo tempo, acompanhado de uma depreciação parcial dos capitais em funcionamento", também indica que, "conforme essa depreciação se torna mais aguda, em razão da concorrência, o peso principal recai sobre o trabalhador, com cuja exploração aumentada o capitalista procura se ressarcir"[22]. E Marx não vai adiante se valendo da ideia da "desvalorização", em um sentido moral, para igualar os processos que conduzem a um valor declinante da força de trabalho aos processos que geram "a acumulação de riqueza num polo, ao mesmo tempo [que existem] a acumulação de miséria, o suplício do trabalho, a escravidão, a ignorância, a brutalização e a degradação moral no polo oposto"[23]. Embo-

---

[20] Bruno Théret e Michel Wieviorka, em *Critique de la théorie du capitalisme monopoliste d'État*, cit., explicam detalhadamente as críticas. Eu aceito a maior parte dos seus argumentos. Ver também John Fairley, "French Developments in the Theory of State Monopoly Capitalism", cit., v. 44.

[21] Karl Marx, *O capital*, Livro I, cit. p. 394.

[22] Ibidem, p. 680. Embora Marx use o termo "depreciação", ele claramente quer indicar "desvalorização", no sentido em que estamos usando esse termo.

[23] Ibidem, p. 721. A. D. Magaline (*Lutte de classe et dévalorisation du capital*, cit.) apresenta de longe a discussão mais clara das implicações da desvalorização da força de trabalho para a teoria marxiana.

ra essas polêmicas ameaçadoras sejam construídas em torno do modelo unilateral da acumulação apresentado no primeiro livro d'*O capital*, a necessidade estrutural de um exército industrial de reserva para o desemprego tecnologicamente induzido não pode ser considerada outra coisa senão uma exigência para manter "desvalorizada" a força de trabalho à mão para alimentar o fogo da acumulação futura.

III. A DESVALORIZAÇÃO DURANTE AS CRISES

As imagens amenas da "depreciação" dão lugar às imagens mais dramáticas e violentas da "destruição" quando se trata de descrever as desvalorizações que ocorrem no desenvolvimento das crises. No momento da crise, todas as contradições inerentes ao modo de produção capitalista são expressas na forma de violentos paroxismos que impõem "soluções momentâneas e poderosas" e "durante algum tempo restauram o equilíbrio perturbado"[24]. A superacumulação é contraposta pela retirada e até pela destruição parcial do capital[25]. A destruição pode afetar os valores de uso ou os valores de troca, ou ambos conjuntamente:

> Na medida em que o processo de reprodução é contido e o processo do trabalho é restringido ou, em alguns casos, completamente detido, o capital *real* (produtivo) é destruído. O maquinário que não é utilizado não é capital. A mão de obra que não é explorada é equivalente à produção perdida. A matéria-prima que permanece inutilizada não é capital. As instalações (também as máquinas recém-fabricadas) que não são usadas ou permanecem inacabadas, as mercadorias que apodrecem nos armazéns – tudo isso é destruição do capital [...]. Os meios de produção existentes não são realmente usados como meios de produção, não são colocados em operação. Assim, o seu valor de uso e o seu valor de troca são destruídos.
> Em segundo lugar, no entanto, a destruição do capital durante as crises significa a depreciação dos valores [...]. Uma parte grande do capital nominal da sociedade, isto é, do *valor de troca* do capital existente, é de uma vez por todas destruída, embora essa própria destruição, como não afeta o valor de uso, possa muito bem expressar a nova reprodução.[26]

A destruição do valor de troca, paralelamente à preservação dos valores de uso, é particularmente importante em setores que se baseiam no capital fixo. Em condições de crise, o valor de uso do capital fixo pode com frequência ser adquirido

---

[24] Idem, *Capital*, Livro III, cit., p. 249.
[25] Ibidem, Livro I, p. 282.
[26] Idem, *Theories of Surplus Value*, cit., parte 2, p. 495-6.

por quase nada, o que significa que o valor de troca que os capitalistas têm para adquirir o capital constante fixo de seus concorrentes arruinados cai dramaticamente, assim como a composição de valor do capital. Marx também observa que tal circunstância é de particular importância, pois afeta a introdução das inovações – "os pioneiros em geral vão à falência, e só aqueles que mais tarde compram as instalações, as máquinas etc., a um preço baixo, ganham dinheiro com isso"[27].

Marx é ainda mais explícito com respeito à destruição dos valores n'*O capital* e, se examinarmos de perto seus comentários, poderemos ver a maioria das formas da superacumulação e da desvalorização que já listamos em relação uma à outra:

> O principal dano, e aquele de natureza mais aguda, ocorreria com respeito [...] aos *valores* dos capitais. Essa porção do valor de um capital que existe apenas [...] sob a forma de notas promissórias sobre a produção em várias formas, é imediatamente depreciada pela redução das receitas em que ela é calculada. Uma parte do ouro e da prata não está em uso, ou seja, não funciona como capital. Parte das mercadorias que estão no mercado podem completar seus processos de circulação e reprodução apenas mediante uma imensa contração dos seus preços e, portanto, mediante uma depreciação do capital que eles representam. Os elementos do capital fixo são depreciados em maior ou menor extensão, exatamente da mesma maneira [...]. O processo da reprodução [...] é detido e lançado em confusão por uma queda geral nos preços. Essa confusão e estagnação paralisam a função do dinheiro como um meio de pagamento [...]. A cadeia de obrigações de pagamento devidas em datas específicas é rompida em uma centena de lugares. A confusão é aumentada pelo colapso concomitante do sistema de crédito, que [conduz a] depreciações repentinas e violentas, até a verdadeira estagnação e à destruição do processo de reprodução e, assim, a uma queda na reprodução.[28]

A consequência disso é que a reprodução das relações de classe é colocada em risco. Emerge então uma série de conflitos sociais que, pelo menos em seus contornos mais amplos, refletem as contradições fundamentais nas quais opera o capitalismo. Por exemplo, o antagonismo latente entre os capitalistas individuais, atuando em seu proveito próprio, e os interesses de classe do capital vêm à tona:

> Enquanto as coisas vão bem, a competição provoca uma fraternidade operante da classe capitalista [...] de forma que cada um compartilhe do saque comum em proporção ao tamanho do seu respectivo investimento. Entretanto, no momento em que não se

---

[27] Idem, *Capital*, Livro III, cit., p. 104.
[28] Ibidem, p. 254-5.

7. Superacumulação, desvalorização e o "primeiro recorte" na teoria da crise / 279

trata mais de uma questão de compartilhamento dos lucros, mas de compartilhamento das perdas, cada um tenta reduzir sua própria parte a um mínimo e atirá-la para o outro. A classe como tal deve inevitavelmente perder. Até que ponto o capitalista individual deve arcar com a perda [...] é decidido pela força e pela astúcia, e a competição se torna então uma luta entre irmãos hostis. O antagonismo entre os interesses de cada capitalista individual e aqueles da classe capitalista como um todo vem então à tona.[29]

A luta em relação a quem deve suportar o ônus da carga da desvalorização, da depreciação e da destruição do capital provavelmente será amarga e intensa. O rompimento dos vínculos fraternais dentro da classe capitalista tem suas reverberações com respeito às parcelas distributivas quando os proprietários de terra, os financistas, os capitalistas industriais e mercantis, e os interesses do Estado competem para preservar suas respectivas parcelas de mais-valor. Mas o que acontece aqui não é simplesmente um reflexo do poder faccional. A existência do capital excedente na forma de dinheiro – que, lembre-se, é "a forma mais adequada de capital" – significa que, invariavelmente, "o interesse do capital monetário é se enriquecer à custa do capital industrial durante a crise"[30]. A própria estrutura e a maneira com que as crises ocorrem ditam alguns efeitos distributivos distintos.

E o mesmo acontece na relação entre o capital e o trabalho. Tirando os trabalhadores do trabalho, os capitalistas na verdade descartam o capital variável e, desse modo, transformam o problema endêmico da crise para o exército industrial de reserva em uma condição de desajuste crônico e colapso social. Os trabalhadores suficientemente afortunados para preservar seus empregos quase certamente sofrerão uma diminuição nos salários que recebem, o que significa pelo menos uma depreciação temporária no valor da força de trabalho que pode, nas circunstâncias certas, ser traduzida em uma redução permanente nesse valor. A competição entre os trabalhos será exacerbada, assim como o antagonismo geral entre o trabalho e o capital.

Entretanto, as perdas são distribuídas e, qualquer que seja a luta de poder que as acompanhe, a exigência geral para retornar o sistema a algum tipo de ponto de equilíbrio é a destruição do valor de certa porção do capital em circulação de modo a equilibrar o capital circulante total com a capacidade potencial para produzir e realizar mais-valor nas relações de produção capitalistas. Uma vez realizada a necessária desvalorização, a superacumulação é eliminada e a acumulação pode renovar o seu curso, com frequência em uma nova base social e tecnológica. E assim o ciclo vai percorrer mais uma vez o seu destino[31]. Mas permanece o paradoxo fundamental:

---

[29] Ibidem, p. 253.
[30] Idem, *Theories of Surplus Value*, cit., parte 2, p. 496.
[31] Idem, *Capital*, Livro III, cit., p. 255.

o máximo desenvolvimento da força produtiva e a máxima expansão da riqueza existente coincidirão com a depreciação do capital, a degradação do trabalhador e o mais estrito esgotamento de suas capacidades vitais. Essas contradições levam a explosões, cataclismos, crises, nas quais, pela suspensão momentânea do trabalho e a destruição de grande parte do capital, este último é violentamente reduzido até o ponto em que pode seguir empregando plenamente suas capacidades produtivas sem cometer suicídio. Contudo, essas catástrofes regularmente recorrentes levam à sua repetição em uma escala mais elevada e finalmente à destruição violenta do capital.[32]

Essa teoria do "primeiro recorte" da formação da crise no capitalismo é uma mistura de *insight* agudo, exposição confusa e julgamento intuitivo, temperados com uma pitada daquela visão milenar a que Marx era propenso. Mas o relato, embora incompleto, é de uma força irrefutável, pelo menos em termos das consequências sociais da desvalorização do capital que ele descreve. Podemos começar a ver como, por que e segundo quais regras os capitalistas brigam uns com os outros em tempos de crises, como cada facção busca poder político como um meio de lançar os danos sobre os outros. E podemos começar a ver a verdadeira tragédia humana da classe trabalhadora resultante da desvalorização do capital variável.

A lógica interna que governa as leis do movimento do capitalismo é fria, implacável e inexorável, respondendo apenas à lei do valor. Mas o valor é uma relação social, um produto de um processo histórico particular. Os seres humanos foram organizadores, criadores e participantes dessa história. Marx afirma que nós construímos uma vasta empresa social que nos domina, confina nossas liberdades e, fundamentalmente, lança sobre nós as piores formas de degradação. A irracionalidade desse sistema torna-se mais evidente em momentos de crise: "A destruição violenta de capital, não por circunstâncias externas a ele, mas como condição de sua autoconservação, é a forma mais contundente em que o capital é aconselhado a se retirar e ceder espaço a um estado superior de produção social"[33].

---

[32] Idem, *Grundrisse*, cit., p. 628-9.
[33] Ibidem, p. 627.

8. Capital fixo

A análise de Marx das contraditórias "leis de movimento" do capitalismo se baseia fortemente no entendimento das correntes de fluxo rápido e das perturbações profundas associadas à mudança tecnológica. Embora a concepção de tecnologia de Marx seja muito ampla, ele concede alguma prioridade aos instrumentos de trabalho – às máquinas em particular – como importantes armas na luta para preservar a acumulação do capital. Esses instrumentos de trabalho podem ser usados na luta competitiva pelo mais-valor relativo, para aumentar a produtividade física e de valor da força de trabalho e para reduzir a demanda por trabalho (desse modo, pressionando para baixo as taxas salariais por meio da formação de um exército industrial de reserva). Eles podem também ser usados para empregar o poder da mão de obra "morta" na mão de obra ativa no processo de trabalho, com todos os tipos de consequências para o trabalhador (ver capítulo 4, seção IV). Estas são armas terríveis que os capitalistas podem usar tão logo assumam o controle dos meios de produção.

Mas os instrumentos de trabalho capazes de produzir esses efeitos úteis têm primeiro de ser produzidos:

> A natureza não constrói máquinas nem locomotivas, ferrovias, telégrafos elétricos, máquinas de fiar automáticas etc. Elas são produtos da indústria humana; material natural transformado em órgãos da vontade humana sobre a natureza [...]. Elas são órgãos do cérebro humano criados pela mão humana; força do saber objetivada.[1]

---

[1] Karl Marx, *Grundrisse*, cit., p. 589.

Essas forças de produção, associadas à habilidade e ao conhecimento que incorporam, devem ser apropriadas pelos capitalistas, moldadas às exigências dos últimos e mobilizadas como uma "alavanca" para a acumulação:

> O desenvolvimento do meio de trabalho em maquinaria não é casual [...], mas é a reconfiguração do meio de trabalho tradicionalmente herdado em uma forma adequada ao capital. A acumulação do saber e da habilidade [...] é desse modo absorvida no capital em oposição ao trabalho, e aparece consequentemente como qualidade do capital, mais precisamente do capital fixo.[2]

No primeiro momento, os capitalistas assumem o controle dos instrumentos de trabalho mediante um processo histórico específico – a acumulação primitiva. Isso implica, no entanto, que de início "o capital subordina o trabalho conforme as condições técnicas em que historicamente o encontra"[3]. Entretanto, à medida que o impulso para o mais-valor relativo se torna cada vez mais poderoso, o capitalista deve criar meios para produzir instrumentos de trabalho "adequados ao seu propósito". E pode produzi-los da única maneira que ele conhece: por meio da produção de mercadorias. Quando os vários instrumentos de trabalho são produzidos como mercadorias, trocados como mercadorias, produtivamente consumidos dentro de um processo de trabalho consagrado à produção de mais-valor e, no fim de sua vida útil, substituídos por novas mercadorias, eles se tornam, no léxico de Marx, *capital fixo*.

Os modelos de acumulação que consideramos no capítulo 6 presumiam que toda produção e consumo ocorriam dentro de algum período de tempo padrão. Eles lidam com os efeitos da mudança tecnológica, embora presumindo que o capital fixo, que é conduzido de um período de tempo para o seguinte, não existe! Devemos agora retificar essa omissão e considerar como a formação, o uso e a circulação do capital fixo (implícitos na ideia da mudança tecnológica) se relacionam com a acumulação.

A definição de Marx de capital fixo é bem distinta – na verdade, muito diferente daquela dos economistas clássicos ou neoclássicos. Em primeiro lugar, como o capital é definido como "valor em movimento", em consequência disso o capital fixo deve também ser assim encarado. O capital fixo não é uma coisa, mas um processo de circulação do capital através do uso de objetos materiais, como as máquinas. Disso então também decorre que a circulação do capital fixo não pode ser considerada autônoma dos efeitos úteis específicos que as máquinas e outros ins-

---

[2] Ibidem, p. 582.
[3] Idem, *O capital*, Livro I, cit., p. 382.

trumentos de trabalho têm dentro do processo de produção. O capital fixo não pode ser definido independentemente do uso que é dado aos objetos materiais. Apenas os instrumentos de trabalho realmente utilizados para facilitar a produção do mais-valor são classificados como capital fixo.

Várias implicações derivam dessa definição. Por exemplo, nem todos os instrumentos de trabalho são capital fixo – as ferramentas do artesão não são usadas para produzir mais-valor e, por isso, não são definidas como capital fixo. Os itens usados no consumo final, mais que no produtivo, como facas, garfos e casas, não são capital fixo, mas fazem parte do que Marx chama de "bens de consumo"[4]. O capital fixo é, então, apenas aquela parte da riqueza social total, do estoque total de bens materiais, que é usada para produzir mais-valor. Como os mesmos objetos podem ser usados de diferentes maneiras, os objetos são definidos como capital fixo, "não pelo seu modo determinado de ser, mas por seu uso"[5]. Por isso, a quantidade total de capital fixo pode ser aumentada ou diminuída simplesmente mudando os usos das coisas existentes. Essa ideia é suficientemente importante para garantir um exemplo. Do estoque total de gado de um país, apenas aqueles animais usados como bestas de carga na agricultura capitalista poderiam ser considerados capital fixo. O capital fixo poderia ser aumentado simplesmente utilizando-se mais animais como bestas de carga. O exemplo também sugere outra coisa: na medida em que o gado pode ser usado simultaneamente tanto como besta de carga quanto como produtor de leite ou carne, ele pode ter dois usos, mas apenas um pode ser caracterizado como capital fixo. Marx cita um exemplo similar da estrada, que pode ser usada simultaneamente "tanto de meio de comunicação para a produção propriamente dita quanto para passear"[6].

A flexibilidade da definição que Marx faz do capital fixo em relação ao uso é de grande importância, mas também constitui um risco de interpretação. Marx nos adverte que não nos atrevemos a assumir "que esse valor de uso – a maquinaria em si – seja capital, ou que sua existência como maquinaria seja idêntica à sua existência como capital"[7]. Assumir essa identidade seria igualar o valor de uso ao valor, e cair nas mãos daquele fetichismo que transforma "o caráter social e econômico impresso nas coisas no processo de produção em um caráter natural que se origina da natureza material dessas coisas"[8]. O ponto-final dessa concepção equivocada é a ideia de que as máquinas podem se tornar o fator ativo no processo de trabalho, em si ca-

---

[4] Idem, *Capital*, Livro II, cit., p. 210.
[5] Idem, *Grundrisse*, cit., 570.
[6] Ibidem, p. 575.
[7] Ibidem, p. 583.
[8] Idem, *Capital*, Livro II, cit., p. 225.

pazes de produzir valor. Então, ao considerarmos o capital fixo que temos, devemos sempre ter em mente a relação entre o valor de uso, o valor de troca e o valor de um objeto no contexto da acumulação mediante a produção de mais-valor.

Em primeiro lugar, o capital fixo pode ser distinguido do capital circulante pela maneira em que o seu valor é transmitido ao produto final. Diferentemente do capital constante, que funciona como matéria-prima, os elementos materiais que compõem o instrumento de trabalho não são fisicamente reconstituídos no produto final. O valor de uso da máquina permanece inferior depois que o processo de produção é completado. Na medida em que a máquina se desgasta, o capital fixo é inteiramente consumido dentro do processo de produção e nunca retorna à esfera da circulação. Não obstante, o valor equivalente do capital fixo circula "fragmentado, na proporção em que ele passa daí ao produto final"[9].

A segunda característica distintiva do capital fixo é o seu peculiar "modo específico de valorização, de rotação, de reprodução"[10]. Ele pode ser distinguido de outros elementos "auxiliares" do capital constante que não são reconstituídos no produto final (insumos de energia, por exemplo) devido ao seu uso durante vários períodos de circulação. Isso vincula a definição de capital fixo ao processo de circulação de outros elementos do capital constante, e já observamos que o tempo de circulação não é de modo algum homogêneo. Por isso, a distinção entre capital fixo e circulante é, no primeiro momento, uma mera distinção quantitativa que "endurece" para uma diferença qualitativa quando são usados instrumentos de trabalho mais duráveis e mais duradouros[11]. O capital fixo e o capital circulante então se tornam "dois modos do capital"[12], exibindo características de circulação muito distintas. Como os instrumentos de trabalho são transformados em capital fixo mediante um processo histórico específico, também esse "próprio capital produz sua forma dupla de circulação como capital fixo e capital circulante"[13]. A relação entre o capital fixo e o capital circulante, como veremos na seção II, torna-se então uma consideração fundamental no mapeamento das leis de movimento do capitalismo.

As categorias de capital "fixo" e "circulante" organizam o nosso pensamento de maneiras fundamentalmente diferentes daquelas implicadas nas categorias de capital "constante" e "variável" que usamos até agora. Os dois conjuntos de categorias têm isso em comum: são definidos *dentro* da produção. O capital na forma de mercadoria ou de dinheiro está "em uma forma em que não pode ser nem fixo nem

---

[9] Ibidem, p. 158.
[10] Idem, *Grundrisse*, cit., p. 612.
[11] Ibidem, cap. 3.
[12] Ibidem, p. 621.
[13] Ibidem, p. 607.

circulante". Como todo capital deve assumir a forma de dinheiro ou de mercadoria em algum ponto da sua existência, ocorre que a relação entre o capital fixo e o capital circulante, assim como aquela entre o capital constante e o capital variável, é "mediada" pelas trocas de mercadoria e de dinheiro e modificada pela existência de capital nessas outras formas[14]. Mas dentro da esfera da produção podemos agora identificar duas maneiras totalmente diferentes de conceituar a forma organizacional do capital. As definições duais, apresentadas na tabela 8.1, são à primeira vista confusas. Então qual é, exatamente, o seu propósito?

Tabela 8.1

Formas materiais	*Categorias dentro da produção*	
	Produção de mais-valor	*Movimento do capital*
Fábrica e infraestruturas de equipamento físico da produção	Capital constante	Capital fixo
Matérias-primas e materiais auxiliares à mão		Capital circulante
Força de trabalho	Capital variável	

As categorias de capital constante e capital variável refletem a relação de classe entre o capital e o trabalho dentro do "refúgio oculto da produção". Desse modo, elas nos ajudam a entender a produção de mais-valor, a origem do lucro e a natureza da exploração; elas nos permitem ver "não só como o capital produz, mas como ele mesmo, o capital, é produzido"[15]. Mas o movimento do capital mediante a produção também encontra algumas barreiras que podem conter e ocasionalmente perturbar a circulação geral do capital. A dicotomia fixo-circulante é destinada a nos ajudar a entender esses problemas. Entretanto, isso de modo algum nos ajuda a entender a origem do lucro, porque se "todas as partes constituintes do capital [...]

---

[14] Idem, *Capital*, Livro II, cit., p. 207-9.
[15] Ibidem, Livro I, p. 250.

forem meramente distinguidas por seu modo de circulação" e se o capital preparado para os salários não for mais distinguível de outras matérias-primas, "então a base para um entendimento da [...] exploração capitalista é enterrada de um só golpe"[16]. Pouco espanta, então, que os economistas burgueses fizessem tanta distinção entre o capital fixo e o circulante, embora ignorando a distinção entre o capital constante e o capital variável.

Como observamos antes, é característico de Marx construir diferentes "janelas" no mundo para entender a complexidade dos sistemas econômicos de diferentes pontos de vista. Até aqui examinamos o capitalismo do ponto de vista do capital constante e do capital variável e, desse modo, entendemos muito sobre o processo básico da acumulação. Mas a investigação da circulação requer categorias diferentes. A tarefa que está diante de nós é a de construir um entendimento dos processos de circulação do capital mediante a produção, por meio dos conceitos de capital fixo e capital circulante.

I. A CIRCULAÇÃO DO CAPITAL FIXO

"A circulação da porção do capital que estamos agora estudando", escreve Marx, "é peculiar"[17]. Para endossar as peculiaridades, vamos primeiro examinar o caso mais simples. Considere, então, uma máquina produzida como uma mercadoria, utilizada em um processo de produção sob o controle do capital e substituída no fim de sua vida útil por outra máquina.

Como uma mercadoria, a máquina é apenas um potencial capital fixo. Torna-se capital fixo assim que é comprada por um capitalista e incorporada em um processo de produção. Por meio do ato da troca, o produtor negocia o valor de troca da máquina, enquanto o comprador é agora obrigado a tentar preservar esse valor de troca por meio do consumo produtivo. Vamos assumir no momento que o valor de troca da máquina na ocasião da sua aquisição seja equivalente ao seu valor.

Como outros insumos de capital constante, o valor da máquina tem de ser repassado, negociado, mediante as mercadorias produzidas. Mas, como um valor de uso, a máquina nunca deixa o processo de produção. Ela mantém sua forma corporalmente material como um valor de uso que é produtivamente consumido durante vários períodos de produção. Mas o valor da máquina deve de algum modo continuar a circular para que esse valor seja negociado. A peculiaridade dessa forma

---

[16] Ibidem, Livro II, p. 216-9.
[17] Ibidem, p. 158.

de circulação está no seguinte: o capital fixo continua a circular como valor enquanto permanece materialmente confinado dentro dos limites do processo de produção como um valor de uso[18].

Para começar, o consumo produtivo da máquina depende em certo grau de suas características meramente físicas – a durabilidade e a eficiência são de primordial importância. Por isso, quanto mais durável for a máquina, mais lentamente ela transfere valor para o produto final. Mas Marx também insiste que as máquinas ociosas ou subutilizadas perdem o seu valor sem transferi-lo: elas sofrem desvalorização. Por isso, a taxa de transferência de valor para o produto final depende daquelas condições dentro do processo de trabalho – a extensão do dia de trabalho, a intensidade do trabalho e assim por diante – que afetam o grau em que as máquinas são em média utilizadas.

Finalmente, e aqui encontramos uma importante dificuldade, o valor de uso da máquina para o capitalista depende do mais-valor (ou lucro) que a máquina ajuda a gerar. Em uma situação de mercado competitivo, em que todas as mercadorias são comercializadas em seus valores (ou preços de produção), o capitalista que possui máquinas mais eficientes ou mais duráveis em relação à média social vai auferir um mais-valor relativo. A máquina será mais ou menos útil dependendo do estado da competição, do valor das mercadorias no mercado e da eficiência das máquinas dentro de uma determinada indústria. O capitalista poderia, pelo menos hipoteticamente, trocar a máquina em qualquer ponto da sua vida útil, ou mesmo alugar o seu valor de uso em uma base anual. Mesmo levando em consideração o valor já transferido através do consumo produtivo, esse valor de troca provavelmente varia de um momento para outro segundo as circunstâncias sociais – a velocidade da mudança tecnológica dentro de uma indústria é claramente um fator de grande importância. A implicação é que o valor da máquina é ajustado no decorrer do seu tempo de vida útil, e que este é mais uma grandeza instável do que uma grandeza estável.

O ato final no drama da circulação do capital fixo vem quando a máquina é desgastada e requer substituição. Para o capital ser reproduzido, deve ser gerado um estoque de valor suficiente para substituir a máquina no fim da sua vida útil. Aqui encontramos outra peculiaridade: o valor de troca inicial a ser recuperado não é necessariamente o mesmo que o valor de troca da substituição requerido para garantir a reprodução do capital da produção.

Por isso, parece haver três maneiras para que o "valor" do capital fixo possa ser determinado: pelo preço de compra inicial, pelo valor do mais-valor que ele ajuda

---

[18] Idem, *Grundrisse*, cit., cap. 3; *Capital*, Livro II, cit., p. 157-8.

a produzir por meio do consumo produtivo ou pelo custo da substituição. Então, qual é o valor "real" da máquina? E se não sabemos o seu valor real, então como podemos sequer discutir a circulação do capital fixo como valor? Essas não são perguntas fáceis de responder. Vou demonstrar que o valor da máquina em qualquer momento é uma determinação simultânea de todas as três circunstâncias. Isso implica que o valor das máquinas está em um eterno estado de fluxo – uma conclusão que é incompatível com uma concepção de valor como "tempo de trabalho incorporado", mas que certamente é consistente com a concepção de valor de Marx como uma relação social.

Marx evita essas dificuldades concentrando-se bastante no que acontece dentro do reino da produção quando o valor do capital fixo – medido por seu preço de compra inicial – é recuperado mediante o consumo produtivo. Ele propõe a seguinte regra para a circulação do capital fixo: "sua circulação como valor corresponde ao seu consumo como valor de uso no processo de produção"[19]. Por isso, devemos prestar muita atenção às propriedades do valor de uso físico das máquinas como a base – e apenas a *base* – para o entendimento do processo de circulação do capital fixo. As amplas investigações de Marx das propriedades materiais das máquinas têm de ser entendidas em um contexto desse tipo. Finalmente, temos também de considerar a maneira em que os valores de uso são eles próprios socialmente determinados e integrados com a teoria do valor. Entretanto, começamos com as propriedades meramente materiais das máquinas.

As máquinas melhoram a eficiência física dos repetidos processos de trabalho. Essa eficiência pode permanecer constante, melhorar, declinar ou exibir vários altos e baixos durante a vida útil da máquina. Embora aqui, como em qualquer outra parte, o importante seja a média, a regra de Marx indica que o valor deve circular de uma maneira que reflita a eficiência média cambiante das máquinas durante suas vidas úteis. Marx também levou em consideração que a durabilidade da máquina era "uma base material do modo de circulação que a transforma em capital fixo"[20]. A durabilidade das máquinas pode variar, mas aqui, mais uma vez, é a média que decide[21]. A velocidade em que o capital fixo circula depende em parte da velocidade média em que as máquinas se desgastam com o uso.

Esse tempo "médio" de vida útil depende, por sua vez, do "desgaste normal" e da "manutenção e dos reparos normais". Esses são conceitos difíceis de definir com alguma precisão, embora sua importância geral seja bastante clara. Sem uma manutenção adequada, o tempo de vida útil da máquina será encurtado. Mas a manu-

---

[19] Idem, *Grundrisse*, cit., p. 570.
[20] Idem, *Capital*, Livro II, cit., p. 221.
[21] Ibidem, p. 157.

tenção requer mais insumos da força de trabalho e de materiais além daqueles envolvidos na produção original da máquina. O mesmo é verdade com relação aos reparos "normais". Marx trata esses gastos como parte do valor da máquina, com a diferença de que eles são dispersos durante o tempo de vida útil da máquina, e não incorridos todos de uma só vez. Por essa razão, Marx trata tais gastos mais como parte do capital circulante do que do capital fixo[22]. A aquisição inicial da máquina obriga o capitalista a reservar uma parte do capital circulante para a manutenção e o reparo do capital fixo: "a transferência do valor devido ao desgaste do capital fixo é calculada sobre sua vida média, mas essa própria vida média se baseia na suposição de que o capital adicional requerido para propósitos de manutenção é continuamente antecipado"[23].

Infelizmente, a distinção entre os reparos e a substituição é mais confusa. As máquinas com frequência "consistem de componentes heterogêneos, que se desgastam em períodos de tempo desiguais e devem ser, portanto, substituídos"[24]. A máquina como um todo pode ser *reparada* mediante a *substituição* dos componentes defeituosos, mas quando todas as partes constituintes de uma máquina foram substituídas, a máquina como um todo não foi substituída? Circunstâncias desse tipo dificultam muito calcular o tempo de vida útil da máquina. Marx despende uma considerável quantidade de energia pensando nessas questões, sem, no entanto, resolvê-las de uma maneira que o satisfaça[25]. Ele termina colocando de lado todas essas complicações físicas para definir um modelo extremamente simplificado da "depreciação" das máquinas, em que a circulação do capital fixo exibe as seguintes características:

> Pelo desgaste dos instrumentos de trabalho, uma parte do seu valor é transmitido para o produto, enquanto a outra permanece fixa no instrumento de trabalho e, portanto, no processo de produção. Dessa maneira, o valor fixo diminui consistentemente, até o instrumento de trabalho estar desgastado, seu valor tendo sido distribuído durante um período mais curto ou mais longo em uma massa de produtos originados de uma série de processos de trabalho constantemente repetidos. [...] Quanto mais tempo dura um instrumento, mais lento é o seu desgaste, mais o seu valor de capital constante permanecerá fixo nessa forma de uso. Mas qualquer que possa ser a sua durabilidade, a proporção em que ele produz valor é sempre inversa a todo o tempo em que ele funciona.

---

[22] Ibidem, p. 173-4.
[23] Ibidem, p. 175.
[24] Ibidem, p. 171.
[25] Ibidem, p. 169-82. O problema da diferenciação entre o reparo e a substituição é particularmente sério no caso do ambiente construído, como veremos mais adiante (p. 314-8).

Se de duas máquinas de igual valor uma se desgasta em cinco anos e a outra em dez, então a primeira produz, no mesmo tempo, duas vezes mais valor que a segunda.[26]

O que Marx está propondo aqui é o que atualmente é conhecido como "depreciação linear" das máquinas. Para evitar confusão, usarei o termo "transferência de valor" para me referir à velocidade com que o valor incorporado nas máquinas é realizado através do consumo produtivo. Marx estava bem consciente de que um modelo de "transferência de valor linear" era uma supersimplificação. Isso também é profundamente inconsistente com o teor geral do argumento de Marx n'*O capital*, pois ele confere um papel autônomo e aparentemente determinante ao modo de ser físico e material do capital fixo. Marx parece cair na armadilha do próprio fetichismo que ele tão frequentemente critica. A admissão do valor de uso como uma categoria econômica é correta, mas isso não alivia Marx da obrigação de especificar como esse valor de uso é "modificado pelas modernas relações de produção". Se encararmos o modelo da transferência de valor linear como sacrossanto, rapidamente enfrentaremos várias dificuldades.

Por exemplo, a transferência de valor linear calculada com respeito a um preço de aquisição original (assumido como equivalente ao valor) só igualará o investimento na reposição em condições especiais e absolutamente irrealistas – sem inovação tecnológica, sem variações no custo das máquinas etc. Quando essas condições não se mantêm, surge uma discrepância entre o valor recuperado e o valor necessário para a substituição. A circulação continuada do capital fixo é ameaçada nesse ponto de substituição.

A transferência de valor linear também presume que o tempo de vida útil da máquina é conhecido. Então, como esse tempo de vida útil é determinado? Marx apresenta duas respostas. Inicialmente, ele apela para um conceito meramente *físico* – uma máquina é construída com uma determinada capacidade física e durabilidade e se desgasta dentro de um determinado período de tempo. Mas ele também reconhece que o tempo de vida útil *econômica* pode ser diferente. O capitalista descarta uma máquina, não porque ela esteja fisicamente desgastada, mas porque um lucro maior poderia ser obtido substituindo-a. O valor de uso da máquina para o capitalista é o fato de ela lhe permitir produzir mais mais-valor, e esse valor de uso, como Marx claramente reconhece, muda dependendo das circunstâncias sociais. Por isso, a vida econômica de uma máquina não pode ser previamente conhecida, pois depende de mudanças no desenho e no custo da máquina, na velocidade e na forma gerais da mudança tecnológica, nas condições que afetam a taxa de exploração da força de trabalho (o fluxo e refluxo do exército industrial da reser-

---

[26] Ibidem, p. 158.

va, por exemplo), nos diferenciais da taxa de lucro com o uso de diferentes tecnologias dentro de uma determinada linha de produção, e assim por diante. O tempo de vida útil das máquinas, sendo uma determinação social, é, na melhor das hipóteses, variável e, na pior, muito imprevisível – variando muito dependendo da competição, da busca incessante por lucro e por um processo de acumulação que gera um ritmo muito dramático de mudança tecnológica. O que começou parecendo uma sólida base material para a análise da transferência do valor é transformado pelos processos sociais em um emaranhado de incertezas.

A velocidade com que o capital fixo transfere o seu valor para o produto final, originalmente concebido como uma questão que pertencia apenas à produção, não pode, evidentemente, ser analisada independentemente dos efeitos dos ventos gelados da competição do mercado. É interessante notar que já encontramos um problema paralelo na determinação do significado das composições orgânicas e de valor do capital. E é bastante provável que encontremos essa mesma questão aqui, pois o capital fixo tem um papel muito importante a desempenhar na determinação das composições orgânicas e de valor. Agora encontramos a regra de que o valor de uso do capital fixo dentro dos limites da produção e da empresa depende da capacidade da empresa para obter lucros em um mercado competitivo. Como, então, podemos criar um método para lidar com a transferência de valor do capital fixo nessas circunstâncias? Fazer isso obviamente requer que construamos algum tipo de ponte entre os processos separados, porém relacionados, da produção e da circulação.

As dificuldades podem ser mais facilmente resolvidas tratando-se a circulação do capital fixo como um caso de produção conjunta. No início de cada período de produção, o capitalista adianta uma quantidade total de valor para adquirir força de trabalho, matérias-primas e instrumentos de trabalho. No fim do período, o capitalista tem uma mercadoria para ser vendida no mercado e uma quantidade residual de valor de capital fixo incorporado em uma máquina que pode ser usada de novo, substituída ou até mesmo vendida para outra pessoa. O valor residual do capital fixo é tratado como um produto, decorrente do processo de produção. Essa maneira de lidar com o problema tem sido usada com grande efeito por autores como von Neumann, Sraffa, Steedman e Morishima. O último autor mostra como esse artifício pode ser utilizado para determinar o tempo de vida útil econômica das máquinas, para proporcionar um "critério econômico para as decisões dos empresários de não usar [uma máquina] de uma determinada idade mais antiga" e um método para colocar a transferência de valor alinhada com o custo de reposição[27].

---

[27] Michio Morishima (*Marx's Economics*, cit., p. 178). Nas mãos de Piero Sraffa (*The Production of Commodities by Means of Commodities*, cit.), esse método produz o interessante *insight* de que a escolha da tecnologia e, portanto, o valor de uso das máquinas, depende da taxa de lucro, e que a troca e

É interessante notar que o próprio Marx foi pioneiro nessa técnica – que tanto Sraffa quanto Morishima estão se esforçando para enfatizar –, com respeito à análise do capital empregado na produção de bens considerando diferentes períodos de tempo. E há sinais de que Marx viu uma análise dos produtos conjuntos como uma saída para os dilemas colocados por seu modelo linear de transferência de valor[28]. Ele simplesmente falhou em reiterar a possibilidade (por quaisquer razões) e, desse modo, escancarar o que se transformou em uma das mais complexas de todas as questões a serem tratadas pela teoria econômica.

No entanto, esse artifício teórico dos produtos conjuntos é mais que uma ficção conveniente, porque os mercados de segunda mão para as máquinas realmente existem, enquanto o aluguel e o arrendamento de equipamento em uma base periódica não são algo incomum. Além disso, na medida em que os direitos à capacidade de produção podem ser comercializados na forma de títulos e ações, podemos identificar outro tipo de mercado que reflete, em parte, a atual produtividade do estoque de capital fixo em relação à produção de mais-valor. Há, então, uma base material e social para a reavaliação do estoque de capital fixo de um momento para o outro.

Entretanto, aqueles que nos últimos anos têm examinado com rigor essa questão concluíram que o tratamento da circulação do capital fixo como um caso específico da produção conjunta apresenta sérios dilemas para a teoria marxiana do valor. Morishima, por exemplo, afirma que "o reconhecimento da produção conjunta e dos processos alternativos de manufatura [...] nos encorajam a sacrificar a própria formulação da teoria do valor-trabalho de Marx"[29], enquanto Steedman é ainda mais enfático:

> Na presença do capital fixo, a escolha da vida mais eficiente de uma máquina só é determinada no decorrer da maximização da taxa de lucro, fazendo com que as grandezas de valor, que dependem da vida efetiva da máquina, sejam determinadas apenas *depois* de determinada a taxa de lucro. As condições físicas da produção e a taxa de salário real são os determinantes mais próximos da taxa de lucro. A tarefa é mostrar o que determina estas condições de produção físicas e os salários reais, e não se engajar em cálculos de valor inúteis.[30]

---

a retroca de tecnologias pode ocorrer com variações na taxa de lucro. Já vimos que uma das críticas do argumento da taxa decrescente de lucro de Marx é a falha em admitir a possibilidade dessa troca (ver p. 258-9), e vamos agora nos esforçar para mostrar mais concretamente por que há um conflito entre o processo de circulação do capital fixo e a capacidade de trocar as tecnologias à vontade.

[28] Karl Marx, *Capital*, Livro II, cit., p. 153; *Theories of Surplus Value*, cit., parte 3, p. 391.
[29] Michio Morishima, *Marx's Economics*, cit., p. 180.
[30] Ian Steedman, *Marx after Sraffa*, cit., p. 183.

Levine também argumenta que se Marx tivesse aplicado a regra do "tempo de trabalho socialmente necessário" à transferência de valor do capital fixo, ele teria descoberto "dificuldades essenciais no cálculo do valor do trabalho das mercadorias" produzidas com a ajuda do capital fixo:

> O valor contribuído pelo capital fixo ao produto não é determinado por seu valor original nem por seu valor atual, mas pela mudança no valor durante o período relevante. É esse componente inerentemente dinâmico da determinação do valor do produto da mercadoria que é perdido em sua redução a uma quantidade de tempo de trabalho. A quantidade de valor "transferida" para o produto dentro de um determinado período varia segundo a velocidade em que o valor do capital fixo empregado muda durante esse período. Como a determinação do valor da mercadoria é governada por uma velocidade de mudança do valor, este é inerentemente irredutível a qualquer quantidade fixa de tempo de trabalho. A determinação do valor de troca em uma soma de tempo de trabalho passado e atual é excluída.[31]

Levine prossegue acrescentando, por meio de uma nota de rodapé, que "para manter a teoria do valor do trabalho como uma teoria da determinação do valor de troca [...] seria necessário, na verdade, excluir o capital fixo"[32].

Todos esses relatos refletem com precisão a dificuldade de se chegar a alguma maneira apropriada de calcular a velocidade em que o valor do capital fixo é transferido para o produto[33]. E todos eles indicam que o valor do capital fixo será necessariamente alterado com o tempo, dependendo das circunstâncias sociais. Além disso, todos eles provam conclusivamente que a circulação do capital fixo não pode ser reconciliada com uma teoria do valor que se baseie apenas no tempo de trabalho incorporado no passado e no presente. O próprio Marx chegou exatamente a essa conclusão. Uma vez que o capital fixo se separa do circulante, encontramos circunstâncias que "contradizem totalmente a doutrina do valor de Ricardo, assim como sua teoria do lucro, que é, na verdade, uma teoria do mais-valor"[34].

A doutrina do valor de Ricardo como o tempo de trabalho incorporado deve ser na verdade rejeitada. Mas a teoria do valor de Marx como o tempo de trabalho social-

---

[31] David Levine, *Economic Theory*, cit., p. 302.
[32] Idem.
[33] O debate sobre "lucros positivos com mais-valor negativo" em condições de produção conjunta é instrutivo nesse aspecto. Ver Ian Steedman (*Marx after Sraffa*, cit., cap. 11), Michio Morishima e George Catephores (*Value, Exploitation and Growth*, cit., p. 29-38) e a rejeição do argumento como espúrio por Ben Fine e Laurence Harris (*Re-Reading Capital*, cit., p. 39-48).
[34] Karl Marx, *Capital*, Livro II, cit., p. 223.

mente necessário é muito diferente[35]. Embora Marx frequentemente equipare o trabalho socialmente necessário com o trabalho incorporado por conveniência, este último não abrange todos os aspectos do valor como uma relação social. O valor, lembre-se, "existe apenas num valor de uso, numa coisa", de forma que "a perda do valor de uso implica a perda do valor"[36]. Essa é uma simples extensão da regra marxiana segundo a qual as mercadorias "têm de se realizar como valores antes que possam se realizar como valores de uso", e que se a coisa "é inútil, também o é o trabalho nela contido; o trabalho não conta como trabalho e não cria, por isso, nenhum valor"[37]. Por isso, a utilidade cambiante da máquina durante o seu tempo de vida útil não deixa o seu valor intacto. E os principais entre os fatores que afetam o valor das máquinas são as frequentes "revoluções no valor" associadas à mudança tecnológica. "É justamente a produção capitalista, à qual a mudança contínua das relações de valor é peculiar, ainda que apenas devido à produtividade sempre cambiante do trabalho, que caracteriza esse modo de produção"[38]. A mudança tecnológica desempenha tanto um papel desestabilizador com respeito à circulação do capital fixo quanto o faz nos modelos simples de superacumulação e desvalorização que examinamos no capítulo anterior.

O valor, como já declaramos, não é uma métrica fixa a ser usada para descrever um mundo em mutação, mas é tratado por Marx como uma relação social que incorpora a contradição e a incerteza em seu próprio centro. Então, não há nenhuma contradição entre a concepção de valor de Marx e a circulação do capital fixo. A contradição é internalizada dentro da própria noção do valor.

II. AS RELAÇÕES ENTRE O CAPITAL FIXO E O CAPITAL CIRCULANTE

Marx acreditava que "capital fixo é pressuposto da produção do capital circulante, do mesmo modo que o capital circulante o é para a produção do capital fixo"[39]. Além disso, como o capital fixo perde o seu valor quando não está em uso, um

---

[35] Bem Fine e Laurence Harris (*Re-Reading Capital*, cit., p. 45) apontam que "nem Steedman nem Morishima empregam o conceito de valor de Marx. A divergência mais fundamental do conceito de Marx em ambos os casos é que cada autor enxerga o valor simplesmente como um conceito contábil, enquanto Marx o trata como um fenômeno real que tem efeitos concretos". A mesma crítica pode ser feita à tentativa abortiva de John Roemer ("Continuing Controversy on the Falling Rate of Profit: Fixed Capital and Other Issues", *Cambridge Journal of Economics*, 1979, v. 3) de integrar a formação e o uso do capital fixo no argumento de Marx sobre a taxa decrescente de lucro.
[36] Karl Marx, *O capital*, Livro I, cit., p. 280.
[37] Ibidem, p. 119, 160.
[38] Ibidem, Livro II, p. 72.
[39] Idem, *Grundrisse*, cit., p. 614.

fluxo contínuo de capital circulante – tanto da força de trabalho quanto das matérias-primas – é uma condição necessária para a negociação do seu valor.

Como cada um é necessário para o outro, deve existir certa relação entre os fluxos de capital circulante e de capital fixo. Por exemplo, para se conseguir uma acumulação equilibrada, o capital total na sociedade deve ser dividido em proporções fixas e circulantes de acordo com alguma regra "racional" – quer dizer, racional do ponto de vista da acumulação. Os economistas políticos clássicos frequentemente atribuíam as crises a uma desproporcionalidade entre o capital fixo e o circulante, e Marx não discorda disso. Mas ele trata a desproporção mais como um sintoma do que como uma causa, e busca os mecanismos que a produzem.

Considere, então, o simples caso de uma máquina com um conhecido tempo de vida que transfere valor para o produto final segundo a regra da "linha reta". Os valores na forma de mercadorias são tirados de circulação (exceto para reparos e manutenção) até a máquina ser substituída. A cada ano, no entanto, as mercadorias voltam à circulação através do consumo produtivo da máquina até que a mercadoria equivalente ao valor incorporado na máquina volte totalmente à circulação no último ano de sua vida. A circulação do dinheiro assume um curso muito diferente. Ele é lançado em circulação "todo ao mesmo tempo, (mas) retirado da circulação apenas aos poucos, segundo a venda das mercadorias produzidas"[40]. Na ausência de um sistema de crédito, o capitalista tem de criar um acúmulo de dinheiro até que haja o suficiente para comprar uma nova máquina[41].

A peculiaridade nessa troca está em suas características de tempo. Dinheiro e mercadorias circulam segundo padrões temporais bastante diferentes. Imediatamente depois da compra da máquina há um excesso de dinheiro em circulação em relação às mercadorias. Próximo ao fim do tempo de vida da máquina surge a condição oposta. Em longo prazo, esses desequilíbrios neutralizarão um ao outro (nas suposições que especificamos), para que não haja efeitos negativos agregadores enquanto o sistema puder funcionar para facilitar os pagamentos em dinheiro durante o tempo de vida da máquina. Mas, não obstante, a circulação do capital fixo exerce influências perturbadoras de curto prazo até mesmo nos processos de reprodução simples. A troca de dinheiro e de mercadorias entre os setores 1 e 2 (ver capítulo 6) corresponderia apenas à condição improvável de que uma proporção igual do capital fixo na sociedade fosse "retirada" e substituída a cada ano. Isso requereria uma taxa fixa de transferência de valor e uma estrutura de idade particular para o estoque de capital fixo. Desequilíbrios surgiriam também na ausência de um sistema de crédito porque os capitalistas teriam

---

[40] Idem, *Capital*, Livro II, cit., p. 161-7.
[41] Ibidem, p. 182.

de acumular dinheiro para cobrir os custos de reposição, enquanto o capital circulante necessário para construir a máquina teria de ser adiantado antes da substituição. E assim, conclui Marx, "uma desproporção da produção de capital fixo e circulante [...] pode e deve surgir mesmo quando o capital fixo é apenas preservado"[42].

Esse *insight* técnico – que Marx, à sua maneira habitual, estabelece por meio de exemplos aritméticos tortuosos – nos traz à beira das questões muito amplas que surgem quando a mudança tecnológica requer que a proporção do capital fixo seja expandida em relação ao capital circulante. Isso acontece porque a produção de máquinas envolve a "produção de meios de criação de valor" em vez de a criação direta de valores de uso para o consumo individual[43]. Em outras palavras,

> A parte da produção orientada para a produção do capital fixo não produz objetos da fruição imediata nem valores de troca imediatos. [...] Por conseguinte, [...] depende do grau de produtividade já alcançado [...] que uma parte do tempo de produção seja suficiente para a produção imediata. Para tanto, é preciso que a sociedade possa esperar; que uma grande parte da riqueza já criada possa ser retirada tanto da fruição imediata quanto da produção destinada à fruição imediata, para empregar essa parte no trabalho não imediatamente produtivo.[44]

Marx prossegue então para especificar as condições que vão permitir que o capital fixo seja formado:

> Isso exige que já se tenha alcançado um alto nível da produtividade e do excedente relativo, nível elevado que, na verdade, é diretamente proporcional à transformação do capital circulante em capital fixo. [...] A condição para isso é *população excedente* (desde esse ponto de vista), bem como *produção excedente*.[45]

Além disso, essas "população excedente e produção excedente relativas" devem ser ainda maiores se o capital fixo for de larga escala, longa vida e apenas indiretamente relacionado à produção – "ou seja, mais para construir ferrovias, canais, aquedutos, telégrafos etc. que para produzir maquinaria"[46]. Então, antes de qualquer coisa, como esses excedentes de produto e força de trabalho serão obtidos ou produzidos? Há duas respostas possíveis a essa pergunta.

---

[42] Ibidem, p. 469.
[43] Idem, *Grundrisse*, cit., p. 592.
[44] Ibidem, p. 589-90.
[45] Ibidem, p. 590.
[46] Idem.

Em primeiro lugar, os excedentes podem ser obtidos mediante a apropriação direta e a acumulação primitiva. Por exemplo, a formação de um proletariado sem terra a partir de uma população camponesa pode criar a força de trabalho excedente necessária. Assim os irlandeses se tornaram os trabalhadores braçais e da construção civil no mundo, particularmente depois da fome da batata, uma consequência da penetração das relações sociais capitalistas na sociedade irlandesa, que finalmente os obrigou a sair do país. Os capitalistas podem também, por apropriação ou conversão, adquirir o valor de uso do capital fixo sem que o valor de uso seja primeiro produzido por outros capitalistas na forma-mercadoria. Isso pode acontecer porque o capital fixo pode ser criado simplesmente mudando os usos das coisas existentes. Os meios de produção e os instrumentos de trabalho podem ser apropriados de artesãos e trabalhadores; os bens de consumo podem ser adquiridos e colocados em uso produtivo. Sob o sistema (domiciliar) de produção por encomenda, por exemplo, as casas dos tecelões, que até então eram parte dos bens de consumo, começaram a funcionar como capital fixo[47]. Ocorre um efeito similar quando os sistemas de transporte criados principalmente para o consumo começam a ser usados cada vez mais para atividades relacionadas à produção.

A vantagem aqui é que o capital fixo pode ser formado sem interferir de maneira alguma com o capital circulante. No entanto, a quantidade de capital fixo que pode ser criada dessa maneira depende de condições preexistentes – o capital, afinal, "não participou da criação do mundo, mas encontrou a produção e os produtos já prontos antes de submetê-los ao seu processo"[48]. A Grã-Bretanha do século XVIII, por exemplo, possuía um vasto reservatório de bens materiais (talvez duas ou três vezes os bens que a Nigéria possui atualmente), e esses valores de uso podiam ser facilmente convertidos em capital fixo a pouco ou nenhum custo. Os primeiros industriais adquiriram grande parte do seu capital fixo colocando antigas estruturas (moinhos, celeiros, casas, sistemas de transporte etc.) em novos usos produtivos. A formação de taxas de capital fixo nunca subiram muito acima de 5 ou 6% do produto nacional, comparados com os 12% ou mais em geral considerados essenciais para atingir a acumulação do capital existente[49]. O caso aberrante

---

[47] Idem, *Theories of Surplus Value*, cit., parte 2, p. 23.
[48] Idem, *Grundrisse*, cit., p. 565.
[49] Segundo *The Stages of Economic Growth* (Londres, Cambridge University Press, 1960) de Walt Rostow (com seu interessante subtítulo de um "manifesto não comunista"), a Grã-Bretanha atingiu sua "decolagem" para o crescimento econômico entre 1783 e 1802, duplicando a sua taxa de investimento de 5 para 10%. Phyllis Deane e W. A. Cole (*British Economic Growth: 1688-1959*, Londres, Cambridge University Press, 1962, p. 261-4) encontraram poucas evidências para tal onda na formação de capital, e o subsequente debate – grande parte do qual é reproduzido em François Crouzet (*Capital Formation in the Industrial Revolution*, Londres, Methuen, 1972) – dá forte apoio a essa

da Grã-Bretanha, que é tão vital porque lideraria o caminho na acumulação sustentada do capital, é explicável dada a fluidez das definições de Marx. A apropriação, a conversão e a acumulação primitiva proporcionaram o capital fixo sem desviar nada do capital circulante. Esses aspectos continuam a ser de alguma importância durante toda a história do capitalismo – os imigrantes africanos, por exemplo, desempenham um papel fundamental na atividade da construção francesa, assim como os europeus do sul em grande parte da Europa ocidental. Mas para a mudança tecnológica desempenhar o seu papel apropriado, o capitalismo tem de desenvolver a capacidade para produzir excedentes de produto e força de trabalho dentro dos seus confins.

Isso nos leva ao segundo mecanismo importante para a geração das precondições necessárias para a formação de capital fixo. A superacumulação, que vimos surgir necessariamente no capitalismo em uma base periódica, envolve a criação de "capital não empregado em um polo e uma população de trabalhadores desempregados no outro" (ver capítulo 7). Os excedentes da força de trabalho, das mercadorias, da capacidade produtiva e do capital monetário são potencialmente conversíveis em capital fixo. E é um *insight* teórico fundamental e muito importante. Ele diz, na verdade, que as contradições da acumulação produzem as precondições necessárias para a formação de capital fixo em uma base periódica. A seguir, vamos tentar deslindar algumas das implicações desse notável *insight* teórico.

Começamos por considerar como o fluxo e refluxo do exército industrial de reserva se relacionam com a formação do capital fixo na ausência de qualquer "acumulação primitiva" ou com a mobilização de setores "latentes" dentro de uma população. Nessas condições, uma população excedente relativa é fundamentalmente o produto da mudança tecnológica que cria desemprego. Mas a mudança tecnológica em geral requer a formação de capital fixo. E este último requer a formação anterior de um exército industrial de reserva. O ritmo da oferta e da demanda de força de trabalho e a capacidade para absorver a força de trabalho excessiva por meio da formação de capital fixo parecem ser regulados por circunstâncias contraditórias. O próprio processo que produz um exército industrial de reserva também o absorve. A contradição é tipicamente expressada através das fases de formação do capital fixo e da absorção de força de trabalho excedente seguidas pelo desempenho disseminado e pela estagnação na formação de capital fixo. Entretanto, não podemos entender tal processo sem considerar como os produtos excedentes também são gerados e absorvidos.

---

conclusão. Também vale a pena consultar Peter Mathias, "Capital Credit and Enterprise in the Industrial Revolution", *Journal of European Economic History*, 1973, v. 2.

Os excedentes de mercadorias, as capacidades produtivas e a força de trabalho, associados à superacumulação, não podem ser instantaneamente deslocados de, digamos, as indústrias dos bens de consumo (vestuário, calçados etc.) para a produção de itens de capital fixo (máquinas, ferrovias). Frequentemente é requerida uma crise para obrigar tal deslocamento do capital circulante para o capital fixo – na verdade, Marx declarou que "uma crise sempre cria o ponto de partida para novos investimentos", que estabelecem "uma nova base material para o próximo ciclo de circulação"[50]. Se esses deslocamentos pudessem ocorrer instantaneamente e sem custo, os problemas da superacumulação e da desvalorização do capital circulante poderiam ser inteiramente resolvidos pela formação de capital fixo. O limite para esse deslocamento estaria apenas na capacidade para negociar o valor dos investimentos de capital fixo. Como o emprego do capital fixo significa um aumento na produtividade da mão de obra, o deslocamento do capital circulante para o fixo só pode exacerbar o problema da superacumulação em longo prazo. A parte do capital fixo vai ser condenada a uma ociosidade forçada mediante a superacumulação, e o próprio capital fixo vai sofrer uma desvalorização. Uma solução de curto prazo para o problema da superacumulação exacerba as dificuldades de longo prazo e coloca parte da carga geral das desvalorizações periódicas sobre o capital fixo. A única diferença seria que o momento e o ritmo da formação e da resolução da crise seriam agora profundamente afetados pelo processo de circulação do próprio capital fixo.

A desvalorização do capital fixo poderia ser indefinidamente protelada pelo deslocamento de cada vez mais capital para a formação de capital fixo. Essa possibilidade foi discutida por Tugan-Baranovski no contexto dos esquemas de reprodução expandida de Marx[51]. Ele mostrou que a acumulação poderia continuar eternamente, contanto que o investimento no capital fixo aumentasse nas proporções certas. Isso implicaria uma economia em que as máquinas seriam construídas para produzir máquinas que construíssem máquinas – algo que parece totalmente absurdo do ponto de vista das necessidades humanas, mas que o capitalismo é teoricamente capaz de desenvolver, pois os capitalistas estão interessados apenas no mais-valor e não se importam nem um pouco com os valores de uso que produzem. Os limites para tal economia lunática só seriam atingidos quando o fluxo do capital circulante se tornasse insuficiente para apoiar o uso continuado do capital fixo, ou quando o ritmo da mudança tecnológica indicado pela formação do capital fixo se tornasse tão rápido que as desvalorizações mediante tempos de vida

---

[50] Karl Marx, *Capital*, Livro II, cit., p. 186.
[51] Michal Kalecki (*Selected Essays on the Dynamics of the Capitalist Economy*, cit, cap. 13) apresenta um relato interessante do esquema de Tugan-Baranovski.

econômica encurtados das máquinas se tornassem um problema sério. Embora a solução de Tugan-Baranovski não pudesse ser sustentada em longo prazo, ela ajuda a explicar por que o capitalismo tem surtos frequentes de investimento excessivo na produção de alta tecnologia sem considerar os excedentes de força de trabalho que já existem ou as necessidades humanas das populações. Por isso, em curto prazo, o capital pode reagir à superacumulação se deslocando para a formação de capital fixo – e quanto mais longa for a vida e mais longa a escala do capital fixo, melhor (por exemplo, obras públicas em larga escala, represas, ferrovias etc.). Mas, em algum momento em longo prazo, problemas de superacumulação podem reemergir, talvez para serem registrados em uma escala ainda maior na desvalorização do próprio capital fixo.

As contradições inerentes na forma de circulação do capital fixo podem ser abordadas a partir de outro ângulo. Marx declara que "quanto maior for a escala em que o capital fixo se desenvolve [...] mais a continuidade do processo de produção [...] devém condição externamente imposta do modo de produção baseado no capital"[52]. Quando os capitalistas adquirem capital fixo, eles são obrigados a usá-lo até o seu valor (não importa como calculado) ser totalmente recuperado. O capital fixo "compromete a produção dos anos seguintes", "também antecipa o trabalho futuro como valor equivalente" e, por isso, exerce um poder coercivo para usos futuros[53]. Marx se concentra na tirania que o capital fixo, na forma da máquina sob o controle do capitalista, exerce sobre as condições de trabalho do trabalhador (daí o longo e muito eficiente capítulo sobre as máquinas no primeiro livro d'*O capital*). Mas o ponto pode ser generalizado. Quanto mais o capital circula na forma fixa, mais o sistema de produção e consumo fica fechado em atividades específicas adequadas para a realização do capital fixo.

A contradição envolvida nisso deve estar prontamente aparente. Por um lado, o capital fixo proporciona uma alavanca poderosa para a acumulação, enquanto o investimento adicional em capital fixo proporciona um alívio pelo menos temporário para os problemas de superacumulação. Por outro lado, a produção e o consumo ficam cada vez mais aprisionados dentro das maneiras fixas de fazer as coisas e cada vez mais comprometidos com linhas de produção específicas. O capitalismo perde a sua flexibilidade, e a capacidade de inovação se vê paralisada[54].

Isso nos lança imediatamente de volta a esse mundo complexo, sobre o qual Marx tinha conhecimento, mas pouco fez para nos esclarecer a respeito, em que o tempo de vida econômica do capital fixo não mais corresponde ao seu tempo de

---

[52] Karl Marx, *Grundrisse*, cit., p. 587.
[53] Ibidem, p. 611-2.
[54] Idem, *Capital*, Livro II, cit., p. 185.

vida física. A transferência do valor linear não pode mais ser mantida como uma descrição adequada da circulação do capital fixo. O problema mais sério que pode surgir aqui diz respeito ao impacto de novas máquinas, mais baratas e mais eficientes no valor de uso e, portanto, no valor imputado das máquinas antigas. Recorrendo à linguagem dos preços, Marx observa como as "constantes alterações na construção e o barateamento das máquinas depreciam de modo igualmente constante seus modelos antigos e fazem com que estes só sejam lucrativos quando, comprados a preços irrisórios, são utilizados em massa por grandes capitalistas"[55]. Revoluções eternas na tecnologia podem significar a desvalorização do capital fixo em uma escala extensiva.

As trocas entre os setores 1 e 2 podem também ser sujeitas a contratempos. No entanto, se o ritmo da mudança tecnológica for contínuo, e se os capitalistas puderem se sentir razoavelmente seguros em suas expectativas com respeito às tecnologias futuras, então é possível programar a obsolescência do seu capital fixo e lidar com a circulação do capital fixo segundo algum plano racional[56]. Dessa maneira, os efeitos perturbadores da mudança tecnológica podem ser minimizados e o impacto nas relações de troca entre os dois setores pode ser reduzido a oscilações bem menores. Mas a obsolescência programada só é possível se a velocidade da mudança tecnológica for contida. A monopolização, o patrocínio do governo à pesquisa e ao desenvolvimento, e as restrições legais com respeito à aplicação das inovações (leis de patentes e licenciamento em particular) desempenham papéis importantes para regular o ritmo da mudança tecnológica e para tornar a obsolescência programada um meio disponível para se contrapor à evidente tensão entre a mudança tecnológica e seu inevitável corolário, a desvalorização do capital fixo. Na verdade, pode-se justificar que os efeitos incoerentes e destrutivos da mudança tecnológica descontrolada trazem à tona uma reação capitalista na forma de vários arranjos – como monopólios e leis de patente – para controlar o ritmo dessa mudança[57].

Na ausência de controles bem-sucedidos, a obsolescência programada torna-se impossível. O que começa como pequenas oscilações e desequilíbrios entre os setores e nas proporções de capital fixo para capital circulante rapidamente se amplia para oscilações explosivas ou divergência monotônica de um caminho de

---

[55] Idem, *O capital*, Livro I, cit., p. 545; Livro III, cit., p. 114-5.
[56] O paralelo com os pontos de vista de Paul Boccara sobre a desvalorização relativa (ver capítulo 7) merece ser conferido.
[57] O relato de David Noble (*America by Design: Science, Technology and the Rise of Corporate Capitalism*, cit.) sobre o uso controlado das leis de patentes nos Estados Unidos desde o início do século XX se adequa muito bem a esse relato teórico.

crescimento controlado (ver p. 242). A circulação do capital fixo torna-se enredada na malha de forças contraditórias associadas à mudança tecnológica, ao desequilíbrio, à formação de crise, à superacumulação e à desvalorização. Era justamente esse resultado que Marx tinha em mente em seus estudos da circulação do capital fixo.

Por exemplo, ele declara explicitamente que a busca competitiva pelo mais-valor relativo obriga a substituição de "antigos instrumentos de trabalho antes da expiração da sua vida natural", e que se esta ocorrer em "uma escala social mais ampla" é "principalmente imposta por meio de catástrofes e crises"[58]. Ele também observa que as "melhorias contínuas que diminuem o valor de uso e, portanto, o valor, das máquinas existentes, das construções das fábricas etc." têm um "efeito particularmente horrível durante o primeiro período de máquinas recentemente introduzidas [...] quando estas se tornam continuamente antiquadas antes de terem tempo de reproduzir seu próprio valor". Reduções rápidas no custo de reposição têm efeitos similares. E então descobrimos que "grandes empresas frequentemente não florescem até passarem para outras mãos, isto é, após seus primeiros proprietários terem falido e seus sucessores, que as compram barato, começarem do início com um desembolso de capital menor"[59].

No decorrer de crises parciais ou gerais, os elementos do capital fixo são desvalorizados em maior ou menor grau. Este então constitui "um dos meios imanentes na produção capitalista para deter a queda da taxa de lucro e acelerar a acumulação do valor do capital mediante a formação de novo capital"[60]. A composição de valor agregado do capital é, em suma, estabilizada diante de uma mudança tecnológica forte pela desvalorização forçada de uma parte do capital constante fixo. Os conceitos de superacumulação e desvalorização têm, então, um papel particular a desempenhar em relação à circulação do capital fixo. Diz Marx:

> A conclusão a que se chega é de que esse ciclo de rotações encadeadas, que se estende por uma série de anos e que o capital percorre por meios de seus componentes fixos, fornece uma base material para as crises periódicas. Durante esse ciclo, o negócio sofre as sucessivas fases de depressão, animação média, exaltação e crise. Os períodos em que se investe o capital são, na realidade, muito distintos e discrepantes. Porém, a crise constitui sempre o ponto de partida de um novo grande investimento. E, portanto, do

---

[58] Karl Marx, *Capital*, Livro II, cit., p. 170.
[59] Ibidem, Livro III, p. 113-4.
[60] Ibidem, p. 249, 254.

ponto de vista da sociedade em seu conjunto, também fornece, em maior ou menor grau, uma nova base material para o próximo ciclo de rotação.[61]

As crises, então, assumem um aspecto bem diferente e uma nova dimensão quando introduzimos no quadro a circulação do capital fixo. A contradição básica entre a evolução das forças produtivas e as relações sociais do capitalismo ainda permanece no centro das coisas. O ritmo da mudança tecnológica – ela própria fundamentalmente associada ao impulso para o mais-valor relativo (ver capítulo 4) – continua a ser ao mesmo tempo a principal alavanca para a acumulação e a principal força responsável pelo desequilíbrio. Mas agora vemos que a própria maneira que muitas das forças de produção são constituídas – mediante a produção de mercadorias e mais-valor – envolve uma forma de circulação do valor que está em contradição com mais mudanças tecnológicas. A mudança tecnológica ou diminui o seu ritmo (assim privando o capital de sua principal alavanca de acumulação) ou o pressiona rapidamente, sendo a inevitável desvalorização do capital fixo seu resultado. Toda manifestação material e o ritmo temporal da formação de crise são, portanto, fundamentalmente alteradas. Em uma situação desse tipo, a teoria do "primeiro recorte" da crise de Marx (ver capítulo 7) evidentemente não funcionará. Ainda está por ser visto como essa teoria deve ser ajustada para levar em conta a formação do capital fixo.

III. ALGUMAS FORMAS ESPECIAIS DA CIRCULAÇÃO DO CAPITAL FIXO

Apegando-nos ao exemplo das máquinas, temos sido capazes de simplificar a concepção do capital fixo. Mas capital fixo inclui também itens muito diversos, como navios e portos, ferrovias e locomotivas, represas e pontes, suprimento de água e sistemas de esgotos, estações hidrelétricas, construções de fábricas, armazéns etc. Uma picareta e uma ferrovia podem ser ambas classificadas como capital fixo, mas sua similaridade após isso rapidamente termina. Assim, devemos desagregar o conceito de capital fixo e considerar algumas das "peculiaridades" especiais que então surgem.

Até agora também excluímos quaisquer considerações detalhadas sobre a maneira em que as intervenções dos sistemas de crédito afetam os negócios, embora a questão tenha assomado no fundo da análise. O crédito certamente aparece, à primeira vista, como um meio apropriado para superar as contradições entre o ca-

---

[61] Ibidem, Livro II, p. 186.

pital fixo e o capital circulante. Mas, fiel às suas ideias, Marx insistirá que, na medida em que o crédito desempenha com sucesso essa função, ele internaliza contradições dentro da sua própria esfera. As contradições são então deslocadas, não removidas. Marx sugere tal deslocamento quando caracteriza o tipo diferente de rendimento sobre o capital fixo e circulante, assim como a diferença entre renda anual, juro e as diferentes formas de renda, de um lado, e a venda e o lucro de outro[62]. Vamos elaborar sobre esse tema nas seções que se seguem.

Como a esfera do dinheiro, do crédito e do lucro é extraordinariamente complexa, devemos adiar sua consideração até o próximo capítulo. O melhor que podemos esperar fazer aqui é mostrar como e por que os sistemas de crédito devem necessariamente existir como um meio para lidar com alguns dos problemas crônicos que surgem no contexto da formação e do uso do capital fixo. E isso poderemos fazer melhor considerando situações em que os problemas de circulação do capital fixo assumem uma forma exagerada e muito especial.

1. O CAPITAL FIXO DE LARGA ESCALA E GRANDE DURABILIDADE

O tempo de circulação do capital fixo é uma função da sua "durabilidade relativa", e a "durabilidade do seu material é por isso uma condição da sua função como um instrumento de trabalho e, consequentemente, a base material do modo de circulação que o transforma em càpital fixo"[63]. Enquanto a durabilidade depende de propriedades físicas, as qualidades materiais dos valores de uso têm um importante efeito sobre o tempo de circulação. Mas Marx também insiste que "a maior durabilidade do capital fixo não deve ser concebida como uma qualidade meramente física"[64]. Os materiais duráveis são incorporados em itens de capital fixo porque as vantagens surgem de assim fazê-lo – por exemplo, "quanto maior a frequência com que [o instrumento] tivesse de ser renovado, tanto mais caro seria"[65]. Por outro lado, quanto mais dura o capital fixo, maior a probabilidade de ele ser exposto à desvalorização por meio da mudança tecnológica.

Por isso, a durabilidade do capital fixo varia segundo as circunstâncias econômicas e as possibilidades materiais e tecnológicas. Já observamos que "diferentes constituintes do capital fixo de um negócio têm diferentes períodos de circulação, dependendo de suas diferentes durabilidades", e a mesma proposição se aplica ao capital fixo na sociedade como um todo. Então, precisamos considerar os proble-

---

[62] Idem, *Grundrisse*, cit., cap. 3.
[63] Idem, *Capital*, Livro II, cit., p. 220-1.
[64] Ibidem, p. 221.
[65] Idem, *Grundrisse*, cit., p. 593.

mas especiais que surgem quando, por qualquer razão que seja, um capital fixo de grande durabilidade é criado em relações de produção capitalistas.

A quantidade de valor que tem de ser lançada na circulação monetária e extraída da circulação de mercadorias no início também varia muito, dependendo da natureza do capital fixo formado. Docas e portos requerem muito mais do que simples implementos agrícolas. E também ocorre de alguns itens de capital fixo poderem ser produzidos incrementalmente – expandidos pouco a pouco, como uma linha férrea –, enquanto outros têm de ser totalmente acabados antes de poderem entrar em uso – uma represa, por exemplo. Em todos esses casos, o modo de ser físico e material do capital fixo afeta o grau de dificuldade encontrado em formá-lo. Há, por assim dizer, barreiras à entrada de capital em alguns tipos de atividades por causa da escala do esforço inicial envolvido. Essas barreiras são em parte um reflexo das propriedades materiais e físicas do valor de uso requerido, mas aqui, também, as circunstâncias econômicas desempenham o seu papel. A escala de investimento de capital fixo depende em parte do impulso para conseguir economias de escala na produção, economias no emprego do capital constante, e não independe do grau de concentração e centralização do capital.

Seja como for, a produção e a circulação do capital fixo de larga escala e grande durabilidade cria alguns problemas muito específicos que têm de ser tratados. Considere, por exemplo, as dificuldades que surgem em relação ao investimento e ao uso desses itens como uma instalação moderna e integrada de produção de ferro e aço, um complexo petroquímico, uma usina nuclear ou uma grande represa.

Para começar, o *período de trabalho* requerido para produzir esses itens seria muito longo e impõe uma carga bastante considerável sobre os produtores. Marx declarou que,

> nas fases menos desenvolvidas da produção capitalista, os empreendimentos que necessitam de um período de trabalho prolongado e, portanto, de um grande investimento de capital por um período mais longo, especialmente se só podem ser executados em grande escala [...] não são em absoluto executados de modo capitalista, como é o caso, por exemplo, de estradas, canais etc. construídos à custa da comunidade ou do Estado.[66]

Na era capitalista avançada, no entanto, a concentração e centralização do capital e a organização de um sistema de crédito sofisticado permitem que tais projetos sejam realizados em uma base capitalista.

Problemas similares surgem devido ao maciço desembolso de dinheiro por parte dos usuários desse capital fixo e devido ao longo tempo requerido – digamos, trinta

---

[66] Idem, *Capital*, Livro II, cit., p. 233.

anos ou mais – para obter esse dinheiro de volta mediante a produção. Por isso, os capitalistas individuais podem, por necessidade, "joga[r] as despesas" desses projetos "sobre os ombros do Estado"[67]. Certamente, o capital fixo e a durabilidade dessa escala não devem ser produzidos ou usados sem que se recorra ao sistema de crédito. Este último alivia os capitalistas individuais da obrigação de acumular quantidades maciças de capital monetário preparatório para a aquisição de capital fixo e converte o pagamento desse capital fixo em um pagamento anual. O que na verdade acontece – presumindo-se a não existência de poupanças pessoais por parte das outras classes da sociedade – é que os produtores capitalistas que investem no presente pedem emprestado a outros capitalistas que estão poupando com um olhar voltado ao investimento ou reposição futuro. Dessa maneira, o capital é mantido totalmente empregado, apesar da longa circulação dos itens de capital fixo de larga escala.

O crédito torna teoricamente possível equilibrar os intercâmbios monetários entre os vários setores que produzem bens salariais, capital circulante constante ou capital fixo constante, embora os intercâmbios de mercadorias não sejam de modo algum diretamente modificados. Mas para existir harmonia nos intercâmbios monetários agregados, as poupanças devem estar em equilíbrio com as necessidades de investimento. Somos imediatamente levados a investigar como tal equilíbrio pode ser estabelecido nas relações sociais do capitalismo. E isso só pode ser tratado no amplo contexto de uma análise do sistema de crédito. Se essa condição de equilíbrio não for mantida – e mais tarde veremos por que isso não pode acontecer, "exceto por acaso" (ver capítulo 9) –, o crédito pode terminar exacerbando o problema, em vez de resolvê-lo.

Os intercâmbios de mercadorias materiais entre os setores ainda estão sujeitos a contratempos por sua própria conta, e esses contratempos tornam-se amplificados pela introdução de capital fixo de larga escala e vida longa. Afinal, "quanto menor o capital fixo", maiores devem ser "essa população e essa produção excedentes relativas; ou seja, mais para construir ferrovias, canais, aquedutos, telégrafos etc. que para produzir maquinaria"[68]. Isso significa que a apropriação maciça (trabalho escravo, acumulação primitiva etc.) ou uma superacumulação muito intensa é requerida para tais projetos serem concluídos. E, na medida em que eles antecipam os "futuros frutos do trabalho" durante um período muito longo no futuro, eles também aprisionam o capital de maneiras nem sempre desejáveis.

Se, no decorrer do desenvolvimento capitalista, tivesse havido uma progressão regular em todas as frentes desde a pequena até a larga escala e desde o investimento de

---

[67] Idem, *Grundrisse*, cit., p. 438.
[68] Ibidem, p. 590.

curto a longo prazo em capital fixo, seria mais fácil incorporar a teoria da formação e circulação do capital fixo na teoria geral da acumulação. Embora haja razões objetivas para "a magnitude e a durabilidade do capital fixo aplicado se desenvolverem com o desenvolvimento do modo de produção capitalista"[69], é também verdade que "o desenvolvimento da produtividade em diferentes linhas da indústria procede em velocidades substancialmente diferentes e frequentemente até em direções opostas", devendo-se não apenas a condições naturais e sociais, mas também à "anarquia da competição e da peculiaridade do modo de produção burguês"[70]. Há, por exemplo, várias formas de capital fixo – infraestruturas físicas como docas e portos, sistemas de transporte etc. – em que há relativamente larga escala e que necessitam ser produzidas desde o início na história do desenvolvimento capitalista. E, na medida em que as tensões surgem entre o grau de centralização e descentralização do capital, entre as esferas do mercado de trocas e da produção, devemos esperar que esses fatores também interajam com as decisões sobre o uso do capital fixo de determinada escala e durabilidade. Ao que parece, as diferenças na escala e na durabilidade do capital fixo são destinadas a ser uma característica essencial do desenvolvimento desigual do capitalismo.

2. O CAPITAL FIXO DO TIPO "AUTÔNOMO"

Surgem circunstâncias em que o capital fixo "não aparece como simples instrumento de produção no interior do processo de produção, mas como forma autônoma do capital, p. ex., na forma de ferrovias, canais, estradas, aquedutos, como capital incorporado à terra etc."[71]. O capital fixo do tipo "autônomo" pode ser distinguido do capital fixo fechado dentro do processo de produção imediato devido às funções muito específicas que ele realiza em relação à produção – ele atua, como diz Marx, como "as condições gerais da produção"[72].

Para o capitalista individual as diferenças podem ser expressas como aquelas entre as máquinas e as construções que alojam as máquinas. Mas, na sociedade como um todo, podemos observar muitas situações em que os capitalistas fazem uso dos tipos autônomos de capital fixo em comum e, como indivíduos, em uma base parcial, intermitente ou temporária[73]. A relação peculiar que esse tipo de capital fixo tem com a produção é associada ao tipo específico de processo de circulação – "a realização do valor e do valor excedente nele contidos aparece na forma de uma

---

[69] Idem, *Capital*, Livro II, cit., p. 185.
[70] Ibidem, p. 260.
[71] Idem, *Grundrisse*, cit., p. 574-5.
[72] Ibidem, p. 438.
[73] Ibidem, cap. 3.

anuidade, da qual o juro representa o mais-valor e a anuidade, o retorno sucessivo do valor adiantado"[74]. Na verdade, o capitalista adquire o valor de uso desse tipo de capital fixo em uma base anual ou através de serviços remunerados – a construção que aloja a produção é alugada por um ano, uma empilhadeira é alugada por uma semana, um contêiner é alugado para levar a mercadoria para o seu destino.

Isso implica que a forma autônoma de capital fixo é de propriedade de outra pessoa que não o produtor capitalista. E aí está a base racional para a forma de circulação que então surge. Na verdade, os donos do capital o emprestam aos usuários mais na forma de capital firme do que na forma monetária:

> As mercadorias emprestadas como capital são emprestadas como capital fixo ou capital circulante, dependendo de suas propriedades. O dinheiro pode ser emprestado de uma das duas formas. Por exemplo, ele pode ser emprestado como capital fixo se for devolvido na forma de uma anuidade, em que uma porção do capital flui de volta com juro. Algumas mercadorias, como casas, navios, máquinas etc. só podem ser emprestadas como capital fixo devido à natureza dos seus valores de uso. Mas todo capital emprestado, seja qual for a sua forma, e não importa como a natureza do uso possa modificar o seu retorno, é sempre apenas uma forma específica de capital monetário.[75]

Por isso, não vamos muito longe na discussão dessa forma de circulação do capital fixo sem um exame completo do capital monetário e do juro. Foi por essa razão que Marx excluiu outros exames do problema nas passagens que lidam com o capital fixo e tratou exclusivamente do capital fechado dentro do processo de produção. Ele apresenta alguns comentários provocativos que merecem alguma explicação. Ele observa, por exemplo, que os compromissos de larga escala que se baseiam pesadamente no capital fixo, como as ferrovias,

> ainda são possíveis se produzirem um juro reduzido, e esta é uma das causas originadas do decréscimo da taxa de lucro geral, pois esses compromissos, em que a proporção do capital constante em relação à variável é tão enorme, não entram necessariamente na equalização da taxa de lucro geral.[76]

Por isso, é possível impedir as crises transformando "grande parte do capital em capital fixo que não serve como agente da produção direta"[77].

---

[74] Ibidem, p. 604.
[75] Idem, *Capital*, Livro III, cit., p. 344.
[76] Ibidem, p. 437.
[77] Idem, *Grundrisse*, cit., p. 628.

É muito estranho que os marxistas não tenham abraçado essa ideia e explorado suas implicações – tanto teóricas quanto históricas[78]. Marx faz duas afirmações. Em primeiro lugar, se o capital fixo é emprestado em vez de vendido, então ele funciona como um equivalente material do capital monetário. Como tal, ele pode circular contanto que o valor nele incorporado seja recuperado durante o seu tempo de vida e contanto que ele seja acrescido de *juro*. Como o juro é apenas uma parte do mais-valor, o capital fixo de tipo autônomo circula sem reivindicar todo o mais-valor que ele ajuda a produzir. Isso libera o mais-valor, que pode ser competitivamente dividido entre os capitalistas remanescentes enquanto eles lutam para igualar a taxa de lucro. Evidentemente, um crescimento nas formas de capital autônomo em relação às formas fechadas de capital liberam mais-valor e, desse modo, podem se contrapor, pelo menos em curto prazo, à taxa decrescente de lucro como Marx a definiu. Provavelmente foi por essa razão que Marx considerou importante analisar "a relação em que o capital total de um país se divide nessas duas formas"[79]. E isso, por sua vez, tem implicações para a nossa interpretação tanto da escala cambiante quanto da organização do capitalismo durante os últimos duzentos anos (ver capítulo 5).

Em segundo lugar, podemos examinar toda essa questão do ponto de vista do capitalista individual. Se aceitarmos uma das definições de Marx da taxa de lucro como a taxa de mais-valor produzido em relação ao capital total empregado, então um aumento no uso do capital fixo dentro do processo de produção aumenta o capital empregado em relação ao capital real consumido em um período de produção. O uso de formas de capital fixo autônomo não tem o mesmo efeito porque o capital total empregado inclui agora apenas o pagamento que o capitalista faz para usar o capital fixo por aquele período de tempo. A substituição do capital fixo autônomo pelas formas fechadas de capital fixo reduz o capital total empregado pelos capitalistas individuais, ainda que o capital total consumido possa estar aumentando. A taxa de lucro para o capitalista individual pode ser aumentada por tal estratagema. Um deslocamento para o capital fixo do tipo autônomo ajuda a impulsionar a tendência para uma taxa decrescente de lucro. No contexto é importante reconhecer que, em certo grau, a relação entre as formas autônoma e fechada

---

[78] O primeiro relato de Paul Boccara (*Études sur le capitalisme monopoliste d'État, sa crise et son issue*, cit.) sobre a desvalorização levanta esse ponto, mas depois enfraquece sua real importância anexando-o a uma teoria da desvalorização estrutural no capitalismo monopolista estatal (ver capítulo 7). A. D. Magaline (*Lutte de classe et dévalorisation du capital*, cit.), enquanto corretamente rejeita a posição teórica geral de Paul Boccara, deixa de abrir mão da verdade parcial do argumento deste último com relação à circulação do capital fixo com uma taxa de remuneração inferior à média social.
[79] Karl Marx, *Grundrisse*, cit., p. 575.

do capital fixo é fluida – um industrial pode alugar prédios e máquinas ou adquirir diretamente os itens. E quando os tempos ficam difíceis, podemos antecipar um crescimento no arrendamento de equipamentos, do tipo que testemunhamos nos últimos anos nos países capitalistas adiantados.

Mas tudo isso assume que as formas de organização são criadas com capacidade para suprir capital fixo de um tipo autônomo, e que a sua circulação não é incomodada por nenhuma dificuldade peculiar ou inibida por qualquer barreira séria. É essencial um sistema de crédito que funcione ativamente, e formas de organização – como sociedades anônimas – têm de ser criadas. São condições necessárias. Além disso, o capital fixo que circula independentemente incorre certo risco. Em certo sentido, os problemas da negociação do valor incorporado (e o cálculo da transferência do valor etc.) são mais sérios aqui do que no caso do capital fixo fechado dentro da produção – o uso do capital fixo depende inteiramente das condições econômicas gerais e é mais vulnerável a desvalorizações repentinas devido aos declínios no uso. Por outro lado, como estamos lidando aqui com o capital fixo que com frequência é usado em comum, e que atua como a condição geral para a produção, a busca competitiva por mais-valor dentro da empresa não estimulará desvalorizações mediante a mudança tecnológica para parte alguma próxima do mesmo grau – a menos que os fornecedores de capital fixo autônomo estejam em competição uns com os outros. Evidentemente, não podemos ir além nessa matéria sem uma consideração muito específica de como a oferta e a demanda de tipos autônomos de capital fixo são organizadas.

Os pontos de vista de Marx sobre essa forma particular de capital estão longe de estar bem desenvolvidos. E o resumo da argumentação que apresentamos levanta perguntas e respostas. Entretanto, como Marx, devemos necessariamente adiar qualquer avaliação mais profunda até termos pelo menos algum entendimento do sistema de crédito vigente. Aqui só podemos levantar ideias que parecem ser de grande importância, mas que ainda não estamos equipados para explorar em toda a sua plenitude.

IV. OS BENS DE CONSUMO

Algumas mercadorias desempenham no reino do consumo um papel um tanto análogo àquele desempenhado pelo capital fixo no processo de produção. As mercadorias não são consumidas diretamente, mas servem como *instrumentos de consumo*. Elas incluem itens diversos, como talheres e utensílios de cozinha, refrigeradores, aparelhos de televisão e lavadoras de roupa, casas e os vários meios de consumo coletivo, como parques e caminhos para pedestres. Todos esses itens podem ser convenientemente agrupados sob o título de *bens de consumo*.

A distinção entre capital fixo e bens de consumo é baseada no uso das mercadorias e não em seu modo de ser material. Os itens podem ser transferidos de uma categoria para outra mediante uma mudança no uso (ver p. 205). O capital fixo incorporado em armazéns e oficinas pode ser convertido, por exemplo, em itens de bens de consumo, como apartamentos e galerias de arte, e vice-versa. Alguns itens funcionam simultaneamente como meios de produção e como meios de consumo (rodovias e automóveis, por exemplo). Usos conjuntos são sempre possíveis.

Os instrumentos de consumo não têm de ser produzidos como mercadorias. Os trabalhadores podem produzir suas próprias casas em seu próprio tempo e através de seus próprios esforços, e trocar entre si os produtos do seu próprio trabalho. Sistemas desse tipo, comuns nos anos iniciais da industrialização capitalista, persistem no chamado setor "informal" das economias do terceiro mundo e nas economias "paralelas" dos países capitalistas adiantados[80]. O valor da força de trabalho é sensível à forma assumida pela provisão dos bens de consumo, porque ele é determinado segundo as mercadorias adquiridas no mercado. Mas como o nosso principal interesse aqui é o processo de circulação do capital, vamos assumir que os bens de consumo são produzidos apenas mediante a produção capitalista de mercadorias.

Uma mercadoria é capital circulante para o seu produtor, não importa como ela seja utilizada. Ela desaparece da circulação quando é vendida para o consumidor final e o valor equivalente da mercadoria retorna para o capitalista na forma de dinheiro. Se as mercadorias têm uma vida longa e permanecem em uso, então constituem uma parte da riqueza social total da sociedade, mas não mais funcionam como capital em movimento. Nesse aspecto, há uma diferença fundamental entre o uso continuado do capital fixo (que mantém o valor circulando como capital) e o uso continuado dos itens de bens de consumo.

Se isso fosse tudo o que importasse, então poderíamos alegremente deixar de lado a questão dos bens de consumo. Mas considere a questão do ponto de vista dos compradores. Estes últimos têm de pagar o valor total equivalente à mercadoria em um momento do tempo para ganhar uma série de futuros benefícios. Eles podem juntar dinheiro ou emprestar o próprio item (em cujo caso eles pagam um aluguel por ele) ou o dinheiro para adquiri-lo (em cujo caso eles pagam juros). Os pagamentos de aluguel e juros são um acompanhamento padrão para o uso de muitos itens de bens de consumo. É importante entender o porquê.

---

[80] Alejandro Portes ("The Informal Sector and the Capital Accumulation Process in Latin America", em A. Portes e J. Walton [orgs.], *The Political Economy of Development*, Nova York, Academic Press, 1980) examina a literatura sobre o setor informal e a acumulação do capital (principalmente com referência à América Latina).

Alguns itens de bens de consumo, como moradia, requerem um desembolso inicial tão grande que estão além dos meios de aquisição direta para todos, com exceção dos muito ricos. Para a moradia ser produzida como uma mercadoria, torna-se essencial o aluguel ou o empréstimo de dinheiro. Sem as intervenções do proprietário, do sistema de crédito e do Estado, o acesso ao capital seria negado a uma forma de produção muito extensa e muito básica[81]. O açambarcamento de dinheiro para a aquisição de bens de consumo caros também tumultua a circulação do capital, pois vincula o dinheiro (que do contrário poderia ser convertido em capital) e atua como uma barreira para a transformação tranquila da circulação de rendimentos na negociação do capital mediante a troca. Quando o sistema de crédito vem em socorro, ele permite que alguns consumidores economizem (em troca de juros) e que outros façam empréstimo e paguem tanto os juros quanto o principal durante um período de tempo estendido. Desse modo, os intercâmbios entre os vários setores podem ser protegidos contra o excessivo açambarcamento de rendimentos.

Entretanto, o efeito imediato é integrar o uso de grande parte dos bens de consumo à circulação do capital que rende juros. O dinheiro é empregado em troca dos rendimentos futuros daqueles que usam o bem de consumo. O item atua como uma segurança para o empréstimo, o que significa que ele deve reter o seu caráter de mercadoria como um valor de uso material potencialmente comercializável. Se o mutuário falha nos pagamentos, o credor deve poder retomar a mercadoria e oferecê-la para venda no mercado. A formação de um mercado de segunda mão em muitos itens de bens de consumo (casas, automóveis etc.) é um corolário necessário ao financiamento da dívida da sua aquisição.

O capital pode circular e circula dentro e através dos bens de consumo. À medida que o capital monetário penetra, os instrumentos de consumo assumem a forma de capital de mercadoria armazenado. As regras de circulação do capital nos bens de consumo tornam-se um aspecto importante para a circulação do capital em geral. O próprio Marx evitou qualquer consideração detalhada do tema, baseado no fato de que ele "está relacionado com outras determinações (alugar em vez de vender, juro etc.)", que ainda precisam ser exploradas[82]. A questão é bem pertinente, mas vários pontos iniciais relacionados aos bens de consumo podem ser proveitosamente apresentados aqui.

---

[81] O setor habitacional tem sido o foco de grande parte da pesquisa realizada a partir de uma perspectiva marxiana nos últimos anos. Ver o levantamento feito por Keith Bassett e John Short (*Housing and Residential Structure: Alternative Approaches*, Londres/Boston, Routledge & K. Paul, 1980).

[82] Karl Marx, *Grundrisse*, cit., p. 593.

(1) Os tempos de vida física e econômica dos itens dos bens de consumo são estabelecidos por forças diferentes daquelas que prevalecem no caso do capital fixo. A competição pelo mais-valor relativo que eternamente revoluciona e periodicamente desvaloriza o capital fixo está perceptivelmente ausente dentro da esfera do consumo. A competição que existe está ligada aos caprichos cambiantes, às modas e ao desejo de exibir sinais de status. Na medida em que o "consumo racional" para a acumulação depende da manutenção de alguma circulação dos usos dos bens de consumo, as forças da moda e do status têm de ser mobilizadas pelo capital. Por mais que isso possa acontecer, a obsolescência dos itens de bens de consumo não ocorre em resposta às mesmas pressões que moldam o uso do capital fixo. As revoluções nas forças produtivas só criam obsolescência indiretamente – os produtos de consumo mais baratos e mais eficientes tornam não econômica a manutenção dos antigos; as revoluções nas relações de transporte e na transferência das instalações industriais tornam redundante a habitação em algumas regiões; e assim por diante. O tempo de vida material física dos objetos tem um papel mais importante a desempenhar no caso dos bens de consumo. Por isso, a incorporação na obsolescência física é tão importante quanto a obsolescência econômica para a manutenção dos mercados.

(2) O valor de troca dos itens de segunda mão nos bens de consumo é amplamente ditado pelo valor de novos itens equivalentes. A possibilidade de comercialização desses itens depende de sua alienabilidade e de sua capacidade (em qualquer estágio do seu tempo de vida física) para produzir um fluxo de rendimentos futuros em troca do seu uso. O preço do bem é então fixado pelo rendimento que ele pode gerar capitalizado na taxa de juros vigente (ver capítulos 9 e 11).

(3) A aquisição de itens de bens de consumo via hipotecas e outras formas de crédito ao consumidor é sensível à disponibilidade de dinheiro. Por isso, os impulsos cíclicos que derivam da tendência para a superacumulação são tão ativos na formação de bens de consumo quanto o são com respeito ao investimento em capital fixo. Entretanto, a capacidade para absorver o capital monetário ocioso nos bens de consumo é limitada pela circulação de rendimentos futuros. O superendividamento com respeito aos bens de consumo pode ser um problema tão sério quanto o superinvestimento em capital fixo. A reivindicação de rendimentos futuros derivados do trabalho futuro pode exceder em muito as capacidades de criação de valor desse trabalho futuro. Os bens comercializáveis dentre os bens de consumo consequentemente tendem a ser desvalorizados no decorrer de uma crise, enquanto o superendividamento pode ser uma fonte de desequilíbrio. Por outro lado, o sistema de crédito tem a capacidade de estimular a produção (mediante a formação de capital fixo) *e* a negociação na troca (me-

diante a criação de bens de consumo). Vamos considerar as ramificações mais profundas disso nos próximos capítulos.

(4) Vale a pena considerar a distinção entre "necessidades" e "luxos" nos bens de consumo. A maneira, com frequência conspícua, como a burguesia consome seus rendimentos tem ramificações muito diferentes da criação de um bem de consumo para a reprodução da força de trabalho. Lembre-se de que a redução no custo das necessidades é uma fonte de mais-valor. Moradia barata e aluguel baixo ou pagamento de juros beneficiam o capital porque "a economia nessas condições é um método para elevar a taxa de juros"[83]. A construção de moradias para os trabalhadores com frequência estimula uma tendência a conflitos entre os proprietários de terra, os construtores, os capitalistas monetários, os trabalhadores assalariados e os capitalistas em geral[84]. Com frequência isso resulta em intervenções do Estado.

V. O AMBIENTE CONSTRUÍDO PARA A PRODUÇÃO, A TROCA E O CONSUMO

Uma parte dos meios de trabalho, na qual se incluem as condições gerais de trabalho, é ou imobilizada num determinado local, tão logo entra no processo de produção [...] ou é produzida desde o início em sua forma imóvel, espacialmente fixa, tal como melhorias do solo, edifícios fabris, altos-fornos, canais, ferrovias etc. A vinculação constante do meio de trabalho ao processo de produção no interior do qual ele deve atuar é aqui condicionada, ao mesmo tempo, pelo seu modo material de existência. Por outro lado, um meio de trabalho pode mudar constantemente de lugar, mover-se e, no entanto, encontrar-se no processo de produção, tal como uma locomotiva, um navio, um boi de carga etc. Nem a imobilidade lhe confere, num caso, o caráter de capital fixo, nem a mobilidade o priva desse caráter, no outro. No entanto, a circunstância de que os meios de trabalho sejam espacialmente fixos, enraizados na terra, confere a essa parte do capital fixo um papel especial na economia das nações. Eles não podem ser mandados ao exterior, circular como mercadorias no mercado mundial. Os títulos de propriedade sobre esse capital fixo podem ser trocados, permitindo a esse capital ser comprado e vendido e, nessa medida, circular idealmente. Tais títulos de propriedades podem até mesmo circular em mercados estrangeiros, por exemplo, na forma de ações. Mas com a mudança das pessoas que detêm a propriedade desse tipo de capital fixo não se altera a

---

[83] Idem, *Capital*, Livro III, cit., p. 86.
[84] Examino isso em maiores detalhes em David Harvey, "Labor, Capital and Class Struggle Around the Built Environment in Advanced Capitalist Societies", *Politics and Society*, 1977, v. 6.

relação entre a parte permanente, materialmente fixa da riqueza num país e a parte móvel dessa mesma riqueza.[85]

Marx insiste em que não devemos confundir *capital fixo* com *capital imóvel* (navios e locomotivas são capital fixo, embora eles se movam, enquanto alguns elementos de capital circulante, como a energia hidráulica, têm de ser usados *in situ*). Mas temos de considerar o "papel peculiar" que o capital fixo imóvel desempenha no capitalismo em geral e na economia das nações em particular. Uma parte dos bens de consumo (moradias, parques etc.) é também imóvel no espaço.

Isso nos conduz à concepção de um *ambiente construído* que funciona como um sistema de recurso vasto, humanamente criado, compreendendo valores de uso incorporados na paisagem física, que pode ser utilizado para a produção, a troca e o consumo. Do ponto de vista da produção, esses valores de uso podem ser tanto considerados condições gerais para a produção quanto forças diretas da produção. Então, temos de lidar com "melhorias incorporadas no solo, aquedutos, edificações; e, em grande parte, a própria maquinaria, uma vez que ela, para exercer sua atividade, precisa ser fisicamente fixada; ferrovias; em suma, toda forma em que o produto da indústria é preso à superfície da terra"[86]. O ambiente construído para o consumo e a troca não é menos heterogêneo.

O ambiente construído compreende toda uma série de elementos diversos: fábricas, represas, escritórios, lojas, armazéns, rodovias, ferrovias, docas, usinas hidrelétricas, sistemas de suprimento de água e tratamento de esgoto, escolas, hospitais, parques, cinemas, restaurantes – a lista é infinita. Muitos elementos – igrejas, casas, sistemas de drenagem etc. – são legados de atividades realizadas em relações de produção não capitalistas. A qualquer momento o ambiente construído aparece como um palimpsesto de paisagens moldadas segundo os ditames de diferentes modos de produção em diferentes estágios do seu desenvolvimento histórico. Nas relações sociais do capitalismo, no entanto, todos os elementos assumem uma forma de mercadoria.

Considerados simplesmente como mercadorias, os elementos do ambiente construído exibem algumas características peculiares. A imobilidade no espaço significa que uma mercadoria não pode ser movida sem que o valor nela incorporado seja destruído. Os elementos do ambiente construído têm uma posição ou localização espacial como atributo mais fundamental do que incidental. Por isso eles têm de ser construídos ou reunidos *in situ* na terra, de forma que a terra e a apropriação do arren-

---

[85] Karl Marx, *Capital*, Livro II, cit., p. 162-3.
[86] Idem, *Grundrisse*, cit., p. 619.

damento da terra (ver capítulo 11) se tornem significativas. Além disso, a utilidade de elementos particulares depende da sua localização em relação a outros – lojas, moradias, escolas e fábricas devem todas ser razoavelmente próximas umas das outras. Toda a questão da ordenação espacial do ambiente construído tem então de ser considerada; a decisão de onde colocar um elemento não pode ser divorciada do "onde" dos outros.

O ambiente construído tem então de ser encarado como uma mercadoria geograficamente ordenada, complexa e composta. A produção, disposição, manutenção, renovação e transformação dessa mercadoria implica sérios dilemas. A produção de elementos individuais – casas, fábricas, lojas, escolas, rodovias etc. – tem de ser coordenada, tanto no tempo como no espaço, de maneira a permitir que a mercadoria composta assuma uma configuração apropriada. Os mercados fundiários (ver capítulo 11) servem para alocar terra aos usos, mas o capital financeiro e o Estado (principalmente mediante a interferência na regulação e no planejamento do uso da terra) também atuam como coordenadores. Também surgem problemas porque os diferentes elementos têm diferentes tempos de vida física e se desgastam em velocidades diferentes. A depreciação econômica, particularmente de elementos que funcionam como forças produtivas para o capital, também desempenha o seu papel. Mas como a utilidade dos elementos individuais depende, em grande parte, da utilidade dos elementos circundantes, padrões complexos de depreciação e apreciação (com ramificações para as relações de valor) são acionados por atos individuais de renovação, reposição ou transformação. Os efeitos de "repercussão" das decisões de investimento individuais são localizados no espaço. Similarmente, o desinvestimento em uma parte do ambiente construído pode depreciar os valores das propriedades adjacentes.

Dizer que há uma produção de mercadoria para o ambiente construído implica que podem ser formados mercados para a produção e a venda de elementos individuais que, consequentemente, têm um valor de uso, um valor de troca e um valor. Aqui encontramos alguns problemas adicionais. A exclusividade do uso e da apropriação privada dos valores de uso pode ser estabelecida para alguns elementos (casas, fábricas etc.), enquanto os usos coletivos são possíveis para outros elementos (rodovias, calçadas etc.). O ambiente construído como um todo é em parte bem público e em parte bem privado, e os mercados para os elementos individuais refletem as interações complexas entre os diferentes tipos de mercado. Além disso, como os vários elementos dentro do ambiente construído funcionam como valores de uso localizados, existe a possibilidade de anexar-lhes uma etiqueta de preço, mesmo depois que o seu valor tenha sido totalmente retornado ao capital. Um arrendamento pode ser extraído para o seu uso e capitalizado, na taxa de juros vigente, em um preço de mercado para a terra e seus pertences. Então, dois tipos de valor de troca existem lado a lado: o aluguel capitalizado sobre os elementos antigos e o preço de produção sobre os novos. Os dois preços são derivados de maneiras totalmente diferentes, mas são conciliados em uma única estrutura de preço pelo sistema de mercado. Se eu posso comprar uma casa velha por menos do que custa construir uma nova com características quase idênticas, então por que devo me dar o trabalho de construir uma nova?

A formação da terra e dos mercados imobiliários tem um impacto extremamente importante na circulação do capital através do ambiente construído em geral. Uma taxa de rentabilidade sobre o capital monetário pode ser obtida investindo-se em propriedades velhas assim como na construção de novas. O capital monetário ocioso pode muito facilmente ser emprestado tanto como propriedade quanto sob a forma de dinheiro. Como uma parte do valor de uso de uma propriedade depende da sua localização relativa, os capitalistas monetários podem igualmente investir na terra e na futura renda que ela possa produzir. Como a renda é encarada como uma porção de mais-valor apropriado pelos proprietários de terra, o capital monetário está sendo agora mais investido na apropriação do que na produção. Como proposição teórica, isso parece absolutamente irracional. Entretanto, a relevância material é que todos os aspectos da produção e do uso do ambiente construído são levados para dentro da órbita da circulação do capital. Se as coisas não fossem assim, o capital não poderia se estabelecer (com todas as suas contradições) na paisagem física de uma maneira que em geral apoia a acumulação – o ambiente construído que o capital requer para a produção, a troca e o consumo não poderia ser influenciado nos interesses do capital[87].

O próprio Marx estava bastante consciente das implicações mais amplas de tudo isso. Ele escreveu que a concepção da circulação do capital mediante o ambiente construído implica que a mera "condição tecnológica para o desenrolar do processo (o local em que se dá o processo de produção)" pode em si ser considerada uma "forma de capital fixo". A apropriação "dos agentes naturais, como água, terra (sobretudo esta), minas etc. "em princípio não é diferente da apropriação de outros valores de usos materiais e de sua transformação em capital fixo colocando-os em uso como tais"[88]. A melhoria da terra – quer pela agricultura ou pela indústria – significa que a própria terra "deve funcionar fundamentalmente como capital fixo [...] em algum processo de produção local"[89].

Como, então, podemos discutir a circulação do capital no ambiente construído sem dar a devida consideração à propriedade fundiária? E, uma vez que permitimos a entrada da propriedade fundiária, pode a teoria da renda ficar superada[90]? Não podemos obter

---

[87] Ver David Harvey ("Urbanization under Capitalism: a Framework for Analysis", cit.) para uma análise mais detalhada desse tema.
[88] Karl Marx, *Grundrisse*, cit., p. 596.
[89] Idem, *Capital*, Livro II, cit., p. 210.
[90] Idem, *Grundrisse*, cit., cap. 3.

total comando do que está acontecendo sem entender plenamente as teorias da renda e do juro. Podemos agora ver por que Marx declara que o tipo diferente de rendimento sobre o capital fixo e o capital circulante é a diferença entre a renda anual por um lado e a venda direta com lucro por outro. As tarefas que estão diante de nós nos próximos três capítulos estão, portanto, claramente definidas. A renda e o juro como formas de distribuição têm de estar totalmente integrados na teoria do modo de produção capitalista.

VI. O CAPITAL FIXO, OS BENS DE CONSUMO E A ACUMULAÇÃO DE CAPITAL

Os capitalistas não podem durante muito tempo procurar captar os benefícios da mudança tecnológica sem criar capital fixo. Com isso, criam um modo de circulação do capital, distinto e bastante peculiar, que, no devido curso, se "solidifica" em um "modo de existência separado do capital". Do mesmo modo, um bem de consumo também é necessário para a reprodução da força de trabalho e formas especiais de circulação do capital surgem para abarcar sua produção na forma de mercadoria.

Os efeitos agregados sobre o processo de acumulação são dramáticos. Relações temporais específicas são introduzidas em modelos de acumulação, que são de início especificados (ver capítulo 6) sem referência a qualquer escala de tempo. A criação de um ambiente construído nos obriga a considerar os arranjos locais e espaciais como atributos específicos do modo de produção capitalista. O processo de acumulação tem de ser visto agora como operando dentro de uma estrutura de tempo e espaço definida de acordo com a característica lógica do capitalismo. Uma vez que vamos abordar o problema de local e espaço nos capítulos 11 e 12, limitarei minha atenção aqui a algumas reflexões sobre o aspecto temporal dos temas.

Por conveniência, vou me referir à totalidade dos processos em que o capital circula através do capital fixo e da formação dos bens de consumo e do seu uso como o *circuito secundário do capital*. Dentro desse circuito secundário devemos atribuir certa prioridade de local à formação e ao uso do capital fixo em relação à produção de mais-valor, pois isso define a escala de tempo relativa na qual circulam diferentes elementos do capital constante. Entretanto, é interessante observar como o ritmo da formação e do uso dos bens de consumo é gradualmente atraído para um padrão de ampla conformidade com aquele experienciado pelo capital fixo. Mostraremos brevemente por que isso acontece.

O processo de circulação do capital fixo não estabelece uma escala de tempo absoluta contra a qual a acumulação pode ser medida. A investigação de Marx das propriedades materiais das máquinas se aproxima às vezes da confinação da circulação do capital fixo às velocidades de decadência da substância material devido ao "desgaste normal". Mas o desgaste normal não pode ser definido sem alguma noção anterior da intensidade do uso, e o conceito de tempo de vida econômica, em oposição à física, rapidamente desordena qualquer construção fácil de uma métrica temporal. Esta última se transforma em uma reflexão da intensidade geral da produção de mais-valor dentro do processo de trabalho. Os *tempos* de trabalho necessário e excedente são, afinal, uma característica fundamental do aparato conceitual inicial de Marx. O esforço no sentido do mais-valor relativo promove, assim, uma constante remodelagem da temporalidade do trabalho social e da vida social.

Além disso, Marx demonstra que a separação entre o capital fixo e o capital circulante imprime um ritmo cíclico – potencialmente explosivo – nos intercâmbios entre os setores 1 e 2. Dados o fluxo e o refluxo no volume do exército industrial de reserva e os atrasos envolvidos na formação de capital fixo (particularmente trabalhos em larga escala, que utilizam um longo período de trabalho), flutuações cíclicas no ritmo da acumulação parecem inevitáveis. Estas, por sua vez, comunicam impulsos cíclicos à criação de bens de consumo que podem, em algumas circunstâncias, ampliar as saídas do equilíbrio por meio de um efeito multiplicador.

Também observamos que a superacumulação do capital envolve a produção de excedentes de força de trabalho, mercadorias e capital monetário – condições que são exatamente corretas para estimular os fluxos de capital circulante no circuito secundário do capital como um todo. Contanto que o deslocamento para o circuito do capital possa ser produzido – um processo que pode muito bem envolver algum tipo de "crise de deslocamento" –, o circuito aparece como um presente dos deuses para a absorção do capital excedente, superacumulado. A capacidade para a absorção do excesso de capital está limitada de duas formas distintas. A negociação do capital fixo depende do consumo produtivo aumentado que, em longo prazo, gera ainda mais capital a ser absorvido. A negociação do capital nos bens de consumo depende da expansão das receitas futuras para cobrir a dívida das aquisições atuais. Em ambos os casos, então, a perspectiva da desvalorização surge se as condições apropriadas não forem preenchidas. Mas, nesse ponto, a interação entre o capital fixo e a formação e o uso dos bens de consumo torna-se de primordial importância. É possível surgir circunstâncias em que o capital fixo expandido na produção pode ser negociado mediante a expansão do capital circulante no interior dos bens de consumo. O fato de essa ser uma solução irreal para o problema da superacumulação deveria ser evidente (ver capítulo 10). Mas na medida em que os dois processos podem reforçar e alimentar um ao outro, eles vão impedir o inevitável desenlace.

A implicação disso é que, no primeiro momento, a formação da crise assume um ritmo temporal particular definido pelos tempos de circulação relativos nos vários componentes do capital fixo em relação à produção de mais-valor. Entretanto, a diversidade dos tempos de circulação potenciais é considerável. O sistema parece direcionado para uma total incoerência – a menos que possamos rastrear uma força unificadora única que coloque a sua marca nos processos temporais como um todo. A ideia central que emerge do estudo da formação do capital fixo é que a taxa de juros desempenha exatamente essa função. Se pudermos descobrir o que regula a taxa de juros, revelaremos o segredo do tempo de circulação socialmente necessário – e essa é a tarefa dos dois próximos capítulos.

Há, porém, certa ironia. A circulação do capital mediante a forma material do capital fixo e dos bens de consumo é regulamentada pelo apelo ao capital em sua mais simples forma monetária. Aqui estão as sementes de uma contradição fundamental. Por um lado, o capital fixo aparece como a glória rematada do desenvolvimento capitalista passado, a "força do saber objetivada", um indicador do grau em que o "o saber social geral, conhecimento, deveio *força produtiva imediata*"[91]. O capital fixo eleva os poderes produtivos do trabalho a novas alturas, ao mesmo tempo que assegura a dominação do trabalho passado "morto" (capital incorporado) sobre o trabalho vivo no processo de trabalho. A partir do ponto de vista da produção do mais-valor, o capital fixo aparece como "a forma mais adequada do capital".

Por outro lado, o capital fixo é o "valor preso a um valor de uso determinado", associado a formas específicas de produção de mercadoria em condições tecnológicas específicas. Isso deve comandar o trabalho futuro como um contravalor, caso o seu valor venha a ser negociado. Por essa razão, o capital fixo limita a trajetória do desenvolvimento capitalista futuro, inibe a mudança tecnológica adicional e coage o capital justamente porque ele "está preso à sua existência como valor de uso determinado". O capital em geral "é indiferente a qualquer forma determinada do valor de uso e pode assumir ou se desfazer de qualquer uma delas como encarnação indiferente". Desse ponto de vista, o capital circulante (dinheiro) parece ser "a forma adequada" de capital porque é mais instantaneamente maleável às exigências do capital[92].

O capital fixo, que parece do ponto de vista da produção o pináculo do sucesso do capital, torna-se, do ponto de vista da circulação do capital, uma simples barreira à acumulação adicional. Por isso o capital "encontra barreiras em sua própria natureza". E há apenas duas maneiras de resolver essas contradições. Elas ou são tratadas forçosamente no decorrer de uma crise, ou são deslocadas para algum plano mais alto e mais geral onde proporcionam os ingredientes para a formação de crise de um tipo diferente e com frequência mais profundo. Tendo isso em mente, agora vamos nos voltar para o problema do dinheiro, do crédito e das finanças em relação à acumulação do capital.

---

[91] Ibidem, p. 589.
[92] Ibidem, p. 580.

9. Dinheiro, crédito e finanças

Marx não completou sua análise dos fenômenos monetários e financeiros. Ele estabeleceu uma teoria muito geral e extremamente abstrata do dinheiro no primeiro livro d'*O capital* (ali resumindo as análises mais extensas, porém mais hesitantes, apresentadas nos *Grundrisse* e na *Contribuição para a crítica da economia política*). Seus comentários sobre o funcionamento do sistema de crédito se tornaram muito confusos. Engels teve grande dificuldade para colocá-los em uma espécie de ordem para sua publicação no terceiro livro d'*O capital*. Em seu prefácio a essa obra, Engels se queixou de que "não havia um rascunho acabado, nem sequer um esquema cujas linhas gerais pudessem ter sido preenchidas – com frequência apenas uma massa desordenada de anotações, comentários e extratos". Engels foi fiel a Marx e terminou replicando grande parte da desordem. Essa foi uma parte importante dos "negócios inacabados" na teoria de Marx.

É difícil dizer até que ponto Marx imaginava ser importante essa parte dos negócios inacabados. Ele achava que a análise do dinheiro era suficientemente importante para colocá-la antes de sua investigação da circulação do capital. Mas também insiste que a *origem* do lucro (no mais-valor) poderia ser entendida sem se apelar para quaisquer das categorias de distribuição. A análise do crédito, das finanças e da circulação do capital que rende juros foi, por isso, deixada para depois da análise dos movimentos gerais, e até mesmo da *taxa* de lucro. É questionável se tal introdução tardia do papel do crédito pode ser justificada. Mesmo *en route* para sua derivação da tendência para uma queda decrescente do lucro, Marx frequentemente indica que este ou aquele problema não poderia ser resolvido sem a consideração do papel do crédito. Quando juntamos essas observações, o sistema de crédito parece cada vez mais um ponto central complexo dentro do quebra-cabeça marxiano das relações internas. Mas é um ponto central que descreve as relações dentro da classe capitalista – entre os capitalistas individuais e as exigências de classe, assim como entre as facções do capital. O sistema de crédito é um produto dos próprios esforços do capital para lidar com as contradições internas do capitalismo. O que Marx vai nos mostrar é como a solução do capital termina aumentando, e não diminuindo, as contradições.

Infelizmente, os marxistas prestaram pouca atenção a esse aspecto da teoria. Essa negligência é ainda mais surpreendente dada a importância que muitos, seguindo principalmente o exemplo de Lenin, atribuíram à "forma financeira do capitalismo" como sendo um estágio específico na história do desenvolvimento capitalista. O trabalho de Hilferding (no qual Lenin se baseou diretamente) foi publicado em 1910 e permaneceu, até muito pouco tempo, a única tentativa importante de lidar diretamente com a questão do sistema de crédito[1]. Durante a década de 1960, Rosdolsky e De Brunhoff colocaram a análise do dinheiro de Marx de volta ao centro das coisas. Mas as referências ao sistema de crédito na literatura marxista ainda são extremamente insuficientes[2].

No que se segue, vou tentar preencher as lacunas teóricas. O objetivo é integrar a análise do dinheiro e do crédito à teoria geral da acumulação. Isso nos coloca em uma posição melhor para entender como e por que as "leis do movimento" do capitalismo são necessariamente enunciadas, e até certo ponto guiadas, pela circulação do retorno do capital monetário investido canalizado através do sistema de crédito. Um "segundo recorte" na teoria da crise, que integra os fenômenos monetários e financeiros com a teoria geral da produção de mercadorias capitalistas, não deve então estar muito distante do nosso alcance.

Entretanto, é difícil conceber um método de exposição que retrate os pontos essenciais sem minimizar as complexidades. Por isso, dividi os materiais em dois

---

[1] Ver V. I. Lenin, *Selected Works*, cit.; Rudolf Hilferding, *Le capital financier*, cit.

[2] Roman Rosdolsky (*The Making of Marx's "Capital"*, cit.) presta muita atenção ao problema do dinheiro, enquanto as obras Suzanne De Brunhoff (*L'offre de monnaie*, Paris, Maspero, 1971; *Marx on Money*, cit.; *The State, Capital and Economic Policy*, Londres, Pluto Press, 1978; *Les rapports d'argent*, Grenoble, Presses universitaires de Grenoble, 1979) são fundamentais. Ernerst Mandel (*Marxist Economic Theory*, cit., cap. 7 e 8) proporciona um dos poucos textos em que o dinheiro e o crédito estão incorporados na análise, e ele também procurou manter as questões financeiras na linha de frente de suas obras posteriores. Outras contribuições importantes são as de Laurence Harris ("The Science of the Economy", cit., e "The Role of Money in the Economy", cit.) e Christian Barrère (*Crise du système de crédit et capitalisme monopoliste d'État*, cit.), com este último tentando integrar uma teoria do dinheiro e do crédito com a teoria geral do capitalismo monopolista estatal. Antony Cutler, Barry Hindess, Paul Hirst e Athar Hussain (*Marx's Capital and Capitalism Today*, cit., v. 2, parte 1) têm algumas coisas muito interessantes a dizer sobre o dinheiro e as instituições financeiras em geral, mas representam de maneira totalmente inapropriada a própria posição de Marx sobre essas questões. A contribuição de Samir Amin (*Accumulation on a World Scale*, Nova York, Monthly Review Press,1974) também é digna de menção.

capítulos. Neste capítulo trato dos vários aspectos do dinheiro, do crédito e das finanças de um ponto de vista mais técnico. Começamos com uma apresentação mais completa do papel do dinheiro – tópico brevemente abordado no capítulo 1. Este reflete a visão de Marx de que o dinheiro tem de ser entendido independentemente da circulação do capital. A transformação do dinheiro em capital pode então ser vista como novas configurações dos usos básicos do dinheiro. Desse modo, o dinheiro adquire o potencial para circular como retorno do capital monetário investido. Então consideramos as funções dessa forma de circulação para mostrar que ela é um aspecto socialmente necessário do modo de produção capitalista. O capítulo se encerra com uma breve descrição das principais instrumentalidades e instituições que facilitam de maneiras concretas a circulação do capital que rende juros.

As peças são inicialmente colocadas no lugar, sem preocupação demasiada com a dinâmica geral, o pleno desenvolvimento das contradições ou a suposta "transformação interna do capitalismo" promovida pela ascensão do sistema de crédito. Essas questões mais amplas e mais instigantes estão abordadas no capítulo 10.

Se há um tema geral que une os dois capítulos, é que o dinheiro existe como a encarnação do poder social geral, independente de e externo aos processos particulares da produção ou das mercadorias específicas[3]. O capital monetário pode funcionar como o capital comum da classe capitalista, mas pode também ser apropriado e acumulado por indivíduos privados. A contradição entre a ação individual e as exigências para a reprodução da classe capitalista (ver capítulo 7) torna-se assim mais aguda. Entretanto, Marx também insiste que o dinheiro expressa um poder social contingente, que depende da criação de valor real através da incorporação do trabalho social nas mercadorias materiais. É a relação entre o dinheiro como a *expressão geral de valor* e as mercadorias como a *incorporação real do valor* que forma o eixo sobre o qual gira grande parte da análise.

---

[3] A ideia do dinheiro como um poder social, apropriado pelos capitalistas e transformado em capital monetário, está no centro da concepção marxiana e a diferencia dos pontos de vista burgueses, todos os quais tendem, em última análise, a se reduzir a alguma versão da teoria quantitativa da moeda (ver Laurence Harris, "The Role of Money in the Economy", cit.; Suzanne De Brunhoff, *Les rapports d'argent*, cit.). Os textos burgueses na tradição neoclássica (como aquele de Jürg Niehans, *The Theory of Money*, Baltimore, Johns Hopkins University Press, 1978) modificam a suposição neoclássica tradicional para a suposta neutralidade do dinheiro dentro de um sistema econômico em favor de uma análise mais sofisticada dos custos de transação, da oferta e demanda dos saldos de caixa etc. Assim, é permitido que a quantidade e as formas de dinheiro tenham efeitos reais sobre a acumulação, a demanda, o crescimento, o emprego, o produto etc. Mas a concepção de dinheiro como uma fonte de poder social e a diferenciação entre dinheiro e capital monetário estão totalmente ausentes.

I. DINHEIRO E MERCADORIAS

Uma mercadoria, podemos recordar, é uma coisa material que incorpora tanto um valor de uso quanto um valor de troca. Essa dualidade é a fonte da qual fluem todas as contradições dentro da forma do dinheiro. Considere como essa dualidade de valor de uso e de valor de troca é expressa na troca. A *forma relativa* do valor surge porque o valor de troca de uma mercadoria não pode ser medido em seus próprios termos, devendo sempre ser expresso em outros termos (a ideia de que 20 metros de linho = 20 metros de linho não nos diz nada, mas 20 metros de linho = 1 casaco nos diz muito). A troca de duas mercadorias também pressupõe uma relação de equivalência entre elas e indica a existência de uma *forma equivalente de valor* que Marx atribui ao tempo de trabalho socialmente necessário ou ao *próprio* valor. Essa forma equivalente de valor tem de encontrar um material representativo "concebível" para a troca dos valores de uso se tornar geral. A proliferação da troca garante que uma mercadoria se torne o *equivalente universal*, a encarnação socialmente reconhecida do trabalho humano no abstrato. Essa mercadoria é chamada de *mercadoria-dinheiro*. Os valores relativos de todas as outras mercadorias podem então ser representados pelos *preços*, as taxas de acordo com as quais eles trocam essa mercadoria-dinheiro. Mas podemos imediatamente localizar uma contradição – o trabalho, no sentido abstrato, está sendo representado por uma mercadoria produzida em condições específicas de trabalho humano concreto. Essa contradição sempre estará conosco no que se segue, embora, como veremos, ela usualmente assuma formas mais mistificadas.

A mercadoria-dinheiro, como qualquer outra mercadoria, tem um valor, um valor de uso e um valor de troca. Seu valor é fixado pelo tempo de trabalho socialmente necessário nela incorporado (embora mediante o trabalho concreto). Como o equivalente universal, o dinheiro funciona como uma *medida de valores* e proporciona um *padrão de preço* contra o qual o valor de todas as outras mercadorias pode ser avaliado. Mas a realização desses preços depende de um processo de troca e, por isso, envolve valores de troca. A intervenção da troca converte uma relação necessária entre as proporções de valor em "relação de troca entre uma mercadoria e a mercadoria-dinheiro existente fora dela". Como resultado, os preços do mercado se desviam dos valores. "Isso não é nenhum defeito dessa forma", insiste Marx, porque o "desregramento" da produção e da troca de mercadorias, as eternas oscilações entre a demanda e a oferta, possivelmente não podem ser equilibradas exceto permitindo que os preços flutuem em torno dos valores[4].

---

[4] Karl Marx, *O capital*, Livro I, cit., p. 176-7.

O valor de uso da mercadoria-dinheiro é o fato de ele facilitar a circulação das mercadorias. Por isso, funciona como um *meio de circulação*. O valor da mercadoria-dinheiro é, nesse caso, fixado como um reflexo das trocas que ela ajuda a produzir – "basta ler de trás para frente as cotações numa lista de preços para encontrar a grandeza de valor do dinheiro, expressa em todas as mercadorias possíveis"[5]. Desse ponto de vista, o dinheiro assume a forma relativa de valor. O antagonismo entre as formas relativa e equivalente de valor é preservado dentro da própria forma do dinheiro porque a mercadoria-dinheiro agora incorpora duas medidas de valor: o tempo de trabalho socialmente necessário que ela incorpora, e o tempo de trabalho socialmente necessário pelo qual ela pode, em média, ser trocada. É claro que em um mundo perfeito as duas representações de valor devem coincidir. Mas o "desregramento" da produção e da troca de mercadorias sempre impossibilita o alcance dessa perfeição. A divergência entre as duas representações frequentemente voltará a nos assombrar na análise que se segue.

Considere, agora, a função do dinheiro como um meio de circulação. Assuma, por um momento, que o ouro seja a única mercadoria-dinheiro. A quantidade de ouro requerida para circular certa quantidade de mercadorias em seus preços é fixada pelo volume de ouro em circulação, multiplicado por sua velocidade de circulação. A fórmula $MV = PQ$ é idêntica àquela empregada pelos teóricos quantitativos, como Ricardo. Marx também a utiliza, mas rejeita a ideia de que a quantidade de dinheiro determina o nível dos preços – um princípio básico dos teóricos quantitativos[6]. Os preços são, no fim, fixados por valores (ou os "preços da produção" – ver capítulo 2). Mas a velocidade da circulação tanto do dinheiro quanto das mercadorias flutua diariamente, e os preços e quantidades das mercadorias também se alteram segundo as circunstâncias. Por isso, a necessidade de ouro flutua e os preços podem se desviar muito dos valores, a menos que possa ser encontrada alguma maneira de aumentar e diminuir a quantidade de ouro em circulação num prazo relativamente curto. Marx declara que um estoque de reserva de ouro – um entesouramento – é necessário para acomodar essas flutuações[7]. A quantidade total de ouro requerida é então igual ao ouro necessário para circular as mercadorias em seus valores, mais o que for necessário para uma reserva.

Evidentemente, o ouro deve ser primeiro produzido como uma mercadoria. Pode ser requerido ouro adicional para substituir aquele perdido pelo desgaste ou para facilitar a produção expandida de mercadorias. Mas a capacidade para a oferta

---

[5] Ibidem, p. 170.
[6] Ibidem, p. 196-7. Suzanne De Brunhoff (*L'offre de monnaie*, cit.; *Les rapports d'argent*, cit.) e Laurence Harris ("The Role of Money in the Economy", cit.) examinam a teoria quantitativa do dinheiro a partir de uma perspectiva marxista.
[7] Karl Marx, *O capital*, Livro I, cit., p. 207.

de ouro é governada por condições de produção concretas, e como qualquer mercadoria-dinheiro deve ser rara e possuir qualidades específicas, descobrimos que a oferta de ouro (ou de qualquer outra mercadoria-dinheiro) não é instantaneamente ajustável. Além disso, quando o ouro funciona meramente como um meio de circulação, seus custos de produção têm de ser encarados como parte dos custos necessários, ou *faux frais*, da circulação. Isso porque o ouro que funciona como dinheiro (em oposição ao ouro que tem usos não monetários) deve permanecer eternamente em circulação e nunca se tornar uma parte do consumo individual ou produtivo. Como fornecedores do "lubrificante" da troca, os produtores de ouro extraem recursos dos usos produtivos.

A pesagem e a calibração do ouro são ao mesmo tempo arriscadas e incômodas. O ouro, em comum com outras moedas metálicas, é inflexível, caro e inconveniente quando usado como uma mera mercadoria-dinheiro, ainda que ele possua as qualidades requeridas para funcionar como dinheiro, e em alguns aspectos precisamente por isso. O inconveniente do peso pode ser substituído pela simples contagem assim que a mercadoria-dinheiro se transforma em moeda:

> Moedas são peças de ouro cujo formato e gravação significam que elas contêm pesos de ouro como está indicado pelos nomes do padrão da medida monetária, como libra esterlina, xelim etc. Tanto o estabelecimento das casas da moeda quanto o trabalho técnico da cunhagem recaem sobre o Estado. A moeda cunhada assume *um caráter local e político*, ela usa diferentes linguagens nacionais e usa diferentes uniformes nacionais. [...] Por isso, a moeda cunhada circula na esfera *interna* da circulação de mercadorias, que está circunscrita pelos limites de uma dada comunidade e separada da circulação *universal* do mundo das mercadorias.[8]

Entretanto, com as moedas surge a possibilidade de uma separação entre seus valores reais e nominais. A degradação da cunhagem pode se tornar um problema, enquanto a produção de moedas tem de ser cuidadosamente controlada. A legislação torna-se imperativa e o Estado em geral assume a responsabilidade da cunhagem (embora a "livre cunhagem" – a produção de moedas por particulares – também seja possível). O Estado assume necessariamente um papel de agente econômico[9]. As moedas podem, por sua vez, ser substituídas por fichas ou símbo-

---

[8] Idem, *A Contribution to the Critique of Political Economy*, cit., p. 107.
[9] Suzanne De Brunhoff (*The State, Capital and Economic Policy*, cit.) trata detalhadamente da relação entre o dinheiro e o Estado. Pierre Vilar (*A History of Gold and Money*, Londres/Atlantic Highlands, NLB/Humanities Press, 1976) apresenta uma interessante história das várias formas de dinheiro.

los de papel. O papel-moeda conversível vincula o valor nominal da cédula a uma determinada quantidade da mercadoria-dinheiro básica. Esses papéis-moedas têm a vantagem de que a sua quantidade pode ser mais prontamente ajustada a qualquer aumento na necessidade de dinheiro devido, por exemplo, ao volume expandido da troca de mercadorias, embora eles sejam também muito mais baratos de produzir e, desse modo, ajudem a reduzir os custos da circulação. Entretanto, essas economias só são possíveis se a quantidade total de papel-moeda puder exceder a quantidade da mercadoria-dinheiro em que esse papel-moeda pode ser convertido. Em condições normais, tal diferença não constitui problema, mas em tempos de crise a convertibilidade frequentemente tem de ser suspensa. Isso aponta para uma desvantagem peculiar de todos os papéis-moedas. Uma vez que as notas entram em circulação, elas não podem ser retiradas (pelo mesmo, não da mesma maneira que as moedas de ouro podem ser fundidas e usadas para outros propósitos), de forma que fica impossível ajustar para baixo a oferta de papel-moeda para acomodar um volume contraído de circulação de mercadoria. A inflação torna-se uma possibilidade muito real.

O papel-moeda puro – "o papel-moeda não conversível lançado pelo Estado e com circulação compulsória"[10] – corta completamente a conexão entre o dinheiro e o processo de produção de qualquer mercadoria-dinheiro. Desse modo, a oferta de dinheiro é liberada de quaisquer restrições da produção física e as vantagens da flexibilidade da oferta e da economia da circulação podem ser mais facilmente alcançadas. Mas o poder do Estado torna-se então muito mais relevante, porque o apoio político e legal deve substituir o apoio proporcionado pela mercadoria-dinheiro caso os usuários dos papéis-moedas pretendam confiar em sua estabilidade e valor.

Do ponto de vista de um simples meio de circulação, o dinheiro também pode assumir muitas formas. A capacidade para agilizar a troca é o que importa. A escolha da forma que o dinheiro assume depende então da eficiência relativa de cada uma na superação dos custos da transação. Na verdade, os custos da transação podem ser inteiramente eliminados e substituídos pelos custos contábeis, na medida em que as transações possam ser registradas em um livro contábil e equilibradas entre os agentes econômicos no fim do dia, do mês, do ano ou de qualquer período que seja. Desse ponto de vista, o dinheiro pode ser eliminado, exceto como "moeda de conta".

Mas o dinheiro é mais que um simples meio de circulação. Deixando de lado a sua função como uma medida de valor – função esta que tanto a sociedade ca-

---

[10] Karl Marx, *A Contribution to the Critique of Political Economy*, cit., p. 127.

pitalista como os economistas burgueses periodicamente, mas sem sucesso, buscam descartar como irrelevante[11] –, o dinheiro ainda possui algumas propriedades "transcendentais". O dinheiro representa, afinal, o valor de troca *par excellence*, e por isso se coloca em oposição a todas as outras mercadorias e aos seus valores de uso. O dinheiro assume um poder independente e externo em relação à troca porque, como equivalente universal, ele é a própria encarnação do poder social. Além disso, esse poder social pode ser apropriado e usado por particulares. A importância disso tem agora de ser avaliada.

O dinheiro permite a separação das vendas e compras no espaço e no tempo. As restrições do escambo podem ser superadas porque um agente econômico pode vender uma mercadoria por dinheiro em um local e tempo e usar o dinheiro para adquirir uma mercadoria de valor equivalente em outro local e em uma época subsequente. A troca é assim libertada da tirania da Lei de Say (ver p. 136-40). Mas para isso acontecer é preciso que o poder social do dinheiro permaneça constante com relação ao tempo e ao espaço. O dinheiro tem de ser capaz de funcionar como uma reserva de valor confiável; mas quanto mais dinheiro for usado como reserva de valor em vez de circular valores, mais altos se tornarão os custos monetários da circulação.

O uso do dinheiro como "moeda de conta" aparece como tábua de salvação. E, desse modo, o dinheiro creditício "possui suas raízes naturais-espontâneas" no interior dos processos da troca de mercadorias[12]. O dinheiro creditício tem sua origem em letras de câmbio e notas de crédito que adquirem a forma social de dinheiro assim que começam a circular como meios de pagamento. Esses dinheiros têm a dupla vantagem de poderem se ajustar instantaneamente às alterações no volume da produção de mercadoria (os produtores simplesmente aumentam ou diminuem as letras de câmbio que circulam entre si), enquanto também economi-

---

[11] Jürg Niehans (*The Theory of Money*, cit., p. 140) comenta sobre a tendência disseminada para denunciar a moeda mercadoria como uma "relíquia bárbara" de "estágios menos esclarecidos da sociedade humana" na veia que se segue; "A moeda mercadoria é o único tipo de dinheiro que, no presente momento, se pode dizer que passou no teste da história nas economias de mercado. Exceto durante curtos interlúdios de guerra, revolução e crise financeira, as economias ocidentais têm usado sistemas de moeda mercadoria desde os primórdios da sua história quase até a atualidade. Mais precisamente, só a partir de 1973 a ausência de qualquer vínculo com o mundo das mercadorias passou a ser considerada como uma característica normal do sistema monetário. Ainda vai demorar várias décadas até podermos dizer se o mundo ocidental finalmente embarcou, como é tão frequentemente proclamado, em uma nova era de moeda não mercadoria ou se o período presente acabará se mostrando apenas mais um interlúdio". A perspectiva marxiana indicaria que já estamos em "apenas outro interlúdio", provavelmente caracterizado por crises financeiras, guerra e talvez até mesmo revolução.

[12] Karl Marx, *O capital*, Livro I, cit., p. 200.

zam muito nos custos de transação e circulação. A quantidade de mercadoria-dinheiro requerida é reduzida àquela necessária para a circulação ativa, mais qualquer coisa que seja necessária para equilibrar as contas, e um fundo de reserva para enfrentar as contingências.

O dinheiro creditício é, em outros aspectos, um tanto peculiar. Não importa a que distância uma letra de câmbio privadamente negociada possa circular, ela deve sempre voltar ao seu local de origem para ser resgatada. As outras formas de dinheiro não circulam dessa maneira. Uma barra de ouro pode passar de mão e mão e sempre permanece em circulação, sem jamais retornar ao seu ponto de origem. Essas formas de dinheiro são sociais desde os seus primórdios, apesar de utilizadas para o uso privado. O dinheiro creditício, em contraste, é o dinheiro privadamente criado que pode servir a um propósito social quando colocado em circulação. Quando a dívida original é saldada, no entanto, o dinheiro creditício desaparece da circulação. O dinheiro creditício está sendo perpetuamente criado e destruído através das atividades de indivíduos privados. Essa é uma concepção de vital importância. Por um lado, ela depende da capacidade dos indivíduos privados e de instituições (como bancos) para ajustar instantaneamente a quantidade de dinheiro ao volume das transações de mercadorias – o dinheiro creditício (diferentemente do ouro) pode ser expandido e contraído à vontade. Por outro lado, aqueles que emitem o crédito devem estar sujeitos a alguma disciplina, e a *qualidade* do dinheiro creditício deve ser garantida para que este último circule com segurança.

No primeiro momento, o dinheiro creditício está vinculado a um conjunto particular de transações de mercadorias empregadas por indivíduos particulares. Se as transações de mercadoria não forem completadas ao preço acordado, ou se os indivíduos falharem, a "destruição" do dinheiro creditício assume uma feição mais sinistra. O dinheiro creditício é diretamente "desvalorizado" ou "depreciado" porque a dívida não pode ser paga. O dinheiro creditício não pode ser convertido em outras formas de dinheiro (exceto, talvez, com um grande desconto por alguém disposto a correr o risco de comprar o que pode ser uma letra de câmbio sem valor). A destruição "normal" do dinheiro creditício é aqui expressa como uma anormalidade, característica das crises comerciais e monetárias. Entretanto, a "desvalorização" do dinheiro creditício é uma questão privada que pode ter consequências sociais. A "desvalorização" dos papéis-moedas emitidos pelo Estado (mediante mudanças na convertibilidade ou simplesmente acompanhando as impressões de prorrogação) é uma questão fundamentalmente social (com consequências privadas e redistributivas distintas). Abordaremos o tema da "desvalorização" e da "destruição" do dinheiro no capítulo 10. No momento, vamos simplesmente observar a possibilidade formal desses processos mediante o uso de qualquer tipo de dinheiro creditício.

É requerido que as instituições monetárias relacionem os diversos dinheiros creditícios uns aos outros, assim como ao dinheiro "real", como ouro, ou dinheiro de curso legal apoiado pelo Estado. Essas instituições têm sua origem com os corretores de câmbio que, em troca de uma parte dos custos da transação diminuída que eles conseguem, administram os aspectos puramente técnicos da circulação do dinheiro. Quando o dinheiro é usado como um meio de pagamento, os corretores de câmbio podem registrar as transações e se reunir para descobrir os protótipos dos bancos de compensação[13]. Eles podem então usar o seu próprio dinheiro e proporcionar uma função de desconto centralizado para as inúmeras letras de câmbio que se originam e circulam entre os produtores individuais de mercadorias. E, em algum ponto, os corretores de câmbio podem considerar mais conveniente, eficiente e lucrativo substituir suas próprias letras de câmbio por aquelas de inúmeros produtores individuais. Os corretores de câmbio então se transformam em banqueiros. A emissão de notas bancárias meramente formaliza a questão, porque essas notas não são nada além de cheques nelas inspirados. Com a emergência dos bancos é implementado o primeiro nível de um arranjo hierárquico dentro do sistema monetário: a moeda bancária substitui as letras de câmbio emitidas pelos produtores individuais como o meio de circulação.

O banco assume duas tarefas básicas. Em primeiro lugar, ele proporciona uma câmara de compensação para as letras de câmbio e, desse modo, economiza muito nos custos de transação e circulação. Em segundo lugar, quando os bancos emitem suas próprias notas ou permitem que os cheques se inspirem nelas, eles substituem sua própria garantia por aquela de inúmeros capitalistas individuais. Quando o sistema de troca é relativamente simples, o conhecimento pessoal e a confiança dos capitalistas individuais pode garantir a qualidade das dívidas incorridas, mas em um sistema de mercado complexo isso não pode constituir uma base adequada para o sistema de crédito. O banco procura institucionalizar o que era antes uma questão de confiança e credibilidade pessoais entre capitalistas individuais. A maioria das letras que se originam dos capitalistas individuais serão livremente convertidas em moeda bancária. Mas, para o banco manter a qualidade do seu próprio dinheiro, deve conservar o direito de recusar letras que ele considere arriscadas ou sem valor. O banco monitora a credibilidade dos capitalistas individuais e atua como um intermediário para estes últimos.

Mas os bancos são também instituições privadas que competem uma com a outra. Eles também devem, como facilitadores da troca de mercadorias, entrar em relação um com o outro. Têm de ser encontrados meios para equilibrar as contas

---

[13] Ibidem, cap. 3.

entre eles. Cada banco pode preservar um estoque de ouro para esse propósito. Em condições normais, a reserva de ouro precisa ser apenas uma pequena proporção do valor total das mercadorias em circulação – suficientemente simples para equilibrar as contas entre os bancos. No entanto, quando o valor das mercadorias no mercado é incerto, a necessidade de uma reserva adequada de mercadoria-dinheiro torna-se mais premente – do contrário, o banco pode falir. Por outro lado, despachar ouro e armazená-lo é incômodo, arriscado e ineficiente. Tem de ser encontrada outra maneira de tornar as diferentes moedas bancárias livremente conversíveis uma na outra.

Um banco central de algum tipo pode resolver esse problema. Ele proporciona os meios para os bancos equilibrarem as contas um com o outro sem precisar despachar ouro. Para isso, o banco central deve possuir dinheiro de alta qualidade que possa garantir a segurança das transações entre os bancos. O dinheiro dos bancos individuais só é livremente conversível em moeda do banco central quando o banco central está satisfeito com a qualidade ou estabilidade da moeda dos bancos individuais. O banco central constitui o nível seguinte na hierarquia das instituições monetárias. A partir desses altos comandos o banco central procura garantir a solvência e a qualidade da moeda dos bancos privados.

Vários arranjos institucionais podem satisfazer a necessidade de um banco central. Um banco individual ou um consórcio de bancos muito poderoso pode assumir esse papel. Antes do colapso de 1907, por exemplo, J. P. Morgan, ao lado de outros bancos de Nova York, desempenhou essa função nos Estados Unidos. Mas há uma dificuldade dupla em uma solução desse tipo. Na medida em que os bancos estão em competição um com o outro, "o dinheiro ruim desaloja o bom" e isso solapa a qualidade do dinheiro que os bancos devem proteger. A capacidade de um grupo privado de desempenhar o papel de avalista depende do seu poder sobre os outros bancos do sistema. Garantir a qualidade da moeda nacional é um luxo ao qual só os mais poderosos podem se permitir. Não foi por acaso que o pânico financeiro de 1907 nos Estados Unidos assumiu um rumo incontrolável; isso aconteceu em parte porque o poder de J. P. Morgan estava sendo então seriamente desafiado pela ascensão de concorrentes do centro-oeste e do extremo-oeste. A outra dificuldade é que o imenso poder de qualquer banco que possa desempenhar uma função desse tipo é sempre suscetível a um uso arbitrário e imprevisível por parte de seus diretores privados[14].

---

[14] Gabriel Kolko (*The Triumph of Conservatism: a Reinterpretation of American History*, Nova York, Free Press of Glencoe, 1963) apresenta uma interpretação muito interessante do colapso das garantias privadas da qualidade do dinheiro nos Estados Unidos, e da subsequente formação do Sistema de Reserva Federal apoiada pelo Estado no período de 1907 a 1913.

Por isso, a maioria dos bancos centrais é colocada separada dos outros bancos pela concessão de alguns privilégios de monopólio. Liberado da necessidade de competir, o banco central pode se dedicar à sua única tarefa: defender a qualidade da moeda nacional. Para realizar essa função, o banco central se torna o guardião das reservas de ouro do país. Isso lhe dá o poder de rejeitar a moeda do banco "ruim" recusando sua convertibilidade para a moeda do banco central, que é o único tipo de moeda livremente conversível em ouro.

Como guardião do estoque de ouro nacional, o banco central só pode garantir a qualidade do dinheiro dentro do território do Estado-nação. O banco central então assume a tarefa de equilibrar os pagamentos entre as nações. Durante todo o tempo em que a moeda do banco central é conversível em ouro, este último funciona como o equivalente universal no câmbio mundial. Mas uma vez que os países abandonam a conversibilidade dentro de suas próprias fronteiras, torna-se progressivamente mais difícil manter intacto o padrão-ouro em escala internacional (particularmente quando o capital se torna multinacional). Se a única maneira de equilibrar as contas entre as nações é por meio das diferentes moedas nacionais, então estas têm de ser livremente conversíveis uma na outra em alguma determinada taxa de câmbio. Surge então o problema de garantir a qualidade das moedas nacionais no mercado mundial. Alguns países extremamente poderosos – como a Grã-Bretanha no século XIX e os Estados Unidos entre 1945 e 1971 – podem desempenhar o papel de "banqueiro mundial". Quando a maior parte das reservas de ouro do mundo estava trancada no Fort Knox e os Estados Unidos tinham uma posição dominante em termos do balanço de pagamentos e do comércio mundial, o padrão-dólar estabelecido no Bretton Woods Agreement de 1944 pôde prevalecer e o dólar se tornou, na verdade, o equivalente universal. Mas o balanço de pagamentos deteriorado e a competição cada vez mais feroz da Alemanha ocidental e do Japão fizeram aos Estados Unidos internacionalmente o que a competição dos bancos do centro-oeste e do extremo-oeste fez a J. P. Morgan. A subsequente desvalorização do dólar em 1971 indicou o colapso do Bretton Woods Agreement, e teve início a busca por uma nova ordem monetária internacional. Implementou-se, então, uma série de expedientes tapa-buracos com vistas a estabelecer algum tipo de papel-moeda supranacional de qualidade superior – como os direitos de saque especiais do Fundo Monetário Internacional ("títulos de ouro"). Mas, como aponta De Brunhoff[15], essas tentativas foram baseadas na proposição falaciosa de que uma forma de dinheiro creditício pode funcionar como a medida fundamental de valor. Nenhuma maneira havia sido ainda

---

[15] Suzanne De Brunhoff, *Marx on Money*, cit., p. 48-53.

encontrada para garantir a qualidade das moedas nacionais, exceto vinculando-as à produção de alguma mercadoria específica.

Essa história também nos alerta para os dilemas das políticas monetárias como estão designadas e realizadas através das operações dos bancos centrais. Os países (como a Grã-Bretanha e os Estados Unidos) que permitem que suas moedas sejam usadas como moedas de reserva para saldar as contas internacionais são eternamente atormentados por um dilema político: defender os interesses do capital nacional ou defender os interesses do capital em uma escala global. Quando uma determinada economia domina a produção e o comércio mundial de mercadorias, os dilemas ficam relativamente atenuados, porém se tornam mais agudos à medida que o ambiente internacional se torna mais competitivo. Mas o capitalismo mundial simplesmente não funciona sem algum tipo de moeda de reserva estável – e esta é a dificuldade que o sistema monetário internacional tem enfrentado desde o início da década de 1970.

Embora tenhamos simplificado extremamente a estrutura e certamente simplificado as complexidades da circunstância histórica, o caráter hierárquico abrigado das instituições monetárias pode ser muito claramente estabelecido como um corolário necessário para a existência dos dinheiros de crédito. A necessidade de tal ordenamento hierárquico pode ser remontada à contradição básica entre o dinheiro como uma medida de valor e o dinheiro como um meio de circulação. Pois, embora os dinheiros de crédito pareçam fantasticamente adaptados à função como um meio de circulação quase sem atrito, sua capacidade para representar os valores "reais" da mercadoria é eternamente suspeita. A noção de alguma medida absoluta de valor pode parecer redundante em qualquer nível particular na hierarquia, mas permanece o problema de garantir a qualidade da moeda – e o que é essa qualidade senão uma garantia de que uma quantidade nominal de dinheiro creditício realmente representa valores reais da mercadoria?

As instituições de ordem mais elevada garantem a qualidade da moeda em uma ordem inferior na hierarquia – como os bancos fazem com os capitalistas individuais, como o banco central faz com os bancos privados, como o "banqueiro mundial" *de facto* faz com os bancos centrais nacionais. Mas o que garante a qualidade da moeda no ápice dessa hierarquia? Ouro? "Papel ouro"? "Ouro negro" (petróleo)? Dólares? Nesse nível, a noção da moeda como uma medida de valor necessária se recusa a morrer. Marx observa que "somente no mercado mundial o dinheiro funciona plenamente como a mercadoria cuja forma natural é, ao mesmo tempo, a forma imediatamente social de efetivação do trabalho humano *in abstracto*"[16]. A ordenação hierárquica das instituições monetárias supera as contradições entre as

---

[16] Karl Marx, *O capital*, Livro I, cit., p. 215.

formas equivalentes e relativas do valor, entre o dinheiro como uma medida de valor e um meio de circulação, nos níveis local e nacional, apenas para deixar o antagonismo não resolvido na arena internacional.

Um comentário adicional tem de ser feito a respeito dessa estrutura hierárquica das instituições monetárias. À primeira vista, parece que se aquelas que estão assentadas no ápice dessa hierarquia – os banqueiros centrais em particular – estão no firme controle da circulação da moeda e, por isso, em uma posição poderosa para influenciar a produção e a troca de mercadorias. Marx rejeita explicitamente essa visão. "O poder do banco", declara ele, "somente começa onde termina o poder dos 'descontadores de títulos' privados, em um momento, portanto, no qual seu próprio poder já está extraordinariamente limitado"[17]. O caráter de monopólio de um banco central dentro de um país não lhe proporciona poderes de controle efetivo, não importa o quão impressionantes sejam os poderes da autoridade monetária. De uma maneira parecida, os banqueiros privados só exercem controle quando os descontadores individuais não podem ir adiante no uso de suas letras de câmbio privadas.

O máximo que qualquer autoridade monetária pode fazer em tais circunstâncias é se engajar na "repressão financeira", recusando-se a descontar o dinheiro creditício que existe em ordens inferiores na hierarquia[18]. O Fundo Monetário Internacional pode se dedicar a disciplinar os Estados nacionais, os bancos centrais podem disciplinar os bancos e os bancos podem disciplinar os produtores de mercadorias. Entretanto, os poderes exercidos são mais de negação do que de criação. Por isso, Marx prontamente admite que uma oferta inadequada de dinheiro, estrutura financeira inapropriada ou, no contexto presente, políticas monetárias rígidas podem operar como barreiras à expansão da produção de mercadorias e, em algumas circunstâncias, exacerbar as crises – como aconteceu em 1847-8, depois da "equivocada" Lei Bancária de 1844 na Grã-Bretanha[19]. Mas, na sua opinião, não há poder monetário na terra que possa por si gerar magicamente uma expansão na produção de mercadorias. O incentivo real para o sistema está na acumulação mediante a produção e a troca de mercadorias. Por isso, Marx se opôs violentamente àquela versão da doutrina monetarista que acredita nos efeitos criativos da oferta de dinheiro[20].

---

[17] Idem, *Grundrisse*, cit., p. 124.
[18] O termo "repressão financeira" é usado por McKinnon (1973, cap. 7), e eu o uso aqui não por concordar com a definição técnica de McKinnon, mas porque ele descreve graficamente o fenômeno que está sendo investigado.
[19] Karl Marx, *Capital*, Livro III, cit., p. 516.
[20] Suzanne De Brunhoff (*L'offre de monnaie*, cit.) e Laurence Harris ("The Role of Money in the Economy", cit.) apresentam bons relatos da crítica marxista do monetarismo.

Essa análise do dinheiro em condições de simples produção de mercadoria indica que a principal contradição entre o dinheiro como uma medida de valor e o dinheiro como um meio de troca jamais é resolvida: ela é meramente transposta para níveis cada vez mais elevados dentro de uma hierarquia de instituições monetárias. As várias funções derivativas do dinheiro – como reserva de valor e meios de pagamento, por exemplo – dão origem a mais confusões. Mas podemos interpretar melhor as diferentes formas que o dinheiro assume – a mercadoria-dinheiro, as moedas, os papéis-moedas conversíveis e não conversíveis, vários dinheiros creditícios etc. – como um resultado do movimento para o dinheiro perfeito como um "lubrificante" sem atrito, sem custo e instantaneamente ajustável da troca, ao mesmo tempo que preserva a "qualidade" do dinheiro como uma medida de valor. O caráter incerto e "ilegal" da produção e troca de mercadorias faz com que diferentes agentes econômicos exijam diferentes tipos de dinheiro para propósitos definidos em conjunturas particulares. Em tempos de crise, por exemplo, os agentes econômicos tipicamente buscam formas seguras de dinheiro (como o ouro), mas quando a produção de mercadorias está explodindo e as relações de troca proliferando, a demanda por dinheiros creditícios tende a aumentar.

Munidos desses *insights* gerais, podemos agora passar a considerar como o dinheiro é especificamente colocado em uso no modo de produção capitalista. Em seguida vamos descobrir que a contradição fundamental entre o dinheiro como uma medida de valor e o dinheiro como um meio de circulação vai se tornar ainda mais marcada no capitalismo, mas que as funções e formas de dinheiro serão colocadas em usos incrivelmente notáveis e com frequência extremamente sutis.

II. A TRANSFORMAÇÃO DO DINHEIRO EM CAPITAL

Marx constrói sua teoria do dinheiro a partir de uma investigação da produção e da troca de mercadorias, sem qualquer referência a qualquer que seja a circulação do capital. Ele segue esse curso porque uma economia monetária é comum a vários modos de produção diferentes e não específicos do capitalismo[21]. Declara que estaríamos cometendo um erro sério se procurássemos derivar um entendimento do dinheiro a partir de um estudo da circulação do capital. Mas, além disso, estaríamos sendo igualmente negligentes se buscássemos entender os mundos complexos da circulação monetária e das operações financeiras no capitalismo tendo por base

---

[21] Karl Marx, *Capital*, Livro II, cit., p. 116.

apenas alguma teoria geral do dinheiro[22]. Devemos evitar a todo custo confundir *dinheiro* com *capital* e reconhecer que há uma "diferença palpável entre a circulação do dinheiro como capital e sua circulação como mero dinheiro"[23]. Precisamos agora considerar mais atentamente esta "diferença palpável".

Em condições de simples produção e troca de mercadorias organizadas em termos não capitalistas, encontramos que "o dinheiro faz circular as mercadorias" e "as mercadorias fazem circular o dinheiro" – "a circulação das mercadorias e a circulação do dinheiro condicionam-se reciprocamente"[24]. O dinheiro basicamente circula em ordem inversa à circulação de mercadorias. As complicações surgem quando o dinheiro é usado como um meio de pagamento (o dinheiro flui e a troca de mercadorias diverge no espaço e no tempo, e também em quantidade) e quando o dinheiro se movimenta, por qualquer razão, para dentro ou para fora de um açambarcamento. Também não é fácil integrar os produtores de dinheiro em um sistema monetário desse tipo sem perturbar sua lógica normalmente simples.

Entretanto, as questões surgem de modo muito diferente quando consideramos a forma de circulação capitalista, da qual a expressão mais simples é

$$D - M \begin{pmatrix} T \\ Mp \end{pmatrix} \ldots P \ldots M' - D'$$

Mas Marx insiste que quando o dinheiro funciona como capital, ele ainda "pode desempenhar apenas funções de dinheiro" como meio de circulação (ele facilita as trocas

$$D - M \begin{pmatrix} T \\ Mp \end{pmatrix} e \ M' - D')$$

e a medida do valor (de que outra maneira o aumento D-D' pode ser validado?). Então, "aqui se volta a comprovar, ao mesmo tempo, que o capital monetário não desempenha no interior do ciclo do capital industrial senão funções de dinheiro, e que estas só possuem o significado de funções do capital por meio de sua conexão com outros estágios desse ciclo"[25].

A "diferença palpável" entre a circulação do dinheiro como capital e a "mera circulação" do dinheiro mediante a troca de mercadorias está, em primeira ins-

---

[22] Ibidem, p. 30.
[23] Idem, *O capital*, Livro I, cit., p. 225.
[24] Idem, *Grundrisse*, cit., p. 134.
[25] Idem, *Capital*, Livro II, cit., p. 77, 81.

tância, nas novas maneiras com que os capitais usam o dinheiro. A "transformação do dinheiro em capital"[26] também depende de condições sociais e históricas. O dinheiro só pode circular como capital quando a força de trabalho, com a capacidade de produzir mais valor do que ela própria possui, está disponível como uma mercadoria:

> O proprietário do dinheiro e o proprietário da força de trabalho só se relacionam um com o outro como comprador e vendedor. [Mas] o comprador se apresenta de antemão, ao mesmo tempo, como possuidor dos meios de produção [...] portanto, a relação de classe entre capitalista e assalariado já está dada. [...] Não é o dinheiro que engendra, por sua própria natureza, essa relação, mas, antes, é a existência dessa relação que pode transformar uma simples função do dinheiro numa função do capital.[27]

Consequentemente, a mão de obra assalariada cria uma ponte entre aquelas que normalmente poderiam ser as esferas muito distintas da produção e da troca. Por um lado, a compra e a venda da força de trabalho não é nada mais que uma simples transação de mercadorias tornada especial pelo fato de ser um reflexo no mercado de uma relação social na produção. Por outro lado, uma simples relação entre o comprador e o vendedor "torna-se uma relação inerente na produção"[28]. As relações sociais da produção têm uma expressão tanto *dentro* quanto *fora* do processo real da produção. É do outro lado da ponte proporcionada pela mão de obra assalariada que o capital pode fluir continuamente (aparte, é claro, os contratempos das crises) pelas esferas da produção e da troca. O dinheiro não poderia ser convertido em capital se o trabalho assalariado não existisse.

Mesmo assim, a transformação do dinheiro em capital não é uma ocorrência indolor. Não posso pegar 10 dólares ou 10 libras do meu bolso e convertê-los instantaneamente em capital. Em cada linha de produção, preciso adiantar certa quantidade de capital monetário para adquirir os prédios, as máquinas, as matérias-primas e a força de trabalho necessários para iniciar a produção de mais-valor. Preciso entesourar dinheiro suficiente para ingressar no negócio (a quantidade varia de uma linha de produção para outra – compare as ferrovias com os estabelecimentos escravizantes na indústria de confecções). Mas o entesouramento tira dinheiro de circulação e isso, se ocorre em qualquer larga escala, pode perturbar a circulação de dinheiro e de mercadorias. O sistema de crédito torna-se uma necessidade. Posso então realmente converter os 10 dólares que tenho no bolso em capi-

---

[26] Idem, *O capital*, Livro I, cit., seção II.
[27] Ibidem, Livro II, p. 29-30.
[28] Ibidem, p. 117.

tal, depositando-o em um banco onde ele possa imediatamente ser emprestado como capital em troca de juros.

A circulação do capital impõe obrigações e cargas adicionais ao sistema monetário, o que só pode ser enfrentado mediante a organização do sistema de crédito como a base para operações financeiras. Vamos considerar detalhadamente as funções do sistema de crédito na seção IV, mas podemos esboçar com proveito aqui algumas das demandas que o capital lhes impõe. Por exemplo, a preservação e expansão do valor requerem continuidade e coordenação estável quando a base material da produção é caracterizada por descontinuidade e discordância. As trocas entre os setores e as indústrias com períodos de trabalho, circulação e tempos de rotação diferentes têm de ser de algum modo desobstruídas e as coordenações entre o dinheiro, as mercadorias e os circuitos produtivos do capital têm também de ser alcançadas. A taxa de lucro só pode ser igualada se o capital monetário puder se mover rapidamente de uma esfera de produção para outra, enquanto a acumulação e o reinvestimento requerem desembolsos periódicos de grandes somas, que do contrário teriam de ser acumuladas.

Por essas e outras razões, o sistema de crédito emerge como o filho especial do modo de produção capitalista e o capital que rende juros passa a desempenhar um papel muito especial em relação à circulação do capital. Mas esse mundo elaborado de crédito e finanças é necessariamente erigido sobre a base monetária definida por condições de simples produção e troca de mercadorias. E isso é assim porque o dinheiro só pode desempenhar funções de dinheiro quando é lançado em circulação como capital ou oferecido como capital de empréstimos. Na medida em que a base monetária está repleta de contradições, o mundo das finanças é erigido sobre alicerces instáveis. Na medida em que as finanças capitalistas se libertam dos grilhões do sistema monetário, elas ao mesmo tempo internalizam as contradições e se movem na direção de uma postura antagônica com respeito à sua própria base monetária. Marx produz grande parte desse antagonismo e, no capítulo 10, procuraremos entender como ele impõe uma reviravolta monetária e financeira peculiar à formação da crise no capitalismo.

Podemos com proveito traçar um esboço das linhas básicas desse antagonismo, ainda que apenas para indicar para onde a análise é encaminhada. A argumentação é apresentada em termos gerais nas linhas que se seguem.

Em virtude do seu controle sobre os meios de produção, os capitalistas também podem apropriar o poder social inerente ao dinheiro e colocá-lo para trabalhar como *capital monetário*, e assim produzir mais-valor mediante a produção. A lógica da circulação geral do capital os obriga a criar novos instrumentos financeiros e um sistema de crédito sofisticado que impulsiona o dinheiro e o capital que rende juros para um papel proeminente em relação à acumulação. Mas o poder coercivo da competição obriga os capitalistas, como agentes econômicos individuais, a abusar desse sistema e desse modo corroer o poder social do próprio dinheiro: a moeda pode ser desvalorizada, ocorre inflação crônica, crises monetárias são criadas etc. Constata-se que o seu uso do dinheiro como um meio de circulação através da ação do sistema de crédito solapa a utilidade do dinheiro como uma medida e uma reserva de valor. Então devem ser tomadas medidas para preservar a qualidade do dinheiro. Tornam-se necessários controles monetários rígidos e severos. Esses controles surgem no decorrer de uma crise quando os capitalistas se apressam em segurar a mercadoria-dinheiro (o ouro, por exemplo) como a única representação legítima do valor, ou então são impostos como parte de uma política consciente por parte de uma autoridade monetária poderosa que opera como um braço do Estado. Nas últimas circunstâncias, a política da estratégia monetária, como é seguida pelo Estado, torna-se crucial para o entendimento da dinâmica da acumulação do capital[29]. Entretanto, sejam quais forem as circunstâncias, a tendência para o excesso no reino das finanças é fundamentalmente assinalada por um retorno às eternas verdades da base monetária.

Em seguida vamos procurar deslindar passo a passo as relações entre os fenômenos monetários e financeiros. Começaremos com os *juros* e o *capital que rende juros* como categorias fundamentais que operam dentro do sistema de crédito. Depois procederemos a uma descrição simples das funções e instrumentalidades do sistema de crédito em relação à circulação do capital. Em ambos os casos, vamos proceder como se o conflito com a base monetária não tivesse um papel importante a desempenhar. Isso então vai nos colocar em uma posição propícia para atacar questões mais amplas e mais complexas relacionadas aos aspectos monetários e financeiros da formação da crise no capítulo seguinte.

III. JUROS

> O capital que rende juros ou, como podemos chamá-lo em sua forma antiquada, o capital do usurário, pertence juntamente com seu irmão gêmeo, o capital comercial, às formas antediluvianas do capital que precedem em muito o modo de produção capitalista e vão ser encontradas nas mais diversas formações econômicas da sociedade.[30]

Podemos rapidamente estabelecer as condições que permitem que o empréstimo de dinheiro e a usura floresçam. Mediante a proliferação das relações de troca, o

---

[29] Ver Suzanne De Brunhoff, *Marx on Money*, cit., para uma discussão das relações entre o Estado, as finanças e a acumulação.
[30] Karl Marx, *Capital*, Livro III, cit., p. 593.

dinheiro "se estabelece como um poder externo aos produtores e independente deles". Ele assim adquire um poder social que pode ser apropriado e usado por particulares. A usura surge do uso privado desse poder social na forma de empréstimo de dinheiro. Ela corroeu a "antiga riqueza feudal e a antiga propriedade feudal", e também as formas de organização política características dessas sociedades. Ajudou a pôr fim ao poder dos proprietários de terras feudais e a desligar os pequenos camponeses, artesãos e produtores "pequenos burgueses" da posse dos seus próprios meios de produção. Entretanto, embora a usura tenha um "efeito revolucionário", seus impactos são mais destrutivos e negativos do que positivos e criativos. "Ela não altera o modo de produção, mas se liga firmemente ao [modo de produção] como um parasita e torna [o último] um miserável"[31]. As proibições e as sanções legais contra a usura surgem por essas razões.

Na medida em que os usurários se apropriam de todo o mais-valor produzido, eles contêm a circulação do capital. Essa barreira tem de ser derrubada:

> No decorrer da sua evolução, o capital industrial precisa portanto subjugar [o capital do usurário e do comerciante] e transformá-los em funções derivadas ou especiais dele próprio. [...] Onde a produção capitalista [...] se tornou o modo de produção dominante, o capital que rende juros é dominado pelo capital industrial, e o capital comercial torna-se meramente uma forma de capital industrial, derivado do processo de circulação. Mas ambos precisam primeiro ser destruídos como formas independentes e subordinadas ao capital industrial. A violência [do Estado] é usada contra o capital que rende juros pela redução compulsória das taxas de juros, para que ele não seja mais capaz de ditar os termos para o capital industrial. [...] A maneira real em que o capital industrial subjuga o capital que rende juros é a criação de um procedimento específico dele próprio – o sistema de crédito. [...] O sistema de crédito é sua própria criação.[32]

O juro, assim como as outras importantes categorias distribucionais da renda e do capital comercial, é encarado como uma forma antiga de apropriação, moldada pelo capitalismo para suas próprias exigências específicas. A "usura" e os "juros sobre o capital monetário" têm, por isso, significados sociais inteiramente diferentes no léxico de Marx. A diferença não pode ser atribuída à forma do próprio dinheiro porque o dinheiro só pode desempenhar funções monetárias:

---

[31] Ibidem, cap. 36.
[32] Idem, *Theories of Surplus Value*, cit., parte 3, p. 468-9.

O que distingue o capital que rende juros – na medida em que ele é um elemento essencial do modo de produção capitalista – do capital do usurário não é de modo algum a natureza ou o caráter desse próprio capital. São simplesmente as condições alteradas sob as quais ele opera.[33]

As condições que Marx tem em mente são exatamente aquelas que permitem as transformações do dinheiro em capital. O dinheiro, em resumo, deve ser capaz de comandar o trabalho dos outros – o trabalho assalariado já deve existir, produzido por processos historicamente específicos de acumulação primitiva (em que as práticas de usura sem dúvida desempenhavam o seu papel). O poder social do dinheiro pode então ser usado por seus donos para adquirir tanto a força de trabalho quanto os meios de produção – o primeiro passo na descida da estrada escarpada da produção e realização do mais-valor. O antagonismo entre o capital e o trabalho assalariado assume agora uma dimensão totalmente nova. Por um lado, a concentração do poder social do dinheiro nas mãos de poucos é um pré-requisito necessário à iniciação da forma de circulação capitalista. Isso pressupõe que uma apropriada "distribuição determinando a produção" da riqueza de dinheiro já havia sido atingida. Por outro lado, a concentração e centralização progressivas de poder monetário nas mãos dos capitalistas são o resultado da produção de mais-valor. A concentração do poder monetário é uma condição distributiva que é tanto necessária quanto perpetuamente reproduzida no capitalismo[34].

Tudo isso coloca o dinheiro em uma posição muito especial em relação à circulação do capital e à produção de mais-valor. O dinheiro existe como uma forma de propriedade capitalista *fora de* e *independente de* qualquer processo real de produção. Surge então uma distinção entre os capitalistas como *proprietários de dinheiro* e como *empregadores de capital* que usam esse dinheiro para estabelecer a produção de mais-valor. A atividade de emprestar e pedir emprestado estabelece uma relação de classe entre esses dois diferentes tipos de capitalistas. Marx explica essa relação da seguinte maneira. Os proprietários de dinheiro visam aumentar seu capital o emprestando a juros, o que implica em uma forma de circulação do tipo D – (D + j). Suponha que o dinheiro é emprestado a um capitalista engajado na produção que não tem recursos monetários próprios. Então temos:

$$\begin{array}{l}\text{Proprietário do dinheiro} \\ \text{Capitalista produtivo}\end{array} \quad D \searrow \quad D - M\begin{pmatrix} T \\ Mp \end{pmatrix} \ldots P \ldots M' - (D + \Delta d) \nearrow (D + j)$$

---

[33] Idem, *Capital*, Livro III, cit., p. 600.
[34] Ibidem, p. 355.

Mas os proprietários de dinheiro e os empregadores de capital tipicamente se confrontam como pessoas jurídicas independentes. Os credores evidentemente não vão emprestar seu dinheiro a menos que obtenham algum tipo de recompensa. Os produtores não vão emprestar dinheiro a menos que eles, também, ganhem algo. E assim, declara Marx, o mais-valor é dividido entre os *proprietários de capital* que recebem *juros* e os *empregadores do capital* que recebem o *lucro do empreendimento*. Como Marx está aqui, como em toda parte, mais preocupado com os papéis do que com as maneiras particulares em que esses papéis são personificados, e como os empregadores de capital sempre têm a opção de emprestar qualquer dinheiro que tenham a juros em vez de reinvesti-lo, Marx conclui que "o empregador de capital, mesmo quando está trabalhando com seu próprio capital, divide-se em duas personalidades – o proprietário do capital e o empregador de capital"[35]. A concepção básica que então emerge é a seguinte: o juro é o "mero fruto" de se possuir capital monetário como propriedade *fora* de qualquer processo real de produção, enquanto o lucro do empreendimento é o "fruto exclusivo" do capital colocado para trabalhar *dentro* do processo da produção. A circulação do dinheiro como capital deve ser interpretada da seguinte maneira:

$$D - M \begin{pmatrix} T \\ Mp \end{pmatrix} \ldots P \ldots M' - (D + \Delta d) \begin{matrix} \longrightarrow j \text{ (juro)} \\ \longrightarrow l \text{ (lucro do empreendimento)} \end{matrix}$$

O capital que rende juros pode ser então definido como qualquer dinheiro ou equivalente a dinheiro emprestado pelos proprietários de capital em troca da taxa de juros vigente.

Neste ponto, várias observações e advertências podem ser utilmente introduzidas na argumentação. Para começar, os donos do dinheiro podem emprestá-lo a outros agentes econômicos além dos produtores de mais-valor – para comerciantes, proprietários de terras, governos, várias frações da burguesia e até mesmo para os trabalhadores. E o dinheiro pode ser emprestado para vários propósitos que guardam qualquer relação direta com a produção de mais-valor. Como os proprietários de dinheiro estão principalmente preocupados em aumentar o seu dinheiro com os juros, eles são supostamente indiferentes a quem, e por que propósitos, o dinheiro é emprestado, contanto que o retorno seja seguro. Isso cria algumas dificuldades das quais Marx está consciente, mas põe de lado por razões bastante plausíveis. Se, na análise final, todos os pagamentos de juros devem ser providos, direta ou indiretamente, pelo mais-valor, então a relação crucial a ser examinada é aquela entre o capital que rende

---

[35] Ibidem, p. 374-8.

juros e a produção de mais-valor. Infelizmente, circunscrever a análise dessa maneira cria tantos problemas quanto os resolve quando procuramos revelar as forças que determinam a taxa de juros. Voltaremos posteriormente a essa questão.

A virtude da abordagem de Marx é o fato de ele concentrar a nossa atenção na relação entre duas formas de capital e uma imanente relação de classe entre os donos do dinheiro – capitalistas monetários – e os investidores de capital – capitalistas industriais. "O juro é uma relação entre dois capitalistas, não entre o capitalista e o trabalhador."[36] Marx rejeita a visão burguesa de que o lucro da empresa é realmente um retorno para as habilidades do empresário como *trabalhador*. Ele não nega que a coordenação e o gerenciamento sejam atividades produtivas, mas insiste em que a determinação do salário aqui é fundamentalmente harmonizada com os salários em geral pelo "desenvolvimento de uma numerosa classe de gerentes industriais e comerciais" e pelo "desenvolvimento geral que reduz o custo da produção da força de trabalho especialmente treinada"[37]. Embora essa seja uma visão muito simplista da determinação salarial para as chamadas "classes gerenciais, não há razão para negar que o lucro da empresa é um retorno sobre e acima daquilo que é pago como salário de superintendência, embora grande parte da teoria e da prática burguesas possa disfarçar esse lucro como uma forma de salário. Mais tarde vamos abordar as circunstâncias – as formas de organização das companhias de sociedade anônima, em particular – em que o disfarce torna-se ainda mais efetivo (ver p. 393-8).

Mas se o juro é uma "relação entre dois capitalistas", então temos de entender a natureza e as implicações dessa relação. A existência do dinheiro como capital fora da produção e a atividade de emprestar e pedir emprestado implicam que o dinheiro adquire "um valor adicional, aquele de servir como capital". Esse valor de uso reside em sua "faculdade de gerar e aumentar o valor", a capacidade para "produzir o lucro médio sob as condições médias". O dinheiro como capital se torna, em resumo, uma mercadoria, embora de um tipo muito especial, com seu "próprio modo peculiar de alienação"[38]. O cerne da relação entre os capitalistas monetários e os capitalistas industriais está nas "peculiaridades" que surgem quando o próprio capital assume um caráter de mercadoria.

Considere, então, a relação entre um capitalista monetário que empresta a um capitalista industrial. O capitalista monetário compartilha o valor de uso do dinheiro sem receber nenhum equivalente em troca, o que em si constitui um tipo muito peculiar de transação de mercadorias. O que o capitalista monetário espera é o retorno do capital monetário original mais o juro *no fim de um período especificado*. Antes de

---

[36] Ibidem, p. 382.
[37] Ibidem, p. 89.
[38] Ibidem, p. 338-52.

tudo, uma dimensão de tempo específica é assim imposta à circulação do capital em geral, o que abre todos os tipos de caminhos para lidar com diferentes tempos de rotação, tempos de circulação, períodos de produção etc. Vamos retornar brevemente a esses aspectos. Em segundo lugar, isso faz parecer que o dinheiro "cresce" automaticamente com o tempo e faz até o próprio tempo parecer dinheiro. Marx se concentra muito em expor o fetichismo dessa concepção, mostrando de maneira muito concreta que, se o capital monetário aumenta com o juro durante um determinado período de tempo, isso acontece porque os capitalistas produtivos conseguiram produzir suficiente mais-valor dentro desse período para cobrir o pagamento dos juros[39]. Os capitalistas monetários, na medida em que podem ditar as taxas de juro e os prazos de liquidação da dívida, controlam diretamente a intensidade da produção de mais-valor. Retornaremos posteriormente aos potenciais poderes coercivos dos capitalistas monetários sobre os capitalistas industriais (ver p. 364-7).

O valor de uso do dinheiro como uma mercadoria é bastante claro, mas o que dizer do seu valor de uso e do seu valor de troca? Aqui encontramos outra peculiaridade. O dinheiro é o representante do valor e provavelmente não pode ser mais valioso do que o valor que ele representa. Mas o valor de uso do dinheiro é aquele que pode ser usado para produzir maior valor na forma de mais-valor. Chegamos então ao que Marx considera uma expressão totalmente irracional: o valor do valor é aquele que produz maior valor! Como "o preço representa a expressão do valor em dinheiro", da mesma forma ocorre que "o juro, significando o preço do capital, é desde o início uma expressão bastante irracional"[40]. O dinheiro como uma mercadoria tem um valor de uso, mas não um "valor" ou "preço natural". Isso também acontece porque a transformação do dinheiro em capital não envolve um processo de produção material e não envolve a incorporação da mão de obra.

O argumento é um tanto contorcido, mas conduz diretamente à rejeição de Marx de teorias de uma taxa de juros "natural", uma doutrina que foi disseminada na economia política da época. Ele rejeita também, em grande parte por implicação, qualquer "teoria da produtividade marginal" do "preço" do capital monetário, baseado no fato de que essas teorias idolatram o capital como um "fator independente da produção", dotada dos poderes místicos da autoexpansão[41].

Então, como a taxa de juros é determinada[42]? Na ausência de qualquer outra explicação, Marx se volta para a demanda e a oferta. Em todos os outros casos ele

---

[39] Ibidem, p. 348.
[40] Ibidem, p. 354.
[41] Karl Marx, *Theories of Surplus Value*, cit., parte 3, p. 453-540.
[42] Laurence Harris ("On Interest, Credit and Capital", cit.) tem uma introdução útil às forças que determinam a taxa de juros na análise do fenômeno por Marx.

rejeita explicações desse tipo, baseado no fato de que, quando a oferta e a demanda estão equilibradas no mercado, elas não servem para explicar nada. A taxa de juros é uma aparente exceção a essa regra. Ela é determinada pelas forças do mercado da oferta e da demanda por dinheiro como capital em condições de competição. Além disso, "não há lei de divisão, exceto aquela imposta pela concorrência", e então a taxa de juros "se torna algo arbitrário e ilegal" – "sua determinação é acidental, puramente empírica, e só o pedantismo ou a fantasia procurariam representar esse acidente como uma necessidade"[43].

Podemos interpretar esses comentários de duas maneiras. Ou Marx está dizendo que a determinação da taxa de juros é *totalmente* arbitrária e ilegal, e não suscetível à investigação científica adicional, exceto como uma regularidade empírica; ou podemos interpretá-lo como dizendo que a taxa de juros não é diretamente regulada pela lei do valor. Eu me inclino para a segunda interpretação, pautado em dois aspectos. Em primeiro lugar, seria muito pouco característico de Marx, e totalmente inconsistente com sua luta contra as forças que determinam a taxa de juros, assumir a primeira posição. Em segundo lugar, encontramos Marx em várias ocasiões fazendo afirmações que sugerem que "leis separadas" determinam o juro e o lucro da empresa[44]. Ele também indica que, embora o limite inferior para a taxa de juros possa em princípio ser "qualquer limite baixo", haverá "sempre influências contrárias a elevá-la de novo"[45]. Quando Marx invoca as influências contrárias em geral encontramos alguma noção de equilíbrio não muito atrás. Esse equilíbrio é determinado "pela oferta e pela demanda de capital monetário como *distintas* das outras formas de capital". Marx então indica firmemente a direção para a qual foi encaminhado: "Também poderia ser perguntado: Como a demanda e a oferta de capital monetário são determinadas?"[46].

Podemos concluir que não há "taxa de juros natural" regulada, como frequentemente supunham os economistas burgueses da época, pelo valor do dinheiro como uma mercadoria. O valor e o preço do dinheiro são expressões inteiramente "irracionais". A taxa de juros é regulada mediante um processo de mercado em que a oferta e a demanda têm um papel fundamental a desempenhar. O que temos de estabelecer agora é como a oferta e a demanda por dinheiro como capital estão estruturadas no modo de produção capitalista. Infelizmente, Marx não nos proporciona nenhuma análise coerente do processo. Teremos de preencher algumas lacunas. Mas, evidentemente, não podemos entender a demanda por dinheiro como capital sem

---

[43] Karl Marx, *Capital*, Livro III, cit., p. 356, 354.
[44] Ibidem, p. 375.
[45] Ibidem, p. 358.
[46] Ibidem, p. 419.

primeiro entender os vários usos que podem ser dados ao capital monetário e às funções que ele é convocado a desempenhar no capitalismo. Da mesma maneira, não podemos entender a oferta de dinheiro como capital sem ter um entendimento geral das estruturas e mediações institucionais das operações financeiras na reunião e consolidação do dinheiro como capital passível de ser emprestado. Precisamos, em suma, dissecar as funções e instrumentalidades do sistema de crédito como o produto distintivo do modo de produção capitalista, como o sistema que permite que o capital subjugue a usura e a converta em formas de capital, que rende juros apropriados aos seus próprios propósitos inerentemente contraditórios.

Nas duas próximas seções nos dedicaremos a uma análise detalhada do sistema de crédito. Inicialmente, o faremos como se esse sistema fosse isento de contradições e funcionasse perfeitamente em relação à circulação do capital. Isso preparará o campo para considerarmos as contradições no capítulo subsequente.

IV. A CIRCULAÇÃO DO CAPITAL QUE RENDE JUROS E AS FUNÇÕES DO SISTEMA DE CRÉDITO

A circulação do dinheiro como capital que rende juros pressagia a formação de uma classe de capitalistas monetários que controlam o poder social do dinheiro e são sustentados pelos pagamentos dos juros. A existência real dessa classe não pode ser atribuída simplesmente ao desejo dos indivíduos de se darem ao trabalho de se envolver na produção, embora os capitalistas, tendo a oportunidade, com frequência tendam a fazer exatamente isso. A extensão e o poder de qualquer classe de capitalistas monetários e da circulação do dinheiro como capital que rende juros estão na verdade contidos dentro de limites bem estritos. "Se uma parte desagradavelmente grande de capitalistas convertesse seu capital em capital monetário, o resultado seria uma depreciação assustadora do capital monetário e uma queda assustadora na taxa de juros; muitos ... seriam então compelidos a se reconverterem em capitalistas industriais."[47]

Na verdade, como os capitalistas monetários absorvem mais que o mais-valor gerado, podemos muito bem imaginar por que o capitalismo tolera esses aparentes parasitas. Há duas razões. Em primeiro lugar, a circulação do capital confere um papel muito especial ao dinheiro como o equivalente geral do valor, e esse papel inevitavelmente proporciona uma fonte potencial de sustentação para uma classe de meros capitalistas monetários. Em segundo lugar, a circulação do capital que

---

[47] Ibidem, p. 377-8.

rende juros desempenha algumas funções vitais e, por isso, a acumulação do capital *requer* que os capitalistas monetários atinjam e ativamente se imponham como um poder externo aos processos reais da produção, e independentes deles. Vamos, a seguir, explicar como e por que isso acontece.

O quadro geral que vai finalmente emergir é o de que a acumulação equilibrada depende de um equilíbrio específico do poder e da alocação das funções entre capitalistas monetários operando *sem*, e de capitalistas industriais operando *dentro*, dos processos reais da produção. A tarefa que se apresenta diante de nós é determinar onde está esse ponto de equilíbrio e explicar como as contradições internas do capitalismo inevitavelmente o violam apenas para restaurá-lo durante as crises.

Como o primeiro passo em direção a esse objetivo, assumimos as funções de capital que rende juros em relação à acumulação. Isso nos ajudará a estabelecer a *necessidade* do capital que rende juros e o capitalista monetário como um poder independente em relação ao capital industrial. Mas, ao assumir essas questões, devemos sempre nos lembrar de que o dinheiro só pode desempenhar funções de dinheiro. Isso exige que o sistema de crédito seja construído como uma elaboração das funções e formas de dinheiro que existem na simples produção e troca de mercadorias. Essas funções e formas são "estendidas, generalizadas e elaboradas" no capitalismo de modos que não eram possíveis nem desejáveis nos modos de produção pré-capitalistas[48]. Entretanto, esta "elaboração" ocorre de maneira a "envolver o movimento real em mistério", a um ponto em que o básico desaparece quase inteiramente da visão[49]. Nossa tarefa é, portanto, dupla: descrever a relação entre o sistema de crédito e a acumulação ao mesmo tempo que observamos estritamente a relação entre o sistema de crédito e sua base monetária.

As funções do sistema de crédito e da circulação do capital que rende juros são consideradas sob seis títulos principais sem considerar a maneira que estas funções se fundem ou expressam contradições.

1. A MOBILIZAÇÃO DO DINHEIRO COMO CAPITAL

O dinheiro que não circula como capital pode ser encarado como capital monetário *latente* ou *potencial*. Em condições de simples produção e troca de mercadorias, grande parte do dinheiro na sociedade é ativamente empregado como um meio de circulação ou utilizado como um armazenamento de valor por agentes econômicos que precisam manter um fundo de reserva para qualquer propósito:

---

[48] Ibidem, p. 400.
[49] Ibidem, Livro II, p. 148.

Os numerosos pontos em que o dinheiro é retirado de circulação e se acumula em numerosos entesouramentos individuais ou potenciais capitais monetários aparecem como tantos obstáculos à circulação, porque imobilizam o dinheiro e o privam de sua capacidade de circular por uma certa extensão de tempo. [...] Pode-se entender o prazer experienciado quando todos esses capitais potenciais [...] tornam-se disponíveis, "capital passível de ser convertido em empréstimo", capital financeiro que na verdade não é mais passivo e música do futuro, mas um capital ativo subindo de posição.[50]

Via sistema de crédito, o dinheiro pode ser mobilizado como capital de duas maneiras distintas. Antes de tudo, os bancos podem converter um fluxo de transações monetárias em capital de empréstimo. Eles o fazem substituindo seu próprio dinheiro creditício (extratos ou cheques bancários) por dinheiro vivo, internalizando a função do dinheiro como meio de circulação dentro de suas operações e se baseando em depósitos de compensação e retiradas para fornecer um equilíbrio monetário permanente que possa ser convertido em capital de empréstimo. Por isso, a mudança de pagamentos em dinheiro vivo para pagamentos em cheque (de serviços prestados ou salários, por exemplo) pode ser vista como parte de uma estratégia geral para gerar capital de empréstimo a partir de transações monetárias corriqueiras.

Em segundo lugar, as instituições financeiras concentram as "poupanças em dinheiro e o capital monetário temporariamente ocioso de todos os tipos" e convertem esse dinheiro em capital. "Quantias pequenas, cada uma em si incapaz de atuar na capacidade do capital monetário", podem assim "se fundir em grandes massas e formar um poder monetário"[51]. A concentração e a centralização do capital podem prosseguir rapidamente. Os capitalistas individuais que estão poupando podem emprestar a juros para capitalistas que estão reinvestindo, e isso reduz os níveis de açambarcamento porque os capitalistas podem acumular créditos enquanto mantêm suas reservas monetárias ativas como capital que rende juros. O mesmo princípio se aplica a todos os agentes econômicos na sociedade que requerem um fundo de reserva por qualquer razão que seja. Poupanças de *todos* os tipos podem ser mobilizadas como capital monetário. Entretanto, a consequência disso é que os capitalistas, os rentistas, os proprietários de terras, os governos, os trabalhadores, os administradores etc., perdem sua identidade social e se tornam *poupadores*. Os fundos de reserva de todos os tipos ficam indiscriminadamente agregados em uma "[massa] homogênea indiferenciada de valor-dinheiro independente"[52].

---

[50] Ibidem, p. 493.
[51] Ibidem, Livro III, p. 403.
[52] Ibidem, p. 368.

Isso cria alguns problemas conceituais, ao mesmo tempo que proporciona mais que um indício de potenciais confusões e contradições.

Considere, por exemplo, a posição dos trabalhadores. Eles tipicamente poupam para adquirir bens duráveis, para enfrentar as necessidades da velhice, para pagar despesas extraordinárias (doença, gravidez, enterros etc.), e podem também poupar quando os tempos são propícios e os salários estão acima do valor para enfrentar os "maus dias", quando a situação está ruim e os salários caem abaixo do valor. O conceito do valor da força de trabalho deve abarcar certo nível das poupanças dos trabalhadores. Mas quando essas poupanças são mobilizadas como capital, os trabalhadores também podem receber juros. Isso parece converter os trabalhadores em capitalistas monetários e transgredir as leis do valor como as especificamos até agora, porque os trabalhadores passam a ter direito a uma parte do mais-valor que produzem (ver p. 362, mais adiante). Além disso, os trabalhadores passam a ter um forte interesse na preservação do próprio sistema que os explora porque a destruição desse sistema envolveria a destruição de suas poupanças. Por outro lado, na medida em que as poupanças dos trabalhadores se transformam em uma fonte importante de capital monetário, as organizações de trabalhadores adquirem um poder econômico considerável – daí a luta pelo controle dos fundos de pensão sindicais, fundos de seguro etc. Toda uma nova dimensão é introduzida na luta de classes.

Seja qual for a importância social que isso possa ter, a oferta de capital monetário é claramente afetada pelos arranjos distribucionais que prevalecem no capitalismo e pelas várias "reservas de valor" que os diferentes agentes econômicos têm de manter para funcionar efetivamente. As verdadeiras relações dentro do sistema de crédito tornam-se muito difíceis de discernir, enquanto o comportamento dos agentes econômicos como *poupadores* fica sujeito a pressões muito diferentes em comparação com seus comportamentos como ganhadores de salários, proprietários de terras, industriais etc.

2. Reduções no custo e no tempo de circulação

De acordo com Marx, "um dos principais custos da circulação é o próprio dinheiro"[53]. O sistema de crédito ajuda a promover a eficiência da circulação monetária e economizar nos custos das transações. Assim, ajuda também a reduzir os custos necessários, porém improdutivos, da circulação incorridos até mesmo na produção de mercadorias simples. Aqui, na visão de Marx, está a "base natural" do sistema de crédito na produção e troca de mercadorias simples.

---

[53] Ibidem, p. 435.

De maneira parecida, o sistema de crédito pode ajudar a remover todo tipo de barreira ao fluxo livre do capital através das respectivas esferas da produção e da circulação. Por exemplo, as mercadorias que requerem períodos de produção muito longos podem ser pagas em prestações. Isso permite que os produtores circulem o mesmo capital várias vezes durante um único período de produção. A articulação dos fluxos de dinheiro entre as indústrias, requerendo períodos de produção radicalmente diferentes, também é possibilitada pelo uso do crédito. Tempos de circulação diferenciais e o crescimento do comércio de longa distância também constituem uma das "bases materiais" do sistema de crédito, enquanto o crescimento do crédito permite que as mercadorias penetrem em mercados mais distantes[54]. Os consumidores que querem adquirir o valor de uso de um objeto (como uma casa) por um longo período de tempo podem também procurar fazê-lo realizando pagamentos periódicos "a crédito". Em todos esses aspectos, o sistema de crédito permite a continuidade da circulação do dinheiro, ao mesmo tempo que aceita a descontinuidade na produção, na circulação e no consumo das mercadorias. Por meio do sistema de crédito, todos os tempos de circulação são reduzidos a "tempo de circulação socialmente necessário".

Do ponto de vista do capital, o tempo de circulação é tempo perdido, e Marx frequentemente enfatiza que a necessidade de acelerar a circulação do capital é uma "determinação fundamental do crédito e dos mecanismos de crédito do capital"[55]. A redução do tempo de circulação realmente libera o capital monetário, que pode então ser usado para uma acumulação adicional. Podemos discernir um efeito multiplicador dentro do sistema de crédito – o uso do capital monetário para acelerar a circulação libera mais capital monetário[56].

A necessidade de manter a continuidade dos fluxos de dinheiro e reduzir os tempos de circulação em face da miríade de movimentos das mercadorias, da proliferação da divisão do trabalho e da produção e dos tempos de circulação extremamente divergentes é um estímulo poderoso para a criação de um sistema de crédito. Sem crédito, todo o processo de acumulação estagnaria e afundaria.

> Por isso, o crédito é indispensável aqui; crédito cujo volume aumenta com o volume crescente do valor na produção e cuja duração de tempo aumenta com a distância aumentada dos mercados. Uma interação mútua ocorre aqui. O desenvolvimento do pro-

---

[54] Ibidem, Livro II, p. 251-2; Livro III, p. 480-2.
[55] Idem, *Grundrisse*, cit., p. 551; *Capital*, Livro II, cit., p. 282.
[56] Suzanne De Brunhoff (*L'offre de monnaie*, cit.) examina a distinção na teoria burguesa entre o dinheiro e os multiplicadores do crédito dentro uma perspectiva marxista e demonstra que a distinção tem pouca importância.

cesso de produção estende o crédito, e o crédito conduz a uma extensão das operações industriais e comerciais.[57]

Mas, da mesma maneira, o crédito permite que uma fatia bem maior seja inserida nas identidades pressupostas pela Lei de Say do que jamais seria em outras formas de dinheiro. As aquisições e as vendas podem se tornar cada vez mais separadas uma da outra, tanto no tempo quanto no espaço. Nessas condições, o potencial para as crises torna-se muito maior. O crédito não permite apenas que as funções tradicionais do dinheiro sejam ampliadas, generalizadas e elaboradas: ele faz exatamente o mesmo em relação às tendências para a crise no capitalismo.

3. A CIRCULAÇÃO DO CAPITAL FIXO E A CRIAÇÃO DOS BENS DE CONSUMO

> O capital fixo [...] compromete a produção dos anos seguintes [e] também antecipa o trabalho futuro como valor equivalente. A antecipação dos frutos futuros do trabalho não é [...] nenhuma invenção do sistema de crédito. *Ela tem sua raiz no modo específico de valorização, de rotação, de reprodução do capital fixo.*[58]

O que chama a atenção nessa declaração é a relação implícita entre a formação e a circulação do capital fixo, a ascensão de um sistema de crédito e a antecipação dos futuros frutos do trabalho. A circulação do capital fixo impõe uma enorme carga ao capital. Dinheiro suficiente tem de ser acumulado para cobrir o preço de compra inicial e para cobrir o tempo até o retorno dos valores mediante a produção. O sistema de crédito torna-se vital na facilitação da circulação do capital fixo. Mesmo não presumindo poupanças pessoais por parte de outras classes da sociedade, os capitalistas que investem no presente podem emprestar a juros dos capitalistas que estão poupando visando a expansão ou substituição futuras. Na medida em que a circulação do capital fixo "endurece" e se torna uma forma de circulação independente, e na medida em que a sua escala, quantidade e durabilidade aumentam com a acumulação, o capitalismo deve evoluir para um sistema de crédito cada vez mais sofisticado para lidar com os problemas criados pela circulação do capital fixo.

Os investimentos do "tipo independente", particularmente no ambiente construído, seriam impossíveis de ser realizados sem o acesso ao crédito. Os investimentos de longo prazo podem ser convertidos em pagamentos anuais, ou o capital

---

[57] Karl Marx, *Capital*, Livro III, cit., p. 481.
[58] Idem, *Grundrisse*, cit., p. 611-2.

pode ser centralizado em uma escala capaz de financiar empreendimentos tão vastos como ferrovias, represas, docas e portos, usinas elétricas etc. O crédito também facilita o consumo individual de mercadorias que têm vida longa – automóveis e casas são bons exemplos –, enquanto o governo pode proporcionar bens públicos mediante o financiamento da dívida. O capital também pode ser emprestado na forma de mercadorias. Equipamentos, material de construção etc. podem ser adquiridos pelo capitalista monetário e emprestados a juros aos usuários. O resultado é que o capital que rende juros pode circular em relação ao capital fixo de várias maneiras. A única coisa que todas as formas têm em comum é que o pagamento de juros está ligado à mão de obra futura como um contravalor.

Por essa razão, o crédito torna-se um vínculo de mediação essencial entre os fluxos de capital circulante e de capital fixo. Acima e além dos problemas diretos de coordenar dois fluxos que marcham seguindo ritmos muito diferentes, devemos também considerar como o sistema de crédito funciona para redirecionar os excedentes de capital e de população na formação de capital fixo.

Nós observamos, no capítulo 8, a dificuldade potencial que surge quando o capital circulante superacumulado tem de ser transformado em circulação de capital fixo. O capital monetário ocioso de, digamos, fabricantes de calçados pode ser desviado via o sistema de crédito e colocado para trabalhar com trabalhadores desempregados para construir, por exemplo, uma ferrovia. Mas isso deixa intocadas a capacidade produtiva excedente e as mercadorias excedentes de propriedade dos fabricantes de sapatos. Através da criação de valores monetários equivalentes aos excedentes de sapatos e à capacidade produtiva ociosa, e colocando esse dinheiro em circulação como capital na construção de ferrovias, o capital pode na verdade ser deslocado de uma esfera para outra. Mas esse deslocamento ocorre sem ser apoiado por qualquer troca real de mercadorias. O sistema de crédito opera com uma forma de "capital fictício" – um fluxo de capital monetário não apoiado por qualquer transação de mercadorias. A expectativa, evidentemente, é que o emprego expandido na construção de ferrovias aumente a demanda por sapatos de modo a eliminar os estoques excedentes e fazer a capacidade produtiva ociosa voltar a trabalhar. Nesse caso, o capital fictício avançado é subsequentemente realizado na forma de valor real.

A categoria de "capital fictício" é um fato implícito quando o crédito é ampliado previamente, em antecipação ao trabalho futuro como um contravalor. Isso permite um deslocamento suave do capital circulante superacumulado para a formação de capital fixo – um processo que, em curto prazo, pode disfarçar inteiramente a aparência das crises. Mas a criação de valores fictícios antes da produção e realização real da mercadoria é sempre um negócio arriscado. O sistema de crédito torna-se a última palavra da acumulação com todos os riscos concomitantes que essa exposição traz. A lacuna entre os valores fictícios dentro do sistema de crédito e o dinheiro ligado aos valores *reais* se amplia. É montado o palco para as crises dentro do sistema de crédito. Com esses profundos riscos especulativos, antes de qualquer coisa por que o capitalismo tolera o capital fictício? Precisamos agora responder a essa questão em termos gerais.

4. Capital fictício

No primeiro momento, podemos definir a circulação do capital que rende juros como uma intersecção entre o circuito monetário do capital por um lado e os circuitos das mercadorias e do capital produtivo por outro:

Capital monetário não comprometido → { Capital comprometido com formas produtivas ou de mercadorias } → Capital monetário não comprometido mais juros

Quando o capital existe como dinheiro, ele possui todas as virtudes da capacidade de troca, flexibilidade de uso, mobilidade e coisas desse tipo. O capital que rende juros pode realizar melhor suas funções de coordenação se preservar sua flexibilidade em relação a usos específicos, se permanecer eternamente *fora* da produção e *não comprometido* com produtos específicos. Mas, no curso de sua circulação, os emprestadores devem sacrificar a flexibilidade do seu dinheiro por um período de tempo específico em troca de um pagamento de juros. Durante esse tempo, o dinheiro fica ligado a valores de uso específicos (mercadorias, aparatos produtivos etc.). Os problemas surgem imediatamente. Os emprestadores podem não ser capazes ou não estar dispostos a desistir do controle sobre o seu dinheiro pela extensão de tempo que os tomadores de empréstimos necessitam para financiar suas operações. No entanto, a dificuldade de coordenar a variedade de necessidades aparentemente infinitas tanto por parte dos emprestadores (poupadores) quanto dos tomadores de empréstimos é sintomática de um dilema mais profundo. Na medida em que o capital que rende juros se torna comprometido com valores de uso específicos, ele perde seus poderes de coordenação porque perde a sua flexibilidade. Surgem barreiras dentro do próprio processo de circulação do capital que rende juros. Essas barreiras são removidas pela criação do que Marx chama de "capital fictício".

A potencialidade para o "capital fictício" está dentro da própria forma do dinheiro e está particularmente associada com a emergência do dinheiro creditício. Considere o caso de um produtor que recebe crédito em troca da garantia de uma mercadoria não vendida. O dinheiro equivalente à mercadoria é adquirido antes de uma venda real. Esse dinheiro pode então ser usado para adquirir novos meios de produção e força de trabalho. O emprestador, no entanto, detém uma folha de papel cujo valor é apoiado por uma mercadoria não vendida. Essa folha de papel pode ser caracterizada como *valor fictício*, que pode ser criado por qualquer tipo de crédito comercial. Se as folhas de papel (principalmente letras de câmbio) começam a circular como *dinheiro creditício*, então é valor fictício que está circulando. Assim, abre-se uma lacuna entre os dinheiros de crédito (que sempre têm um componente fictício, imaginário) e os dinheiros "reais" diretamente ligados a uma mercadoria-dinheiro[59]. Se esse dinheiro creditício é emprestado como capital, ele se torna *capital fictício*.

Nesse caso, a criação de capital fictício pode ser encarada como mais ou menos acidental. Entretanto, o acidente é convertido em necessidade quando conectamos os processos de circulação do capital que rende juros e do capital fixo. O capital monetário tem agora de ser adiantado em relação à mão de obra futura, em vez de em relação à garantia das mercadorias já existentes. Além disso, ele tem de ser adiantado durante toda a vida do capital fixo e ficar comprometido durante esse tempo com um valor de uso específico. A única garantia é o valor do capital fixo, e este, como vimos no capítulo 8, está sujeito a determinações complexas e instáveis. O que na verdade acontece é que a reivindicação da mão de obra futura que o capital fixo define é convertida via o sistema de crédito em uma reivindicação exercida pelo capital monetário sobre uma parcela da futura produção de valor excedente. O capital monetário é investido na apropriação futura. Por isso, desde o início, o capital monetário avançado tem de ser encarado como capital fictício porque ele não é apoiado pela garantia de nenhuma empresa. Além disso, a futura produção de valor excedente é incerta e varia segundo a situação da competição, o ritmo da mudança tecnológica, a taxa de exploração e a dinâmica geral da acumulação e da superacumulação. Entretanto, mesmo diante dessa incerteza, o capital monetário deve ser adiantado durante pelo menos o tempo de vida do capital fixo. Sérias barreiras são impostas à circulação do capital que rende juros.

Várias soluções podem ser criadas para lidar com essas barreiras. Intermediários financeiros podem entrar nas brechas, nas poupanças e nos riscos para conseguirem pedir empréstimos em curto prazo e emprestar em longo prazo. Eles podem fazer isso em antecipação a poupanças futuras e à futura produção de valor excedente (que finalmente devem significar a mesma coisa, porque as poupanças são geradas de receitas que fluem da produção). A outra solução é os produtores refinanciarem sua dívida em uma base anual ou negociar os títulos diretamente por parcelas da

---

[59] Idem, *Capital*, Livro III, cit., p. 573-4.

futura produção de valor excedente. A compra e venda dos estoques e das parcelas permite que os donos do dinheiro preservem a flexibilidade e a liquidez enquanto os preços das parcelas podem se ajustar às variações na produção de valor excedente.

Essas soluções, que institucionalizam o capital fictício dentro do sistema de crédito, geram algumas confusões. "As ações de ferrovias, minas, companhias de navegação etc. representam o capital real, isto é, o capital investido e o funcionamento nesses empreendimentos, ou a quantidade de capital adiantado pelos acionistas com o propósito de ser usado como capital nesses empreendimentos."[60] Mas o título de posse não "coloca esse capital à disposição de uma pessoa", e o próprio capital não pode ser retirado porque o título é apenas uma reivindicação de uma parte dos rendimentos futuros. O título é uma "duplicata" do capital real – a duplicata pode circular, enquanto o capital real não pode. "Na medida em que a acumulação desse papel expressa a acumulação de ferrovias, minas, navios a vapor etc., também expressa a extensão do processo real da reprodução." Mas à medida que o papel duplica, os títulos são meramente "formas ilusórias e fictícias de capital". Os preços desses títulos podem então flutuar segundo suas próprias leis muito independentemente do movimento do valor do capital real[61].

Mas em um aspecto esses preços flutuantes podem refletir algo real com respeito à condição do capital produtivo. Observamos no capítulo 8 como o valor do capital fixo era em si uma determinação instável, porque o preço de compra inicial, o custo de substituição e a taxa de produção do valor excedente, todos proporcionavam diferentes medidas de valor. Daí surgiu a concepção do valor do capital fixo como uma grandeza em eterna modificação, afetada pelo estado da competição, pelo dinamismo tecnológico e pelo próprio ritmo da acumulação. Até certo ponto, a variação nas cotações das ações podem ser encaradas como um reflexo dos valores cambiantes da ação do próprio capital fixo.

Infelizmente, os preços cambiantes dos títulos são também moldados por muitas outras forças. Além disso, o preço não é a única forma de rendimento na sociedade capitalista. Há, por exemplo, as rendas e os impostos. Marx afirma que "a forma do capital que rende juros é responsável pelo fato de todo rendimento regular do dinheiro aparecer como juro sobre algum capital, quer ele seja ou não decorrente de algum capital"[62]. Esses rendimentos podem ser capitalizados na taxa de juros vigente e os direitos a eles podem também ser negociados no mercado. A dívida do governo (o fundamental no capital fictício no que diz respeito a Marx) e a terra (ver capítulo 11) não têm valor inerente, embora possam assumir um preço:

---

[60] Ibidem, p. 466.
[61] Ibidem, p. 466-77.
[62] Ibidem, p. 464.

Os títulos do governo são capitais apenas para o comprador, para quem eles representam o preço de compra, o capital que ele investiu. Eles, em si, não são capital, mas simplesmente reivindicações de débito. Caso se trate de hipotecas, são meros títulos sobre a futura renda da terra. [...] Nenhum destes é capital real. Eles não são partes constituintes do capital nem são valores em si.[63]

Em todos esses casos, o capital monetário é investido na apropriação. O capitalista monetário é (presumivelmente) indiferente à fonte final da renda e investe na dívida do governo, em hipotecas, ações e participações, comércio a prazo de mercadorias ou o que quer que seja, segundo a taxa de lucro, a segurança do investimento, sua liquidez etc. "Toda conexão com o atual processo de expansão do capital fica por isso completamente perdida e a concepção do capital como algo com propriedades de autoexpansão automática é, portanto, fortalecida." O resultado, acredita Marx, é que o capital que rende juros "é a origem de todos os tipos de formas insanas" em que, "até mesmo na acumulação das dívidas", ele pode "parecer uma acumulação de capital". Tudo, diz ele, "é duplicado e triplicado e transformado em um mero fantasma da imaginação". O sistema de crédito registra a "altura da distorção" em um ponto em que a acumulação das reivindicações supera em muito a produção real[64].

O principal propósito de Marx é nos dissuadir da ideia de que uma reivindicação comercializável de algum rendimento futuro é uma forma real de capital. Ele deseja nos alertar para a insanidade de uma sociedade em que o investimento em apropriação (rendas, dívidas do governo etc.) parece tão importante quanto um investimento na produção. Marx insiste que no fim somente o último importa – "se não ocorrer uma acumulação real, isto é, a expansão da produção e o aumento dos meios de produção, que proveito viria da acumulação das reivindicações do dinheiro do devedor sobre [...] a produção?"[65]. Se o capital investisse todo o dinheiro na apropriação e nenhum na produção real, então o capitalismo não serviria mais para este mundo. E quando a "altura da distorção" é atingida no sistema de crédito, a qualidade do dinheiro como uma medida de valor fica ameaçada: tanto que no decorrer de uma crise, como Marx incansavelmente observou, o sistema é obrigado a buscar uma base monetária mais sólida do que aquela proporcionada pelos dinheiros de crédito e pelo capital fictício. Com tanta insanidade incorporada no sistema de crédito, por que permitir que tal estado de coisas continue?

Quando exploramos, passo a passo, o processo de acumulação e suas contradições, descobrimos que o capital fictício está contido no próprio conceito do capi-

---

[63] Ibidem, p. 475.
[64] Ibidem, p. 464-72.
[65] Ibidem, p. 424.

tal. A formação e circulação do capital fixo são necessárias para a acumulação. A barreira que o capital fixo cria para a acumulação futura (ver capítulo 8) só pode ser superada por meio do sistema de crédito em geral e pela criação de formas fictícias do capital em particular. Permitindo que o capital fictício floresça, o sistema de crédito pode suportar a transformação da circulação em capital fixo e enfrentar as crescentes pressões que surgem à medida que cada vez mais capital social total na sociedade começa a circular em forma fixa. O capital fictício é tão necessário para a acumulação quanto o próprio capital fixo. E, em breve, encontraremos circunstâncias que tornarão essa conclusão ainda mais empática. Dada à linha geral do argumento de Marx relacionada à maneira em que as contradições internas do capitalismo são generalizadas e elaboradas, não deve surpreender que a circulação do capital que rende juros seja simultaneamente a salvação da acumulação e "a origem de todos os tipos de formas insanas". Assim podemos entender o papel duplo do capital fictício.

5. A equalização da taxa de lucro

Há inúmeras barreiras à equalização da taxa de lucro, mas o fluxo livre do capital que rende juros (aumentado pela existência das formas fictícias do capital) contribui muito para eliminá-las. A taxa de lucro geral, evidentemente, "nunca é mais do que uma tendência, um movimento para equalizar taxas de lucro específicas" que estão em fluxo perpétuo entre as firmas, as indústrias e os empreendimentos. O "equilíbrio das constantes divergências" mediante a competição presume que o capital pode fluir de esferas com lucros abaixo da média para esferas com lucros acima da média[66]. O crédito tem um papel óbvio a desempenhar aqui. É, por exemplo, "o meio em que o capital acumulado não é apenas usado naquela esfera em que ele é criado, mas em todo lugar que ele tenha a melhor chance de ser transformado em uma boa conta"[67]. Mas o crédito é mais que apenas um meio útil para atingir um fim vital:

No mercado monetário somente os emprestadores e aqueles que pedem emprestado enfrentam um ao outro. A mercadoria tem a mesma forma – o dinheiro. [Os capitalistas individuais] são todos lançados juntos como pessoas que pedem emprestado, e o capital os confronta a todos de uma forma em que ele é até agora indiferente à maneira prospectiva do seu investimento. [O capital parece] *essencialmente o capital comum de*

---

[66] Ibidem, p. 366.
[67] Idem, *Theories of Surplus Value*, cit., parte 2, p. 482.

uma classe – algo que o capital fez apenas no movimento e na competição do capital entre as várias esferas individuais. Por um lado, o capital monetário [...] possui a forma em que, indiferente ao seu emprego específico, ele é dividido como um elemento comum entre as várias esferas, entre a classe capitalista, como ditam as exigências da produção em cada esfera individual.[68]

Em resumo, o sistema de crédito parece uma espécie de sistema nervoso central que coordena as atividades divergentes dos capitalistas individuais. O capital que rende juros, representando o capital comum de uma classe, flui em resposta aos diferenciais da taxa de lucro. Além disso, a taxa de juros pode funcionar como um "barômetro e termômetro" para o capitalismo, de maneira que a taxa de lucro não pode. Isso porque a taxa de juros é alcançada como um "efeito de massa simultâneo" da oferta e demanda por capital monetário, um resultado que é conhecido (é citado diariamente no mercado) e varia uniformemente (embora Marx reconheça os diferenciais da taxa de juros entre os diferentes mercados e os diferentes países). Por isso, quando a taxa de juros de longo prazo se move substancialmente para um patamar mais alto que o lucro da empresa recebido em uma dada linha de produção, os industriais têm todo o incentivo para não reinvestir, mas para aplicar quaisquer excedentes que possam ter no mercado monetário. A informação que a taxa de juros proporciona e as funções que o capital que rende juros pode desempenhar permitem, por isso, ajustes bem mais rápidos nos fluxos de capital, e assim aperfeiçoam um conjunto de mecanismos para equalizar a taxa de lucro[69]. E isso pode acontecer porque "o capital que rende juros é capital como *propriedade*" externa à produção, "tão distinto do capital como *função*" dentro da produção[70]. Infelizmente, o capital comum da *classe* de todos os capitalistas é convertido, nas relações sociais do capitalismo, no capital comum de *uma classe* de capitalistas monetários cujos interesses específicos nem sempre coincidem com aqueles do capital em geral. Vamos abordar essa contradição no próximo capítulo.

6. A centralização do capital

O sistema de crédito

em seus primórdios insinua-se sorrateiramente como modesto auxílio da acumulação e, por meio de fios invisíveis, conduz às mãos de capitalistas individuais e associados re-

---

[68] Idem, *Capital*, Livro III, cit., p. 368.
[69] Ibidem, p. 366-9.
[70] Ibidem, p. 379.

cursos monetários que se encontram dispersos pela superfície da sociedade em massas maiores ou menores, mas logo se converte numa arma nova e temível na luta concorrencial e, por fim, num gigantesco mecanismo social para a centralização dos capitais.[71]

Nesse aspecto descobrimos que "institutos de crédito modernos foram tanto efeito como causa da concentração do capital"[72]. Vamos considerar como isso pode acontecer.

A centralização do capital via o sistema de crédito desencadeia todo o poder e potencial da mudança tecnológica e organizacional como uma importante alavanca para a acumulação (ver capítulo 4). As economias de escala são mais facilmente atingidas, as barreiras colocadas pelas capacidades organizacionais da firma familiar podem ser superadas, e os projetos de larga escala (particularmente aqueles incorporados no ambiente construído) podem ser assegurados. E, com a ajuda do capital fictício, tudo isso pode ser feito sem interromper indevidamente – exceto durante as crises, é claro – o fluxo livre do capital monetário. Mas o sistema de crédito também fornece os meios para se reagir aos efeitos desestabilizadores da mudança tecnológica e organizacional. Por exemplo, Marx lista um aumento no capital social como uma das influências que reagem à tendência para uma taxa decrescente de lucro. As garantias da composição de valor particularmente alta compreendidas em grande parte do capital fixo podem ser organizadas via o sistema de crédito para não "entrar na equalização da taxa de lucro geral", pois elas só podem ser produzidas se renderem "juros limitados"[73]. O capital circulante superacumulado pode ser "transformado" em uma forma de circulação de capital fixo que ajuda a aumentar a taxa de lucro[74]. A composição de valor do capital pode do mesmo modo ser reduzida, aumentando-se a integração vertical e a taxa de lucro elevada pelo tempo de circulação acelerado. E, se o resto falhar, violentos processos de acumulação primitiva podem continuar no cerne do capitalismo como os "cavaleiros errantes do crédito" que acarretam o caos fazendo dinheiro mediante a desvalorização do capital de outras pessoas – "os peixinhos são devorados pelos tubarões e os cordeiros pelos lobos da bolsa de valores"[75]. Em todos esses aspectos o sistema de crédito torna-se um instrumento vital na luta para conter as forças destrutivas contidas dentro da lógica interna do capitalismo.

---

[71] Ibidem, Livro I, p. 702.
[72] Idem, *Grundrisse*, cit., p. 74.
[73] Idem, *Capital*, Livro III, cit., p. 240, 437.
[74] Este é o significado da teoria da desvalorização relativa de Paul Boccara (*Études sur le capitalisme monopoliste d'État, sa crise et son issue*, cit.), discutida no capítulo 7.
[75] Karl Marx, *Capital*, Livro III, cit., p. 440.

E embora seja verdade que Marx coloca a maior ênfase na centralização do capital via o sistema de crédito, também ocorre de as forças da centralização – a abertura de novas linhas de produção, a proliferação na divisão do trabalho e a descentralização interna dentro das formas contemporâneas da organização capitalista – poderem ser manobradas pelo sistema de crédito. A centralização do capital monetário pode ser acompanhada por uma descentralização na organização da atividade produtiva. Surge assim uma distinção entre as formas *financeira* e *industrial* da organização, ao mesmo tempo que tipos específicos de relações surgem para vinculá-las (ver capítulo 10). Por isso, a proliferação dos dispositivos de crédito e dos estratagemas financeiros parece vital para a preservação do capitalismo e, desse ponto de vista, é na verdade tanto um efeito quanto uma causa da acumulação.

V. O SISTEMA DE CRÉDITO: INSTRUMENTALIDADES E INSTITUIÇÕES

Embora possamos certamente encontrar muita prestidigitação no mundo instável das finanças, o sistema de crédito não opera por mágica. Meios têm de ser encontrados para realizar as tarefas, e os meios requerem instituições, e as instituições necessitam de pessoas para organizá-las e dirigi-las. Os banqueiros, financistas, corretores de ações etc. que povoam o mundo das finanças desempenham funções altamente especializadas dentro da divisão do trabalho. Em uma medida ou outra eles constituem uma classe especial dentro da burguesia. E, na medida que o sistema de crédito realmente funciona como uma espécie de sistema nervoso central que regula o movimento do capital, essa classe ocupa os que parecem ser os altos postos de comando da economia, de onde confronta os capitalistas industriais ou mercantis como os representantes do capital social total.

Não obstante, os capitalistas monetários, como os chamaremos, são capturados em um emaranhado de contradições – o sistema de crédito internaliza as contradições do capitalismo e não as abole. Por exemplo, os banqueiros são capitalistas em competição um com o outro e devem se ocupar do seu negócio com todos os truques que têm à mão – truques que, de tempos em tempos, os arrastam para o abismo da ruína financeira. Por outro lado, imagina-se que eles atuem como representantes "responsáveis" do capital social total e usem seus poderes com sabedoria e corretamente "no interesse do público". Imagina-se que mantêm o dinheiro de todos tão "seguro quanto o Banco da Inglaterra".

Grande parte da complexidade que surgiu no mundo das finanças reflete tentativas continuadas e elaboradas para harmonizar dois papéis inconciliáveis. Não obstante, embora esta possa ser a simples verdade da questão, somos obrigados a examinar as instrumentalidades e as instituições que surgiram no capitalismo, pois estas têm importantes efeitos materiais e implicações teóricas. Marx se concentra principalmente nos bancos, apresenta uma análise preliminar das sociedades anônimas e faz menção, embora em geral de passagem, à ampla série de instituições financeiras especializadas, como os bancos de poupança para os trabalhadores, as companhias de seguros etc. Ele provavelmente não poderia ter previsto o crescimento extensivo do crédito ao consumidor, dos fundos de pensão e de outros acessórios do sistema de crédito moderno. Então, parece haver muito a fazer na atualização da análise de Marx.

Entretanto, não estamos buscando categorias com as quais descrever a variedade aparentemente infinita de arranjos institucionais que surgiram em diferentes países durante toda a história do capitalismo. Uma análise exaustiva, como Marx apontou, não é necessária, pois ele só buscou aqui uma base teórica firme para entender como as instrumentalidades e as instituições incorporadas no sistema de crédito afetam as leis de movimento do capitalismo. Consideramos esse tópico sob quatro principais subitens.

1. OS PRINCÍPIOS GERAIS DA MEDIAÇÃO FINANCEIRA: A CIRCULAÇÃO DO CAPITAL E A CIRCULAÇÃO DAS RECEITAS

Na base de todas as operações financeiras está uma transação elementar entre as unidades econômicas que controlam os excedentes dos valores e as unidades econômicas que querem fazer uso desses excedentes para algum propósito. As unidades econômicas podem ser indivíduos (de qualquer classe), corporações, governos, sindicatos, instituições como a igreja e a coroa, organizações profissionais e comerciais, fundos de pensão, instituições beneficentes, bancos etc., enquanto a série de possíveis propósitos é imensa (para circular como capital industrial ou mercantil; para adquirir uma casa, erguer um monumento, lançar uma campanha política, comprar uma propriedade no campo para uma amante favorita, construir uma igreja etc.).

As instituições financeiras se congregam em torno da necessidade de encontrar maneiras eficientes para coletar, concentrar e, se necessário, converter esses excedentes na forma de dinheiro preparatória para lançá-lo em circulação como capital que rende juros. No meio do que parecer ser uma imensa confusão, devemos, antes de tudo, fazer uma firme distinção entre a circulação do que Marx chamou de *forma monetária da receita* e a *forma monetária do capital*[76].

---

[76] Ibidem, p. 443.

Já tratamos extensivamente desta última forma de circulação – o mais-valor é convertido em dinheiro e usado para produzir mais mais-valor. A circulação da forma monetária da receita é um processo muito diferente. Suponhamos, por exemplo, que os trabalhadores montem instituições como as primeiras sociedades de crédito imobiliário na Grã-Bretanha ou associações de poupança e empréstimo nos Estados Unidos – que permitem que as economias de alguns trabalhadores sejam usadas, em troca de pagamentos de juros, para ajudar outros trabalhadores a comprar suas casas. Tudo o que está acontecendo aqui é que as receitas dos trabalhadores (capital variável) estão sendo redistribuídas dentro da classe trabalhadora de famílias com excedentes para famílias que precisam entrar em déficit para adquirir a habitação que necessitam. O problema é interpretar o pagamento de juros que, evidentemente, não é uma porção do mais-valor. A resposta é bastante simples. A monetização das relações no âmbito da classe trabalhadora a subjuga à dominação *formal*, em oposição à dominação *real* do capital que rende juros, como a coordenadora centralizada da oferta das poupanças dos trabalhadores e da demanda dos mesmos por moradia.

A circulação das receitas é extensiva. Ela abrange a contratação de empregados domésticos por parte da burguesia, pagamentos por toda uma série de serviços por parte de todas as classes. Por meio do sistema de crédito, muitas dessas transações são convertidas em uma relação de devedor e credor, com empréstimos sendo feitos para os consumidores contra as receitas futuras. As transações podem se tornar tão fictícias nessa esfera quanto na esfera da circulação do capital. Marx não encarava a circulação das receitas como um alvo importante a ser investigado, pois todas essas receitas têm sua origem no processo de circulação básica do capital para a exclusão de todo o resto. No entanto, o nosso entendimento da oferta e demanda de fundos disponíveis pode se tornar muito facilmente obscurecido porque o sistema de crédito tende a fundir a circulação das receitas e a circulação do capital indiscriminadamente.

Teoricamente, podemos distinguir vários "minicircuitos" dentro do sistema de crédito. Os circuitos podem conectar unidades nos excedentes com aquelas em carência dentro da classe trabalhadora, da burguesia, entre os governos e entre os diferentes tipos de unidades econômicas. Em nenhum desses casos podemos interpretar o pagamento de juros como uma fatia direta do mais-valor que o dinheiro emprestado ajuda a produzir. A taxa de juros serve simplesmente para regular a tomada e a concessão de empréstimos das receitas dentro da esfera do consumo. A única conexão com a circulação do capital – e uma conexão importante – está em uma diminuição do açambarcamento pessoal e em uma demanda aumentada por bens de consumo que esses arranjos de crédito podem ajudar a gerar. Os minicircuitos são muito diferentes daqueles que conectam capitalista com capitalista ou que vinculam poupanças de receitas com investimento na produção direta de mais-valor.

Suponhamos, por enquanto, que os vários minicircuitos estão isolados um do outro. A taxa de juros em cada circuito seria estabelecida dentro dessa esfera e provavelmente variaria de acordo com as condições de oferta e demanda. Mas dinheiro é sempre dinheiro, não importa em que bolso ele esteja. O dinheiro começa a fluir a partir dos circuitos em que a taxa de juros é baixa para aqueles em que ela é alta. Haveria *uma tendência para uma equalização da taxa de juros*.

Marx assume uma taxa de juros uniforme e homogênea que pressupõe a existência de um sistema de crédito extremamente integrado. As fragmentações poderiam então ser interpretadas como um resultado da especialização na função. Do lado da oferta, a mobilização das poupanças cria diferentes problemas segundo o tipo de unidade econômica. Os bancos de poupança, as sociedades de crédito imobiliário e as associações de poupança e empréstimo, uma rede nacional de poupanças, sociedades beneficentes, fundos de pensão e seguros etc., podem ser apropriados para os trabalhadores, mas essas instituições não estão bem adaptadas para lidar com as poupanças dos Rockefellers ou dos xeiques árabes ricos em petróleo. As poupanças das grandes corporações e dos governos também requerem um manejo especializado. Do lado da demanda, os empréstimos aos pequenos negócios, o crédito agrícola, o financiamento das compras do consumidor (automóveis, casas etc.), o financiamento da dívida do governo, o financiamento de projetos de larga escala (ferrovias, sistemas de transporte público, serviços de utilidade pública) e a satisfação das necessidades das grandes corporações multinacionais são tipos muito diferentes de negócios que requerem uma expertise especializada.

A estrutura financeira resultante é até certo ponto fragmentada[77] (embora os sistemas nacionais variem muito nesse aspecto, desde serem extremamente descentralizados nos Estados Unidos até extremamente centralizados na França)[78]. As fragmentações na verdade indicam que não existe apenas um mercado financeiro, mas muitos. E nós podemos certamente discernir os diferenciais das taxas de juros entre os mercados e entre as nações, embora existam diferentes taxas de empréstimo

---

[77] Embora o relato de Rudolf Hilferding (*Le capital financier*, cit.) seja datado, a descrição que ele apresenta das estruturas financeiras ainda é de grande interesse.

[78] Relatos convencionais da estrutura financeira francesa podem ser encontrados em Antoine Coutière, *Le système monétaire français* (Paris, Economica, 1976), e François Morin, *La structure financière du capitalisme français* (Paris, Calmann-Lèvy, 1974), e materiais comparativos para a Grã-Bretanha em Jack Revell, *The British Financial System* (Londres, Macmillan, 1973), e para os Estados Unidos na Commission on Money and Credit, *Money and Credit, Their Influence on Jobs, Prices, and Growth* (Englewood Cliffs, Prentice-Hall, 1961), atualizada pelo Hunt Commission Report, *Financial Structure and Regulation* (Washington, 1971). Raymond Goldsmith (*Financial Structure and Development*, New Haven, Yale University Press, 1969) tenta algumas comparações gerais em torno do tema da estrutura e do desenvolvimento financeiros.

em relação ao financiamento de diferentes tipos de atividades. Entretanto, o que é impressivo nos sistemas modernos de crédito é o fato de existir um alto nível de integração dentro de uma estrutura com frequência extremamente fragmentada. O fluxo de fundos para dentro e para fora das associações de poupança e empréstimo nos Estados Unidos, por exemplo, é extremamente sensível às taxas de juros oferecidas em outros lugares. A oferta de dinheiro de hipoteca para o mercado imobiliário é, portanto, afetada pela demanda por dinheiro em outros setores da economia. Os diferenciais da taxa de juros entre os países (quando ajustadas para as taxas diferenciais de inflação nas moedas locais) também estimulam rapidamente fluxos de capital monetário "quente" para onde a taxa real de juros é mais elevada. Há evidentemente fortes forças em ação que tendem a igualar a taxa de juros de longo prazo. A consequência disso, no entanto, é que a circulação de dinheiro como receitas e como capital torna-se quase indistinguível dentro do sistema financeiro.

2. As sociedades anônimas e os mercados para o capital fictício

Expusemos no capítulo 5 que o capital tinha de ser liberado das restrições impostas pela firma familiar para poder expandir e sobreviver. A forma corporativa de organização pôs em ação os plenos poderes da mudança tecnológica e organizacional, estimulou a produção de novos conhecimentos e permitiu a realização de economias de escala na produção, na organização e na comercialização. E, simultaneamente, separou a posse da administração e conduziu a uma forma de financiamento que liberou o capital monetário como um poder independente, como a pura propriedade capitalista externa à produção e à circulação de mercadorias.

As corporações organizadas segundo o princípio da sociedade anônima levantam dinheiro vendendo ações, quotas e títulos para os capitalistas monetários. O dinheiro levantado é colocado para funcionar como capital para produzir mais-valor (ou seja, supondo que a iniciativa seja destinada a algo mais que a "pura fraude"). Os investidores detêm títulos de propriedade e recebem juros (fixos ou variáveis, conforme o caso). Os títulos são simplesmente direitos negociáveis a uma quota na produção futura de mais-valor. Os investidores podem recuperar o seu dinheiro a qualquer momento vendendo suas ações, quotas e títulos a outros investidores. A compra e venda conduz à criação de um tipo especial de mercado – o *mercado de ações*. Esse mercado é um mercado para o capital fictício, para a circulação dos direitos de propriedade como tais.

Mas os direitos de propriedade têm muitas formas. Títulos de qualquer tipo podem em princípio ser negociados. Os governos podem vender direitos a uma porção das receitas de impostos futuros. Os direitos de propriedade das mercadorias podem ser negociados sem as mercadorias realmente trocarem de mãos ou, como nos mercados futuros de mercadorias, antes da produção real da mercadoria. Os direitos à terra, aos prédios, aos recursos naturais (perfuração de petróleo, direitos de exploração mineral etc.) também podem ser negociados. Ao que parece, há muitos mercados diferentes para o capital fictício, assim como há diferentes formas de posse de propriedade no capitalismo.

A complexidade desses mercados é realmente espantosa e várias instituições e mecanismos especializados surgem para lidar com os problemas muito específicos que aparecem com respeito aos diferentes tipos de direito de propriedade (o mercado hipotecário funciona de maneira muito diferente de, por exemplo, o mercado futuro de mercadorias). Mas todos esses mercados têm uma coisa em comum. Os títulos de propriedade são "duplicatas de papel" que, em si, não têm valor, embora circulem com um preço. Isso suscita duas questões: primeiro, o que é que fixa os preços; e, segundo, o título de uma duplicada tem qualquer valor real?

O preço dos títulos de propriedade é em geral fixado pelas receitas presentes e futuras antecipadas a cuja posse o detentor tem direito, capitalizadas na taxa de juros vigente. Na medida em que esta última é fixada pela oferta e pela demanda de capital monetário, os preços evidentemente podem mudar de uma maneira inteiramente autônoma das alterações nas receitas antecipadas. O preço é também modificado por outras considerações, como a facilidade de negociação, a segurança, o termo de posse, as exigências de taxação etc. Não precisamos nos preocupar aqui com esses detalhes, pois o principal enfoque tem de ser a relação entre esses preços em geral e os valores reais que eles devem finalmente representar. Essa relação nos proporciona uma dica importante ao buscar explicar como e por que os valores fictícios (preços) alcançados mediante o sistema de crédito podem ficar tão distanciados dos valores expressados na "base monetária".

No caso das sociedades anônimas, o capital real (na forma de ferrovias, fábrica produtiva etc.) na verdade existe, e o título de posse que produz um dividendo (juro) é apoiado de uma forma ou de outra por uma capacidade real de produzir mais-valor. O problema é discernir a firmeza do apoio, e este só pode ser conhecido dos investidores se for requerida a plena revelação das finanças da companhia. Do contrário, as corporações podem encontrar maneiras de fazer parecer que elas estão em uma posição mais forte (ou mais fraca) do que realmente estão e manipular os preços de suas ações de acordo com isso. Por exemplo, dinheiro emprestado pode ser usado para suplementar pagamentos de dividendos e assim encorajar mais investimento em uma empresa que parece lucrativa embora não o seja (processo conhecido como "lavagem de títulos", muito comum no início do século XX)[79].

---

[79] Alguns exemplos espetaculares de especuladores que ganharam milhões desvalorizando os investimentos de outras pessoas por tal atividade podem ser encontrados na história do financiamento dos transportes de massa na década de 1890 e início de 1900 – ver Burton Hendrick, "Great

Os mercados de mercadorias em geral operam com valor real espreitando em algum lugar no fundo da cena e, deixando de lado casos óbvios de fraude, os investidores simplesmente especulam sobre as condições de realização dos valores em diferentes locais e épocas. Essa atividade especulativa é útil no sentido de que, se não for sujeita a demasiada manipulação, pode conduzir a uma equalização dos preços. Os mercados futuros de mercadoria podem desempenhar uma função similar proporcionando um guia para os proprietários de mercadorias em relação a se devem estocar ou liberar as mercadorias em um determinado momento no tempo. Mas isso requer uma antecipação da produção do valor futuro na forma de mercadoria. Os mercados hipotecários (terra e preços de construção) levantam problemas ainda mais complexos, que só podem ser esmiuçados após uma investigação completa da renda como uma categoria econômica (ver capítulo 11).

A dívida do governo é também difícil de esmiuçar. Marx a considerava uma forma puramente ilusória de capital fictício. O dinheiro representado pela dívida nacional havia sido gasto há um longo tempo (em guerras, cobrindo despesas estatais etc.), e então os investidores negociavam os títulos da dívida, que é garantida apenas pelos poderes do governo para taxar a produção de mais-valor. Essa caracterização é certamente apropriada para grande parte da dívida nacional. Mas há também formas de gasto público que não se ajustam a esse modelo. Se uma instituição municipal, financiada por empréstimos do mercado de capitais, vende uma mercadoria (eletricidade, gás, água, transportes) a um preço que cria receitas suficientes para pagar os juros da dívida e deixa o suficiente para a expansão futura do negócio, então ela em princípio não é diferente de uma sociedade anônima. A única diferença está em sua forma de propriedade e em seus poderes de determinar o preço. Se a atividade for parcial ou totalmente subsidiada por receitas de impostos, então a questão começa a surgir de maneira muito diferente. Mas há muitas atividades produtivas que podem ser realizadas pelo Estado com respeito às infraestruturas físicas e sociais (saúde e educação, por exemplo). Melhorando as forças produtivas na sociedade, o Estado pode contribuir, direta ou indiretamente, para a produção de mais-valor. O dinheiro investido na dívida do Estado não deixa automaticamente de circular como capital simplesmente porque entra na estrutura das finanças públicas. O capital que rende juros pode continuar a circular se o aumento na produção de mais-valor alcançado pelos investimentos produtivos do Estado gerar o aumento das receitas dos impostos que formam, por sua vez, a base para os paga-

---

American Fortunes and Their Making: Street Railway Financiers" (*McClures Magazine*, 1907), e Sidney Roberts, "Portraits of a Robber Baron: Charles T. Yerkes" (*Business History Review*, 1961), contra o quadro descrito por Charles Cheape em *Moving the Masses* (Cambridge, Harvard University Press, 1980).

mentos dos juros àqueles que investiram na dívida do Estado. Essa é, evidentemente, a teoria dos "gastos produtivos" que tem proporcionado a justificativa para todos os tipos de atividades do Estado[80]. Mas o fato de um resultado desse tipo ser *possível* não garante de maneira alguma que os valores reais sejam realmente criados por essas intervenções do Estado.

Entretanto, em todos esses casos a relação entre os preços dos títulos e os valores reais que esses títulos representam é necessariamente obscura. As próprias receitas não estão diretamente ligadas à produção de mais-valor, mas são mediadas por regras de distribuição e por toda uma série de arranjos institucionais que ajudam a coordenar o fluxo do capital que rende juros, mas que obscurecem a relação com valores reais. A oferta e a demanda de capital financeiro também intervêm, pois os preços são receitas capitalizadas na taxa de juros. Mas os mercados para o capital fictício são vitais para a sobrevivência do capitalismo porque somente por meio deles a continuidade do fluxo do capital que rende juros pode ser assegurada. Esse fluxo, como abordamos na seção anterior, desempenha algumas funções vitais de coordenação. Os mercados para o capital fictício proporcionam maneiras de coordenar a força da coordenação na sociedade capitalista.

3. O SISTEMA BANCÁRIO

A distinção entre os bancos e outros intermediários financeiros é importante[81]. Bancos de poupança, fundos de pensão e seguros, associações de poupança e empréstimos e sociedades de crédito imobiliário, associações de crédito, contas poupança dos correios etc. mobilizam poupanças que são poupanças de uma quantidade de valores existentes. Nessas condições, é impossível poupar antes da produção de valores. A mesma restrição não se aplica aos bancos, que ao mesmo tempo dão crédito e criam valores monetários em virtude do crédito que dão. Os bancos criam valores monetários fictícios quando substituem seus próprios extratos por letras de câmbio que os capitalistas (e outros) circulam entre si. Os valores monetários fictícios podem então ser emprestados como capital. Isso significa que

---

[80] O barão Haussman foi o pioneiro dessa ideia dos "gastos produtivos" por parte do Estado em seu programa de reconstrução dramática para Paris durante o Segundo Império (ver David Pinkney, *Napoleon III and the Rebuilding of Paris*, Princeton, Princeton University Press, 1958). A ideia é agora uma postura padrão na maioria das teorias burguesas das finanças públicas. As teorias marxistas do Estado são peculiarmente reticentes ao lidar com essa potencialidade, embora Colin Barker ("The State as Capital", *International Socialism*, 1978) proponha uma estrutura interessante que merece ser elaborada.

[81] Essa distinção é proveitosamente discutida, embora em termos burgueses, por John Gurley e Edward Shaw em *Money in a Theory of Finance* (Washington, Brookings Institution, 1960).

os bancos podem converter um fluxo de dinheiro que está sendo usado como um meio de pagamento em capital monetário "livre". Eles podem criar capital monetário antes da produção de valores. O único limite para essa capacidade está na necessidade de manter certa reserva de dinheiro para satisfazer qualquer onda repentina na demanda de dinheiro por parte dos seus clientes. Uma corrida ao banco ocorre quando os depositários perdem a fé no dinheiro creditício do banco e, em seu lugar, buscam "dinheiro real" (a mercadoria-dinheiro ou a oferta legal garantida pelo Estado).

A capacidade dos bancos para criar capital monetário diretamente de valores fictícios é importante. Há, como já vimos, um problema eterno no capitalismo de encontrar os recursos escassos necessários para permitir a realocação do capital de usos relativamente improdutivos para usos mais produtivos – sempre definidos, é claro, em termos da produção de mais-valor. Nos estágios iniciais do capitalismo, a acumulação e apropriação primitivas forçaram as realocações direta ou indiretamente (por meio da usura). Nos estágios posteriores, a mobilização das poupanças desempenhou um papel importante. Mas na medida em que a acumulação primitiva declinou em relativa importância, e na medida em que a proporção aumentada das poupanças totais na sociedade fica totalmente mobilizada mediante o sistema de crédito, também a criação do capital monetário do fluxo do dinheiro dentro do sistema bancário se torna a fonte isolada mais importante dos recursos escassos necessários para forçar as realocações nos fluxos do capital. A única fonte alternativa é a superacumulação, mas mesmo aí a capacidade produtiva ociosa e as mercadorias em excesso devem primeiro ser monetizadas via o sistema bancário para que as realocações possam ocorrer. Além disso, a capacidade do sistema bancário de gerar uma oferta de capital monetário antes da produção de valor real aumenta com o volume crescente das transações no mercado e na crescente proporção dessas transações realizadas por meio do sistema bancário.

Marx se concentrou no papel dos bancos em vez de em outros tipos de intermediários financeiros precisamente porque eles combinavam tanto funções monetárias quanto funções financeiras. Como conclui corretamente De Brunhoff, "o sistema bancário é o setor estratégico do sistema de crédito" porque os bancos são "as únicas instituições que combinam tanto o manejo dos meios de pagamento quanto o capital monetário"[82]. Esses dois papéis gerenciais complementam primorosamente um ao outro, ao passo que o progresso da acumulação requer a criação de valores fictícios na forma de dinheiro antes de qualquer produção real. Mas já observamos (ver p. 330-3) que a capacidade dos bancos de criar dinheiros de cré-

---

[82] Suzanne De Brunhoff, *The State, Capital and Economic Policy*, cit., p. 78.

dito sem restrição cria uma eterna ameaça à qualidade do dinheiro como uma medida de valor. Essa ameaça é duplicada e triplicada quando a criação dos valores fictícios se torna uma necessidade, em vez de apenas uma tentação constante.

A potencialidade para a superespeculação em tais circunstâncias é enorme. Os valores fictícios (dinheiros de crédito) são lançados em circulação como capital e convertidos em formas fictícias de capital. Como resultado, "a maior parte do capital do banqueiro é puramente fictícia e consiste de obrigações (letras de câmbio), títulos do governo (que representam o capital gasto) e ações (saques sobre receita futura)"[83]. Marx passa páginas citando com júbilo exemplos de como a "altura da distorção" ocorre dentro do setor bancário do sistema de crédito. A gravidade da ameaça à qualidade do dinheiro é óbvia.

A resposta, como vimos na seção 1, é criar uma hierarquia de instituições com o propósito expresso de proteger a qualidade do dinheiro. Dentro de qualquer país, um banco central tipicamente se coloca no ápice dessa hierarquia (nós no momento deixamos de lado os aspectos internacionais do problema). Se o banco central for bem-sucedido em sua tarefa, ele deve impedir que os valores fictícios saiam muito do limite dos valores reais da mercadoria. Ele não pode impor uma identidade rígida – mesmo supondo que tivesse o poder para fazê-lo – porque isso negaria a produção de capital monetário livre para impor novas formas de acumulação. Também não pode deixar que a criação de dinheiros de crédito corra solta. Aí está o que até mesmo os economistas burgueses admitem que seja a "arte", mais que a "ciência", do banco central[84].

Entretanto, o resultado é que "o banco central é o eixo do sistema de crédito" e "a reserva de metal, por sua vez, é o eixo do banco"[85]. Despojado do seu vínculo direto com uma mercadoria-dinheiro indicada pela expressão "reserva de metal", isso significa que o banco central necessariamente regula o fluxo de crédito procurando preservar a qualidade do dinheiro. Então, existe uma tensão entre a necessidade de manter a acumulação por meio da criação de crédito e a necessidade de preservar a qualidade do dinheiro. Se a primeira for inibida, terminamos com uma superacumulação de mercadorias e uma desvalorização específica. Se for permitido que a qualidade do dinheiro se destrua, generalizamos a desvalorização mediante uma inflação crônica. Assim são apresentados impecavelmente os dilemas dos tempos modernos.

Os sistemas monetário e financeiro estão unidos dentro do sistema bancário e, dentro do Estado-nação, o banco central se torna o supremo poder regulatório. Na

---

[83] Karl Marx, *Capital*, Livro III, cit., p. 469.
[84] Ver Jürg Niehans, *The Theory of Money*, cit., cap. 12.
[85] Karl Marx, *Capital*, Livro III, cit., p. 572.

verdade, o que ocorre é o seguinte: o sistema de crédito proporciona um meio para disciplinar os capitalistas individuais e até facções inteiras do capital para as exigências de classe. Mas alguém tem de regular os reguladores. O banco central se esforça para desempenhar essa função. Entretanto, na medida em que esses poderes reguladores estão nas mãos de uma facção específica do capital, eles são quase obrigados a ser pervertidos e destruídos. Isso nos leva diretamente a toda a questão do envolvimento do Estado nas questões monetárias e financeiras.

4. Instituições estatais

Os sistemas de crédito modernos exibem um alto grau de integração entre as atividades privadas e estatais, enquanto todo um ramo do aparato do Estado está atualmente dedicado à administração direta ou indireta do sistema de crédito. As razões para esse alto grau de envolvimento do Estado não são difíceis de localizar.

A acumulação requer um fluxo livre, desregulamentado e contínuo de capital que rende juros. Esse fluxo tem de ser mantido diante da superespeculação, da distorção e de todas as outras "formas insanas" que o sistema de crédito inevitavelmente gera. A regulação de algum tipo é evidentemente requerida para que a circulação do capital que rende juros prossiga isenta de destruição severa e crônica. A capacidade dos capitalistas monetários – banqueiros e financistas – para se regulamentarem (não importa o quão perspicazes possam ser com relação às suas obrigações para com a classe capitalista como um todo) é estritamente limitada por sua postura competitiva *vis-à-vis* um com o outro e por sua lealdade faccional dentro da estrutura interna das relações de classe capitalistas. A regulação de um tipo limitado pode ser atingida no oligopólio (por exemplo, os "cinco grandes" bancos na Grã-Bretanha fizeram um excelente trabalho de se regularem até recentemente), mas os firmes poderes regulatórios necessariamente se baseiam no monopólio, e este último deve necessariamente ser mantido sob a regulação do Estado. Por isso, os bancos centrais não são apenas o eixo do sistema de crédito moderno, mas um ponto de controle central dentro do aparato do Estado.

No entanto, a necessidade da regulação do Estado não começa e termina com o banco central. Quando os capitalistas monetários falham em regular seus próprios excessos, o Estado tem de partir para eliminar as piores formas de abuso na bolsa de valores ("lavagem de títulos" e outros tipos de fraude), enquanto as barreiras à oferta de capital monetário podem ser removidas por garantias do Estado para depósitos e poupanças. O Estado pode também achar necessário estimular alguns tipos de fluxo de crédito por razões econômicas ou sociais (o financiamento de moradia é em geral colocado de lado como um tipo especial de mercado de crédito por essa razão). O Estado pode até estabelecer instituições de crédito com propósitos especiais (para crédito agrícola, desenvolvimento de projetos em áreas carentes, empréstimos para pequenos negócios, empréstimos para estudantes etc.). O sistema de crédito é, portanto, um importante campo de ação para a política estatal.

Em muitos aspectos, essas intervenções do Estado podem ser encaradas como opcionais ou contingentes porque dependem do sucesso ou do fracasso dos capitalistas monetários em se regulamentar ou da situação geral da luta de classes como expressada através e dentro do aparato do Estado. Do mesmo modo, seria tolice negar que a política monetária e fiscal tem um conteúdo político forte e devastador. Mas também é necessário entender que o Estado nunca consegue escapar da sua obrigação geral de regular, e que a intervenção institucionalizada do Estado é uma reação inevitável à internalização e à exacerbação das forças contraditórias do capitalismo dentro do próprio sistema de crédito.

Em termos sociais, isso demonstra que os poderes do Estado têm de ser invocados para regular as operações dos capitalistas monetários e conduz imediatamente à questão: quem controla o Estado? Em termos teóricos mais gerais, descobrimos que as poderosas contradições mobilizadas dentro do sistema de crédito só podem ser contidas pelo apelo dos arranjos institucionalizados de ordem mais elevada característicos do aparato do Estado; e que isso nos leva a considerar como os antagonismos de classe fundamentais entre o capital e o trabalho, assim como entre as várias facções de ambos são internalizados dentro do Estado. Estas são, é claro, questões gigantescas e importantes, mas, lamentavelmente, estão além do escopo do presente trabalho[86].

---

[86] Infelizmente, grande parte da recente teorização marxista sobre o Estado está muito mal informada quando se trata de entender a relação entre o Estado e o dinheiro e os sistemas de crédito. Essa relação é, para mim, absolutamente fundamental para a interpretação de grande parte do que o Estado faz, assim como da diferenciada estrutura das instituições do Estado no capitalismo. A qualidade notável da obra de Suzanne De Brunhoff deriva precisamente da sua sensibilidade com respeito a essa relação.

10. O CAPITAL FINANCEIRO E SUAS CONTRADIÇÕES

O conceito de capital financeiro tem uma história peculiar no pensamento marxista. O próprio Marx não usou o termo, mas deixou uma enorme quantidade de escritos sobre o processo de circulação de diferentes tipos de capital monetário. A definição implícita de capital financeiro é a de um tipo particular de processo de circulação do capital que se concentra no sistema de crédito. Autores posteriores tenderam a abandonar esse ponto de vista do processo e tratar o conceito em termos de uma configuração particular de alianças fracionárias no interior da burguesia – um bloco de poder que exerce uma enorme influência sobre os processos de acumulação em geral. Entretanto, com exceção de uma obra basilar de Hilferding sobre o assunto e a replicação influente de algumas de suas ideias no ensaio seminal de Lenin sobre o imperialismo, o conceito permaneceu praticamente não analisado. Passou para o folclore da teoria marxiana sem praticamente nenhum debate.

Desse domínio privilegiado, o conceito é periodicamente ressuscitado pelos marxistas sempre que considerado de modo polêmico ou quando é cientificamente apropriado. Sem dúvida o uso do conceito por este ou aquele autor com frequência atrai comentários críticos e, ocasionalmente, surgem debates acirrados sobre questões como: os banqueiros controlam as corporações ou as corporações controlam os bancos[1]? Entretanto, os debates tipicamente se concentram na maneira em que um bloco de poder chamado "capital financeiro" é constituído e a importância re-

---

[1] Ver o debate entre Robert Fitch e Mary Openheimer ("Who Rules the Corporations?", em *Socialist Revolution*, v. 1, n. 4, p. 73-107; n. 5, p. 61-144; n. 6, p. 33-94), além de Paul Sweezy ("The Resurgence of Financial Control: Fact or Fancy?", em *Monthly Review*, 1971, v. 23, n. 6, p. 1-33) e seus vários ecos em Edward Herman ("Do Bankers Control Corporations?", em *Monthly Review*, 1973, v. 25, n. 1, p. 12-29; "Kotz on Banker Control", em *Monthly Review*, 1979,

lativa desse bloco de poder *vis-à-vis* outros blocos de poder. A justificativa para a constituição de tal bloco de poder, a necessidade social de sua existência, não é em geral questionada.

O objetivo deste capítulo é contrastar a visão do processo do capital financeiro com a visão do bloco de poder, e mostrar como uma exploração do primeiro, com particular ênfase em suas contradições internas, ajuda a identificar as forças contrárias que simultaneamente criam e corroem a formação de blocos de poder coerentes no interior da burguesia. Ao mesmo tempo, vou também argumentar que o entendimento apropriado dos processos tem certa prioridade na teoria marxiana, porque produz em nós *insights* muito mais profundos na dinâmica da acumulação e na formação de crises do que qualquer aprofundamento nas complexidades mecânicas da formação do bloco de poder é capaz. Por isso, o capítulo termina com um "segundo recorte" na teoria das crises que se esforça para integrar um entendimento das contradições inerentes no capital financeiro como um processo com a compreensão dos problemas de desequilíbrio na produção expostos nos capítulos 6 e 7.

I. O SISTEMA DE CRÉDITO SEGUNDO MARX

No capítulo 9 consideramos em detalhes as várias funções e benefícios técnicos que o sistema de crédito confere à circulação do capital. Entendido como um todo integrado, o sistema de crédito pode ser encarado como uma espécie de sistema nervoso central por meio do qual a circulação total do capital é coordenada. Ele permite a realocação do capital monetário entre as atividades, firmas, setores, regiões e países. Promove a articulação de diversas atividades, uma divisão incipiente do trabalho e uma redução nos tempos de rotação. Facilita a equalização da taxa de lucro e arbitra entre as forças que contribuem para a centralização e descentralização do capital. Ajuda a coordenar as relações entre os fluxos de capital fixo e capital circulante. A taxa de juros reduz os usos atuais em contraposição às exigências futuras, enquanto formas de capital fictício vinculam os fluxos do capital monetário atual com a antecipação dos frutos futuros do trabalho.

O capital que rende juros pode desempenhar todos esses papéis porque o dinheiro representa um poder social geral. Por isso, quando está concentrado nas mãos dos capitalistas – uma concentração que reflete a apropriação do mais-valor – o dinheiro passa a expressar o poder da propriedade capitalista *fora de* e *externo*

---

v. 31, n. 4, p. 46-57) e David Kotz (*Bank Control of Large Corporations in the United States*, Berkeley, University of California Press,1978).

a qualquer processo específico de produção de mercadoria. O capital monetário, quando mobilizado mediante o sistema de crédito, pode operar como *o capital comum da classe capitalista*[2].

Adequadamente organizado e gerenciado, o capital monetário reunido mediante o sistema de crédito tem o potencial de aprimorar o mecanismo da acumulação através da coordenação sofisticada das decisões de investimento em uma economia. Indiferente a qualquer emprego específico, esse capital monetário pode ser usado para impor a vontade da classe capitalista como uma coletividade sobre os capitalistas individuais. Na medida em que os capitalistas individuais, agindo em interesse próprio e buscando maximizar seus lucros em um ambiente competitivo, adotam tecnologias e tomam decisões que são inconsistentes com a acumulação equilibrada, o sistema de crédito oferece a esperança de controlar esse comportamento errôneo. A profunda contradição entre os comportamentos individuais e as exigências de classe que, como visto no capítulo 7, exerce uma influência desestabilizadora tão poderosa sobre o caminho da acumulação, parece controlável, talvez até reconciliável. A estabilidade pode ser imposta sobre um capitalismo do contrário anarquista e não coordenado mediante a organização e o gerenciamento apropriados do sistema de crédito. Ou assim parece.

O imenso poder potencial que reside no interior do sistema de crédito merece mais atenção. Deve-se considerar, em primeiro lugar, a relação entre a produção e o consumo (ver capítulos 3 e 6). Uma alocação apropriada do crédito pode assegurar um equilíbrio quantitativo entre eles. A lacuna entre compra e venda – a base para a rejeição de Marx da Lei de Say – pode ser transposta, e a produção pode ser harmonizada com o consumo para assegurar uma acumulação equilibrada. Qualquer aumento no fluxo do crédito para a construção de moradias, por exemplo, é atualmente de pouco proveito sem um aumento paralelo no fluxo das finanças hipotecárias para facilitar a aquisição de moradia. O crédito pode ser usado para acelerar simultaneamente a produção e o consumo. Os fluxos de capital fixo e de capital circulante podem também ser coordenados no tempo via ajustes aparentemente simples dentro do sistema de crédito. Todos os vínculos no processo de realização, exceto um, podem ser colocados sob o controle do sistema de crédito. A única exceção é da maior importância. Embora os insumos possam ser adquiridos e os produtos descartados com a ajuda do crédito, não há substituto para a transformação real da natureza mediante a produção concreta dos valores de uso. Os últimos só podem ficar sujeitos ao controle total da classe na medida em que o financista e o industrial se tornam um só (uma ideia que tanto Lenin quanto Hilferding mais tarde retomaram).

---

[2] Karl Marx, *Capital*, Livro III, cit., p. 368.

Em segundo lugar, devem ser consideradas aquelas relações de distribuição "antagônicas" que atuam como uma barreira à produção e à realização do mais-valor como um processo contínuo. As quotas distribucionais dos salários, das rendas, dos juros, dos impostos e do lucro da empresa não podem ser modificadas por meio do sistema de crédito? Os salários certamente podem ser reduzidos pela inflação estimulada pelo crédito e, do mesmo modo, as poupanças dos trabalhadores podem ser mobilizadas como capital através do sistema de crédito, talvez para serem desvalorizadas em tempos de crise[3]. E depois há, por exemplo, as várias "formas secundárias de exploração" – hipotecas e crédito ao consumidor –, em que as rendas reais dos trabalhadores podem ser modificadas[4]. Além disso, a compra e venda de títulos para receitas futuras de qualquer tipo integram outros aspectos da distribuição (a apropriação das rendas, dos impostos e do lucro da empresa) no sistema geral de circulação do capital monetário. O sistema de crédito também facilita a centralização do capital e permite que o capital se liberte dos grilhões da firma familiar e opere como capital corporativo; por isso, os arranjos distribucionais dentro da classe capitalista podem ser alterados e o grau de centralização e descentralização (ver capítulo 5) administrado. Se há um conjunto perfeito de arranjos distribucionais para assegurar a acumulação equilibrada, as operações bancárias e o crédito proporcionam os meios potenciais para a convergência para esse ponto de equilíbrio.

Aparentemente, ao menos, o sistema de crédito contém o *potencial* para superar os antagonismos entre a produção e o consumo, entre a produção e a realização, entre os usos presentes e o trabalho futuro, entre a produção e a distribuição. Ele também proporciona os meios para arbitrar entre os interesses individuais e os interesses de classe e, desse modo, conter as forças que contribuem para as crises. Munida de uma arma potencialmente poderosa, a classe capitalista tem todos os incentivos para aperfeiçoá-la. E, na verdade, há abundantes evidências de que cada crise sucessiva do capitalismo impulsionou o sistema de crédito para novas configurações no curso de sua resolução (a transformação radical da estrutura financeira nos Estados Unidos na década de 1930 proporciona um exemplo esplêndido). Tudo isso confirma a mensagem básica transmitida no capítulo 9: que o capitalismo não poderia sobreviver muito tempo na ausência de um sistema de crédito, que diariamente se torna mais sofisticado nas coordenações que permite.

Então, como as crises ainda ocorrem? A resposta de Marx é que o crédito "só supera esses limites da valorização do capital na medida em que os eleva à sua forma mais geral"[5]. O que ele quer dizer é que o uso do crédito tende a piorar as coisas

---

[3] Ibidem, p. 508.
[4] Ibidem, p. 609.
[5] Idem, *Grundrisse*, cit., p. 521.

no longo prazo porque só pode lidar com problemas que surgem na troca e nunca com aqueles que surgem na produção. Além disso, há uma série de circunstâncias em que o crédito pode gerar sinais errôneos de preço aos produtores e, desse modo, agravar as tendências de desproporcionalidade e superacumulação. Vamos examinar algumas dessas circunstâncias.

Em primeiro lugar, a equalização da taxa de lucro que o sistema de crédito facilita aperfeiçoa a competição e acelera, em vez de diminuir, o esforço para o ganho de mais-valor relativo mediante a mudança tecnológica. Ela também assegura que as mercadorias sejam negociadas conforme os preços de produção em vez de segundo os valores. Como o passo acelerado da mudança tecnológica e os sinais errôneos da produção dados pelos preços de produção estão, antes de tudo, por trás da tendência para a superacumulação, nesse aspecto o crédito exacerba, em vez de diminuir, a tendência para o desequilíbrio.

Em segundo lugar, o sistema de crédito confere certo poder independente aos financistas e os coloca à parte, como representantes do "capital em geral". Uma "classe" de banqueiros e outros intermediários se insere entre os poupadores (muitos dos quais pertencem a uma "classe" de capitalistas endinheirados) e a "classe de capitalistas industriais"[6]. Os administradores das sociedades anônimas também se cristalizam em uma classe separada de administradores do dinheiro alheio[7]. O crescimento do sistema de crédito gera novas facções ou "classes" (Marx usa esse termo com frequência para descrevê-las) no interior da burguesia. As diferentes classes de capitalistas endinheirados, financistas e administradores são supostamente responsáveis pelo desdobramento do capital que rende juros no capital comum da classe capitalista como um todo. Eles devem, presumivelmente, alocar capital monetário para facilitar a acumulação em geral. Entretanto, como indivíduos, são obrigados pela competição a agir em seu próprio interesse imediato ou no interesse faccionário.

Na posição vantajosa em que estão, os banqueiros e outros "cavalheiros das altas finanças" podem começar a explorar o sistema de crédito "como se fosse seu próprio capital privado" e, desse modo, podem se apropriar de "boa parte da acumulação real" à custa do capital industrial[8]. A "enorme centralização" possível via sistema de crédito proporciona a "essa classe de parasitas o poder fabuloso, não apenas de periodicamente saquear os capitalistas industriais, mas também de interferir na produção real de uma maneira mais perigosa"[9]. A concentração do poder

---

[6] Ibidem, p. 726.
[7] Idem, *Capital*, Livro III, cit., p. 386-90.
[8] Ibidem, p. 478.
[9] Ibidem, p. 545.

social externo do dinheiro nas mãos de uma oligarquia financeira não é, aparentemente, uma pura bênção.

Como o poder estabelecido no capital comum da classe está aberto à apropriação e à exploração individuais, o sistema de crédito se transforma no palco de intensas lutas faccionárias e o poder pessoal atua dentro da burguesia. O resultado dessas lutas de poder é evidentemente importante. Mas Marx presta uma atenção singularmente pequena a esse aspecto das coisas. É quase como se ele o encarasse como um conflito óbvio na superfície da sociedade burguesa, um conflito que oculta um conjunto muito mais profundo de relações dissimuladas entre a circulação do dinheiro que rende juros como capital e os processos de produção de mais--valor. Neste capítulo espero mostrar que a teoria do capital financeiro, como um processo, em oposição a um conjunto particular de arranjos institucionais ou a um catálogo de quem está dominando quem dentro da burguesia, revela muito sobre a dinâmica contraditória da acumulação que, do contrário, permaneceria oculta.

A terceira barreira que impede o funcionamento do sistema de crédito como aperfeiçoador da acumulação surge porque o capital monetário não é particularmente discriminador em relação a de onde ele vem ou para onde ele flui. Por exemplo, as poupanças de todas as classes sociais são reunidas para que todos assumam o papel de *poupadores*, não importa qual seja a sua posição social. As poupanças dos trabalhadores se fundem com aquelas dos capitalistas endinheirados de tal modo que com frequência se tornam indistinguíveis. O poder monetário reunido via o sistema de crédito tem uma base social extraordinariamente ampla. Qualquer mudança na propensão para poupar por parte de qualquer classe da sociedade pode alterar o equilíbrio de poder entre os financistas e as outras classes, particularmente os capitalistas industriais.

O capital monetário é igualmente indiscriminado em relação aos seus usos, pois ele tipicamente flui para as receitas apropriadas, não importa de que tipo elas sejam. Embora isso permita que a circulação do capital que rende juros se integre e talvez até discipline a dívida do governo, do consumidor e do produtor, a especulação nas ações e nas quotas, os futuros de mercadoria e a renda da terra, não há nada que impeça que o investimento especulativo na apropriação das receitas fique inteiramente fora de alcance. Pior ainda, uma acumulação de ativos financeiros pode aparecer como uma acumulação de capital monetário e tais ativos podem continuar a circular mesmo que não tenham base na produção real. A especulação em títulos de terras totalmente improdutivas, por exemplo, pode desencadear um processo de acumulação fictício se esses títulos puderem ser usados como colaterais para efetuar outras vendas e aquisições. Um exemplo espetacular ocorreu nos Estados Unidos na década de 1830, quando os títulos de terra nas mãos de indivíduos e de bancos efetivamente atuaram como dinheiro – a explosão de papéis foi subitamente interrompida quando o presidente Jackson determinou que todos os pagamentos de aquisição de terras federais fossem feitos em espécie. Então, frequentemente surgem circunstâncias em que "todo capital parece dobrar, e às vezes triplicar, pelos vários modos em que o mesmo capital, ou talvez até o mesmo título de uma dívida aparece em diferentes formas e em diferentes mãos"[10].

O que começou aparecendo como um dispositivo saudável para expressar os interesses coletivos da classe capitalista, como um meio para superar "os grilhões e barreiras imanentes à produção", elevando assim as "bases materiais" do capitalismo a novos níveis de perfeição, "torna-se a principal alavanca para a superprodução e a superespeculação". As "formas insanas" do capital fictício vêm à tona e permitem que um alto "nível de distorção" ocorra no interior do sistema de crédito. O que a princípio parecia uma solução perfeita para as contradições do capitalismo tornou-se, em vez disso, o centro de um problema a ser superado.

Marx conclui que o sistema de crédito permite "uma enorme expansão da escala da produção e/ou das empresas", a substituição do capitalista individual pelas formas "social" e "associada" do capital (sociedades anônimas, corporações etc.), a separação da administração da posse, a criação de monopólios que provocam a interferência do Estado e a ascensão de uma "nova aristocracia financeira". E com isso "acelera o desenvolvimento material das forças produtivas" e estabelece o mercado mundial. Mas também acelera a formação de crises e traz à tona os "elementos de desintegração" do capitalismo. Marx chama isso de "abolição do modo de produção capitalista dentro do próprio modo de produção capitalista e, portanto, uma contradição autodissolutora"[11].

Marx não elaborou muito essas ideias, mas a história sim, tal como muitos analistas marxistas subsequentes. Então, precisamos considerar como as ideias de Marx têm sido interpretadas, completadas e adaptadas para se ajustar às realidades das operações financeiras do nosso século. Entretanto, ao fazê-lo, devemos ter em mente que Marx em parte algum explica exatamente o que ele quer dizer com "uma contradição autodissolutora", uma expressão pomposa, muito abstrata e um tanto ambígua. O objetivo, então, é sugerir uma interpretação dessa expressão e ver até que ponto ela reflete os dilemas do uso do crédito no capitalismo.

II. O CAPITAL FINANCEIRO SEGUNDO LENIN E HILFERDING

"O século XX", escreveu Lenin, "marca o ponto de virada do velho capitalismo para o novo, da dominação do capital em geral para a dominação do capital financeiro". Os

---

[10] Ibidem, p. 470.
[11] Ibidem, p. 348-41.

bancos, declarou ele, poderiam concentrar o poder social do dinheiro em suas mãos, operar como "um único capitalista coletivo" e, assim, "subordinar à sua vontade" não apenas todas as operações comerciais e industriais, mas até todos os governos. Na medida em que os industriais buscam o poder do monopólio – em grande parte por meio da centralização dos capitais – o capital industrial e o bancário tendem a se unir. Então, o "capital financeiro" é definido como "o capital bancário de alguns bancos monopolistas muito grandes, fundidos com o capital das associações monopolistas dos industriais"[12].

Uma "oligarquia financeira" controladora surge na base do capital financeiro. Ela sistematicamente transforma o modo de produção capitalista e projeta de uma nova maneira as contradições internas do capitalismo no cenário mundial. "Sem sombra de dúvida", escreve Lenin, "a transição do capitalismo para o estágio de capitalismo monopolista, para capital financeiro, está *conectada* com a intensificação da luta pela divisão do mundo". O imperialismo, continua ele,

> é o capitalismo naquele estágio de desenvolvimento em que é estabelecido o domínio dos monopólios e do capital financeiro; em que a exportação do capital adquiriu importância destacada; em que teve início a divisão do mundo entre os trustes internacionais; em que a divisão de todos os territórios do globo entre as maiores potências capitalistas foi completada.

As contradições inerentes do capitalista são agora expressas em termos de um desenvolvimento desigual ainda mais dramático do capitalismo e de uma reestruturação radical das relações de classe. Uma oligarquia financeira dominante apoiada pelos "Estados financeiramente poderosos" compra a paz dos trabalhadores nos "principais" países, encorajando a formação de uma "aristocracia do trabalho", enquanto o resto do mundo é conduzido de um modo cada vez mais profundo para estados de dependência, subserviência e rebelião. A competição dentro da oligarquia financeira e entre os Estados financeiramente poderosos aumenta, em vez de diminuir. O resultado final disso são rivalidades e guerras interimperialistas. Assim, Lenin, iniciando com o conceito de capital financeiro, chega a uma análise impressionante do imperialismo do século XX.

No entanto, o conteúdo teórico do argumento de Lenin não é claro. Em parte alguma ele elabora o conceito de capital financeiro, e a maneira exata em que este transforma as contradições internas do capitalismo em rivalidades interimperialistas permanece obscura. Ele esboça algumas de suas ideias, de maneira um tanto

---

[12] Vladimir I. Lenin, *Selected Works*, cit., v. 1, p. 703. As citações subsequentes são todas de *Imperialism, the Highest Stage of Capitalism*.

eclética, a partir das estruturas de pensamento muito discrepantes propostas por Hobson, Bukharin e Hilferding[13]. Somente o último apresenta uma fundamentação teórica firme para o conceito de capital financeiro dentro de uma estrutura marxiana. Embora Lenin criticasse duramente a linha política de Hilferding, parece aceitar, com apenas uma ressalva, a concepção básica de capital financeiro apresentada por Hilferding. A única ressalva diz respeito às concepções "equivocadas" de Hilferding sobre o dinheiro[14]. Lenin nos deixa no escuro com relação à natureza desse equívoco. Vamos ver brevemente até que ponto um erro foi crucial. Mas primeiro precisamos considerar a contribuição de Hilferding.

Hilferding repete Marx fielmente no formato geral do seu argumento. Ele começa examinando as várias formas de dinheiro antes de prosseguir mostrando – do mesmo modo que fizemos no capítulo anterior – como e por que o crédito é essencial para a perpetuação da acumulação do capital. De início, os bancos simplesmente mediam os fluxos de dinheiro, mas o progresso da acumulação coloca quantidades cada vez maiores de capital monetário nas mãos dos bancos, que então não têm outra escolha senão "aplicar uma parte sempre crescente de seus capitais na indústria" e integrar suas atividades com aquelas do capital industrial. Como os industriais extraem vantagens competitivas (particularmente com respeito à escala de operação) do acesso ao capital bancário, eles devem cada vez mais buscar fontes externas de capital de empréstimo. O capital financeiro, diz Hilferding (com a aprovação de Lenin),

> significa a unificação do capital. As esferas anteriormente separadas do capital industrial, comercial e bancário estão agora juntas sob o comando das altas finanças, em que os capitães da indústria e os bancos estão unidos em uma união íntima e pessoal. Essa associação tem como sua base a abolição da competição livre dos capitalistas individuais por parte das grandes associações monopolistas. Isso naturalmente tem como consequência uma mudança no relacionamento da classe capitalista com o poder do Estado.[15]

---

[13] John Hobson, *Imperialism* (Ann Arbor, University of Michigan Press, 1965); Rudolf Hilferding, *Le capital financier*, cit.; e Nicolai Bukharin, "Imperialism and the Accumulation of Capital", cit. A obra de Nicolai Bukharin foi publicada depois da de Lenin, mas foi presumivelmente influente, pois Lenin escreveu um prefácio para ela cerca de um ano antes de publicar sua própria obra sobre o assunto. A extensiva leitura de consulta de Lenin, patente em seus cadernos de anotação, está documentada por Lloyd Churchward, "Towards the Understanding of Lenin's Imperialism", *Australian Jornal of Politics and History*, 1959, e a contribuição de Hobson foi criticamente examinada por Giovanni Arrighi, *The Geometry of Imperialism* (Londres, NLB, 1978).

[14] Vladimir. I. Lenin, *Selected Works*, cit., v. 1, p. 678. As concepções de Lenin sobre as deficiências da obra de Rudolf Hilferding estão apresentadas em Lloyd Churchward, "Towards the Understanding of Lenin's Imperialism", cit., p. 79.

[15] Rudolf Hilferding, *Le capital financier*, cit., p. 409.

Hilferding se estende bastante, mais uma vez com a aprovação de Lenin, nas manifestações institucionais dessa unidade – a criação de monopólios, trustes, cartéis, operações na bolsa de valores etc. Ele aponta que a especulação em títulos de propriedade – formas fictícias de capital – desempenha necessariamente um papel crucial. A ascensão de uma oligarquia financeira muda de importantes maneiras as dimensões da luta de classes. Hilferding assume que o Estado se torna um agente do capital financeiro e que o capital financeiro opera como capital nacional no cenário mundial. E então desenvolve uma interpretação particular do imperialismo e de suas contradições. O encadeamento da argumentação é apresentado a seguir.

A ascensão do capital financeiro (em si um passo necessário para perpetuar o capitalismo) requer a interferência do Estado, exatamente como Marx imaginou. As políticas estatais, forjadas em resposta às exigências do capital financeiro, fazem da exportação do capital, mais que das mercadorias, uma preocupação fundamental. As relações entre os Estados (competição, proteção, dominação e dependência) transformam as contradições internas do capitalismo em um desenvolvimento desigual e infestado de conflitos no cenário mundial. As contradições são agora expressas em termos de um desequilíbrio de forças entre os setores monopolistas e não monopolistas, entre a oligarquia financeira e "o resto", assim como entre os Estados-nação. Elas se originam nos processos básicos do desenvolvimento capitalista.

Aqui Hilferding[16] apela para uma versão particular da teoria da crise de Marx. Ele declara que as variações na composição de valor do capital distorcem as sinalizações dos preços e geram desequilíbrios entre os setores (produzindo meios de produção e bens salariais), entre a produção e o consumo, entre o capital fixo e o capital circulante etc. Os cartéis e os monopólios podem controlar o ritmo da mudança tecnológica e também os preços, mas isso simplesmente exacerba as distorções de preço entre os setores monopolistas e os não monopolistas – "as desarticulações na regulação dos preços, que por fim conduzem a desproporcionalidades e contradições entre as condições de produção e realização de mais-valor, não são modificadas pelos cartéis, mas apenas tornadas mais agudas"[17]. Em resumo, os cartéis não conseguem abolir as crises. O sistema de crédito, embora sob o total domínio de uma oligarquia financeira, também falha porque a taxa de juros deve, na análise final, ser explicada pela dinâmica da produção de mais-valor, em vez de o contrário. Qualquer tentativa de moldar os dinheiros creditícios para estabilizar esse sistema inerentemente instável acabarão resultando em uma crise financeira. Hilferding então invoca, sem outra explicação, a concepção de Marx de que,

---

[16] Ibidem, cap. 17.
[17] Ibidem, p. 401.

no decorrer de uma crise, o sistema necessariamente retorna à sua "base monetária", abandonando os numerosos capitais fictícios adquiridos durante a fase de prosperidade[18]. O protecionismo, o imperialismo e as relações entre os Estados, assim como entre os setores monopolistas e não monopolistas, são tratados como expressões particulares, modificadas pelo caráter oligárquico do capital financeiro, das tendências básicas para a formação de crise.

Lenin difere de Hilferding em dois aspectos. Em primeiro lugar, embora ele pareça aceitar a identificação do capital financeiro com o capital nacional no caso das principais potências imperialistas, com frequência se desvia para uma concepção supranacional do capital financeiro – posição semelhante àquela de Hobson – quando se trata de analisar a condição geral do capitalismo mundial. A formulação de Lenin é, nesse aspecto, mais ambígua que a de Hilferding[19]. Em segundo lugar, ele se refere ao erro de Hilferding com respeito à teoria do dinheiro. Lenin não nos esclarece nada com relação à natureza ou às implicações desse erro. De Brunhoff recentemente confrontou diretamente essa questão. Ela é muito importante e justifica uma discussão.

De Brunhoff declara[20] que Hilferding acompanha Marx apenas no formato. Sua concepção do capital financeiro como uma *unidade* de capital bancário e industrial o conduz a construir uma "teoria financeira do fenômeno monetário" onde Marx construiu uma "teoria monetária das finanças". A diferença é importante. Marx construiu sua teoria do dinheiro a partir de uma análise da produção e da troca de mercadorias, sem referência à circulação do capital. Assim, ele primeiro identificou a contradição entre o dinheiro como uma medida de valor e o dinheiro como um meio de circulação para lançar a base para o entendimento de como essa contradição aumenta quando o dinheiro circula como capital. Essa contradição desaparece quase inteiramente da obra de Hilferding. Os fenômenos monetários são reduzidos a "meros órgãos do financiamento capitalista", sob o controle absoluto do capital financeiro. Hilferding descreve o capital financeiro como hegemônico e controlador, enquanto Marx o retrata como necessariamente capturado em sua própria rede de contradições internas. Para Marx, a contradição fundamental está entre o que ele chamou de *sistema financeiro* (crédito) e sua *base*

---

[18] Ibidem, p. 372.
[19] Lloyd Churchward ("Towards the Understanding of Lenin's Imperialism", cit., p. 78) indica que Lenin até questionou o conceito básico de capital financeiro de Rudolf Hilferding, escrevendo em seus cadernos de anotações "Capital financeiro = capital bancário não é suficiente?". A diferença entre John Hobson e Rudolf Hilferding é enfatizada por Giovanni Arrighi, *The Geometry of Imperialism*, cit.
[20] Suzanne De Brunhoff, *L'offre de monnaie*, cit., p. 81-93.

monetária. Hilferding cita a opinião de Marx de que um retorno à base monetária é essencial durante as crises, mas deixa de explicar por que e como. Este é o tópico que vamos abordar agora.

III. A CONTRADIÇÃO ENTRE O SISTEMA FINANCEIRO E SUA BASE MONETÁRIA

Marx frequentemente afirma que, no decorrer de uma crise, o capitalismo é obrigado a abandonar as ficções das finanças e recorrer ao mundo do dinheiro vivo, às eternas verdades da base monetária. Brincando, ele caracteriza o sistema monetário como "uma instituição essencialmente católica e o sistema de crédito como essencialmente protestante", porque este último é impulsionado pela *fé* no "valor do dinheiro como o espírito imanente das mercadorias, fé no modo de produção e em sua ordem predestinada, fé nos agentes individuais da produção como meras personificações do capital autoexpandido". Mas prossegue declarando que "o sistema de crédito não se emancipa da base do sistema monetário mais do que o protestantismo se emancipou das bases do catolicismo"[21]. Embora o crédito frequentemente "sobrepuje o dinheiro e usurpe o seu lugar", o banco central sempre continua sendo "o eixo do sistema de crédito" e "a reserva de metal, por sua vez, é o eixo do banco"[22]. Em outras palavras, "o dinheiro – na forma de metal precioso – continua sendo a base da qual o sistema de crédito, por sua natureza, *jamais* pode se desligar"[23].

É vital entender o que Marx quer dizer com tudo isso. À primeira vista suas ideias parecem um tanto datadas, porque ele apela explicitamente para os metais preciosos como o "eixo" do sistema monetário – uma concepção peculiar do século XIX. Mas se investigarmos a lógica do argumento de Marx poderemos identificar um princípio muito importante que se aplica ao capitalismo em geral.

A inevitabilidade da contradição entre o sistema financeiro e sua base monetária pode ser remontada diretamente às funções duais do dinheiro como uma medida de valor e como um meio de circulação. Quando o dinheiro funciona como uma medida de valor, ele deve realmente representar os valores que ajuda a circular. O dinheiro aqui "na verdade não é nada além de uma expressão particular do caráter social do trabalho e de seus produtos" – uma medida *externa* e socialmente aceita do valor incorporado nas mercadorias. A razão para confinar essa medida a um metal específico – como o ouro – é garantir que o critério, quando ele assume a forma

---

[21] Karl Marx, *Capital*, Livro III, cit., p. 592.
[22] Ibidem, p. 572-3.
[23] Ibidem, p. 606.

material, seja tão preciso e claro quanto possível. É evidente que a contradição ao fazer isso é que o produto de um processo de trabalho concreto e específico – o ouro, por exemplo – é tratado como a representação material do trabalho abstrato. Por outro lado, quando o dinheiro funciona como um meio de circulação, ele deve se divorciar da "real" representação do valor e permitir que os preços do mercado se desviem dos valores e se comprovem como o lubrificante flexível de um processo de troca que é imprevisível e está eternamente se modificando. Os papéis-moeda e os dinheiros creditícios podem operar de maneira irrestrita e criativa nesse aspecto.

Na produção e na troca da mercadoria simples, esses dois aspectos do dinheiro existem em uma relação desconfortável e antagônica em relação um ao outro. Na verdade, a circulação do capital, como vimos no capítulo 1, surge em parte para preencher a lacuna entre o valor "inerente" do ouro e o valor "refletido" do dinheiro medido em contraposição ao valor das mercadorias que esse dinheiro circula.

Entretanto, um estudo dos processos da circulação do capital indica que o capitalismo, para sobreviver, deve desenvolver um sistema de crédito sofisticado e criar formas fictícias de capital. Os aspectos "fictícios" do dinheiro – "dinheiros" creditícios e de papel – são levados a extremos, e seus vínculos com as realidades do trabalho social tornam-se ainda mais frágeis. Se o trabalho social estiver firmemente representado pela mercadoria monetária (ouro), então podemos dizer que a separação entre o dinheiro em seu último sentido e as finanças é exacerbada pela circulação do capital. É isso que Marx quer dizer com o conceito de uma contradição entre o sistema financeiro e sua base monetária. Exploremos um pouco mais explicitamente a natureza dessa contradição.

Considere-se, por exemplo, o que acontece quando o dinheiro creditício e as "formas fictícias de valor" usurpam o lugar da mercadoria monetária. Se o ritmo da criação de crédito acompanhar o ritmo do trabalho socialmente necessário realizado na sociedade, então os efeitos do crédito são mais benéficos do que prejudiciais com respeito à circulação do capital. Mas há pouco para evitar que a criação do crédito fique inteiramente fora de controle, embora, por outro lado, o problema da superacumulação esteja eternamente espreitando nos bastidores. Se os valores fictícios passarem a não ser apoiados pelos produtos do trabalho social ou se, por qualquer razão, a fé no sistema de crédito ficar abalada, então o capital precisa encontrar alguma maneira de restabelecer sua base no mundo do trabalho socialmente necessário. Há duas maneiras pelas quais ele pode fazer isso: vincular firmemente todas as suas operações à mercadoria monetária (ouro) como *a* medida de valor fundamental ou procurar outra maneira de estabelecer um vínculo direto com os processos materiais da produção real de mercadoria. As duas soluções têm falhas.

No primeiro caso, todos os valores devem ser convertidos em mercadoria monetária como um teste do valor que representam. Esta era a situação geral com a qual Marx estava familiarizado – "assim que o crédito fica abalado [...] toda a riqueza real deve ser realmente transformada em dinheiro, em ouro e prata – uma demanda louca que, no entanto, necessariamente é gerada pelo próprio sistema". A repentina onda de demanda por liquidez e convertibilidade para ouro excede em muito o ouro e a prata disponíveis, que "equivalem a apenas alguns milhões nos cofres do banco"[24]. Resultado:

> É um princípio básico da produção capitalista que o dinheiro, como uma forma independente de valor, se situa em oposição às mercadorias. [...] Em épocas de aperto, quando o crédito se contrai ou cessa totalmente, o dinheiro de repente se destaca como o único meio de pagamento e real existência de valor em oposição absoluta a todas as outras mercadorias. [...] Por isso, o valor das mercadorias é sacrificado com o propósito de salvaguardar a existência fantástica e independente desse valor em dinheiro. [...] Por poucos milhões em dinheiro, muitos milhões em mercadorias devem, portanto, ser sacrificados. Isso é inevitável na produção capitalista e constitui uma de suas belezas.[25]

No entanto, tudo isso pressupõe que os papéis-moeda são irrestritamente conversíveis em metais preciosos. Marx não considerou o caso de os papéis-moeda não conversíveis serem apoiados pelo poder do Estado. Em tais circunstâncias – que se tornaram a regra no século XX – as coisas parecem muito diferentes. Temos de determinar se estamos lidando com diferenças fundamentais ou simplesmente com uma mudança na forma da aparência do conflito entre os sistemas financeiro e monetário. Podemos nos aproximar passo a passo de uma resposta para essa questão.

Em condições de não convertibilidade para o ouro, o ônus de disciplinar o sistema de crédito e o capital fictício recai sobre o banco central. Elevando a taxa de juros, o banco central pode "apertar o cinto, como se diz na gíria", aumentar o custo da conversão de dinheiros creditícios em dinheiro do banco central e, assim, esfriar as febres especulativas e manter em cheque a criação de capital fictício[26]. Por meio de um controle criterioso e de manipulação da taxa de juros e das exigências de reserva, uma autoridade monetária poderosa pode esperar evitar a desvalorização das mercadorias e ao mesmo tempo preservar a qualidade do seu próprio dinheiro como um reflexo "verdadeiro" do valor do trabalho social. Isso implica que a oferta de dinheiro do banco central deve corresponder ao crescimento na produtividade do valor na economia como um todo. Essa postura política por parte de uma autoridade monetária central tornou-se a regra desde a década de 1930, quando a defesa

---

[24] Ibidem, p. 574.
[25] Ibidem, p. 516.
[26] Ibidem, p. 543.

cega do dinheiro como uma medida de valor envolveu uma desvalorização tão maciça das mercadorias que a própria sobrevivência do capitalismo foi posta em risco.

Marx diria que tal postura política se baseia em uma ilusão. Em primeiro lugar, o banco central não pode se isolar totalmente do comércio mundial e cortar seus vínculos com algum tipo de sistema monetário internacional: sua autonomia é limitada por sua posição na política cambial. O dinheiro nacional pode terminar sendo desvalorizado em relação a outras moedas nacionais se o banco central desprezar ativamente as regras do sistema monetário internacional. E no âmbito internacional, na hierarquia dos dinheiros, a "ideia do dinheiro como uma medida de valor se recusa a morrer" (ver p. 334). A relação entre as moedas nacionais e internacionais limita o poder de qualquer banco central. Se não houver uma definição clara do dinheiro mundial – como tem sido o caso desde 1973 – o próprio sistema monetário internacional entra em crise.

A segunda objeção de Marx é que, mesmo na ausência de quaisquer restrições monetárias internacionais, o poder do banco central, sendo estritamente circunscrito, é totalmente insuficiente para proteger contra a formação de crise. Nós já declaramos (capítulo 7) que há uma tendência crônica para produzir excedentes de capital – estados de superacumulação. Agora temos de considerar a circunstância adicional de que os capitais fictícios devem *necessariamente* ser criados antes da acumulação real, o que significa que "a acumulação de capital monetário deve sempre refletir uma maior acumulação de capital do que na verdade existe"[27]. Isso não é de maneira alguma problemático todo o tempo em que a real expansão dos valores das mercadorias acompanha a criação anterior de capital fictício. Porém, assim que a superacumulação se torna evidente, a realização dos valores fictícios, e também a dos valores na forma de mercadorias, fica ameaçada. Nesse ponto, a demanda por dinheiro é estritamente uma demanda por liquidez. Um retorno à base monetária nesse momento certamente destruirá os capitais fictícios e desvalorizará as mercadorias. A única defesa factível por parte de um banco central contra tal condição é imprimir dinheiro garantido pelo Estado para comprar os excedentes e realizar os valores dos capitais fictícios. Marx descarta explicitamente tal solução[28] porque pressupõe um sistema monetário garantido pelo ouro – as reservas limitadas de ouro impedem o banco central de intervir e comprar "todas as mercadorias depreciadas aos seus antigos valores nominais".

Mas se o dinheiro nacional não for conversível em ouro, então um banco central poderia na verdade imprimir dinheiro para se defender da superacumulação e

---

[27] Ibidem, p. 505.
[28] Ibidem, p. 490.

da desvalorização. Entretanto, assim fazendo ele desvaloriza seu próprio dinheiro. Em suma, a tendência para a superacumulação é convertida em uma tendência para a inflação desenfreada. Marx não considerou tal possibilidade nem examinou suas implicações. Mas sua falha em fazê-lo não prejudica de maneira alguma a estrutura geral do seu argumento. Defender o valor nominal das mercadorias que incorporam um tempo de trabalho socialmente *des*necessário é tão irracional quanto defender o dinheiro como uma pura medida de valor mediante a adesão cega a um padrão ouro. É tão difícil conviver com a inflação desenfreada quanto com a desvalorização das mercadorias.

Entretanto, o que a teoria de Marx nos diz é que a contradição entre o sistema financeiro e sua base monetária se reduz fundamentalmente a uma contradição entre "o capital em sua forma monetária e o capital em sua forma de mercadoria"[29]. Em condições de superacumulação, a classe capitalista parece ter uma escolha entre desvalorizar o dinheiro ou as mercadorias, entre a inflação ou a depressão. No caso de a política monetária estar dedicada a evitar ambos, ela simplesmente acaba incorrendo em ambas (como ilustra a situação atual do capitalismo).

O poder do capital financeiro é evidentemente muito limitado. Por exemplo, Marx declarou explicitamente que "nenhum tipo de legislação bancária consegue eliminar uma crise", embora "uma legislação bancária errônea [...] possa intensificá-la"[30]. Essa conclusão se aplica a toda série de políticas monetárias possíveis. "Enquanto o caráter *social* do trabalho aparecer como a *existência monetária* das mercadorias e, portanto, como uma *coisa* externa à produção real, as crises financeiras – independentes das crises reais ou como uma intensificação delas – serão inevitáveis."[31]

As contradições entre o sistema financeiro e sua base monetária aumentam e se tornam ainda mais terríveis à medida que o capitalismo avança. Estas são as contradições que Hilferding deixa escapar totalmente devido à sua interpretação equivocada da teoria do dinheiro de Marx. O erro é oneroso. E, embora Lenin o reconheça, não o corrige, preferindo usar a definição de Hilferding de capital financeiro como um veículo para mostrar como as contradições internas do capitalismo são projetadas para o cenário mundial.

Entretanto, enterrada dentro desses torturados capítulos sobre bancos e finanças no terceiro livro de *O capital* está uma interpretação poderosa das contradições internas da forma financeira do próprio capitalismo. Quando conectados com a teoria básica do dinheiro apresentada no primeiro livro de *O capital*, podemos começar a compreender como a acumulação pela acumulação e a circulação do capi-

---

[29] Ibidem, p. 460.
[30] Ibidem, p. 490.
[31] Ibidem, p. 517.

tal fragmentam as funções do dinheiro como um meio de circulação e uma medida de valor, e erigem nessa base uma relação profundamente antagônica entre o mundo do dinheiro como uma medida do valor do trabalho social e o mundo intrincado e complexo das operações financeiras baseadas no crédito. Marx não analisou completamente todas as possíveis dimensões desse antagonismo – a potencialidade para desvalorização por meio da inflação ou a maneira em que o antagonismo pode ser expresso, por exemplo, como rivalidades interimperialistas e competição internacional. Seus *insights*, porém, ainda têm de ser apreciados pelo que são, e a teoria marxiana se estendeu sobre essa base.

IV. A TAXA DE JUROS E A ACUMULAÇÃO

A taxa de juros sobre o dinheiro de alta qualidade (banco central) desempenha um papel fundamental na regulação das relações entre o sistema financeiro e sua base monetária. Isso ressuscita a questão: o que determina a taxa de juros em geral? A resposta a que se chegou no capítulo 9 foi que são as forças que determinam a oferta e a demanda para o capital que rende juros. As forças precisam agora ser identificadas.

Do lado da demanda, em primeiro lugar deve ser feita uma distinção entre a demanda por dinheiro como um *meio de pagamento* e como um *meio de compra*. Ambos se relacionam à circulação do capital como um todo, mas ocupam momentos muito diferentes desse processo. A demanda por dinheiro para lançar uma produção nova é muito diferente em seu significado da demanda por dinheiro para realizar valores já produzidos. Esta última é particularmente prevalente em épocas de superacumulação, enquanto a primeira é típica de uma situação de competição aumentada pelo mais-valor relativo. As duas demandas não são independentes uma da outra, é claro, e existe entre elas um tipo de relacionamento retardado pelo tempo. Uma demanda por crédito de investimento hoje provavelmente conduzirá mais tarde a uma demanda por crédito de *marketing*.

Os capitalistas não são os únicos agentes econômicos que demandam dinheiro como meio de aquisição ou meio de pagamento. Todas as formas de demandas emanam da circulação das receitas. Tanto os trabalhadores quanto a burguesia buscam o crédito ao consumidor e o financiamento hipotecário (meios de aquisição), e também buscam monetizar alguns bens que possuíam antes para qualquer troca real (meios de pagamento). A demanda agregada por dinheiro que rende juros vem tanto da circulação do capital quanto da circulação das receitas. Mas as duas formas de circulação não são independentes uma da outra. Uma expansão do crédito ao consumidor pode desempenhar a mesma função (mediada pelo mercado), por exemplo, dando crédito aos capitalistas para estoques disponíveis de bens não vendidos. O crédito é necessário para lubrificar a circulação do capital e das receitas e para equilibrar a relação entre eles. O capital gera receitas que devem fundamentalmente circular de volta ao capital para o sistema ser reproduzido com fluidez. A unidade básica entre a realização mediante a produção e a realização na troca deve ser preservada.

Por isso, a demanda por dinheiro não é o único determinante da taxa de juros, mas é parte de um pacote de demandas muito mais complexas feitas ao sistema de crédito e à sua base monetária. As desagregações são importantes. Elas indicam os diferentes pontos de origem da demanda e também a diversidade de usos para os quais o dinheiro pode ser colocado. Elas destacam a dificuldade de se estimar a alocação "correta" (do ponto de vista da acumulação) do dinheiro que rende juros para as várias atividades de produção, circulação, troca, posse de terras arrendáveis, administração, consumo etc. Elas indicam a possibilidade – mas apenas a possibilidades – de fracassos emanando de lacunas no processo total de circulação do capital. Elas demonstram mais concretamente como a "altura da distorção" e todas as maneiras de "formas insanas" podem surgir dentro do sistema de crédito para destruir o delicado equilíbrio que deve sempre prevalecer entre a produção e a realização mediante a troca. Acima de tudo, elas nos sensibilizam para o fato de que uma demanda por crédito pode significar diferentes situações dentro da dinâmica da acumulação, variando o tempo todo da superacumulação para bloqueios inconvenientes na circulação das receitas.

A oferta de dinheiro que rende juros está sujeita a determinações igualmente complexas. Essa oferta, segundo Marx, é em parte o produto da acumulação, em parte o resultado de "circunstâncias que acompanham [a acumulação], mas são muito diferentes dela", e em parte o resultado de eventos aparentemente bastante independentes[32]:

(1) Parte do mais-valor produzido por meio da acumulação pode ser mantida como excedentes de dinheiro pelos industriais, comerciantes, financistas, proprietários de terras arrendáveis e o Estado, enquanto os trabalhadores também podem poupar capital variável. Em vez de deixar esses excedentes ociosos, os agentes econômicos podem se esforçar para lançá-los na circulação como capital que rende juros.

(2) A superacumulação produz excedentes de dinheiro ocioso (e por isso uma taxa de juros baixa) devido à falta de oportunidade para empregar o dinheiro como capital em geral.

---

[32] Ibidem, p. 507.

(3) A capacidade do sistema bancário para mobilizar dinheiro através da variedade de técnicas já descritas no capítulo 9 pode estimular uma acumulação de capital de empréstimo "independentemente da acumulação real"[33].
(4) As dívidas e o capital fictício podem começar a circular como capital de empréstimo na medida em que todos confiem na saúde da economia – estados psicológicos de expectativa são, ao menos no curto prazo, importantes para esse processo que converte dívidas privadamente contraídas na forma social do dinheiro.
(5) Arranjos distribucionais e o poder relativo das facções envolvidas também podem ter um efeito dramático sobre a quantidade de dinheiro acumulado em uma forma pronta para o uso como dinheiro que rende juros: os proprietários de terras arrendadas podem pressionar o campesinato; o Estado pode se apropriar de todas as classes mediante a cobrança de impostos; uma oligarquia financeira forte pode usar o seu poder para reunir vastos recursos monetários sob o seu comando; e assim por diante.
(6) Uma flutuação não usual na oferta de dinheiro (expansão ou contração do fluxo de ouro ou de impressão de dinheiros do Estado) pode, em curto prazo, aumentar ou diminuir a quantidade total de dinheiro disponível para a conversão em dinheiro que rende juros até que os efeitos sejam absorvidos pelos ajustes de preço.

A heterogeneidade confusa das forças que afetam a oferta e a demanda por dinheiro que rende juros garante uma considerável instabilidade na taxa de juros. As flutuações de curto prazo não precisam nos preocupar – como o preço de qualquer mercadoria, a taxa de juros oscila diariamente à medida que a oferta e a demanda se equilibram no mercado. O que importa é a taxa de juros básica no longo prazo. E há dois mecanismos possíveis, que podem dar alguma aparência de ordem e coerência às forças do contrário confusas que afetam a oferta e a demanda.

Considere-se, em primeiro lugar, a possibilidade de que a taxa de juros seja dominada pela "luta entre capitalistas endinheirados e capitalistas industriais" sobre a divisão do mais-valor e o "preço" do capital antes que ele "entre no processo de produção"[34]. Sinais dessa luta são recorrentes na sociedade capitalista. Marx não nega de modo algum sua importância: a questão é estabelecer exatamente o que isso significa. Será que a taxa de juros básica é fundamentalmente um reflexo da relação de poder entre industriais e financistas? Supor isso seria relegar todas as outras facetas da determinação da taxa de juros (em torno da circulação das recei-

---

[33] Ibidem, p. 495.
[34] Idem, *Theories of Surplus Value*, cit., parte 2, p. 509.

tas, por exemplo) a um papel periférico e meramente secundário. Marx, em geral, não era avesso a colocar as relações diretas da produção na linha de frente dos negócios. Vou argumentar, no entanto, que a guerra de guerrilha constante entre industriais e financistas desempenha um tipo de papel similar ao da luta entre o capital e o trabalho sobre a taxa salarial (ver capítulo 2): na análise final, isso é apenas uma parte de todo um complexo de processos sociais que devem servir para manter a taxa de juros próxima a uma posição de equilíbrio definida em relação à acumulação sustentada. Um desequilíbrio na relação de poder entre a indústria e as finanças obrigará sair do equilíbrio e, desse modo, ameaçará a acumulação. Daí se conclui que a sobrevivência do capitalismo depende de se conseguir algum tipo de equilíbrio de poder apropriado entre os interesses industriais e financeiros. Esta é uma conclusão importante, porque sugere que o poder do capital financeiro (contanto que esse bloco de poder seja institucionalizado e definido) é necessariamente um poder limitado, e jamais poderá ser ilimitado ou totalmente hegemônico.

Isso ainda nos deixa no escuro em relação ao que determina a taxa de juros básica. A única opção é conceber uma taxa de juros equilibrada em relação à acumulação. Esse equilíbrio pode ser definido, por um lado, em termos da relação entre a circulação do dinheiro que rende juros e, por outro, pelas atividades de produção e consumo (realização). Isso opera no ponto em que a circulação das receitas e do capital necessariamente se cruzam. Justamente porque o sistema de crédito é um coordenador centralizado, a taxa de juros tem de se mover de maneira que ajude a manter tanto a produção quanto a realização do mais-valor em uma base sustentada.

Então, por que nos incomodarmos com uma enumeração tão elaborada das forças que afetam a demanda e a oferta de dinheiro que rende juros? A resposta é bastante simples. As atividades materiais que estruturam a demanda e a oferta – e que, portanto, determinam a taxa de juros real –, são tão diversas que a taxa de juros equilibrada só será atingida por acaso. O potencial para o desequilíbrio está sempre presente. E se examinarmos as forças que regulam a oferta e a demanda de dinheiro que rende juros poderemos ver como a lógica interna do capitalismo é perturbadora do equilíbrio na taxa de juros e, assim, distancia a economia do crescimento equilibrado e estável, conduzindo-a para o caminho da formação de crise. Este é, acredito, o ponto para o qual Marx queria chamar nossa atenção. Para ilustrar essa ideia, vou tentar reconstruir sua representação do ciclo da acumulação e mostrar como os movimentos da taxa de juros desempenham um papel fundamental na conversão da dinâmica contraditória da acumulação em formas específicas de crises monetárias e financeiras.

V. O CICLO DA ACUMULAÇÃO

Diz-se com frequência que Marx não tinha uma teoria do ciclo dos negócios[35], o que é apenas parcialmente verdadeiro. Ele investigou os impulsos cíclicos na relação entre a acumulação, a formação do exército industrial de reserva e a taxa salarial; lançou as bases para a análise das oscilações explosivas no produto e nas trocas entre os vários setores da produção; e construiu um modelo sintético do ritmo temporal geral da superacumulação e da desvalorização (ver capítulos 6 e 7). Seus estudos da circulação do capital fixo (capítulo 8) também revelam ciclos de inovação, expansão, renovação e desvalorização. O problema é fundir esses *insights* parciais em uma representação unificada da dinâmica temporal. Do contrário, parece que o capitalismo está cercado de impulsos cíclicos potencialmente divergentes que transitam pela economia de maneira confusa.

As flutuações da taxa de juros estão no cerne dos movimentos cíclicos e impõem alguma aparência de ordem a estes últimos. Marx nega que eles sejam um *primum agens*. Eles são um vínculo de mediação central por meio do qual as contradições internas do capitalismo são expressas. Sua investigação das forças que determinam a taxa de juros estabelece exatamente esse ponto. Mas também temos visto como a taxa de juros pode ser afetada por todos os tipos de aspectos arbitrários e caprichosos. Por essa razão, Marx tenta se abstrair da dinâmica cotidiana do ciclo industrial e de seus acompanhamentos monetários e financeiros[36], passando a construir uma representação extremamente simplificada do curso cíclico da acumulação em geral. Sua intenção é captar as interações entre a acumulação, a mudança tecnológica, a formação de capital fixo, o emprego e o desemprego, com as taxas salariais, a demanda do consumidor, a formação de capital fictício, a onda de dinheiros creditícios e o retorno à base monetária durante as crises de superacumulação e desvalorização. A representação de Marx pode ser reconstruída a partir de uma leitura atenta do terceiro livro de *O capital* (capítulos 26 a 35). O processo de acumulação passa por várias fases de estagnação, recuperação, expansão baseada no crédito, febre especulativa e *crash*.

---

[35] Ver Adam Smith, *An Inquiry into the Nature and Causes of the Wealth of Nations* (Nova York, The Modern Library, 1937 [ed. bras.: *Investigação sobre a natureza e as causas da riqueza das nações*, São Paulo, Abril Cultural, 1974]), John Wilson, "A Note on Marx and the Trade Cycle", *Review of Economic Studies*, 1938, e Howard Sherman, "Marx and the Business Cycle", *Science and Society*, 1967.

[36] Karl Marx, *Capital*, Livro III, cit., p. 358.

1. Estagnação

A fase de estagnação na esteira de um *crash* é caracterizada por uma redução severa da produção e baixas taxas de lucro. Os preços são derrubados quando os produtores dispõem de estoques excedentes inferiores aos seus preços de produção. O desemprego se espalha e os salários são tipicamente reajustados para baixo. A demanda efetiva é fraca devido às rendas disponíveis diminuídas (os salários e também as receitas da burguesia). A demanda por dinheiro como um meio de circulação declina (o volume das trocas de mercadorias é diminuído). A fé no sistema de crédito foi severamente abalada, enquanto a demanda por capital de empréstimo é reduzida devido às expectativas pessimistas com relação às receitas futuras. O dinheiro é usado principalmente para medir valores e remover o capital fictício irrelevante da economia. O tempo de rotação real das mercadorias é drasticamente reduzido, pois o crédito não está disponível para estendê-lo. Entretanto, a taxa de juros é baixa; a pletora de capital monetário financiável produzido pela superacumulação está agora em evidência. Esse excedente de capital monetário está relacionado às oportunidades de empregar esse dinheiro de maneira segura e sólida.

A fase de estagnação é tipicamente uma fase de ajuste tecnológico "tranquilo" (no sentido marxiano amplo, que inclui a mudança organizacional e institucional), em oposição ao abalo violento que acompanha as crises. Os ajustes gradualmente colocam as tecnologias da produção e o preço das proporções da produção alinhadas com aqueles consistentes com a acumulação equilibrada. O cenário está então montado para uma subsequente expansão.

2. Recuperação

Várias oportunidades surgem durante a fase de estagnação. Os salários e as taxas de juros em queda deixam uma parcela maior do mais-valor para o lucro da empresa, o que pode compensar em parte os preços mais baixos. O capital desvalorizado (mercadorias, capital fixo, construções etc.) pode ser comprado barato, reduzindo assim os gastos com capital constante e baixando a composição de valor do capital. Os produtores que resistiram à tempestade são em geral abençoados com uma posição de liquidez forte – eles conseguem pagar suas contas com dinheiro vivo. As taxas de juros baixas e os excedentes da força de trabalho tornam as condições ideais para o financiamento da formação de capital fixo em longo prazo.

A expansão modesta tem início quando a maior parte dos estoques excedentes foi liquidada. Isso permite que os preços subam e, com os salários permanecendo baixos, a maior parcela do mais-valor vai para o lucro da empresa agora consolidada. A taxa de lucros revive e estimula o retorno da confiança nos negócios. Uma expansão cautelosa da produção pode ser iniciada tendo por base a forte posição de liquidez das empresas que sobreviveram – elas usam seus próprios recursos para financiar a expansão.

A taxa de juros baixa pode, com a recuperação de alguma fé no sistema, conduzir ao financiamento de certos investimentos de capital fixo em longo prazo (talvez através da ação do Estado). Uma concentração nesse tipo de investimento expande o emprego no setor 1 e, devido ao longo período de produção envolvido, cria uma demanda efetiva sem inicialmente "fornecer nenhum elemento de oferta"[37]. Essa demanda efetiva é sentida no setor dos bens de consumo (setor 2). A tendência para oscilações explosivas entre os dois setores sutilmente entra em ação.

O poder econômico dos capitalistas industriais tende a ser forte em relação aos banqueiros e financistas porque os primeiros têm reservas de dinheiro vivo suficientes para financiar sua própria expansão e para estender o crédito comercial um ao outro, a fim de garantir a continuidade da produção diante dos tempos de rotação discrepantes etc. O capital de empréstimo dos bancos não é requerido para tal propósito. A absorção desse capital de empréstimo mediante qualquer formação de capital fixo em larga escala é mais do que correspondida por uma expansão gradual na oferta de dinheiro isento de juros por meio de poupanças aumentadas por todas as classes –, fluxos de dinheiro acrescidos a serem convertidos em capital de empréstimo pelos bancos etc. Por isso, a taxa de juros continua baixa.

A quantidade de capital fictício aumenta, mas, nesse estágio, as novas promoções estão em geral associadas ao investimento direto nos meios de produção, e o crédito comercial estendido está intimamente ligado às mercadorias reais em circulação. Esse é o tipo de criação de capital fictício que é ao mesmo tempo necessário e não problemático, porque em geral é acompanhado por uma subsequente expansão na acumulação. Por isso ele não constitui nenhuma ameaça à preservação de uma sólida base monetária.

A competição fica relativamente relaxada durante essa fase. O autofinanciamento por parte das empresas gera uma concentração gradual e irregular, e amplas variações nas taxas de lucro reais podem coexistir, porque o que conta é o circuito do capital produtivo. O poder do sistema de crédito para obrigar uma equalização da taxa de lucro não está em evidência nessa ocasião.

A circulação das receitas aumenta, assim como a demanda por dinheiro como um meio de circulação. A demanda efetiva por bens de consumo finais é fortalecida e o setor dos bens de consumo começa a assumir um papel de destaque na dinâmica da acumulação.

---

[37] Ibidem, p. 315.

3. Expansão baseada no crédito

A fé no sistema econômico foi agora recuperada. A expansão do emprego e o aumento dos salários e das receitas para a burguesia pressagiam uma demanda efetiva crescente para os bens de consumo finais. O crescimento da circulação das receitas cria expectativas otimistas com respeito às receitas futuras de todos os tipos (arrendamentos de terra, impostos, hipotecas etc., assim como o lucro da empresa).

Mas a expansão fragmentada da fase precedente revela agora uma série de desequilíbrios na capacidade produtiva e seus consequentes obstáculos aos insumos e produtos do aparato produtivo como um todo. Todo vestígio de capacidade produtiva excedente então desaparece, particularmente dos elementos de capital constante – matérias-primas, insumos e máquinas parcialmente fabricados. A atenção se volta para o investimento no setor 1 quando os preços do capital constante sobem em resposta à escassez em sua oferta.

Ao mesmo tempo, a capacidade dos capitalistas industriais de financiar seus próprios investimentos e estender o crédito uns aos outros fica esgotado quando eles atingem os limites de suas reservas de dinheiro vivo. São obrigados a recorrer aos bancos e, como consequência, aos financistas que fortalecem o seu poder *vis-à-vis* o capital industrial. O sistema de crédito recebeu o respeito como o coordenador geral da produção e troca de mercadorias. A demanda por capital monetário e por meio da circulação se expande. Essa demanda traz à tona sua própria oferta, pois a fé no sistema é agora suficientemente forte para permitir que até mesmo a dívida reivindique circular como uma forma de capital monetário. A quantidade de capital fictício se move consistentemente à frente da acumulação real, e a lacuna entre a base monetária, como uma medida real dos valores, e as várias formas de papéis-moedas em circulação começa a se ampliar.

Mas o poder crescente do sistema de crédito em relação à indústria também tende a forçar uma equalização na taxa de lucro (a conexão entre o lucro da empresa e a taxa de lucro é atualmente muito forte). A competição por fundos de empréstimo torna-se mais aguda e a taxa de juros começa a subir. Os industriais são pressionados para uma luta concorrencial pelo mais-valor relativo em uma época em que emerge a escassez de trabalho. Os salários tendem a se mover acima do valor da força de trabalho. São requeridos fortes ajustes tecnológicos. Testemunhamos "uma grande expansão do capital fixo em todas as formas e a abertura de novas empresas em uma escala vasta e de longo alcance". Isso requer ainda mais capital de empréstimo e coloca a indústria ainda mais firmemente a serviço do capital monetário. Mas o lucro da empresa é apenas uma forma de a receita futura atrair capital de empréstimo: os industriais devem competir por fundos com os especuladores imobiliários, os corretores de ações, os negociantes da dívida do governo etc. "Aqueles cavaleiros errantes do crédito que trabalham em uma base de crédito monetário surgem pela primeira vez em números consideráveis"[38].

4. Febre especulativa

A expansão baseada no crédito só gera aumentos nos preços se a quantidade total de meio de circulação superar muito o produto do trabalho social. Além disso, o desemprego quase desaparece e as taxas salariais começam a subir vertiginosamente – a condição do trabalho, observa Marx, está sempre em seu máximo nas vésperas de uma crise. A demanda efetiva por bens salariais permanece forte, mas os altos salários estão agora começando a interferir na acumulação, ao mesmo tempo que o aumento nas taxas de juros também afeta o lucro da empresa. Presos a um "esmagamento do lucro", os industriais procuram desesperadamente maneiras de inovar sua saída das dificuldades. Nisso eles são auxiliados e apoiados por um sistema de crédito que nesse momento está estimulando tanto a produção quanto a realização. Mas isso só pode ser feito à custa da criação de vastas quantidades de capital fictício, ou de se abrir espaço para "a forma mais colossal de envolvimento em empreendimentos de risco e burla".

Sob essa febre especulativa, profundas perturbações do equilíbrio ficam evidentes. As desproporcionalidades entre os setores, entre a produção e a distribuição e entre a quantidade de dinheiro creditício em circulação e o real produto dos valores estão crescendo. A composição de valor do capital está aumentando rapidamente. A força de trabalho não está aí para permitir a expansão continuada da acumulação mediante a produção de mais-valor, ao passo que a taxa real de exploração está caindo. Só a acumulação de capital fictício pode disfarçar os *crashes*. É apenas uma questão de tempo antes que a bolha especulativa estoure.

5. O *crash*

O início de uma crise em geral é desencadeado por um enorme fracasso que abala a confiança nas formas fictícias do capital. O pânico que se segue imediatamente concentra a atenção na qualidade dos vários dinheiros creditícios. O retorno ao "catolicismo" da base monetária se estabelece com uma vingança. Uma escassez crônica de dinheiro do tipo certo – intimamente vinculado à mercadoria monetária – emerge no exato momento em que produtores e comerciantes estão lutando para cumprir suas obrigações. A taxa de juros sobe a "um ponto

---

[38] Ibidem, p. 488.

de usura extrema"[39]. A cadeia de pagamentos estendida se rompe e a circulação de capital fica momentaneamente fragmentada em milhares de peças desconexas. À primeira vista a crise parece ser "simplesmente uma crise de crédito e dinheiro", porque é apenas uma questão da "convertibilidade das letras de câmbio em dinheiro"[40]. A demanda por liquidez aumenta rapidamente:

> Ainda há pouco, o burguês, com a típica arrogância pseudoesclarecida de uma prosperidade inebriante, declarava o dinheiro como uma loucura vã. Apenas a mercadoria é dinheiro. Mas agora se clama por toda parte no mercado mundial: apenas o dinheiro é mercadoria! Assim como o cervo brama por água fresca, também sua alma brama por dinheiro, a única riqueza.[41]

A interrupção na circulação de capital de mercadoria faz do dinheiro, enquanto medida de valor, a única forma segura de riqueza. A busca de estabelecer a base real dos valores destrói o capital na forma de mercadoria:

> Assim que ocorre uma paralisação, como resultado de rendimentos adiados, mercados saturados ou preços em queda, uma superabundância de capital industrial torna-se disponível, mas de uma forma em que ele não pode desempenhar suas funções. Enormes quantidades de capital na forma de mercadoria, mas invendáveis. Enormes quantidades de capital fixo, mas em grande parte ocioso devido à reprodução estagnada. [...] Fábricas são fechadas, matérias-primas se acumulam, produtos acabados inundam o mercado na forma de mercadorias.[42]

Massas de trabalhadores ficam desempregadas, a taxa salarial cai vertiginosamente, e o cálculo dos rendimentos sofre um transtorno crônico em reação às paralisações na circulação de capital. A demanda efetiva por bens de consumo afunda e os preços despencam. "Por alguns milhões em dinheiro, muitos milhões em mercadorias devem então ser sacrificados."

A desvalorização do capital – e do trabalhador – prossegue rapidamente. Os capitalistas procuram permanecer vivos devorando uns aos outros. O trabalhador também é sacrificado no altar da irracionalidade que está na base do capitalismo. A crise, como o racionalizador irracional do sistema econômico, abre um caminho amargo no panorama econômico da sociedade capitalista.

---

[39] Ibidem, p. 360.
[40] Ibidem, p. 490.
[41] Ibidem, Livro I, p. 211.
[42] Ibidem, Livro III, p. 483.

VI. A POLÍTICA DA ADMINISTRAÇÃO DO DINHEIRO

Esse relato "sucinto" do ciclo da acumulação revela uma trama de interações interligadas entre o emprego e a acumulação, entre a mudança tecnológica, a taxa de reinvestimento e o estado da competição, entre a produção e a realização nos diferentes setores, entre a circulação do capital e a circulação das receitas, entre a oferta e a demanda de dinheiro que rende juros, entre o poder relativo dos capitalistas individuais e dos financistas, entre o capital e o trabalho, entre o dinheiro como um meio de circulação e uma medida do trabalho social e, finalmente, entre o dinheiro e as mercadorias como expressões do capital[43]. A intenção aqui é mostrar como as várias contradições do capitalismo se unem e se constroem umas sobre as outras em uma sequência dinâmica para produzir a onda da acumulação inicial e o seu desfecho: a selvagem desvalorização tanto do capital como do trabalho.

No entanto, o curso histórico real da acumulação é algo muito mais complicado. Ele é afetado, em um primeiro momento, por toda uma gama de circunstâncias aparentemente estranhas – guerras, revoluções, perdas de colheitas, secas etc. Em um segundo momento, aparecem inúmeras nuances dentro da estrutura das próprias contradições internas. O grau de organização da classe trabalhadora pode modificar substancialmente os ajustes da taxa salarial e o ritmo e a direção da mudança tecnológica no decorrer do ciclo. A unificação do capital industrial e bancário modifica a relação de poder entre eles, enquanto a centralização ou descentralização excessiva do capital também comunica distorções especiais ao processo de acumulação. Complicações desse tipo tornam cada ciclo singular. Marx evidentemente *procura* abstrair essas características conjunturais, e nisso vamos acompanhá-lo.

Há, contudo, uma questão que merece consideração especial: o papel da política monetária e fiscal em relação ao ciclo. É difícil abordar a questão sem uma análise completa do Estado capitalista[44]. Mas uma investigação sucinta do problema aqui vai nos ajudar a entender por que alguns aspectos do aparato estatal, como

---

[43] Os primeiros escritos de Michal Kalecki (*Selected Essays on the Dynamics of the Capitalist Economy*, cit.) sobre o ciclo dos negócios durante a década de 1930 inspiraram fortemente Marx quando este chegava a resultados próximos aos de Keynes. Toda a questão da moldagem da dinâmica dos agregados marxianos foi renovada na década de 1960 e desde então tem sido um ponto de interesse para aqueles inclinados à matemática. Ver Howard Sherman, "Marx and the Business Cycle", cit., Tom Weisskopf, "Marxist Perspectives on Cyclical Crises", *U. S. Capitalism in Crisis*, Nova York, Union of Radical Political Economics, 1978, e as apresentações altamente matemáticas de Michio Morishima, *Marx's Economics*, cit.

[44] Suzanne De Brunhoff, em seu citado *The State, Capital and Economic Policy*, faz uma das melhores apresentações com respeito à interação das questões do dinheiro e das finanças com o funcionamento do Estado capitalista.

o banco central, estão necessariamente fora do controle democrático. Isso também vai nos ajudar a entender, embora de uma maneira muito geral, as circunstâncias que permitem que a desvalorização do capital seja transformada na destruição do dinheiro mediante a inflação.

A maneira mais simples de regular a qualidade do dinheiro na sociedade é vinculá-lo a alguma mercadoria monetária universalmente aceita, como o ouro. A desvantagem disso é que o valor do trabalho social está ligado à condição do trabalho concreto na produção do ouro. Se esta última muda, muda também a expressão geral do trabalho social como um preço. Marx não se incomodou excessivamente com esse problema. Ele considerou que as ocasionais oscilações na oferta de ouro (após a "corrida do ouro" de 1849, por exemplo) administrariam um choque temporário e depois seriam absorvidas por ajustes no preço[45].

O Estado envolve-se na regulação do dinheiro assim que as moedas, as fichas, as cédulas e os dinheiros creditícios são introduzidos como meios para fazer circularem as mercadorias. O Estado se vê a contragosto atraído para a política da administração do dinheiro e pode até assumir algum tipo de postura mais ativa[46]. No século XVIII, por exemplo, as principais nações engajadas no comércio capitalista buscaram conscientemente estratégias de desvalorização e reavaliação de suas respectivas moedas em suas eternas manobras para a obtenção de vantagem comercial e política. Doutrinas mercantilistas refletiram essas práticas. A ascensão de um sistema de crédito completo e a criação de formas fictícias de capital com apoio legal colocaram o Estado capitalista diante de problemas ainda maiores.

Finalmente, como vimos no capítulo 9, a tarefa de garantir dinheiro de alta qualidade é transferida para algum tipo de banco central. Como o banco central tem poder para determinar as condições sob as quais outros dinheiros são conversíveis em seu próprio dinheiro, ele pode, dentro de certos limites, regular a taxa de juros do mercado[47]. Mas não pode se comportar arbitrariamente. É restringido por sua posição cambial, por reservas de ouro e por outros vínculos com algum tipo de dinheiro supranacional no cenário mundial. Devemos também invocar a regra de Marx de que "o poder dos banqueiros centrais começa onde termina aquele dos agiotas privados". Isso significa que o banco central só pode reagir às pressões do mercado monetário que emanam de dentro do cerne do sistema de produção e realização do mais-valor. Não obstante, a maneira como ele reage a essas pressões é importante,

---

[45] Karl Marx, *O capital*, Livro I, cit., p. 98.
[46] Algumas informações são apresentadas por Suzanne De Brunhoff, *The State, Capital and Economic Policy*, cit., e *Les rapports d'argent*, cit., enquanto Pierre Vilar constrói uma história fascinante em seu *A History of Gold and Money*, cit.
[47] Karl Marx, *Capital*, Livro III, cit., p. 542.

pois as decisões tomadas pelo banco central (ou impostas a ele pela legislação) têm um papel muito importante na moderação ou exacerbação das oscilações. Políticas monetárias rigorosas em épocas de superacumulação podem intensificar a desvalorização. A crise com frequência aparece, num primeiro momento, como uma crise monetária, imposta à sociedade por um banco central inflexível e insensível.

Quando o banco central vincula rigidamente o seu dinheiro a um padrão ouro, ele tem muito pouco espaço de manobra. Uma reserva de ouro limitada o obriga a aumentar as taxas de juros a um ponto de usura extrema em uma época em que todos os capitalistas buscam refúgio em dinheiro de alta qualidade. Quando a conversibilidade para o ouro está permanentemente (em oposição a temporariamente) suspensa, a quantidade de dinheiro do banco central e a taxa de juros sobre esse dinheiro podem se tornar instrumentos políticos. A "arte" do banco central está em utilizar esses instrumentos políticos para tentar estabilizar o curso inerentemente instável da acumulação. Ao mesmo tempo, a separação entre dinheiro e ouro por parte do banco central dá origem à possibilidade formal de uma inflação sustentada. Agora vamos abordar mais detalhadamente essa possibilidade.

VII. A INFLAÇÃO COMO UMA FORMA DE DESVALORIZAÇÃO

As fases e as ocorrências de inflação são abundantes na história do capitalismo. Qualquer interpretação geral desse fenômeno tem de ser incorporada em uma completa teoria da determinação do preço. E está claro que os preços podem subir ou cair por diferentes razões[48]. Se nos abstraímos dos vários choques aleatórios dos quais qualquer sistema econômico é herdeiro – as más colheitas, as guerras e seus rumores etc. –, assim como das eternas oscilações de preço do mercado que acompanham o equilíbrio entre demanda e oferta, podemos identificar várias forças que afetam os movimentos nos preços básicos da produção de diversas mercadorias.

A luta concorrencial para adquirir mais-valor relativo deve aumentar a produtividade física e de valor do trabalho e, desse modo, baratear o custo das mercadorias[49]. A expansão da produção em terras mais férteis, a abertura de novas fontes de matérias-primas, a busca de força de trabalho mais barata e mais flexível e a redução nos custos de circulação (particularmente do transporte) se somam a uma ba-

---

[48] Marx é surpreendentemente respeitoso com relação ao estudo pioneiro de Tooke sobre os movimentos do preço – um tema que desde então continua sendo objeto de interesse da história econômica burguesa.
[49] Ibidem, Livro I, cap. 13.

teria de forças que tende a derrubar os preços. Em oposição a estes devem ser colocados os custos elevados associados à exaustão dos recursos naturais, à congestão e a outros obstáculos no aparato da produção, à luta de classes por parte do trabalhador, à monopolização crescente etc. As oscilações de preço são, na análise final, ditadas pelo equilíbrio de forças incrivelmente divergentes e específicas.

Entretanto, a circunstância que estamos considerando aqui tem uma lógica mais simples[50]. A representação de Marx do ciclo da acumulação mostra que os preços diminuem na fase de estagnação, aumentam gradualmente e depois aceleram com rapidez durante a alta. O retorno à base monetária durante o *crash* obriga uma queda aguda nos preços. Se for construída uma base monetária mais flexível que, em vez de estar vinculada à mercadoria monetária, permita a impressão de dinheiro não conversível garantido pelo Estado, então eventuais quedas nos preços naquela ocasião podem provavelmente ser mantidas sob controle.

Aparentemente, tal política parece ser bastante sensível em comparação com o seu oposto, permitindo que os valores das mercadorias sejam pressionados para preservar a integridade do dinheiro de alta qualidade. Mas isso viola a regra de Marx segundo a qual a realização dos valores não pode ser alcançada mediante um simples aumento na oferta de dinheiro (ver capítulo 3). Isso também significa que o dinheiro deve abandonar o seu papel como uma medida do valor do trabalho social. Além disso, a ideia de que as tendências de crises graves do capitalismo, como as descritas no capítulo 7, podem de algum modo ser contidas por tal política parece um tanto absurda. O máximo que pode acontecer é a forma assumida pela crise mudar. Vamos ver de que maneira.

Lembremo-nos, antes de tudo, do que a teoria da superacumulação nos diz. Demasiado capital é produzido em relação às oportunidades de usar esse capital porque os capitalistas individuais, levados pela competição e se esforçando para maximizar seus lucros mediante a exploração da força de trabalho, adotam tecnologias que distanciam a economia de um caminho de acumulação equilibrado. O

---

[50] As teorias da inflação marxistas explícitas são surpreendentemente escassas sobre essa questão. J. Harvey, "Theories of Inflation", *Marxism Today*, jan. 1977, e Robert Rowthorn, *Capitalism, Conflict and Inflation*, cit., são leituras básicas, enquanto O. Jacobi et al. ("Problems in Marxist Theories of Inflation", *Kapitalistate*, 1975) examinam alguns dos problemas que estão ligados a várias abordagens marxistas sobre o assunto. Para análises a partir de ângulos bem diferentes, ver Howard Sherman, *Stagflation: a Radical Theory of Unemployment and Inflation* (Nova York, Harper & Row, 1976); Paul Sweezy e Harry Magdoff, *The Dynamics of U. S. Capitalism* (Nova York, Monthly Review Press, 1972); Suzanne De Brunhoff, *Les rapports d'argent*, cit.; Ben Fine, "World Economic Crisis and Inflation", em F. Green e P. Nore (orgs.), *Issues in Political Economy: A Critical Approach* (Londres, Macmillan, 1979); Paul Mattick, *Economics, Politics and the Age of Inflation* (White Plains, M. E. Sharpe, 1980) e Ernest Mandel, *The Second Slump* (Londres, NLB, 1978).

desequilíbrio é agravado porque os preços da produção, estabelecidos pela equalização na taxa de lucro, dão indicadores errados em relação ao potencial para a produção social de mais-valor. Além disso, o desequilíbrio básico tende a ser obscurecido pela criação necessária de capitais fictícios diante da acumulação real.

Os capitais fictícios e o capital que rende juros neles investido podem ser destruídos no decorrer de uma crise, enquanto a desvalorização pode atingir o capital em qualquer das situações dentro do processo de circulação.

$$D - M \begin{pmatrix} T \\ Mp \end{pmatrix} \ldots P \ldots M' - D' \text{ etc.}$$

Vamos considerar, agora, como uma expansão do dinheiro do banco central se relaciona com tudo isso.

Do ponto de vista do capitalista individual, o primeiro sinal de superacumulação ocorre com a crescente dificuldade de se converterem as mercadorias ou os títulos de propriedade (capitais fictícios) em dinheiro a um preço que permita que a taxa de lucro médio seja realizada. A transição M-D é sempre difícil porque envolve o movimento de um valor de uso (ou título de propriedade) concreto e específico na forma mais geral de poder social que existe – o dinheiro. Essa transição parece ser impedida por uma ausência de demanda efetiva ou, o que vem a significar a mesma coisa, por uma escassez de dinheiro disponível. Os capitalistas individuais e outros agentes financeiros (bancos privados) podem superar essa dificuldade estendendo o crédito. Os capitalistas recebem o dinheiro equivalente às mercadorias vendidas (incluindo aí a taxa de lucro média). A quantidade de dinheiros creditícios de ordem inferior se expande rapidamente. A pressão recai então sobre o banco central, para que este expanda a oferta de dinheiro de alta qualidade. Se o banco central cede a isso, então parece que toda a liquidez pode ser mantida, ao mesmo tempo que todas as barreiras à realização de valores mediante a troca são removidas.

Infelizmente, a questão não é tão simples. O dinheiro emitido pelo banco central pode ser utilizado de várias maneiras. Ele poderia alimentar a circulação do capital fictício e assim aumentar as febres especulativas, ou ser convertido em uma demanda efetiva por mercadorias (em oposição aos títulos de propriedade). Keynes insistia que a última era mais importante para a estabilidade econômica do que a primeira e reivindicava políticas fiscais específicas (em oposição às puras políticas monetárias) para canalizar a demanda efetiva de tal modo que pudesse contribuir para a estabilidade, em vez de exacerbar a tendência para o desequilíbrio. Uma versão simplificada dessa ideia é a seguinte: em termos de depressão, o Estado pode criar uma demanda efetiva por mercadorias manejando um déficit orçamentário que poderia ser coberto por empréstimos do mercado de capitais. Embora a demanda efetiva aumentada resolva o problema da realização na esfera da troca, o aumento na demanda por fundos de empréstimo, na ausência de qualquer aumento correspondente na oferta, vai forçar para cima as taxas de juros, talvez ao ponto da "usura extrema". Isso causa um impacto desastroso nas operações industriais e comerciais (embora não obviamente no capital bancário) e pode forçar a própria desvalorização que as políticas estatais estavam inicialmente destinadas a evitar. Há, então, uma forte pressão para aumentar o dinheiro de alta qualidade para baixar as taxas de juros. O banco central, engajando-se nessa ação, pode ajudar a evitar a desvalorização das mercadorias[51].

Infelizmente, essa estratégia também contribui ao mesmo tempo para a realização do capital fictício. Por exemplo, se ocorre uma atividade especulativa considerável nos títulos de terra, então a demanda efetiva em expansão por moradia mantém essa especulação muito mais viva, ao mesmo tempo que aumenta a demanda por mercadorias como tijolos, madeira etc. Na verdade, o apoio a esse tipo de capital fictício implica que o Estado substitua seu próprio capital fictício (um aumento no estoque de dinheiro garantido pelo Estado) pela massa de capital fictício de propriedade privada que flutua em torno do sistema de crédito. Se isso é ou não uma coisa boa vai depender inteiramente de os valores fictícios assim criados poderem ser realizados nas fases subsequentes da circulação do capital.

Com a negociação bem-sucedida, embora problemática, do vínculo M-D, a carga agora se desloca para o dinheiro, que sofrerá desvalorização se não voltar a circular dentro da sua duração de tempo "normal". Há três possíveis usos para esse dinheiro:

(1) O dinheiro reinvestido na produção deve transpor a divisão

$$M - D \begin{pmatrix} T \\ Mp \end{pmatrix}$$

O crescimento em D aumenta a demanda por força de trabalho e meios de produção e elimina quaisquer excedentes na oferta de ambos. Isso força os preços a subirem, o que, no contexto de uma crise, significa que os custos da produção em parte alguma declinam tanto quanto do contrário declinariam. O

---

[51] Como indica Laurence Harris em "The Role of Money in the Economy", cit., tanto os monetaristas quanto os keynesianos aceitam a mesma teoria básica do dinheiro, que é essencialmente uma teoria da quantidade. As políticas keynesianas sempre contêm uma forte perspectiva monetarista porque o banco central tem de desempenhar o seu papel apropriado para as políticas terem qualquer chance de obter sucesso em curto prazo. O que divide os monetaristas e os keynesianos é o grau de liberdade de ação permitido ao Estado na determinação dos alvos fiscais e monetários.

"impacto tecnológico" em parte alguma é tão vigoroso quanto normalmente seria, e pode haver ainda mais pressão sobre os produtores para continuarem segundo um padrão de ajuste mais característico da fase de expansão do que da retração. Os salários, por exemplo, podem não declinar o suficiente para estimular o retorno às atividades de trabalho intensivo. É improvável que, nessas condições, a composição de valor do capital retorne à sua posição de equilíbrio.

(2) O dinheiro pode ser investido na apropriação, na aquisição de títulos para receitas futuras (terra, ações e quotas, dívida do governo etc.). Os valores fictícios criados pelo Estado simplesmente acabam aumentando a quantidade de capital fictício de propriedade de particulares na economia. O problema da realização desses capitais fictícios mediante a produção é então renovado.

(3) A burguesia desvia uma parte do dinheiro extra para seu próprio consumo. Isso aumenta a demanda de produtos de luxo que, por sua vez, aumenta a demanda de força de trabalho e de meios de produção.

Por isso, o dinheiro extra que o Estado lança em circulação tem, em algum momento, de ser colocado na produção. Isso confirma o achado fundamental de Marx em sua investigação da circulação do mais-valor[52]: a realização na esfera da troca é, no fim, contingente de mais realização no reino da produção.

Daí o argumento básico de Marx que a superacumulação surge porque a inovação tecnológica (incluindo o grau de centralização, a integração vertical etc.) na produção é realizada por processos que garantem que ela seja inconsistente com uma acumulação equilibrada adicional. Nada é alterado com respeito a esses processos pela criação de dinheiro extra na esfera da troca. A impressão de dinheiro não pode resolver o problema. Na verdade, a distorção dos sinais do preço agrava o desequilíbrio. Toda a força do impacto, que faria o sistema retornar a uma posição de equilíbrio medida pela composição de valor do capital, é contida. Outras inovações tecnológicas que desestabilizam o sistema são encorajadas. A tendência para a superacumulação provavelmente será acelerada, em vez de refreada.

Se os capitalistas individuais e outros agentes privados continuarem a estender o crédito um para o outro diante da superacumulação desenvolvida e das quantidades vertiginosas de capital fictício, e se continuarem a ser apoiados pela impressão de dinheiro por parte do banco central, os aspectos já insanos do sistema de crédito podem enlouquecer por completo. O dinheiro garantido pelo Estado irrompe sem qualquer pretensão de atuar como uma medida firme de trabalho socialmente necessário. Se o

---

[52] Karl Marx, *Capital*, Livro II, cit., cap. 17. Cf. neste volume p. 154.

dinheiro exerce pouca disciplina sobre os capitalistas, não há nada, exceto a competição, que os impeça de elevar seus preços arbitrariamente. Eles conseguem lucros na troca apesar da queda na produção de mais-valor real. Essa situação é evidentemente insustentável. Resulta então uma inflação generalizada, e as tendências subjacentes para o desequilíbrio pioram – a menos que forças opostas (como a posição cambial do banco central ou o reconhecimento consciente por parte do banco central de que a disciplina monetária deve ser restaurada) entrem em ação.

O resultado, no entanto, é que a desvalorização das mercadorias pode ser convertida na desvalorização do dinheiro por meio da inflação. Devemos reiterar que esta não é a única forma de inflação que pode existir, e qualquer interlúdio histórico real de forte inflação pode ser a consequência de várias forças diferentes. A inflação do tipo que estamos considerando aqui tem uma interpretação muito específica.

A transformação da desvalorização em inflação ao mesmo tempo envolve a centralização e a socialização do processo de desvalorização que acompanha a superacumulação. Devemos notar que a desvalorização se inicia como um negócio privado (firmas individuais vão à falência; determinadas mercadorias não são mais vendidas) e termina tendo ramificações sociais (desemprego, circulação diminuída das receitas etc.). A inflação é desde o início um negócio social, mas tem consequências privadas e específicas. Por isso, a transformação da desvalorização em inflação tem algumas implicações técnicas, econômicas e políticas que merecem ser exploradas.

Em primeiro lugar, a socialização da desvalorização reduz o impacto de determinados eventos no ritmo básico do ciclo da acumulação. As falências potencialmente prejudiciais das corporações individuais podem ser evitadas ou absorvidas (por meio de "resgates" do governo, por exemplo), e seus custos são disseminados sobre a sociedade como um todo. A possibilidade de que eventos desse tipo conduzam ao *crash* de todo o sistema é muito pequena. Em segundo lugar, a "desvalorização constante" que está ligada à mudança tecnológica (ver capítulo 7) pode ser convertida em uma inflação "moderada" constante que, segundo alguns keynesianos, ajuda a preservar o crescimento equilibrado – a mudança das estruturas de preço proporciona sinais de obsolescência programada e novos investimentos. Em terceiro lugar, oscilações menores no processo de acumulação podem ser controladas e às vezes até manipuladas para fins políticos de curto prazo (um caso destas últimas é o chamado "ciclo de negócios políticos", em que a política monetária é usada para criar uma explosão artificial na economia pouco antes das eleições)[53].

---

[53] Michal Kalecki, em seu *Selected Essays on the Dynamics of the Capitalist Economy*, cit., foi provavelmente o primeiro a identificar a probabilidade de manipulação política do ciclo dos negócios. Raford Boddy e James Crotty, no citado "Class Conflict and Macro-Policy: the Political Business Cycle", retomam essa ideia no contexto de uma teoria do "esmagamento do lucro", que rejeitamos anteriormente (p. 104-7).

Os custos dos surtos moderados de desvalorização, que às vezes golpeiam excessivamente durante o breve espasmo da crise, podem, no entanto, ser atenuados e disseminados como uma onda leve de inflação durante vários anos.

A socialização da desvalorização por meio da inflação também espalha o impacto da superacumulação instantaneamente sobre todas as classes sociais. Mas seus efeitos não são de modo algum igualmente sentidos. As consequências distributivas variam segundo as circunstâncias. Marx apontou, por exemplo, que a depreciação do ouro e da prata nos séculos XVI e XVII "depreciou a classe trabalhadora", assim como os proprietários de terras, em comparação com os capitalistas, e desse modo ajudou a concentrar o poder monetário nas mãos dos últimos[54]. As rendas das "classes não produtivas e daquelas que vivem de rendas fixas" tendem a permanecer "estacionárias durante a inflação dos preços, que anda lado a lado com a superprodução e a superespeculação", e isso "diminui relativamente" seu poder de compra nesses períodos[55]. Aqueles que vivem de rendas fixas continuam ganhando durante a deflação dos preços que ocorre com o retorno da base monetária, mas são atingidos quando a desvalorização se transforma em inflação permanente.

A inflação também tende a redistribuir poder monetário dos poupadores para os devedores, porque estes últimos pagam suas dívidas em moeda depreciada. Entretanto, isto acontecer ou não depende da taxa de juros, que se torna negativa em termos reais quando a taxa de inflação é mais alta que a taxa de juros nominal. Uma taxa de juros real negativa sinaliza a desvalorização geral das poupanças de dinheiro. Se a taxa de juros nominal variar de acordo com os recursos monetários, as poupanças da alta burguesia podem ser preservadas das destruições da inflação, enquanto aquelas da classe trabalhadora podem ser desvalorizadas[56].

Mais importante, a transformação para a inflação permanente permite que os capitalistas atinjam um objetivo há muito acalentado. "A classe capitalista", observa Marx, "jamais resistiria aos sindicatos se pudesse sempre e em todas as circunstâncias fazer o que está fazendo agora como uma exceção [...] testemunhar, beneficiar-se de todo aumento nos salários para elevar ainda muito mais os preços das mercadorias e, desse modo, embolsar lucros maiores"[57]. Essa possibilidade só se torna real quando a disciplina rígida da mercadoria monetária dá lugar às práticas mais livres e flexíveis da criação de papel-moeda não conversível por parte do Estado. Se o Estado cuidar do problema da demanda efetiva e expandir a oferta de dinheiro para manter o seu ritmo, então os capitalistas individuais podem estabilizar

---

[54] Karl Marx, *Grundrisse*, cit., p. 680.
[55] Idem, *Capital*, Livro III, cit., p. 491.
[56] Ibidem, p. 508.
[57] Ibidem, Livro II, p. 340.

suas taxas de lucro diante da queda na produção de mais-valor simplesmente ajustando os preços das mercadorias que produzem. A única limitação em curto prazo do mercado é a competição pelo preço. Na medida em que o monopólio, o oligopólio e os comportamentos de "liderança do preço" se desenvolvem, a competição pelo preço se enfraquece. Por essa razão, a inflação é frequentemente atribuída a práticas corporativas no "capitalismo monopolista". Essas práticas têm importantes impactos secundários, mas a inflação do tipo que estamos considerando aqui tem raízes muito mais profundas na transformação geral da desvalorização das mercadorias em desvalorização do dinheiro.

A luta de classes muda de maneira dramática com a inflação. Os cortes salariais são difíceis de serem impostos diretamente e, caracteristicamente, provocam uma reação direta e concreta por parte da classe trabalhadora. Com a inflação generalizada, os empregadores podem conceder aumentos aos salários monetários nominais e, desse modo, reduzir a intensidade da oposição direta do trabalhador. O que acontece com os salários reais depende inteiramente da taxa de inflação, que os capitalistas individuais podem declarar não ser de sua responsabilidade pessoal. A desvalorização da força de trabalho é então atingida por meio da inflação. Se essa estratégia for bem-sucedida, ela vai permitir que os problemas da superacumulação sejam enfrentados mediante uma taxa de exploração crescente atingida através de uma diminuição dos salários reais. Os mecanismos do ajuste salarial que Marx descreve na "lei geral da acumulação capitalista" (ver capítulo 6) são fundamentalmente alterados. Pode até ser possível administrar os ajustes salariais por meio da inflação, sem a ajuda de um exército industrial de reserva maciço. A importância da chamada "Curva de Phillips" – que descrevia uma permuta entre a inflação e o desemprego – era o fato de ela parecer oferecer aos formuladores de políticas um alvo imediato para a política fiscal e monetária[58].

A luta com relação ao salário nominal é, como resultado, gradualmente convertida em uma luta com relação ao salário real. Os trabalhadores então se veem lutando em duas frentes. Eles buscam cláusulas rígidas do custo de vida nos contratos salariais para impedir que os custos da desvalorização lhes sejam impostos via inflação. Daí deriva uma teoria da inflação impulsionada pelo salário, que responsabiliza os sindicatos insaciáveis pela elevação dos preços. Essa teoria é correta, no contexto teórico que estamos aqui considerando, apenas no sentido de que os tra-

---

[58] A "Curva de Phillips" se refere à observação empírica de que, durante pelo menos alguns anos, existiu um relacionamento inverso entre os aumentos da taxa salarial e o nível de desemprego. Este foi então explorado na proposição teórica geral de que há um acordo entre o nível de desemprego e a inflação. As circunstâncias da década de 1970, quando o desemprego e a inflação aumentaram juntos, questionaram todo o argumento, ver Ben Fine, "World Economic Crisis and Inflation", cit.

balhadores impedem que a superacumulação seja curada mediante uma desvalorização maciça da força de trabalho devida à inflação. Mas os trabalhadores também têm de enfrentar as políticas fiscais e monetárias que permitem, em primeiro lugar, que a desvalorização seja transformada em inflação. A atenção da luta de classes pode se deslocar da confrontação direta entre o capital e o trabalho para a confrontação entre os trabalhadores e o Estado. Este último torna-se um escudo de proteção para os interesses da classe capitalista. Pode até parecer, com uma ajuda não tão sutil da propaganda burguesa, que a inflação tem suas origens no governo ineficiente e ineficaz, em políticas fiscais e monetárias equivocadas. Essa atribuição é correta com respeito à causa imediata. O que ela ignora é a estrutura fundamental das relações de classe que geram, antes de qualquer coisa, crises de superacumulação e desvalorização.

A conversão da desvalorização em inflação parece ter efeitos tanto positivos quanto negativos do ponto de vista do capital. Por um lado, ela pode facilitar a pressão de formas diretas de conflito com relação aos salários e até reduzir o tamanho do exército industrial de reserva necessário para equilibrar a taxa salarial. Também socializa os custos da desvalorização para todas as classes por trás do escudo da política fiscal e monetária realizada pelo Estado. Por outro lado, ela estimula a formação de alianças de classe direcionadas para assumir o poder estatal. A inflação neutraliza o conflito ampliando-o e reconcentrando-o no Estado.

Mas a inflação não pode curar a tendência de superacumulação. Ela até exacerba o problema, atenuando e adiando os impactos. As políticas estatais permitem que uma enorme pressão inflacionária seja exercida, a ponto de se tornar potencialmente explosiva. O peso morto do capital fictício improdutivo é cada vez mais sentido, a posição cambial do banco central progressivamente se enfraquece (provocando a desvalorização da moeda nacional em relação ao dinheiro mundial) e as estruturas de preço tornam-se tão instáveis que perdem sua coerência como um poder coordenador. A racionalização da produção, que é a única solução para a superacumulação, não pode ser adequadamente acionada. Em resumo, o problema da superacumulação não pode ser eliminado pela socialização da desvalorização por meio da inflação.

Nessa visão, é interessante examinar a série de curas propostas para a inflação, as quais apelam para algum tipo de mudança básica no envolvimento do Estado.

Em primeiro lugar, o Estado pode reconstituir uma base monetária rígida para a economia. Embora essa necessidade não esteja ligada a uma mercadoria monetária, ela implica políticas monetárias muito restritivas (que forçam a elevação das taxas de juros), intervendo na estimulação da demanda efetiva por parte do governo e permitindo que as forças brutas do mercado que desvalorizam as mercadorias e a força de trabalho tomem conta da situação. Uma depressão convencional, administrada pelo Estado, realiza o seu trabalho de reestruturação do aparato produtivo, de eliminação dos capitais fictícios excessivos, de disciplina da mão de obra e assim por diante.

Em segundo lugar, o Estado pode ou impor controles salariais e dos preços ou buscar amainar a inflação mediante algum tipo de política de rendas, um "contrato social" com o trabalhador (que em geral significa algum tipo de desvalorização negociada da força de trabalho) e uma estratégia de investimento para a indústria. As intervenções desse tipo, para terem chances de funcionar, devem ser acompanhadas de restrição monetária e fiscal. Os monetaristas argumentam que políticas como esta apenas distorcem os sinais de preço e, assim, destroem qualquer base apropriada para a retomada da acumulação. A teoria marxiana concorda com esse julgamento, exceto na improvável circunstância de que a estrutura de preço seja imperativa e que as estratégias de investimento criadas estabilizem a composição de valor do capital. Isso envolveria uma desvalorização paulatina e organizada do capital e da força de trabalho através da ação das políticas estatais.

Em terceiro lugar, o Estado, unido ao capital, pode procurar acelerar o desenvolvimento das forças produtivas e, desse modo, esperar baixar os preços para compensar a onda inflacionária. Às vezes argumenta-se que o fracasso em aumentar a produtividade está na raiz da inflação. A teoria que adotamos aqui indica que, antes de tudo, é o desenvolvimento descontrolado e desequilibrado das forças produtivas no contexto das relações de classe do capitalismo que provoca a superacumulação. Na medida em que a inflação é uma transformação da desvalorização, ela não pode ser sanada por um programa indiscriminado de aumento da produtividade. O Estado pode tentar mudar a combinação tecnológica (fusões compulsórias, incentivos de impostos especiais para alguns setores, patrocínios à pesquisa e ao desenvolvimento). Mas, para sanar o problema da superacumulação, ele não pode escapar de investigar os custos da desvalorização para alguns segmentos do capital e do trabalho. E soluções desse tipo, na medida em que envolvem a administração direta ou indireta do aparato produtivo por parte do Estado, embora não sejam socialistas, também dificilmente pressagiam um bom futuro para o capitalismo.

Ainda que seja verdade que a desvalorização das mercadorias (incluindo a força do trabalho) possa ser evitada pela inflação no curto prazo, é igualmente verdade que seus problemas não podem ser sanados sem a desvalorização das mercadorias. A teoria marxiana nos diz que, em resposta à superacumulação, o capital pode desvalorizar o dinheiro ou as mercadorias (ou alguma combinação de ambos). Mas só a desvalorização das mercadorias, incluindo a força de trabalho, pode forçar a reestruturação que vai permitir a retomada da acumulação equilibrada.

Talvez não haja melhor testemunho para a irracionalidade básica e fundamental do capitalismo do que aquele de que as escolhas econômicas existentes dentro dos confins de suas relações de classe dominantes são de uma variedade muito restrita e deplorável. A maior e mais ampla escolha é entre preservar essas relações de classes ou eliminá-las, com as contradições às quais elas dão origem.

VIII. O CAPITAL FINANCEIRO E SUAS CONTRADIÇÕES

Há duas concepções de capital financeiro em ação neste capítulo. A primeira é aquela de um *processo* de circulação do capital que rende juros; a segunda, a de um bloco de poder institucionalizado dentro da burguesia. Nenhuma concepção é, em si, totalmente adequada. Devemos agora nos esforçar para reuni-las.

Encarado de maneira superficial, o poder organizado das finanças é impressivo, aparentemente impenetrável e assustador. O sistema financeiro está envolto em um mistério que se origina da sua absoluta complexidade. Ele abrange o mundo intrincado do banco central, das instituições internacionais remotas (o Banco Mundial, o Fundo Monetário Internacional), de todo um complexo de mercados financeiros interligados (bolsas de valores, mercados futuros de mercadorias, mercados hipotecários etc.), de agentes (corretores de valores, banqueiros, atacadistas etc.) e de instituições (fundos de pensão e seguros, bancos mercantis, associações de crédito, bancos de poupança etc.). E, acima de tudo, ele inclui uma série de bancos privados extremamente poderosos (o Bank of America, o Crédit Agricole da França, o Barclays da Grã-Bretanha). Os banqueiros e suas cortes transitam de um lado para o outro entre a Basileia, Zurique, Londres, Nova York e Tóquio. Decisões que claramente afetam o destino de milhões são tomadas em reuniões internacionais, sugerindo que os banqueiros do mundo estão na verdade no controle não apenas da vida dos indivíduos (tanto capitalistas quanto trabalhadores), mas também até das maiores corporações e dos governos mais poderosos. Essa imagem é mais verossímil ainda quando observamos que até mesmo esse aspecto do Estado dedicado à proteção das operações monetárias – o banco central – sempre se esquiva do controle democrático.

O cidadão médio pode ser perdoado por cair em um estado de total terror quando confrontado com a extrema grandeza do poder monetário que reside dentro dessas instituições e da sofisticação da elite que as comanda. O mistério do sistema financeiro e a potência das forças que operam através da sua ação gera uma mística. Essa mística é um campo fértil para teorias da conspiração – conspirações que dividem e governam o mundo, *think-tanks** (como a famosa Comissão

---

* Grupo de pensadores especialistas que se reúnem para debater um determinado assunto. (N. T.)

Trilateral) que buscam estratégias de dominação global, por meio de planos a serem executados por uma aliança poderosa de bancos, gigantes corporativos e seus representantes políticos.

É tarefa da ciência desmistificar tudo isso, revelar a lógica tentadora que corre pelas veias do sistema financeiro, expor a vulnerabilidade interna que está por trás do que, na superfície, é o poder controlador totalmente hegemônico. Essa tarefa requer, para o seu adequado cumprimento, uma mistura sutil de teoria e investigação materialista.

Estudos empíricos sérios geralmente chegam a impasses, afundam em enigmas aparentemente insolúveis. Por exemplo, se uma elite tão inteligente é conspiratoriamente tão poderosa e tem ao alcance das mãos múltiplos e delicados instrumentos com os quais aprimorar a acumulação, como podem ser explicados os deslizes que ocorrem periodicamente? Ou, assumindo outro enfoque, como os financistas podem simultaneamente aparecer como os lúcidos guardiões de um processo de acumulação ordeiro, realizado nos interesses da burguesia como um todo e operando com o capital comum da classe, ao mesmo tempo que claramente se envolvem em apropriações venais e excessivas, especulações insanas e todos os tipos de outras práticas parasíticas que servem apenas para mergulhar a sociedade em paroxismos de caos e desordem?

A concepção do capital financeiro como uma contradição carregada de *fluxo* de capital que rende juros – uma concepção, devemos notar, que é inteiramente consistente com a visão geral do capital de Marx mais como um *processo* do que como uma coisa – ajuda a penetrar nos impasses e solucionar as questões. Ajuda-nos a entender a instabilidade das configurações que surgem quando o "capital financeiro" é considerado um bloco de poder no interior da burguesia ou, o que vem a ser a mesma coisa, a dificuldade experimentada pelos pesquisadores quando buscam, antes de tudo, uma definição consistente de "capital financeiro". Também esclarece mais um tópico inicialmente abordado no capítulo 5: a dinâmica da transformação organizacional do capitalismo. Agora vamos nos aprofundar mais nessas questões.

1. O capital financeiro como uma "classe" de financistas e capitalistas monetários

Aqueles que controlam o fluxo do dinheiro como um poder *externo* à produção ocupam uma posição estratégica na sociedade capitalista. Para essa posição estratégica ser convertida em uma base de poder real, que é uma exigência fundamental capital monetário esteja centralizado em algumas mãos. Essa centralização pode ocorrer de duas maneiras. Primeiro, alguns indivíduos ou famílias extraordinariamente ricos podem acumular a massa do poder monetário da sociedade. Segundo, algumas instituições poderosas podem controlar o poder monetário disperso de inúmeros indivíduos desprovidos de poder. Quando algumas famílias ricas, como os Mellons ou os Rockefellers, possuem grande parte da riqueza monetária e participam intensamente do controle do restante, uma unidade de posse e controle prevalece dentro do centro estratégico da circulação do capital que rende juros. Isso proporciona a primeira definição prática do capital financeiro[59].

Entretanto, a excessiva centralização do poder dentro desse centro estratégico é inconsistente com o exercício apropriado de suas funções de coordenação. A competição dentro do setor financeiro tem de ser mantida para a taxa de juros se ajustar de modo a reagir à acumulação, para o capital monetário fluir livremente e evitar o viés típico imposto pelas práticas monopolistas. Contudo, a forma de competição dentro do setor financeiro varia. Às vezes é manifestada como intensa rivalidade entre os impérios financeiros; às vezes surge dos mecanismos sociais que mantêm ampla dispersão do poder financeiro dentro da burguesia; em outros casos, é ainda garantida pelas exigências legais que restringem algumas instituições a alguns tipos de atividade (financiamento de moradias, por exemplo), delimitam a área geográfica da operação (restrições às filiais interestaduais dos bancos nos Estados Unidos, por exemplo) ou mesmo ditam as condições básicas da administração do portfólio de bens que um tipo específico de instituição financeira pode manter (os fundos de pensão e seguros em geral operam com tais restrições). Há com frequência certa ambiguidade em relação ao local onde o poder monetário realmente reside em um sistema tão fragmentado. Por exemplo, a concentração de moeda de grande parte da riqueza monetária na forma de fundos de pensão tem dado origem a um debate não muito interessante sobre o "socialismo dos fundos de pensão" (a ideia de que a massa das pessoas possui uma grande proporção do capital fictício da sociedade através das poupanças das pensões) e a uma batalha real e muito intensa pelo controle do poder monetário que os fundos de pensão representam. Do mesmo modo, a acumulação de grande parte da riqueza monetária nas mãos de alguns não significa necessariamente que esses poucos controlem ativamente o uso desse dinheiro. Eles podem evitar se arriscar dispersando sua riqueza em uma extensa variedade de instituições que operam independentemente deles.

Por outro lado, a total fragmentação e descentralização do sistema financeiro é também prejudicial. A qualidade do papel-moeda é mais bem garantida por um banco central com poderes monopolistas. O fracasso em centralizar o poder financeiro também atua como uma barreira à conversão de dinheiro em capital, assim

---

[59] Lenin ponderou se essa definição seria suficiente em um determinado momento; ver Lloyd Churchward, "Towards the Understanding of Lenin's Imperialism", cit. Essa definição prática está por trás da perspectiva de Robert Fitch e Mary Openheimer em "Who Rules the Corporations?", cit.

como à subsequente acumulação, na medida em que esta depende da centralização do capital. A rápida reorganização do capitalismo em sua forma corporativa e de conglomerado – passos que, no capítulo 5, vimos serem necessários para a perpetuação do capitalismo – poderia não ter sido viabilizada sem uma simultânea mudança na sua capacidade de centralizar o poder monetário.

Por isso, a tensão entre a centralização e a descentralização é tão evidente dentro do bloco do poder financeiro quanto o é em outros lugares (ver capítulo 5). Isso é evidenciado de várias maneiras. Por exemplo, ajuda a explicar por que os Estados Unidos exibem um sistema financeiro extremamente descentralizado e aparentemente caótico (preservado por uma estranha miscelânea de legislação fragmentada, promulgada por uma burguesia que tem espasmodicamente buscado se contrapor à ameaça da excessiva centralização), ao mesmo tempo que é caracterizado por imensas concentrações de riqueza monetária entre algumas famílias que operam através de algumas instituições financeiras de larga escala[60]. Isso ajuda a explicar também por que os bancos simultaneamente competem um com o outro em algumas áreas, ao passo que em outras formam alianças, consórcios e, de tempos em tempos, tramas conspiratórias para reunir uma concentração suficiente de poder monetário para lidar com os aspectos de larga escala e de longo prazo do financiamento da acumulação. Os realinhamentos em eterna mudança, tanto das estruturas institucionais quanto das práticas financeiras, criam muita confusão. Vistas como expressão material da tensão subjacente na circulação do próprio capital que rende juros, as confusões e contradições têm mais sentido. Elas são simplesmente aparências superficiais da exigência fundamental de se equilibrar a centralização e a descentralização dentro do sistema financeiro.

2. O CAPITAL FINANCEIRO COMO A UNIDADE DO CAPITAL BANCÁRIO E INDUSTRIAL

A concepção de capital financeiro adiantada por Hilferding e em geral aceita por Lenin é aquela da unidade do capital bancário e do capital industrial. A unidade é seletiva no sentido de que são apenas os grandes bancos e as grandes empresas industriais que constituem a base para a delimitação do capital financeiro como um bloco de poder distinto. Por essa razão, o conceito de capital financeiro, em particular na opinião de Lenin, a certa altura se funde de maneira imperceptível e indiscriminada com aquele do capitalismo monopolista em geral.

---

[60] G. William Domhoff, *The Powers That Be: Processes of Ruling-Class Domination in America* (Nova York, Random House, 1978), e Jonathan Zeitlin, "Craft Control and the Division of Labour: Engineers and Compositors in Britain, 1890-1930", *Cambridge Journal of Economics*, 1974, proporcionam informações detalhadas sobre esse ponto.

A unidade do capital bancário e industrial, se é que ela existe, é certamente uma unidade tensa. É óbvio, evidentemente, que as grandes corporações não podem conduzir seus negócios sem o uso extensivo dos serviços bancários e que os bancos estão desesperadamente ansiosos para comandar os vastos fluxos de dinheiro gerados pelas grandes corporações. Nesse sentido, o capital bancário e o capital corporativo em larga escala são necessários um ao outro e existem em uma relação simbiótica um com o outro. Se isso é tudo o que significa a unidade do capital bancário e do capital industrial, então não há problema. Mas tanto Hilferding quanto Lenin querem dizer algo mais: ambos afirmam que a unidade é uma unidade prática, que domina o processo de acumulação e subdivide o mundo em regiões de subordinação ao poder coletivo de alguns poucos grandes bancos e corporações.

A análise do capital financeiro como um fluxo revela a unidade e o antagonismo subjacentes entre as operações financeiras e de produção de mais-valor. O ciclo da acumulação – assumindo-se que não haja intervenções ativas do Estado – sugere um equilíbrio de poder cambiante entre o capital industrial e o capital bancário no decorrer do ciclo. O equilíbrio cambiante reflete o peso relativo das expressões de valor da mercadoria *versus* o dinheiro dentro do processo de acumulação. Nas fases iniciais da expansão industrial, o capital está no comando porque o que conta são as mercadorias. Durante as fases posteriores à explosão, os interesses industriais e financeiros se unem para promover uma expansão dos valores das mercadorias baseada no crédito. Na crise, o dinheiro é tudo, e os bancos aparecem para controlar inteiramente os destinos dos capitalistas em suas mãos, pois as mercadorias em excesso não podem ser convertidas em dinheiro. Mas os próprios bancos podem também naufragar se a demanda por dinheiro de alta qualidade (ouro ou dinheiro do banco central) exceder em muito a oferta. Nas profundidades da crise, o poder está nas mãos daqueles que detêm o dinheiro de último recurso.

O ciclo da acumulação é muito modificado por eventos contingentes e intervenções externas – em particular aquelas do governo. Mas os padrões cambiantes da unidade e do antagonismo entre o capital na forma de mercadoria e de dinheiro não são eliminados. Eles são simplesmente transformados em novas configurações. Continuam a constituir a base para a relação de poder cambiante entre o capital industrial e o capital bancário. Em outras palavras, os arranjos organizacionais e institucionais, juntamente às práticas dos agentes econômicos, têm de ser vistos como um produto do processo de acumulação que não pode proceder de outra maneira, exceto mediante a oposição eterna entre o dinheiro e as mercadorias dentro da unidade do capital como "valor em movimento". A concepção do capital financeiro como uma unidade do capital industrial e do capital bancário não é em princípio condenável, contanto que a unidade seja vista como uma unidade que internaliza tensão, antagonismo e contradição.

Isso deixa aberta a questão da maneira pela qual as contradições são internalizadas dentro de estruturas organizacionais particulares. Considere, por exemplo, um conglomerado corporativo de larga escala. Muitas operações financeiras são internalizadas dentro da empresa e aparentemente unidas com a produção em um todo integrado. Essa aparência de unidade é enganosa. Da mesma maneira que as grandes corporações são obrigadas a internalizar os mecanismos de competição para sobreviver (ver capítulo 5), elas são também obrigadas a manter as finanças separadas da produção. Isso abre a perspectiva de conflitos *dentro* da corporação – conflitos que se relacionam diretamente com o antagonismo entre o capital na forma de dinheiro ou de mercadorias. Entretanto, a unificação do controle proporciona à empresa estratégias alternativas para sobreviver em épocas de crise ou para expandir em épocas de crescimento acentuado. As manobras financeiras – aquisições, fusões, alienação dos bens patrimoniais etc. – são tão importantes quanto o compromisso com as operações de produção. Por isso, a luta pela sobrevivência entre as corporações assume uma dimensão totalmente nova. Mas o problema subjacente não é desse modo alterado. Se todas as corporações procurarem sobreviver por meio de manobras puramente financeiras, sem aumentar ou reestruturar a produção, então o capitalismo não vai durar muito neste mundo. A aparência da luta se modifica, assim como as estruturas institucionais e organizacionais, mas o fundamental não muda.

O debate um tanto acrimonioso sobre se os bancos controlam as corporações ou as corporações controlam os bancos deve ser encarado sob uma luz parecida[61]. O que realmente constitui controle não está de modo algum claro. As definições formais (determinada porcentagem das ações, por exemplo) raramente captam as práticas que estão constantemente mudando. E, na medida em que o processo de acumulação invariavelmente produz fases que são longas em relação às mercadorias e curtas em relação ao dinheiro e vice versa, temos de antecipar as eternas mudanças na relação de poder entre o capital industrial e o capital bancário. Desse ponto de vista, colocar os líderes corporativos nos conselhos dos principais bancos e indicar presidentes de banco para diretores de corporações parece uma tentativa inútil de estabelecer uma unidade organizacional diante de um processo repleto de contradições.

Mas estaríamos errados em encerrar as questões neste ponto. Os padrões de controle cambiantes das corporações por parte dos bancos, ou dos bancos por parte das corporações, têm também de ser vistos como parte de um eterno processo de sondagem de uma forma organizacional que aumente a capacidade de sobrevivência do capitalismo diante de suas próprias contradições internas. Exatamente

---

[61] Ver o intercâmbio entre Robert Fitch e Mary Openheimer, "Who Rules the Corporations?", cit., e Paul Sweezy, "The Resurgence of Financial Control: Fact or Fancy?", cit.

da mesma maneira que as eternas oscilações nos preços do mercado são fundamentais para o estabelecimento de valores de equilíbrio, também as eternas oscilações no equilíbrio do controle entre os banqueiros e as corporações são essenciais para se conseguir essa relação de equilíbrio entre as finanças e a produção de mais-valor que é mais apropriada em um determinado momento do processo de acumulação. A "classe" que ocupa o centro estratégico que une as finanças e a produção pode ser claramente definida em uma dada situação, mas esta seria certamente uma configuração instável devido às pressões e às exigências contraditórias que aí operam[62].

Por isso, a concepção unitária de capital financeiro sugerida por Hilferding tem de ser julgada como demasiado unilateral e simplista, porque ele não trata da maneira específica que a unificação do capital bancário e do capital industrial internaliza uma contradição insuperável. O máximo que ele consegue fazer é afirmar em termos muito gerais, não específicos, que o capital financeiro não pode superar as contradições do capitalismo, servindo apenas para aumentá-las. O que ele não consegue explicar é exatamente como e por que isso é necessariamente assim.

3. O CAPITAL FINANCEIRO E O ESTADO

No âmbito do banco central, o capital financeiro, embora definido, se integra diretamente com uma parte do aparato estatal. Mas o Estado tipicamente afeta e se relaciona com a circulação do capital que rende juros em um espectro de atividades bem mais amplo do que este. Ele estabelece a estrutura legal e institucional e com frequência designa os canais extremamente diferenciados através dos quais o capital que rende juros circula nas diferentes atividades, como na dívida do consumidor, no financiamento de moradias, no desenvolvimento industrial e em coisas semelhantes. Com frequência regula os fluxos pelos diferentes canais, determinando os diferenciais da taxa de juros ou as alocações diretas do crédito. O grau de centralização ou descentralização da riqueza e do controle monetário também é extremamente sensível às políticas de taxação fiscais e redistributivas do Estado, assim como às estratégias monetárias que afetam a inflação. O próprio Estado absorve uma porção do fluxo do capital que rende juros na forma de dívida estatal, e no processo cria capital fictício com algumas qualidades (que podem ser mais ou me-

---

[62] Por isso sou extremamente favorável à definição de capital financeiro apresentada por G. Thompson em "The Relationship Between the Financial and Industrial Sector in the United Kingdom Economy", *Economy and Society*, 1977, p. 247, como "uma combinação articulada de capital comercial, capital industrial e capital bancário" dentro da qual o capital bancário é *dominante*, mas não *determinante*.

nos diferenciadas segundo a unidade ou ação governamental que está realizando o empréstimo – por exemplo, a dívida do governo dos Estados Unidos é qualitativamente diferente da dívida da cidade de Nova York). E no centro desse sistema intrincado está o banco central, com todos os seus poderes em relação à qualidade do dinheiro nacional.

Uma parte do aparato do Estado é inteiramente captada no processo de circulação do capital que rende juros. Há um aspecto, e somente *um* aspecto, do Estado que não pode ser considerado sequer *relativamente* autônomo do capital, porque é necessariamente construído à imagem do próprio movimento do capital. Os administradores desse aspecto do aparato do Estado administram a circulação do capital que rende juros e funcionam como "o comitê executivo da burguesia", não importa qual seja a sua afiliação política. Assim, uma necessária unidade é estabelecida entre uma parte do aparato do Estado e os capitalistas, industriais e financistas monetários que do mesmo modo participam da circulação do capital que rende juros. Vista de fora, parece que uma parte do Estado conspira diretamente com os interesses industriais e financeiros. Uma nova definição do capital financeiro vem à tona: uma definição em que os três interesses estão unificados[63].

Essa unidade contém uma contradição, além da potencialidade para transformação. Marx declara que o sistema de crédito "requer a interferência do Estado" ao mesmo tempo que socializa o capital e centraliza o controle no trabalho social. O capital socializado, submetido à regulação e ao controle do Estado, é o produto inevitável do crescimento do capitalismo. Por isso, o sistema de crédito constitui "a forma de transição para um novo modo de produção"[64].

Nossa atenção fica imediatamente concentrada no antagonismo existente no interior da unidade da circulação geral do capital que rende juros. Afinal, o banco central tem a tarefa nada invejável de disciplinar os industriais e os banqueiros errantes e penalizá-los por seus inevitáveis excessos na corrida para acumular e captar os benefícios da acumulação. Com frequência emerge o conflito aberto, particularmente em tempos de crise, entre o aparato do Estado, necessariamente exercendo poderes disciplinadores, e todas as outras facções do capital. Esse conflito existe até mesmo em Estados em que o poder político está claramente nas mãos da burgue-

---

[63] Rudolf Hilferding, na prática, tende a incluir o Estado em sua teoria do capital financeiro, pois a unidade do capital bancário e do capital industrial é conseguida dentro do Estado-nação. Tal formulação cria problemas, porque as finanças internacionais são às vezes de base nacional e às vezes supranacional em sua forma de organização. A conexão entre as finanças e o Estado tem evidentemente uma natureza muito complexa – ver Suzanne De Brunhoff, *The State, Capital and Economic Policy*, cit., e John Holloway e Sol Picciotto, *State and Capital: a Marxist Debate*, cit.

[64] Karl Marx, *Capital*, Livro III, cit., p. 438-41.

sia. A capacidade para a regulação e o controle do capital, embora nos interesses da classe capitalista como um todo, reside necessariamente no interior do aparato do Estado. Parece então que um movimento da classe trabalhadora pode dominar o capital caso ele consiga obter o controle do centro estratégico no interior do aparato estatal. Mas então o outro lado da moeda imediatamente se torna evidente. Na medida em que uma parte do aparato do Estado é mero reflexo do próprio capital, até mesmo um governo socialista (como muitos descobriram por sua própria conta) não pode fazer mais do que se esforçar para realizar uma administração mais eficaz do fluxo carregado de contradições do capital que rende juros. Certamente, ajustes aqui e ali, tanto nas estruturas institucionais quanto na direção e na quantidade dos fluxos, podem trazer benefícios aos trabalhadores. Mas os limites dessas redistribuições estão estritamente circunscritos pela necessária unidade que também prevalece na circulação do capital que rende juros. Para o Estado escapar de uma posição de conluio com o capital, bastará a total abolição dessa forma de circulação. Isso falhando, a luta de classes é internalizada dentro do Estado devido à obrigação dupla de servir ao fluxo do capital que rende juros e ao mesmo tempo se esforçar para satisfazer as necessidades dos trabalhadores.

Independentemente de quais sejam as circunstâncias, o Estado nunca pode ser encarado como um parceiro não problemático do capital industrial e do capital bancário dentro de um bloco de poder dominante. As contradições inerentes que infestam a circulação do capital que rende juros são frequentemente externalizadas como uma oposição entre o Estado (particularmente o banco central), o capital industrial e o capital bancário. Por isso, o papel do Estado é sempre enigmático e ambivalente. Nem mesmo um Estado puramente capitalista, governado por e para a burguesia, pode se esquivar dessas contradições.

Tudo isso se torna ainda mais problemático quando projetado para o cenário internacional. O banco central, como guardião da qualidade do dinheiro nacional, entra em relações com outros bancos centrais para constituir o básico do sistema monetário internacional, mesmo quando esse sistema é firmemente baseado em uma mercadoria monetária como o ouro. Então, as reservas de ouro e a posição cambial internacional do Estado-nação afetam materialmente a capacidade do banco central de reagir às dificuldades internas da acumulação do capital dentro de suas fronteiras. Mas o Estado também assume alguns poderes para regular os fluxos de capital – nas mercadorias, no dinheiro e até de forma variável mediante tarifas protecionistas, controles do câmbio e políticas de imigração. E as relações entre os Estados certamente não podem ser discutidas independentemente da competição econômica, política, cultural e militar entre eles.

O que intrigava Hilferding e Lenin, é claro, era a conexão entre o capital financeiro, o Estado e as rivalidades interimperialistas. Hilferding se concentra na unidade entre o capital industrial e o capital bancário dentro da estrutura de poder do Estado – as contradições internas desaparecem. Os blocos de poder unificados concentrados nos Estados nacionais lutam entre si pela dominação mundial. Lenin assume a linha de análise de Hilferding dos poderes imperialistas "básicos". Mas também se baseia em Hobson, que encarava as operações financeiras como um meio independente para controlar os governos do mundo. O capital financeiro, escreveu Lenin, é uma força tão "decisiva em todas as relações econômicas e em todas as relações internacionais, que é capaz de sujeitar, e na verdade sujeita, a si mesmo até os Estados que desfrutam da mais plena independência política". Isso só pode ocorrer se o fluxo do capital que rende juros alcançar um aspecto supranacional, acima das meras relações de poder entre os Estados. Os governos contraem dívidas fora de suas fronteiras e, por isso, são sujeitos a certa disciplina fiscal e monetária, não importa se esta é exercida por poderosos banqueiros internacionais (como os Rothschild e os Baring no século XIX, ou consórcios de bancos privados e agências supranacionais como o Fundo Monetário Internacional atualmente). O comportamento das economias nacionais pode também estar sujeito à disciplina dos fluxos internacionais, particularmente de capital monetário. O capital financeiro, afirmou Lenin, é aquele estágio em que o capital "expande a sua rede sobre todos os países do mundo" através da exportação de capital financeiro, em vez de produtos.

A qualidade enigmática da relação entre o capital financeiro e o Estado torna-se aqui prontamente aparente. Embora o aparelho estatal constitua a base do centro de controle estratégico para a circulação do capital que rende juros, este último é ao mesmo tempo livre para circular de maneira a disciplinar os distintos Estados-nação para o seu propósito. O Estado é controlado e controlador em sua relação com a circulação do capital[65]. Qual força domina depende da circunstância. Mas ali, como em toda parte, os desequilíbrios têm de ser concebidos como oscilações eternas em torno de um ponto de equilíbrio que se move entre forças opostas. O equilíbrio é aquela configuração na relação entre os poderes e o capital financeiro do Estado que pode manter o sistema capitalista em seu caminho precariamente evolucionário. A não preservação desse equilíbrio, diante de forças incrivelmente poderosas que eternamente o perturbam, só pode impelir o sistema capitalista para uma crise global que necessariamente invoca a força dos Estados capitalistas econômicos, políticos e militares que competem entre si. A guerra aparece como um meio para resolver as contradições internas do capitalismo (ver p. 552-9).

---

[65] O estudo de Nicolai Bukharin, "Imperialism and the Accumulation of Capital", cit., sobre *Imperialism and the World Economy* explora muito esse ponto e merece um estudo cuidadoso.

Algumas questões essenciais de serem colocadas aqui estão, infelizmente, além do escopo imediato da análise: entretanto, o ponto que eu quero ressaltar é que a relação entre o capital financeiro (não importa como concebido) e o Estado está assentada sobre uma contradição dentro de uma unidade. Qualquer análise do Estado e das relações de poder entre os Estados deve compreender a natureza e a origem das contradições e colocar esse entendimento no centro do seu interesse.

IX. O "SEGUNDO RECORTE" NA TEORIA DA CRISE: A RELAÇÃO ENTRE A PRODUÇÃO, O DINHEIRO E AS FINANÇAS

O "primeiro recorte" na teoria da crise (capítulo 7) revelou sua origem dentro da produção. Dada a unidade contraditória que necessariamente prevalece entre a produção e a troca, as crises inevitavelmente encontram expressão na troca. O capital pode aparecer aqui como mercadoria ou como dinheiro. Como o dinheiro é a forma independente por meio da qual a identidade do valor pode "ser constatada"[66], as crises devem ter uma expressão monetária. As análises do crédito e da circulação do capital que rende juros, da formação dos capitais fictícios e de todas as outras complicações financeiras e monetárias que têm sido tema dos dois últimos capítulos adicionam uma dimensão totalmente nova à teoria da formação e da expressão da crise no capitalismo. Estamos agora em uma posição de assumir um "segundo recorte" na teoria da crise – uma posição que se esforça para integrar os aspectos financeiros e monetários das coisas com a análise anterior das forças que contribuem para o desequilíbrio na produção.

No momento, limitaremos nossa atenção ao capitalismo no interior de um país ou, o que vez a ser a mesma coisa, de uma economia capitalista mundial caracterizada por um único sistema monetário indiferenciado. O fato mais singular com o qual temos de lidar é a maneira pela qual o sistema de crédito articula o capital como o capital comum da classe, com a potencialidade de se contrapor a esses comportamentos errantes dos capitalistas individuais que são uma fonte fundamental do desequilíbrio na produção. A isso podemos então acrescentar todos aqueles poderes vitais que permitem a coordenação da produção com a realização *e* o consumo *e* a distribuição. O sistema de crédito aparentemente detém poder suficiente para se opor à tendência de desequilíbrio na produção. Esse poder não pode ser aplicado diretamente, mas deve ser transmitido via preço e outros sinais na esfera da troca.

A existência desses poderes não garante que eles serão usados. Na verdade, nos anos iniciais do capitalismo a apropriação privada dos benefícios a serem advindos do uso

---

[66] Karl Marx, *O capital*, Livro I, cit., p. 230.

do capital comum da classe foram tão predominantes que o sistema de crédito foi o foco de crises especulativas que irromperam de um modo relativamente independente do desequilíbrio na produção. Essas crises especulativas têm efeitos substanciais; elas podem impor uma pressão sobre a produção de mais-valor e perturbar o curso da acumulação. Então parece que a única origem das crises está nas manipulações financeiras. Marx tem boas razões para rejeitar essa interpretação. Não obstante, a teoria do "segundo recorte" da crise deve sempre permitir explosões especulativas relativamente autônomas na formação de capital fixo e de fundos de consumo, nas vendas de terra, nos preços das mercadorias e futuros de mercadorias (incluindo aqueles de mercadorias monetárias como o ouro e a prata) e em ativos de papel de todos os tipos. Essas febres especulativas não devem ser necessariamente interpretadas como manifestações diretas de desequilíbrio na produção: elas não só podem como ocorrem por sua própria conta. Mas Marx demonstra que elas efervescem na superfície de processos muito mais profundos que contribuem para o desequilíbrio. Ele também nos mostra que a superacumulação cria condições maduras para essas febres especulativas, de tal modo que uma concatenação dessas últimas quase invariavelmente assinala a existência da primeira. A dificuldade aqui é libertar a superfície efervescente da eterna especulação dos ritmos mais profundos da formação de crise na produção.

A análise do ciclo de acumulação pavimenta o caminho para uma visão mais integrada da relação entre os fenômenos financeiros e a dinâmica da produção. Ela mostra como as contradições internas dentro da produção se manifestam na troca como uma oposição entre as formas de dinheiro e de mercadoria do valor que elas então se tornam, via a ação do sistema de crédito, um antagonismo direto entre o sistema financeiro e sua base monetária. Esse último antagonismo forma então a rocha sobre a qual a acumulação finalmente se sustenta. A análise aparece para descrever um ciclo de acumulação que opera na ausência de atividade especulativa estranha. Não é esse o caso. A formação do capital fictício é essencial para toda a dinâmica, e o quanto ou o que dele é estranho só pode ser determinado depois que a crise realizou o seu trabalho de racionalização. Constata-se então que a superfície da especulação é tão essencial para a dinâmica da acumulação quanto os movimentos de preço são essenciais para a formação dos valores.

Isso concentra a atenção no defeito mais importante na ideia de um ciclo de acumulação – defeito este que levou Marx a enterrar a noção num conjunto de formulações tão tentativas e fragmentárias que eu posso com justiça ser acusado de lhe impingir uma ideia que ele não defendia de fato. Eu me refiro à maneira a-histórica em que o ciclo é especificado. Cada ciclo se parece com qualquer outro (ver a seção V) e, por isso, parece retornar o sistema capitalista ao seu *status quo ante* depois que a crise cumpriu o seu curso. Isso dificilmente se ajusta à preocupação de Marx com as leis de movimento que governam a evolução histórica do capitalismo, a menos que estejamos preparados para ver este último realizado no decorrer de sucessivos ciclos de acumulação. E, nesse caso, nossa interpretação de como funciona o ciclo da acumulação deve ser devidamente ajustada.

Do ponto de vista da longa evolução do capitalismo, o ciclo da acumulação opera então como o meio em que processos de transformação social muito mais profundos são atingidos. Para que o capitalismo sobreviva, esses processos devem, ao menos temporariamente, aliviar a tensão subjacente entre as forças produtivas e as relações sociais. No entanto, se a relação de classe básica permanece inalterada, as contradições são meramente deslocadas e recriadas em um plano diferente. O ciclo da acumulação proporciona o "espaço aberto" dentro do qual as forças produtivas e as relações sociais podem se ajustar entre si. A atividade especulativa associada à expansão permite a experimentação individualizada e privada de novos produtos, novas tecnologias (incluindo formas organizacionais), novas infraestruturas físicas e sociais, e até culturas, configurações de classe e formas de organização e luta de classes totalmente novas. Essa agitação atomística da experimentação cria muita coisa supérflua e efêmera, mas ao mesmo tempo assenta a base material para fases posteriores de acumulação. É esse aspecto da especulação que Marx ignora. O *crash* racionaliza e reestrutura a produção de modo a eliminar elementos estranhos – tanto velhos quanto novos. Também disciplina todos os outros aspectos da vida social para as exigências da *classe* capitalista e, portanto, tipicamente estimula algum tipo de resposta organizada ou não organizada, não somente por parte do trabalhador (o que é óbvio), mas também por parte de várias facções afetadas dentro da burguesia. Este é o momento para a inovação *imposta pela classe*, mais do que individualmente alcançada, apoiada se necessário pela repressão. O *New Deal* de Roosevelt se ajusta com exatidão a essa interpretação. O efeito final deve ser retornar às forças produtivas e às relações sociais para alguma posição de equilíbrio a partir da qual o processo da acumulação pode ser renovado.

Marx descreve um processo análogo em sua representação esquemática de como um modo de produção se transforma em outro:

> Nenhuma ordem social é jamais destruída antes que todas as forças produtivas para as quais ela seja suficiente tenham sido desenvolvidas, e novas relações de produção superiores nunca substituem as antigas antes que as condições materiais para a sua existência tenham amadurecido dentro da estrutura da antiga sociedade. Por isso, a humanidade só se impõe as tarefas que é capaz de resolver, pois o exame mais detalhado vai sempre mostrar que o próprio problema só surge quando as condições materiais para sua solução já se encontram presentes ou pelo menos em formação.[67]

---

[67] Idem, *A Contribution to the Critique of Political Economy*, cit., p. 21.

A capacidade para se transformar a partir de dentro torna o capitalismo um animal um tanto peculiar – como uma espécie de camaleão, eternamente mudando suas cores; como uma cobra, periodicamente trocando a sua pele. O estudo da circulação do capital que rende juros lança luz sobre os meios materiais concretos em que essas transformações internas são lavradas. Vemos que a circulação do capital em geral deve necessariamente assumir, a certa altura, uma nova aparência: aquela da circulação do capital que rende juros. Esta é a crisálida da qual o capital financeiro emerge como uma força controladora organizada, repleta de contradições internas e caracterizada por uma instabilidade crônica. A emergência não é um negócio abstrato, mas envolve a criação de novas instrumentalidades e instituições, novas facções, configurações e alianças de classe, e novos canais para a circulação do próprio capital. Tudo isso é parte e parcela da necessária evolução do capitalismo.

Mas para o poder do sistema de crédito ser mobilizado como uma força para neutralizar o desequilíbrio na produção, ele também deve ser transformado em um instrumento inequívoco do poder de classe, não no sentido de que ele caia nas mãos desta ou daquela facção de capitalistas, mas de que ele deve ser exercido de tal maneira que garanta a reprodução do capital frente à acumulação. O Estado então assume o encargo de garantir a reprodução do capital mediante políticas fiscais e monetárias, executadas pelo banco central e por vários outros ramos do aparato do Estado. A vantagem de invocar outros aspectos do aparato estatal, em vez de depender apenas do banco central para defender a qualidade do dinheiro nacional, é que acaba por proporcionar a capacidade de responder ao desequilíbrio na produção estruturando uma série de sinais e poderes do mercado dentro do sistema de crédito como uma força mitigadora. Vimos na seção VI como isso pode transformar a expressão imediata da crise de desvalorização das mercadorias em desvalorização do dinheiro. O "segundo recorte" da teoria da crise deve abraçar ativamente essa possibilidade.

Mas enquanto o alvo da política do Estado pode ser inequívoco, os meios para atingi-lo são de uma qualidade bastante diferente. A inflação não atinge a reestruturação requerida na produção e manipula o resultado do ciclo da acumulação de maneiras importantes que pouco provavelmente compensarão em longo prazo o desequilíbrio na produção. O alvo da política do Estado tem de ser então organizar a reestruturação, organizar o que se espera ser uma crise *controlada*. Essa estratégia encontra duas barreiras. Em primeiro lugar, a luta de classes (não apenas entre o capital e o trabalho, mas também entre as várias facções do capital industrial, comercial, bancário etc.) torna-se internalizada dentro do aparelho do Estado com todas as formas de efeitos imprevisíveis. Em segundo lugar, a experiência sugere que o grau de controle é inversamente proporcional ao sucesso da empresa. A inovação e a reestruturação burocratizadas são um processo menos vigoroso e menos viável para desenvolver novas formas de capitalismo do que a versão do "mercado livre" (esboçada na seção V). Sua única virtude, é claro, é o fato de isso permitir que os piores aspectos do *crash* sejam controlados.

Existe um considerável debate nos círculos marxistas sobre se as crises devem ser encaradas como questões cíclicas temporárias, culminando talvez no desenlace da catástrofe capitalista, ou como declínios seculares de longo prazo, caracterizados pela degeneração gradual e a fraqueza diante das explosivas contradições internas. O "segundo recorte" da teoria da crise diferencia entre *crashes* periódicos, que são sempre o catalisador para a transformação interna do capitalismo (e talvez, finalmente, para a transição para o socialismo), e os problemas de longo prazo que surgem com a transformação irreversível das configurações na circulação do capital, na formação de classe, nas forças produtivas, nas instituições etc. Estas últimas, como observou Marx, são fortemente afetadas pela crescente socialização do próprio capital, primeiro via a ação do sistema de crédito e, finalmente, através de intervenções socialmente necessárias por parte do Estado. O caráter dos *crashes* periódicos é também transformado. Em vez de serem o efeito social agregado de um processo essencialmente atomístico, individualizado, desde o início se tornam uma questão social. O Estado, tendo em vista suas políticas, torna-se responsável pela criação do que espera que seja uma "recessão controlada" que terá um efeito de longo prazo de colocar a acumulação de volta nos eixos.

As opções para a transformação interna do capitalismo tornam-se cada vez mais limitadas, confinadas a inovações dentro do próprio aparato do Estado. E quando o limite da capacidade do Estado para administrar de forma criativa a economia é alcançado, o uso crescentemente autoritário do poder do Estado – tanto sobre o capital quanto sobre o trabalho (embora em geral com efeitos bem mais devastadores sobre o último) – parece ser a única resposta. As crises abrangem a estrutura local, institucional e política da sociedade capitalista e sua resolução depende cada vez mais do desdobramento do poder militar e repressivo. Toda a problemática da transformação do capitalismo – seja por meios evolucionários ou revolucionários – é alterada. Os problemas e as perspectivas para a transição para o socialismo mudam dramaticamente.

Essas mudanças assumem um significado ainda mais extremo quando abandonamos a concepção de um sistema fechado e consideramos os aspectos internacionais da formação da crise. O poder disciplinador do "dinheiro mundial" – ainda que ele esteja constituído – e as relações complexas entre os diferentes sistemas monetários tornam-se o pano de fundo para a mobilidade do capital e do trabalho no cenário mundial. As crises desemaranham-se quando Estados rivais, controlados por diferentes sistemas monetários, competem uns com os outros sobre quem vai suportar o peso da desvalorização. A luta para exportar a inflação, o desemprego, a capacidade produtiva ociosa, as mercadorias em excesso etc. torna-se o centro da política nacional. Os custos das crises são disseminados diferentemente segundo o poder financeiro, econômico, político e financeiro dos Estados rivais. A guerra, como Lenin insiste, torna-se uma das potenciais soluções para a crise capitalista (um meio de desvalorização esplêndido e imediato mediante a destruição). O imperialismo e o neocolonialismo, assim como a dominação financeira, tornam-se uma questão central na economia global do capitalismo. Abordaremos tais questões no capítulo 13.

11. A TEORIA DA RENDA

A teoria da renda, é justo dizer, perturbou profundamente Marx. Ele procurou realizar "uma análise científica da renda fundiária e da forma econômica específica da propriedade da terra tendo por base o modo de produção capitalista" em sua "forma pura, isenta de todas as irrelevâncias distorcidas e confusas"[1]. Mas seus escritos sobre o assunto, todos publicados postumamente, são em sua maioria pensamentos incipientes escritos no processo da descoberta. Como tais, eles frequentemente parecem contraditórios. As formulações nas *Teorias do mais-valor* diferem substancialmente das poucas passagens aprimoradas n'*O capital*, ao passo que sua análise nesta última obra, embora extensiva e com frequência penetrante, é prejudicada por algumas dificuldades que não cedem facilmente à mágica do seu toque. O resultado é uma boa quantidade de confusão e uma controvérsia imensa e continuada entre aquelas poucas almas audazes que tentaram abrir caminho pelo campo minado de seus escritos sobre o assunto[2].

---

[1] Karl Marx, *Capital*, Livro III, cit., p. 624.
[2] V. I. Lenin em *The Development of Capitalism in Russia*, cit., e Karl Kautsky em *La question agraire* (Paris, Maspero, 1970 [ed. bras.: *A questão agrária*, São Paulo, Nova Cultural, 1986]) (ver também o resumo em inglês de Jairus Banaji, "Summary of Selected Parts of Kautsky's *The Agrarian Question*", em *Economy and Society*, 1976) são os dois clássicos pós-Marx. Estudos interessantes mais recentes são os de Pierre-Philippe Rey, *Les alliances de classes* (Paris, Maspero,1973), Gilles Postel-Vinay, *La rente foncière dans le capitalisme agricole* (Paris, Maspero, 1974), e Keith Tribe, "Economic Property and the Theorization of Ground Rent", *Economy and Society*, 1977, e *Land, Labour and Economic Discourse*, cit., todos os quais assumem uma linha muito crítica contra o que eles consideram ser os erros mais graves de Marx. Michael Ball, em "Differential Rent and the Role of Landed Property", *International Journal of Urban and Regional Research*, 1977, e Ben Fine, em "On Marx's Theory of Agricultural Rent", *Economy and Society*, 1979, apresentam questões

A renda, na análise final, é simplesmente um pagamento feito aos proprietários pelo direito de usar a terra e seus pertences (os recursos nela incorporados, os prédios nela construídos etc.). A terra, concebida nesse sentido muito amplo, evidentemente tem tanto valor de uso quanto valor de troca. Então, será que ela tem também um valor? Se tem, como a existência desse valor pode ser conciliado com as teorias do valor que se baseiam no tempo de trabalho incorporado (como a de Ricardo) ou, no caso de Marx, no tempo de trabalho socialmente necessário?

As melhoras incorporadas na terra são, certamente, resultado do trabalho humano. Casas, lojas, fábricas, estradas e assim por diante podem ser produzidas como mercadorias e, por isso, tratadas como valores no curso da circulação mediante o ambiente construído (ver capítulo 8). Um componente da renda pode então ser tratado como um caso especial de juros sobre o capital fixo ou sobre o fundo de consumo. A parte da renda que gera o problema é o simples pagamento da terra bruta, independente das melhorias a ela incorporadas. Marx se refere a esse componente como *renda fundiária*. A seguir, a menos que de outro modo especificado, trataremos a renda fundiária como renda e assumiremos que o juro sobre as melhorias é explicado de outra forma.

Evidentemente, Marx insiste que os pagamentos de aluguel não são feitos à terra e que as rendas não crescem do solo. Pagamentos desse tipo são feitos aos proprietários e seriam impossíveis sem a troca geral de mercadorias, a plena monetização da economia e todas as armadilhas legais e jurídicas da propriedade privada na terra. Mas ele também está consciente de que essa base legal nada decide e que toda a explicação da renda tem de tornar compatível um pagamento feito ostensivamente à terra com uma teoria do valor que se concentra no trabalho.

Marx conseguiu ver muito claramente onde Ricardo havia se equivocado ao buscar respostas para essa questão. Mas não conseguiu descobrir completamente como superar a mesma dificuldade. Ele tinha um forte preconceito em admitir os fatos da distribuição no cerne da sua teorização e era fortemente inclinado a tratar a renda como uma simples relação de distribuição e não de produção. Mas as relações de distribuição podem, como demonstra o caso do juro, ocupar papéis de coordenação estratégica dentro do modo de produção capitalista. A circulação do

---

muito mais próximas da intenção original de Marx. Matthew Edel, em "Marx's Theory of Rent: Urban Applications", *Kapitalistate*, 1976, examina proveitosamente as tentativas recentes para encontrar aplicações urbanas para os conceitos de Marx, mas não trata das contribuições francesas sobre esse assunto – ver Alain Lipietz, *Le tribut foncier urbain* (Paris, Maspero, 1974), Christian Topalov, *Les promoteurs immobiliers* (Paris, Mouton, 1974) e M. Dichervois e B. Théret, *Contribution à l'étude de la rente foncière urbaine* (Paris, Mouton, 1979). Uma boa história das teorias burguesas da renda pode ser encontrada em Joseph Keiper et al., *Theory and Measurement of Rent* (Filadélfia, Chilton Co., Book Division, 1961).

capital que rende juros não produz valor diretamente, mas ajuda a coordenar a produção de valor excedente (repleto, é claro, de todas as suas contradições). Então, será que a circulação do capital em busca da renda poderia desempenhar um papel de coordenação análogo? Vou tentar mostrar mais adiante que uma resposta positiva a essa questão está profundamente enraizada nos escritos de Marx, que a circulação "adequada" do capital mediante o uso da terra e, por isso, todo o processo de moldagem de uma organização espacial "apropriada" das atividades (repleta de contradições) estão ajustados ao funcionamento dos mercados fundiários, que por sua vez se baseiam na capacidade de se apropriar da renda. Como o capital que rende juros, a apropriação da renda tem papéis positivos e negativos a desempenhar em relação à acumulação. Suas funções de coordenação são adquiridas à custa de permitir formas insanas de especulação da terra. Mas tal argumento é dificilmente perceptível nos textos de Marx, e ele parece extremamente relutante em admitir qualquer papel positivo para o proprietário de terra no capitalismo.

Seus dilemas aqui podem em parte remontar à sua luta eterna com a economia política clássica. Os ricardianos descreviam os senhores de terra como parasitas, como remanescentes inúteis e supérfluos da era feudal. Malthus concedeu-lhes um papel mais positivo, como consumidores e, portanto, como uma fonte de demanda efetiva. Onde Marx se colocaria em tudo isso? Ele obviamente não queria se colocar no campo de Malthus. Como poderia se distanciar de Ricardo sem parecer apoiar Malthus? Por isso, coloca-se abertamente do lado de Ricardo. Mas isso então lhe apresenta um dilema. Por um lado, ele não pode tratar o senhor de terra como um agente parasítico, puramente passivo, apropriando-se do mais-valor sem dar nada em troca; por outro, apresenta uma base teórica para a apropriação continuada da renda no capitalismo e para a reprodução social de uma classe distinta de proprietários. Quando ele considera a propriedade da terra nesse último aspecto, é difícil evitar a conclusão de que a renda envolve algo mais que uma simples relação de distribuição e que existe algum tipo de relação de produção dentro ou por trás dela.

É claro que ele sabia muito bem que a propriedade da terra desempenhava um papel vital naquela inicial "distribuição que determina a produção" que separava o trabalho dos meios de produção na terra. Mas também oculta a suspeita de que "a propriedade da terra difere de outros tipos de propriedade, pois parece supérflua e prejudicial em determinado estágio do desenvolvimento, até mesmo do ponto de vista do modo de produção capitalista"[3]. Por trás do ambíguo verbo "parece" está a ideia mais assertiva de que isso na verdade poderia acontecer. E essa visão adquire alguma força quando ele constrói sua justificativa. Se a relação de classe dominante

---

[3] Karl Marx, *Capital*, Livro III, cit., p. 622.

é aquela entre o capital e o trabalho, então "as circunstâncias sob as quais o capitalista por sua vez compartilha uma parte do [...] mais-valor que ele captou com uma terceira pessoa, não trabalhadora, são apenas de importância secundária"[4]. E, se isso não for suficientemente explícito, ele mais adiante fala da "redução *ad absurdum* da propriedade em terra" e da total separação do proprietário de terra do controle da terra como uma das "grandes realizações do modo de produção capitalista"[5].

Poderíamos muito bem imaginar, é claro, o que impele o capital a compartilhar seus frutos com um grupo social tão reduzido. Entretanto, mais perturbador ainda, lemos na mesma página que a renda do solo é aquela "forma em que a propriedade na terra [...] produz valor" e, ainda mais surpreendentemente, que "temos aqui, então, todas as três classes – os trabalhadores assalariados, os capitalistas industriais e os senhores de terra constituindo juntos, e em sua oposição mútua, a estrutura da sociedade moderna". E este último pensamento é comentado no capítulo sobre "classes", que Engels coloca no fim d'*O capital*. Parece muito estranho de ser dito, no término de um trabalho que desenvolveu uma interpretação da dinâmica do capitalismo tendo por base a relação de classe entre o capital e o trabalho, que na verdade três classes constituam a "estrutura da sociedade moderna".

Em que sentido, então, a propriedade da terra "produz valor" quando a própria terra, por definição, não é uma fonte de valor? E qual é a exata posição de classe dos proprietários de terra dentro de um modo de produção capitalista desprovido de todas as "irrelevâncias distorcidas e confusas"? A renda opõe a propriedade da terra aos capitalistas, aos trabalhadores ou a ambos? A apropriação da renda, em suma, envolve a exploração de quem, e por quem[6]?

As respostas a essas perguntas são muito difíceis de localizar devido a um mundo de aparências que faz parecer que vários fatores de produção – a terra, o trabalho e o capital – são dotados de poderes mágicos que os transformam em fonte de valor. Marx, como se poderia esperar, é o mais mordaz possível ao tratar dessas noções fetichistas[7]. Entretanto, ele também admite que é "natural" para os produtores "se sentirem completamente à vontade nas formas alienadas e irracionais do juro sobre o capital, do arrendamento da terra, dos salários do trabalhador, pois estas são exatamente as formas de ilusão em que eles se movem e encontram sua ocupação diária". Os produtores individuais podem se permitir cuidar apenas do lucro que obtêm sobre e acima do que pagam em salários, juros, renda e capital constante[8]. A

---

[4] Idem, *Theories of Surplus Value*, cit., parte 2, p. 152.
[5] Idem, *Capital*, Livro III, cit., p. 618.
[6] Pierre-Philippe Rey (*Les alliances de classes*, cit., p. 25) apresenta o problema dessa maneira.
[7] Karl Marx, *Theories of Surplus Value*, cit., parte 3, p. 453-540; *Capital*, Livro III, cit., cap. 38.
[8] Ibidem, p. 830-5.

renda que pagam é suficientemente real, e sua reação ao que na verdade pode ser uma categoria fetichista tem efeitos bastante reais que têm de ser considerados. Munido da teoria do valor, é fácil remover os fetichismos necessários que caracterizam a experiência diária, mas as questões não param por aí. E o desafio teórico é definir uma teoria da renda da terra coerente com a estrutura da própria teoria do valor. Essa é a tarefa imediata que se tem à mão.

Abordarei o problema em estágios. Começarei pelo valor de uso da terra. Este pode ser considerado como um ponto de partida um pouco incongruente, mas não constitui risco se for bem entendido que as qualidades materiais estão sendo aqui examinadas em seu aspecto social. Vou depois examinar o papel da propriedade da terra na história do capitalismo para tentar identificar a forma realmente capitalista da posse da terra. As duas primeiras seções lançam as bases e o necessário pano de fundo para a dissecação das formas de renda, o papel contraditório da propriedade da terra no modo de produção capitalista e as consequentes lutas distribucionais que surgem entre o capitalista e o proprietário de terra. A última seção considera a propriedade da terra como uma forma de "capital fictício" que opera em mercados de terra e tenta, tendo isso por base, uma plena justificativa para a existência da renda do solo em virtude das funções de coordenação que ele exerce na alocação da terra para usos e na moldagem da organização geográfica de modos que reflectem a competição e são receptíveis à acumulação. Esses papéis positivos da propriedade da terra têm consequências negativas. Mas a base social para os proprietários de terra como uma facção do capital em geral fica com isso definida.

I. O VALOR DE USO DA TERRA

A terra e o trabalhador constituem "os mananciais de toda a riqueza"[9]. Em seu estado virgem, a terra é o "objeto universal do trabalho humano", a "condição original" de toda produção e o repositório de uma variedade aparentemente infinita dos potenciais valores de uso "espontaneamente proporcionados pela natureza"[10]. Entretanto, essa concepção universal só é útil na medida em que indica as condições que o capital deve enfrentar ou modificar. O valor de uso da terra e de seus pertences tem de ser considerado em relação ao modo de produção capitalista.

As pessoas privadas podem, segundo as leis da propriedade privada, adquirir poderes de monopólio "sobre porções definidas do globo, como esferas exclusivas

---

[9] Ibidem, Livro I, p. 574.
[10] Ibidem, p. 256; *Theories of Surplus Value*, cit., parte 2, p. 43-4.

de sua vontade privada com a exclusão de todas as outras"[11]. Como a terra é monopolizável e alienável, ela pode ser arrendada ou vendida como uma mercadoria. Surgem algumas circunstâncias em que os direitos claros da propriedade privada são difíceis de estabelecer – o ar, movendo a água e os peixes que ali nadam, por exemplo. Não vamos considerar esses problemas aqui.

A própria terra também não é um bem não reprodutível. Ao contrário, alguns valores de usos (mas nem todos) nela incorporados são não apenas reproduzíveis, mas podem ser criados mediante a produção de mercadorias (fábricas, aterros, casas, lojas etc.). A quantidade de terra de um Estado adequada a determinados tipos de atividade humana pode ser alterada mediante a criação de valores de uso no ambiente construído. Mas a quantidade total de terra na superfície da terra não pode ser significativamente aumentada ou diminuída mediante a ação humana (embora a recuperação do mar possa ser importante no âmbito local).

Quando vamos além desses pontos muito genéricos, uma série de distinções sutis surge entre, por exemplo, valores de uso totalmente "naturais" e aqueles criados pela ação humana, ou o uso da terra ativamente para a produção e a extração versus a terra usada simplesmente como um espaço[12]. Marx declara que a propriedade da terra "exige o seu tributo" em todos esses sentidos. Entretanto, temos de partir de algum lugar, e então vamos começar com a última dessas distinções.

1. A TERRA COMO A BASE PARA A REPRODUÇÃO E A EXTRAÇÃO

Os valores de uso que a terra contém podem ser extraídos (como acontece com os minerais), mobilizados na produção como "forças da natureza" (a energia eólica e hidráulica, por exemplo) ou utilizados como a base para reprodução contínua (como na agricultura e na silvicultura). Nos dois primeiros casos podemos designar os valores de uso como *condições* ou *elementos* da produção. A agricultura é de alguma forma especial. A terra aqui não apenas supre um estoque de nutrientes a serem convertidos pelo cultivo das plantas e pela pecuária em alimentos e diversas matérias-primas, mas também funciona como um *instrumento* ou *meio de produção*. O processo da produção está parcialmente incorporado *dentro* do próprio solo[13].

---

[11] Idem, *Capital*, Livro III, cit., p. 615.
[12] Ibidem, p. 774.
[13] A terminologia de Marx nem sempre é consistente. Ele se refere de várias formas à terra, como uma *condição de produção*, uma *precondição para a produção*, um *elemento da produção*, um *elemento dentro do qual a produção ocorre*, um *instrumento* ou *meio de produção* (*Theories of Surplus Value*, cit., parte 2, p. 43, 48, 54, 245; *Capital*, Livro III, cit., p. 774). O que ele tinha em mente em relação a essas distinções está mais bem ilustrado pela seguinte passagem: "A renda agrícola real [...] é aquela que é paga pela permissão de investir capital [...] *no elemento terra*. Aqui a terra é o ele-

A condição material não é a base para a apropriação da renda. Grande parte da análise de Marx da renda agrícola está dedicada a atacar essa concepção equivocada e explicar como ela pode surgir. A distinção entre os meios de produção *produzidos* e não *produzidos* sugere uma base válida para uma distinção entre o lucro sobre o capital (encarado como meio de produção produzido) e a renda da terra (considerada como um meio de produção não produtivo). Esta é, como declara Marx, uma das mais difundidas de todas as ilusões dentro da economia política burguesa[14]. Ela implica que "as rendas crescem do solo" e que a terra tem valor mesmo que não seja o produto de trabalho humano – proposições que são tão inconsistentes com a teoria do valor de Ricardo quanto são com aquela de Marx. Mas observamos como tal ilusão pode surgir. Marx declara, em contraste, que o principal traço da propriedade da terra no capitalismo é a total separação da "terra como um instrumento de produção na propriedade em relação ao proprietário"[15]. Somente o capital comanda os meios de produção, não importando se esses meios estão incorporados no solo ou na fábrica. Isso presume, é claro, que as formas intermediárias da propriedade (como o direito de propriedade do camponês) deram lugar a um modo de produção puramente capitalista sobre a terra (ver a seção II, mais adiante).

Os valores de uso na terra e sobre a terra são "dons gratuitos da natureza" e variam em grande parte em sua quantidade e qualidade. Por isso, a produtividade física da força de trabalho varia segundo circunstâncias naturais, que são monopolizáveis e não reprodutíveis. O mais-valor relativo (lucros excedentes) pode ser acumulado pelos capitalistas com acesso aos valores de uso de qualidade superior – recursos minerais facilmente extraídos, poderosas "forças da natureza" ou terra dotada de fertilidade natural superior. Entretanto, o mais-valor relativo é um *dispositivo permanente*, em comparação com o caso normal em que só é atingido transitoriamente por meio de uma vantagem tecnológica efêmera[16]. Essa distinção é importante no entendimento da base para a renda.

---

mento da produção". Como tal, ela pode ser encarada como uma forma de capital constante (seja ele fixo ou circulante). "As forças da natureza que são pagas", no caso do arrendamento de prédios, quedas d'água etc., "entram na produção como uma *condição*, seja como poder produtivo ou como *sine qua non* [pelo que Marx evidentemente se refere ao espaço puro e simples], mas não são o *elemento* em que esse ramo particular da produção é realizado. Mais uma vez, nos arrendamentos de minas, minas de carvão etc., a terra é o reservatório, de cujas entranhas os valores de uso serão dilacerados. Nesse caso, o pagamento é feito pela terra, não porque ela é o *elemento* em que a produção deve ocorrer, como na agricultura, não porque ela entra *na* produção como uma das condições da produção, como no caso das quedas d'água ou do local construído, mas porque é um reservatório que contém os *valores de uso*" (*Theories of Surplus Value*, cit., parte 2, p. 245).

[14] Idem, *Capital*, Livro III, cit., p. 825.
[15] Ibidem, p. 618.
[16] Idem, *Theories of Surplus Value*, cit., parte 2, p. 95.

A ilustração que Marx apresenta é instrutiva. Um capitalista usa uma queda d'água (que não é um produto do trabalho humano), enquanto outro usa o carvão (um produto do trabalho humano) para fornecer energia às máquinas. Qualquer capitalista pode se dirigir ao mercado e adquirir carvão e máquinas. Mas a queda d'água "é uma força da natureza monopolizável que [...] está apenas sob o comando daqueles que têm à sua disposição determinadas porções da terra e seus pertences". Além disso, os fabricantes que possuem quedas d'água estão em posição de "excluir aqueles que não as possuem de utilizar essa força natural, porque a terra, e particularmente a terra dotada de energia hidráulica, é escassa"[17]. Esses fabricantes estão em posição de receber lucros extras eternamente em virtude das vantagens naturais das quais desfrutam. Os proprietários de terra podem se apropriar desses lucros excedentes e convertê-los em rendas fundiárias sem de modo algum diminuir o lucro médio.

O nível do lucro excedente (e, em consequência, da renda) é fixado pela diferença entre a produtividade individual e a produtividade e o preço da produção médios prevalecentes na indústria. Deve ser enfatizado que a força natural "não é a fonte do lucro excedente, mas sua base natural", e os lucros excedentes existiriam mesmo sem sua conversão em renda fundiária. A circulação do capital, e não a propriedade da terra, é o fator ativo nesse processo. Entretanto, se o preço médio da produção cair abaixo desse alcançável, mesmo com a ajuda dos "dons gratuitos" da Natureza, então este último se tornará inútil (da maneira em que os motores a vapor eliminaram a roda hidráulica). Por isso, a "permanência" dos lucros excedentes deve ser julgada em relação aos processos gerais da mudança tecnológica.

Isso nos evoca a questão geral da modificação das "forças naturais" pela ação humana. O solo é capaz de modificação de maneiras muito importantes para a produtividade agrícola. Essa forma de mudança tecnológica no solo como meio de produção tem algumas características muito peculiares. Ela em geral só pode ser realizada lentamente – um fato que na visão dos relatos de Marx é responsável pelo menos em parte pelo ritmo relativamente lento da mudança tecnológica na agricultura em comparação com a indústria[18]. Não obstante, o capital "pode ser fixado na terra, nela incorporado de uma maneira transitória, seja mediante melhorias na natureza química, na fertilização etc., ou, mais permanente, como nos canais de drenagem, nos trabalhos de irrigação, nivelação, construções rurais etc."[19]. Esse capital é chamado de *capital fundiário*, uma forma particular de capital fixo que circula e é supostamente utilizada da maneira normal (ver capítulo 8). Esse capital fixo deve acumular o juro mínimo.

---

[17] Idem, *Capital*, Livro III, cit., 645.
[18] Idem, *Theories of Surplus Value*, cit., parte 2, p. 93-66.
[19] Idem, *Capital*, Livro III, cit., p. 619.

Considere, agora, as implicações desses investimentos para a fertilidade do solo. A fertilidade, devemos começar observando, "sempre implica uma relação econômica, uma relação com o nível de desenvolvimento químico e mecânico na agricultura e, por isso, muda com o nível de desenvolvimento". A fertilidade pode ser otimizada "por uma melhoria criada artificialmente na composição do solo ou por uma mera mudança nos métodos agrícolas"[20]. Considere a primeira dessas duas possibilidades. Duas peculiaridades imediatamente se destacam. Investimentos bem-sucedidos têm a capacidade de criar um ao outro e de gerar melhorias permanentes. Investimentos bem-sucedidos no maquinário, ao contrário, não têm esse efeito. Na verdade, as revoluções tecnológicas na indústria com frequência envolvem a desvalorização de equipamentos antigos. As melhorias do solo não são sujeitas a desvalorização da mesma maneira. O solo, "se adequadamente tratado, melhora o tempo todo"[21]. Por isso, as circunstâncias que destroem as capacidades produtivas da terra não são comparáveis àquelas que reinam na indústria[22].

A segunda peculiaridade surge porque a melhoria permanente em um pedaço de terra em geral significa criar "tais propriedades como se pertencessem naturalmente a alguns outros pedaços de terra em outros lugares"[23]. O capital cria em um lugar condições de produção que são dádivas gratuitas da natureza em outros. O limite entre o juro sobre o capital e a renda sobre a terra parece um tanto indistinto até o investimento ser amortizado, quando qualquer melhoria permanente se torna um bem livre e, portanto, em princípio não diferente de dádivas gratuitas da natureza. "Por isso, a produtividade da terra produzida pelo capital mais tarde coincide com sua produtividade 'natural', e por isso aumenta a renda." Nessa área, Marx se opõe à visão de Ricardo de que a renda é um pagamento pelos "poderes originais e indestrutíveis do solo", porque esses poderes são tanto o produto da história quanto da natureza.

2. Espaço, lugar e localização

A renda é aquele conceito teórico mediante o qual a economia (de qualquer tipo) tradicionalmente enfrenta o problema da organização espacial. Mostraremos mais adiante que a renda proporciona uma base para várias formas de controle social sobre a organização social e o desenvolvimento do capitalismo. Isso pode acontecer porque a terra serve não apenas como um meio de produção, mas tam-

---

[20] Ibidem, p. 651.
[21] Ibidem, p. 781.
[22] Ibidem, p. 813.
[23] Ibidem, p. 746.

bém como uma "fundação, como um lugar e um espaço que proporciona uma base de operações" – o espaço é requerido como um elemento de *toda* produção e atividade humana[24].

Marx não cuidou sistematicamente do valor de uso do espaço, mas há várias referências a ele espalhadas por toda a sua obra. Seu tratamento dele n'*O capital*, por exemplo, é baseado no puro bom senso, sem apelo a nenhuma teoria particular do espaço. Mas alguns princípios teóricos estão indicados: exatamente quais é uma questão que tem confundido e dividido aqueles preocupados com o problema desde então[25]. As dificuldades são mais aparentes que reais. Sua solução está prontamente à mão quando voltamos aos conceitos básicos de valor de uso, valor de troca e valor.

Lembre-se de que um valor de uso "não é uma coisa feita de ar", mas limitada pelas "propriedades físicas das mercadorias". As propriedades espaciais de localização, situação, forma, tamanho, dimensão etc. devem ser revistas, primeiramente, como atributos materiais de todos os valores de uso sem exceção. E poderíamos, se quiséssemos, igualar todos os objetos "sob o aspecto do espaço", distingui-los "como pontos diferentes no espaço" e examinar as relações espaciais entre eles[26]. Mas as propriedades materiais dos valores de uso "só chamam a nossa atenção na medida em que afetam a utilidade [...] das mercadorias". No fim, o que conta é o aspecto social dos valores de uso. Mas não conseguimos entender esse aspecto social dos valores de uso no capitalismo independentemente da troca e da formação dos valores.

---

[24] Ibidem, p. 774, 781.

[25] De todos os principais escritores marxistas, Henri Lefebvre (p. ex., *La production de l'espace*, Paris, Anthropos, 1974) tem sido de longe o mais persistente em seu esforço para incorporar uma dimensão espacial no pensamento marxiano. Alain Lipietz (*Le capital et son espace*, Paris, Maspero, 1977) tenta uma "espacialização" mais convencional da teoria da acumulação, enquanto um número especial da *Review of Radical Political Economics* (v. 10, n. 3, 1978) sobre o desenvolvimento regional desigual aborda temas similares. Tem surgido considerável controvérsia, particularmente entre os geógrafos, sobre o problema do "fetichismo espacial" – fazendo as relações sociais entre as pessoas se parecerem com as relações entre locais ou espaços. Embora todos os marxistas possam concordar em princípio que as relações de classe são de fundamental importância, ainda surge o problema de como e quando é útil considerar os antagonismos entre as categorias especiais, como zona urbana e zona rural, cidade e subúrbio, países desenvolvidos *versus* "terceiro mundo" etc., como importantes atributos do capitalismo (ver Richard Peet, "Spatial Dialectics and Marxist Geography", *Progress in Human Geography*, 1981, v. 5, p. 105-10; N. Smith, "Degeneracy in Theory and Practice: Spatial Interactionism and Radical Eclecticism", *Progress in Human Geography*, 1981, v. 5, p. 111-18; Edward Soja, "The Socio-Capital Dialectic", *Annals of the Association of American Geographers*, 1980, v. 70, p. 207-25 [ed. bras.: "A dialética socioespacial", em *Geografias pós-modernas: a reafirmação do espaço na teoria social crítica*, Rio de Janeiro, Zahar, 1993, cap. 3]).

[26] Karl Marx, *Theories of Surplus Value*, cit., parte 3, p. 143.

Observamos, então, que as mercadorias "têm de ser levadas ao mercado" para a troca (embora a comercialização dos títulos possa ocorrer em um local), e isso, afinal, envolve um movimento físico no espaço. Este último é essencial para a formação dos preços. Na medida em que a troca se torna geral e é aperfeiçoada, a circulação das mercadorias "explode mediante todas as restrições em relação ao tempo, ao local e aos indivíduos". Os preços formam o que reflete as condições da produção em diversos lugares em condições variadas de trabalho concreto. O processo da troca está, em suma, eternamente se abstraindo das especificidades do lugar por meio da formação do preço. Isso pavimenta o caminho para a conceituação dos valores independem do lugar. O trabalho abstrato incorporado em lugares particulares sob condições concretas específicas é uma média social extraída de todas as localizações e condições.

A acumulação do capital envolve a expansão do valor no decorrer do tempo. À primeira vista pareceria que o espaço pode ser seguramente deixado de lado em uma análise desse tipo. Entretanto, desprovida do seu ponto de referência material tanto nos valores de uso quanto no dinheiro, a acumulação só poderia ser representada idealmente, em vez de materialmente. O eixo em torno do qual gira sempre a análise, como vimos no capítulo 1, é a relação entre o valor de uso, o valor de troca e o valor. O truque, então, é colocar o nosso entendimento das propriedades espaciais materiais dos valores de uso em movimento, juntamente com os conceitos do valor de troca e do valor. O significado das propriedades espaciais dos valores de uso em seu aspecto social pode ser então ser desvendado. A seguir, daremos alguns passos tentativos nesse caminho.

A posse da propriedade privada na terra confere poder exclusivo a pessoas privadas sobre algumas porções do globo. Isso envolve uma concepção *absoluta* do espaço, uma das propriedades mais importantes do que é um princípio de individuação estabelecida mediante a exclusividade da ocupação de uma determinada porção de espaço – duas pessoas não podem ocupar exatamente o mesmo lugar nesse espaço e serem consideradas duas pessoas diferentes[27]. A exclusividade do

---

[27] Espaço absoluto, em física, refere-se a uma "visão de contêiner" de um espaço que é imutável, interminável e inalterável. Na prática, isso se reduz a postular um conjunto de coordenadas fixas por meio das quais a matéria se move. Argumentei em outro trabalho (David Harvey, *Social Justice and the City*, Londres, Edward Arnold, 1973, p. 13) que o espaço não é "em si nem absoluto nem relativo nem relacional, mas pode se tornar um e tudo simultaneamente, dependendo das circunstâncias. O problema da própria conceituação do espaço é resolvido mediante a prática humana com respeito a ele". Ainda sustento essa opinião. No caso que está sendo aqui considerado, encaramos propriedade privada ou outras divisões territoriais como unidades fixas por meio das quais o capital circula. A conceituação do espaço absoluto faz sentido porque é como a propriedade privada na terra é expressada.

controle sobre o espaço absoluto não está confinada a pessoas privadas, mas se estende aos Estados, às divisões administrativas e a qualquer outro tipo de indivíduo jurídico. A propriedade privada na terra, na prática em geral registrada mediante levantamento cadastral e mapeamento, estabelece claramente a porção da superfície da terra sobre a qual indivíduos privados têm poderes monopolistas exclusivos.

Quando os produtores de mercadorias levam seus produtos para o mercado, eles os movem por um espaço que pode ser mais bem definido como *relativo*[28]. Nessa concepção do espaço, o princípio da individuação se fragmenta porque muitos indivíduos podem ocupar a mesma posição em relação a algum outro ponto – mais que um produtor pode estar exatamente a dez milhas do mercado, por exemplo – enquanto a métrica que prevalece dentro do espaço pode também ser alterada dependendo da circunstância; as distâncias medidas em custo ou tempo não são iguais uma à outra, e ambas são muito diferentes das distâncias físicas (ver capítulo 12).

Os produtores em localizações mais favorecidas ("mais favorecidas", nesse caso, diz respeito a custos de transporte mais baixos) podem ganhar um excedente de lucro. Esse excesso de lucro, como as diferenças na fertilidade natural, deve ser encarado num primeiro momento como permanentemente fixo em comparação com a forma transitória usual do mais-valor relativo associada à vantagem tecnológica efêmera. Por isso aqueles que possuem terra em locais favorecidos podem converter os excessos de lucros em renda fundiária sem afetar a taxa de lucro média.

Mas como o espaço é usado por todos – não apenas pelos produtores – temos de considerar as implicações dos lugares "mais favorecidos" do ponto de vista de todas as formas de atividade humana, incluindo aquelas do consumo. Quando deixamos o reino da estrita produção de mercadorias, pode entrar em jogo uma ampla série de circunstâncias sociais e fortuitas. Afinal, as preferências de consumo da burguesia não são inteiramente previsíveis, pois elas são moldadas por gostos mutáveis, pelos caprichos da moda, por noções de prestígio etc. Entretanto, a aparente incoerência pode ser um pouco reduzida se as implicações para a mercadoria força de trabalho forem rapidamente esclarecidas. Segundo a regra geral de Marx sobre os custos de transporte, o custo da reprodução e, portanto, o valor da força de trabalho, é sensível ao custo de ir e voltar do trabalho. Se todos os trabalhadores recebem uma taxa salarial fixa, aqueles que vivem em "locais favorecidos" têm uma relativa vantagem sobre aqueles que vivem mais distante. Se o salário é estabelecido

---

[28] A visão relativa do espaço dominou o espaço absoluto newtoniano durante mais ou menos cem anos na física, mas os geógrafos e outros cientistas sociais captaram a ideia em um tempo relativamente recente (David Harvey, *Explanation in Geography*, Londres, Edward Arnold, 1969, cap. 13). Marx, como sempre, esteve notavelmente à frente do seu tempo ao reconhecer claramente a relatividade do espaço com respeito aos processos de troca.

em um nível necessário para garantir a reprodução do trabalhador que vive mais longe (como pode às vezes acontecer em condições de escassez de mão de obra), todos os outros trabalhadores recebem um salário um pouco acima do valor. Em consequência disso, aqueles que são proprietários de terra podem converter o excesso do salário em renda fundiária sem de modo algum perturbar o valor da força de trabalho. É importante distinguir casos desse tipo de renda exorbitante e outras formas secundárias de exploração exercidas por parte dos senhores de terra sobre os trabalhadores que ocupam suas propriedades. No último caso, é claro, a renda fundiária é suplementada por uma dedução do valor da força de trabalho exatamente da mesma maneira que os interesses fundiários poderosos podem, em certas circunstâncias, ganhar rendas excessivas à custa do lucro do capitalista.

O caso da força de trabalho ilustra que nós podemos, pelo menos em princípio, investigar cada uma das múltiplas atividades diferentes no capitalismo, descobrir a base racional de cada uma e os princípios de localização que as guia, e assim estabelecer a base para os pagamentos de arrendamento em diferentes linhas de atividade. Algumas – como a venda por atacado, a venda a varejo e as funções monetárias e financeiras – são mais propensas do que outras ao tratamento nessa base – por exemplo, a localização de funções administrativas, religiosas, "ideológicas" e científicas. Entretanto, na análise final, o valor de uso de uma determinada localização não pode ser entendido independente das variadas necessidades de toda uma série de atividades com as quais Marx estava apenas perifericamente interessado e que, por isso, ele excluiu da sua análise[29].

A apropriação de renda tendo por base a localização torna-se uma questão muito mais complicada assim que permitimos que as vantagens relativas, embora uma característica permanente de qualquer cenário, estejam eternamente mudando com respeito a determinados lotes de terra. Elas mudam "historicamente, de acordo com o desenvolvimento econômico, [...] a instalação de meios de comunicação, a construção de cidades etc., e o crescimento da população"[30]. A capacidade de mudar da indústria do transporte é particularmente importante, pois "as diferenças relativas podem ser alteradas [...] de uma maneira que não corresponde às distâncias geográficas"[31]. O efeito líquido em alguns casos pode ser nivelar as diferenças que surgem da localização, mas em outros pode ser alcançado o resultado exata-

---

[29] Karl Marx, *Theories of Surplus Value*, cit., parte 2, p. 270. Com o que uma abordagem genuinamente marxista da teoria da localização se pareceria é algo que ainda a ser explorado. Alguns aspectos desse problema serão levantados no capítulo 12.
[30] Ibidem, p. 312.
[31] Idem, *Capital*, Livro II, cit., p. 249-50.

mente oposto[32]. Os detalhes de como e por que isso deve necessariamente ocorrer no capitalismo serão abordados no capítulo 12. No momento, tudo o que precisamos saber é que as vantagens de localização para determinados lotes de terra podem ser alteradas pela ação humana. Isso significa que a ação do próprio capital (particularmente mediante o investimento em transportes e comunicações) pode criar relações espaciais. Os atributos espaciais dos valores de uso podem então ser levados de volta ao reino da análise como qualidades socialmente criadas e, por isso, como um tema ajustado e apropriado para uma investigação plena em relação à operação da lei do valor.

3. Localização, fertilidade e preços da produção

Os efeitos da localização e os diferenciais na "produtividade natural" se misturam de maneiras numerosas e confusas, o que às vezes reforça e às vezes opõe uns aos outros. A terra fértil, porém má situada, pode ser abandonada por uma terra menos fértil, mas com uma localização mais favorável.

> As influências contraditórias da localização e da fertilidade, e a variabilidade do fator da localização, que é continuamente contrabalançada e passa eternamente por mudanças progressivas que tendem para a equalização, alternativamente colocam áreas de terra igualmente boa, melhor ou pior em uma nova competição com as terras mais velhas já cultivadas.[33]

Mas, inversamente, uma massa de solo fértil pode ter uma "vizinhança" ou um efeito "colateral" sobre o solo mais pobre situado nas proximidades: "se um solo inferior está cercado por solo superior, então este último lhe proporciona a vantagem da localização em comparação ao solo mais fértil que ainda não é parte, ou está prestes a se tornar parte, da área cultivada"[34].

Atividades diferentes também exibem graus diferentes de sensibilidade à localização em oposição aos outros atributos qualitativos de determinados locais. De modo geral, a agricultura é sensível tanto à fertilidade quanto à localização, enquanto fábricas, casas, lojas etc. são sensíveis à localização. As qualidades do terreno – drenagem, inclinação, aspecto, salubridade etc. – não são irrelevantes ao assentamento das últimas, embora alguns tipos de agricultura industrializada quase não dependam da produtividade natural da terra que ocupam. "Quanto mais a

---

[32] Ibidem, Livro III, p. 650.
[33] Ibidem, p. 769.
[34] Ibidem, p. 669.

agricultura se desenvolve", comenta Marx, "mais todos os seus elementos entram nela como mercadorias" de fora e, por implicação, mais ela é libertada das qualidades específicas do solo[35].

Diferentes atividades competem uma com a outra pelo uso do espaço. Marx se abstrai explicitamente desse processo[36], embora ele um tanto insensatamente arrisque a opinião (mais ou menos como um aparte) de que a renda de toda terra não agrícola "é regulada pela própria renda agrícola"[37]. Ele deveria ter encarado as rendas como simultaneamente determinadas por muitas atividades concorrentes. Por trás dessa concepção está a ideia de que os proprietários de terra são indiferentes em relação a se a renda que recebem é uma dedução dos salários dos trabalhadores, do excesso ou mesmo do lucro médio do capital, ou de qualquer outra forma de receita. E o próprio Marx certamente está bem consciente de que "a pobreza é mais lucrativa para o aluguel de casas do que as minas de Potosi jamais foram para a Espanha", e se queixa amargamente de como o "poder monstruoso" da propriedade da terra é "usado contra os trabalhadores [...] como um meio de praticamente expulsá-los da terra como um local de moradia"[38].

Dificuldades mais sérias surgem quando consideramos a maneira em que o investimento do capital modifica tanto as relações espaciais quanto as qualidades da terra em determinados lugares. Nisso o capital tem certa quantidade de escolha. O dinheiro pode ser investido para melhorar o transporte e assim disponibilizar mais terras férteis para a exploração, ou pode ser investido para melhorar as terras inferiores que já estão sendo cultivadas. A primeira estratégia, por lidar com a relatividade do espaço, provavelmente beneficiará muitos senhores de terra, enquanto a segunda está exclusivamente confinada a proprietários individuais. Deixando de lado os problemas sociais óbvios que surgem dessa diferença, os efeitos de interação complexos dos investimentos em dois aspectos do valor de uso que às vezes reforçam e às vezes contradizem um ao outro permanecem a ser estudados. E se Marx tivesse se dado ao trabalho de fazer isso com algum detalhamento teria abordado alguns aspectos da renda que faltam em sua análise.

Assim, Marx contorna todas essas dificuldades eliminando a questão da localização e se concentrando apenas nos diferenciais de fertilidade, enquanto estes afetam somente a agricultura. Essa simplificação lhe permite derivar um princípio muito importante. O preço da produção das mercadorias agrícolas é em geral fixado pelo custo da produção no pior solo mais a taxa média do lucro. Este é um

---

[35] Idem, *Theories of Surplus Value*, cit., parte 2, p. 54.
[36] Ibidem, p. 270.
[37] Idem, *Capital*, Livro III, cit., p. 773.
[38] Idem.

afastamento radical da determinação do preço na indústria, onde a média social prevalece. O afastamento pode ser justificado por dois motivos. Primeiro, os diferenciais "naturalmente fundados" na produtividade não podem ser eliminados pela mudança tecnológica da mesma maneira que na indústria (os lucros excedentes são um dispositivo permanente para aqueles abençoados com solos mais férteis). Segundo, uma expansão na produção agrícola envolve atrair mais terras inferiores para o cultivo e só intensificar a produção em solos superiores quando isso for mais lucrativo. Seja qual for o caso, o solo pior deve sempre realizar a taxa média de lucro para poder continuar sendo cultivado. Este é o princípio que Marx está ansioso para estabelecer. Ele constitui a base para grande parte da sua teoria da renda.

Evidentemente, ele reconhece que as circunstâncias não são de modo algum simples assim. Por exemplo, ele presume um equilíbrio na demanda e na oferta das mercadorias agrícolas. Na análise final, assume também que os efeitos de interação entre a fertilidade e a localização, e os padrões diferenciais do investimento de capital em ambas, assim como a competição entre linhas e ramos diferentes da produção da terra não têm nenhum efeito sobre a coerência teórica do princípio. Na seção III vamos voltar a considerar a validade dessas suposições. Mas primeiro precisamos considerar a posição social dos senhores feudais, com seus direitos exclusivos a algumas porções do globo, nas relações sociais do capitalismo.

II. PROPRIEDADE DA TERRA

"Em cada época histórica", escreve Marx, "a propriedade se desenvolveu de um modo diferente e sob um conjunto de relações sociais inteiramente diferentes"[39]. A ascensão do capitalismo envolveu a "dissolução das antigas relações econômicas da propriedade da terra" e sua conversão em uma forma compatível com a acumulação sustentada. Desse ponto de vista, o capital pode ser encarado como "o criador da propriedade da terra moderna, da renda fundiária". Esta última tem de ser entendida como a "expressão teórica do modo de produção capitalista"[40]. Marx declara que a principal característica da propriedade da terra no capitalismo é a dissolução completa da "conexão entre a posse da terra e a terra", a tal ponto que o proprietário desta última, em troca de um pagamento monetário direto, confere todos os direitos à terra como instrumento e condição da produção sobre o capital. O proprietário da terra assume assim um papel passivo em relação à dominação dos trabalhadores (o que o controle da terra permite) e ao progresso subsequente da

---

[39] Idem, *The Poverty of Philosophy*, cit., p. 154.
[40] Idem, *Grundrisse*, cit., p. 194; *Capital*, Livro III, cit., p. 782.

acumulação[41]. Em consequência disso, embora "o rendimento do proprietário da terra possa ser chamado de renda, mesmo em outras formas de sociedade", o significado desse pagamento "difere essencialmente da renda como ela aparece no modo de produção [capitalista]"[42]. A apropriação da renda pode então ser simplesmente definida como "aquela forma econômica em que a propriedade da terra é realizada no capitalismo"[43].

A história real da transformação da renda feudal em renda fundiária capitalista, da sujeição da propriedade feudal ao modo de produção capitalista, está repleta de complexidades geradas para uma grande extensão das contracorrentes da luta de classes e do conflito social[44]. Também surgem dificuldades porque a "produção capitalista inicia a sua carreira na pressuposição da propriedade da terra, que não é criação sua, mas já existia antes dela"[45]. As condições originais da posse da terra variavam muito, e algumas, como aquelas na Inglaterra, pareceram mais fáceis de transformar do que outras[46]. Como a separação do trabalho da terra como um meio de produção foi (e ainda é) uma precondição essencial para a formação do trabalho assalariado, a forma da posse de terra pré-capitalista desempenhou um papel tão importante na acumulação primitiva quanto o capital desempenhou na criação da forma moderna da propriedade fundiária. A propriedade privada na terra, como o capital e a usura do comerciante, é tanto um pré-requisito como um produto do modo de produção capitalista:

> A história da propriedade fundiária que mostrasse a transformação progressiva do senhor feudal em rentista fundiário, do arrendatário vitalício por herança, semitributário e frequentemente privado de liberdade no moderno fazendeiro, e dos servos da gleba e do camponês sujeito a prestação de serviços no assalariado rural, seria de fato a história da formação do capital moderno.[47]

---

[41] Ibidem, p. 617-18, 636.
[42] Ibidem, p. 883.
[43] Ibidem, p. 634.
[44] Pierre-Philippe Rey (*Les alliances de classes*, cit.) e Keith Tribe (*Land, Labour and Economic Discourse*, cit.) apresentam relatos das origens do feudalismo, enquanto o problema geral da transição do feudalismo para o capitalismo é abordado em Maurice Dobb, *The Studies in the Development of Capitalism*, cit., e Rodney Hilton, *The Transition from Feudalism to Capitalism* (Londres/Atlantic Highlands, NLB/Humanities Press, 1976).
[45] Karl Marx, *Theories of Surplus Value*, cit., parte 2, p. 243.
[46] Pierre-Philippe Rey (*Les alliances de classes*, cit., p. 73) declara que a propriedade feudal, sujeita à influência do dinheiro e da produção de mercadorias, foi obrigada a criar condições para a produção capitalista (como a expulsão dos camponeses da terra) porque foi obrigada a aumentar suas rendas.
[47] Karl Marx, *Grundrisse*, cit., p. 194-5.

A versão geral de Marx dessa história pode ser dividida em duas fases. Na primeira, as rendas do trabalho feudal são transformadas em renda em espécie e finalmente em rendas monetárias. Essa transformação pressupõe "um desenvolvimento considerável do comércio, da indústria urbana, da produção de mercadorias em geral e, assim, da circulação do dinheiro"[48]. A lei do valor começa a regular os preços mediante o intercâmbio no mercado. A monetização das rendas feudais abre a possibilidade para o arrendamento da terra em troca de pagamentos em dinheiro e, finalmente, para a compra e venda da terra como uma mercadoria. O capital de base urbana pode penetrar na zona rural e transformar as relações sociais ali. Aos processos de monetização mais moderados podem ser adicionadas as práticas mais ávidas do usurário (que contribuem muito para afrouxar a pressão dos proprietários de terra tradicionais sobre suas terras) e, finalmente, a expropriação (com ou sem a sanção do Estado):

> O roubo dos bens da Igreja, a alienação fraudulenta dos domínios estatais, o furto da propriedade comunal, a transformação usurpatória, realizada com inescrupuloso terrorismo, da propriedade feudal e clânica em propriedade privada moderna, foram outros tantos métodos idílicos da acumulação primitiva.[49]

Mas a privatização da posse da terra e a sujeição formal do produtor a um sistema de produção e troca de mercadorias não atingem necessariamente essa forma de propriedade da terra, que é um *puro* reflexo das relações de produção capitalista. Todos os tipos de formas intermediárias podem surgir e são talvez mais bem interpretadas, à maneira de Rey, como "articulações complexas" de diferentes modos de produção, um sobre o outro. Isso não implica a aceitação da conclusão básica de Rey de que a renda no capitalismo só pode ser entendida como uma relação de distribuição, o que reflete uma relação de produção de outro modo de produção (por exemplo, o feudalismo) com o qual o capitalismo está articulado[50]. Entretanto, surgem situações na transição para o capitalismo em que a concepção de Rey é extremamente apropriada.

Os proprietários de terra frequentemente exploram diretamente os produtores do trabalho. Isso é tão verdadeiro para as economias escravas (as do Sul dos Estados Unidos antes da Guerra Civil) quanto o é para os sistemas de produção camponesa que sobreviveram até a época atual. No último caso, o proprietário da terra tem todos os incentivos para extrair a renda máxima, não somente porque isso maximi-

---

[48] Idem, *Capital*, Livro III, cit., p. 979.
[49] Ibidem, Livro I, p. 804.
[50] Pierre-Philippe Rey, *Les alliances de classes*, cit., p. 60.

za as suas receitas, mas também porque obriga o camponês a trabalhar cada vez mais arduamente e produzir cada vez mais mercadorias para o mercado a preços sempre mais baixos (dado o aumento na oferta). A exploração maciça do campesinato rural por parte da classe de proprietários de terra é, desse ponto de vista, inteiramente consistente com o capitalismo industrial quando este proporciona comida barata para os trabalhadores urbanos e uma oferta barata de matérias-primas para a indústria. Nessa base pode ser criada uma aliança poderosa entre o interesse fundiário e uma burguesia.

Mas tal forma de exploração rural, como o mais-valor absoluto em geral, tem seus limites. As formas intermediárias de produção tendem a inibir "o desenvolvimento das forças produtivas sociais do trabalho, das formas sociais do trabalho, da concentração social do capital [...] e da progressiva aplicação da ciência"[51]. Por essa razão, as formas intermediárias finalmente dão lugar a um sistema de produção que atinge a sujeição real do trabalho ao capital (em vez de ao proprietário da terra) e que libera a terra das barreiras que inibem o desenvolvimento das forças produtivas. E a única maneira de isso poder ocorrer é mediante a remoção completa do proprietário da terra de qualquer poder direto sobre o uso da terra, sobre a força de trabalho empregada nisso, e sobre o capital adiantado, em troca de um pagamento em dinheiro.

Marx evidentemente não se sentiu muito seguro em sua interpretação de como a forma da propriedade da terra *capitalista* veio a ocorrer. Ele mais tarde declararia que havia simplesmente buscado "traçar o caminho pelo qual, na Europa Ocidental, o sistema econômico capitalista emergiu do útero do sistema econômico feudal". Ele atacou aqueles que transformaram "o esboço histórico da gênese do capitalismo em uma teoria histórico-filosófica do caminho geral do desenvolvimento prescrito por destino a todas as nações, fossem quais fossem as circunstâncias históricas em que eles se encontrassem", e admitiu livremente que "eventos incrivelmente análogos, mas ocorrendo em ambientes históricos diferentes, conduzem a resultados totalmente diferentes"[52].

Por exemplo, ele estava um pouco preocupado com o problema da forma que a propriedade da terra assumiu nesses países, como os Estados Unidos, onde não havia feudalismo a ser substituído. Seu argumento nesse caso é que, onde o capital não encontra a propriedade fundiária como uma precondição, "ele mesmo a cria", pela muito simples razão de que "a separação do trabalhador do solo e da posse da terra é uma condição fundamental para a produção capitalista e para a

---

[51] Karl Marx, *Capital*, Livro III, cit., p. 807.
[52] Karl Marx e Friedrich Engels, *Selected Correspondence*, cit., p. 312-3.

produção do capital"[53]. O capítulo sobre a teoria da colonização no primeiro livro d'*O capital* apresenta a mesma ideia. Mas há sugestões ocasionais de que a forma que a propriedade da terra estava assumindo nos Estados Unidos era um pouco especial[54]. É uma pena que ele não tenha examinado essa forma em maior profundidade porque os Estados Unidos, como veremos, são o único país em que a terra, desde o início, foi tratada de uma maneira que se aproximava mais daquela ditada por considerações puramente capitalistas (embora mesmo aí a correspondência estivesse longe de ser exata).

Em vez disso, em seus últimos anos Marx gastou muita energia traçando a história da propriedade da terra na Rússia. Ele estava fascinado pela possibilidade de que a comuna da aldeia russa pudesse proporcionar a base para uma passagem direta para "a forma comunista mais elevada de propriedade fundiária" sem passar pelo "mesmo processo de desintegração que aquele que determinou o desenvolvimento histórico do Ocidente". Em sua opinião, a possibilidade de isso acontecer dependia da eliminação prévia daquelas "influências deletérias" – principalmente aquelas do capital monetário e do capital mercantil – que normalmente assaltava de todos os lados essas formas de propriedade comunal. Nas condições da revolução socialista em geral, as formas tradicionais de propriedade comunal poderiam na verdade ser "a mola mestra da regeneração social da Rússia"[55].

Mas, mesmo no Ocidente, Marx precisava admitir que havia muita variação histórica diferenciando a experiência de uma nação para outra e até mesmo de uma região para outra. Isso podia ser atribuído em parte a características residuais "arrastadas para os tempos modernos pela economia natural da Idade Média", mas também à penetração irregular das relações capitalistas em circunstâncias históricas que mostravam "infinitas variações e graduações na sua aparência", o que demanda um estudo empírico cuidadoso[56]. A história real da propriedade da terra no capitalismo era uma questão obscura e confusa. É difícil localizar nessa história a lógica de uma transformação necessária da propriedade da terra em sua forma capitalista.

Essas confusões ainda permanecem conosco. Elas são o enfoque de grandes controvérsias nas sociedades em que elementos pré-capitalistas estão fortemente entrincheirados, a propriedade fundiária exerce uma influência independente poderosa e ainda reina a aliança entre uma oligarquia rural e uma burguesia indus-

---

[53] Karl Marx, *Theories of Surplus Value*, cit., parte 1, p. 51; parte 2, p. 310.
[54] Idem, *Capital*, Livro III, cit., p. 669-72; Karl Marx e Friedrich Engels, *Selected Correspondence*, cit., p. 226-8.
[55] Prefácio para a edição russa do *Manifesto Comunista*; Karl Marx e Friedrich Engels, *Selected Correspondence*, cit., p. 340.
[56] Karl Marx, *Capital*, Livro III, cit., p. 787-93.

trial. Nessas sociedades, a tese de Rey ainda é válida, indicando que as relações na terra foram extraordinariamente lentas em sua adaptação aos ditames das relações de produção puramente capitalistas em muitas áreas do mundo[57].

Mas as confusões estão igualmente em evidência nos países capitalistas avançados. Na Grã-Bretanha, como recentemente mostraram Massey e Catalano[58], a propriedade da terra não mais existe (se é que um dia existiu) como um interesse de classe unificado e relativamente homogêneo, mas compreende grupos diversificados e heterogêneos que se estendem desde as instituições antigas (a Igreja, a Coroa, os grandes Estados fundiários), passando pelas instituições financeiras (bancos, fundos de seguro e pensão), até atingir uma ampla série de proprietários individuais e corporativos (incluindo os trabalhadores que possuem casa própria) e as agências governamentais. É difícil conciliar essa heterogeneidade com a ideia de que os proprietários de terra constituem "uma das três grandes classes na sociedade capitalista". Mas se penetrarmos mais fundo nessa diversidade poderemos começar a localizar uma característica direcionadora principal no comportamento de todos os agentes econômicos, independente de exatamente quem eles são e o que ditam seus interesses imediatos: essa é a tendência crescente para se tratar a terra como um mero bem financeiro. Aqui está a chave para a forma e a mecânica da transição para a forma puramente capitalista da propriedade privada na terra.

Se a terra for livremente comercializada, então ela se torna uma mercadoria de um tipo muito especial. Como a terra não é produto do trabalho, ela não pode ter um valor. A aquisição da terra "simplesmente assegura ao comprador um direito de receber uma renda anual"[59]. Qualquer fluxo de renda (como uma renda anual) pode ser considerado como o juro sobre algum capital fictício, imaginário. Para o comprador, a renda aparece em sua contabilidade como o juro sobre o dinheiro investido na aquisição da terra, e em princípio não é diferente de investimentos semelhantes na dívida do governo, nas ações e nas quotas das empresas, na dívida do consumidor e assim por diante. O dinheiro investido é, em todos os casos, capital que rende juros. A terra se torna uma forma de capital fictício e o mercado imobiliário funciona simplesmente como um ramo particular – embora com algumas características especiais – da circulação do capital que rende juros. Nessas con-

---

[57] Além de Pierre-Philippe Rey (*Les alliances de classes*, cit.), Samir Amin (*Unequal Development*, Nova York, Monthly Review Press, 1977), Ernesto Laclau (*Politics and Ideology in Marxist Theory: Capitalism, Fascism, Populism*, cit.) e John Taylor (*From Modernization to Modes of Production*, Londres, Macmillan Press, 1979) apresentam argumentos característicos partindo de diferentes pontos de vista.

[58] Dooren Massey e Alejandrina Catalano, *Capital and Land: Landownership by Capital in Great Britain* (Londres, Edward Arnold, 1978).

[59] Karl Marx, *Capital*, Livro III, cit., p. 808.

dições, a terra é tratada como um simples bem financeiro que é comprado e vendido segundo a renda que ele produz. Como todas essas formas de capital fictício, o que é negociado é um direito sobre as receitas futuras, o que significa um direito sobre os lucros futuros do uso da terra ou, mais diretamente, um direito sobre o trabalho futuro.

Então, quando o comércio na terra é reduzido a um ramo especial da circulação do capital que rende juros, devo argumentar que a posse da terra atingiu sua verdadeira forma capitalista. Marx não chega a essa conclusão diretamente, embora haja várias sugestões espalhadas no seu texto para sugerir que o comércio da terra pode na verdade ser tratado como uma forma de capital fictício[60]. Uma vez que essa condição se torna generalizada, todos os proprietários de terra são capturados em um sistema geral de circulação do capital que rende juros e ignoram seus imperativos diante do seu risco. Os produtores-proprietários, por exemplo, ficam diante de uma escolha clara entre adquirir a terra ou arrendá-la de outrem. Como essa escolha é exercida, nas condições puras da propriedade da terra capitalista, não faz diferença. Da mesma maneira que os capitalistas podem reunir juros e lucro sobre o seu capital quando usam seus próprios recursos na produção, eles também podem reunir juros e lucro sobre o capital se têm a posse da terra que usam. Mas os papéis são totalmente separados. Um produtor, como proprietário da terra, pode tão facilmente vender a terra e arrendá-la de volta a outro proprietário, ou hipotecá-la a um banco. A renda deve ser paga diretamente ao outro ou indiretamente na forma de uma renda abdicada, porque o produtor falha em mobilizar o capital fictício que a terra representa e coloca esse dinheiro em movimento para realizar o mais-valor mediante a produção. Mas isso também pressupõe uma forma de produção capitalista sobre a própria terra (a propriedade do camponês foi eliminada etc.). Além disso, está claro que a forma capitalista da propriedade privada seria impensável na ausência de um sistema de crédito sofisticado e totalmente abrangente. Marx explora pouco essa ideia. Retornaremos a ela na seção VI.

É muito conveniente, e sem dúvida útil, especificar as características da propriedade da terra como estas devem existir no Estado capitalista puro. Mas devemos também especificar o processo histórico em que a propriedade da terra é conduzida a essa condição. A capacidade para alienar e comercializar a terra não garante de maneira alguma que ela será comercializada como um mero bem financeiro, e em grande parte da história do capitalismo a terra não foi livremente comercializada segundo um princípio tão simples. O aumento da troca de mercadorias, a difusão das relações monetárias e o crescimento do sistema de crédito constituem condições

---

[60] Ibidem, p. 805-13.

contextuais favoráveis ao tratamento crescente da terra como um bem financeiro. O atrativo da terra como um investimento (sua segurança e também o prestígio tradicionalmente vinculado à sua posse) sempre a tornou vulnerável ao capital excedente. Quanto mais capital excedente existir (tanto em curto prazo, mediante a superacumulação, quanto em longo prazo), maior será a probabilidade de a terra ser absorvida na estrutura da circulação do capital em geral. O crescimento dos mercados hipotecários, a taxação da terra como um bem financeiro por parte do Estado (o que pressiona a monetização) e toda a história complexa da acumulação primitiva e da monetização das relações da propriedade da terra (da qual Marx apresenta um relato parcial nos *Grundrisse*) também desempenham seus respectivos papéis. Mas na análise final é provavelmente a necessidade de revolucionar as forças produtivas sobre a terra, de abrir a terra ao fluxo livre do capital, que obriga a redução da propriedade da terra à condição de um mero bem financeiro. Isso implica que as formas tradicionais da exploração rural (o mais-valor absoluto extraído do campesinato) não pode mais satisfazer as necessidades do capital em geral (a oferta de alimentos e matérias-primas). A aliança entre os senhores de terra e os industriais torna-se um antagonismo do tipo que caracterizava a primeira metade do século XIX na Grã-Bretanha.

O tratamento da terra como um bem financeiro puro e a redução dos proprietários de terra para uma facção dos capitalistas monetários que simplesmente escolheram, por qualquer razão que seja, possuir um direito sobre a renda em vez de sobre alguma outra forma de receita futura, não está isento de seus aspectos contraditórios[61]. A condição normal da posse de um meio de produção envolve, no caso da terra, a posse de um direito sobre a renda que está ligada a um valor de uso com qualidades peculiares (ver a seção I). O poder do monopólio sobre o uso da terra – implicado pela própria condição da posse da terra – jamais poderá ser inteiramente despojado dos seus aspectos monopolistas, porque a terra é variada em termos de suas qualidades de fertilidade, localização etc. Esse poder do monopólio cria todos os tipos de oportunidades para a apropriação da renda que não surgem no caso de outros tipos de bem financeiro, exceto em circunstâncias especiais. O controle do monopólio pode surgir em qualquer setor, é claro, mas é um aspecto crônico e incontornável que inevitavelmente contamina a circulação do capital que rende juros mediante a aquisição de terra. As "formas insanas" da especulação e a "altura da distorção" atingida dentro do sistema de crédito (ver capítulo 10) estão propícias, por isso, a serem grandemente ampliadas no caso da especulação em rendas futuras. A integração da posse da terra dentro da circulação do capital que rende juros

---

[61] Alguns dos episódios mais extraordinários da especulação sem controle da terra estão narrados em Paul Studenski e Herman Kroos, *Financial History of the United States* (Nova York, McGraw-Hill, 1952).

pode abrir a terra para o fluxo livre do capital, mas também a abre para o pleno jogo das contradições do capitalismo. O fato de ela fazer isso em um contexto caracterizado pela apropriação e pelo controle do monopólio garante que o problema da especulação da terra adquira uma profunda importância dentro da dinâmica instável geral do capitalismo. Retornaremos a esse tema a seguir.

III. AS FORMAS DE RENDA

Marx achava que a renda, no capitalismo, podia assumir quatro formas diferentes: *monopolista, absoluta* e dois tipos de renda *diferencial*. Essas categorias são adaptadas da economia política clássica. Bem no início de suas investigações, Marx declarou: "A única coisa que consegui provar *teoricamente* é a *possibilidade* da renda absoluta, sem violar a lei do valor. Este é o ponto em torno do qual girou a controvérsia teórica desde a época dos Fisiocratas até agora. Ricardo nega essa possibilidade. Eu sustento que ela existe"[62].

O estranho, no entanto, é que a renda diferencial ocupa centenas de páginas n'*O capital* e nas *Teorias do mais-valor*, enquanto a renda absoluta é tratada mais resumidamente. Vou declarar que o interesse inicial de Marx pela renda absoluta foi ditado mais por seu fascínio pelas contradições da economia política burguesa do que por profundas considerações teóricas, e que a sua contribuição real está em empurrar a teoria da renda diferencial para um terreno inteiramente novo.

1. Renda monopolista

Toda renda é baseada no poder monopolista de proprietários privados de algumas porções do globo. Mas podemos também assumir, sem contradição, que os usuários competem livremente por pedaços de terra de qualidade diferente em diferentes localizações, e que os proprietários de terra também competem um com o outro pela renda que podem controlar. Entretanto, por vezes surgem circunstâncias em que essas condições competitivas não prevalecem. As rendas monopolistas podem então ser realizadas. Duas situações diferentes parecem relevantes[63]. Em primeiro lugar, os donos de propriedade que controlam uma terra de qualidade ou localização tão especial em relação a algum tipo de atividade podem ser capazes de extrair rendas monopolistas daqueles que desejam usar a terra. No reino da produ-

---

[62] Karl Marx e Friedrich Engels, *Selected Correspondence*, cit., p. 134.
[63] Karl Marx, *Capital*, Livro III, cit., p. 775.

ção, o exemplo mais óbvio é o vinhedo que produz vinho de extraordinária qualidade, que pode ser facilmente vendido a um preço de monopólio. Nessa circunstância, "o preço de monopólio cria a renda". Evidentemente, Marx não achava que esse tipo de renda monopolista iria ser muito disseminado na agricultura, mas sugere que em áreas densamente povoadas as rendas advindas de casas e terras só podem ser explicáveis nesses termos[64]. Por exemplo, as localizações de prestígio e status criam todos os tipos de possibilidades para realizar as rendas monopolistas de outras facções da burguesia. Em segundo lugar, os proprietários de terra podem se recusar a liberar a terra improdutiva sob o seu controle, a menos que lhes seja pago um aluguel alto que os preços do mercado das mercadorias produziram sobre aquela terra e estão pressionados acima do valor. Nesse momento, que depende da escassez de terra e do poder e da posição coletivos do interesse fundiário, o aluguel cobrado cria o preço de monopólio. Isso forma uma renda monopolista que pode ser importante em todos os setores e afeta o custo dos grãos comestíveis e também todo o custo habitacional da classe trabalhadora.

Evidentemente, em ambos os casos a renda monopolista depende da capacidade de realizar um preço de monopólio para o produto (vinho, grãos ou moradia). Além disso, em ambos os casos, a renda monopolista é uma dedução do valor excedente produzido na sociedade como um todo, uma redistribuição, mediante a troca, do mais-valor agregado[65]. O primeiro caso pode ser eliminado de consideração porque, como o comércio de antiguidades e obras de arte, ele é de interesse periférico para qualquer estudo da produção geral de mercadoria. O segundo caso coloca alguns problemas mais gerais, que podem ser considerados mais adequadamente em relação à renda absoluta.

2. Renda absoluta

As condições para a existência da renda absoluta não são difíceis de extrair considerando os instrumentos que temos à mão. Começamos por observar a dificuldade geral da mudança tecnológica em setores que usam a terra como um meio de produção (ver p. 336). A agricultura é o exemplo mais óbvio. Há, portanto, uma forte probabilidade de que a composição de valor do capital na agricultura será menor do que a média social. Se for assumida uma equalização completa da taxa de lucro em todos os setores, os preços da produção na agricultura estarão bem abaixo dos valores (ver capítulo 2, seção III). Em outras palavras, um capital de

---

[64] Idem, *Theories of Surplus Value*, cit., parte 2, p. 30, 38.
[65] Idem, *Capital*, Livro III, cit., p. 833.

determinado tamanho na agricultura produz mais-valor maior do que recebe sob a forma de lucro, porque os setores contribuem para o valor social excedente segundo a força de trabalho que empregam, mas recebem mais-valor segundo o capital total que adiantam. Mas essa suposição se baseia "na distribuição proporcional em constante mutação do capital social total entre as várias esferas da produção, na entrada e saída contínuas dos capitais", e assume que não há barreiras para a equalização da taxa de lucro. A renda absoluta pode surgir quando a propriedade da terra ergue uma barreira sistemática a esse fluxo livre do capital.

> Se o capital encontra uma força estranha que ele só pode superar parcialmente, ou não superar, e que limita o seu investimento em algumas esferas, admitindo-o apenas em condições que excluem total ou parcialmente aquela equalização geral do mais-valor para um lucro médio, então é evidente que o excesso do valor das mercadorias nessas esferas da produção com relação ao seu preço de produção daria origem a um lucro excedente, que poderia ser convertido em renda e, como tal, se tornaria independente em relação ao lucro. Tal força e barreira estranhas estão apresentadas pela propriedade privada, quando confronta o capital em seu esforço para investir na terra: tal força é o proprietário da terra *vis-à-vis* o capitalista.[66]

Em consequência disso, os produtos agrícolas podem ser comercializados acima dos seus preços de produção e podem produzir renda absoluta, embora vendendo abaixo ou mesmo no nível dos seus valores. Uma renda absoluta pode existir sem infringir de modo algum a lei do valor. O aparente dilema que levou Ricardo a negar a possibilidade da renda absoluta é impecavelmente superado. Parte do mais-valor excedente produzido na agricultura em virtude da sua intensidade de trabalho (composição de valor inferior) é "roubada" (como diz Marx) pelo proprietário da terra, de forma que ela não entra na equalização da taxa de lucro. Certamente, a mercadoria é vendida a um preço monopolista. Mas isso representa um fracasso na redistribuição do mais-valor da agricultura para setores com composições de valores além da média, em vez da redistribuição de mais-valor para a agricultura, como seria o caso na renda monopolista. O nível de renda absoluta depende das condições de oferta e procura e também da área de terra nova conduzida ao cultivo. O aumento no preço do produto não é a causa da renda, "mas essa renda é a causa do aumento no preço do produto", mesmo que a mercadoria ainda seja comercializada abaixo ou no nível do seu valor[67].

---

[66] Ibidem, p. 761-2.
[67] Ibidem, p. 762-3.

Vários comentários sobre essa concepção de renda absoluta estão corretos. Antes de tudo, sua validade tem sido frequentemente associada à resolução bem-sucedida do chamado "problema da transformação" (capítulo 2, seção III). Às vezes é declarado que os "erros" de Marx com respeito a esse último destroem totalmente a sua concepção de renda absoluta. Certamente, o nível da renda absoluta dependeria do excesso de lucro disponível *após* todas as interações e os efeitos de realimentação terem sido considerados. Em vez de perturbar a concepção da renda absoluta de Marx, eu acredito que as interações e os efeitos retroativos foram considerados. Em vez de perturbar a concepção da renda absoluta de Marx, acredito que a sua abordagem desta última esclarece a interpretação adequada a ser dada ao processo de transformação[68]. O que Marx pretendia era identificar as regras de distribuição do mais-valor como elas são atingidas mediante os processos sociais (a troca mercantil em particular) e mostrar que essas regras eram inteiramente distintas dos processos de produção de mais-valor, e por isso estavam em potencial conflito com eles. Sem essa separação e oposição entre a produção e a distribuição, toda a interpretação marxiana das crises desmoronaria. Agora encontramos uma versão específica dessa oposição. A necessidade social de posse privada da terra no capitalismo envolve dispositivos distribucionais – a capacidade para se apropriar da renda – que estão em potencial conflito com a acumulação sustentada. O que Marx procurará finalmente nos mostrar é que uma organização "racional" da agricultura é impossível de conseguir. O uso da terra é necessariamente irracional, não apenas do ponto de vista da satisfação dos desejos e necessidades humanas (pois isso é quase óbvio), mas também do ponto de vista da acumulação sustentada mediante a reprodução expandida. Esta é uma contradição fundamental, à qual vamos retornar no devido momento.

O segundo ponto é que a renda absoluta depende do poder dos proprietários de terra para criar uma barreira à equalização da taxa de lucro *e* à persistência de uma composição de valor baixo do capital na agricultura. Se a composição de valor se tornar igual ou mais alta que a média social, a renda absoluta desaparece[69]. Em que medida, então, a barreira colocada pela propriedade da terra ao fluxo livre do investimento desencoraja a melhoria agrícola e, desse modo, assegura a base para a perpetuação da renda absoluta? Marx levemente insinua tal possibilidade em uma ocasião[70], e este não parece ser seu principal interesse. Certamente, as estruturas so-

---

[68] Pierre-Philippe Rey (*Les alliances de classes*, cit., p. 40) invoca a correspondência de Marx de 1862 como evidência de que o estudo da renda conduziu Marx à concepção do preço da produção (distinguido dos valores), e não o contrário.
[69] Karl Marx, *Capital*, Livro III, cit., p. 765; *Theories of Surplus Value*, cit., parte 2, p. 244, 393.
[70] Ibidem, p. 112.

ciais anacrônicas da terra – direito de propriedade do camponês, por exemplo – estão associadas a um retardamento das forças produtivas na agricultura, mas Marx não vincula a renda absoluta à persistência dessas estruturas. Em vez disso, ele a considera em relação à posse de terras aberta à agricultura capitalista. A baixa composição de valor do capital na agricultura é mais atribuída à lentidão tecnológica e científica nesse setor do que a qualquer outra coisa. Uma vez que a agricultura consiga se atualizar, o que em algum momento deve acontecer, então a renda absoluta desaparece, deixando os proprietários de terra assumirem as rendas monopolistas, se puderem[71].

Mas se os proprietários de terra são suficientemente poderosos para extrair a renda absoluta, por que eles não adotam a renda monopolista também colocando o preço das mercadorias acima do valor, a um preço de monopólio arbitrário? Eles podem retirar artificialmente a terra da produção, e frequentemente o fazem, e assim elevar as rendas sobre o restante[72]. A resposta é que os proprietários de terra podem na verdade fazê-lo, em certas condições. Mas as implicações são fundamentalmente diferentes. Com a renda absoluta, os proprietários de terra não interferem diretamente na produção de mais-valor. Eles simplesmente intervêm com respeito à distribuição do mais-valor produzido. A renda monopolista reduz ativamente a produção de mais-valor (embora não o faça, é claro, quando cobra impostos sobre o consumo) e obriga uma redistribuição do mais-valor por parte de outros setores não para agricultura, mas para as mãos dos proprietários de terra. Os efeitos disso sobre a acumulação provavelmente são muito diferentes.

Entretanto, os dois tipos de renda dependem da capacidade dos produtores capitalistas de realizar preços de monopólio. Por isso, a competição entre os produtores limita a capacidade dos proprietários de terra de se apropriarem da renda absoluta ou monopolista (os aspectos espaciais dessa competição são tratados no capítulo 12). A capacidade de a propriedade da terra, em virtude da posse da terra, erguer uma barreira ao investimento não presume automaticamente que os usuários dessa terra estejam em posição de cobrar um preço de monopólio pelas mercadorias que produzem, ou que os produtores capitalistas estejam dispostos a pagar os arrendamentos exorbitantes cobrados. Por essa razão, Marx declara que "em condições normais" até a renda absoluta cobrada na agricultura seria pequena, não importa que diferença houvesse entre o preço da produção e o valor[73]. Nessa base,

---

[71] A caracterização de Pierre-Philippe Rey (*Les alliances de classes*, cit.) da teoria da renda absoluta de Marx como um "fiasco" é parcialmente correta, no sentido de que há muita teorização elaborada sobre o que termina sendo de menor importância. Mas a tendência para censurar toda a teoria da renda de Marx tendo por base tal "fiasco" está seriamente deslocada.

[72] Karl Marx, *Theories of Surplus Value*, cit., parte 2, p. 332-3; *Capital*, Livro III, cit., p. 757.

[73] Ibidem, p. 771.

podemos interpretar melhor o tratamento mais resumido de Marx de um problema que inicialmente lhe parecia tão importante. A renda absoluta não é a categoria importante. Ele descobriu que os problemas teóricos reais não estão tanto no fracasso de Ricardo em admitir a renda absoluta, mas na interpretação equivocada de Ricardo da renda diferencial. Este é o tópico que vamos tratar agora.

3. RENDA DIFERENCIAL

Em suas primeiras obras, Marx evidentemente encarava a formulação da renda diferencial de Ricardo como de certa forma não problemática. N'*O capital*, começa a descobrir problemas e artifícios na formulação ricardiana e gera os esboços de uma teoria totalmente diferente – uma teoria que apenas é sugerida nas *Teorias do mais-valor* e de modo algum está completamente elaborada n'*O capital*. Entretanto, obras recentes de Ball e Fine começaram a deslindar para onde Marx estava se direcionando em capítulos repletos de argumentos aparentemente intrincados e cálculos aritméticos elaborados[74].

As condições necessárias para derivar renda diferencial do primeiro tipo (RD-1) já foram descritas. O valor de mercado dos produtos em que a terra é utilizada como um meio de produção básico é fixado pelo preço da produção na terra pior – aquela terra que tem o preço de produção mais elevado devido à sua combinação particular de fertilidade e localização. Por isso, os produtores da terra melhor recebem lucros excedentes. Se assumirmos iguais aplicações do capital para terras de diferentes qualidades, então o excesso de lucro pode ser considerado uma característica *permanente*. Ele pode ser convertido em RD-1 sem afetar os valores do mercado. Em outras palavras, a RD-1 é fixada pela diferença entre os preços individuais da produção e o valor de mercado determinado pelas condições da produção na terra pior. Essa concepção, em princípio, não é diferente daquela que Ricardo adiantou.

Na verdade, Marx modifica Ricardo na medida em que mostra que, quando os efeitos duais da localização e da fertilidade são levados em conta, a agricultura pode muito facilmente se expandir tanto para solos mais férteis quanto para menos férteis (dependendo de onde eles estão localizados) e que a suposição ricardiana geral de retornos reduzidos na agricultura não era por isso justificada. Mas – o que é bastante interessante – na formulação do seu argumento, o próprio Marx deixa de considerar a localização e se concentra apenas na fertilidade[75]. A exclusão não é inteiramente inocente. As vantagens da localização são tão importantes para alguns

---

[74] A partir de agora, me basearei muito em Michael Ball, "Differential Rent and the Role of Landed Property", cit., e mais particularmente em Ben Fine, "On Marx's Theory of Agricultural Rent", cit.
[75] Karl Marx, *Capital*, Livro III, cit., p. 651.

ramos da indústria quanto o são para a agricultura, e isso solapa a singularidade do caso agrícola. Também ocorre de a "permanência" da vantagem da localização ser eternamente dependente de alteração mediante o investimento nos transportes e na distribuição geográfica cambiante da atividade econômica e da população. Por isso, as vantagens da localização se alteram por razões que podem não ter nada a ver com a agricultura *per se* e que estão, em todo caso, geralmente fora do controle dos produtores individuais. As mudanças ocorrem como o resultado de processos sociais de grande complexidade e generalidade, embora devamos notar o importante papel desempenhado pela especulação nas rendas da terra (de todos os tipos). Mas Marx elimina do quadro a especulação[76], e também a localização e a competição de diferentes usos. Vamos abordar estas questões na seção VI.

A RD-1 é fácil de interpretar em virtude das suposições simplificadas. Ela reflete as condições materiais que tornam os diferenciais da fertilidade características permanentes para a produção. A propriedade da terra, que se apropria da RD-1, assume uma posição neutra com respeito à determinação do valor de mercado e, por isso, pode ser isentada de qualquer responsabilidade pela acumulação lenta ou quaisquer outros males sociais.

Essa interpretação sofre uma modificação substancial quando introduzimos no quadro a segunda forma da renda diferencial (RD-2). É bem mais fácil apresentar uma versão da RD-2 separada da RD-1. Ela simplesmente expressa os efeitos das aplicações diferenciais do capital a terras de igual fertilidade. Mas Marx insiste que a RD-1 deve sempre ser encarada como a *base* para a RD-2, embora todo o propósito de suas investigações seja descobrir exatamente como as duas formas de renda "servem simultaneamente de limites uma para a outra"[77]. No fim o que conta são as relações entre as duas formas de renda. E estas relações não são tão fáceis de desenredar. É aqui que Marx se separa mais radicalmente de Ricardo e dá sua contribuição original à teoria da renda em geral.

Entretanto, vamos começar com o caso mais simples. Se a terra fosse de igual fertilidade em toda parte (e a localização não tivesse efeito), a RD-1 não existiria. Se todos os produtores investissem exatamente a mesma quantidade de capital em sua terra – chame isso de capital investido "normal" – também não existiria RD-2. Mas se alguns produtores investirem mais que o capital "normal" e ganharem retornos em escala sobre o capital que investem, seu preço de produção individual será inferior ao valor de mercado fixado pela aplicação do capital "normal". Toda ou parte dessa diferença pode então ser apropriada como RD-2.

---

[76] Ibidem, p. 776.
[77] Ibidem, p. 737.

Estamos lidando aqui com o fluxo do capital organizado por produtores que usam a terra como um meio de produção. Assumimos que a agricultura está completamente organizada em uma base capitalista, e que "nenhum solo produz qualquer produto sem um investimento de capital"[78]. O problema então é entender a lógica que orienta o fluxo do capital para a agricultura dadas as condições peculiares que estão ligadas à terra como um meio de produção e dado o fenômeno da posse privada da terra. Esta é, evidentemente, a mais importante de todas as tarefas que enfrentamos na construção da teoria da renda fundiária em sua forma distintamente capitalista. Aqui o capital, concebido como um fluxo de valor, está confrontado com a circunstância peculiar de que ele deve fluir ativamente mediante o próprio solo (que é de propriedade de outro) para ser realizado como mais-valor.

Podemos imediatamente inserir algumas observações. O fluxo do capital será em parte dependente do ritmo da acumulação e da concentração do capital na agricultura, mas também será extremamente sensível à existência de um sistema de crédito e às condições gerais que prevalecem nos mercados de capitais – "em períodos de escassez não bastará ao solo não cultivado render ao arrendatário um lucro médio", enquanto "em outros períodos, quando há uma pletora de capital, ele transbordará na agricultura mesmo com uma elevação no preço de mercado"[79]. Em prol da simplicidade, manteremos estas condições externas constantes, embora a conexão entre a tendência para a superacumulação (capítulo 7) e a criação de melhorias de capital fixo na agricultura (capítulo 8) deva ser notada como de grande importância potencial. Devemos também ressaltar a possibilidade de algumas formas de circulação peculiares que surgem quando, como às vezes acontece, os proprietários de terra são também os financistas. Nesses casos, as rendas monetárias que o proprietário da terra apropria podem ser circuladas diretamente de volta à agricultura como crédito. O proprietário da terra então recebe tanto renda quanto juros, enquanto o produtor fica confinado ao lucro do empreendimento, que, em condições particularmente repressivas, pode terminar próximo ao salário de subsistência.

Contudo, mais importante para o nosso presente propósito é considerar as implicações dos deslocamentos no fluxo "normal" do capital. Este, segundo Marx, pode se alterar "gradualmente" como o resultado de sucessivos investimentos – "assim que o novo método de cultivo torna-se suficientemente geral para ser o normal, o preço da produção cai"[80]. Por isso, é provável que a base para a RD-2 se desgaste com o passar do tempo. Como a RD-2 é o produto de fluxos de capital deslocados para a terra, ela deve também ser encarada, pelo menos em primeira instância, como um efeito *transitório*,

---

[78] Ibidem, p. 704.
[79] Ibidem, p. 770. Cf. p. 676, 690.
[80] Ibidem, p. 706.

em oposição a *permanente*. Então, como esses proprietários de terra estão em posição de se apropriarem da RD-2? O caso mais óbvio, mas menos interessante, surge quando os investimentos criam melhorias permanentes (porque os sucessivos investimentos, como já vimos, podem com frequência ampliar, em vez de desvalorizar, um ao outro). "Essas melhorias, embora produtos do capital, têm o mesmo efeito que as diferenças naturais na qualidade da terra."[81] Mas o que acontece é que o investimento destrói a suposição de "igual fertilidade" e, assim, cria uma base para a apropriação da RD-1. A fertilidade é, afinal, um produto social. A RD-2 é convertida diretamente em RD-1.

Os casos mais interessantes surgem porque a RD-2 "em qualquer dado momento só ocorre numa esfera que é em si a base diversificada da renda diferencial 1"[82]. E aqui descobrimos que a RD-2 só pode ser apropriada tendo como *base* a RD-1. É esta última que converte as qualidades do contrário transitórias da primeira em efeitos suficientemente permanentes para permitir a ocorrência de uma apropriação da renda. Vejamos como isso pode acontecer.

Como a fertilidade sempre implica "uma relação econômica", ela muda segundo o "nível de desenvolvimento"[83]. Por isso, o solo pior não pode ser identificado, independente da aplicação do capital "normal" (e da tecnologia e dos métodos que o acompanham). Mas o capital "normal" deve também variar segundo a natureza do solo (o que é "normal" para solos argilosos pesados não seria para gredas leves, supondo-se que a mesma mercadoria seja produzida). O conceito de capital "normal" torna-se tão diversificado quanto as fertilidades diversificadas às quais o capital é aplicado. Por isso, o caso "normal" é a aplicação desigual de capital a solos de fertilidade desigual. Marx então pondera o que acontece quando é feito um investimento extra de capital. Ele considera nove casos, em tabulação cruzada, dependendo de se o preço de mercado é constante, aumenta ou cai, e se a produtividade do segundo investimento em relação ao primeiro aumenta, diminui ou permanece constante. Dependendo da combinação particular, Marx consegue demonstrar situações em que o "solo pior" para de ser cultivado, permanece o regulador ou é substituído por um solo ainda mais inferior. A RD-1, que foi originalmente concebida para ser o reflexo de diferenciais permanentes, agora se torna variável dependendo da condição da oferta e da demanda (como está refletido nos movimentos do preço de mercado), e da produtividade do capital fluindo para a agricultura. Além disso, podemos agora ver que até mesmo os investimentos da produtividade reduzida só conduziriam a um aumento no preço de mercado quando esses investimentos fossem feitos na terra pior[84]. Como os investimentos crescentes

---

[81] Ibidem, p. 707.
[82] Ibidem, p. 677.
[83] Ibidem, p. 651. Cf. p. 434-5.
[84] Ibidem, p. 680.

serão feitos normalmente nas terras melhores, é inteiramente possível que a crescente concentração da produção nas terras melhores, mesmo em condições em que os investimentos envolvem retornos diminuídos, conduza a uma queda nos preços de mercado e a uma diminuição da RD-1, porque a produção nos solos piores cessa totalmente (o regulador dos preços de mercado se desloca para os solos melhores).

Há duas implicações imediatas de tudo isso. Em primeiro lugar, como declara Fine[85], "não há presunção de que a interação da RD-1 e da RD-2 seja simplesmente aditiva". Vemos mais claramente como as duas formas de renda na verdade "servem simultaneamente como limites uma para a outra". Mas, além disso, também se torna impossível para o proprietário da terra ou o capitalista separar as duas formas de renda, distinguir qual se deve ao fluxo do capital e qual se deve aos efeitos "permanentes" das diferenças naturais na fertilidade. A verdadeira base para a apropriação da renda se torna opaca. No fim, o proprietário da terra se apropria da renda diferencial sem saber sua origem. Mas a exata maneira em que o proprietário da terra dela se apropria na verdade tem implicações para os preços de mercado e para a acumulação do capital. E é aqui que a segunda implicação do argumento de Marx, ainda mais interessante, se torna aparente.

Considere o caso da produção diminuída de capital adicional aplicada ao solo pior. "Se o preço da produção é igualado ao preço médio ou se o preço individual da produção do segundo investimento se torna regulado" depende inteiramente de se o "proprietário da terra tem tempo suficiente até a demanda ser satisfeita para fixar como renda o lucro excedente derivado" ao preço ditado pelo segundo investimento[86]. A intervenção da propriedade da terra aqui afeta o valor de mercado, e a postura neutra do proprietário da terra com respeito à acumulação fica desgastada.

Considere, como contraste, o caso do capital adicional da produtividade diminuída, até mesmo negativa, movendo-se para solos superiores quando o valor de mercado permanece constante em um nível fixado pelas condições da produção no solo pior. Na ausência da apropriação da renda, "o capital adicional com subprodutividade, ou mesmo aumentando a subprodutividade, pode ser investido até que o preço médio individual por trimestre dos solos melhores se torne igual ao preço geral da produção", eliminando assim o lucro excedente e a renda diferencial sobre o solo superior. Entretanto,

> sob a lei da propriedade da terra, o caso em que o capital adicional produz apenas ao preço geral da produção teria constituído o limite. Além desse ponto, o investimento

---

[85] Ben Fine, "On Marx's Theory of Agricultural Rent", cit., p. 254.
[86] Karl Marx, *Capital*, Livro III, cit., p. 744.

adicional de capital na mesma terra teria tido de cessar. [...] A equalização do preço médio individual, no caso da subprodutividade, é assim impedida.[87]

Nesse caso, então, parece que a intervenção da propriedade da terra e a apropriação da renda têm um efeito benéfico em relação à acumulação. Elas evitam o fluxo do capital por canais que, do contrário, seriam improdutivos de mais-valor (embora não de lucro).

Finalmente, contrastamos o impacto das relações de propriedade em "países com civilizações mais maduras", em que algum tipo de "preço de reserva" existe em terras não cultivadas, com países em que o capital pode fluir apenas com o obstáculo de custos de compensação para a nova terra. O fato de o último conduzir a formas de investimento extensivas e o primeiro a formas intensivas é óbvio[88]. Entretanto, "a concentração do capital – em uma área de terra menor – aumenta a quantidade de renda por acre, enquanto nas mesmas condições, sua dispersão sobre uma área maior [...] não o faz". Consequentemente,

> dados dois países em que os preços da produção são idênticos, as diferenças no tipo de solo são idênticas e a mesma quantidade de capital é investido – mas em um dos países mais na forma de gastos sucessivos em uma área de terra limitada, enquanto no outro mais na forma de gastos coordenados em uma área maior – a renda por acre, e assim o preço da terra, seria maior no primeiro país e menor no segundo, embora a renda total fosse a mesma para os dois países.[89]

A propriedade pode ter efeitos positivos, negativos ou neutros sobre os preços de mercado, a acumulação de capital, o grau de dispersão da produção etc. Uma conclusão subsidiária é que a renda diferencial pode, em determinadas condições, ocorrer até mesmo no solo pior[90]. Marx chegou a essas conclusões gerais, sem qualquer evidência que as apoiasse, muito mais cedo.

> A renda pode não determinar o preço do produto diretamente, mas determina o método de produção, quer uma grande quantidade de capital seja concentrada em uma área pequena de terra, ou uma pequena quantidade de capital seja disseminada sobre uma área grande de terra, e quer este ou aquele tipo de produto seja produzido.[91]

---

[87] Ibidem, p. 735.
[88] Ibidem, p. 672.
[89] Ibidem, p. 692.
[90] Ibidem, cap. 44. Ben Fine ("On Marx's Theory of Agricultural Rent", cit., p. 266-8) examina como a renda pode ocorrer na pior terra.
[91] Karl Marx, *Theories of Surplus Value*, cit., parte 3, p. 515.

A apropriação da renda pode ser encarada alternadamente como socialmente necessária, totalmente deletéria ou um aspecto indiferente em relação à acumulação do capital. Essa conclusão nos ajuda a entender o papel contraditório da propriedade da terra e da apropriação da renda no capitalismo.

IV. O PAPEL CONTRADITÓRIO DA RENDA FUNDIÁRIA E DA PROPRIEDADE DA TERRA NO MODO DE PRODUÇÃO CAPITALISTA

O monopólio da propriedade da terra, além de ser uma "premissa histórica", é também uma "base contínua" para o modo de produção capitalista[92]. O significado disso é que a apropriação da renda e a existência de propriedade privada na terra são condições socialmente necessárias para a perpetuação do capitalismo. A base dessa necessidade social tem de ser firmemente estabelecida. Podemos então explorar por que a força revolucionária do capitalismo, que é tão frequentemente destrutiva de outras barreiras sociais que estão em seu caminho, deixou a propriedade da terra intacta (embora em um estado transformado) e permitiu a apropriação da renda (uma parte do mais-valor que do contrário se acumula ao capital) por "uma classe que nem trabalha nem explora diretamente o trabalho, nem consegue encontrar racionalizações moralmente edificantes" para sua existência continuada[93]. Qual, em resumo, é a base social real para a reprodução da propriedade da terra no capitalismo?

A resposta de Marx é bastante clara.

> A propriedade da terra não tem nada a ver com o processo de produção real. Seu papel está confinado a transferir uma porção do mais valor produzido dos bolsos do capital para o seu próprio bolso. Entretanto, o senhor de terra desempenha um papel no processo de produção capitalista não apenas por meio da pressão que ele exerce sobre o capital, não apenas porque uma propriedade da terra grande é um pré-requisito e uma condição da produção capitalista por ser um pré-requisito e uma condição da expropriação do trabalhador dos meios de produção, mas particularmente porque ele aparece como a personificação de uma das condições mais essenciais da produção.[94]

Consideremos atentamente esses três papéis.

---

[92] Idem, *Capital*, Livro III, cit., p. 617.
[93] Ibidem, p. 829.
[94] Ibidem, p. 821.

1. A SEPARAÇÃO DO TRABALHADOR BRAÇAL DA TERRA COMO MEIO DE PRODUÇÃO

"Se a terra estivesse [...] à livre disposição de todos, então estaria faltando um elemento principal para a formação do capital. [...] Assim, a 'produção' do trabalho não remunerado de outra pessoa se tornaria impossível e isso poria um fim definitivo à produção capitalista."[95] Dado o caráter fundamental da terra como uma condição original da produção, aqueles que nela trabalham devem de alguma forma ser atraídos ou pressionados para a troca de mercadoria. A extração da renda dos camponeses por parte dos senhores de terra desempenha um papel vital no pressionamento dos camponeses para separar pelo menos uma parte do seu produto em vez de eles próprios o consumirem. Mas para a total dominação do capital sobre o trabalho ser conseguida, antes de tudo deve ser criada uma força de trabalho assalariada, um proletariado *sem terra*. A acumulação primitiva fora da terra produz trabalhadores assalariados. Uma forma definida de propriedade da terra preenche esse papel histórico e continua a preenchê-lo, na medida em que a ampliação e o aprofundamento do capitalismo no cenário mundial o requeiram. Quando o capital encontra situações em que a propriedade privada na terra não existe, ele deve dar passos ativos para criá-la e desse modo garantir a produção do trabalho assalariado. E a necessidade de negar o acesso do trabalhador à terra como meio de produção não diminui de modo algum com o avanço do capitalismo. Na verdade, isso continua sendo uma necessidade permanente para que a reprodução da relação de classe entre o capital e o trabalho seja assegurada.

A barreira que a propriedade da terra coloca entre o trabalho e a terra é socialmente necessária para a perpetuação do capitalismo. Mas ao criar a propriedade da terra como uma barreira ao trabalho, o capital também cria barreiras para si mesmo. Ao possibilitar a reprodução do trabalho assalariado, a apropriação da renda também se torna possível. Esse é um aspecto da posição contraditória da propriedade da terra no capitalismo.

2. A POSSE DE TERRA E O PRINCÍPIO DA PROPRIEDADE PRIVADA

Os capitalistas poderiam organizar a separação do trabalho da terra simplesmente assegurando que a "terra não deveria ser uma propriedade comum, que ela deveria confrontar a classe trabalhadora como uma condição de produção não pertencente a ela, e esse propósito é totalmente satisfeito se ela se tornar propriedade do Estado [...] a propriedade comum da classe burguesa, do capital"[96]. Essa posse

---
[95] Idem, *Theories of Surplus Value*, cit., parte 2, p. 43-4.
[96] Ibidem, p. 44.

da terra por parte do Estado não deveria ser confundida com "propriedade das pessoas", o que aboliria efetivamente toda a base da produção capitalista[97]. Mas há uma barreira séria à posse da terra por parte do Estado e à abolição da renda. Tendo em vista o fato prático de que muitos membros da burguesia (incluindo os capitalistas) são proprietários de terra, "um ataque a uma forma de propriedade [...] poderia lançar uma dúvida considerável sobre a outra forma"[98]. E a outra forma é a posse dos meios de produção, dos quais o capital deriva a sua própria posição e legitimação legais. Por isso, a preservação, e até a melhoria, da propriedade privada na terra desempenha uma função ideológica e legitimadora para todas as formas de propriedade privada; daí, argumentariam alguns, a importância de conferir privilégios de posse da moradia (possessão de um meio de consumo) à classe trabalhadora. Desse ponto de vista, podemos encarar a renda como um pagamento suplementar permitido aos proprietários de terra para preservar a santidade e a inviolabilidade da propriedade privada em geral. Esse aspecto ideológico e jurídico da propriedade da terra tem importantes implicações, mas não é em si suficiente para explicar a forma capitalista da renda ou as contradições às quais a forma capitalista da propriedade da terra dá origem.

3. A propriedade da terra e o fluxo de capital

O fluxo do capital para e mediante a terra como condição e meio de produção é modificado em importantes aspectos pela propriedade da terra e pela apropriação da renda. Embora o capital fundiário imponha uma "barreira" ao fluxo de capital e haja impactos negativos das apropriações da renda na acumulação, verifica-se que a propriedade da terra tem também um papel a desempenhar na pressão para a alocação *adequada* do capital à terra. A dificuldade é garantir a melhoria desse papel positivo enquanto se restringe o negativo.

Tanto no caso do monopólio quanto da renda absoluta, a propriedade da terra coloca barreiras que são difíceis de justificar em relação às exigências básicas do capitalismo. Por isso, a apropriação dessas formas de renda deve ser encarada como uma influência totalmente negativa sobre a alocação adequada do capital à terra e, daí, à formulação de preços de mercado válidos e à sustentação da acumulação. Por essa razão é claramente do interesse do capital em geral manter as rendas absolutas e monopolistas dentro de limites estritos, para assegurar que elas permaneçam pequenas (como Marx insistiu que elas devam ser) e de ocorrência esporádica.

---

[97] Ibidem, p. 104.
[98] Ibidem, p. 44.

O problema mais interessante surge no caso da interação complexa entre as duas formas de renda diferencial que (ver seção III) podem ter efeitos positivos, negativos ou neutros sobre a formação dos preços de mercado, a concentração e dispersão do capital, e a acumulação. Infelizmente, grande parte da polêmica direcionada contra as formas de renda monopolista e absoluta e o papel parasítico e supérfluo do senhor de terra nessas situações foram transferidos para a discussão da renda diferencial. Por isso, os aspectos negativos das intervenções da propriedade da terra foram enfatizados, enquanto muito pouca atenção foi dada ao papel positivo de coordenação do fluxo do capital sobre a terra e mediante a terra, de maneira a apoiar amplamente mais acumulação. Consideremos a propriedade da terra em seu aspecto positivo.

Uma das "grandes conquistas do modo de produção capitalista", escreveu Marx, foi a "racionalização da agricultura" para que ela pudesse operar em uma "escala social" com a "aplicação científica consciente da agronomia", capaz de gerar o produto agrícola excedente tão vital para a acumulação do capital mediante a produção industrial. A conquista de um equilíbrio adequado na divisão do trabalho entre a indústria e a agricultura, e de uma alocação adequada do trabalho social total na sociedade para diferentes linhas de produção na agricultura, depende fundamentalmente da capacidade do capital de fluir livremente para a terra e mediante a terra[99]. A forma que a propriedade da terra assume no capitalismo, em contraste com todos os modos precedentes ou alternativos de controle da terra, aparece como um conjunto de dispositivos superlativos totalmente adaptados às exigências do capital. O fato de tais dispositivos envolverem a apropriação da renda fundiária não faz diferença. A terra é liberada e transformada em um campo aberto para a operação do capital. Marx coloca isso de maneira muito sucinta em *A miséria da filosofia*: "a renda, em vez de ligar o homem à Natureza, simplesmente vincula a exploração da terra à competição"[100] – e, podemos acrescentar, à acumulação de capital.

Há um sentido em que a apropriação da renda diferencial melhora a competição, em vez de limitá-la. Em vez de tributar os lucros excedentes que são relativamente permanentes, o proprietário da terra opera para igualar as taxas de lucro entre os produtores concorrentes. Na medida em que os produtores competem, eles precisam fazê-lo tendo por base novos métodos (que, como aqueles da indústria, podem rapidamente se tornar gerais), em vez de se basearem nas vantagens "injustas" que se devem a "dádivas gratuitas da natureza" ou a resultados herdados

---

[99] Idem, *Capital*, Livro III, cit., p. 617-18, 635.
[100] Idem, *The Poverty of Philosophy*, cit., p. 159.

de esforços humanos que remontam há muitos séculos. Quando as vantagens injustas são eliminadas, a competição obriga os produtores a desenvolver mais as forças produtivas e a racionalizar mais a produção. Esse princípio é transferido, como veremos na seção VI, para a racionalização da organização espacial do capitalismo por meio da competição.

A dificuldade é que não há como assegurar que aqueles que se apropriam da renda recolham o que lhes é devido e apenas o que lhes é devido. O brilhantismo da análise de Marx da renda diferencial agora se torna aparente. As interações completas da RD-1 (devendo-se claramente ao proprietário da terra) e da RD-2 (pelo menos parcialmente devidas ao capital) impossibilitam distinguir quem deve obter o quê: as relações reais tornam-se opacas. A existência da renda da terra não só vincula o uso da terra à competição e a todas as contradições que daí partem, mas também introduz um tipo de dificuldade totalmente novo aos processos de reprodução do capitalismo. O que de início parece ser um claro dispositivo de racionalização para coordenar o investimento na terra torna-se uma fonte de contradição, confusão e irracionalidade[101]. É contra esse pano de fundo que temos de interpretar a luta ativa entre os proprietários de terra e os capitalistas. Um processo social de algum tipo tem de estabelecer, de maneira aberta e clara, o que se torna opaco do ponto de vista das relações sociais reais da produção.

V. RELAÇÕES DE DISTRIBUIÇÃO E LUTA DE CLASSES ENTRE O PROPRIETÁRIO DE TERRA E O CAPITALISTA

O valor anual total produzido na sociedade capitalista é distribuído nas formas de salários, rendas, juros, lucros e impostos. Qual é a parcela de equilíbrio da renda nesse valor anual total, e como essa parcela de equilíbrio é determinada? A resposta mais óbvia é apelar para o poder relativo das diferentes classes e enxergar as relações de distribuição como um resultado da luta de classes. Do ponto de vista da propriedade da terra, essa luta é multidimensional porque o proprietário da terra é colocado em oposição a todos os usuários da terra – capitalistas (que usam a terra como meio de produção ou simplesmente como espaço), camponeses, trabalhadores, financistas, o Estado e várias outras facções da burguesia. A renda pode ser apropriada das receitas (assim dando origem a muitas formas secundárias de exploração) e também do mais-valor diretamente produzido de acordo com a produção. O pro-

---

[101] Isso explica um tema do contrário confuso n'*O capital* (Livro III, cit., p. 617-22), em que a propriedade da terra é encarada simultaneamente como o grande racionalizador da produção agrícola e como a fonte de todos os tipos de efeitos deletérios.

prietário da terra é supostamente indiferente à fonte específica, contanto que a renda continue se acumulando.

A investigação teórica de Marx da renda fundiária trata apenas das partes relativas do proprietário da terra e do capitalista no mais-valor produzido sobre a terra. Mas nos convida a observar a luta evidente sobre as partes distributivas como uma expressão de forças mais profundas que circunscrevem os poderes relativos das classes envolvidas.

Considere, por exemplo, a relação entre os proprietários de terra e os produtores camponeses. Se estes últimos forem encarados como trabalhadores independentes no controle do seu próprio processo de produção, então os proprietários de terra existem em uma relação direta de exploração com eles e têm todos os incentivos para extorquir o máximo de renda possível para pressionar o trabalho do camponês e para pressionar a expansão da produção de mercadorias. A luta entre o proprietário da terra e o camponês está diretamente engajada. A força decide o resultado[102]. O interesse do capital, o tempo todo em que um suprimento de alimento e matérias-primas baratos é conseguido, é se aliar aos proprietários de terra e encorajar níveis sempre mais elevados de exploração da terra.

A situação é muito diferente quando os proprietários da terra se apropriam das rendas dos capitalistas usando a terra como um meio de produção. Os primeiros poderiam, caso fossem suficientemente poderosos, se apropriar de grande parte do lucro do capitalista. Mas aqui encontramos circunstâncias limitadoras que alteram materialmente as relações de classe. Os proprietários de terra não podem obrigar os capitalistas a investir da mesma maneira que podem obrigar os camponeses a trabalhar. E, na medida em que a maximização da extração da renda diminui o fluxo de capital para a renda, esta é claramente uma tática autoderrotista por parte do proprietário da terra. Na verdade, se observarmos mais de perto, veremos fortes incentivos para os proprietários de terra abrirem a terra ao fluxo de capital. Afinal, é o valor de uso da terra para o seu proprietário que permite a apropriação da renda, e é a renda por acre que importa. O valor de uso da terra para o capitalista é como um meio de produção de mais-valor: é a renda em relação ao capital adiantado e o mais-valor produzido que importam. A diferença entre as duas perspectivas permite a existência de um "terreno de compromisso" entre eles. Por exemplo, a taxa de renda sobre a terra pode continuar a aumentar ao mesmo tempo que a taxa de renda sobre o capital adiantado permanece constante ou até di-

---

[102] Os proprietários de terra tentam extrair o equivalente do mais-valor absoluto em mercadoria, em vez de diretamente como trabalho. A analogia entre a luta entre o proprietário de terra e o camponês e a luta com relação à jornada de trabalho é proveitosa.

minui[103]. Em determinadas condições, o proprietário da terra tem um forte incentivo para permanecer passivo e para minimizar as barreiras que a propriedade da terra ergue ao fluxo de capital[104].

Assim, a relação entre o capital e a propriedade da terra não é reduzida a uma relação de eterna harmonia. Não é fácil distinguir, por exemplo, entre produtores camponeses e produtores capitalistas independentes, e os proprietários de terra não são necessariamente sofisticados o bastante para enxergar a virtude de alterar sua estratégia de maximizar a renda que eles extraem dos camponeses e ajustar suas vistas quando se trata do capital. Além disso, o desenvolvimento do trabalho social "estimula a demanda pela própria terra" e, assim, a propriedade da terra adquire "a capacidade de captar uma porção sempre crescente" do mais-valor produzido[105]. Abençoado com tal capacidade, que proprietário de terra pode resistir a usá-la? O proprietário de terra está eternamente imprensado entre a tolice evidente de tomar muito pouco e as penalidades resultantes de tomar demais.

A mesma tensão paira sobre as condições de contrato relacionadas às melhorias permanentes. Embora as melhorias possam ser feitas pelo capitalista, elas "se tornam a propriedade do proprietário de terra" assim que "o tempo estipulado pelo contrato expirou". O interesse nas construções, por exemplo, "cai nas mãos do capitalista industrial, do especulador imobiliário ou do arrendatário, contanto que o arrendamento seja longo", mas depois ele "passa para as mãos do proprietário da terra junto com a terra e [portanto] infla a sua renda". Aí "está um dos segredos do enriquecimento crescente dos proprietários de terra, a contínua inflação de suas rendas e o valor monetário constantemente crescente de suas propriedades". Mas aí está também "um dos maiores obstáculos ao desenvolvimento racional da agricultura", assim como de todas as outras formas de investimento no ambiente construído, porque o arrendatário "evita todas as melhorias e os gastos pelos quais ele não pode esperar retornos completos durante o termo do seu arrendamento"[106].

A luta em relação à extensão e aos termos do arrendamento, e à compensação justa pelo investimento de capital em melhorias permanentes, torna-se previsivelmente a principal questão contratual na relação entre o capital e o proprietário da terra. E, assim como o contrato sobre a jornada de trabalho (tão importante para a

---

[103] Ibidem, p. 683.
[104] Segue-se imediatamente a implicação de que os proprietários de terra devem maximizar a extração da renda dos camponeses e diminuir a apropriação da renda dos capitalistas agrícolas. Gilles Postel-Vinay (*La rente foncière dans le capitalisme agricole*, cit.) proporciona uma enorme quantidade de evidências em apoio a essa ideia. Mas Rey interpreta mal a importância dos achados e por isso os encara como inconsistentes com a teoria da renda de Marx.
[105] Karl Marx, *Capital*, Livro III, cit., p. 637-9.
[106] Ibidem, p. 619-22.

relação entre o capital e o trabalho), ela é fundamentalmente regulada pelo Estado, seja por legislação ou por precedente legal.

O resultado dessa luta tem importantes implicações para a acumulação. Se o capital adquire um direito eterno às melhorias permanentes que o próprio capital cria, então os lucros excedentes tornam-se uma característica mais permanente do que transitória dentro da competição pelo mais-valor relativo. As forças que vinculam a exploração da terra à competição ficam amortecidas. A alocação do trabalho social às atividades será distorcida em comparação com a acumulação equilibrada. Quase certamente ocorrerá uma superconcentração das atividades no espaço. Vários desequilíbrios sérios vão surgir dentro do processo de acumulação capitalista.

A teoria da renda fundiária ilustra que essas consequências só podem ser evitadas se a propriedade da terra se apropriar brutalmente dos excessos de lucro a serem obtidos de qualquer tipo de vantagem, seja ela criada por ação humana ou não. Mas se o proprietário da terra se apropriar muito rapidamente ou muito selvagemente, então o estímulo para em primeiro lugar se fazer investimentos fica também amortecido. Será possível identificar um ponto de equilíbrio entre essas duas exigências contrárias? O ponto mais óbvio a ser observado é aquele momento em que o investimento foi totalmente amortizado. Mas esse ponto é difícil, se não impossível, de identificar porque a vida física desses investimentos é excessivamente longa, enquanto a vida econômica sofre de todas as ambiguidades que a circulação do capital fixo enfrenta em geral (ver capítulo 8). Na medida em que a vida do capital fixo é padronizada segundo a taxa de juros, e na medida em que a renda é assimilada nos juros em uma forma de capital fictício, o conflito também é regulamentado por pelo menos algum tipo de processo social (embora a taxa de juros, como vimos nos capítulos 9 e 10, não seja exatamente um regulador coerente ou isento de contradições).

As tensões evidentes envolvidas em tudo isso admitem várias soluções possíveis. Talvez a mais interessante, do ponto de vista da história social do capitalismo, seja a fazenda familiar ocupada pelo proprietário. Em um sistema desse tipo, os produtores podem ser ao mesmo tempo capitalistas e proprietários de terra, de modo que o conflito entre os dois papéis parece desaparecer. Marx considera tal situação tanto excepcional quanto fortuita[107]. É difícil negar seu raciocínio. Os ocupantes-proprietários são responsáveis pelo preço de aquisição da terra e, mesmo quando a terra foi transmitida sem ônus por muitas gerações, a renda precedente em virtude do capital fictício embutido no "valor" da terra não pode ser desdenhosamente posta de lado. E, em muitos casos, a ocupação nominal do espaço físico pelo proprietário oculta uma relação hipotecária (equivalente à renda) e uma relação de

---

[107] Ibidem, p. 751-2.

crédito (equivalente aos juros sobre o capital emprestado para a produção atual), deixando o ocupante-proprietário apenas com o lucro do empreendimento. Na medida em que a posse da terra garante a circulação de capital que rende juros, as formas modernas da ocupação pelo proprietário na agricultura simplesmente atingem tudo o que seria esperado nas relações sociais do capitalismo. Na verdade, podem surgir aqui algumas formas de circulação curiosas que merecem uma investigação mais profunda. Se os produtores cultivam sob contrato, realizam eles próprios grande parte do trabalho e estão seriamente endividados com instituições financeiras tanto para o pagamento de hipoteca quanto para o crédito de operações atuais, o "ocupante-proprietário" nominal é provavelmente mais bem encarado como um administrador ou mesmo um trabalhador que recebe uma espécie de parte da "empreitada" do valor total do mais-valor produzido. Como sempre, é importante penetrar abaixo da aparência superficial e estabelecer as relações sociais da produção que prevalecem.

Embora a luta entre o capitalista e o proprietário da terra ocorra mais obviamente no terreno de (1) as condições de contrato que regulam o uso da terra, (2) a magnitude da renda e (3) a duração do arrendamento e a compensação pelas melhorias, há outras considerações mais gerais que afetam os arranjos distribucionais. As receitas – rendas – do proprietário da terra constituem parte das receitas gerais da burguesia. Essas receitas podem ser acumuladas ou lançadas de volta à circulação. No primeiro caso a circulação do capital em geral tende a ficar seriamente comprometida. No último, as receitas podem continuar a circular mediante a aquisição de serviços, produtos de luxo etc., ou serem convertidas em capital monetário, que flui tanto para a produção quanto para o consumo via o sistema de crédito. A maneira como são usadas tem importantes implicações.

As receitas que fluem para a aquisição de produtos de luxo podem desempenhar um papel importante na estimulação da demanda efetiva, embora não, como já vimos no capítulo 3, na resolução do problema de "realização" do capital. Nesse caso, os proprietários da terra também operam como uma das "classes consumidoras" da sociedade, cujas atividades estão integradas na dinâmica geral da circulação do capital. Mas, dada a sua colocação dentro desse sistema, não é difícil ver suas atividades como comprometedoras das proporcionalidades necessárias entre a agricultura e a indústria, entre a cidade e o campo, e entre a produção de bens salariais básicos (os alimentos em particular) e os produtos de luxo.

O uso das receitas do proprietário da terra como capital monetário é mais interessante de contemplar. Ele sugere um vínculo potencial forte entre a propriedade da terra e os bancos – um vínculo que é facilmente observável e de grande importância na história capitalista. Ele também indica um potencial poderoso para mobilizar o produto excedente da terra (obrigando os produtores à troca de mercadorias) enquanto centraliza o capital, apesar de este estar nas mãos dos proprietários de terra mediante a apropriação da renda de inúmeros pequenos produtores. Na medida em que os proprietários de terra usam o capital que centralizam de maneiras positivas, em vez de viverem do excedente da terra em um consumo conspícuo, eles desempenham um papel vital e muito central na história da acumulação.

Na verdade, um dos triunfos do capitalismo foi impor aos proprietários de terra um papel muito positivo como uma condição para sua sobrevivência. Mas aí se situa uma linha mais geral da luta de classes, porque o interesse fundiário não estava de modo algum disposto a tratar a terra sob o seu comando como um simples bem financeiro, nem estava necessariamente disposto a usar o poder monetário que ela centralizava simplesmente como dinheiro a ser lançado em circulação como capital. No fim, o poder social do dinheiro estava destinado a dominar o poder social da terra. O uso da terra para adquirir dinheiro há muito vinha sendo o objetivo dos segmentos mais dinâmicos do interesse fundiário, e em longo prazo isso significava muito simplesmente a fusão da propriedade da terra com todos os tipos de arrendatários[108]. O interesse fundiário perdeu o seu papel autônomo e independente e foi necessariamente transformado em uma facção do próprio capital. As lutas históricas entre os interesses fundiários e os interesses industriais na Grã-Bretanha do século XIX, e as lutas contínuas de caráter semelhante em muitas outras partes do mundo, têm de ser situadas em contraposição ao pano de fundo dessa transformação necessária que assimila ambas dentro da estrutura da circulação do capital que rende juros. Nesse processo, a parte da renda no mais-valor total produzido é cada vez menos o produto de um conflito de classe aberto entre duas classes sociais quase independentes e cada vez mais internalizada dentro da lógica que coloca a circulação do capital que rende juros entre as várias formas de capital fictício que surgem dentro do modo de produção capitalista. Isso nos conduz mais diretamente a como e por que o capital que rende juros passa a circular pela própria terra.

VI. O MERCADO FUNDIÁRIO E O CAPITAL FICTÍCIO

Marx não realizou nenhuma análise detalhada dos mercados fundiários. Ele deu prioridade à construção da teoria da renda fundiária porque era aí que ele considerava estar o verdadeiro desafio teórico. Mas, da mesma maneira que confinar as

---

[108] David Spring (*The English Landed Estate in the Nineteenth Century*, Baltimore, Johns Hopkins Press, 1963) e Francis Thompson (*English Landed Society in the Nineteenth Century*, cit.) documentam a absorção gradual da aristocracia fundiária nas categorias da burguesia como capitalistas, financistas etc.

origens do dinheiro às diferentes formas de valor incorporadas na mercadoria não diz tudo que tem a ser dito sobre o papel do dinheiro e do crédito, vincular a origem do preço da terra a uma renda fundiária capitalizada não esgota toda a importância do que pode ser dito sobre os mercados fundiários no capitalismo. Os mercados fundiários exibem características peculiares e desempenham importantes funções. Portanto, merecem uma análise específica.

A teoria da renda fundiária resolve o problema de como a terra, que não é um produto do trabalho humano, pode ter um preço e ser trocada como uma mercadoria. A renda fundiária, capitalizada como o juro sobre algum capital imaginário, constitui o "valor" da terra. O que é comprado e vendido não é a terra, mas o direito à renda fundiária produzido por ela. O dinheiro exposto é equivalente a um investimento que rende juros. O comprador adquire um direito sobre as receitas futuras antecipadas, um direito sobre os frutos futuros do trabalho. O direito à terra se torna, em resumo, uma forma de *capital fictício* (ver p. 353-7). "Se é emprestado como dinheiro, terreno, imóvel etc., o capital devém mercadoria *como capital*, ou a mercadoria que é posta em circulação é o *capital como capital*."[109] Já nos referimos a grande parte disso[110].

As forças básicas que regulam o preço da terra e seus pertences são a taxa de juros e as receitas futuras antecipadas da renda. Os movimentos na taxa de juros impõem fortes ritmos temporais e colocam os movimentos de preço da terra dentro de uma estrutura geral definida pelas relações entre a acumulação do capital e a oferta e a demanda de capital monetário (ver capítulos 9 e 10). As tendências de longo prazo para uma taxa de juros decrescente ou pletoras temporárias de capital monetário vão em geral resultar em um aumento nos valores da terra (as rendas permanecendo constantes).

Antecipações cambiantes de rendas futuras, ligadas tanto aos fluxos de capital futuro quanto ao trabalho futuro, afetam do mesmo modo os preços da terra e da propriedade. Por essa razão, até mesmo a terra ociosa pode adquirir um preço[111]. O elemento especulativo está sempre presente na comercialização da terra. A importância disso tem de ser agora estabelecida, embora Marx em geral exclua a especulação do seu campo de ação. Entretanto, ele apresenta um exemplo interessante. No caso da construção de casas em cidades que crescem rapidamente, ele observa que o lucro da construção é extremamente pequeno e "o lucro principal

---

[109] Karl Marx, *Grundrisse*, cit., p. 605.
[110] Os incentivos sociais à posse da terra – prestígio, importância simbólica, tradição etc. – são também muito importantes na prática, mas os excluímos de consideração aqui porque eles não têm raízes diretas dentro de uma pura teoria do modo de produção capitalista.
[111] Idem, *Capital*, Livro III, cit., p. 669.

vem de elevar a renda fundiária", de modo que é "a renda fundiária, e não a casa, que é o objeto real da especulação imobiliária"[112]. Os proprietários de terra não assumem de modo algum uma postura passiva nesse caso. Eles desempenham um papel ativo na criação de condições que permitam que as rendas futuras sejam apropriadas. O avanço do capital e a aplicação do trabalho no presente assegura um aumento nas rendas futuras.

Essa situação tem uma importância geral maior do que Marx parece ter percebido. Buscando ativamente a apropriação de valores, os proprietários de terra podem impor novas configurações à produção na terra e até pressionar a produção de valor em uma escala e com uma intensidade que do contrário não poderiam ocorrer. Assim, é claro, condenam o trabalho futuro a níveis de exploração sempre crescentes em nome da própria terra. O papel ativista do capital fictício que opera na terra e as contradições que ele cria merecem um exame atento. Ele realiza algumas funções de coordenação importantes e, desse modo, legitima e justifica a apropriação da renda dentro da lógica geral do modo de produção capitalista.

A circulação do capital que rende juros nos mercados fundiários coordena o uso da terra em relação à produção de mais-valor mais ou menos da mesma maneira que ajuda a coordenar as alocações da força de trabalho e equalizar a taxa de lucro entre as diferentes linhas de produção em geral. As peculiaridades da terra acrescentam algumas novas peculiaridades a esse processo. Na prática, há pouca coisa que obrigue os capitalistas a renunciar às vantagens relativamente permanentes (de fertilidade ou de localização) que eles desfrutam em um determinado pedaço de terra para promover um uso de produção de renda diferente, porém mais elevado, particularmente se os benefícios que tiveram de investir em tal mudança são imediatamente extraídos sob a forma de rendas mais elevadas. A situação muda materialmente se o capital que rende juros circular pelos mercados fundiários eternamente em busca de rendas fundiárias futuras aumentadas e fixar os preços da terra em conformidade com isso. Nesse caso, a circulação do capital que rende juros promove atividades na terra que visam seus mais elevados e melhores usos, não simplesmente no presente, mas também prevendo a produção futura de mais-valor. Os proprietários de terra que tratam a terra como um simples bem financeiro desempenham exatamente essa tarefa. Eles coagem o capital (por meio de aumento das rendas, por exemplo) ou cooperam com ele para garantir a criação de rendas fundiárias mais elevadas. No caso de uma aliança ativa entre o proprietário da terra e o capitalista, o primeiro assume o papel do arrendatário que busca

---
[112] Ibidem, p. 774-6, e Livro II, p. 234.

captar as rendas melhoradas enquanto o capitalista busca o lucro[113]. Situações desse tipo observadas por Marx podem muito facilmente ser criadas: as rendas aumentadas superam em muito o lucro a ser obtido do investimento direto.

Eternamente lutando para colocar a terra em seu "melhor e mais elevado uso", os proprietários de terra criam um dispositivo de triagem que filtra os usos da terra e impõem as alocações do capital e do trabalho que do contrário não poderiam acontecer. Olhando para o futuro, eles também podem injetar uma fluidez e um dinamismo no uso da terra que do contrário seriam difíceis de serem gerados. Quanto mais vigorosos forem os proprietários de terra nesse aspecto, mais ativo será o mercado fundiário e mais ajustável se tornará o uso da terra em relação às exigências sociais — no presente momento, a acumulação do capital.

Podemos agora trazer o argumento com relação ao papel da propriedade da terra e à apropriação da renda para o círculo amplo do capitalismo. A apropriação da renda não só é socialmente necessária, mas os proprietários de terra precisam necessariamente assumir um papel ativo na busca de rendas aumentadas. Não há nada inconsistente nesse comportamento, contanto, é claro, que a terra seja tratada simplesmente como um bem financeiro, uma forma de capital fictício aberto a todos os investidores. Quanto mais livremente o capital que rende juros perambular pela terra buscando títulos para os arrendatários da terra apropriarem, melhor ele conseguirá desempenhar o seu papel de coordenador.

Mas, da mesma maneira, quanto mais aberto for o mercado fundiário, mais imprudentemente o capital monetário excedente poderá criar reivindicações de pirâmides de débito e buscar realizar suas esperanças excessivas mediante a pilhagem e a destruição da produção na própria terra. O investimento na apropriação, tão necessário ao desempenho destas funções de coordenação, é aqui, como em qualquer outra parte, a "origem de todo tipo de formas insanas" e a fonte de distorções potencialmente sérias. A especulação da terra pode ser necessária ao capitalismo, mas as orgias especulativas periodicamente se transformam em um atoleiro de destruição para o próprio capital.

A importância desses poderes de coordenação, com suas consequências negativas, é particularmente evidente quando se trata do problema da organização espacial, um tópico que Marx também tende a excluir do seu alcance teórico, exceto como uma preocupação periférica. O mercado fundiário molda a alocação do capital à terra e, desse modo, molda a estrutura geográfica da produção, da troca e do consu-

---

[113] François Lamarche ("Property Development and the Economic Foundations of the Urban Question", em C. Pickvance [org.], *Urban Sociology: Critical Essays*, Londres, Tavistock Publications, 1976) apresenta uma das melhores teorizações do papel do arrendatário a partir de uma perspectiva marxista.

mo, a divisão técnica do trabalho no espaço, os espaços socioeconômicos da reprodução e assim por diante. Os preços da terra criam sinais aos quais os vários agentes econômicos podem responder. O mercado fundiário é uma força poderosa que contribui para a racionalização das estruturas geográficas em relação à competição.

Além disso, os proprietários de terra desempenham um papel ativo no processo da estrutura e reestrutura geográfica, contanto, é claro, que tratem a terra como um simples bem financeiro. Considere as relações do transporte. O estímulo para revolucioná-los surge da necessidade de diminuir o tempo de circulação das mercadorias, de estender geograficamente os mercados, e assim simultaneamente criar a possibilidade de baratear os insumos de matérias-primas, expandindo a base para a realização ao mesmo tempo que acelera o tempo de rotação do capital. Se a renda depende da localização relativa, e a localização relativa deve ser transformada pelo transporte melhorado, então o investimento no transporte vai aumentar os valores da terra nas áreas próximas a ela. De acordo com isso, os proprietários de terra poderão ganhar (ou perder). Eles têm um direito adquirido sobre onde e quando investir no transporte. Podem até estar dispostos a promovê-lo com certa perda (de preferência usando o dinheiro de outras pessoas ou mediante a ação do Estado) para se beneficiar das rendas fundiárias aumentadas. Os proprietários de terra ingleses aprenderam esse truque relativamente cedo, e esta desde então continuou sendo uma faceta básica do capitalismo.

Os proprietários de terra são geralmente atraídos a competir por aquele padrão particular de desenvolvimento, aquele pacote de investimentos e atividades, que tem a melhor perspectiva de melhorar as rendas futuras. A moldagem do padrão geográfico do uso da terra para a competição depende da competição entre os proprietários de terra para aumentarem as rendas. A coordenação possibilitada pela existência dos mercados fundiários e pelas sinalizações dos preços é, nesse aspecto, de vital importância.

Mas o caráter anárquico dessa competição pode ter fortes consequências negativas. Os capitais excedentes podem ser colocados para trabalhar de maneiras perdulárias; proprietários de terra individuais, agindo em seu próprio interesse imediato e buscando maximizar a renda fundiária da qual podem se apropriar, podem pressionar alocações do capital à terra de modos que não fazem sentido do ponto de vista das exigências gerais da acumulação. A essa versão da propriedade da terra das forças que criam um desequilíbrio geral no capitalismo (ver capítulo 7), devem ser também acrescentados os problemas particulares que surgem as interações complexas de RD-1 e RD-2. Estas garantem que nenhum proprietário de terra pode confinar os custos e benefícios dos esquemas que ele promove ao seu próprio pedaço de terra. Consideradas em conjunto, as forças que moldam a geografia do capitalismo mediante o funcionamento dos mercados fundiários estão em risco eterno de se dissolverem em um pesadelo de incoerência e periódicas orgias de especulação. O trabalho futuro é pressionado para configurações que são insustentáveis (do ponto de vista do trabalho, do capital ou de ambos). O problema é impedir essa dissolução e ao mesmo tempo preservar o mercado fundiário como um dispositivo de coordenação básico.

O capital só tem duas linhas de defesa nessas situações: a monopolização ou o controle por parte do Estado. Nenhuma solução está isenta de contradições internas. A monopolização do processo de desenvolvimento da terra mediante a concentração em larga escala da propriedade da terra permite um processo coerente do desenvolvimento da terra em que os vários efeitos sinérgicos dos investimentos podem ser orquestrados de maneira vantajosa. Aqui, incidentalmente, está a tentação de conectar a propriedade da terra com as altas finanças – uma conexão que se estende durante um longo período e torna a versão fundiária do "capitalismo financeiro" historicamente anterior à versão do capital industrial que já consideramos (capítulo 10)[114]. O problema desse tipo de monopolização é, evidentemente, o fato de ele abrir a possibilidade para a apropriação de rendas monopolistas – uma forma de apropriação que em geral é desfavorável à acumulação. Os financistas podem compensar parcialmente essa tendência assumindo o controle da sua própria conta. O sistema de crédito estrutura o mercado fundiário para preservar a circulação como um todo do capital que rende juros. O resultado é uma espécie de coordenação dupla conseguida mediante a integração das várias formas de circulação do capital que rende juros. O problema dessa solução é que, embora os mercados fundiários possam ser mais bem coordenados, eles se tornam mais diretamente expostos a todos os problemas inerentes ao próprio sistema de crédito.

A linha final de defesa é o Estado, que pode assumir vários poderes da regulação do uso da terra, da expropriação da terra, do planejamento do uso da terra e, finalmente, do investimento real, para se contrapor à incoerência e às periódicas febres especulativas que os mercados fundiários periodicamente herdam. Embora o Estado possa sem dúvida colocar sua marca nas estruturas geográficas, ele necessariamente não faz isso de modo a efetivamente vincular o uso da terra à competição ou ao processo de reestruturação da acumulação do capital. Um nível muito grande de envolvimento do Estado também começa a questionar toda a validade dos direitos de propriedade sobre os meios de produção em geral, assim como sobre a terra.

O capitalismo não pode funcionar sem ter o preço da terra e os mercados fundiários como dispositivos de coordenação básicos na alocação da terra aos usos. Ele só pode se esforçar para restringir sua operação de modo a torná-los menos incoerentes e menos vulneráveis aos transtornos especulativos. Duas implicações então derivam dessa conclusão geral.

---

[114] Marx achava que a Revolução Gloriosa de 1688 na Grã-Bretanha forjou uma oligarquia dominante baseada em uma "aliança natural" entre a "nova aristocracia fundiária" e a "nova bancocracia, das altas finanças recém-saídas do ovo e dos grandes manufatureiros" (*O capital*, Livro I, cit., p. 796).

Em primeiro lugar, os preços não poderiam existir sem o poder monopolista da propriedade privada na terra e a capacidade de apropriação da renda que esse poder confere. Tanto a renda quanto a propriedade privada da terra são socialmente necessárias para a perpetuação do capitalismo. A necessidade da reprodução social da propriedade fundiária e da apropriação da renda tem sido amplamente definida. As questões com as quais iniciamos este capítulo estão efetivamente resolvidas.

Há uma importante advertência a esse argumento. Só esse tipo de posse da terra que trata a terra como um puro bem financeiro funcionará. Todas as outras formas de propriedade da terra devem soçobrar. A terra deve se tornar uma forma de capital fictício e ser tratada como um campo aberto para a circulação de capital que rende juros. Somente nessas condições a aparente contradição entre a lei do valor e a existência da renda sobre a terra desaparece. Até que ponto as formações sociais capitalistas avançaram nesse caminho é uma questão para investigação histórica. O fato de a lei do valor no modo de produção capitalista envolver tal processo de transformação é indiscutível.

Em segundo lugar, o preço da terra carrega simultaneamente a temporalidade da acumulação (como está registrada pelos movimentos na taxa de juros) e a especificidade dos valores de uso materiais distribuídos no espaço e, portanto, ligados a considerações temporais e espaciais dentro de uma estrutura singular definida pela lei do valor. Mas isso tudo não acontece de uma maneira passiva ou neutra. O preço da terra deve ser realizado mediante a apropriação da renda futura, que se baseia no trabalho futuro. Por isso, o pagamento do preço da terra pelo capital condena o trabalho a atividades muito específicas em determinados locais durante um espaço de tempo determinado pela taxa de juros – ou seja, se o capital adiantado para a aquisição da terra não vier a ser desvalorizado. Aqui vemos, uma vez mais, como a operação da lei do valor restringe o trabalho ativo. Vamos abordar outras implicações desse resultado no capítulo 12.

A circulação do capital que rende juros em títulos fundiários desempenha um papel análogo àquele do capital fictício em geral. Ela indica os caminhos de localização para a futura acumulação e atua como um agente de força catalizadora que reorganiza a configuração espacial da acumulação segundo os imperativos básicos da acumulação. O fato de isso às vezes pressionar muito (além da capacidade de enfrentamento do capital ou do trabalho) ou em direções equivocadas (devido às inevitáveis distorções que surgem quando a circulação do capital monetário encontra e faz uso dos privilégios do monopólio vinculados à propriedade privada da terra) simplesmente estabelece que o mercado fundiário necessariamente internaliza todas as contradições básicas fundamentais do modo de produção capitalista. Por isso, impõe tais contradições ao próprio cenário físico do próprio capitalismo. Mas é, ao mesmo tempo, um dispositivo de coordenação vital na luta para organizar o uso da terra de modo a contribuir para a produção de mais-valor e para a estruturação das formações sociais capitalistas em geral.

12. A PRODUÇÃO DAS CONFIGURAÇÕES ESPACIAIS: AS MOBILIDADES DO CAPITAL E DO TRABALHO

A geografia histórica do capitalismo tem sido absolutamente notável. Povos dotados de total diversidade de experiências históricas, vivendo em uma incrível variedade de circunstâncias físicas, têm-se unido, às vezes de modo grandioso e por convencimento, mas mais frequentemente mediante o exercício de uma força bruta implacável, em uma unidade complexa no âmbito da divisão internacional do trabalho. As relações monetárias têm penetrado em cada canto do mundo e em quase todos os aspectos da vida social e até mesmo da vida privada. Essa subordinação *formal* da atividade humana ao capital, exercida pelo mercado, tem sido cada vez mais complementada por aquela subordinação *real* que requer a conversão do trabalho na mercadoria força de trabalho por meio da acumulação primitiva. Essa transformação radical das relações sociais não ocorreu de modo regular. Ela se moveu mais rápido em alguns lugares do que em outros. Tem resistido mais fortemente aqui e sido mais bem-vinda ali. Tem penetrado de maneira relativamente pacífica em um lugar e com uma violência genocida em outro.

Também tem sido acompanhada por transformações físicas espetaculares em seu escopo e radicais em suas implicações. Novas forças produtivas têm sido produzidas e distribuídas em toda a face da Terra. Vastas concentrações de capital e trabalho têm se juntado em áreas metropolitanas extremamente complexas, enquanto os sistemas de transporte e comunicações, estendidos em amplas redes, permitem que as informações e as ideias, assim como os bens materiais e até mesmo a força de trabalho, se desloquem com relativa facilidade. Fábricas e campos, escolas, igrejas, centros comerciais e parques, rodovias e ferrovias se espalham por uma paisagem que tem sido indelével e irreversivelmente criada seguindo os ditames do capitalismo. Mas essa transformação física também não se produziu de modo regular. Vastas concentrações de força produtiva contrastam aqui com regiões relativamente vazias ali. Concentrações de atividade fixas em um lugar contrastam com um desenvolvimento relativamente flexível e disperso em outro. Tudo isso resulta no que chamamos de "desenvolvimento geográfico desigual" do capitalismo.

Essa aparência superficial de extraordinária mudança histórico-geográfica clama por investigação teórica. Há muito a fazer aqui e infelizmente não há muita orientação teórica sobre como fazê-lo[1]. A dificuldade é encontrar uma maneira de abordar a questão que seja ao mesmo tempo teoricamente fundamentada em conceitos marxianos básicos e suficientemente sólida para lidar com as evidentes confusões, antagonismos e conflitos que caracterizam a articulação espacial das atividades humanas no capitalismo. Além disso, os fenômenos a serem examinados são de uma variedade aparentemente infinita. Eles incluem eventos e processos tão diversos quanto as lutas individuais sobre os direitos jurisdicionais a um pedaço de terra; políticas coloniais e neocoloniais postas em prática por diferentes Estados-

---

[1] As obras marxistas sobre o problema da organização espacial têm sido extremamente esporádicas e assistemáticas. Há uma vasta e variada literatura sobre imperialismo e neocolonialismo repleta de conceitos espaciais. Mas os termos são mais descritivos do que bem fundamentados teoricamente. Expressões como "centro e periferia" e "primeiro e terceiro mundo" se deslocam facilmente para dentro e para fora da literatura sem muita ponderação. As forças que produzem e mantêm as configurações espaciais com frequência ficam perdidas nas complexidades de descrições histórico-geográficas específicas. A literatura que ajuda a construção da teoria é muito mais limitada. Achei as formulações de Christian Palloix (*L'internationalisation du capital*, Paris, Maspero, 1975 e "The Internationalization of Capital and Circuit of Social Capital", em H. Radice [org.], *International Firms and Modern Imperialism*, Harmondsworth, Penguin Books, 1975) e Philippe Aydalot (*Dynamique spatiale et développement inégal*, Paris, Economica, 1976) muito sugestivas. Henri Lefebvre (*Le droit à la ville*, Paris, Anthropos, 1972; *La production de l'espace*, cit.) chamou a atenção repetidamente para a importância da produção de espaço, da política do espaço e do papel do espaço na reprodução social (principalmente no contexto urbano). A rica literatura sobre a urbanização que emergiu desde Manuel Castells (*The Urban Question*, cit.), por exemplo, é útil, porém de modo algum definitiva. Estudos sobre o desenvolvimento regional também ainda precisam definir todo o problema de uma maneira rigorosa – ver Alain Lipietz, *Le capital et son espace*, cit.; a *Review of Radical Political Economics*, v. 10, n. 3, 1978; Renaud Dulong, *Les régions, l'État et la société locale* (Paris, PUF, 1978); Milton Santos, *The Shared Space: the Two Circuits of the Urban Economy in Underdeveloped Countries* (Londres/Nova York, Methuen, 1979 [ed. bras.: *O espaço dividido*, São Paulo, Edusp, 2008]); John Carney, Ray Hudson e Jim Lewis, *Regions in Crisis* (Nova York, St. Martin's Press, 1980); e os interessantes trabalhos de Dooren Massey, "Regionalism: Some Current Issues", *Capital and Class*, 1978, e "In What Sense a Regional Problem?", *Regional Studies*, 1979. O estudo de Jean-Paul de Gaudemar, *Mobilité du travail et accumulation du capital* (Paris, Maspero, 1976), é uma tentativa pioneira de escrever teoricamente sobre a questão, enquanto o estudo de Anwar Shaikh, "Foreign Trade and the Law of Value", *Science and Society*, 1979-1980, v. 43, p. 281-302; v. 44, p. 27-57, sobre o comércio exterior e a lei do valor é incisivo. Os dois próximos capítulos se beneficiaram incomensuravelmente das discussões com Beatriz Nofal e Neil Smith, que contribuíram com muitas ideias originais para estes últimos capítulos.

-nação; a diferenciação residencial dentro de áreas urbanas; as lutas entre gangues de rua para disputar o "território"; a organização e o projeto do espaço para comunicar significados sociais e simbólicos; a articulação espacial de diversos sistemas de mercado (financeiro, de mercadorias etc.); padrões regionais de crescimento dentro de uma divisão do trabalho; concentrações espaciais na distribuição do exército industrial de reserva; alianças de classe construídas em torno de conceitos territoriais como comunidade, região e nação; e assim por diante.

Diante de tal diversidade seria fácil demais sucumbir a esse "fetichismo espacial" que iguala todos os fenômenos *sub specie spatii* e trata as propriedades geométricas dos padrões espaciais como fundamentais. O perigo oposto é enxergar a organização espacial como um mero reflexo dos processos de acumulação e reprodução de classe. A seguir tentarei tomar um curso intermediário. Encaro a localização como um atributo material fundamental da atividade humana, mas reconheço que a localização é socialmente produzida. A produção de configurações espaciais pode então ser tratada como um "momento ativo" dentro da dinâmica temporal geral da acumulação e da reprodução social.

A base teórica para isso foi estabelecida em parte no capítulo 11. O espaço, como lá mostramos, é um atributo material de todos os valores de uso. Mas a produção de mercadorias converte os valores de uso em valores de uso *social*. Então temos de considerar como os atributos espaciais materiais dos valores de uso – a localização em particular – são convertidos em espaços sociais mediante a produção de mercadorias. Como a produção de mercadorias envolve as relações entre o valor de uso, o valor de troca e o valor, consequentemente o nosso entendimento das configurações espaciais em seu aspecto social deve também ser baseado em um entendimento de como o valor de uso, o valor de troca e o valor se integram um ao outro na produção e no uso da configuração espacial. A investigação do mercado fundiário no capítulo 11 proporciona um exemplo do caminho a ser seguido. Devemos agora construir uma espécie de argumento geral.

O trabalho útil concreto produz valores de uso em um local particular. Os diferentes trabalhos realizados em diferentes locais são conduzidos para uma relação um com o outro mediante atos de troca. A integração espacial – o vínculo da produção de mercadorias em diferentes localizações por meio da troca – é necessária para o valor se tornar a forma social do trabalho abstrato. Provavelmente foi isso que Marx tinha em mente quando escreveu:

> A riqueza abstrata, o valor, o dinheiro e, por conseguinte, o *trabalho abstrato*, se desenvolvem na medida em que o trabalho concreto se torna uma totalidade de diferentes modos de trabalho abarcando o mercado mundial. A produção capitalista se baseia no *valor* ou na transformação do trabalho incorporado no produto em trabalho social. Mas

isso só é possível tendo por base o comércio exterior e o mercado mundial. E é, ao mesmo tempo, a precondição e o resultado da produção capitalista.[2]

Consequentemente, o fracasso em conseguir a integração espacial perturba a universalidade da forma de valor. E em alguns casos pode conduzir à troca entre diferentes "sistemas de valor" ou à troca desigual entre diferentes sistemas de comércio[3]:

> Aqui a lei do valor passa por uma modificação essencial. As relações entre as jornadas de trabalho de diferentes países podem ser similares àquelas que existem entre o trabalho especializado, complexo, e o trabalho simples, não especializado, dentro de um país. Nesse caso, o país mais rico explora o mais pobre, mesmo quando este último ganha com a troca.[4]

Então, como se consegue uma integração espacial? A troca de mercadorias é uma condição *necessária*, e também o é a disponibilidade de um "equivalente universal" (por exemplo, o ouro) como a base monetária do intercâmbio mundial. As barreiras físicas ao movimento das mercadorias e do dinheiro sobre o espaço têm de ser reduzidas a um mínimo. Entretanto, as condições *suficientes* para a integração espacial são proporcionadas pelas mobilidades geográficas do capital e da força de trabalho[5]. "No capital", afinal, "a existência independente do valor é elevada a um poder mais alto que a do dinheiro"[6], embora "a tendência de criar o mercado mundial [esteja] imediatamente dada no próprio conceito do capital"[7]. O movimento geográfico do dinheiro e das mercadorias *como capital* não é igual ao movimento dos produtos e dos metais preciosos. Afinal, o capital é o dinheiro usado de determinada maneira, e não é de modo algum idêntico a todos os usos do dinheiro.

Se a integração espacial for conseguida mediante a circulação do capital no espaço, então a nossa atenção deve se concentrar em como o capital e a força de trabalho se movem. Não podemos aqui apelar para as noções burguesas comuns da mobilidade de "fatores de produção" separados – "coisas" que podem ser desviadas

---

[2] Karl Marx, *Theories of Surplus Value*, cit., parte 3, p. 253.
[3] O tema da troca desigual é explorado por Arghiri Emmanuel (*Unequal Exchange: a Study of the Imperialism of Trade*, cit.) e o problema geral do valor no intercâmbio internacional por Anwar Shaikh ("Foreign Trade and the Law of Value", cit.).
[4] Karl Marx, *Theories of Surplus Value*, cit., parte 3, p. 105-6.
[5] O fracasso em fazer a distinção entre a troca de mercadorias e de dinheiro por um lado, e a circulação do capital por outro, desfigura o trabalho do contrário interessante de Immanuel Wallerstein, "The Process of Accumulation and the 'Profit-squeeze' Hypothesis", *Science and Society*, 1974.
[6] Karl Marx, *Theories of Surplus Value*, cit., parte 3, p. 131.
[7] Idem, *Grundrisse*, cit., p. 332.

de um ponto para outro no espaço. A concepção marxiana é necessariamente um pouco mais complicada. O capital pode se mover como *mercadoria*, como *dinheiro* ou como um *processo de trabalho* que emprega capital constante e variável de diferentes tempos de rotação. Além disso, a relação entre a mobilidade do *capital variável* e aquela dos *próprios trabalhadores* introduz outra dimensão à luta de classes, embora o problema ligado à circulação do capital no *ambiente construído* também requeira uma atenção especial. Essa desagregação ocorre automaticamente, dada a descrição de Marx da circulação do capital com

$$D - M \begin{pmatrix} T \\ Mp \end{pmatrix} \dots P \dots M' - D' \text{ (etc.)}$$

A capacidade do capital para se mover depende de quais desses vários estados ele ocupa. A seguir vamos considerar a potencial mobilidade separada do capital em cada um desses estados, antes de integrar os movimentos separados em um entendimento dos ritmos temporais e espaciais para a circulação e a acumulação do capital. Dessa maneira, podemos esperar deslindar como a integração espacial é conseguida mediante processos de circulação material do próprio capital.

I. AS RELAÇÕES DE TRANSPORTE E A MOBILIDADE DO CAPITAL COMO MERCADORIA

A capacidade para movimentar os produtos define a mobilidade do capital sob a forma de mercadoria[8]. Essa mobilidade depende das relações de transporte modificadas pelos atributos das mercadorias, como o seu peso, a fragilidade do tamanho, a perecibilidade etc. Marx declara que "a condição espacial, o levar o produto ao mercado, faz parte do próprio processo de produção"[9]. Por isso, a indústria do transporte produz valor, porque é uma "esfera da produção material" que realiza uma mudança material no "objeto do trabalho – uma mudança espacial, uma mudança de lugar". A indústria do transporte "vende a mudança de localização" como seu produto[10].

Como qualquer outro insumo intermediário, o valor da mercadoria "mudança de localização" entra no preço de custo de outras mercadorias. Por isso, o valor de

---

[8] Yves De la Haye reúne muitos dos textos básicos dos escritos de Marx e Engels sobre esse tópico em *Marx and Engels on the Means of Communication* (Nova York/Bagnolet, International General/International Mass Media Research Center, 1979).
[9] Karl Marx, *Grundrisse*, cit., p. 440; *Capital*, Livro II, cit., p. 149-51.
[10] Ibidem, p. 52; *Theories of Surplus Value*, cit., parte 1, p. 412.

todas as mercadorias inclui todos os custos *socialmente necessários* de transporte, definidos como o custo médio de levar os produtos a seus destinos. O custo do movimento não é a única consideração. A regularidade e a confiabilidade dos fluxos do transporte podem reduzir a necessidade de estoques tanto das matérias-primas quanto dos produtos acabados e, portanto, liberar o capital "ocioso" para a acumulação ativa[11]. A continuidade na circulação do capital só pode ser assegurada mediante a criação de um sistema de transporte eficiente e espacialmente integrado, organizado em torno de alguma hierarquia dos centros urbanos[12]. A velocidade do movimento também é fundamental. A "distância espacial" então se reduz ao tempo porque "não depende, por exemplo, da distância espacial do mercado, mas da velocidade – do *quantum* de tempo em que se chega ao mercado"[13].

As reduções no custo e no tempo do movimento, juntamente com as melhorias na regularidade e na confiabilidade dos serviços de transporte, pertencem ao "desenvolvimento das forças produtivas". Marx descreve o consequente impulso para revolucionar as relações de transporte em termos muito gerais. O capital, escreve ele, "tem de se empenhar para derrubar toda barreira local [...] da troca, para conquistar toda a Terra como seu mercado" e deve "destruir o espaço por meio do tempo" para reduzir o tempo de rotação do capital a um piscar de olhos. "Quanto mais a produção se baseia no valor de troca e, em consequência, na troca, tanto mais importantes se tornam para ela as condições físicas da troca – meios de comunicação e transporte."[14] E, à medida que as revoluções tecnológicas em outros setores expandem o volume de mercadorias a serem trocadas, as mudanças revolucionárias nos meios de comunicação e de transporte se tornam uma absoluta necessidade[15].

Os efeitos são inúmeros. A mobilidade do capital na forma de mercadoria é realizada dentro de uma estrutura em eterna modificação dos espaços relativos, pois "o custo e as distâncias de tempo podem ser alteradas pelo desenvolvimento dos meios de transporte de uma maneira que não corresponde às distâncias geográficas"[16]. Os custos médios decrescentes do movimento reduzem diretamente o valor (e o preço de produção) das mercadorias movimentadas. Os efeitos indiretos não são menos importantes. Em palavras simples, se concebermos o valor como

---

[11] Idem, *Capital*, Livro II, cit., p. 142.
[12] Como aquela representada na teoria da localização de August Lösch (*The Economics of Location*, Nova York, Science Editions, 1967) e Walter Christaller (*Central Places in Southern Germany*, Englewood Cliffs, Prentice-Hall, 1966).
[13] Karl Marx, *Grundrisse*, cit., p. 444; *Capital*, Livro II, cit., p. 249.
[14] Idem, *Grundrisse*, cit., p. 445, 432.
[15] Idem, *O capital*, Livro I, cit., p. 457.
[16] Ibidem, Livro II, p. 249.

uma média social que assumiu o controle de todas as localizações integradas em alguma rede de troca, a expansão da contração dessa rede mediante mudanças na capacidade do transporte altera as relações de valor. Produtos e recursos previamente inacessíveis conduzidos para a rede de troca mediante novos dispositivos de transporte podem ter efeitos notáveis sobre os valores (e sobre os preços da produção). O domínio das localizações nas quais o "valor" é a média depende, em suma, do nível e do grau de integração espacial conseguida nas relações de transporte específicas. Consequentemente, essas magnitudes cruciais, como o valor da força de trabalho e a composição de valor do capital, são extremamente sensíveis às forças produtivas empregadas na indústria de transporte.

Assim como as relações espaciais se alteram em resposta ao investimento no transporte, também se alteram as relativas fortunas dos capitalistas em diferentes localizações. Alguns sofrem a desvalorização da força de trabalho, do seu capital fixo e do fundo de consumo (moradia etc.), enquanto outros desfrutam, pelo menos temporariamente, de excessos de lucro e de uma reavaliação ascendente dos meios de produção e consumo disponíveis. Segue-se então uma conclusão importante, que necessariamente modifica o conceito geral da superacumulação e da desvalorização apresentado no capítulo 7: *a desvalorização, ocorrendo por qualquer razão, é sempre específica de um lugar, é sempre específica da localização*.

Vamos nos referir mais adiante às implicações desse princípio abrangente. Agora vamos dedicar a nossa atenção aos seus efeitos dentro da própria indústria de transporte. Como a mudança de localização é produzida e consumida no mesmo momento, a superprodução e a desvalorização imediatas são uma impossibilidade técnica. Somente o capital fixo pode ser desvalorizado. Porém, o capital fixo requerido na indústria de transporte é amplo e grande parte dele está incorporada no ambiente construído, como rodovias, ferrovias, terminais etc. Esse tipo de capital fixo é particularmente vulnerável aos ventos frios da desvalorização. Mas a desvalorização está sempre em uma rota específica ou em um lugar específico – um terminal perde o comércio aqui, uma nova rodovia suplanta o tráfico em uma linha ferroviária ali. As revoluções nas forças produtivas dentro da indústria de transporte sempre têm efeitos de localização específicos. Por isso, a competição dentro da indústria adquire algumas características peculiares. Isso é assim em parte porque quando o capital fixo está incorporado na terra, a competição é entre o que Adam Smith chamou de "monopólios naturais" no espaço. A qualidade desse "monopólio natural" significa que várias linhas ferroviárias concorrentes entre duas cidades dificilmente fazem sentido, enquanto a competição entre vários transportadores nas rotas comuns (como no frete rodoviário) tem uma justificativa mais forte. Como grandes quantidades de capital são com frequência necessárias para a construção de linhas ferroviárias, docas e portos, aeroportos etc., os capitalistas podem não estar dispostos a investir sem proteção contra o risco da desvalorização de uma localização específica mediante a competição. Isso significa a restrição da competição e a criação de monopólios regulados pelo Estado ou até pertencentes ao Estado. Aqui se apresenta um dilema. O estímulo competitivo para revolucionar as forças produtivas dentro da indústria fica embotado. Mas já vimos que o capitalismo em geral requer reduções eternas no custo e no tempo do movimento, a eliminação de todas as barreiras espaciais e a "aniquilação do espaço pelo tempo".

A tensão pode ser em parte resolvida se o capital dentro da indústria de transporte se dividir em capital fixo de um tipo independente que circula no ambiente construído e outros tipos de capital (caminhões, navios etc.) que são livres para se mover no espaço. O local vinculado à qualidade da desvalorização é minimizado no último setor, e as barreiras à competição e ao investimento abertos são correspondentemente diminuídas. Os problemas realmente sérios da desvalorização específica do local mediante a mudança tecnológica no transporte estão então confinados ao capital fixo que circula de maneira independente no ambiente construído.

Tal divisão só pode ocorrer com o envolvimento do sistema de crédito e do Estado[17]. O elemento do "monopólio natural" pode então ser colocado sob regulação e controle coletivos, enquanto os efeitos da desvalorização são socializados num grau correspondente. Além disso, como vimos nos capítulos 7 e 8, os investimentos desse tipo podem ser organizados de modo a só produzirem juros, e assim diminuir a pressão ascendente geral sobre a composição de valor do capital. A desvantagem é que o ritmo da mudança tecnológica dentro dessa parte da indústria de transporte está sujeito ao poder econômico, às políticas e às vezes aos caprichos arbitrários de capitalistas associados (uma poderosa aliança de financistas, por exemplo) ou de burocratas do Estado. A coordenação das estratégias de investimento para a formação de novas infraestruturas físicas dentro da indústria de transporte torna-se então problemática. Os movimentos de preço da terra (do tipo discutido no capítulo 11) entram agora no cenário porque aqueles que organizam os investimentos nas infraestruturas imóveis do transporte podem com frequência se apropriar dos benefícios dos valores ascendentes da terra nas áreas servidas (isso é tão verdadeiro em relação ao Estado quanto para os capitalistas associados). Isso significa que é benéfico (do ponto de vista do capital em geral) liberar a especulação da terra e a apropriação das rendas e dos impostos territoriais como um meio de atrair, impulsionar e guiar os investimentos no transporte. Encontramos aqui uma validação adicional para a hipótese apresentada no capítulo 11 – que a apropriação da renda realiza funções de coordenação vitais dentro do capitalismo. Entretanto, o efeito disso é

---

[17] Idem, *Grundrisse*, cit., cap. 3.

que a criação das infraestruturas do transporte depende mais de mecanismos especulativos e políticos do que de mecanismos mais usuais do mercado.

Há algumas importantes contradições nisso. A acumulação requer que cada vez mais capital se desloque para a produção de meios de transporte e comunicação[18]. Mas a indústria de transporte tipicamente tem uma alta composição técnica e de valor do capital e poderes fracos de produção de mais-valor em seus confins. Por isso, para que as taxas de lucro agregadas sejam mantidas, essa fraqueza tem de ser contrabalançada pelos avanços compensatórios na capacidade de produção de mais-valor nos setores servidos pela indústria de transporte.

Mas o pior de tudo é que observamos que o capitalismo procura superar as barreiras espaciais mediante a criação de infraestruturas físicas que são imóveis no espaço e extremamente vulneráveis à desvalorização específica do lugar. Rodovias, ferrovias, canais, aeroportos etc. não podem ser movidos sem que o valor neles incorporado seja perdido. Por isso, o valor tem de ser imobilizado na terra em um grau crescente, para conseguir integração espacial e eliminar as barreiras espaciais à circulação do capital. Em um ponto ou outro, o valor incorporado no espaço produzido do sistema de transporte torna-se a barreira a ser superada. A preservação de valores particulares dentro da rede de transporte significa restrições à expansão adicional do valor em geral. Fortes desvalorizações e reestruturações dentro do sistema de transporte, com tudo o que isso direciona para a moldagem de configurações espaciais e dos níveis de integração espacial, tornam-se inevitáveis. Esta é a principal contradição que modifica e circunscreve a mobilidade do capital na forma de mercadoria.

II. A MOBILIDADE DO CAPITAL VARIÁVEL E DA FORÇA DE TRABALHO

A força de trabalho é uma mercadoria, mas as condições que governam sua mobilidade são muito especiais. É a única mercadoria que pode levar a si mesma para o mercado sem a ajuda de ninguém. Por isso, o termo "mobilidade do trabalho" ocupa uma posição especial no discurso econômico. Na teoria burguesa, e frequentemente no linguajar comum, ele se refere à liberdade do trabalhador de vender a sua força de trabalho quando, onde, por qualquer propósito e a quem lhe aprouver. Essa liberdade de contrato é fundamental para as concepções burguesas dos direitos humanos e das liberdades civis. Marx não nega a importância dessas liberdades

---

[18] Idem, *Capital*, Livro II, cit., p. 251.

positivas, mas insiste em que sejam vistas em relação a outro lado mais obscuro das coisas. O trabalhador é "livre em dois sentidos: de ser uma pessoa livre, que dispõe de sua força de trabalho como sua mercadoria, e de, por outro lado, ser alguém que não tem outra mercadoria para vender, livre e solto, carecendo absolutamente de todas as coisas necessárias à realização de sua força de trabalho"[19]. "Livre" pelo processo da acumulação primitiva do controle sobre os meios de produção (incluindo o acesso à terra), a maioria dos trabalhadores não tem opção a não ser vender a sua força de trabalho ao capitalista para poder sobreviver.

A dualidade dessa liberdade se traduz em maneiras radicalmente diferentes de encarar sua mobilidade geográfica[20]. Como sujeitos criativos (ver p. 172-83), os trabalhadores perambulam eternamente pelo mundo e procuram escapar das depredações do capital evitando os piores aspectos da exploração, sempre lutando, com frequência com algum sucesso, para melhorar o seu destino. O capital precisa necessariamente se ajustar a esse processo e, na medida em que isso ocorre, os trabalhadores moldam tanto a história quanto a geografia do capitalismo. Entretanto, concebido como um objeto essencialmente dominado pelo capital, o trabalhador nada mais é do que *capital variável*, um aspecto do próprio capital. As leis que governam o movimento do capital variável estão incorporadas dentro daquelas que regulam a mobilidade e a acumulação do capital em geral.

Marx enfatiza o segundo desses pontos de vista n'*O capital*. Assim, ele se posiciona contra os mitos burgueses prevalecentes como a suposta liberdade do trabalhador. Dadas as condições gerais do trabalho assalariado, a liberdade do trabalhador para se mover é convertida em seu exato oposto. Em busca de emprego e de um salário para sobreviver, o trabalhador é obrigado a acompanhar o capital para onde quer que ele flua. Isso implica a "abolição de todas as leis que impedem os trabalhadores de se transferir de uma esfera de produção para outra e de um centro local de produção para outro", e a eliminação de "todas as barreiras legais e tradicionais que impediriam [os capitalistas] de comprar este ou aquele tipo de força de trabalho"[21]. Também envolve a desordem e a destruição dos modos de vida e de sustento tradicionais mediante a acumulação primitiva – um processo que Marx considera detalhadamente. Estimula ainda os capitalistas a adotar processos de trabalho que não dependem das habilidades monopolizáveis tradicionais. As implicações disso para o trabalhador são inúmeras. A "indiferença" do capital em relação às formas parti-

---

[19] Ibidem, Livro I, p. 244.
[20] Jean-Paul de Gaudemar (*Mobilité du travail et accumulation du capital*, cit.) apresenta uma excelente discussão e proporciona bons resumos dos pontos de vista de Lenin e Luxemburgo sobre a migração no capitalismo.
[21] Karl Marx, *Capital*, Livro III, cit., p. 196; *Results of the Immediate Process of Production*, cit., p. 1.013.

culares do processo de trabalho é imediatamente estendida ao trabalhador, enquanto os "trabalhadores livres" precisam aceitar que "o seu trabalho sempre produz [para eles] o mesmo produto, o dinheiro". Eles devem "em princípio" estar sempre "prontos e dispostos a aceitar toda variação possível em [...] [sua] atividade que lhe prometa recompensas mais elevadas". Os diferenciais de salário proporcionam então os meios para coordenar os movimentos do trabalhador segundo as exigências do capital. A versatilidade e a mobilidade geográfica da força de trabalho, assim como a "indiferença" dos trabalhadores em relação ao conteúdo do seu trabalho, são essenciais para a "fluidez do capital". "Em parte alguma", diz Marx, essas condições "aparecem mais vivamente do que nos Estados Unidos"[22]. Nessas condições, a "liberdade do trabalhador" é na prática reduzida à "liberdade do capital"[23]. Quanto mais móvel é o trabalhador, mais facilmente o capital pode adotar novos processos de trabalho e tirar vantagem de localizações superiores. A mobilidade geográfica livre da força de trabalho surge como uma condição necessária para a acumulação do capital.

Essa proposição não está isenta de contradições. Para a mobilidade geográfica da força de trabalho satisfazer as necessidades do capital, a absoluta liberdade do trabalho de se mover deve ser estritamente circunscrita. O exército de reserva de desempregados, por exemplo, sem cerimônias "livre" de seus meios de sobrevivência pela mudança tecnológica, só pode criar condições favoráveis à acumulação adicional caso permaneça disponível ao capital. Isso com frequência significa que ele deve permanecer no lugar. As vias de escape devem ser bloqueadas por exigências legais ou outros mecanismos sociais – a posse e a renda da terra, por exemplo, impedem os trabalhadores de retornar à terra e assim escapar do controle do capital. O exército industrial de reserva também não pode se permitir morrer, a menos que o capital possa absorver "elementos primitivos e fisicamente não corrompidos do país" ou mobilizar o exército de reserva *latente*, em oposição ao ativo[24]. Do contrário, o capital deve encontrar maneiras de manter um exército de reserva vivo e no lugar pelos benefícios do desemprego, da seguridade social, de esquemas previdenciários e assim por diante. Os capitalistas individuais não podem assumir com facilidade esses encargos, que tipicamente transferem para o Estado.

Surgem então vários dilemas. Lutar por um sistema de apoio social, como a promulgação de leis trabalhistas e a regulamentação da jornada de trabalho, é algo que inerentemente vale a pena da perspectiva da classe trabalhadora. A condição do exército de reserva é um foco para a luta de classes – quem vai arcar com o custo e

---

[22] Ibidem, p. 1.014, 1.034.
[23] Idem, *O capital*, Livro I, cit., p. 744.
[24] Ibidem, p. 718.

como o capital pode manter o acesso às reservas de mão de obra tornam-se problemáticos. Diferentes governos podem brigar pela questão, mas o mais importante, do ponto de vista do presente argumento, é que a "livre" mobilidade da força de trabalho é suspensa pelo desejo dos capitalistas de manter suas reservas de trabalho no lugar. Esse princípio torna-se ainda mais evidente quando os trabalhadores possuem habilidades ou quando os capitalistas investem em educação, treinamento no emprego, atenção à saúde etc. As qualidades da força de trabalho tornam-se então importantes. Marx observa, por exemplo, que durante a fome do algodão na década de 1860 em Lancashire, os "fabricantes agiram em acordo secreto com o governo para impedir ao máximo a emigração, em parte para manter em disponibilidade o capital investido nos trabalhadores"[25]. São abundantes as táticas para vincular os trabalhadores preferidos a firmas e localizações específicas. As políticas de emigração e imigração podem ser manipuladas a pedido de determinados capitalistas, enquanto as próprias firmas podem conferir direitos de tempo de serviço não transferíveis e acordos de pensão que atuam como barreiras ao movimento. Até mesmo a mobilidade geográfica pode ser em parte controlada dentro do mercado de trabalho interno das grandes corporações mediante esquemas de promoção e incentivo. Portanto, a mobilidade social e geográfica da força de trabalho pode ser orquestrada segundo as necessidades particulares. Mas as necessidades particulares não são necessariamente compatíveis com as exigências gerais para a acumulação. Capitalistas individuais ou facções do capital podem, buscando seu interesse próprio, conter a mobilidade agregada da força de trabalho de modos que podem ser hostis à reprodução do sistema capitalista como um todo. Por essas razões, a mobilidade "livre" da força de trabalho se dissolve em uma confusão de exigências contraditórias, mesmo quando encaradas apenas do ponto de vista do capital.

    A mobilidade da força de trabalho também tem de ser entendida no contexto dos processos que governam sua produção e reprodução. Demora muitos anos para criar um trabalhador, e habilidades, atitudes e valores enraizados são difíceis de mudar uma vez adquiridos. Além disso, a força de trabalho é a única mercadoria produzida fora das relações de produção capitalistas diretas. Os trabalhadores criam sua própria família, e, não importa o quão sofisticadas sejam as instituições burguesas que os cercam, a reprodução da força de trabalho sempre permanece fora do controle capitalista direto. Não obstante, infraestruturas sociais e físicas duradouras e com frequência imutáveis, difíceis de construir e difíceis também de ser desmanteladas ou transformadas, são requeridas para facilitar a produção da força de tra-

---

[25] Ibidem, Livro III, p. 134.

balho de certa quantidade e qualidade[26]. Essas infraestruturas também podem absorver quantidades consideráveis de capital (principalmente sob a forma de dívida do governo).

A oferta de força de trabalho também exibe necessariamente diferenciações internas. Para começar, a força de trabalho como uma mercadoria sempre tem um aspecto de "produto combinado" – homens, mulheres e crianças, os velhos e os jovens, os fracos e os fortes, estão todos disponíveis para a exploração. Em segundo lugar, as infraestruturas sociais que ajudam a produzir força de trabalho de um tipo podem inibir a criação de outro. Aqui está a lógica da diferenciação residencial na metrópole contemporânea, pois as comunidades organizadas para a reprodução de profissionais são necessariamente diferentes daquelas dedicadas à reprodução de trabalhadores braçais. Quando imposta a diferenças históricas, religiosas, raciais e culturais, essa tendência para a especialização geográfica na reprodução social pode assumir uma forma ainda mais enfática. Os processos de reprodução social então se cristalizam em uma colcha de retalhos relativamente permanente de especialização local, inter-regional e até internacional. Essa colcha de retalhos pode então ser associada a diferenciais marcantes no valor e na produtividade do valor da força de trabalho.

Os capitalistas podem dominar, e realmente dominam, essas diferenciações e as utilizam ativamente para dividir e controlar a classe trabalhadora – daí a importância do racismo, do sexismo, do nacionalismo, do preconceito religioso e étnico para a circulação do capital. Entretanto, assim os capitalistas apoiam a perpetuação das barreiras à livre mobilidade individual, que é, em longo prazo, também vital para a acumulação. Por isso, os capitalistas podem se mover de um lado para o outro entre o apoio e a oposição às políticas sociais que eliminam a discriminação racial, sexual, religiosa etc. nos mercados de trabalho, dependendo das circunstâncias. Também devemos notar que a livre mobilidade individual pode não ser consistente com a sustentação de mecanismos apropriados de reprodução social. Marx observou que ela é tipicamente destrutiva dos modos de vida tradicionais e que necessariamente fragmenta e corrói a coesão social da família e da comunidade. Algumas consequências negativas, do ponto de vista do capital, fluem a partir daí. Se as qualidades da força de trabalho associadas a um sistema particular de reprodução social são importantes até para uma facção dos capitalistas, então estes últimos, por puro interesse próprio, podem procurar estabilizar as instituições da família e da comunidade mediante a filantropia privada ou mediante o Estado. Por essas razões também um segmento da burguesia pode apoiar o aprimoramento cí-

---

[26] Jacques Donzelot (*The Policing of the Families: Welfare* versus *the State*, cit.) e suas críticas proporcionam *insights* interessantes.

vico, a reforma educacional e urbana, a habitação e as medidas de cuidado à saúde, e assim por diante[27]. Mas, assim, os capitalistas apoiam diferenciações que necessariamente atuam como barreiras à mobilidade individual.

Mais uma vez podemos identificar tensões e ambivalências fundamentais por parte do capital. A mobilidade individual livre do trabalhador é um atributo importante a ser promovido. Mas os capitalistas também necessitam firmar no lugar as reservas de mão de obra, manter os mercados de trabalho segmentados como um meio de controle social e apoiar os processos de reprodução adequados para as forças de trabalho com determinadas qualidades. Tais impulsos contraditórios, que normalmente derivam das contradições internas do capitalismo, geram influências mitigadoras à mobilidade geográfica da força de trabalho, independentemente da vontade dos próprios trabalhadores.

Mas os trabalhadores são mais que meros objetos para o capital. A mobilidade geográfica tem um significado muito diferente para eles. Ela representa a possibilidade de escapar da tirania e da opressão, incluindo aquelas impostas aos trabalhadores pelo capital. Representa a esperança e a luta por uma vida melhor, mesmo que essa luta favoreça o capital quando os trabalhadores reagem aos incentivos materiais que ele oferece (salários mais elevados e melhores condições de trabalho). Há nisso certa ironia. O capital em geral se vale dessa busca eterna dos trabalhadores por uma vida melhor – definida em termos materiais e monetários – como um meio para organizar a mobilidade do trabalho segundo as suas exigências e disciplinar os capitalistas individuais segundo as exigências da classe. A mobilidade geográfica "livre" dos trabalhadores ajuda a equilibrar, por exemplo, a taxa salarial para aquele valor médio da força de trabalho que mantém a acumulação em equilíbrio (ver capítulo 2).

Mas a mobilidade geográfica também impõe encargos ao trabalhador. A destruição dos mecanismos de apoio e dos modos de vida tradicionais pode ser difícil de suportar. Aqui encontramos o lado contrário do estímulo para a mobilidade como um meio de escape. As redes de contatos pessoais, os sistemas de apoio e os elaborados mecanismos de enfrentamento dentro da família e da comunidade, as proteções institucionais, sem falar nos mecanismos para a mobilização política, podem todos ser construídos mediante os esforços criativos dos trabalhadores e de suas famílias em ilhas de força e privilégio dentro de um mar de luta de classes. A proteção dessas ilhas com frequência assume grande importância nas vidas dos trabalhadores. Fortes lealdades à família, à comunidade, ao lugar e ao meio cultural

---

[27] Os movimentos de reforma urbana do século XIX nos dois lados do Atlântico proporcionam exemplos esplêndidos do compromisso com o bem-estar das classes trabalhadoras mediante a reforma moral e material.

atuam como barreiras à mobilidade geográfica. A exclusão de outros trabalhadores – por motivos econômicos, sociais, religiosos, étnicos, raciais etc. – pode também ser vista como crucial para a proteção das ilhas de força já estabelecidas. Esse foi um problema que Marx encontrou quando se aventurou na complexa política dos trabalhadores ingleses e irlandeses no capitalismo britânico do século XIX[28].

O resultado é que o trabalho, se não consegue escapar inteiramente das pressões do capital, fica diante de uma escolha amarga. Ele pode fugir e buscar uma vida melhor em outro lugar, ou pode permanecer no lugar e lutar. A escolha não é radical – migrações sazonais, periódicas e até mesmo relativamente de longo prazo (com remessas de dinheiro para cuidar das famílias deixadas para trás) são algumas das soluções intermediárias. A escolha, na análise final, pertence ao trabalho, não importa qual seja a influência do capital. Mas a ironia permanece. Qualquer que seja o caminho tomado pelo trabalho, este tem o potencial para ser convertido em algo vantajoso para o capital. Daí o argumento de Marx de que esse potencial está sujeito a ser realizado (embora com muitos truques e artifícios) se a única condição fundamental que define a posição do trabalhador na sociedade capitalista permanecer intacta. Se os trabalhadores precisarem vender sua força de trabalho para poder sobreviver, então não há escapatória. Esse, é claro, foi o ponto político que Marx sempre procurou enfatizar. A única solução para as contradições do capitalismo envolve a abolição do trabalho assalariado.

Na falta de uma resolução tão dramática, o trabalho e o capital são pressionados a curiosos padrões de luta e compromisso com relação à mobilidade geográfica do trabalho. Tanto o capital quanto o trabalho têm o direito de se mover, e, entre os dois direitos, a força decide. Mas os resultados não são tão fáceis de interpretar. Na luta para atingir seus próprios fins – seja se movendo ou se fixando em um lugar e lutando para melhorar as condições de reprodução social –, os trabalhadores podem ajudar, se os fins permanecerem sempre limitados, a estabilizar o capitalismo em vez de solapá-lo ou derrubá-lo. O movimento errático do capital, por outro lado, pode atrapalhar as condições da reprodução do trabalho e, desse modo, ameaçar a própria base da exploração adicional da força de trabalho. O capital pode ser então obrigado a voltar aos padrões de apoio à família e à comu-

---

[28] "Todo centro industrial e comercial na Inglaterra possui agora uma classe trabalhadora *dividida* em dois campos *hostis*: os proletários ingleses e os proletários irlandeses. O trabalhador inglês comum odeia o trabalhador irlandês como um competidor que baixa o seu padrão de vida [...]. Esse antagonismo é mantido vivo e intensificado [...] por todos os meios à disposição das classes dominantes. [Esse] é o *segredo da impotência* da classe trabalhadora inglesa, apesar da sua organização. É o segredo que permite que a classe capitalista mantenha o seu poder", Karl Marx e Friedrich Engels, *Selected Correspondence*, cit., p. 236-7.

nidade que podem, por sua vez, melhorar a base para a luta política dos trabalhadores. A mobilidade geográfica tanto do capital quanto do trabalho não é uma questão inequívoca de qualquer ponto de vista. Esta é a condição fundamental para se entender a mobilidade do trabalho. É a condição que vai permanecer em vigor até que os trabalhadores não precisem mais vender sua força de trabalho como uma mercadoria para sobreviver.

III. A MOBILIDADE DO CAPITAL MONETÁRIO

Diferentes formas de dinheiro – barras de ouro, moedas, cédulas, créditos etc. – variam segundo a facilidade e a segurança com que podem ser movimentadas. As moedas de ouro, com alta proporção de valor em relação ao peso, não são tão difíceis de serem movidas fisicamente, mas o tempo requerido e os riscos associados colocam limitações definidas. Nas condições modernas, os dinheiros de crédito são os mais móveis de todos. Eles podem se mover por todo o mundo tão rapidamente quanto as informações e as instruções relacionadas ao seu uso permitirem. A única barreira física está no sistema de comunicações pelo qual as mensagens podem ser transmitidas.

As melhorias nas técnicas de transferência de informação são, por isso, tão fundamentais para a acumulação quanto as revoluções no transporte que melhoram a mobilidade das mercadorias[29]. Correios, telégrafos, telefone, rádio, telex, transferências eletrônicas etc. – todos ajudam o dinheiro de crédito a atravessar o espaço "num piscar de olhos". Esse tipo de capital monetário pode aparentemente perambular pelo mundo praticamente sem frete ou obstáculo, integrando e coordenando a produção e a troca quase sem nenhuma consideração às barreiras espaciais materiais. Como Marx declara (ver capítulo 1) que os valores só se tornam os reguladores da troca de mercadoria na medida em que se desenvolve um sistema de troca bem integrado, quanto mais livremente os dinheiros de crédito se moverem, mais perfeitamente as relações de troca refletirão as relações de valor e mais significativamente se passa a falar de uma mercadoria monetária como um equivalente universal.

Mas imediatamente encontramos alguns paradoxos e contradições que são impostos socialmente à livre mobilidade até mesmo dos dinheiros de crédito. Estes últimos só podem funcionar no contexto de alguns dispositivos institucionais fir-

---

[29] Karl Marx, *Grundrisse*, cit., cap. 2. Ver Yves De la Haye, *Marx and Engels on the Means of Communication*, cit., que enfatiza os aspectos das comunicações em sua introdução aos escritos de Marx sobre o tópico.

mes, dos quais os mais importantes são aqueles proporcionados pelo Estado. Marx insiste que todas as formas "ideais" de dinheiro possuem um "caráter local e político" e o seu capítulo sobre "dinheiro" n'*O capital* está repleto de alusões ao Estado-nação como a unidade monetária básica quando o dinheiro é usado como puro meio de circulação. As relações entre os sistemas monetários de diferentes Estados nacionais e entre os blocos monetários entram então no cenário. Surgem barreiras sociais ao movimento do dinheiro devido aos diferentes dispositivos legais, institucionais e políticos que apoiam o sistema monetário. Por isso, a iniciativa de criar um sistema de crédito o mais livre possível das restrições do espaço material se baseia, paradoxalmente, em diferenciações territoriais, que podem impedir o movimento do dinheiro em certas condições. Encontramos esse tipo de contradição antes. A mobilidade espacial das mercadorias depende da criação de uma rede de transporte que é imóvel no espaço. Em ambos os casos, as barreiras espaciais só são superadas mediante a criação de estruturas especiais específicas. Quando as últimas se tornarem as barreiras que com o tempo elas devem se tornar, então poderemos enxergar mais claramente como "a universalidade para a qual o capital tende irresistivelmente encontra barreiras em sua própria natureza"[30].

Evidentemente, os dinheiros de créditos poderiam perambular livremente pelo mundo se estivessem diretamente ligados a uma mercadoria monetária, como o ouro. Mas essa é a virtude fundamental do dinheiro de crédito que está liberado de ser tão imobilizado. Ele deve necessariamente ser liberado das restrições monetárias durante a fase ascendente, por exemplo, para novas configurações da produção e organização do mais-valor serem conseguidas. Além disso, ele deve ser desvalorizado em relação ao dinheiro de "alta qualidade" durante uma crise. Então adquire importância onde esse dinheiro de alta qualidade está localizado, assim como a sua força como uma medida de trabalho social. Quando o ouro ainda funciona como a única medida de valor, as reservas de ouro dos bancos centrais constituem a base monetária. Quando o papel-moeda inconversível garantido pelo Estado atua como a única medida de valor dentro de um país, a oferta e a qualidade do dinheiro do banco central são tudo o que conta como uma garantia interna para o dinheiro de crédito. As trocas internacionais ocorrem então segundo as taxas de câmbio flutuantes estabelecidas entre as diferentes moedas nacionais. Em qualquer dos casos, o valor do trabalho social registrado pelas reservas de ouro ou pela posição do câmbio exterior do Estado-nação torna-se uma garantia fundamental para o sistema de crédito. Quanto mais forte for a sua posição no câmbio exterior e/ou suas reservas de ouro, mais dinheiro de reserva um banco central terá para proporcionar

---

[30] Karl Marx, *Grundrisse*, cit., p. 334.

uma base monetária firme para o sistema de crédito. Marx estava bem consciente da importância dessas relações, como ilustram claramente seus escritos sobre a formação da crise e a "drenagem das barras de ouro"[31].

A conclusão é a seguinte: embora os dinheiros de crédito consigam se movimentar pelo mundo tão rapidamente quanto as informações, eles também encontram barreiras sociais colocadas pela existência de diferentes moedas nacionais de qualidade variada (dependendo da posição no câmbio exterior, das reservas de ouro, das políticas do banco central e condições semelhantes)[32]. Em tempos de crise, os dinheiros de crédito são obrigados a se relacionar a uma base monetária que é geograficamente diferenciada. Cada Estado-nação se esforça para proteger sua base monetária a fim de que a viabilidade do sistema de crédito possa ser garantida. Isso significa aumentar o valor e a produção de mais-valor dentro de suas fronteiras ou a apropriação de valores produzidos em outro lugar (mediante especulações coloniais ou imperialistas). A isso se segue uma competição entre países com respeito aos fluxos de capital (de qualquer forma). Cada Estado-nação pode então julgar necessário proteger sua base monetária restringindo o movimento do capital (mediante tarifas de proteção, subsídios da produção, controles do câmbio exterior etc.). O movimento da força de trabalho também pode ser controlado.

Mas toda a lógica agora se volta contra si mesma. Para proteger a base monetária que constitui a base do dinheiro de crédito – a forma mais móvel do capital –, pode se tornar necessário restringir a mobilidade espacial do capital em geral! Tal situação é inerentemente instável e contraditória. E a instabilidade gera incerteza e mais atitude defensiva por parte das autoridades monetárias em diferentes Estados-nação. Estamos então a caminho de entender como, na ausência de qualquer acordo supranacional (do tipo negociado em Bretton Woods em 1944), o sistema monetário internacional pode se dissolver no caos quando as crises se desdobram geograficamente no cenário mundial. Vamos retomar esse tema em breve.

IV. A LOCALIZAÇÃO DOS PROCESSOS DE PRODUÇÃO

A origem do mais-valor está em um processo de trabalho concreto organizado nas relações de produção e troca capitalistas. A transformação material da natureza, a produção dos valores de uso sociais, ocorrem necessariamente em um lugar específico. Com a única exceção da indústria de transporte (que produz a mudança

---

[31] Idem, *Capital*, Livro III, cit., cap. 35.
[32] A análise de Ernest Mandel, *The Second Slump*, cit., é um estudo instrutivo sobre como esses processos se unem em uma conjuntura particular.

de localização como seu produto), a produção de mercadorias está vinculada a uma localização particular durante o processo de trabalho. As localizações só podem ser mudadas sem que incorra a desvalorização do capital empregado depois que o processo de trabalho seguir o seu curso. A duração de cada processo de trabalho é fixada pelo tempo de rotação real do capital empregado. Quanto mais longos forem os tempos de rotação, mais difícil será mudar as localizações, a menos que os componentes desse capital – as máquinas e os estoques – possam ser movidos a um custo nominal. Os produtores estão firmemente imobilizados, durante longos períodos de tempo, pela confiança no longo tempo de rotação do capital fixo incorporado na própria terra. Eles podem ser liberados até certo ponto dessas restrições se o Estado ou outra facção do capital (donos de propriedades, financistas) mantiverem esses elementos do capital físico e os arrendarem aos usuários em uma base de curto prazo.

A localização da produção no capitalismo é uma questão muito complicada e sujeita a múltiplas determinações. A vantagem de uma localização para o capitalista individual depende do custo do capital constante e variável, do transporte para os mercados com uma demanda efetiva suficiente, do custo do capital que rende juros, do custo e da disponibilidade de uma ampla série de serviços de apoio, e também do preço da terra. Esses custos variam segundo a generosidade da natureza (chamada de doações de recursos naturais), as condições econômicas que afetam o valor da força de trabalho, os custos dos insumos intermediários, os níveis de demanda efetiva etc. Os produtores também se envolvem na competição *espacial* – ou seja, na competição por lugares e localizações favoráveis para o domínio de determinadas áreas de mercado etc. Essas considerações são tratadas, é claro, na teoria da localização burguesa[33]. Nossa tarefa aqui é interpretá-las a partir de uma perspectiva marxiana.

As "leis coercivas da competição" desempenham um papel importante na teoria de Marx. Mas ele tende a ignorar os aspectos sociais. Faz uma breve alusão a eles na análise da renda (ver capítulo 11) e recebe uma menção ocasional em outros lugares. Na verdade, Marx frequentemente afirma que os detalhes de como a competição realmente funciona podem ser razoavelmente deixados para depois. Ele está interessado nas relações básicas que prevalecem após a competição, na demanda e na oferta, nas flutuações do preço e em todos os outros fenômenos aparentes característicos de que o mercado fez o seu trabalho. Para esse propósito, uma suposição grosseira da competição perfeita é suficiente. O que acontece, então, quando incorporamos os aspectos espaciais da competição mais explicitamente no argumento?

---

[33] A melhor pesquisa ainda é a realizada por Walter Isard, *Location and Space Economy* (Nova York, Technology Press of Massachusetts Institute of Technology/Wiley, 1956), mas o trabalho mais intrigante sobre toda essa questão ainda é o de August Lösch, *The Economics of Location*, cit.

Na competição, a vantagem relativa da localização se traduz em lucro excedente. Esse lucro excedente, como aquele que acumulam os capitalistas que usam tecnologias superiores, pode ser encarado como uma forma de mais-valor relativo. Ele se acumula para os capitalistas individuais que vendem na média social, mas produzem aos custos locais que são inferiores à média social. Isso deve ser distinguido da forma permanente de mais-valor relativo que afeta a classe capitalista como um todo mediante o declínio no valor da força de trabalho. Para manter clara a distinção vou aderir à terminologia do excesso de lucro para indicar o mais-valor relativo que os capitalistas individuais podem ganhar pela tecnologia ou pela vantagem da sua localização. Na medida em que os produtores podem mudar de lugar à vontade, o excesso de lucro advindo de uma localização superior, como aquele de uma tecnologia superior, será efêmero. Por outro lado, se o excesso de lucro passar a ser relativamente contínuo, então será taxado como renda da terra (localização) (ver capítulo 11). A taxa de lucro para os produtores capitalistas tenderá a ser igualada entre as localizações, quer mediante a apropriação da renda, quer pela mobilidade geográfica do capital da produção.

Entretanto, o nosso foco aqui é a competição espacial e a consequente mobilidade geográfica da produção capitalista. Para obter algum sentido de para onde o argumento se dirige, vamos começar com um modelo extremamente simplificado. Suponha que todos os capitalistas modifiquem todos os elementos do seu capital em uma base anual e que eles tenham a liberdade de mudar a localização sem incorrer em qualquer desvalorização no término de cada ano. Imagine também um plano fechado em que capitalistas concorrentes com tecnologias idênticas acumulem capital mediante a produção e a troca de um produto homogêneo. Suponha, finalmente que todos os capitalistas têm todas as informações sobre as oportunidades de lucro no plano. No fim de cada ano os capitalistas podem mudar para uma configuração espacial das localizações da produção que igualem a taxa de lucro. Mas, então, o que eles vão fazer com seu capital acumulado? Se um capitalista expande o produto e muda a sua localização para maximizar as perspectivas dos valores realizados (tanto na produção quanto na troca), então outros capitalistas são obrigados a acompanhá-lo para defender sua posição competitiva[34]. O efeito agregado de longo prazo em um plano fechado é que a busca por excessos de lucro individuais devido à localização pressiona a taxa de lucro média para cada vez mais próxima de zero. Este é um resultado extraordinário. Significa que a competição pela relativa vantagem de localização em um

---

[34] A literatura burguesa sobre a teoria da localização está repleta de formas de discussões complicadas sobre os diferentes tipos de competição espacial. Para propósitos de argumento, vou adotar aqui uma versão extremamente simplificada. O problema não é descrever os processos da competição, mas chegar às relações sociais que estão por trás dos seus resultados.

plano fechado em condições de acumulação tende a produzir um cenário de produção que é uma antítese de uma acumulação adicional. Os capitalistas individuais, agindo em interesse próprio e se esforçando para maximizar seus lucros sob as pressões coercivas da competição, tendem a expandir a produção e mudar suas localizações até o ponto em que a capacidade de produzir mais e mais-valor desaparece. Essa é, ao que parece, uma versão espacial da tese da taxa de lucro decrescente de Marx[35].

Esse modelo não é particularmente realista, mas ajuda a identificar algumas hipóteses de trabalho úteis. Primeiro, os processos que contribuem para o "equilíbrio espacial" – amplamente explicitado na teoria da localização burguesa – devem, segundo a perspectiva marxiana, ser vistos como parte e parcela dos processos que conduzem a crises de acumulação. Inversamente, aquelas forças mitigadoras (incluindo aquelas desencadeadas no decorrer de crises), que pressionam a economia do espaço da produção para algum aparente estado de desequilíbrio crônico, têm um papel potencialmente importante a desempenhar na protelação, limitação ou resolução das crises espaciais agregadas da acumulação. O significado geral dessas hipóteses é confirmar que a localização é um momento ativo dentro do qual a circulação e a acumulação totais do capital, que vamos posteriormente chamar de "desenvolvimento geográfico desigual", ao lado das reestruturações radicais da economia de espaço do capitalismo desempenham um papel vital nos processos da formação e resolução da crise, e que estes podem até ser um "ajuste espacial" (como o chamamos) para as contradições internas do capitalismo. A seguir, tentaremos compor o esqueleto dessas ideias.

1. A TECNOLOGIA VERSUS A LOCALIZAÇÃO COMO FONTES DE MAIS-VALOR RELATIVO

Os capitalistas podem individualmente esperar adquirir mais-valor relativo para eles próprios – excessos de lucro – adotando tecnologias superiores ou buscando localizações superiores. Por isso, existe uma permuta direta entre mudar a tecnologia ou a localização na busca competitiva por excessos de lucro. Os produtores em localizações desvantajosas, por exemplo, podem compensar essa desvantagem ado-

---

[35] Devemos então concluir que o equilíbrio espacial estabelecido na *Economics of Location* de Lösch, com suas belas redes hexagonais de áreas de mercado e suas hierarquias de locais centrais, é um cenário de acumulação zero, totalmente inconsistente com o modo de produção capitalista. Dificilmente surpreende que esses cenários não sejam observados e o próprio August Lösch tenha tido a maior dificuldade para injetar dinâmica em seu argumento. A mudança tecnológica é tratada como um fenômeno inexplicado, produzido externamente, quando o que realmente temos de mostrar é como e por que a mudança tecnológica é induzida dentro de um sistema de localização por pressões competitivas. Uma investigação mais de perto desse ponto sugere que o "equilíbrio espacial", no sentido burguês, é uma impossibilidade nas relações sociais do capitalismo por razões estruturais profundas.

tando uma tecnologia superior, e vice-versa. As relações entre essas duas fontes potenciais de excesso de lucro merecem uma consideração especial.

Primeiro observamos que, em ambos os casos, o excesso de lucro que se acumula para os capitalistas individuais é em princípio temporário. Ele desaparece assim que outros capitalistas adotam a mesma tecnologia ou se mudam para localizações igualmente vantajosas. Em condições de realocação instantânea e sem custo, o excesso de lucro devido à localização seria negligenciável exceto no caso de recursos monopolizáveis e especiais do tipo que dão origem à apropriação da renda. Na medida em que existem barreiras para a realocação (mediante o custo, o tempo transcorrido para completar um dado processo de trabalho etc.), ilhas de vantagem podem ser produzidas por meio da ação do capital. A analogia com o caso da renda diferencial de segundo tipo (ver capítulo 11) é exata. Configurações espaciais relativamente permanentes dos excessos de lucro embotariam o incentivo dos capitalistas para se engajarem em mudança tecnológica nessas localizações favorecidas, a menos que o excesso de lucro fosse taxado como renda fundiária. Reafirmamos aqui a hipótese explorada no capítulo 11 de que a apropriação da renda desempenha um papel importante na equalização da taxa de lucro para os produtores mediante as localizações, obrigando assim os capitalistas individuais a voltar para o caminho reto e estreito de buscar excessos de lucro a partir da mudança tecnológica.

Considere agora uma situação em que a mobilidade do capital de produção e a apropriação da renda igualaram a taxa de lucro em todas as localizações dentro de um plano limitado no qual há uma oferta finita de força de trabalho. A acumulação procederá sem ser checada durante o tempo todo em que houver excedentes de força de trabalho. À medida que os excedentes de trabalho forem absorvidos, mais e mais capitalistas, na busca de excesso de lucro, serão obrigados a adotar novas tecnologias. Estas perturbam e alteram as condições nas quais o equilíbrio espacial precedente (definido como equalização da taxa de lucro) foi alcançado. A competição espacial é reativada de várias maneiras.

Em primeiro lugar, os produtores com tecnologias superiores podem estender suas áreas de mercado à custa de outros que são então obrigados a reagir mudando as localizações ou adotando a nova tecnologia. Se a nova tecnologia provocar economias de escala e for neutra com respeito ao valor da força de trabalho (isto é, ela não der origem à forma permanente de mais-valor relativo), então o mais-valor produzido no plano permanecerá constante. Ela será simplesmente redistribuída. Se a nova tecnologia requerer um aumento no capital adiantado, então a taxa de lucro médio declinará, embora os capitalistas individuais favorecidos ainda estejam em posição de ganhar excessos de lucro. Vemos aqui mais uma vez em ação o aspecto espacial da taxa de lucro decrescente. Para a taxa de lucro ser estabilizada, alguns dos competidores devem ser eliminados do negócio – e isso significa desvalorização específica do lugar.

Em segundo lugar, quando os produtores aumentam as composições de valor dos capitais que eles empregam, ocorrem três efeitos relacionados:

(1) A demanda por força de trabalho nas proximidades dos inovadores pode cair, desencadeando desemprego, queda nos salários e oportunidades extras para se adquirir mais-valor relativo tendo por base as condições do mercado de trabalho favoráveis à expansão (não presumimos, nesse momento, mobilidade da força de trabalho).
(2) O mercado para bens salariais nessa vizinhança declina e os fornecedores de bens salariais ficam pelo menos temporariamente em desvantagem. Como reação, eles podem inovar ou se realocar.
(3) A demanda por meios de produção aumenta no âmbito local e os fornecedores ficam temporariamente em vantagem.

Os efeitos totais da interação são, evidentemente, inúmeros e a economia levará algum tempo para cair em algum tipo de "equilíbrio espacial" em que as taxas de lucro são novamente igualadas.

Em terceiro lugar, as substituições dentro das categorias de capital constante e variável mediante a mudança tecnológica também desempenharão um papel na alteração do cálculo da vantagem da localização:

(1) A mudança do trabalho especializado para o não especializado (ou vice-versa), em consequência das mudanças no processo de trabalho, alterará a importância do acesso a diferentes tipos de oferta de trabalho (quantidade e qualidade), enquanto a separação entre o projeto e a execução pode até permitir a divisão das decisões de localização para diferentes fases de um processo de trabalho do contrário integrado.
(2) A substituição de um tipo de matéria-prima por outro tem consequências diretas na localização, dependendo da disponibilidade desses materiais "na natureza".
(3) A mudança das técnicas altera a sensibilidade para restrições espaciais gerais – a energia hidráulica permite localizações em pequena escala, espacialmente limitadas porém dispersas, o motor a vapor liberou a produção dessas restrições mas vinculou mais de perto a localização a pontos de transporte convenientes, enquanto a energia elétrica permite a dispersão ou a concentração relativamente irrestritas da produção segundo requeira o caso.[36]

---

[36] Cf. Karl Marx, *O capital*, Livro I, cit., p. 446-7.

Em quarto lugar, a mudança tecnológica e organizacional – a cooperação, a divisão detalhada do trabalho e o emprego de máquinas – tende a promover a concentração espacial aumentada das atividades de produção. As economias de escala reforçam uma tendência que pode também ser promovida pela centralização aumentada do capital (ver capítulo 5). A crescente interdependência dentro da divisão do trabalho (em oposição à competição pelo controle em mercados espacialmente distintos) significa que as mudanças tecnológicas e organizacionais podem conduzir à aglomeração das atividades dentro de grandes centros urbanos. Marx frequentemente alude a esses processos, mas também aponta que a cooperação "permite que o trabalho seja realizado em um espaço estendido", enquanto a divisão social do trabalho e a abertura de novas linhas de produto estimulam a divisão territorial do trabalho e a dispersão geográfica[37]. A tensão entre a concentração geográfica da produção, por um lado, e a especialização e dispersão territorial, por outro, é muito evidente e não pode ser entendida independentemente do dinamismo tecnológico associado à acumulação de capital. Esses efeitos geográficos criam então oportunidades para os capitalistas individuais adquirirem lucro excedente (temporariamente) mediante as mudanças de localização.

A conclusão geral a ser extraída de todos os pontos acima é que a busca por excesso de lucro mediante a mudança tecnológica não é independente da busca por excesso de lucro mediante a realocação. Na medida em que as oportunidades para excesso de lucro são eliminadas (por meio da mobilidade da produção ou da apropriação da renda), os capitalistas individuais são obrigados a buscar excessos de lucro mediante mudanças tecnológicas. Estas tipicamente criam novas aberturas para a aquisição de excessos de lucro a partir da localização. Em outras palavras, quanto mais a produção se aproxima de alguma condição de equilíbrio espacial (a equalização das taxas de lucro mediante as localizações, por exemplo), maior o incentivo competitivo para os capitalistas individuais perturbarem a base desse equilíbrio por intermédio da mudança tecnológica. E isso acontece independentemente de quaisquer outras forças – como a mobilidade do trabalho ou mudanças no transporte – que também alterarão a base do equilíbrio espacial. Podemos concluir então que a competição promove simultaneamente mudanças nas configurações espaciais da produção, mudanças nas incorporações tecnológicas, a reestruturação das relações de valor e mudanças temporais na dinâmica geral da acumulação. O aspecto espacial da competição é um ingrediente ativo nessa mistura de forças voláteis. Na ausência de qualquer contenção das forças contrárias, a busca individual por excessos de lucro manteria a economia de es-

---

[37] Ibidem, p. 402, 455.

12. A produção das configurações espaciais: as mobilidades do capital e do trabalho / 501

paço da produção capitalista em um estado que se assemelha a um jogo das cadeiras incoerente e frenético[38].

Essa conclusão é modificada na medida em que as suposições iniciais de uma oferta de trabalho fixo e de um plano limitado são relaxadas. Em condições de um excedente de trabalho (e um alto nível de exploração), o incentivo competitivo para a mudança tecnológica ou para a realocação fica muito reduzido, enquanto em um plano ilimitado as condições prevalecentes na fronteira geográfica do capitalismo tornam-se importantes. Há, além disso, outras influências em ação que tendem a estabilizar os padrões da localização. Vamos considerá-las a seguir.

2. O TEMPO DE ROTAÇÃO DO CAPITAL NA PRODUÇÃO: A INÉRCIA GEOGRÁFICA E TEMPORAL E O PROBLEMA DA DESVALORIZAÇÃO

Os diferentes elementos do capital empregados na produção giram em velocidades diferentes dentro das diferentes indústrias. Quanto mais tempo durarem esses tempos de rotação, maior a inércia geográfica e temporal dentro da economia de espaço da produção capitalista. A inércia é imposta especificamente pela ameaça de desvalorização.

Os capitalistas individuais só podem se mover sem incorrer em desvalorização na circunstância improvável de uma eliminação simultânea de todos os tempos de rotação e dos períodos de trabalho do capital (variável, constante, fixo etc.) que eles empregam. A ausência de simultaneidade significa que algum grau de desvalorização está sempre ligado a um movimento. A única questão é: até que ponto e com que efeito? Uma regra de realocação "racional" simplesmente faria com que o ganho no mais-valor devido à mudança superasse a desvalorização incorrida. Mas que processos sociais garantem que o capitalismo possa se aproximar da implementação de uma regra tão racional?

A ameaça de desvalorização impõe restrições tanto ao ritmo da mudança tecnológica quanto à velocidade do ajustamento à localização. Quanto maiores os tempos de rotação, maior a inércia geográfica e temporal na economia de espaço da produção. O efeito disso é estabilizar o cenário da produção – uma influência contrária não totalmente indesejável à tendência para a instabilidade frenética identificada na seção precedente. Mas emergem então problemas de outro tipo.

---

[38] Isso se compara à tese burguesa, primeiro apresentada por Koopmans e Beckman, de que não há um conjunto de preços que garanta a designação mais adequada das atividades às localizações em condições de maximização do lucro descentralizado quando as instalações que estão sendo assentadas são de algum modo indivisíveis e interligadas. Nesse caso, o fracasso do sistema de preços torna qualquer padrão de localização instável.

As indústrias que empregam grandes quantidades de capital fixo não conseguem se realocar facilmente. Em um sistema de produção caracterizado pela interdependência e pela competição, pelos diferenciais nos tempos de rotação entre as indústrias, pelas estruturas específicas de aglomeração e dispersão e assim por diante, os problemas de coordenação são abundantes e as barreiras à reorganização espacial da produção se multiplicam em grau correspondente. O espaço e a localização então aparecem como fontes ativas de mais-valor para os capitalistas individuais. Além disso, a ameaça de desvalorização mediante a reorganização espacial torna-se ainda maior. O efeito pode ser inclinar as escalas da instabilidade crônica para a estagnação da localização. Encontramos aqui uma versão ainda mais profunda dessa contradição que infesta a circulação do capital fixo. O capitalismo depende cada vez mais do capital fixo (incluindo aquele incorporado em um cenário de produção específico) para revolucionar a produtividade de valor do trabalho, mas acaba descobrindo que essa fixidez (a distribuição geográfica específica) se torna a barreira a ser superada. A tensão entre a instabilidade gerada pelo capital recém-formado e a estagnação associada aos investimentos passados está sempre presente dentro da geografia da produção capitalista.

Aqui se encontra uma base para o entendimento do processo da formação e da resolução da crise dentro da economia de espaço da produção capitalista. Um rompimento com as incorporações da tecnologia e as configurações espaciais do passado com frequência envolve uma desvalorização maciça. Mas, para começar, o fracasso em "racionalizar" as incorporações tecnológicas e as configurações espaciais está por trás das crises de superacumulação. A desvalorização geral no decorrer da crise "libera" o capital para estabelecer simultaneamente novas tecnologias e novas estruturas espaciais[39]. Mas agora temos de acrescentar mais uma peculiaridade a esse quadro já complexo. Como já vimos, a desvalorização é sempre específica do lugar. Ela não precisa estar disseminada regularmente pelo plano. Na verdade, a própria natureza da competição espacial garante que os excessos de lucro em um lugar serão ganhos à custa das perdas pela desvalorização em outro. Por isso, as crises se desenvolvem com efeitos diferenciais na superfície do plano.

V. A CONFIGURAÇÃO ESPACIAL DOS AMBIENTES CONSTRUÍDOS

Se os capitalistas da produção puderem adquirir os valores de uso anexados ao capital incorporado na terra em uma base de "remuneração por serviço" ou em uma

---

[39] Esse tema foi explorado nas obras recentes de Dorren Massey, "In What Sense a Regional Problem?", cit., e Richard Walker e Michael Storper, "Capital and Industrial Location", *Progress in Human Geography*, 1981.

12. A produção das configurações espaciais: as mobilidades do capital e do trabalho / 503

base anual, eles poderão mudar mais facilmente as localizações sem incorrer nos enormes ônus da desvalorização. Por isso será vantajoso para eles se o capital incorporado na terra for de propriedade de alguma outra pessoa. Essa vantagem – que se aplica a todos os outros agentes econômicos (comerciantes, financistas e até mesmo trabalhadores) – é conseguida quando uma parte do capital total circula pelo ambiente construído como um "capital fixo de um tipo independente" (ver capítulo 8). O princípio geral em ação é o seguinte: tanto o capital quanto o trabalho podem se tornar mais geograficamente móveis, contanto que se congele uma porção do capital social total estabelecido.

Essa condição é inerentemente conflitante. Se a parte do capital livre para se mover tira toda a vantagem da sua potencial mobilidade, então essa parte do capital imobilizado no local certamente sofrerá todo tipo de reavaliações incertas (tanto de aumento quanto de declínio). Vamos considerar agora os fundamentos disso.

As necessidades peculiares da circulação do capital nos ambientes construídos têm significado a evolução de um tipo especial de sistema de produção e realização que define novos papéis para os agentes econômicos. Os *proprietários de terra* recebem renda, os *empresários* recebem *aumentos na renda* baseados nas melhorias, os *construtores* ganham o *lucro do empreendimento*, os *financistas* proporcionam capital monetário em troca dos *juros*, ao mesmo tempo que podem capitalizar qualquer forma de receita acumulada pelo uso do ambiente construído em um *capital fictício* (preço da propriedade) e o *Estado* pode usar os *impostos* (atuais ou antecipados) como suporte para investimentos que o capital não pode ou não vai realizar, mas que não obstante expande a base para a circulação local do capital. Esses papéis existem, não importa quem os desempenha. Quando os capitalistas compram terra, viabilizam-na e constroem sobre ela usando seu próprio dinheiro; então eles assumem papéis múltiplos. Mas quanto mais capital eles adiantam nesse tipo de atividade, menos eles terão para investir diretamente na produção. Por essa razão, a produção e a manutenção dos ambientes construídos com frequência se cristalizam em um sistema extremamente especializado, vinculando os agentes econômicos que desempenham cada papel separadamente ou em combinações limitadas[40].

A maneira como esse sistema funciona não pode ser entendida sem se invocar os fatos da distribuição – renda, juros e impostos. A renda (ver capítulo 11) é a base do preço da terra e opera para alocar capital e trabalho nela, direciona a localização da produção, a troca e o consumo futuros, molda a divisão geográfica do trabalho e a organização espacial da reprodução social. Isso só é verdade até o pon-

---

[40] Christian Topalov (*Les promoteurs immobiliers*, cit.) e François Lamarche ("Property Development and the Economic Foundations of the Urban Question", cit.) apresentam análises desse sistema para a produção de ambientes construídos.

to em que a terra se torna uma mera forma de capital fictício. Os títulos de propriedade da terra devem ser livremente negociados como um simples bem fictício. A renda é então assimilada como uma forma de juro identificada especificamente com atributos da localização. O capital monetário, por sua vez, também pode ser convertido em um valor de uso material e emprestado como tal em troca de um pagamento de juro (ver capítulo 8). Por isso, o capital que rende juros circula diretamente pelo ambiente construído, e as receitas assim geradas podem ser capitalizadas e os títulos de propriedade, negociados. O Estado também pode facilitar a circulação do capital no ambiente construído emitindo bônus contra receitas de arrecadação fiscal. Estes podem ser capitalizados e também convertidos em formas de capital fictício.

Dentro de todo esse sistema, a circulação do capital que rende juros desempenha um papel hegemônico. O poder do capital monetário é continuamente exercido sobre todas as facetas da produção e realização, ao mesmo tempo que as alocações espaciais são trazidas para dentro da sua órbita. O sistema de crédito afeta os mercados fundiário e imobiliário e a circulação da dívida do Estado. A pressão é assim imposta aos proprietários de terra, aos empresários, aos construtores, ao Estado e aos usuários. Além disso, a formação do capital fictício permite que o capital que rende juros flua em uma base contínua em relação ao uso diário dos valores de uso de longa duração e dos imóveis. Os títulos dessas receitas podem até circular no mercado mundial, embora os próprios bens sejam imóveis. As vantagens disso são inúmeras. O intervalo entre a necessidade de produção e as possibilidades de realização pode ser continuamente monitorado mediante as flutuações nas rendas, as taxas de juro e os impostos, enquanto os mercados fundiário, imobiliário e a dívida do governo proporcionam sinais elaborados para o investimento e o desinvestimento de um lugar para outro. Desvalorizações eventuais importantes podem ser evitadas permitindo-se ajustamentos de preço múltiplos e menores durante o tempo de existência de algum bem fixo e imóvel. Os investidores podem aplicar capital monetário ou retirá-lo a qualquer tempo (às vezes com um ganho e às vezes com uma perda). O risco onipresente de desvalorização também pode ser parcialmente socializado porque uma perda séria aqui pode ser mais do que compensada por um ganho particular ali. E se ocorrerem desvalorizações maciças localizadas, elas podem ser parcialmente absorvidas dentro do sistema de crédito ou pelo Estado.

As mediações intrincadas dos diversos agentes econômicos que se apropriam de receitas de diferentes tipos são conduzidas para dentro de uma estrutura comum – aquela do sistema de crédito que desempenha funções de coordenação fundamentais (ver capítulo 9). O efeito disso é a redução do tempo e do espaço a uma métrica socialmente determinada – a taxa de juros, ela própria uma representação do valor em movimento. Os horizontes temporais e geográficos do fluxo do capital são definidos simultaneamente. Os recursos são extraídos do solo e a terra, levada para a periferia, por exemplo, segundo as taxas ditadas pela taxa de juros prevalecente em vez de segundo alguma outra concepção do bem-estar presente ou futuro. E como as taxas de juros – elas próprias um produto da acumulação pela exploração da força de trabalho (ver p. 296-305) – flutuam, os horizontes temporais e geográficos do fluxo de capital pulsam para fora ou se contraem.

Dentro desse sistema geral uma ampla variedade de tipos especiais de dispositivos institucionais aparecem para lidar com os problemas cotidianos de coordenação na produção, uso, transformação e abandono de elementos particulares dentro do ambiente construído[41]. Por exemplo, a "discriminação financeira" por parte das instituições financeiras e a renovação urbana com frequência envolvem o abandono organizado. O Estado também estabelece estratégias e canais de planejamento urbanos e regionais, investimentos tanto públicos quanto privados, conforme o caso. Regulamentações legais e administrativas surgem para controlar e promover benefícios interativos e custos de diferentes tipos de usos diretos da terra. Dispositivos desse tipo modificam os mecanismos básicos do mercado fundiário e do mercado imobiliário, baseados na negociação de capitais fictícios. O efeito disso é a criação de uma hierarquia de meios – mercado, institucional e Estado – para a produção, modificação e transformação das configurações espaciais do ambiente construído.

O propósito geral desses dispositivos intrincados é estabelecer meios independentes e formas de circulação independentes que podem moldar as configurações espaciais do ambiente construído segundo as variadas exigências do capital e do trabalho em geral. A apropriação da renda, por exemplo, estimula a ilusão fetichista de que a terra e até mesmo a localização são diretamente produtores de valor. Ilusões semelhantes cercam os mercados imobiliários e a circulação da dívida do governo. Os capitais fictícios são, afinal, fictícios. A circulação dos títulos para reivindicações sobre o trabalho futuro é inerentemente especulativa. Todo o sistema de relações nos quais se baseia a produção das configurações espaciais no ambiente construído tende a facilitar e, ocasionalmente, exacerbar os surtos insanos de especulação aos quais o sistema de crédito é de todo modo propenso. Ao que parece, há algo perverso em tentar criar condições físicas favoráveis à acumulação dando rédea à *apropriação* de mais-valor por parte dos proprietários de terra, empresários, financistas e seus semelhantes (nenhum deles, com exceção dos construtores, organiza a produção real de mais-valor). Mais especificamente, isso traz a questão: quanta apropriação é apropriada? Não há resposta clara para isso e, mes-

---

[41] Ver Michael Dear e Allen Scott, *Urbanization and Urban Planning in Capitalist Society* (Londres/Nova York, Methuen, 1981), e Allen Scott, *The Urban Land Nexus and the State* (Londres, Pion, 1980).

mo que houvesse, não existiria garantia de que as forças em vigor no capitalismo pudessem chegar a alcançá-la. Surge daí a preocupação persistente de que demasiado capital pode circular na especulação de terra e na propriedade "improdutiva", ou na dívida do Estado, à custa da produção real de mais-valor.

Então, por que tolerar a existência desse exército de especuladores imobiliários, agentes fundiários e seus semelhantes? A resposta agora deve ser clara: a especulação nos mercados fundiário e imobiliário e na dívida do governo são males necessários. Certamente, a especulação demasiada desvia o capital da produção real e, como consequência, encontra o seu destino de desvalorização. Mas a redução excessiva da especulação também tem resultados execiáveis do ponto de vista do capitalismo. A transformação das configurações espaciais no ambiente construído seria posta em cheque e o cenário físico necessário para a acumulação futura poderia não esperar ser materializado. Seria bom se houvesse algum caminho intermediário entre esses dois extremos. Mas não existe. A especulação desenfreada e a apropriação incontrolada, por maior que seja o seu custo para o capital e por mais destruidoras que possam ser para o trabalho, geram a excitação caótica da qual podem se desenvolver novas configurações espaciais. As reestruturações especulativas atingidas em fases de crédito e expansão fáceis podem ser racionalizadas no decorrer das crises subsequentes. Ondas de especulação na criação de novas configurações espaciais são tão vitais para a sobrevivência do capitalismo quanto outras formas de especulação. E, dada a sua forma, não pode haver dúvida de que os processos que aqui consideramos podem todos muito facilmente adicionar sua contribuição para o apogeu de insanidade periodicamente manifestado dentro do sistema de crédito. A criação de configurações espaciais e da circulação do capital no ambiente construído é, podemos concluir, com segurança, um momento extremamente ativo nos processos gerais da formação e resolução da crise.

VI. A TERRITORIALIDADE DAS INFRAESTRUTURAS SOCIAIS

As infraestruturas sociais que sustentam a vida e o trabalho no capitalismo não foram criadas da noite para o dia e requerem certa profundidade e estabilidade para serem eficazes. São também geograficamente diferenciadas. Como e por que elas seguiram esse caminho é um problema para a história. Mas há forças poderosas em ação dentro da lógica do capitalismo que as mantêm nesse caminho. Essas forças merecem elucidação.

As infraestruturas e as instituições sociais do capitalismo são incrivelmente diversas e desempenham uma enorme variedade de funções. Elas regulam os contratos, o câmbio, o dinheiro e o crédito, assim como a competição intercapitalista, a centralização dos capitais, as condições de trabalho (como a jornada de trabalho) e vários outros aspectos da relação capital-trabalho. Com frequência definem estruturas particulares para a luta de classes. Proporcionam meios para a produção de conhecimento científico e técnico, novas técnicas de gerenciamento e novos meios para facilitar a coleta, o armazenamento e a comunicação das informações. Elas também abarcam a ampla variedade de instituições que contribuem para a reprodução da força de trabalho (saúde, educação, serviços sociais etc.) e da vida cultural em todos os seus variados aspectos (incluindo aquele da burguesia). Oferecem meios de controle ideológico e também fóruns para o debate ideológico. Mais sinistros são os meios de vigilância e repressão, sempre o último recurso quando a sociedade mergulha no caldeirão do feroz conflito de classe.

Um enorme exército de pessoas está empregado na preservação e na melhoria dessas infraestruturas e instituições sociais, que se unem, às vezes firmemente e às vezes frouxamente, em um sistema de relações sociais de um tipo particular em um tempo e lugar particulares. Uma dissecação apropriada dessas relações sociais (e de suas contradições internas) requer muito mais consideração do que podemos proporcionar aqui. Mas algo deve ser especulado para que as principais forças que dominam sua evolução espacial sejam identificadas. Embora não sejam tão fáceis de localizar, e devido a isso mais nebulosos, as infraestruturas sociais e os ambientes construídos exibem alguns paralelos nas relações que mantêm com a circulação do capital. Essa ideia será elaborada a seguir.

Os diferentes elementos da infraestrutura social se fundiram para formar uma espécie de "complexo de recursos humanos", maior que a mera soma de suas partes. Esse complexo de recursos é difícil de mudar por causa da forte união de elementos aparentemente diferentes em seu interior – os fortes vínculos entre a religião e a educação constituem um bom exemplo. Só por conta disso, o "complexo de recursos humanos" não é de modo algum instantaneamente ajustável às exigências do capital. Ele faz parte do ambiente geográfico humano ao qual o capital deve até certo ponto se adaptar. Além disso, ele é profundamente sensível a toda nuance na história cultural, racial, étnica, religiosa e linguística. As relações sociais do capitalismo, por exemplo, ou estavam incubadas dentro do útero de alguma sociedade preexistente ou foram fortemente impostas de fora para dentro nos últimos anos. As infraestruturas sociais já diferenciadas eram as "matérias-primas" a partir das quais novos complexos de recursos humanos tinham de ser moldados. A qualidade das matérias-primas é prontamente discernível nos resultados. E a forma organizacional e a história dos elementos da infraestrutura social asseguram a existência de centros de poder político e os arranjos territoriais que não são de modo algum expressões diretas das relações sociais do capitalismo. Isso se confirma particularmente no caso do aparato, da administração, da organização religiosa etc. do Estado.

Entretanto, a nossa tese é que a circulação do capital transforma, cria, sustenta e até ressuscita algumas infraestruturas sociais à custa de outras. É difícil identificar exatamente como. Mas a linha de interconexão geral é bastante clara. As infraestruturas têm de ser sustentadas a partir dos excedentes e, no capitalismo, isso significa a produção de mais-valor. Desse ponto de vista elas não podem ser interpretadas de outra maneira a não ser como superestruturas erguidas sobre uma base econômica[42]. Por isso, a circulação do valor para a sustentação das infraestruturas sociais e das pessoas nelas empregadas integra os processos materiais da produção de mais-valor no local de trabalho com a perpetuação das infraestruturas sociais.

Como conceituar tal relação é um problema. Em um extremo estão aqueles que insistem no poder independente e na autonomia relativa da organização da infraestrutura social em relação à base econômica (que implica o poder de tributar sem restrições ao mais-valor). No outro, estão aqueles que encaram as infraestruturas sociais como meros reflexos das exigências da acumulação (que nega as integrações intrincadas e a importância da história e da tradição)[43]. Segundo esta última concepção, o problema da organização geográfica se tornaria em grande parte irrelevante – a territorialidade das infraestruturas sociais simplesmente refletiria as necessidades da divisão geográfica do trabalho e de outras facetas da organização espacial requerida pelo capital. Nenhuma das concepções é satisfatória. Precisamos de algum modo pôr fim ao impasse.

Temos declarado no decorrer de todo este livro que a circulação do capital tem de ser considerada como um processo contínuo de expansão do valor. A circulação de valores pelas infraestruturas sociais é apenas um momento nesse processo total. Vamos agora descobrir a importância desse momento em relação ao processo geral.

Os valores tributados do capital que flui para sustentar as infraestruturas sociais retornam ao capital na forma de uma demanda efetiva para as mercadorias que os capitalistas produzem. Nisso não há perda para o capital. Aqueles empregados parecem então meras "classes consumidoras" e, como tal, podem ocasionalmente desempenhar um papel na reação aos problemas de desproporcionalidade etc. (ver capítulo 3). Mas o tempo absorvido pela circulação do valor nas infraestruturas sociais é tempo perdido para a produção de valor. O tempo de rotação do capital agregado é estendido mediante a expansão dessa esfera de circulação em detrimento da expansão dos valores. Além disso, todos os tipos de redistribuição

---

[42] Estimativas demonstram que o capitalismo reproduz *toda* a sua riqueza a cada sete anos.
[43] Para uma amostra de opinião, ver Loius Althusser e Étienne Balibar, *Reading "Capital"*, cit., G. A. Cohen, *Karl Marx's Theory of History: a Defence*, cit., Nicos Poulantzas, *Classes in Contemporary Capitalism*, cit., e *State, Power, Socialism* (Londres, NLB, 1978 [ed. bras.: *O Estado, o poder, o socialismo*, São Paulo, Graal, 1990]), e Edward Thompson, *The Poverty of Theory and Other Essays*, cit.

geográfica são possíveis. O "imposto" sobre o mais-valor produzido em um lugar pode reemergir como uma demanda efetiva do outro lado do mundo – é o que acontece com organizações como a Igreja Católica Romana e o Bank of America. Podem surgir centros de consumo que não tenham base na produção local de mais-valor. Frequentados predominantemente pelas "classes consumidoras", esses centros podem se tornar identificados principalmente com funções ideológicas, administrativas, de pesquisa e com outras funções das infraestruturas sociais. Os princípios que governam essas redistribuições geográficas do valor que flui entre as infraestruturas sociais são difíceis de estabelecer. Aparte a restrição geral do tempo de rotação (ele próprio maleável como a facilidade com que o movimento geográfico melhora), as redistribuições geográficas parecem, na pior das hipóteses, arbitrárias e acidentais e, na melhor das hipóteses, como o resultado das lutas de poder entre facções da burguesia (incluindo as "classes consumidoras" que têm interesses próprios específicos), algumas das quais podem também se definir geograficamente no nome de uma cidade, região ou Estado-nação. Retornaremos a essa questão no próximo capítulo.

A circulação do valor pelas infraestruturas sociais também pode ter impactos diretos e indiretos sobre a produção de mais-valor. Embora seja difícil localizar com precisão, o conceito da "produtividade" dos fluxos de valor nas infraestruturas sociais não é de modo algum redundante (vem à mente imediatamente o seu paralelo com os investimentos públicos em infraestruturas físicas). As melhorias nas condições sociais para a produção de mais-valor podem ter importantes efeitos de longo prazo. As melhorias na qualidade da quantidade da força de trabalho por meio da atenção à saúde e à educação, assim como uma série de meios intangíveis que afetam a disciplina, a ética no trabalho, o respeito pelas autoridades, a consciência e assim por diante podem ter um efeito salutar sobre a produção de mais-valor. E se os trabalhadores estiverem recalcitrantes e indisciplinados, então por que não pregar para eles através da imprensa ou do púlpito, ou intimidá-los por meio da aplicação de sanções morais ou de força legal ou repressiva? Por isso, alguns dos fluxos para a infraestrutura social podem ser encarados como investimentos destinados a melhorar as condições sociais para a produção de mais-valor. O mesmo princípio se aplica quando fluxos para a administração e a regulação ajudam a manter a segurança e a tranquilidade de um processo acelerado de rotação do capital. Os fluxos para apoiar a pesquisa científica e técnica, para citar mais uma instância, podem também retornar diretamente para a esfera da produção como uma força material (novas tecnologias). A enorme importância do "momento" de infraestrutura social no processo total de circulação do capital não pode ser negada.

Os fluxos de valor desse tipo não produzem em si mais-valor. Eles simplesmente melhoram as condições da produção de mais-valor. O problema – que incomoda os capitalistas e também a nós – é identificar as condições, os meios e as circunstâncias que permitem que essa potencialidade seja realizada. Na medida em que os capitalistas individuais lucram com o benefício, eles podem tentar fazer um investimento limitado nas infraestruturas sociais e assim promover a pesquisa e o desenvolvimento, a melhoria nas qualidades da força de trabalho (atenção à saúde, treinamento no emprego etc.). Mas como muitos dos benefícios são tão incertos quanto difusos, os capitalistas têm de se constituir como uma classe – em geral por meio da ação do Estado – e assim encontrar meios coletivos para satisfazer suas necessidades. Como o Estado é um campo geral de luta de classes, fica impossível discernir diretamente quais fluxos de valor sob sua égide representam as necessidades imediatas do capital e quais resultam das pressões exercidas por outras classes. Muitos dos fluxos para as infraestruturas sociais não têm relação com o aumento da produtividade de valor e têm tudo a ver com a circulação das receitas. Os capitalistas podem ser obrigados pelas "classes consumidoras" que de algum modo adquiriram o poder político para tributar a contribuir com o mais-valor. As classes trabalhadoras também podem obrigá-los a isso. O investimento no controle e na repressão ideológica, por exemplo, está relacionado à ameaça de resistência da classe trabalhadora organizada, enquanto a necessidade de integrar e cooptar os trabalhadores por meio dos gastos sociais surge apenas quando os trabalhadores acumularam poder suficiente para requerer a cooptação.

No entanto, encarado do ponto de vista da acumulação, o investimento nas infraestruturas sociais não é perda para o capital desde que o aumento na produção de mais-valor em consequência de melhorias nas condições sociais compense muito o aumento no tempo de rotação do capital. Isso proporciona uma regra útil sobre a qual basear algumas avaliações do papel desse "momento" particular na circulação geral do valor.

As melhorias nas condições sociais em geral demoram um longo tempo para serem realizadas. Elas absorvem valor durante um período de tempo e com frequência geram benefícios muito mais tarde e por períodos estendidos (por exemplo, demora muitos anos para socializar e educar um trabalhador). Isso torna o investimento em infraestruturas sociais um campo ideal para a absorção de mais-valor, capital superacumulado, evitando a desvalorização, pois durante o período de investimento não há diminuição da demanda efetiva. Como diferentes tipos de investimento social têm diferentes tempos de compensação, o manejo fiscal apropriado por parte do Estado resiste diante da perspectiva de estabilização do processo de acumulação durante períodos longos.

Mas na análise final exatamente os mesmos dilemas surgem aqui com relação ao investimento no ambiente construído. Na medida em que as condições sociais melhoradas dão origem a uma produção aumentada de mais-valor, o problema básico da superacumulação é exacerbado. Por outro lado, se as condições sociais melhoradas não conduzem a tal aumento, então o investimento deve ser julgado improdutivo e o valor nele absorvido fica efetivamente perdido. Por isso, a desvalorização do capital mediante a circulação improdutiva pelas infraestruturas sociais se torna uma perspectiva muito real. Entretanto, o fato de os investimentos serem ou não produtivos não depende de suas qualidades inerentes, mas da capacidade dos capitalistas de tirar proveito deles – a educação de uma força de trabalho especializada é reduzida a zero se o processo de trabalho se altera para a demanda de força de trabalho não especializada. Por essa razão, o que de início parece ser um dispositivo fácil para a estabilização se transforma em um atoleiro de incerteza, tornado suficientemente real por crises fiscais periódicas nos gastos sociais do Estado[44].

Investimentos desse tipo exibem uma peculiaridade adicional. Eles não se desgastam pelo uso (como as máquinas), mas, como as melhorias na fertilidade do solo, podem ser intensificados no decorrer do tempo mais como bens renováveis do que como bens esgotáveis. Os ganhos em conhecimento científico não se desgastam, tampouco os ganhos em sofisticação legal, táticas educacionais, *expertise* técnica em gerenciamento e administração etc. As atitudes na força de trabalho também podem evoluir de maneiras mais favoráveis à acumulação. A circulação do valor pelas infraestruturas sociais pode produzir concentração geográfica de condições de alta qualidade. Essas regiões então parecem "naturalmente" favoráveis à acumulação em virtude dos "recursos humanos e sociais" que foram aí incorporados. Com base nisso, o capital da produção provavelmente será atraído para essas regiões.

Mas as tendências contrárias estão também em ação. Benefícios às infraestruturas sociais relativamente permanentes podem constituir uma base para a extração de rendas locais. Mais importante, a manutenção das infraestruturas sociais impõem custos – quer direta ou indiretamente porque a sua preservação depende das formas de uso "restritas" pelo capital (o paralelo com a manutenção da fertilidade do solo é evidente). Se os custos de manutenção sobem (em relação às regiões concorrentes), então a vantagem da localização para os capitalistas vai diminuir. Cansados de pagar altos tributos ou de conter sua sede de exploração, os capitalistas podem se mover (com frequência com a ajuda de novos processos de trabalho adaptados à mão de obra não especializada) para novos ambientes sociais em que os "recursos humanos" são mais pobres, mas muito menos dispendiosos de manter. Os bens acumulados nas regiões previamente privilegiadas são assim destruídos e o valor absorvido na sua criação fica desse modo perdido.

---

[44] James O'Connor, *The Fiscal Crisis of the State* (Nova York, St. Martin's Press, 1973), apresenta uma análise estimulante.

Isso nos conduz mais diretamente aos aspectos geográficos do problema. O desenvolvimento geográfico desigual das infraestruturas sociais é, na análise final, reproduzido mediante a circulação do capital. O capital produz e reproduz, embora através de todos os tipos de mediações e transformações sutis, o seu ambiente social e também o seu ambiente físico. No fim, até mesmo os elementos pré-capitalistas que persistem devem ser reproduzidos pela produção de mais-valor. Contudo, a geografia social que se desenvolve não é um simples reflexo no espelho das necessidades do capital, mas o local de contradições poderosas e potencialmente destrutivas. A geografia social moldada às necessidades do capital em um momento da história não é necessariamente consistente com exigências posteriores. Como essa geografia é difícil de mudar e com frequência o foco de pesado investimento de longo prazo, ela então se torna a barreira a ser transposta. Novas geografias sociais têm de ser produzidas, com frequência a um alto custo para o capital e em geral acompanhadas por um sofrimento humano considerável. Por essa razão, a reestruturação periódica da geografia das infraestruturas sociais em geral é realizada no decorrer de uma crise. A desvalorização específica do lugar do capital incorporado nas infraestruturas sociais, sem falar na destruição dos modos de vida tradicionais e de todas as formas de localismo construído em torno das instituições sociais e humanas, torna-se assim um dos elementos centrais da formação e resolução da crise no capitalismo[45].

Esse quadro geral deve ser modificado na medida em que vários aspectos da infraestrutura, ou as vantagens que elas geram para a acumulação, sejam em si geograficamente móveis. Por exemplo, as transferências de valor do tipo já comentado podem colocar as funções de pesquisa e desenvolvimento em locais bem distantes da produção. As vantagens da aglomeração e do acesso a uma força de trabalho altamente especializada requerida com frequência pressiona muitas dessas funções a se unirem em alguns centros importantes que, por sua vez, se tornam os campos propícios para se iniciar linhas de produto totalmente novas (a indústria de chips de silicone nos arredores de Palo Alto é um exemplo recente disso). Os "produtos" desse investimento de infraestrutura social também podem ser movidos. O conhecimento e a mão de obra altamente especializada, ambos conseguidos a um alto custo, são geograficamente móveis, de forma que a "transferência de tecnologia" e a "drenagem cerebral" são dois aspectos muito importantes dentro do processo geral de redistribuição geográfica. As contracorrentes do movimento são demasiado complicadas para produzir facilmente uma análise teórica. E o significado desses movimentos para diferentes indústrias com diferentes processos de tra-

---

[45] O trauma da "crise fiscal" da cidade de Nova York na década de 1970 é um excelente exemplo disso.

12. A produção das configurações espaciais: as mobilidades do capital e do trabalho / 513

balho varia muito. Entretanto, sua importância tem de ser reconhecida em qualquer consideração da evolução das configurações espaciais no capitalismo.

Uma característica impressionante clama por atenção especial. O Estado proporciona o canal isolado mais importante para os fluxos de valor entrarem nas infraestruturas sociais. Nisso está a importância dos impostos como uma forma de receita alocada à manutenção e à melhoria das infraestruturas sociais. E, na medida em que a dívida do Estado é o veículo para o investimento em infraestruturas sociais, os poderes de coordenação e monitoramento dos mercados de capital e da taxa de juros são aplicados. O envolvimento do Estado surge em parte porque têm de ser encontrados os meios coletivos para fazer o que os capitalistas individuais não podem razoavelmente fazer e, em parte, porque a luta de classes requer as mediações do aparato do Estado para qualquer tipo de investimento ser feito em áreas socialmente sensíveis. O envolvimento assume uma nova forma quando é reconhecido que esses investimentos podem ser tanto produtivos (no sentido de melhorarem as condições sociais para a criação de mais-valor) quanto estabilizadores (no sentido do manejo da demanda efetiva durante um longo período). Desse modo, a política fiscal do Estado torna-se uma ferramenta vital no arsenal da burguesia para gerenciar o processo de acumulação (o uso dos gastos militares dessa maneira é um bom exemplo). Os limites para essas práticas de gerenciamento são a essa altura óbvios (ver também capítulo 10).

A importância do envolvimento do Estado do ponto de vista do nosso presente tópico merece uma breve elucidação. Na medida em que o Estado assume o papel de gerente geral da produção e reprodução das infraestruturas sociais (incluindo ele próprio), a forma de organização hierárquica do Estado é posicionada para discriminar entre os aspectos local, regional, nacional e supranacional dos fluxos de valor. A organização territorial do Estado – e os limites do Estado-nação são de longe os mais importantes – torna-se então *a* configuração geográfica dentro da qual a dinâmica do processo do investimento é elaborada. É claro que essa organização territorial não é imutável e de tempos em tempos reorganizações radicais são requeridas em prol da melhoria da eficiência da administração etc.[46] Não obstante, em qualquer momento particular a organização territorial dos poderes do Estado constitui o ambiente geográfico fixo dentro do qual os processos de investimento operam. Os Estados são então obrigados a competir um com o outro pela provisão de condições às infraestruturas sociais, que são atrativas para o capital. Também são obrigados a competir por capital financeiro para consolidar a sua dívida. Em consequência dis-

---

[46] A reorganização dos governos locais e regionais, o esforço para criar mercados comuns etc. são exemplos desse tipo de processo em ação.

so, o Estado perde o seu poder para dominar politicamente o capital e é pressionado para assumir uma postura subserviente, competitiva. E, na medida em que a desvalorização e a destruição dos complexos recursos humanos se tornam necessárias no decorrer de uma crise, os Estados são colocados uns contra os outros em uma vigorosa competição em relação a qual deles deve arcar com o custo dessa desvalorização e dessa destruição social. O princípio geral da desvalorização específica do lugar é então convertido, pelo menos nessa esfera particular, na questão das desvalorizações e da destruição social específicas do Estado. A maneira como isso funciona nos níveis local, regional e nacional será retomada no capítulo 13.

VII. AS MOBILIDADES DO CAPITAL E DO TRABALHO CONSIDERADAS COMO UM TODO

A geografia histórica do modo de produção capitalista é construída, como vimos até agora, a partir dos movimentos de interseção dos diferentes tipos de capital e força de trabalho. Devemos agora ver se há alguma unidade básica para movimentos aparentemente diversos e incoerentes e, caso haja, descobrir as contradições ali contidas.

A base necessária para explorar essas questões é apresentada no conceito de unidade e contradição dentro da circulação do capital (ver capítulo 3). O capital em cada um dos estados contidos no processo

$$D - M \begin{pmatrix} T \\ Mp \end{pmatrix} \ldots P \ldots M' - D'$$

tem uma capacidade especial e singularmente definida para o movimento geográfico. Uma vez que o capital é definido como valor em movimento, ele deve necessariamente passar de um estado para o outro, o que significa que duas ou mais formas de capital (e de força de trabalho) devem obrigatoriamente estar no mesmo lugar ao mesmo tempo no momento da transição. Por isso, cada transição constitui uma interseção mutuamente restritiva de diferentes capacidades para o movimento espacial. O processo de circulação como um todo compreende várias dessas situações mutuamente restritivas, cada uma com seus próprios problemas peculiares. Como regra geral, é muito mais fácil, por exemplo, ir de D-M do que de M-D, não somente porque o dinheiro é o poder social encarnado, mas também porque é mais fácil de ele se mover geograficamente. Podemos então concluir que as restrições mútuas necessariamente limitam a mobilidade geográfica total tanto do capital quanto da força de trabalho.

As restrições ficam ainda mais rígidas quando lembramos que a acumulação isenta de crise requer que a circulação do capital seja realizada dentro de um deter-

12. A produção das configurações espaciais: as mobilidades do capital e do trabalho / 515

minado período de tempo – o tempo de rotação socialmente necessário considerado no capítulo 4. O capital que não circula nesse período de tempo é desvalorizado. Mas o movimento espacial requer que o capital seja mantido em um estado particular – como dinheiro ou mercadorias, por exemplo – enquanto ele se move. Isso aumenta o tempo de rotação. A importância da expressão de Marx "a aniquilação do espaço pelo tempo" agora ressurge com força redobrada. As exigências temporais da circulação do capital limitam o tempo disponível para o movimento espacial em cada estado. A unidade de produção e realização dos valores mantém o movimento geográfico do capital dentro de limites estritamente circunscritos.

Essa conclusão é modificada por duas considerações importantes. Em primeiro lugar, ela se aplica em sentido estrito a um capital individual que passa por seu processo padrão de autoexpansão. A circulação agregada na sociedade é composta de inúmeros processos individuais desse tipo, cada um se iniciando e terminando em diferentes pontos no tempo. Por isso, surge a oportunidade de uma miríade de substituições espaciais entre diferentes processos temporais. Os capitalistas individuais podem receber dinheiro como pagamento parcial por processos de produção ainda não completados, por uma mercadoria ainda não vendida. Os capitalistas em uma região industrial podem emprestar o dinheiro que ganham na primeira parte do ano para os fazendeiros de outra região que vão lhes pagar depois da colheita. O que aparece como restrições muito rígidas ao movimento espacial no nível individual é muito reduzido quando o processo de circulação é visto como um todo. O sistema de crédito, em particular, facilita as transferências de longa distância e as substituições entre processos temporais extremamente divergentes. Mas a importância das substituições também ajuda a explicar a aglomeração. A probabilidade de encontrar o tipo certo de força de trabalho, matérias-primas, componentes de reposição etc. melhora à medida que os capitalistas individuais e os trabalhadores se juntam – as substituições minimizam a possibilidade de transtornos nos processos de circulação dos capitalistas individuais. Aqui há uma tensão entre a dispersão possibilitada pelo sistema de crédito e a aglomeração que parece desejada em outros pontos da transição.

Entretanto, a disciplina temporal do movimento espacial é ainda mais profundamente perturbada quando consideramos a circulação do capital (ou simplesmente a dos valores) entre as infraestruturas físicas e sociais. Essas formas de circulação têm um efeito duplo. Em primeiro lugar, na medida em que muitos aspectos da infraestrutura física e social estão fixados no espaço, o problema da mobilidade geográfica é convertido em um problema de transformação do ambiente social e físico em que circulam outras formas de capital. Dado o tempo de rotação prolongado e a complexidade da tarefa, esse processo de transformação é necessariamente lento. Em segundo lugar, a duração dos tempos de rotação envolvidos permite substituições durante períodos de tempo muito mais longos. Considere a questão do ponto de vista do capital monetário. Existem vários caminhos potenciais para a circulação. No caminho padrão, o capital é colocado em um processo de produção, convertido em uma mercadoria e vendido para o mercado na disciplina rígida do tempo de rotação socialmente necessário. Mas o dinheiro também pode fluir para a formação de capital fixo e fundo de consumo, incluindo a formação de infraestruturas físicas. Ele também pode fluir para a ciência e a tecnologia, para um gerenciamento aprimorado ou para a criação e manutenção de várias infraestruturas sociais que melhoram as condições para a produção de mais-valor. A disciplina temporal nesses caminhos é muito relaxada porque os tempos de rotação são muito mais longos. Isso explica como a provisão das infraestruturas física e social pode se mover muito à frente das outras mobilidades caso seja necessário – muito tempo é disponível para outras formas de capital e força de trabalho a alcançarem. Entretanto, em longo prazo, todas essas formas diferentes de circulação têm de estar relacionadas umas às outras. Relações ficcionais podem ser estabelecidas por meio do sistema de crédito e da padronização de todos os tempos de rotação contra a taxa de juros (ver capítulo 9). Isso é o próprio dinheiro procurando impor uma disciplina comum aos diferentes caminhos que ele pode seguir. Mas a criação real de valor, em oposição aos movimentos do valor fictício, depende da continuidade de todos os fluxos em relação à produção real. Os diferentes processos de circulação devem por isso fluir diretamente um para o outro, da maneira retratada na Figura 12.1. Cada caminho tem exigências temporais diferentes e, por inferência, explicita oportunidades radicalmente diferentes para o movimento espacial. Mas a unidade básica da produção e da realização deve ser preservada, por imposição de crises se necessário. Podemos concluir que é essa unidade que, na análise final, sujeita as mobilidades geográficas divergentes dentro de um sistema de fluxos tão temporalmente desconexo a uma disciplina comum.

1. Complementaridade

A desagregação do processo de circulação em muitos sistemas aparentemente independentes cria tensões dentro da unidade da produção e da realização. Mas isso também adapta admiravelmente o capitalismo à tarefa de moldar a organização espacial e fluir para exigências agregadoras de longo prazo. Diferentes tipos de capital podem se mover de maneira a complementar um ao outro na busca de uma nova ordem espacial. Se o capital não puder penetrar nas barreiras espaciais de uma maneira, pode de imediato penetrar de outra. Aqui o movimento do capital monetário pode abrir o caminho, lá podem ser comerciantes produzindo

12. A produção das configurações espaciais: as mobilidades do capital e do trabalho / 517

mercadorias. Até os trabalhadores, buscando a liberdade em alguma fronteira, podem desempenhar um papel. A transformação das configurações espaciais ocorre mediante os saltos contínuos de diferentes tipos de capital e força de trabalho agraciados com poderes de mobilidade muito diferentes. E nisso não há nenhum perigo contanto que a complementaridade seja atingida dentro de um determinado espaço de tempo.

Entretanto, na medida em que as condições mudam, tipos de capital muito diferentes tendem a assumir um papel preponderante. O movimento das mercadorias e do ouro, que já foi a última palavra da internacionalização do capital, foi consistentemente suplantado durante o final do século XIX pelo movimento do capital monetário como crédito – uma mudança que testemunhou a sofisticação crescente dos dispositivos de crédito e também a ascensão do "capital financeiro" (de qualquer tipo) como o anjo da guarda do imperialismo econômico. As intervenções do capital fictício e do Estado também tenderam cada vez mais a libertar o capital da produção das rígidas constrições que ele havia anteriormente experimentado – o investimento direto tornou-se mais factível, acompanhado, é claro, pela ascensão de novas formas organizacionais como a corporação multinacional para assegurar a complementaridade do dinheiro, das mercadorias, da produção e dos movimentos do trabalho. A importância relativa dos comerciantes, financistas, industriais e trabalhadores na transformação das configurações espaciais variou no decorrer da história do capitalismo.

O investimento em infraestruturas físicas e sociais requer algumas considerações especiais. Libertadas das restrições rígidas do tempo de rotação socialmente necessário, medidas de avanço e latência muito mais longas são possíveis aqui. Se essas possibilidades serão realizadas, e com que efeitos, depende de algumas condições. É preciso haver capital excedente e uma forma de organização – em geral o Estado, mas às vezes um grupo de financistas poderosos – capazes de centralizar o capital excedente, colocando-o na criação de alguns valores de uso e esperando vários anos antes de captar alguma recompensa. Isso também implica um reconhecimento consciente e a antecipação das necessidades futuras do capitalismo. Inversamente, é também possível ver esses investimentos como a vanguarda dos fluxos de capital futuros e, portanto, como o principal instrumento da transformação geográfica, que estrutura a força de trabalho. Entretanto, é uma vanguarda peculiarmente exposta, uma condição mais necessária do que suficiente para as configurações geográficas futuras dos fluxos de capital. A produção, a força de trabalho e o comércio não seguem necessariamente os caminhos percorridos pelos investimentos de infraestrutura. Nesse caso, é claro, esses investimentos são efetivamente desvalorizados.

518 / Os limites do capital

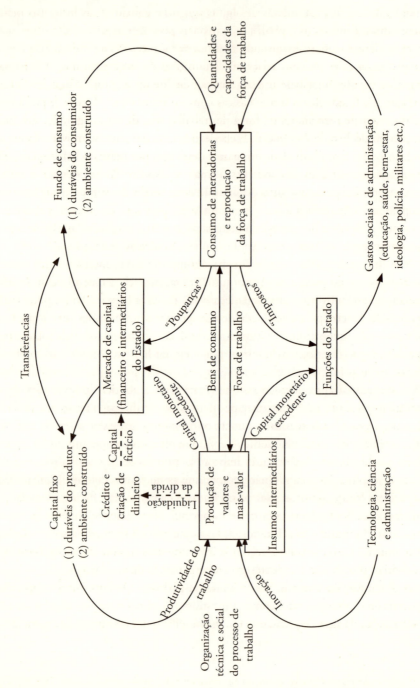

Figura 12.1 – Os caminhos do fluxo do capital

12. A produção das configurações espaciais: as mobilidades do capital e do trabalho / 519

Isso nos leva às profundezas de alguns *insights* e controvérsias históricas muito interessantes. Embora os capitalistas comerciais possam negociar muito onde e como eles querem – até se envolvendo na troca se for o caso –, a produção capitalista é muito mais exigente com relação às requisições de infraestruturas. A expansão geográfica envolve o estabelecimento anterior de direitos de propriedade, leis, administração e infraestruturas físicas básicas como o transporte. O mais importante é que o caráter de mercadoria da força de trabalho tem de ser assegurado. Em tudo isso, a ação do Estado é essencial. E ela deve necessariamente se mover à frente da produção. Mas a produtividade dos gastos desse tipo por parte do Estado não pode ser garantida. A criação de condições físicas e sociais favoráveis pode atrair outras formas de capital para configurações complementares do investimento que mais que compensam as despesas iniciais. Ou o Estado pode tentar obrigar outros elementos do capital e do trabalho a se adequarem para garantir a produtividade de seus próprios investimentos. Mas o risco da desvalorização sempre se agiganta.

A história política do colonialismo e do imperialismo proporciona uma ilustração interessante do problema. A conquista militar estabelece o controle do Estado. Avaliadores estabelecem a propriedade privada na terra (o trabalhador pode então ser excluído da terra pela renda), elos de transporte e comunicações são construídos, sistemas legais (que conduzem à troca, é claro) são estabelecidos (pela força e pela repressão, se necessário, mas também por meio da lei, da educação, da atividade missionária e assim por diante). Tudo isso custa vastas somas de dinheiro. Por isso, sob as suas justificativas ideológicas que vêm à tona, a política do imperialismo capitalista implica um investimento especulativo vasto e de longo prazo que pode ou não compensar. O debate sobre o quanto os capitalistas se beneficiaram do imperialismo é realmente um debate sobre se esse investimento compensou ou foi efetivamente desvalorizado. A destruição imposta às populações pré-capitalistas e o alto índice de exploração atingido não garante que as iniciativas coloniais tenham sido proposições compensatórias. Nem o seu fracasso prova que elas foram acionadas por uma tentativa benevolente para trazer esclarecimento e desenvolvimento às regiões "atrasadas" do mundo. Elas foram simplesmente envolvidas na dinâmica capitalista da acumulação e da desvalorização. Os investimentos foram, em suma, condições necessárias, porém não suficientes para a perpetuação da acumulação[47].

A dinâmica, no entanto, não é isenta de padrões. Os horizontes temporais e espaciais do capitalismo são, como já mostramos, crescentemente reduzidos a uma manifestação da taxa de juros, esta em si um reflexo das condições da acumulação.

---

[47] O debate sobre se as ferrovias lideraram ou atrasaram o desenvolvimento do século XIX nos Estados Unidos e na Grã-Bretanha é também muito instrutivo nesse aspecto.

A superacumulação em geral diminui a taxa de juros e, desse modo, estende os horizontes temporais e espaciais. Os capitalistas podem então se permitir – na verdade são impelidos – a explorar as fronteiras geográficas ou visar à produção de valores de uso que compensem cada vez mais no futuro. Assim, o capital finalmente encontra essas barreiras em sua própria natureza que precipita crises – crises com frequência caracterizadas por taxas de juro ascendentes que restringem mais uma vez os horizontes temporais e espaciais. Na medida em que todas as formas de capital são sensíveis à taxa de juros, elas tendem a operar sob uma disciplina comum. Isso vai longe para explicar os ritmos pulsantes do desenvolvimento do capitalismo no espaço[48]. As recessões e contradições nesse processo são marcadas pela ruptura da unidade da produção e da realização e, contemporaneamente, por uma perturbação da complementaridade nos movimentos extremamente diferenciados do capital. Vamos considerar agora as bases para essas perturbações.

2. Contradições e conflito

As formas extremamente diferenciadas da circulação e da mobilidade espacial podem permitir que o capitalismo molde sua geografia histórica de acordo com os ditames da acumulação. Mas elas também aumentam incomensuravelmente as possibilidades de formação de crise. Lembre-se de que a separação das vendas e das aquisições no tempo e no espaço constitui a base para o ataque de Marx à Lei de Say (ver capítulo 3). Nós agora encontramos circunstâncias em que as separações no espaço e no tempo são necessariamente muito atenuadas. Na medida em que a complementaridade entre os diferentes processos de circulação é mais difícil de assegurar, as possibilidades para a formação de crise proliferam. Aqui buscamos uma base puramente técnica que facilite o entendimento dos aspectos espaciais para a formação de crise.

Como vimos no capítulo 3, a desvalorização é uma faceta normal da circulação. As perdas que não podem ser totalmente recuperadas mediante uma retomada da circulação do capital são o que realmente nos preocupa. Certamente, inúmeras desvalorizações "acidentais" e individuais ocorrem simplesmente porque as formas e as quantidades exigidas de capital e força de trabalho não estão exatamente no lugar certo no momento certo. Cálculo equivocado, falta de visão, informações

---

[48] O estudo de Brinley Thomas, *Migration and Economic Growth* (Londres, Cambridge University Press, 1973), sobre a economia do Atlântico no século XIX descreve bem o fenômeno, assim como o estudo de Richard Walker, *The Suburban Solution: Urban Reform and Urban Geography in the Capitalist Development of the United States,* tese de doutorado, Baltimore, The Johns Hopkins University, 1977, sobre a suburbanização.

precárias, sistemas de transporte inconfiáveis etc. estão caracteristicamente por trás dessas desvalorizações. Elas não são necessariamente parte de algum processo social maior dentro da lógica do capitalismo, mas são parte do custo normal de se realizar negócios, de explorar novas configurações e definir novas oportunidades geográficas. Entretanto, o esforço para minimizar esses riscos não é irrelevante em seus efeitos. A aglomeração, as melhorias no transporte e outros tipos de organização geográfica podem reduzir muito esses custos normais.

As tensões associadas com perspectivas de desvalorizações até menores estimulam fortes correntes competitivas que podem se propagar ocasionalmente em conflitos de facções. Antagonismos podem ser gerados quando os diferentes tipos de capital são de donos diferentes. Os capitalistas monetários podem estar em desacordo com os comerciantes, e ambos podem entrar em conflito com os produtores, enquanto aqueles que apostam na preservação dos valores investidos em infraestruturas físicas e sociais são ameaçados pelo movimento fluido do dinheiro de crédito, da reestruturação dos setores e outros. A mobilidade do capital de um tipo pode constituir uma ameaça ao valor do capital de outro tipo. E quando explodem crises gerais de desvalorização, a luta de cada facção para impingir à outra os custos da desvalorização com frequência significa a invocação de ameaças ao movimento, se não movimentos reais. A importância social da análise de Marx das diferenciações na unidade geral da circulação do capital torna-se agora mais aparente. Ela prepara o terreno para a dissecação das contradições e também das complementaridades entre os diferentes tipos de mobilidade. Vamos considerar no capítulo 13 como tudo isso pode se cristalizar em rivalidades interterritoriais.

A ameaça e a contra-ameaça do movimento também se torna uma importante arma na guerra entre o capital e o trabalho. Dificilmente precisamos elaborar sobre a variedade de táticas e métodos empregados – eles já foram parcialmente reveladas. Mas há algo interessante a ser notado sobre os resultados. Se os trabalhadores se engajarem em uma migração individual ilimitada dentro dos confins do sistema de trabalho assalariado, o melhor que podem esperar conseguir é a equalização nos padrões de vida e nas condições de trabalho de um lugar para outro, em um nível médio consistente com a perpetuação da acumulação. Se eles permanecerem no lugar e lutarem coletivamente podem fazer melhor que isso dentro desse território. Nem sempre é fácil para o capital se mover em resposta. Embora a mobilidade do crédito e a reestruturação dos setores sejam armas formidáveis, elas nem sempre podem ser empregadas sem destruir os valores que outras facções do capital incorporaram em infraestruturas físicas e sociais.

Contudo, a mobilidade irrestrita por parte do capital não produz os mesmos resultados que a mobilidade irrestrita dos trabalhadores. Os capitalistas são sensíveis ao valor da força de trabalho e à produtividade de mais-valor (representado pelas taxas de lucro). A equalização das taxas de lucro não produz necessariamente uma equalização nos padrões de vida materiais e nas condições de trabalho para os trabalhadores. Na verdade, os capitalistas se preparam para ganhar, como regra geral, caso os diferenciais no valor da força de trabalho e nas condições de trabalho sejam mantidos. A mobilidade irrestrita do capital é, portanto, mais apropriada para a acumulação do que a mobilidade irrestrita do trabalho – que pode ser responsável pela tendência no século XX para restringir a mobilidade da força de trabalho em relação àquela do capital.

A ideia de unidade e contradição dentro da produção e realização dos valores é fundamental para a dissecação de Marx das crises na circulação do capital. Vimos, neste capítulo, como essa ideia se transfere para a análise das interseções entre formas extremamente diferenciadas de mobilidade geográfica. Dentro dessa estrutura podemos entender melhor como diferentes facções do capital podem tão frequentemente barrar o caminho umas das outras quanto complementar umas às outras na busca de uma ordem espacial mais lucrativa, como o capital e o trabalho podem usar o espaço como uma arma na luta de classes. Tudo isso deixa sua marca no crescimento das forças produtivas e na evolução das relações sociais dentro da geografia concreta da história do capitalismo. Por isso, é da materialidade dessa geografia que devem surgir as forças que contribuem para as crises.

13. Crise na economia espacial do capitalismo: a dialética do imperialismo

O último capítulo do primeiro livro d'*O capital* trata de "A moderna teoria da colonização". À primeira vista, sua colocação é um tanto estranha. Durante a maior parte do livro, Marx exclui explicitamente questões do comércio internacional e colonial porque servem apenas "para confundir sem contribuir com qualquer elemento novo para o problema [da acumulação] ou para sua solução". Ele em geral teoriza sobre o capitalismo como um sistema econômico "fechado"[1]. Então, por que abordar essas questões no final de uma obra que parecia atingir sua culminação natural no capítulo anterior, em que Marx anuncia, com um grande floreado retórico, a morte da propriedade privada capitalista e a inevitável "expropriação de alguns usurpadores pela massa das pessoas"?

O propósito de Marx no capítulo é expor as contradições no relato burguês da "acumulação primitiva" e desse modo reafirmar a coerência da sua própria análise. Segundo os relatos burgueses, o capital teve suas origens historicamente no exercício proveitoso da capacidade do próprio produtor para o trabalho, enquanto a força de trabalho se originou como um contrato social, livremente acordado, entre aqueles que acumulavam riqueza mediante a diligência e a frugalidade e aqueles que optavam por não fazê-lo. "Essa bela fantasia", como Marx a chama, "se faz em pedaços" nas colônias. Lá os ideólogos burgueses são obrigados a descobrir "a verdade em relação às condições da produção na metrópole". Enquanto o trabalhador "pode acumular para si mesmo – o que ele pode fazer na medida em que permanece como proprietário de seus meios de produção –, a acumulação capitalista e o modo capitalista de produção são impossíveis". O capital não é um produto físico,

---

[1] Karl Marx, *O capital*, Livro I, cit., p. 591, e Livro II, p. 470.

mas uma relação social que se baseia no "aniquilamento da propriedade privada fundada no trabalho próprio, isto é, a expropriação do trabalhador"[2].

O capítulo é uma conclusão perfeita para o tema abordado anteriormente: aquela acumulação original era apenas "idílica" e foi "gravada nos anais da humanidade com traços de sangue e fogo"[3]. O fato de a burguesia chegar ao poder e preservar o seu poder mediante a apropriação do trabalho de outros também legitima convenientemente a luta da massa das pessoas para virar as mesas e "expropriar os expropriadores". Mas a colocação do capítulo sugere que Marx tinha algo mais amplo em mente.

Um indício da intenção de Marx talvez esteja em um curioso paralelo entre sua apresentação e uma problemática identificada nos *Princípios da Filosofia do Direito* de Hegel[4]. Hegel examina a expansão interna da população e da indústria dentro da sociedade civil e, como Marx, identifica uma "dialética interna" que produz uma acumulação crescente da riqueza em um polo e uma acumulação crescente da miséria no outro. A sociedade burguesa parece incapaz de deter essa polarização crescente e sua concomitante criação de uma multidão miserável mediante qualquer transformação *interna* de si mesma. Por isso ela é obrigada a buscar alívio *externo*. "Essa dialética interna da sociedade civil então a conduz [...] a empurrar seus próprios limites e buscar mercados, e assim seus meios de subsistência necessários, em outras terras que, ou são deficientes nos produtos que ela superproduzia, ou em geral atrasadas na indústria." Mais particularmente, uma sociedade civil "madura" é levada a encontrar colônias para suprir sua população com novas oportunidades e para suprir "a si mesma com uma nova demanda e campo para a indústria". Hegel propõe, em resumo, soluções imperialistas e coloniais para as contradições internas de uma sociedade civil fundamentada na acumulação do capital.

De uma maneira um tanto não característica, Hegel deixa em aberto a relação exata entre os processos de transformação *interna* e *externa* e falha em indicar se a sociedade civil pode ou não resolver permanentemente seus problemas internos mediante a expansão espacial[5]. Intencional ou não, é dessa questão aberta que vai tratar esse capítulo de Marx sobre a colonização. A "transformação externa" só pode suprir novos mercados e campos para a indústria à custa de recriar as relações

---

[2] Ibidem, Livro I, cap. 25.
[3] Ibidem, p. 787.
[4] G. W. F. Hegel, *Philosophy of Right* (Oxford, Oxford University Press, 1967), p. 149-52.
[5] Shlomo Avineri (*Hegel's Theory of the Modern State*, Londres, Cambridge University Press, 1972, cap. 7) resume o argumento geral, enquanto Albert Hirschman ("On Hegel, Imperialism, and Structural Stagnation", *Journal of Development Economics*, 1976 [ed. bras.: "Sobre Hegel, imperialismo e estagnação estrutural, em *Almanaque*, Brasiliense, n. 9, 1979]) justapõe uma interpretação do argumento de Hegel a uma interpretação um tanto impertinente de Marx.

capitalistas da propriedade privada e uma capacidade para se apropriar do trabalho excedente de outras pessoas. As condições que inicialmente deram origem aos problemas são simplesmente de novo replicadas. Marx chega à mesma conclusão com respeito à expansão do comércio internacional. Seu aumento simplesmente "transfere as contradições para uma esfera mais ampla e lhes proporciona maior latitude"[6]. Em longo prazo não há solução *externa* para as contradições internas do capitalismo. A única solução é uma "transformação interna", que obrigatoriamente prive a sociedade da acumulação pela acumulação e procure mobilizar as capacidades naturais e humanas na busca da liberdade que só se inicia quando "o reino da necessidade" é deixado para trás[7].

Dada a inclinação de Marx para lutar com o fantasma de Hegel, é difícil acreditar que ele não tivesse nada disso em mente ao concluir assim sua mais importante obra publicada[8]. Mas o capítulo não resolve inteiramente a questão. Ele simplesmente afirma que as "transformações internas" envolvem primeiro a subjugação formal, depois a subjugação real do trabalho ao capital para onde quer que o capital se mova. O limite externo a esse processo está no ponto em que toda pessoa em todo canto do mundo fica espremida dentro da órbita do capital. Até que esse limite seja alcançado, as resoluções "externas" para as contradições internas do capitalismo parecem inteiramente factíveis. Marx chega próximo a admitir isso em suas breves observações sobre o papel do comércio internacional na neutralização da suposta lei dos lucros decrescentes. O comércio internacional (e a exportação de capital) pode certamente aumentar a taxa de lucro de várias maneiras. Mas, na medida em que isso significa "uma expansão da escala de produção" em casa, o que por sua vez "apressa o processo da acumulação", só termina exacerbando esses processos que dão origem em primeiro lugar à queda na taxa de juros. O que parece uma solução se transforma em seu oposto no longo prazo. Entretanto, Marx também é obrigado a concluir que a lei dos lucros decrescente "atua apenas como uma tendência", e que "só sob determinadas circunstâncias e só depois de longos períodos seus efeitos se tornam extremamente pronunciados"[9]. Então, quais são as "circunstâncias" e quão longo é esse prazo? O capítulo final de Marx, evidentemente destinado a ser uma sutil resposta a Hegel, termina colocando a questão outra vez.

---

[6] Karl Marx, *Capital*, Livro II, cit., p. 408.
[7] Ibidem, Livro III, p. 820.
[8] Quando Marx declarou em um dos comentários finais a *O capital* (Livro I, p. 91) que havia chegado a um acordo com Hegel "há quase trinta anos", o que ele tinha em mente era a sua *Crítica à Filosofia do Direito de Hegel*. A "Introdução" de O'Malley a esta última obra é muito útil. Ele declara que a leitura de Marx dos *Princípios da Filosofia do Direito* de Hegel acompanhou Marx em grande parte da sua vida intelectual subsequente.
[9] Karl Marx, *Capital*, Livro III, cit., p. 237-9.

O papel do imperialismo e do colonialismo, da expansão geográfica e da dominação territorial, na estabilização geral do capitalismo não está resolvido na teoria marxiana. Na verdade, ele continua sendo objeto de intensa controvérsia e com frequência de debates amargos[10]. Uma resposta abrangente e irrefutável ao problema que Hegel colocou tão claramente muitos anos atrás ainda tem de ser construída. Será que existe um "conserto espacial" para os problemas do capital? Se não existe, que papel desempenha a geografia nos processos de formação e resolução da crise?

I. DESENVOLVIMENTO GEOGRÁFICO DESIGUAL

O capitalismo não se desenvolve sobre uma superfície plana dotada de matérias-primas abundantes e oferta de trabalho homogênea com igual facilidade de transporte em todas as direções. Ele está inserido, cresce e se difunde em um ambiente geográfico variado que abarca grande diversidade na liberalidade da natureza e na produtividade do trabalho, que "não é uma dádiva da natureza, mas o resultado de uma história que compreende milhares de séculos"[11]. As forças liberadas sob o ataque do capitalismo corroem, dissolvem e transformam grande parte da economia e da cultura pré-capitalistas. As trocas de mercadoria e de dinheiro, a formação do trabalho assalariado por meio da acumulação primitiva, migrações maciças de mão de obra, a ascensão de uma forma distintamente capitalista do processo de trabalho e, finalmente, o movimento integrado da circulação do capital como um todo, conduzem "além tanto das fronteiras e dos preconceitos nacionais quanto da divinização da natureza, bem como da satisfação tradicional das necessidades correntes, complacentemente circunscrita a certos limites, e da reprodução do modo de vida anterior". O capitalismo "é destrutivo disso tudo e revoluciona constantemente, derruba todas as barreiras que impedem o desenvolvimento das forças produtivas, a ampliação das necessidades, a diversidade da produção e a exploração e a troca das forças naturais e espirituais"[12].

Mas o capitalismo também "encontra barreiras dentro da sua própria natureza", que o obriga a produzir novas formas de diferenciação geográfica. As diferentes formas de mobilidade geográfica descritas no capítulo 12 interagem no contexto da

---

[10] A literatura sobre o imperialismo é imensa. Para levantamentos, ver Michael Barratt-Brown, *The Economics of Imperialism* (Harmondsworth, Penguin Books, 1974), Tom Kemp, *Theories of Imperialism* (Londres, Dobson, 1967), e Samir Amin, *Class and Nation, Historically and in the Current Crisis* (Nova York, Monthly Review Press, 1980).

[11] Karl Marx, *O capital*, Livro I, cit., p. 581.

[12] Idem, *Grundrisse*, cit., p. 334.

acumulação e assim constroem, fragmentam e criam configurações espaciais na distribuição das forças produtivas e geram diferenciações similares nas relações sociais, nos arranjos institucionais e assim por diante. Assim, o capitalismo com frequência apoia a criação de novas distinções em velhos modos. Os preconceitos, as culturas e as instituições pré-capitalistas só são revolucionados no sentido de lhes serem dadas novas funções e significados, em vez de destruí-los. Isso é tão verdadeiro em relação a preconceitos como racismo, sexismo e tribalismo, quanto o é em relação a instituições como a igreja e a lei. As diferenciações geográficas então com frequência parecem ser o que elas realmente não são: meros residuais históricos em vez de aspectos ativamente reconstituídos dentro do modo de produção capitalista.

Portanto, é importante reconhecer que a coerência territorial e regional, pelo menos parcialmente discernível dentro do capitalismo, é ativamente produzida em vez de passivamente recebida como uma concessão à "natureza" ou à "história". A coerência, como ela é, surge da conversão das restrições temporais para espaciais à acumulação. O mais-valor deve ser produzido e realizado dentro de um determinado período de tempo. Se é necessário tempo para superar o espaço, o mais-valor deve também ser produzido e realizado dentro de um determinado domínio geográfico.

Siga essa ideia por um momento e a base para o desenvolvimento geográfico desigual no capitalismo torna-se mais prontamente aparente. Para o mais-valor ser produzido e realizado dentro de uma região "fechada", a tecnologia da produção, as estruturas de distribuição, os modos e formas de consumo, o valor, as quantidades e qualidades da força de trabalho, assim como todas as infraestruturas físicas e sociais necessárias, devem todos ser consistentes um em relação ao outro dentro dessa região. Para uma base estável para a acumulação ser mantida, cada mudança no processo de trabalho teria de ser correspondida por mudanças na distribuição, no consumo etc.[13] Cada região tenderia a desenvolver uma lei de valor para si mesma, associada a padrões de vida materiais particulares, formas de processo de trabalho, arranjos institucionais e infraestruturais etc.

Tal processo de desenvolvimento é totalmente inconsistente com o universalismo ao qual o capitalismo sempre aspira. As fronteiras regionais são invariavelmente indistintas e sujeitas a eternas modificações porque as distâncias relativas se alteram com as melhorias no transporte e nas comunicações. Mas as economias regionais nunca são fechadas. A tentação por parte dos capitalistas de se engajarem no comércio inter-regional para alavancar os lucros derivados de trocas desiguais e colocar ca-

---

[13] Essa ideia está fortemente presente na obra de Philippe Aydalot, *Dynamique spatiale et développement inégal*, cit.

pitais excedentes onde a taxa de lucro é mais alta é, em longo prazo, irresistível. E os trabalhadores certamente serão tentados a se mover para onde os padrões de vida materiais são mais elevados. Além de a tendência para a superacumulação e para a ameaça de desvalorização obrigar os capitalistas que estão dentro de uma região a estender suas fronteiras ou simplesmente mover seu capital para pastos mais verdes.

O resultado disso é que o desenvolvimento da economia de espaço do capitalismo está cercado de tendências contrapostas e contraditórias. As barreiras espaciais e as distinções regionais precisam ser derrubadas. Mas os meios para atingir esse objetivo envolvem a produção de novas diferenciações geográficas que criam novas barreiras espaciais a serem superadas. A organização geográfica do capitalismo internaliza as contradições dentro da forma de valor. É isso que quer dizer o conceito do inevitável desenvolvimento desigual do capitalismo.

II. CONCENTRAÇÃO E DISPERSÃO GEOGRÁFICAS

O desenvolvimento geográfico desigual é parcialmente expresso em termos de uma oposição entre forças contrárias que contribuem para a concentração ou dispersão geográficas na circulação do capital. As considerações de Marx sobre esse ponto, embora fragmentárias, são interessantes. Por exemplo, n'*O capital* ele está principalmente preocupado em explicar a incrível concentração das forças produtivas nos centros urbanos e nas mudanças correlacionadas nas relações sociais da produção e da vida. Ele percebe os efeitos da interação que conduzem à rápida aglomeração da produção dentro das cidades, que se tornaram, na verdade, oficinas coletivas da produção capitalista[14]. Ele também mostra como as forças que contribuem para a aglomeração podem ser cumulativamente construídas uma sobre a outra, atraindo novos investimentos no transporte e nas indústrias de bens de consumo para lugares já estabelecidos[15]. Tudo isso requer uma crescente concentração e expansão do proletariado em grandes centros urbanos, o que significa ou mudanças radicais nas condições da reprodução da força de trabalho dentro dos centros urbanos ou "absorção contínua de elementos vitais naturais-espontâneos do campo"[16]. A emergência de um exército industrial de reserva "flutuante" nos principais centros urbanos é, além disso, uma condição necessária para a acumulação sustentada. O acúmulo de trabalhadores no meio de uma "acumulação de miséria, trabalho árduo, escravidão, ignorância, brutalidade, degradação", todos exacerba-

---

[14] Karl Marx, *O capital*, Livro I, cit.; *Grundrisse*, cit., cap. 1.
[15] Ibidem, Livro II, p. 250-1.
[16] Ibidem, Livro I, p. 341.

dos por várias formas secundárias da exploração (como o aluguel da moradia), torna-se a marca registrada da forma de industrialismo capitalista. A acumulação do capital e a acumulação da miséria andam juntas, concentradas no espaço.

Essas tendências para a aglomeração obviamente encontram limites tanto físicos quanto sociais. Os custos de congestionamento, a rigidez crescente no uso das infraestruturas físicas, o aumento dos aluguéis e a absoluta falta de espaço superam em muito as economias de aglomeração. As concentrações de miséria formam um campo propício para a geração de consciência de classe e agitação social. A dispersão espacial começa a parecer cada vez mais atrativa.

Invocamos aqui todas aquelas forças que estão em ação no capitalismo e que tendem a produzir "uma esfera de circulação em constante ampliação" para integrar o mundo em um sistema único caracterizado por uma divisão territorial internacional do trabalho. A mobilidade do dinheiro de crédito e a tendência para eliminar as barreiras espaciais tornam-se a chave para o entendimento da dispersão rápida da circulação do capital na face da terra. As perspectivas de altos lucros seduzem os capitalistas para buscarem e explorarem em todas as direções[17]. A acumulação espalha a sua rede no mundo em círculos sempre mais amplos, finalmente captando tudo e todos dentro do processo de circulação do capital.

Mas a dispersão também encontra restrições limitantes poderosas. As grandes quantidades de capital incorporadas na própria terra, as infraestruturas sociais que desempenham um papel tão importante na reprodução do capital e da força de trabalho e as restrições à mobilidade do capital vinculadas a processos de trabalho concretos tendem a manter o capital no lugar. E a provisão de infraestruturas físicas e sociais caras é extremamente sensível às economias de escala mediante a concentração.

Tendências opostas para a concentração e dispersão geográfica correm uma contra a outra. E não há garantia de um equilíbrio estável entre elas. As forças que contribuem para a aglomeração podem facilmente ser construídas cumulativamente uma sobre a outra e produzir uma concentração excessiva desfavorável a mais acumulação. As forças que contribuem para a dispersão também podem facilmente ficar fora do alcance. E as revoluções na tecnologia, nos meios de comunicação e no transporte, na centralização e descentralização do capital (incluindo o grau de integração vertical), em arranjos monetários e de crédito, em infraestruturas sociais e físicas, afetam materialmente o equilíbrio das forças em ação. Desse modo, o capital é impelido para fases às vezes simultâneas e às vezes sucessivas de aprofundamento e ampliação nas configurações espaciais das forças produtivas e das relações sociais.

---

[17] Ibidem, Livro III, p. 256.

É mediante essa teorização que nós podemos entender melhor o desenvolvimento acelerado das forças produtivas em um local e o seu retardo em outro, a rápida transformação das relações sociais aqui e sua relativa rigidez ali. Fenômenos como a urbanização e o desenvolvimento regional e internacional encontram seu local natural dentro do esquema de coisas marxiano[18]. Mas eles são entendidos mais em termos de oposições do que simplesmente de maneira unilateral. Os antagonismos entre a cidade e o campo, entre o centro e a periferia, entre o desenvolvimento e o desenvolvimento do subdesenvolvimento não são impostos acidental ou exogenamente. Eles são o produto coerente de diversas forças interligadas operando dentro da unidade geral do processo de circulação do capital.

III. A REGIONALIZAÇÃO DA LUTA DE CLASSES E ENTRE FACÇÕES

É inegável que a luta de classes e o conflito entre facções assumem um aspecto espacial, muitas vezes territorial, no capitalismo. Fenômenos desse tipo são com frequência explicados como o produto de sentimentos humanos profundamente arraigados – lealdades ao local, à "terra", à comunidade e à nação que geram orgulho cívico, regionalismo, nacionalismo etc. – ou de antipatias também profundamente arraigadas entre grupos humanos baseadas na raça, na língua, na religião, na nacionalidade etc. Mas a análise precedente nos permite explicar a regionalização da luta de classes e entre facções independentemente desses sentimentos. Não pretendo sugerir com isso que os sentimentos humanos não desempenham um papel no conflito inter-regional, ou que os conflitos não possam surgir autonomamente nessas bases; quero simplesmente declarar que existe uma base material, dentro do próprio processo de circulação do capital, para as manifestações inter-regionais de luta de classes e entre facções[19].

---

[18] Ver Michael Dear e Allen Scott, *Urbanization and Urban Planning in Capitalist Society*, cit.; John Carney, Ray Hudson e Jim Lewis, *Regions in Crisis*, cit.

[19] A questão de como as burguesias nacional, regional e local se formam e agem nunca foi claramente analisada a partir de uma perspectiva marxista, exceto de um ponto de vista puramente político e estratégico dentro de alguma concepção geral de luta de classes. A questão é profunda e repleta de controvérsias. Contribuições recentes de Tom Nairn (*The Break-up of Britain: Crisis and Neo-Nationalism*, Londres, NLB, 1977), Horace Davis (*Toward a Marxist Theory of Nationalism*, Nova York, Monthly Review Press, 1978) e Samir Amin (*Class and Nation, Historically and in the Current Crisis*, cit.) têm abordado a questão de modo mais amplo e provocado críticas vigorosas. Não pretendo identificar uma resposta plena ao problema colocado. Quero simplesmente revelar a base material dentro da lógica da acumulação para alguns tipos de faccionalização ao longo de linhas regionais.

A base se apoia nessa condição conflitante que surge porque uma parte do capital social total tem de ser imobilizado para proporcionar ao capital restante maior flexibilidade de movimento. O valor do capital, uma vez que ele está encerrado dentro de infraestruturas físicas e sociais imóveis, tem de ser defendido para não ser desvalorizado. No mínimo, isso significa garantir o trabalho futuro que esses investimentos antecipam, confinando o processo de circulação do capital restante dentro de um determinado território durante certo tempo.

Algumas facções do capital estão mais comprometidas do que outras com o investimento imóvel. Proprietários de terra e bens imóveis, empresários e construtores, o Estado local e aqueles que detêm dívida hipotecária têm tudo a ganhar com a criação de uma aliança local para proteger e promover os interesses locais e para impedir a ameaça da desvalorização específica do local. O capital de produção que não pode se mover facilmente pode apoiar a aliança e ser tentado a comprar a paz e as habilidades da força de trabalho local mediante compromissos relacionados aos salários e às condições de trabalho – desse modo ganhando os benefícios da cooperação da força de trabalho e uma demanda efetiva crescente de bens salariais nos mercados locais. Facções de trabalho que têm, mediante a luta ou por acidente histórico, conseguido criar nichos de privilégio dentro de um mar de exploração podem também correr para a causa da aliança. Além disso, se um compromisso entre o capital e o trabalho é útil para a acumulação local, então a burguesia como um todo pode apoiá-lo. A base é lançada para a ascensão de uma aliança de base territorial entre várias facções do capital, o Estado local e até todas as classes, em defesa dos processos de reprodução social (tanto a acumulação quanto a reprodução da força de trabalho) dentro de um território particular. Deve ser enfatizado que a base para a aliança se assenta na necessidade de imobilizar uma parte do capital para dar ao restante liberdade para se movimentar.

A aliança tipicamente se coloca no registro do ufanismo comunitário e da luta pela solidariedade comunitária ou nacional como meios de defender os vários interesses faccionais e de classe. A competição espacial entre localidades, cidades, regiões e nações assume um novo significado quando cada aliança procura captar e reter os benefícios que obteve dos fluxos do capital e da força de trabalho entre os territórios sob seu controle efetivo. E em ocasiões de crise mais geral, lutas amargas explodem sobre que local deve suportar o peso maior da desvalorização que certamente deverá vir. Essas condições materiais e objetivas proporcionam estímulo abundante para noções de harmonia comunitária e solidariedade nacional. Essas noções são tão significativas para facções da força de trabalho quanto para facções do capital, e a busca de interesses de base territorial é com frequência conveniente para ambos. Desse modo, o capital pode esperar prevalecer mediante o compromisso com uma classe trabalhadora geograficamente fragmentada, mas, dessa forma, ele se divide e se enfraquece. A força de trabalho, por sua vez, pode melhorar sua posição local, mas à custa de abrir mão de demandas mais revolucionárias e de abrir divisões territoriais dentro de suas fileiras. A luta de classes global então se dissolve em vários conflitos de base territorial que apoiam, sustentam e em alguns casos até reconstituem todos os tipos de preconceitos locais e tradições incrustadas.

Entretanto, a estabilidade e a coerência de cada aliança de base territorial são ameaçadas por forças de destruição poderosas. Algumas facções do capital – os capitalistas monetários em particular – são mais suscetíveis à sedução de lucros altos, e o capital de produção dificilmente pode se permitir ignorar o mais-valor relativo a ser obtido por mudanças para lugares superiores. Facções do capital rompem com a aliança local e buscam retornos mais altos em outros lugares. E, embora o capital e o trabalho possam se aliar com respeito a algumas questões (como as barreiras tarifárias às importações baratas) e ao compromisso com outras, o antagonismo entre eles nunca desaparece. Na medida em que a luta de classes se agudiza, facções do capital podem ser crescentemente tentadas a fugir do território ou a revidar os ataques da força de trabalho organizada mediante meios como políticas de imigração abertas. A coerência da aliança local está sendo sempre desafiada, tanto interna quanto externamente.

Diferentes facções do capital e da força de trabalho têm interesses diversos dentro de um território, dependendo da natureza dos bens que eles possuem e dos privilégios que controlam. Algumas são parceiras mais sólidas do que outras em uma aliança local. Mas todas as facções percebem alguma sensação de tensão entre as virtudes do compromisso local e a tentação de se mudarem. Os proprietários de terra, por exemplo, podem parecer ser a espinha dorsal "natural" de qualquer aliança local em virtude do bem que possuem. Mas se a terra for tratada como um simples bem financeiro, então a ação especulativa das sociedades fundiárias pode ser tão perturbadora de uma aliança local quanto qualquer outra coisa. Na outra extremidade do espectro encontramos capitalistas monetários incomodados por dilemas similares, por mais que o bem que eles controlam seja altamente móvel. Se um banco poderoso detém a dívida hipotecária de grande parte do investimento infraestrutural dentro de um território, isso corrói a qualidade da sua própria dívida se ele desviar todo o capital monetário excedente e enviá-lo para uma área de taxa de juros mais elevada. Para realizar o valor da dívida que ele já detém, o banco pode ser obrigado a fazer investimentos adicionais dentro de um território a uma taxa de lucro mais baixa do que a que poderia ser conseguida em outro lugar. Os capitalistas engajados na produção também têm uma escolha. Eles podem melhorar sua posição competitiva apoiando a melhoria infraestrutural local mediante a participação em uma aliança local ou podem se mudar para outro local onde se sabe que as condições são melhores. Podem também usar a ameaça de uma mudança para concessões chantagistas (isenções fiscais, por exemplo) de parceiros mais vulneráveis. E a força de trabalho também não está imune a essas pressões. Ela pode evitar pressionar suas demandas em direções revolucionárias por medo de estimular a fuga de capital, o que vai solapar os privilégios que ela já conseguiu.

Mas isso não faz com que a luta de classes e a luta entre facções sejam abolidas. Elas simplesmente assumem um aspecto territorial que opera conjuntamente com outras formas de luta. Exatamente da mesma maneira que a busca por mais-valor relativo invoca a tecnologia e o lugar conjuntamente, as lutas de classes e entre facções necessariamente se desenvolvem no tempo e no espaço. A geografia histórica do capitalismo é um processo social que se baseia na evolução das forças produtivas e das relações sociais que existem como configurações espaciais particulares. Forças contrárias estão em ação, colocando a mobilidade espacial do capital e da força de trabalho em uma geografia repleta de tensões e propensa a contradições. Os conflitos de base territorial tornam-se então parte dos meios pelos quais a luta de classes em torno de uma acumulação e suas contradições buscam novas bases – ou alternativas – para a acumulação. Essas novas bases simultaneamente abraçam a criação de novas configurações e novos processos de trabalho. As alianças territoriais e os conflitos interterritoriais devem ser construídos como momentos ativos, em vez de aberrações, dentro da história geral da luta de classes.

IV. ARRANJOS HIERÁRQUICOS E A INTERNACIONALIZAÇÃO DO CAPITAL

As tensões entre a fixidez e o movimento na circulação do capital, entre a concentração e a dispersão, entre os compromissos locais e os interesses globais, impõem imensa pressão sobre as capacidades organizacionais do capitalismo. Em consequência disso, a história do capitalismo tem sido marcada por exploração e modificação contínuas que podem aliviar e conter essas tensões. O resultado tem sido a criação de estruturas de organização hierárquicas aninhadas que podem vincular o local e o particular com a conquista de mão de obra abstrata no cenário mundial. As crises são articuladas e as lutas de classes e entre facções se desenvolvem dentro dessas formas organizacionais, enquanto as próprias formas com frequência requerem uma transformação dramática diante das crises de acumulação.

Já encontramos um exemplo dessa estrutura hierárquica aninhada. Mostramos no capítulo 9 que uma hierarquia de dinheiros de diferentes qualidades é necessária para que a acumulação proceda. Somente dessa maneira a necessidade local de meio de circulação pode ser relacionada ao equivalente universal como uma medida de valor. Eventos locais e particulares, como a criação de dinheiro mediante uma transação de crédito em um determinado espaço e tempo, podem ser integrados em arranjos monetários mundiais através da hierarquia das instituições dentro do sistema monetário. Também declaramos que existem contradições dentro desse sistema hierárquico, e que o que acontece em um nível não é necessariamente consistente com o que deve acontecer em outro. A expressão fundamental da crise, por exemplo, é como uma contradição entre o sistema financeiro e sua base monetária. A preservação da qualidade do dinheiro como uma medida de valor é uma tarefa que cai no terreno daquelas instituições internacionais que ocupam os altos comandos da hierarquia. Por isso as crises se manifestam invariavelmente como conflitos entre vários níveis dentro dessa hierarquia de arranjos monetários.

Há uma abundância de outras formas de organização que exibem tensões similares dentro de si mesmas. As firmas multinacionais, por exemplo, têm uma perspectiva global, mas têm de se integrar com as circunstâncias em vários locais[20]. Elas podem se basear intensamente nos padrões de subcontratação locais e, por isso, podem apoiar, em grau limitado, uma aliança territorial. A centralização do capital dentro de sua organização é invariavelmente acompanhada por descentralização espacial (ver capítulo 5), e isso significa algum grau de compromisso e responsabilidade locais, com a capacidade para produzir sendo acompanhada de grande parte de poder local, por meio de ameaças diretas ou indiretas. A integração local das empresas multinacionais toma a decisão de ficar quieta em seu lugar ou perto de uma subsidiária em um local particular difícil. E, dentro da hierarquia da firma multinacional, o que faz sentido em um nível não faz necessariamente sentido em outro. Os mesmos dilemas são enfrentados pelo capital mercantil multinacional. As estratégias globais superam a tensão entre o compromisso local e a luta para se apropriar de mais-valor onde quer que ele esteja. Embora sempre pareça que o poder está no topo dessas estruturas hierárquicas, é sempre a produção em locais particulares a fonte fundamental desse poder. As firmas multinacionais internalizam as tensões entre a fixidez e o movimento, entre o compromisso local e os interesses globais. Sua única vantagem é que elas conseguem organizar sua ocupação do espaço e a história da sua própria geografia segundo um plano consciente. O único problema é que esses planos são concebidos em um ambiente de acumulação atormentado por incertezas e repleto de contradições.

O sistema político é organizado ao longo de linhas hierárquicas similares por razões similares[21]. Enquanto os Estados-nação ocupam uma posição fundamental

---

[20] Hugo Radice, *International Firms and Modern Imperialism*, cit.; Christian Palloix, *Les firmes multinationales et le procès d'internationalisation*, cit., e *L'internationalisation du capital*, cit.

[21] A discussão de Renaud Dulong (*Les régions, l'État et la société locale*, cit.) da organização do poder regional na França é muito interessante.

nessa hierarquia, as organizações supranacionais refletem a necessidade de coordenações globais, e arranjos governamentais regionais, municipais e comunitários vinculam os interesses universais com aqueles puramente locais. Há um excesso de conflito entre os níveis dentro dessa estrutura hierárquica, que zomba de qualquer teoria do Estado como sendo um fenômeno unitário e monolítico. E embora grande parte do poder possa estar localizado no nível nacional, o problema de integrar as exigências locais com as globais continua sendo sempre um problema complicado para qualquer administração. O conflito se torna particularmente agudo para qualquer nação que aspire ao papel de banqueiro mundial. Deve ela, em nome das perspectivas globais de acumulação, ter acesso a – e até mesmo orquestrar – a destruição de algumas economias locais dentro de suas fronteiras? Ou deve procurar protegê-las e buscar políticas paroquiais e até isolacionistas que acabam resultando em poder absoluto e no fim dos padrões de acumulação globais abertos?

As várias estruturas hierarquicamente organizadas nas esferas das finanças, da produção, do Estado etc., com as hierarquias urbanas estruturadas para assegurar que o movimento eficiente das mercadorias, se unem atabalhoadamente umas com as outras para definir várias escalas – local, regional, nacional e internacional (para usar as categorias comuns que refletem em linhas gerais o que queremos dizer). As alianças de base territorial podem se formar em qualquer uma dessas escalas. Mas a natureza e a política da aliança tendem a se alterar, às vezes muito dramaticamente, de uma escala para a outra. Os padrões da luta de classes e da luta entre facções e os da competição interterritorial também se modificam. Questões que parecem fundamentais em uma escala desaparecem inteiramente da vista em outra; facções que são participantes ativas em uma escala podem desaparecer do cenário ou até mudar para outro. Entre o particular e o universal há toda uma confusão de arranjos organizacionais desordenados que mediam a dinâmica do fluxo do capital dentro da economia de espaço do capitalismo e proporcionam múltiplos e diversos fóruns em que a luta de classes e a luta entre facções podem se desenvolver.

A complexidade desordenada desses arranjos com frequência obscurece sua importância como dispositivos de transmissão que relacionam a ação concreta particular com os efeitos do trabalho abstrato e, desse modo, confirmam a economia política que integra o individual dentro da totalidade complexa da sociedade civil. Por exemplo, quando os trabalhadores compram uma casa em um determinado local e tempo, eles podem fazê-lo mediante um arranjo de hipoteca sancionado pelas tradições do contrato, apoiado pelas políticas do governo e promovido pela ideologia burguesa. Seus pagamentos mensais ao banco refletem um tempo de amortização e uma taxa de juros indicativa das condições globais da acumulação, mediadas pela força e pela segurança de determinadas instituições dentro do sistema financeiro e pela força da economia nacional em relação ao comércio internacional.

Todas essas mediações são captadas e reduzidas, na análise final, a um pagamento mensal ao banco (ou a uma instituição financeira paralela). Na outra extremidade, quando os banqueiros internacionais lutam para proporcionar estabilidade a uma economia mundial que parece estar à beira do caos, eles o fazem no contexto de uma miríade de decisões individuais e da interseção caótica de lutas interterritoriais, de alianças de classe e entre facções etc. Percebendo sua impotência, eles podem começar a criar instituições, como o Fundo Monetário Internacional, que têm o poder de disciplinar e seduzir os Estados-nação e assim pressionar por meio de políticas que afetam a vida diária do indivíduo de maneiras vitais e às vezes traumáticas. Agora precisamos considerar como as mediações desse tipo afetam a formação e a resolução das crises dentro da economia de espaço do capitalismo.

V. O "TERCEIRO RECORTE" NA TEORIA DA CRISE: ASPECTOS GEOGRÁFICOS

Onde quer que estejam, os capitalistas se comportam como capitalistas. Eles buscam a expansão do valor por meio da exploração, sem levar em conta as consequências sociais. Eles superacumulam o capital e, no fim, criam as condições que conduzem à desvalorização dos capitais individuais e da força de trabalho durante a crise. Entretanto, isso acontece dentro de uma estrutura de desenvolvimento geográfico desigual produzido por mobilidades diferenciais de vários tipos de capital e força de trabalho, todos juntos dentro das restrições temporais impostas pelo processo de circulação do próprio capital. Essas mobilidades moldam os processos de trabalho concretos individualizados em uma "totalidade de diferentes modos de trabalho abarcando o mercado internacional", e assim definem o trabalho abstrato como valor.

Nossa tarefa é construir um "terceiro recorte" na teoria da formação da crise que reconheça especificamente as qualidades materiais do espaço social como estão definidas nas relações capitalistas de produção e troca. Lembre-se de que o "primeiro recorte" da teoria da crise trata da fonte básica das contradições internas do capitalismo. O "segundo recorte" da teoria examinou as dinâmicas temporais como estão moldadas e mediadas a partir de arranjos financeiros e monetários. O "terceiro recorte" da teoria, no qual estamos aqui interessados, tem de integrar a geografia do desenvolvimento desigual na teoria da crise. A tarefa não é fácil. Temos de lidar de algum modo com determinações múltiplas, simultâneas e conjuntas. A negociação entre o mais-valor relativo de vantagens de lugar ou tecnológicas, por exemplo, com frequência proporciona aos capitalistas uma latitude considerável no confronto com seus concorrentes. Essa ausência de determinações singulares dificulta a teorização. Por isso, a seguir empregaremos algumas suposições simplificadas e drásticas para dar conta da essência da formação da crise dentro da geografia de desenvolvimento desigual.

1. Desvalorização particular, individual e específica do local

Se ocorrer de o capital, da maneira que for, e a força de trabalho de qualquer tipo, não importa por que razão, não estarem no lugar certo no momento certo, provavelmente vão sofrer desvalorização. Milhares de movimentos especulativos tornam as coordenações apropriadas e exatas no tempo e no espaço uma questão de acaso, a menos que os poderes de planejamento consciente sejam exercidos via o sistema financeiro ou o Estado. No curso normal dos acontecimentos, alguns indivíduos vão sofrer desvalorização do seu capital ou força de trabalho, enquanto outros vão lucrar enormemente ou encontrar empregos bem remunerados. A miríade de desvalorizações resultantes, particulares e específicas do local, não tem de se unir em nenhum padrão mais grandioso. Elas são simplesmente parte do custo humano normal, do desgaste social, da acumulação mediante a competição.

Essa concepção tem uma importância dupla. Em primeiro lugar, a desvalorização é uma determinação social. Não se trata de um processo determinado de trabalho não poder absolutamente funcionar em um determinado lugar, mas de ele não gerar nem mesmo a taxa de lucro médio. As desvalorizações sempre fundem o particular e o individual (a mão de obra concreta) com o universal e o social (força de trabalho abstrata). E a desvalorização é *sempre* específica, de um local e tempo particulares. Em segundo lugar, formas de crise mais gerais se baseiam e surgem dessa confusão de eventos locais, particulares e individuais. Da mesma maneira que Marx abre a identidade pressuposta na Lei de Say para tantas *possibilidades* de crises (considerando a separação das vendas e compras no espaço e no tempo), também inúmeras desvalorizações particulares e específicas do local criam aberturas dentro de possibilidades mais gerais para as crises poderem se inflamar. Temos agora de mostrar como os ferimentos inflamados são convertidos em chagas abertas pelos processos sociais específicos do capitalismo.

Revoluções no valor são estimuladas pela busca por mais-valor relativo mediante a mudança tecnológica ou mudanças de lugar. O efeito disso é desvalorizar os capitais empregados em tecnologias inferiores ou em localizações inferiores. Esse processo é complicado porque o impulso para acelerar o tempo de giro mediante melhorias no transporte e nas comunicações altera os espaços relativos e assim transforma localizações superiores em inferiores e vice-versa. O movimento dos trabalhadores individuais na busca de padrões de vida materiais mais elevados e melhores condições de trabalho aumenta a confusão – a vantagem do capital de ter acesso a filões baratos de mão de obra excedente em alguns lugares pode ser gradualmente reduzida pela migração da força de trabalho. O efeito total disso é que as desvalorizações específicas do local se tornam mais que apenas uma questão aleatória e casual. A competição espacial conduz ao fechamento de uma fábrica aqui, à perda de uma conexão ferroviária ali. Perdas de empregos associadas e a diminuição da demanda efetiva local por bens salariais ou capital constante estimulam os ajustes dentro da economia de espaço, o que leva a mais desvalorizações. Estas são sistematizadas em certa configuração espacial mediante o poder racionalizador do conflito de classe e da competição sobre formas absolutas e relativas de mais-valor. Entretanto, a contínua reestruturação das configurações espaciais por meio de revoluções no valor deve mais uma vez ser vista como uma característica normal do desenvolvimento capitalista[22].

2. A FORMAÇÃO DA CRISE DENTRO DAS REGIÕES

A superacumulação se origina de contradições entre as forças produtivas e as relações sociais dentro do processo de circulação do capital. Essas contradições fraturam a unidade desejada entre a produção e a realização de mais-valor. A unidade só pode ser restaurada pelo uso da força durante as crises de desvalorização. No entanto, a produção e a realização têm de ser consumadas dentro de um determinado tempo de giro e nós anteriormente mostramos que isso se traduz, em certas condições, em produção e realização de mais-valor dentro dos confins de um espaço definido. O efeito agregado é difícil de descrever porque cada capital individual, operando a partir de um lugar particular, tem suas próprias condições específicas de produção, troca (incluindo transporte) e realização.

Para simplificar, vamos assumir inicialmente que toda a produção e a realização de capitais interdependentes ocorrem dentro de uma região fechada. A acumulação procede dentro dessa região em velocidades que dependem da expansão local do proletariado, da situação da luta de classes, do ritmo da inovação, do crescimento na demanda efetiva agregada etc. Mas como os capitalistas serão sempre capitalistas, a superacumulação está prestes a acontecer. A ameaça da desvalorização maciça é importante e a sociedade civil parece destinada a experimentar o estresse social, a perturbação e a inquietação que acompanham a impetuosa restauração das condições favoráveis à acumulação.

---

[22] Doreen Massey ("The U. K. Electrical Engineering and Electronics Industries: the Implications of the Crisis for the Restructuring of Capital and Locational Change", em M. Dear e A. Scott [orgs.], *Urbanization and Urban Planning in Capitalist Society*, cit.) explora essa ideia em profundidade com referência às indústrias de engenharia eletrônica e elétrica do Reino Unido.

Isso, é claro, é exatamente o tipo de "dialética interna" que obriga a sociedade a procurar alívio mediante algum tipo de "ajuste espacial". As fronteiras da região podem ser restabelecidas ou o alívio conseguido pelas exportações de capital monetário, mercadorias ou capacidades produtivas, ou pelas importações de forças de trabalho novas vindas de outras regiões. A tendência para a superacumulação dentro da região permanece incontrolada, mas a desvalorização é evitada por "transformações externas" sucessivas e ainda mais grandiosas. Esse processo pode provavelmente continuar até que todas as possibilidades externas estejam esgotadas ou que outras regiões resistam a serem tratadas como simples apêndices convenientes.

Mas assim que uma região abre suas fronteiras para os fluxos de capital e trabalho, as relações de valor dentro da região começam a refletir a "totalidade de diferentes modos de trabalho abarcando o mercado internacional". As revoluções do valor podem também ser impostas de fora da região. A posição competitiva da região como um todo pode ser corroída porque outras regiões passaram pelo desconforto e a tragédia da reestruturação interna do seu aparato produtivo, das relações sociais, dos arranjos distributivos e assim por diante. A região, longe de resolver seus problemas de superacumulação mediante a criação de relações externas, pode ser obrigada a experimentar uma desvalorização ainda mais selvagem devido à pressão externa. A competição inter-regional passa a ser a ordem do dia. E as forças relativas das diferentes alianças de base territorial tornam-se um fator importante.

As questões agora se tornam ainda mais confusas. A distinção entre as "transformações internas" e "externas" fica difícil de isolar. As "fronteiras" regionais, caso existam, ficam extremamente porosas aos movimentos do capital e do trabalho; as alianças locais ficam visivelmente abaladas com relação a certas questões; e as formas de organização hierárquica, operando em várias escalas, oferecem diferentes possibilidades de coordenação. O grau em que os problemas da superacumulação que surgem em um local podem ser aliviados por mais desenvolvimento ou desvalorização em outro local depende da interseção de todos os tipos de forças diversas e conflitantes.

Mas o resultado é que algumas regiões crescem enquanto outras declinam. Entretanto, isso não precisa pressagiar uma crise global do capitalismo. Os ritmos regionais diferentes da acumulação podem ser apenas frouxamente coordenados porque as coordenações se baseiam nas mobilidades contínuas e com frequência conflitantes de diferentes formas de capital e trabalho[23]. O ritmo das mudanças para melhor e para pior no ciclo da acumulação pode então variar de uma região

---

[23] Ver John Carney, Ray Hudson e Jim Lewis, *Regions in Crisis*, cit., e o número especial do *Journal of the Union of Radical Political Economics*, 1978, v. 10, n. 3.

para outra com efeitos de interação interessantes. A unidade do processo de acumulação pressuposta nas versões anteriores da teoria da crise se fragmenta em diferentes ritmos regionais que podem tão facilmente compensar uma à outra quanto gerar algum vasto *crash* global. Existe uma possibilidade muito real de que o ritmo da acumulação global possa ser mantido pelas oscilações mitigadoras dentro das partes. A geografia do desenvolvimento desigual ajuda a converter as tendências à crise do capitalismo em configurações regionais mitigadoras da acumulação e desvalorização rápidas.

3. Crises cíclicas

O deslocamento sereno dos excedentes de capital e trabalho de uma região para outra cria um padrão de oscilações mitigadoras dentro do todo que encontra fortes barreiras. As fronteiras podem ser fechadas, as sociedades pré-capitalistas podem resistir à acumulação primitiva, podem surgir movimentos revolucionários etc. Mas as barreiras também surgem devido a toda a lógica contraditória da própria acumulação do capital. Vamos agora considerá-las mais atentamente.

Quanto mais aberto fica o mundo para a reestruturação geográfica, mais facilmente podem ser encontradas soluções temporárias para os problemas da superacumulação. A expansão geográfica, como o aumento da população (ver p. 233), proporciona uma base forte para a acumulação sustentada. As crises são reduzidas a crises cíclicas menores, enquanto os fluxos de capital e trabalho se deslocam de uma região para outra, ou mesmo se revertem, e estimulam desvalorizações regionais (que, às vezes, podem ser intensas), assim como ajustes importantes nas estruturas espaciais (como o sistema de transporte) destinados a facilitar os fluxos espaciais.

Mas o problema é que quanto mais o capitalismo se desenvolve, mais ele tende a sucumbir às forças que colaboram para a inércia geográfica. Encontramos aqui uma versão dessa contradição que Marx descreveu como a dominação da força de trabalho morta sobre a viva. A circulação do capital fica cada vez mais aprisionada dentro de infraestruturas físicas e sociais imóveis que são criadas para apoiar alguns tipos de produção, alguns tipos de processos de trabalho, arranjos distribucionais, padrões de consumo etc. Quantidades crescentes de capital fixo e tempos de giro mais longos na produção detêm a mobilidade desenfreada. Em resumo, o crescimento das forças produtivas atua como uma barreira à reestruturação geográfica rápida exatamente da mesma maneira que impede a dinâmica da acumulação futura pela imposição do peso morto dos investimentos passados. As alianças territoriais, que com frequência se tornam cada vez mais poderosas e mais profundamente entrincheiradas, surgem para proteger e aumentar o valor do capital já comprometido dentro da região.

Todas essas forças se integram, fortalecem a tendência para a inércia geográfica e, desse modo, impedem reestruturações rápidas na economia de espaço do capitalismo. E, pior ainda, sob a pressão da desvalorização, as forças da inércia podem aumentar, em vez de diminuir, sua pressão e assim exacerbar o problema – uma aliança local pode agir para conservar privilégios já conquistados, para manter investimentos já feitos, para manter um compromisso local intacto e para se proteger dos ventos gelados da competição espacial por controles de importação e exportação, controles do câmbio internacional e por leis de imigração. Novas configurações espaciais não podem ser alcançadas porque as desvalorizações regionais são impedidas de seguir o seu curso. O desenvolvimento geográfico desigual do capitalismo assume então uma forma que é totalmente inconsistente com a acumulação sustentada, quer na região quer em uma escala global.

Quanto mais as forças da inércia geográfica permanecem, mais profundas se tornarão as crises agregadas do capitalismo e mais selvagens as crises cíclicas se tornarão para poderem restaurar o equilíbrio perturbado. As alianças locais terão de ser dramaticamente reorganizadas (a ascensão do fascismo sendo o exemplo mais terrível), as incorporações tecnológicas repentinamente alteradas (incorrendo na desvalorização maciça da antiga fábrica), as infraestruturas físicas e sociais totalmente reconstituídas (com frequência devido a uma crise nos gastos do Estado) e a economia de espaço da produção, distribuição e consumo capitalistas totalmente transformada. O custo da desvalorização tanto para os capitalistas individuais quanto para os trabalhadores torna-se substancial. O capitalismo colhe os frutos mais selvagens de suas próprias contradições internas.

Mas por mais selvagens que possam ser essas crises cíclicas, a total reestruturação da economia de espaço do capitalismo em uma escala global ainda conserva a perspectiva de uma restauração do equilíbrio mediante uma reorganização das partes regionais. As contradições do capitalismo ainda estão contidas dentro das estruturas globais do desenvolvimento geográfico desigual.

4. Criação de novos arranjos para coordenar a integração espacial e o desenvolvimento geográfico desigual

Nem todas as formas de desenvolvimento geográfico desigual e expansão espacial diminuem os problemas da superacumulação. Na verdade, as configurações espaciais têm tanta probabilidade de contribuir para o problema quanto de resolvê-lo. Isso concentra a nossa atenção nos mecanismos de coordenação que moldam as configurações espaciais e os fluxos de capital. Por exemplo, no capítulo 12 mostramos que a mobilidade geográfica do dinheiro, das mercadorias, do capital produtivo e da força de trabalho depende da criação de infraestruturas físicas e sociais fixas e imóveis. Como esta última pode ser modificada para acomodar os volumes em expansão do capital em movimento?

Vimos no capítulo 8 que novos sistemas de transporte e comunicações podem ser construídos usando o capital superacumulado, embora à custa de alguma desvalorização do capital incorporado no passado. Os novos investimentos só tendem a ser desvalorizados se as expansões antecipadas fracassarem em sua materialização na configuração espacial, ou se outros investimentos competitivos se acumularem rapidamente uns em relação aos outros. O ritmo da transformação nos sistemas de transporte e comunicações é restringido por essas considerações. Elas não podem necessariamente se expandir rápido o bastante para acomodar as necessidades de quantidades continuamente aceleradas de movimento de mercadorias para novas regiões. As próprias estruturas espaciais fixas requeridas para superar o espaço se transformam em barreiras espaciais a serem superadas.

A mesma observação se aplica àqueles arranjos infraestruturais sociais e organizacionais que, como vimos anteriormente, tendem a exibir uma estrutura hierárquica aninhada, caracterizada por todos os tipos de superposições e descontinuidades desordenadas, mas que podem vincular os aspectos locais e particulares com os aspectos globais e universais do trabalho no capitalismo. Na verdade, grande parte da aparente desordenação desses arranjos reflete o fato de que eles estão continuamente em processo de transformação. Por exemplo, o aumento dramático no volume do comércio internacional e no fluxo de capital coloca uma enorme pressão sobre o sistema monetário e financeiro internacional. Foram criados níveis totalmente novos dentro da hierarquia (bancos centrais e instituições monetárias internacionais), e surgiram novas relações de poder entre os níveis. De modo similar, as companhias multinacionais tatearam em busca de novas formas de organização para enfrentar circunstâncias que estão em contínua mudança. Os sistemas políticos e administrativos também estão sempre pressionados para agir.

No entanto, essas estruturas hierárquicas não se adaptam instantaneamente às necessidades do capitalismo. Para começar, cada conjunto de instituições se adapta à luz dos interesses particulares daqueles que as dirigem, assim como em resposta à pressão interna. As corporações multinacionais atuam para garantir o acesso a matérias-primas, aos mercados e à força de trabalho; procuram cobrir o espaço e excluir a competição; e estão interessadas tanto na monopolização quanto na coordenação particular das exigências globais. Uma vez em posição de administrar a escassez, elas podem simplesmente organizar o comércio internacional e até mesmo todos os padrões de desenvolvimento geográfico desigual em seu próprio interesse estreitamente definido. É provável que usem o seu poder para roubar e enganar os outros para obter deles o máximo de mais-valor. O mesmo é verdade com respeito aos banqueiros (em qualquer nível na hierarquia), políticos, administradores etc. A apropriação desse tipo atrapalha as coordenações e pode necessitar da criação de camadas sempre mais novas dentro da hierarquia para disciplinar as outras.

Mesmo quando não sucumbem à pura venalidade, os administradores dentro desse sistema hierárquico em geral possuem poder suficiente para influenciar tanto o ritmo quanto a direção da expansão geográfica. Isso é particularmente verdadeiro com relação às vastas empresas, às principais instituições financeiras e ao Estado, que têm o poder nominal de conter os fluxos de capital e de força de trabalho segundo os interesses da aliança territorial que os regulamenta. A competição entre os Estados (ou outras unidades) ou as lutas de poder entre os níveis dentro da hierarquia têm efeitos marcantes sobre os padrões de desenvolvimento desigual. Além disso, as estruturas hierárquicas não são independentes umas das outras: por exemplo, a evolução das corporações multinacionais dependeu de novos arranjos monetários internacionais e de novas formas de intervenção do Estado. As integrações implicam que as lutas de poder com relação a quem vai exercer que função de coordenação sejam endêmicas. E que essas lutas de poder sejam muitas vezes travadas com total desconsideração às necessidades do capitalismo em geral.

Mesmo se os abusos não existissem, a tensão básica entre a fixidez e a mobilidade – que gerou originalmente os arranjos hierárquicos – permaneceria não resolvida. A estabilidade dos arranjos coordenados é, afinal, um atributo vital diante do dinamismo perpétuo e incoerente. Em algum momento, a tensão entre os dois pode explodir.

Nesses momentos ocorre uma crise nos mecanismos de coordenação. As estruturas hierárquicas aninhadas têm de ser reorganizadas, racionalizadas e reformadas. Novos sistemas monetários, novas estruturas políticas, novas formas organizacionais para o capital têm de ser criadas. As contrações são com frequência dolorosas. Mas somente dessa maneira os arranjos institucionais que cresceram perdulários e gordos são colocados em uma relação mais estreita com as exigências básicas da acumulação. Se as reformas dão certo, as coordenações que absorvem a superacumulação mediante o desenvolvimento geográfico desigual pelo menos parecem possíveis. Se falham, o desenvolvimento desigual resultante exacerba, em vez de resolver, as dificuldades. Segue-se uma crise global. A única solução é uma total reestruturação das relações dentro do modo de produção capitalista, incluindo os arranjos de coordenação hierárquicos.

VI. A CONSTRUÇÃO DAS CRISES GLOBAIS

O desenvolvimento e a expansão geográficos desiguais não podem curar as contradições herdadas pelo capitalismo. Por isso, os problemas do capitalismo não podem ser resolvidos pela mágica instantânea de algum "ajuste espacial". Mas é importante reconhecer que mais crises gerais surgem do caos e da confusão dos eventos locais, particulares. Elas são edificadas sobre a base dos processos de trabalho individuais concretos e das trocas do mercado e se transformam em crises globais nas qualidades do trabalho abstrato, na forma do valor. As restrições temporais e espaciais ao tempo de giro garantem que várias diferenciações regionais sejam produzidas no caminho. Por isso, as crises são produzidas pelo desenvolvimento geográfico desigual, coordenadas por formas organizacionais hierárquicas. E a mesma observação se aplica aos impactos da desvalorização. Eles são sempre sentidos em locais e tempos particulares e são construídos em configurações regionais, setoriais e organizacionais distintos. Seus impactos podem ser disseminados e até certo ponto mitigados pelo deslocamento dos fluxos do capital e do trabalho entre setores e regiões (com frequência simultaneamente) ou por uma reconstrução radical das infraestruturas físicas e sociais. As crises globais são produzidas pelo impacto de crises de deslocamento menos traumáticas.

Elas são formadas, portanto, como "violentas fusões de fatores desconectados que operam independentemente um do outro, porém correlacionados"[24]. Para explorar mais concretamente esse processo de fusão, adotamos algumas suposições. Vamos supor que o globo esteja dividido em economias regionais que "operam independentemente, porém estão correlacionadas". As regiões são conectadas por fluxos de capital e de força de trabalho sob a égide de arranjos organizacionais hierarquicamente estruturados que são neutros com relação aos seus efeitos. Os ritmos da acumulação variam de uma região para outra. No entanto, a tendência para a superacumulação e para a desvalorização é universal para todas as regiões. Por isso, cada região é periodicamente obrigada a buscar alguma transformação em suas relações externas que possam aliviar o desconforto das crises de desvalorização dentro de si mesma.

Marx estava totalmente consciente da existência dessas situações. Ele observa, por exemplo, que em condições de superacumulação os ingleses "são obrigados a emprestar seu capital a outros países para poder criar um mercado para suas mercadorias", que o capital tem "de calçar botas de sete léguas", romper barreiras espaciais e, assim, conseguir um "desenvolvimento das forças produtivas que só poderia ser alcançado muito lentamente dentro de seus próprios limites"[25]. Se as crises vão ou não se dissipar ou ser criadas por intermédio desses mecanismos torna-se o problema a ser resolvido. E as respostas são tão variadas quanto os meios abertos aos

---

[24] Karl Marx, *Theories of Surplus Value*, cit., parte 3, p. 120.
[25] Ibidem, p. 122; *Grundrisse*, cit., cap. 3.

capitalistas em uma região para investirem seu capital superacumulado em outra. Vamos abordar uma possibilidade de cada vez.

1. Mercados externos e subconsumo

Se o capital superacumulado na Grã-Bretanha é emprestado como um meio de pagamento para a Argentina comprar as mercadorias excedentes produzidas na Grã-Bretanha, o alívio para a superacumulação é na melhor das hipóteses efêmero e as perspectivas gerais para evitar a desvalorização negligenciáveis. A busca dessa estratégia assume que as crises do capitalismo, que são parcialmente manifestadas como uma aparente ausência de demanda efetiva, são inteiramente atribuíveis ao subconsumo. Marx é tão firme em sua rejeição da versão inter-regional desse argumento quanto o é da original. Tudo o que acontece, sugere ele, é que os efeitos da superacumulação proliferam sobre o espaço durante a fase de expansão estimulada pelo crédito e são registrados como uma lacuna crescente entre a balança comercial e o balanço de pagamentos entre as regiões. Quando o sistema de crédito desmorona e volta à sua base monetária, como Marx insiste que ele deve voltar, a sequência dos eventos é modificada por esses balanços inter-regionais. Ele descreve uma sequência da seguinte maneira:

> A crise pode se manifestar primeiro na Inglaterra, o país que adianta a maior parte do crédito e toma o mínimo, porque o balanço de pagamentos [...] que deve ser restabelecida imediatamente, é *desfavorável*, ainda que a balança geral do comércio seja *favorável*. [...] A quebra na Inglaterra, iniciada e acompanhada por uma drenagem do ouro, restabelece o balanço de pagamentos. [...] Agora chega a vez de algum outro país. [...] Em tempos de crise, o balanço de pagamentos é desfavorável a toda nação [...] mas sempre a cada nação sucessivamente, como no tiro em massa. [...] Fica então evidente que todas essas nações simultaneamente exportaram em excesso (portanto, superproduziram) e superimportaram (portanto, negociaram em excesso), fazendo com que os preços fossem inflados em todos eles, e o crédito fosse muito estendido. E o mesmo colapso ocorre em todas elas.

Os custos da desvalorização retornam à região inicial da seguinte maneira:

> Primeiro embarcando para fora metais preciosos; depois vendendo mercadorias consignadas a preços baixos; exportando mercadorias para dispor delas ou obter adiantamentos de dinheiro por elas dentro do país; aumentando a taxa de juros, recorrendo ao crédito, depreciando os títulos, dispondo de títulos estrangeiros, atraindo capital es-

trangeiro para investimento nesses títulos depreciados, e finalmente enfrentando a falência, que resolve uma série de obrigações.[26]

A sequência soa tristemente familiar. Evidentemente, aqui não há nenhuma perspectiva de "ajuste espacial" para as contradições do capitalismo. Mas o mundo é claramente um lugar complicado, e por isso até mesmo aqui surgem possibilidades que podem pelo menos adiar a inevitabilidade das crises. Por exemplo, se a Argentina tem reservas de ouro abundantes, mas a Inglaterra não tem nenhuma, então o excesso de mercadorias produzido na Inglaterra pode ser pago em espécie. Os balanços são mantidos pelas transferências inter-regionais de espécie. Isso pode atenuar o processo da formação de crise. Mas em longo prazo isso pode não ter mais efeito do que invocar os produtores de ouro como os grandes estabilizadores do processo de circulação do capital como um todo (ver p. 152-6).

Uma possibilidade mais intrigante surge quando o capitalismo se torna extremamente dependente do comércio com formações sociais não capitalistas. Marx admite que é possível na verdade surgir circunstâncias em que "o modo de produção capitalista está condicionado a modos de produção situados em outro estágio de desenvolvimento"[27]. O grau de alívio assim permitido depende da natureza da sociedade não capitalista e da sua capacidade para se integrar no sistema capitalista mediante as trocas de mercadorias e dinheiro. Mas a formação da crise só é ativada se os países não capitalistas "consumirem e produzirem em uma velocidade que se adapte aos países com produção capitalista"[28]. E como isso pode ser feito sem o envolvimento na política e na economia de dominação imperialista? E, mesmo assim, há contradições envolvidas que tornam essa uma resolução temporária. "Você não pode continuar inundar um país com seus produtos, a menos que ele possa lhe dar alguns produtos em troca." Por isso, "quanto mais o interesse industrial (britânico) se tornar dependente do mercado indiano, mais ele vai sentir a necessidade de criar potenciais produtivos novos na Índia, depois de ter destruído sua indústria nativa"[29]. Não se trata mais de uma questão de buscar alívio externo mediante o comércio, mas de forjar novos sistemas de produção baseados em novas relações sociais em novas regiões. Agora vamos tratar diretamente dessa perspectiva.

---

[26] Idem, *Capital*, Livro III, p. 491-2, 517.
[27] Ibidem, Livro II, p. 110.
[28] Ibidem, Livro III, p. 257.
[29] Karl Marx e Friedrich Engels, *On Colonialism* (Nova York, International Publishers, 1972), p. 52.

2. A EXPORTAÇÃO DE CAPITAL PARA A PRODUÇÃO

O capital excedente emprestado a um país estrangeiro como meio de compra (em vez de como meio de pagamento) contribui para a formação de novas forças produtivas em outras regiões. Um movimento externo desse tipo tem uma relação inteiramente diferente com o processo geral de superacumulação. Isso está em conformidade com o argumento de Marx de que o problema da realização só pode ser resolvido mediante uma expansão da produção. Mas isso simplesmente transfere os dilemas da "acumulação pela acumulação, da produção pela produção" para outras regiões, ao mesmo tempo que intensifica a superacumulação em casa. Segundo Marx, "se o capital é enviado para o exterior, isso não é feito porque ele não pode absolutamente ser aplicado em casa, mas porque ele pode ser aplicado com uma taxa de juros mais alta em um país estrangeiro"[30]. O efeito disso é aumentar a taxa de lucro médio[31] e apressar a tendência para a queda dos lucros em longo prazo[32]. O mesmo resultado é alcançado se a expansão da produção no exterior barateia os elementos do capital constante e dos bens salariais no mercado doméstico. A composição de valor do capital declina temporariamente e a taxa de exploração aumenta. Como resultado, mais capital ainda é produzido.

O significado disso é que a superacumulação em casa só pode ser aliviada se o capital monetário excedente (ou seu equivalente em mercadorias) for enviado para o exterior para criar forças produtivas novas em novas regiões em uma base continuamente acelerada. Além disso, as forças produtivas têm de ser usadas de certa maneira para o capital ser reproduzido. As relações sociais apropriadas ao capitalismo – trabalho assalariado – têm de estar em vigor e serem capazes de uma expansão paralela. Por isso, a expansão geográfica das forças produtivas significa a expansão do proletariado em uma base global. Voltamos à proposição (ver p. 233) de que as crises do capitalismo são menos intensas em condições de um aumento rápido na força de trabalho, por meio da acumulação primitiva ou do aumento natural. Vamos tratar brevemente das profundas implicações disso.

A exportação das forças produtivas significa a exportação de todo o pacote do modo de produção capitalista, que inclui os modos de distribuição e consumo. Esta parece ser a única maneira de resolver o problema de superacumulação do capitalismo. Ele gera vários efeitos regionais, dependendo das relações entre as regiões e das condições que prevalecem em cada uma delas.

---

[30] Karl Marx, *Capital*, Livro III, cit., p. 256.
[31] Idem, *Theories of Surplus Value*, cit., parte 2, p. 436-7.
[32] Idem, *Capital*, Livro III, cit., p. 237.

A destruição das formas pré-capitalistas da economia e da indústria por meio da competição das produções de máquinas (auxiliadas por custos de transporte baratos) "obrigatoriamente converte" os países em fornecedores de matéria-prima.

> Cria-se, assim, uma nova divisão internacional do trabalho, adequada às principais sedes da indústria mecanizada, divisão que transforma uma parte do globo terrestre em campo de produção preferencialmente agrícola voltado a suprir as necessidades de outro campo, preferencialmente industrial.[33]

Contudo, se a divisão territorial do trabalho permanecer constante, a circulação do capital vai quase certamente gerar crises cíclicas cada vez mais profundas nos fluxos de capital e trabalho entre elas. A única solução é uma transformação adicional na divisão territorial do trabalho baseada em uma intensificação do modo de produção capitalista na nova região. Marx esperava uma transformação desse tipo na Índia:

> Quando máquinas são introduzidas nos meios de transporte de um país que possui ferro e carvão, torna-se impossível impedi-las de fabricá-las. [...] O sistema ferroviário realmente se torna, na Índia, o precursor da indústria moderna [que] dissolve as divisões hereditárias do trabalho, sobre a qual se baseiam as castas indianas, aqueles impedimentos decisivos ao progresso e ao poder indianos. [...] O período burguês da história tem de criar a base material do novo mundo. [...] A indústria e o comércio burgueses criam essas condições materiais de um novo mundo da mesma maneira que as revoluções geológicas criaram a superfície da terra.[34]

A transição antecipada foi muito adiada na Índia por um misto de resistência interna à penetração capitalista e das políticas imperialistas impostas pelos britânicos. Entretanto, a questão teórica é que, se essas transições forem bloqueadas por quaisquer razões, a capacidade do país de origem para dispor de capital superacumulado também estará em longo prazo bloqueada. O ajuste espacial é negado e as crises globais são inevitáveis. O crescimento irrestrito do capitalismo nas novas regiões – imediatamente vêm à mente os Estados Unidos e o Japão – é, portanto, uma absoluta necessidade para a sobrevivência do capitalismo. Estes são os campos em que os capitais excedentes superacumulados podem ser mais facilmente absorvidos de maneira a criarem mais aberturas no mercado e mais oportunidades para investi-

---

[33] Ibidem, Livro I, p. 523.
[34] Karl Marx e Friedrich Engels, *On Colonialism*, cit., p. 85-7.

mentos lucrativos. Mas aqui encontramos outro tipo de dilema. As novas forças produtivas nas novas regiões impõem uma ameaça competitiva à indústria do país de origem. Além disso, o capital tende a se superacumular na nova região, que é obrigada a buscar seu próprio ajuste espacial para evitar desvalorizações internas.

A desvalorização, não importa de que tipo seja, é o resultado. O país de origem fica em um beco sem saída. O desenvolvimento incontido do capitalismo em novas regiões causado pelas exportações de capital produz desvalorização no país de origem devido à competição internacional. O desenvolvimento contido no exterior limita a competição, mas veda as oportunidades para mais exportação de capital e, portanto, estimula as desvalorizações geradas internamente. Não causa espanto, então, que as principais potências imperialistas tenham vacilado em suas políticas entre a "porta aberta", o livre comércio e a autossuficiência em um império fechado[35].

Não obstante, dentro dessas restrições há todo tipo de opções. A "missão histórica" da burguesia não é cumprida da noite para o dia, assim como as "condições materiais de um novo mundo" não foram criadas em um dia. A intensificação e a disseminação do capitalismo dependem de uma transformação revolucionária contínua e prolongada conseguida durante gerações sucessivas. Embora as crises locais, regionais e cíclicas sejam coisas normais para a elaboração desse processo mediante um desenvolvimento geográfico desigual, a construção das crises globais – normalmente experimentadas de início como crises cíclicas de intensidade crescente – depende do esgotamento das possibilidades para mais transformação revolucionária ao longo de linhas capitalistas. E isso não depende da propagação de novas forças produtivas pela face da terra, mas da oferta de força de trabalho nova. E é para essa perspectiva que vamos nos voltar agora.

3. A EXPANSÃO DO PROLETARIADO E A ACUMULAÇÃO PRIMITIVA

Em todas as matizadas mudanças na divisão internacional do trabalho, na tecnologia e na organização, e na distribuição das forças produtivas, está uma proposição marxiana básica: a acumulação do capital *é* o aumento do proletariado[36]. O ponto central do desacordo de Marx com Hegel, por exemplo, *não* é o fato de a colonização não poder se permitir aliviar temporariamente as contradições do capitalismo, mas de ela só poder fazê-lo se estiver acompanhada da acumulação primitiva. A importância do último capítulo do primeiro livro d'*O capital* aparece

---

[35] O estudo de Lloyd Gardner, *Economic Aspects of New Deal Diplomacy* (Madison, University of Wisconsin Press, 1964), sobre a diplomacia do *New Deal* por parte dos Estados Unidos capta muito bem a essência desse conflito.

[36] Karl Marx, *O capital*, Livro I, cit., p. 614.

agora com força redobrada. A acumulação do capital é o aumento do proletariado, e isso significa acumulação primitiva de um tipo ou de outro.

Mas acumulação primitiva aparece sob muitos disfarces. As penetrações das formas de dinheiro e do comércio exercem uma "influência mais ou menos dissolvente em toda parte na organização produtora que encontra à mão e cujas diferentes formas são conduzidas visando principalmente o valor de uso"[37]. Mas a forma do processo de trabalho e das relações sociais da produção resultantes varia consideravelmente, dependendo das condições iniciais. O relato "clássico" da acumulação primitiva que Marx apresenta n'*O capital* está aberto à repetição em outros lugares apenas na medida em que são encontradas condições mais ou menos paralelas. O próprio Marx reconheceu algumas das possíveis variações. As colônias de plantação, dirigidas pelos capitalistas tendo por base o trabalho escravo, produziram para o mercado internacional e foram formalmente integradas ao capitalismo sem se basearem no trabalho assalariado.

> Não importa o quão grande seja o produto excedente [extraído] do trabalho excedente de seus escravos na forma simples de algodão ou milho, eles podem aderir a esse trabalho indiferenciado simples porque o comércio internacional lhes permite converter esses produtos simples em qualquer tipo de valor de uso.[38]

Os modos de exploração nas sociedades tradicionais de base camponesa podem também ser convertidos em reinos de subsunção mais formal do que real ao capital. Todo o debate, que Marx em parte pressagiou, sobre o modo de produção asiático e a conversão direta dos poderes do estado em formas de capitalismo de Estado coloca um problema similar. Nem o que Marx chamou de "as colônias perfeitas" – como "os Estados Unidos, a Austrália etc." – não escapam de nuances sutis dentro da estrutura geral da acumulação primitiva. "Nesses casos", diz Marx,

> a massa dos colonos agrícolas, embora tragam com eles uma quantidade maior ou menor de capital da terra natal, não são *capitalistas* nem desenvolvem uma produção *capitalista*. Eles são mais ou menos camponeses que trabalham e cujo principal objetivo [...] é produzir para *sua própria sobrevivência*. [...] Eles são, e continuam a ser por um longo tempo, concorrentes dos fazendeiros que já estão produzindo de uma maneira mais ou menos capitalista.[39]

---

[37] Ibidem, Livro III, p. 331-2; *Grundrisse*, cit., p. 224-5.
[38] Idem, *Theories of Surplus Value*, cit., parte 2, p. 302-3, parte 3, p. 243.
[39] Ibidem, parte 2, p. 202-3.

13. Crise na economia espacial do capitalismo: a dialética do imperialismo / 551

Aqui, o regime capitalista choca-se por toda parte contra o obstáculo do produtor, que, como possuidor de suas próprias condições de trabalho, enriquece com seu próprio trabalho, e não ao capitalista. A contradição desses dois sistemas econômicos diametralmente opostos se efetiva aqui, de maneira prática, na luta entre eles. Onde o capitalista é respaldado pelo poder da metrópole, ele procura eliminar à força o modo de produção e apropriação fundado no trabalho independente.[40]

Demora muitas gerações até o trabalhador ficar totalmente "livre" como um simples trabalhador assalariado. Há muitos passos intermediários nessa evolução, muitas formas intermediárias que as relações sociais da produção podem adquirir. E cada uma paga o seu tributo ao capital na forma de pelo menos um excedente do produto. Mas quando o poder revolucionário do capitalismo ganha força, as formas intermediárias dão lugar ao trabalho assalariado puro e simples. Novos ciclos de acumulação primitiva ocorrem e corroem as relações sociais da produção conseguidas nos ciclos precedentes. O desenvolvimento geográfico desigual desse processo está lavrado nos anais da história humana em letras "de sangue e fogo". A violenta e episódica luta de guerrilha, travada em um terreno extremamente variado e sob todos os tipos de condições sociais, explode periodicamente em grandes confrontações entre os representantes de sistemas econômicos opostos. Assim é a geografia social e humana do novo mundo, criada para se adaptar às novas condições materiais estabelecidas.

Mas quando o capitalismo esgota as possibilidades de acumulação primitiva à custa das formações sociais pré-capitalistas e intermediárias, ele tem de buscar em outros locais fontes novas de força de trabalho. No fim só lhe resta um lugar para ir. Tem de canibalizar a si mesmo. Alguns capitalistas, embora permaneçam nominalmente no controle de seus próprios meios de produção, tornam-se formalmente subordinados a outros capitalistas – principalmente via o sistema de crédito, mas também mediante padrões de subcontratação vinculada a empresas maiores ou dependência das fontes de abastecimento monopolistas. Outros são obrigados a entrar diretamente no proletariado, às vezes em tempo parcial e às vezes em tempo integral, devido ao acirramento da competição e à falência. Outras camadas dentro da burguesia também perdem sua independência anterior e se tornam simples trabalhadores assalariados, embora bem graduado dentro de um sistema hierárquico.

Evidentemente, Marx estava bastante consciente de que os capitalistas tendiam a ser proletarizados, mas concentrou sua atenção principalmente nas fases de desvalorização que são sempre, em um grau ou outro, fases de acumulação primitiva à

---

[40] Idem, *O capital*, Livro I, cit., p. 835.

custa de capitalistas já existentes[41]. O aprofundamento e a ampliação das crises em configurações globais transformam as tendências canibalísticas do capitalismo em muitos modos de destruição mutuamente assegurados, que são periodicamente desencadeados como a forma final da desvalorização.

4. A EXPORTAÇÃO DA DESVALORIZAÇÃO

Em épocas de forte desvalorização, as rivalidades inter-regionais tipicamente degeneram em lutas sobre quem vai arcar com a carga da desvalorização. A exportação do desemprego, da inflação, da capacidade produtiva ociosa tornam-se as apostas no jogo. Guerras comerciais, *dumping*, guerras de taxa de juros, restrições ao fluxo de capital e ao comércio exterior, políticas de imigração, conquistas coloniais, subjugação e dominação das economias tributárias, reorganização forçada da divisão do trabalho dentro dos impérios econômicos e, finalmente, destruição física e desvalorização forçada do capital de um rival mediante a guerra, são alguns dos métodos utilizados. Cada um deles envolve a manipulação agressiva de algum aspecto do poder econômico, financeiro ou estatal. A política do imperialismo, a percepção de que as contradições do capitalismo podem ser curadas mediante a dominação do mundo por algum poder onipotente, surge na linha de frente. Os males do capitalismo não podem ser tão facilmente contidos. Mas a degeneração das lutas econômicas em lutas políticas desempenha o seu papel na estabilização em longo prazo do capitalismo, contanto que capital suficiente seja destruído no caminho. O patriotismo e o nacionalismo têm muitas funções no mundo contemporâneo e podem surgir por diversas razões; mas, em geral, proporcionam uma cobertura muito conveniente para a desvalorização tanto do capital quanto do trabalho. Retornaremos brevemente a esse aspecto da questão, pois ele é, acredito, a ameaça mais séria, não apenas à sobrevivência do capitalismo (o que não tem a mínima importância), mas à sobrevivência da espécie humana.

VII. IMPERIALISMO

Marx nunca propôs uma teoria do imperialismo. Ele presumivelmente iria confrontar o tema em livros sobre o Estado, o comércio exterior e o mercado mundial[42]. Na ausência dessas obras acabamos tendo de especular sobre como ele pode

---

[41] Idem.
[42] Karl Marx e Friedrich Engels, *Selected Correspondence*, cit., p. 112-3.

ter integrado os temas do imperialismo, tão evidentes na história do capitalismo, com a teoria da acumulação.

Os estudos sobre o imperialismo escritos desde Marx têm contribuído muito para o nosso entendimento da história, mas tem sido difícil inserir seus achados na estrutura teórica do próprio Marx. O resultado tem sido a construção não de uma teoria do imperialismo, mas de uma série de representações sobre o assunto[43]. Quando diretamente fundamentados no pensamento de Marx, eles tendem a apelar apenas para um ou outro aspecto – a busca por mercados externos, a exportação de capitais excedentes, a acumulação primitiva, o desenvolvimento geográfico desigual etc. – em vez de para uma teoria como um todo. Em outros casos declaram ir além de Marx e retificar omissões e supostos erros. Grande parte dessa literatura é poderosa e persuasiva. Constitui um testemunho comovente das depredações forjadas em nome do progresso humano por um capitalismo predador. Também capta a imensa complexidade e riqueza da interação humana quando diferentes povos do mundo com histórias, culturas e modos de produção igualmente diversos são massificados em uma unidade vergonhosa e opressiva sob a bandeira da lei do valor capitalista.

As imagens dominantes nessa literatura unem dramaticamente os temas da exploração e do "ajuste espacial". Os centros exploram as periferias, as metrópoles exploram as terras do interior, o primeiro mundo subjuga e explora sem misericórdia o terceiro, o subdesenvolvimento é imposto de fora e assim por diante. A luta de classes é resolvida na luta de formações sociais periféricas contra a fonte central da opressão. O campo se revolta contra a cidade, a periferia contra o centro, o terceiro mundo contra o primeiro. Essas imagens espaciais são tão poderosas que fluem livremente para a interpretação das estruturas até mesmo no âmago do capitalismo. O subdesenvolvimento regional nos países capitalistas avançados é visto como um processo de exploração coerente das regiões por uma metrópole dominante, ela própria mantendo guetos como "neocolônias internas". A linguagem d'*O capital* parece ser substituída por uma imagem igualmente irrefutável da exploração das pessoas de um lugar pelas de outro.

O desafio é reconstituir o que por vezes aparece como linhas de pensamento antagônicas e integrá-las em uma estrutura única de referência teórica. Da maneira como a situação atual se apresenta, os vínculos ou estão baseados na emoção, baseados no apelo aos fatos da exploração, ou então estão projetados nos mais altos planos possíveis da abstração, concebendo o imperialismo como a confrontação

---

[43] Ver novamente as análises de Michael Barratt-Brown, *The Economics of Imperialism*, cit., Tom Kemp, *Theories of Imperialism*, cit., e Samir Amin, *Class and Nation, Historically and in the Current Crisis*, cit.

violenta entre o capitalismo e outros modos de produção (ou de formações sociais), que então se tornam "articulados" uns sobre os outros em configurações particulares em diferentes locais e épocas, dependendo do resultado das lutas travadas. A terceira abordagem, que tanto Rosa Luxemburgo quanto Lenin compartilham, é enxergar o imperialismo como a expressão *externa*, dominante em um estágio particular na história do capitalismo e atingido sob a égide do capitalismo financeiro, das contradições *internas* às quais o capitalismo está sistematicamente propenso. Esses autores apelam diretamente para a ideia do "ajuste espacial", mas explicam a negligência de Marx em relação ao tópico simplesmente como uma questão de que a história obsoletou o mestre. Nenhuma dessas abordagens é muito satisfatória. O imperialismo estava vivo e próspero na época de Marx e foi frequentemente objeto de comentários em seus escritos populares[44], enquanto a ideia dos modos de produção entrecruzados e conflitantes é lançada, embora de um modo preliminar, nos *Grundrisse*. Portanto, a teoria da acumulação de Marx precisa ainda ser estendida para abarcar as diversas teorias daqueles que procuram representar a experiência histórica da exploração por meio do imperialismo. Não posso assumir esse desafio aqui em toda a sua plenitude. Mas o relato um pouco mais matizado da dinâmica espacial do capitalismo, como foi apresentado nos últimos capítulos, pode ajudar a definir uma base material dentro da teoria da acumulação para muito do que é aceito como imperialismo.

O ponto central que procurei enfatizar nos dois últimos capítulos é o da produção das configurações espaciais em um momento constitutivo necessariamente ativo na dinâmica da acumulação. A forma das configurações espaciais e os meios para a destruição do espaço pelo tempo são tão importantes para o entendimento dessas dinâmicas como os métodos melhorados de cooperação, o uso mais estendido das máquinas etc. Todos esses aspectos têm de ser assimilados dentro de uma concepção ampla da mudança tecnológica e organizacional. Como esta última é o eixo em torno do qual gira a acumulação, assim como o nexo do qual fluem as contradições do capitalismo, então as expressões espaciais e temporais dessa dinâmica contraditória são de igual importância[45].

---

[44] Ver Karl Marx e Friedrich Engels, *On Colonialism*, cit.
[45] Os escritos sobre as crises, como aqueles analisados por Erik Olin Wright (*Class, Crisis and the State*, cit.) e Anwar Shaikh ("An Introduction to the History of Crisis Theories", cit.), com frequência negligenciam totalmente a dimensão geográfica ou a tratam como um apêndice, enquanto os escritos sobre o imperialismo são em geral curiosamente ingênuos em sua concepção de como as crises se formam e se proliferam dentro de uma estrutura de desenvolvimento desigual. *Late Capitalism* (Londres/Atlantic Highlands, NLB/Humanities Press, 1975 [ed. bras.: *O capitalismo tardio*, São Paulo, Abril Cultural, 1982]) de Ernest Mandel e *Accumulation on a World Scale* (cit.) de Amin, embora longe de serem perfeitos, têm a virtude de manter os aspectos geográficos bem à vista.

13. Crise na economia espacial do capitalismo: a dialética do imperialismo / 555

Nós já vimos que as configurações espaciais são produzidas e transformadas mediante as variadas mobilidades de diferentes tipos de capital e força de trabalho (incluindo o movimento do capital através de infraestruturas sociais e físicas imóveis). As complementaridades e os antagonismos dentro da unidade necessária dessas mobilidades produzem um panorama irregular, instável e repleto de tensões para a produção, a troca e o consumo. As forças de concentração se contrapõem àquelas da dispersão e produzem centros e periferias que as forças da inércia podem transformar em aspectos relativamente permanentes dentro da economia de espaço do capitalismo. A divisão do trabalho assume uma forma territorial e a circulação do capital sob as restrições espaciais assume configurações regionalmente confinadas. Estas proporcionam uma base material para as alianças de classe e entre as facções para defender e melhorar o valor no movimento dentro de uma região. Na medida em que a luta de classes produz um terreno de compromisso entre o capital e o trabalho dentro de uma região, a mão de obra organizada pode correr em apoio a essas alianças para proteger os empregos e os privilégios já conquistados. Portanto, a regionalização da circulação do capital é acompanhada e reforçada pela regionalização do conflito de classe e entre as facções.

A homogeneidade, em direção à qual tende a lei do valor, contém sua própria negação no aumento da diferenciação regional. Surgem então todos os tipos de oportunidades para a competição e para a troca desigual entre as regiões. Concentrações maciças de poder econômico e político dentro de uma região podem se tornar uma base para a dominação e a exploração de outras pessoas. Sob a ameaça de desvalorização, cada aliança regional procura usar as outras como um meio para aliviar seus problemas internos. A luta sobre a desvalorização assume uma feição regional. Mas com isso as diferenciações regionais tornam-se instáveis. Além disso, as mobilidades variadas do capital e da força de trabalho tendem a corroer as próprias estruturas regionais que eles ajudaram a criar. As alianças regionais soçobram na rocha da competição internacional e do impulso para igualar a taxa de lucro (particularmente sobre o capital monetário). A luta para reduzir o tempo de giro reordena as distâncias relativas e desconsidera as fronteiras regionais, que, de todo modo, estão extremamente porosas (mesmo quando patrulhadas por funcionários da alfândega e da imigração). E quando a desvalorização se torna ameaçadora, os elementos individuais tanto do capital quanto do trabalho podem correr tão facilmente para os portos seguros quanto permanecer no lugar e lutar para exportar os custos para outras regiões.

O resultado é um caos de movimentos confusos e desordenados rumo à homogeneidade e à diferenciação regional. Organizações hierarquicamente estruturadas – do sistema financeiro e político em particular – são essenciais para a desordem ser contida. Essas organizações, embora totalmente carentes em termos de efeito criativo direto, tipicamente concentram um imenso poder repressivo – financeiro, político e militar – em seus escalões mais altos. Esses poderes podem ser usados para aumentar diretamente a taxa de exploração (principalmente por meio do posicionamento estratégico do braço repressivo do aparato do Estado) ou para redistribuir o mais-valor já produzido entre as facções ou regiões. A luta pelo controle dos centros estratégicos dentro do Estado, o sistema monetário internacional, as instituições de capital financeiro etc. são uma preparação vital para o caso de qualquer facção ou região decidir inspecionar os custos de desvalorização em relação a alguma outra.

É claro que o imperialismo é mais do que isso. No entanto, muito do que se reconhece como imperialismo se baseia na realidade da exploração das pessoas de uma região pelas de outra, sob a égide de algum poder superior, dominante e repressivo. Mostramos agora que essa realidade está contida na própria noção do próprio capital. Há, então, uma base material para a perpetuação e a reconstituição de preconceitos tradicionais, de rivalidades regionais e nacionais dentro de uma estrutura em evolução do desenvolvimento geográfico desigual. Podemos também entender a formação de alianças dentro das regiões, a luta pelo controle de instituições hierarquicamente ordenadas e as confrontações violentas periódicas entre as nações e as regiões. Entretanto, dizer que há uma "base material" para esse fenômeno na circulação do capital não é afirmar que tudo ali pode ser entendido do mesmo modo. Nem significa que esses fenômenos – mesmo quando conseguem um relativo equilíbrio entre a homogeneidade e a diferenciação regional, entre a concentração e a dispersão geográfica – proporcionam uma base firme para a futura acumulação de capital. Na verdade, não é difícil localizar uma contradição fundamental. Os processos descritos permitem que a produção geográfica de mais-valor divirja da sua distribuição geográfica de uma maneira muito parecida com a separação entre a produção e a distribuição social. Da mesma forma que, como já vimos, a dissonância entre a produção e a distribuição é uma das rochas na qual soçobra a circulação contínua do capital, podemos com segurança concluir, com Marx e Lenin, que a base para a formação da crise é ampliada e aprofundada pelos processos que aqui descrevemos. Em resumo, não há "ajuste espacial" que possa conter em longo prazo as contradições do capitalismo.

VIII. RIVALIDADES INTERIMPERIALISTAS: A GUERRA GLOBAL COMO UMA FORMA DE DESVALORIZAÇÃO

Duas vezes no século XX o mundo imergiu numa guerra global devido a rivalidades interimperialistas. Duas vezes no espaço de uma geração o mundo experienciou a desvalorização maciça do capital por meio da destruição física, da extinção final da força de trabalho como bucha de canhão. A luta de classes, é claro, pagou o seu tributo à custa da sua integridade física e da sua vida, principalmente devido à violência diária que o capital impunha ao trabalhador no local de trabalho, e devido à violência da acumulação primitiva (incluindo as guerras imperialistas travadas contra outras formações sociais em nome das "liberdades" capitalistas). Mas o enorme número de perdas incorridas nas duas guerras mundiais foi provocado por rivalidades interimperialistas. Como isso pode ser explicado tendo por base uma teoria que apela para a relação de classe entre o capital e o trabalho como fundamental para a interpretação da história?

Este foi, é claro, o problema que Lenin enfrentou em seu ensaio sobre o imperialismo. Mas o seu argumento, como vimos no capítulo 10, está repleto de ambiguidades. O capital financeiro é nacional ou internacional? Qual é a relação, então, entre o posicionamento estratégico militar e político do poder do Estado e a indubitável tendência dentro do capitalismo para criar formas multinacionais e forjar a integração espacial global? E se os monopólios e o capital financeiro eram tão poderosos e propensos a conspirar em qualquer situação, por que não conseguiam conter as contradições do capitalismo sem destruir um ao outro? O que então torna as guerras interimperialistas necessárias para a sobrevivência do capitalismo?

O "terceiro recorte" na teoria da crise sugere uma interpretação das guerras interimperialistas como momentos constitutivos na dinâmica da acumulação, em vez de aberrações, acidentes ou o simples produto de ambição excessiva. Vamos ver como isso acontece.

Quando a "dialética interna" em ação dentro de uma região a direciona para buscar soluções externas para seus problemas, ela precisa sair à procura de novos mercados, de novas oportunidades para a exportação de capital, matérias-primas baratas, mão de obra de baixo custo etc. Todas essas medidas, para serem algo além de um paliativo temporário, ou colocam a responsabilidade sobre o trabalho futuro ou envolvem diretamente uma expansão do proletariado. Essa expansão pode ser realizada por meio do crescimento da população, da mobilização de setores latentes do exército de reserva ou da acumulação primitiva.

A insaciável sede do capitalismo por ofertas novas de trabalho é responsável pelo vigor com que ele tem buscado a acumulação primitiva, destruindo, transformando e absorvendo as populações pré-capitalistas onde quer que as encontre. Quando os excedentes de trabalho estão disponíveis para serem tomados, e os capitalistas, por meio da competição, não confinaram seus destinos a uma combinação tecnológica que não pode absorver essa força de trabalho, então as crises são tipicamente de curta duração, meros contratempos em uma trajetória geral de acumulação global sustentada, e em geral se manifestam como leves crises cíclicas dentro de uma estrutura em evolução do desenvolvimento geográfico desigual.

Esse era o preço padrão para o capitalismo do século XIX. Os verdadeiros problemas têm início quando os capitalistas, enfrentando escassez de oferta de mão de obra e como sempre estimulados pela competição, induzem o desemprego mediante inovações tecnológicas que perturbam o equilíbrio entre a produção e a realização, entre as forças produtivas e as relações sociais que as acompanham. O fechamento das fronteiras para a acumulação primitiva, devido ao puro esgotamento das possibilidades, aumentando a resistência por parte das populações pré-capitalistas ou a monopolização por parte de algum poder dominante, tem, por isso, uma enorme importância para a estabilidade em longo prazo do capitalismo. Essa foi a grande mudança que começou a ser cada vez mais sentida enquanto o capitalismo ingressava no século XX. Foi a grande mudança que, muito mais que ascensão das formas monopolista ou financeira do capitalismo, desempenhou o papel crucial empurrando o capitalismo cada vez mais fundo no lodo das crises globais e conduziu, inexoravelmente, aos tipos de acumulação primitiva e desvalorização conjuntamente forjados por meio das guerras intercapitalistas.

Como sempre, os mecanismos são intrincados em seus detalhes e extremamente confusos nas conjunturas históricas reais devido a inúmeras contracorrentes de forças conflitantes. Mas podemos construir uma linha de argumentação simples para ilustrar os pontos importantes. Para que o processo da acumulação continue, qualquer aliança regional deve manter o acesso às reservas de trabalho e também àquelas "forças da natureza" (como recursos minerais importantes) que, do contrário, estão sujeitas à monopolização. Poucos problemas surgem se existem reservas de ambas na região em que circula a maior parte do capital local. Quando as fronteiras internas se fecham, o capital tem de procurar outro lugar ou correr o risco de desvalorização. A aliança regional sente o estresse entre o capital incorporado no local e o capital que se move para criar centros novos e permanentes de acumulação em outro lugar. O conflito entre diferentes capitais regionais e nacionais sobre o acesso às reservas de trabalho e aos recursos naturais começa a ser sentido. Os temas de internacionalismo e multilateralismo se acumulam durante contra o desejo de autossuficiência como o meio para preservar a posição de alguma região particular diante das contradições internas e pressões externas – autossuficiência do tipo que prevalecia na década de 1930, quando a Grã-Bretanha se amparou em seu comércio do Commonwealth e o Japão se expandiu para a Manchúria e a Ásia Continental, a Alemanha para o Leste Europeu e a Itália para a África, colocando diferentes regiões uma contra a outra, cada uma buscando o seu próprio "ajuste espacial". Somente os Estados Unidos acharam apropriado buscar uma política de "porta aberta" fundamentada no internacionalismo e no comércio multilateral. No fim, a guerra foi travada para conter a autossuficiência e abrir o mundo todo para as potencialidades da expansão geográfica e para o desenvolvimento desigual ilimitado.

Essa solução, buscada unilateralmente sob a hegemonia dos Estados Unidos após 1945, tinha a vantagem de ser sobreposta a um dos mais selvagens episódios de desvalorização e destruição jamais registrados na violenta história do capitalismo. E os extraordinários benefícios resultaram não apenas da imensa destruição do capital, mas também da distribuição geográfica desigual dessa destruição. O mundo foi salvo dos terrores da grande depressão, não por algum glorioso "*new deal*" ou pelo toque mágico da economia keynesiana nos cofres mundiais, mas pela destruição e morte da guerra mundial.

Para o observador externo, o internacionalismo e o multilateralismo do mundo pós-guerra parecem ser muito diferentes. A liberdade global para o movimento do capital (em todas as suas formas) permitiu um acesso imediato ao "ajuste espacial" mediante a expansão geográfica dentro de uma estrutura de destruição geográfica desigual. A rápida acumulação do capital nessa base conduziu à criação e, em alguns casos, à recriação de centros de acumulação regionais independentes – Alemanha, Japão, Brasil, México, Sudeste da Ásia etc. Alianças regionais são mais uma vez formadas e competem para a contração das oportunidades de lucro. A ameaça da autossuficiência se agiganta novamente. E com ela surge a ameaça renovada da guerra mundial, dessa vez travada com armas de imenso e insano poder destrutivo, e direcionada para a acumulação primitiva à custa do bloco socialista.

Os marxistas, desde a primeira vez que Rosa Luxemburgo escreveu sobre o assunto, há muito vinham sendo atraídos pela ideia dos gastos militares como um meio conveniente para absorver os excedentes de capital e da força de trabalho. A obsolescência instantânea dos equipamentos militares e a fácil manipulação das tensões internacionais em uma demanda política pelo aumento nos gastos da defesa adicionam brilho à ideia. Acredita-se por vezes que o capitalismo é estabilizado mediante o orçamento da defesa, embora privando a sociedade de programas mais humanos e socialmente meritórios. Infelizmente, essa linha de pensamento é traçada segundo o molde subconsumista. Eu digo "infelizmente", não tanto porque essa interpretação esteja errada, mas porque a presente teoria sugere uma interpretação mais sinistra e aterrorizante dos gastos militares: as armas não apenas devem ser compradas e pagas pelos excedentes de capital e trabalho, mas devem ser postas em uso. Pois esse é o único meio que o capitalismo tem à sua disposição para conseguir os níveis de desvalorização agora requeridos. A ideia é apavorante em suas implicações. Que melhor razão poderia haver para se declarar que chegou a hora de o capitalismo desaparecer para abrir caminho a algum modo de produção mais saudável?

Epílogo

Uma obra desse tipo não admite conclusão. O modo de pensar dialético, pelo menos como eu o interpreto, exclui o fechamento do argumento em qualquer ponto particular. As configurações intrigantes das contradições internas e externas, que comentei na Introdução, obrigam o argumento a se estender cada vez mais a todos os tipos de novos terrenos. O aparecimento de novas questões a serem respondidas, novos caminhos a serem seguidos pela investigação, provoca simultaneamente a reavaliação de conceitos básicos – como o de valor –, a eterna reformulação do aparato conceitual usado para descrever o mundo. Talvez o *insight* mais extraordinário que se possa obter de um estudo cuidadoso de Marx seja a intrincada fluidez do pensamento, a eterna criação de novas aberturas dentro do corpo de seus escritos. Portanto, é estranho que os filósofos burgueses frequentemente descrevam a ciência marxista como um sistema fechado, não receptivo a procedimentos de verificação com os quais eles buscam fechar suas próprias hipóteses como verdades universais e incontestáveis. E é estranho também que muitos marxistas convertam compromissos profundamente arraigados e intensamente experimentados em dogmatismo doutrinário, tão fechados a novas aberturas quanto os modos de pensamento burgueses tradicionais, quando a própria obra de Marx nega totalmente esse fechamento.

Na verdade, cada fim deve ser encarado como um novo início. É difícil para os simples mortais aceitar essa verdade, que dirá lutar ou jogar com suas implicações de maneiras criativas. Infelizmente, como observou o próprio Marx, "não há caminho real para a ciência", e é na verdade uma "subida fatigante" até se alcançar os "cumes luminosos" do conhecimento. Embora potencialmente infinito, ele não é, no entanto, uma rede de argumentos contínua que buscamos desfiar. Formas indistintas emergem das sombras iniciais da mistificação e assumem uma forma mais firme quando os diferentes aspectos são iluminados de novos ângulos, estudados a partir da abertura de novas "janelas" conceituais. Está longe de ser um conjunto de relacionamentos informes que passamos a discernir. Mas se cada fim é um início, então os esforços das páginas precedentes devem nos conduzir a considerar novos caminhos, construir novos conceitos e explorar novos relacionamentos. O propósito deste Epílogo é levantar essas questões.

A mercadoria fundamental para a produção de mais-valor, a força de trabalho, é ela própria produzida e reproduzida em relações sociais sobre as quais os capitalistas não têm controle direto. É estranho que Marx não tenha se detido mais de perto nesse paradoxo em todas as suas múltiplas dimensões. Evidentemente, há mais coisas aí implicadas do que uma simples exploração das relações entre os ritmos temporais do crescimento geográfico em diferentes regiões e a dinâmica espacial da acumulação, embora esse fosse um ponto de partida proveitoso, pois a acumulação em longo prazo sempre pressupõe uma expansão do proletariado. Entretanto, nunca devemos nos esquecer que, embora a força de trabalho seja uma mercadoria, o trabalhador não o é. E ainda que os capitalistas possam encará-los como "mãos" dotadas de estômago, "como algumas criaturas rasteiras na praia", como Dickens um dia colocou, os trabalhadores são seres humanos dotados de todos os tipos de sentimentos, esperanças e medos, e lutam para criar uma vida para si mesmos que contenha pelo menos satisfações mínimas. No centro dessa vida existem condições de produção e reprodução das forças de trabalho de diferente quantidade e qualidade. E, embora suscetível a todo tipo de influência por parte das instituições e da cultura burguesas, no fim nada consegue subverter o controle que os trabalhadores exercem sobre alguns processos muito básicos da sua própria reprodução. Sua vida, sua cultura e, acima de tudo, seus filhos estão aí para serem reproduzidos.

Nos últimos anos, os historiadores, tanto marxistas quanto outros, têm prestado muita atenção a esses temas, embora os estudantes marxistas do processo urbano gostem de encarar a cidade como o local de reprodução da força de trabalho. São abundantes atualmente os estudos sobre a família, a comunidade, a cultura, a estratificação e a vida social da classe trabalhadora em toda a sua manifesta complexidade. E a emergência de uma forte crítica feminista tem contribuído para novos debates e contribuições. Esses estudos estão desesperadamente carentes de síntese: na verdade, esta talvez seja a tarefa mais urgente com a qual se depara a teoria marxiana. Além disso, trata-se de uma tarefa que deve ser realizada com o conhecimento claro de que a reprodução da força de trabalho mediante a vida vivida das classes trabalhadoras é uma dimensão totalmente diferente para a análise do modo de produção capitalista. Não é um mero adendo ao que já sabemos, mas constitui um ponto de partida totalmente diferente daquele no qual é baseada a teoria d'*O capital*. O ponto de partida não é a mercadoria, mas um simples evento: o nascimento de um filho da classe trabalhadora. Os subsequentes processos de socialização e instrução, de aprender e ser disciplinado, podem transformar esse ser humano em alguém que tem certa capacidade para o trabalho e que está disposto a vender essa capacidade como uma mercadoria. Esses processos merecem o estudo mais profundo possível.

A maneira como a reprodução do capital mediante a produção de mais-valor se combina e se entrelaça com a reprodução da vida vivida do trabalhador torna-se problemática. As duas dimensões captam, em sua oposição, a tensão fundamental entre a riqueza da cultura diversificada e as áridas realidades da busca de lucro. Algum tipo de unidade deve existir entre as duas para a sociedade capitalista poder atingir pelo menos a aparência de estabilidade social, e desajustes importantes devem ser certamente o sinal de crises marcadas por um conflito civil sério. Entretanto, nenhum processo pode dominar fácil ou diretamente o outro, apesar da sua mútua interdependência. Meios de coordenação devem ser encontrados, muitos mecanismos de contenção mútua, que de algum modo mantêm a sociedade em um equilíbrio suficiente em suas partes isoladas para impedir qualquer colapso social total. Esse tema também tem sido explorado em outros locais, principalmente em termos das relações entre as lutas baseadas no trabalho e aquelas travadas no espaço de vida sobre habitação, saúde, educação etc. O fato de haver algum tipo de unidade latente em todas essas lutas é óbvio. E os dois lados sabem disso. Os trabalhadores sabem que as habilidades monopolizáveis aprendidas na comunidade podem ser muito compensatórias, tanto nas taxas salariais quanto nas condições de trabalho. E os capitalistas há muito estão conscientes de que, para dominarem os trabalhadores no local da produção, têm de exercer uma influência notável sobre eles em seu local de reprodução. Mas as conexões são dispersas e os modos de influência contrária, de extraordinária complexidade. As crises de desvalorização que atingem tanto o capital quanto o trabalho necessariamente enviam reverberações para o local de trabalho e para a comunidade, que podem abalar as próprias bases da sociedade civil.

O principal canal em que as funções coordenadoras e mutuamente restritivas podem ser exercidas são as variadas instituições do Estado moderno. Não considerei a teoria do Estado capitalista marxista no presente trabalho, em parte porque achei que um tratamento completo desse tema controvertido deveria aguardar uma análise cuidadosa dos processos de reprodução do trabalhador e da força de trabalho. Mas o Estado capitalista não foi totalmente negligenciado nas páginas precedentes. Na verdade, ele esteve onipresente como o responsável pelos contratos e pelas liberdades dos indivíduos jurídicos, e como o poder repressivo que ambos criam e que mantém a força de trabalho como uma mercadoria. O Estado coloca uma base sob a competição intercapitalista e regula as condições de emprego. Ele pode facilitar a centralização do capital, mas também desempenha um papel na busca do equilíbrio entre a centralização e a descentralização que preserva a estabilidade da composição de valor do capital. Realiza a produção das mercadorias (principalmente no ambiente construído) que os capitalistas individuais são incapazes de produzir ou não estão dispostos a fornecer, por mais vitais que elas sejam como condições de mais acumulação. Ele usa seus poderes de planejamento para moldar a economia de espaço do capitalismo diretamente e, desse modo, pode regular até mesmo a tensão invasiva entre a concentração e a dispersão geográfica. Por meio da égide de um banco central, desempenha um papel hegemônico na oferta de dinheiro de certa qualidade. A consideração das funções fiscais e monetárias do Estado indica a ampla latitude de sua potencial intervenção na dinâmica temporal e espacial da acumulação dentro do território sob sua jurisdição. Desse modo, o Estado se torna uma parte essencial dessa série de organizações hierarquicamente ordenadas que vinculam os trabalhadores individuais à totalidade expressada como trabalho abstrato. Ocupando essa posição estratégica, e abençoado como ele é com as armas fundamentais do poder político e militar, o Estado se torna a instituição central em torno da qual se formam as alianças. Os poderes fiscal e monetário podem então ser pressionados para ficar a serviço dessa aliança. Arranjos distribucionais podem ser modificados, o investimento na apropriação, controlado, capitais fictícios, criados e as tendências para a desvalorização desse modo, convertidas em inflação. O Estado se torna a instituição central por meio da qual os conflitos inter-regionais são elaborados, e a base a partir da qual cada aliança regional busca o seu "ajuste espacial".

O Estado, em resumo, é protagonista em quase todos os aspectos da reprodução do capital. Além disso, quando o governo intervém para estabilizar a acumulação em face de múltiplas contradições, isso só acontece à custa da internalização dessas contradições. Ele adquire a dúbia tarefa de administrar as doses necessárias de desvalorização. Mas tem escolha em relação a como e onde faz isso. Ele pode localizar os custos dentro do seu território mediante uma legislação trabalhista rígida e restrições fiscais e monetárias. Ou pode buscar alívio externo por meio de guerras comerciais, políticas fiscais e monetárias combativas no cenário mundial, apoiadas no fim pelo apelo à força militar. A forma de desvalorização fundamental é a confrontação militar e a guerra mundial.

No texto precedente consideramos todos esses aspectos do Estado moderno. Mas eles não constituem uma base adequada para uma teoria abrangente do Estado. Muitos elementos são deixados de fora. A reprodução do trabalhador e da força de trabalho, e a produção e o uso do conhecimento, tanto como uma força material na produção quanto como uma arma para a dominação e o controle ideológico, devem estar integradas no argumento. E enquanto nos esforçamos para cumprir essa tarefa, duas coisas ficam aparentes. Em primeiro lugar, as instituições fundamentais para a reprodução do capital (como o banco central) devem até certo ponto ficar mantidas bem separadas daquelas que tratam da reprodução do trabalhador e da força de trabalho. Mas, em segundo lugar, algum tipo de unidade tem de prevalecer entre as diversas instituições, algum equilíbrio tem de ser encontrado para que a sociedade como um todo seja reproduzida. Isso suscita questões de alocação dos poderes, de legitimidade, de democracia e de ideologia, que os marxistas têm enfrentado diretamente em uma literatura imensa e controvertida. Acima de tudo, nossa atenção deve então se concentrar na luta política pelo controle do aparato do Estado e dos poderes que ali residem. A luta de classes é deslocada do local da produção para a arena política.

Mas surge então um problema adicional. A relação entre o capital e o trabalho transformou-se agora em configurações múltiplas e conflitantes. Já identificamos alguns aspectos nesse processo, como o capital e o trabalho se dividem em facções diferentes e às vezes se reconstituem em torno de alguma aliança regional. E, assim que levamos em conta outros aspectos da vida capitalista – a formação de uma elite científica e técnica, o crescimento das funções de gerenciamento, da burocracia etc. –, com frequência fica quase impossível discernir sob ela a relação separada entre o capital e o trabalho. Nesse aspecto, acho simbólico que o último capítulo do terceiro livro d'*O capital* trate do problema das classes no capitalismo. A posição do capítulo é importante, embora seu conteúdo não possa ser levado tão a sério. Ele sugere que as configurações de classe que realmente existem no capitalismo têm de ser interpretadas como o produto de forças que se estendem em apoio à acumulação do capital e à reprodução do trabalhador como o portador da mercadoria força de trabalho. Por isso, as configurações de classe não podem ser assumidas *a priori*. Elas são ativamente produzidas. A relação de classe entre o capital e o trabalho – uma relação que simplesmente reconhece a centralidade de comprar e vender força de trabalho para a vida econômica no capitalismo – é apenas um ponto de partida no qual se pode analisar a produção de configurações de classe bem mais complicadas, específicas do capitalismo. O fluxo de forças em ação dentro da dinâmica da história capitalista – um fluxo que procuramos pelo menos parcialmente captar nas páginas precedentes – cria pressões para a formação de novas estruturas e alianças de classe (inclusive aquelas baseadas no território). Mas as lealdades, a identidade e a consciência de classe não são de modo algum instantaneamente maleáveis. A tensão resultante merece o maior escrutínio possível. Afinal, a luta de classes não pode ser adequadamente entendida sem que se entenda, antes de tudo, como as configurações e as alianças de classe são forjadas e mantidas.

Tal abordagem pode ajudar a unir aquilo que com frequência parece uma disjunção mais séria entre os teóricos de um modo de produção puramente capitalista e aqueles que buscam reconstruir as geografias históricas reais das formações sociais capitalistas em toda a sua rica complexidade. Os teóricos podem procurar torcer e tecer seus argumentos de modo a "localizar e descrever as formas concretas que crescem dos movimentos do capital como um todo" e assim "se aproximam passo a passo" das formas concretas que o capital "assume na superfície da sociedade"[1]. Dessa maneira, "a vida da matéria" pode ser "refletida idealmente"[2]. Mas o aparato conceitual incorporado nessa reconstrução teórica não é de modo algum uma abstração ideal*ista*. Ele é construído a partir de categorias e relacionamentos, como força de trabalho, mais-valor (absoluto e relativo) e o capital como processo, forjado mediante transformações históricas reais – por meio da acumulação primitiva, da ascensão de formas de dinheiro e do intercâmbio no mercado, da luta feroz pelo controle capitalista dentro do reino da produção. As próprias categorias nascem de uma experiência histórica real.

A teoria começa quando colocamos essas categorias historicamente fundamentadas para trabalhar e gerar novas interpretações. Não podemos, por esse meio, esperar explicar tudo o que existe nem buscar um pleno entendimento de eventos singulares. Essas não são as tarefas com as quais a teoria deve lidar. Ao contrário, seu objetivo é criar estruturas para o entendimento, um aparato conceitual elaborado com o qual captar os relacionamentos mais importantes em ação dentro da dinâmica complexa da transformação social. Podemos explicar por que a mudança tecnológica e organizacional e as reorganizações geográficas dentro da divisão espacial do trabalho são socialmente necessárias para a sobrevivência do capitalismo. Podemos entender as contradições incorporadas nesses processos e mostrar como as contradições estão manifestadas na geografia histórica propensa à crise do desenvolvimento capitalista. Podemos entender como novas configurações e alianças de classe são formadas, como podem ser expressas como configurações territoriais e degenerar em rivalidades interimperialistas. Esses são os tipos de discussões que a teoria pode produzir.

Mas uma teoria que não consegue lançar luz sobre a história ou sobre a prática política é certamente redundante. Pior ainda: a teorização errônea – de modo algum uma prerrogativa exclusiva da burguesia – pode induzir a equívocos e mistificar. E nenhum teórico pode reivindicar onisciência. Em algum ponto ou outro conexões tangíveis devem ser feitas entre a trama da teoria e a textura da geografia

---

[1] Karl Marx, *Capital*, Livro III, cit., p. 25.
[2] Ibidem, Livro I, p. 90.

histórica. O poder persuasivo do primeiro livro d'*O capital* deriva precisamente da maneira como o aparato conceitual da teorização apoia e é apoiado por evidências históricas. Este é o tipo de unidade que devemos continuamente nos esforçar para manter e melhorar.

No entanto, a separação dentro dessa unidade, adequadamente construída, tem o seu lugar. Ela pode ser o local de uma tensão criativa, um ponto de alavancagem para a construção de novas ideias e entendimentos. A insistência prematura na unidade da teoria e da prática histórica pode conduzir à paralisia e à estase, e às vezes a formulações totalmente equivocadas. Ou nos esforçamos para entulhar uma geografia histórica recalcitrante em uma dinâmica descrita por algumas categorias simplistas, ou criamos novas categorias historicamente fundamentadas nesses eventos particulares dos quais elas só podem captar a aparência superficial, nunca o significado social interno.

Há, então, certa virtude em aceitar e até mesmo buscar em seus mais extremos limites a separação entre a teoria e a prática histórica, ainda que apenas porque o seu desenvolvimento desigual abre novas perspectivas na unidade que necessariamente deve prevalecer entre elas. Correr com as duas pernas ainda é mais rápido que pular com as duas pernas amarradas.

Mas, na análise final, o importante é a unidade. O desenvolvimento mútuo da teoria e da reconstrução histórica e geográfica, todas projetadas nos entusiasmos da prática política, constitui o cadinho intelectual do qual podem emergir novas estratégias para a reconstrução saudável da sociedade. A urgência dessa tarefa, em um mundo assaltado por todos os tipos de perigos insanos – incluindo a ameaça de guerra nuclear total (uma forma inglória de desvalorização) –, certamente não necessita de demonstração. Se o capitalismo atingiu tais limites, então cabe a nós encontrar maneiras para transcender os limites do próprio capital.

Referências bibliográficas

OBRAS DE MARX

Capital. Nova York, International Publishers, 1967, Livros II e III.
O capital. Trad. Rubens Enderle. São Paulo, Boitempo, 2013, Livro I.
A Contribution to the Critique of Political Economy. Nova York, International Publishers, 1970. [Ed. bras.: *Contribuição à crítica da economia política*, São Paulo, Expressão Popular, 2004.]
Critique of the Gotha Programme. Nova York, International Publishers, 1970. [Ed. bras.: *Crítica do Programa de Gotha*, trad. Rubens Enderle, São Paulo, Boitempo, 2012.]
Early Texts. Org. D. McClellan. Oxford, Basil Blackwell, 1972.
Economic and Philosophic Manuscripts of 1844. Nova York, International Publishers, 1964. [Ed. bras.: *Manuscritos econômico-filosóficos*, trad. Jesus Ranieri, São Paulo, Boitempo, 2004.]
The Eighteenth Brumaire of Louis Bonaparte. Nova York, International Publishers, 1964. [Ed. bras.: *O 18 de brumário de Luís Bonaparte*, trad. Nélio Schneider, São Paulo, Boitempo, 2011.]
Grundrisse: Manuscritos econômicos de 1857-1858. Esboços da crítica da economia política. Trad. Mario Duayer e Nélio Schneider. São Paulo, Boitempo, 2011
The Poverty of Philosophy. Nova York, International Publishers, 1963. [Ed. bras.: *A miséria da filosofia*, São Paulo, Ícone, 2004.]
Results of the Immediate Process of Production (Apêndice ao *Capital*, Livro I). Harmondsworth, Penguin, 1976.
Texts on Method. Org. Terrell Carver. Nova York, Barnes and Noble, 1975.
Theories of Surplus Value. Londres, Lawrence and Wishart, partes 1 e 2, 1969; parte 3, 1972. [Ed. bras.: *Teorias da mais-valia*, Rio de Janeiro, Civilização Brasileira, 1980.]

Wage Labour and Capital. Pequim, Foreign Languages Press, 1978. [Ed. bras.: *Trabalho assalariado e capital & Salário preço e lucro,* São Paulo, Expressão Popular, 2010.]

Wages, Price and Profit. Pequim, Foreign Languages Press, 1965. [Ed. bras.: *Trabalho assalariado e capital & Salário, preço e lucro,* São Paulo, Expressão Popular, 2010.]

OBRAS DE MARX E ENGELS

Collected Works. Nova York, International Publishers, 1975-1980, v. 1-12.

The German Ideology. Nova York, International Publishers, 1970. [Ed. bras.: *A ideologia alemã,* trad. Rubens Enderle, Nélio Schneider e Luciano Martorano, São Paulo, Boitempo, 2007.]

Ireland and the Irish Question. Nova York, International Publishers, 1972.

Manifesto of the Communist Party. Moscou, Progress Publishers, 1952. [Ed. bras.: *Manifesto Comunista,* trad. Álvaro Pina e Ivana Jinkings, São Paulo, Boitempo, 1998.]

On Colonialism. Nova York, International Publishers, 1972.

Selected Correspondence. Moscou, Progress Publishers, 1955.

OBRAS DE ENGELS

Anti-Dühring. Moscou, Progress Publishers, 1947. [Ed. bras.: *Anti-Dühring,* São Paulo, Boitempo, no prelo.]

The Condition of the Working Class in England in 1844. Londres, Allen and Unwin, 1962. [Ed. bras.: *A situação da classe trabalhadora na Inglaterra,* trad. B. A. Schumann, São Paulo, Boitempo, 2008.]

The Housing Question. Nova York, International Publishers, 1935.

The Origin of the Family, Private Property and the State. Nova York, International Publishers, 1942. [Ed. bras.: *A origem da família, da propriedade privada e do Estado,* São Paulo, Expressão Popular, 2010.]

OUTRAS OBRAS CITADAS

AGLIETTA, M. *A Theory of Capitalist Regulation.* Londres, NLB, 1979.

ALTHUSSER, L. *For Marx.* Londres, Allen Lane, 1969.

_____. BALIBAR, E. *Reading "Capital".* Londres, NLB, 1970.

ALTVATER, E. Notes on Some Problems of State Interventionism. *Kapitalistate.* San Francisco, San Francisco Bay Area Kapitalistate Group, 1973, v. 1-2.

AMIN, S. *Accumulation on a World Scale*. Nova York, Monthly Review Press, 1974.

_____. *Unequal Development*. Nova York, Monthly Review Press, 1977.

_____. *Class and Nation, Historically and in the Current Crisis*. Nova York, Monthly Review Press, 1980.

ANDERSON, P. *Lineages of the Absolutist State*. Londres, NLB, 1974. [Ed. bras.: *Linhagens do Estado absolutista*, São Paulo, Brasiliense, 1995.]

_____. *Arguments within English Marxism*. Londres, NLB, 1980.

ARRIGHI, G. *The Geometry of Imperialism*. Londres, NLB, 1978.

ARTHUR, C. J. The Concept of "Abstract Labor". *Bulletin of the Conference of Socialist Economists*, 1976, v. 5, n. 2.

AVINERI, S. *Hegel's Theory of the Modern State*. Londres, Cambridge University Press, 1972.

AYDALOT, P. *Dynamique spatiale et développement inégal*. Paris, Economica, 1976.

BALL, M. Differential Rent and the Role of Landed Property. *International Journal of Urban and Regional Research*, 1977, v. 1.

BANAJI, J. Summary of Selected Parts of Kautsky's *The Agrarian Question*. *Economy and Society*, 1976, v. 5.

BARAN, P. *The Political Economy of Growth*. Nova York, Monthly Review Press, 1957.

_____. SWEEZY, P. *Monopoly Capital*. Nova York, Monthly Review Press, 1966.

BARKER, C. The State as Capital. *International Socialism*, 1978, série 2, n. 1.

BARRATT-BROWN, M. *The Economics of Imperialism*. Harmondsworth, Penguin Books, 1974.

BARRÈRE, C. *Crise du système de crédit et capitalisme monopoliste d'État*. Paris, Economica, 1977.

BASSETT, K.; SHORT, J. *Housing and Residential Structure*: Alternative Approaches. Londres/Boston, Routledge & K Paul, 1980.

BAUMOL, W. J. The Transformation of Values: What Marx "Really" Meant (an Interpretation). *Journal of Economic Literature*, 1974, v. 12.

BECKER, J. F. *Marxian Political Economy*. Cambridge, Cambridge University Press, 1977.

BENETTI, C. *Valeur et répartition*. Grenoble, Presses universitaires de Grenoble, 1976.

_____. BERTHOMIEU, C.; CARTELIER, J. *Économie classique, économie vulgaire*. Grenoble, Presses universitaires de Grenoble, 1975.

BERNAL, J. D. *Science in History*. Cambridge, MIT Press, 1969, 4 v.

BERTHOUD, A. *Travail productif et productivité du travail chez Marx*. Paris, Maspero, 1974.

BLAUG, M. Technical Change and Marxian Economics. In: HOROWITZ, D. (org.). *Marx and Modern Economics*. Nova York, Modern Reader Paperbacks, 1968.

BLAUG, M. *Economic Theory in Retrospect*. Londres, Heinemann, 1978.

BLEANEY, M. *Underconsumption Theories*. Nova York, International Publishers, 1976.

BOCCARA, P. *Études sur le capitalisme monopoliste d'État, sa crise et son issue*. Paris, Éditions sociales, 1974.

Boddy, R.; Crotty, J. Class Conflict and Macro-Policy: the Political Business Cycle. *Review of Radical Political Economics*, 1975, v. 7, n. 1.

Böhm-Bawerk, E. von. *Karl Marx and the Close of his System*. Nova York, Augustus M. Kelley, 1949.

Bouvier, J.; Furet, F.; Gillet, M. *Le mouvement du profit en France au XIXe siècle*. Paris, La Haye, Mouton et Cie, 1965.

Braverman, H. *Labor and Monopoly Capital*. Nova York, Monthly Review Press, 1974. [Ed. bras.: *Trabalho e o capital monopolista*, Rio de Janeiro, Zahar, 1974.]

Brighton Labour Process Group. The Capitalist Labour Process. *Capital and Class*, 1977, v. 1.

Bronfenbrenner, M. "Das Kapital" for the Modern Man. In: Horowitz, D. (org.). *Marx and Modern Economics*. Nova York, Modern Reader Paperbacks, 1968.

Bukharin, N. Imperialism and the Accumulation of Capital. In: Luxemburgo, R; Bukharin, N. *Imperialism and the Accumulation of Capital*. Nova York, Monthly Review Press, 1972.

Burawoy, M. Toward a Marxist Theory of the Labor Process: Braverman and Beyond. *Politics and Society*, 1978, v. 8.

Burawoy, M. *Manufacturing Consent*: Changes in the Labor Process under Monopoly Capitalism. Chicago, University of Chicago Press, 1979.

Carney, J. G.; Hudson, R.; Lewis, J. R. *Regions in Crisis*. Nova York, St. Martin's Press, 1980.

Castells, M. *The Urban Question*. Londres, Edward Arnold, 1977. [Ed. bras.: *A questão urbana*, São Paulo, Paz e Terra, 2009.]

Chandler, A. *Strategy and Structure*. Cambridge, MIT. Press, 1962.

_____. *The Visible Hand*: the Managerial Revolution in American Business. Cambridge, Belknap Press, 1977.

Cheape, C. W. *Moving the Masses*. Cambridge, Harvard University Press, 1980.

Christaller, W. *Central Places in Southern Germany*. Englewood Cliffs, Prentice-Hall, 1966.

Churchward, L. G. Towards the Understanding of Lenin's Imperialism. *Australian Jornal of Politics and History*, 1959, v. 5, n. 1.

Clarke, S. The Value of Value. *Capital and Class*, 1980, v. 10.

Cogoy, M. The Fall in the Rate of Profit and the Theory of Accumulation: a Reply to Paul Sweezy. *Conference of Socialist Economists Bulletin*, 1973, v. 2, n. 7.

Cohen, G. A. *Karl Marx's Theory of History*: a Defence. Princeton, Princeton University Press, 1978.

Conference of Socialist Economists. On the Political Economy of Women. CSE Pamphlet, 1976, n. 2.

Coutiere, A. *Le système monétaire français*. Paris, Economica, 1976.

CROUZET, F. *Capital Formation in the Industrial Revolution*. Londres, Methuen, 1972.

CUTLER, A.; HINDESS, B.; HIRST, P.; HUSSAIN, A. *Marx's Capital and Capitalism Today*. Londres/Boston, Routledge and Kegan Paul, 1978, 2 v.

DAVIS, H. *Toward a Marxist Theory of Nationalism*. Nova York, Monthly Review Press, 1978.

DE BRUNHOFF, S. *L'offre de monnaie*. Paris, Maspero, 1971.

_____. *Marx on Money*. Nova York, Urizen Books, 1976. [Ed. bras.: *A moeda em Marx*, São Paulo, Paz e Terra, 1978.]

_____. *The State, Capital and Economic Policy*. Londres, Pluto Press, 1978.

_____. *Les rapports d'argent*. Grenoble, Presses universitaires de Grenoble, 1979.

DE GAUDEMAR, J. P. *Mobilité du travail et accumulation du capital*. Paris, Maspero, 1976.

DE LA HAYE, Y. *Marx and Engels on the Means of Communication*. Nova York/Bagnolet, International General/International Mass Media Research Center, 1979.

DEANE, P.; COLE, W. *British Economic Growth*: 1688-1959. Londres, Cambridge University Press, 1962.

DEAR, M.; SCOTT, A. (orgs.). *Urbanization and Urban Planning in Capitalist Society*. Londres/Nova York, Methuen, 1981.

DESAI, M. *Marxian Economics*. Oxford, Basil Blackwell, 1979 [Ed. bras.: *Economia marxista*, Rio de Janeiro, Zahar, 1984].

DICHERVOIS, M.; THÉRET, B. *Contribution à l'étude de la rente foncière urbaine*. Paris, Mouton, 1979.

DOBB, M. *Political Economy and Capitalism*. Londres, Routledge, 1940. [Ed. bras.: *Economia política e capitalismo*, São Paulo, Graal, 1978.]

_____. *The Studies in the Development of Capitalism*. Nova York, International Publishers, 1963.

_____. *Theories of Value and Distribution since Adam Smith*: Ideology and Economic Theory. Londres, Cambridge University Press, 1973.

_____. A Note on the Ricardo-Marx-Sraffa Discussion. *Science and Society*, 1975-1976, v. 39.

DOMHOFF, W. G. *The Powers That Be*: Processes of Ruling-Class Domination in America. Nova York, Random House, 1978.

DONZELOT, J. *The Policing of the Families*: Welfare *versus* the State. Nova York, Pantheon Books, 1979.

DOSTALER, G. *Valeur et prix*: histoire d'un débat. Paris, Maspero, 1978.

_____. *Marx*: la valeur et l'économie politique. Paris, Anthropos, 1978.

DRAPER, H. *Karl Marx's Theory of Revolution*. Part 1: State and Bureaucracy. Nova York, Monthly Review Press, 1977.

DULONG, R. *Les régions, l'État et la société locale*. Paris, PUF, 1978.

DUMÉNIL, G. L'expression du taux de profit dans "Le Capital". *Revue Économique*, 1975, v. 26.

_____. *Marx et Keynes face à la crise*. Paris, Economica, 1977.

EDEL, M. Marx's Theory of Rent: Urban Applications. *Kapitalistate*, 1976, v. 4-5.

EDWARDS, R. *Contested Terrain*: the Transformation of the Workplace in the Twentieth Century. Nova York, Basic Books, 1979.

EISENSTEIN, Z. (org.). *Capitalist Patriarchy and the Case for Socialist Feminism*. Nova York, Monthly Review Press, 1979.

ELBAUM, B.; LAZONICK, W.; WILKINSON, F.; ZEITLIN, J. The Labour Process, Market Structure and Marxist Theory. *Cambridge Journal of Economics*, 1979, v. 3.

ELBAUM, B.; WILKINSON, F. Industrial Relations and Uneven Development: a Comparative Study of the American and British Stell Industries. *Cambridge Journal of Economics*, 1979, v. 3.

ELGER, T. Valorization and "Deskilling": a Critique of Braverman. *Capital and Class*, 1979, v. 7.

ELSON, D. (org.). *Value*: the Representation of Labour in Capitalism. Londres/Atlantic Highlands, CSE Books/Humanities Press, 1979.

ELSTER, J. The Labor Theory of Value: a Reinterpretation of Marxist Economics. *Marxist Perspectives*, 1978, v. 1, n. 3.

EMMANUEL, A. *Unequal Exchange*: a Study of the Imperialism of Trade. Nova York, Monthly Review Press, 1972.

ERLICH, A. Dobb and the Marx-Feldman Model: a Problem in Soviet Economic Strategy. *Cambridge Journal of Economics*, 1978, v. 2.

FAIRLEY, J. French Developments in the Theory of State Monopoly Capitalism. *Science and Society*. 1980, v. 44.

FINE, B. World Economic Crisis and Inflation. In: GREEN, F.; NORE, P. (orgs.). *Issues in Political Economy*: A Critical Approach. Londres, Macmillan, 1979.

_____. On Marx's Theory of Agricultural Rent. *Economy and Society*, 1979, v. 8.

_____. *Economic Theory and Ideology*. Nova York, Holmes & Meier Publishers, 1981.

FINE, B.; HARRIS, L. *Re-Reading Capital*. Londres, Macmillan, 1979.

FITCH, R.; OPENHEIMER, M. Who Rules the Corporations? *Socialist Revolution*, 1970, v. 1, n. 4-6.

FOSTER, J. *Class Struggle in the Industrial Revolution*. Nova York, St. Martin's Press, 1975.

FRANK, A. *Capitalism and Underdevelopment in Latin America*. Nova York, Monthly Review Press, 1969.

FREYSSENET, M. *Les rapports de production*: travail productif et travail improductif. Paris, CSU, 1971.

_____. *La division capitaliste du travail*. Paris, Savelli, 1977.

FRIEDMAN, A. *Industry and Labour*. Londres, Macmillan, 1977.

_____. Responsible Autonomy versus Direct Control over the Labour Process. *Capital and Class*, 1977, v. 1.

GARDNER, L. C. *Economic Aspects of New Deal Diplomacy*. Madison, University of Wisconsin Press, 1964.
GERDES, C. The Fundamental Contradiction in the Neoclassical Theory of Income Distribution. *Review of Radical Political Economics*, 1977, v. 9, n. 2.
GERSTEIN, I. Production, Circulation and Value: the Significance of the 'Transformation Problem' in Marx's Critique of Political Economy. *Economy and Society*, 1976, v. 3.
GILLMAN, J. *The Falling Rate of Profit*. Londres, D. Dobson, 1957.
GLYN, A.; SUTCLIFFE, R. *British Capitalism, Workers and the Profit Squeeze*. Harmondsworth, Penguin, 1972.
GODELIER, M. *Rationality and Irrationality in Economics*. Londres, NLB, 1972. [Ed. bras.: *Racionalidade e irracionalidade na economia*, São Paulo, Tempo Brasileiro, 1970.]
GOLDSMITH, R. W. *Financial Structure and Development*. New Haven, Yale University Press, 1969.
GOUGH, I. Productive and Unproductive Labour in Marx. *New Left Review*, 1972, v. 76.
GRAMSCI, A. *Prison Notebooks*. Londres, Lawrence & Wishart, 1971. [Ed. bras.: *Cadernos do cárcere*, trad. Carlos Nelson Coutinho, Rio de Janeiro, Civilização Brasileira, 1999.]
GROSSMAN, H. Archive: Marx, Classical Political Economy and the Problem of Dynamics. *Capital and Class*, 1977, v. 2-3.
GURLEY, J. G.; SHAW, E. S. *Money in a Theory of Finance*. Washington, Brookings Institution, 1960.
HANNAH, L. *The Rise of the Corporate Economy*. Londres, Methuen, 1976.
HARRIS, L. On Interest, Credit and Capital. *Economy and Society*, 1976, v. 5.
_____. The Science of the Economy. *Economy and Society*, 1978, v. 7.
_____. The Role of Money in the Economy. In: GREEN, F.; NORE, P. (orgs.). *Issues in Political Economy*: a Critical Approach. Londres, Macmillan, 1979.
HARTMANN, H. The Unhappy Marriage of Marxism and Feminism: Towards a More Progressive Union. *Capital and Class*, 1979, v. 8.
HARVEY, D. *Explanation in Geography*. Londres, Edward Arnold, 1969.
_____. *Social Justice and the City*. Londres, Edward Arnold, 1973.
_____. The Geography of Capitalist Accumulation: a Reconstruction of the Marxian Theory. *Antipode*, 1975, v. 7, n. 2.
_____. Labor, Capital and Class Struggle Around the Built Environment in Advanced Capitalist Societies. *Politics and Society*, 1977, v. 6.
_____. Urbanization under Capitalism: a Framework for Analysis. *International Journal of Urban and Regional Research*, 1978, v. 2.
HARVEY, J. Theories of Inflation. *Marxism Today*, jan. 1977.
HEERTJE, A. Essay on Marxian Economics. *Schweizerisches Zeitschrift für Volkwirtschaft und Statistik*, 1972, v. 108.

_____. *Economics and Technical Change*. Nova York, Wiley, 1977.

HEGEL, G. W. *Philosophy of Right*. Oxford, Oxford University Press, 1967. [Ed. bras.: *Princípios da filosofia do direito*, Martins Fontes, 2003.]

HENDRICK, B. J. Great American Fortunes and Their Making: Street Railway Financiers. *McClures Magazine*, 1907, v. 30.

HERMAN, E. S. Do Bankers Control Corporations? *Monthly Review*, 1973, v. 25, n. 1.

_____. Kotz on Banker Control. *Monthly Review*, 1979, v. 31, n. 4.

HILFERDING, R. *Le capital financier*. Paris, Éditions de Minuit, 1970.

HILTON, R. (org.). *The Transition from Feudalism to Capitalism*. Londres/Atlantic Highlands, NLB/Humanities Press, 1976.

HIMMELWEIT, S.; MOHUN, S. Domestic Labour and Capital. *Cambridge Journal of Economics*, 1977, v. 1.

HINDESS, B.; HIRST, P. *Pre-Capitalist Modes of Production*. Londres /Boston, Routledge and K. Paul, 1975. [Ed. bras.: *Modos de produção pré-capitalistas*, Rio de Janeiro, Zahar, 1976.]

_____. *Mode of Production and Social Formation*. Londres, Macmillan, 1977. [Ed. bras.: *Modos de produção e formação social*, Rio de Janeiro, Zahar, 1978.]

HIRSCHMAN, A. O. On Hegel, Imperialism, and Structural Stagnation. *Journal of Development Economics*, 1976, n. 3. [Ed. bras.: "Sobre Hegel, imperialismo e estagnação estrutural, em *Almanaque*, Brasiliense, n. 9, 1979.]

HOBSON, J. A. *Imperialism*. Ann Arbor, University of Michigan Press, 1965.

HODGSON, G. The Theory of the Falling Rate of Profit. *New Left Review*, 1974, v. 84.

_____. A Theory of Exploitation without the Labor Theory of Value. *Science and Society*, 1980, v. 44.

HOLLOWAY, J.; PICCIOTTO, S. *State and Capital*: a Marxist Debate. Londres, Edward Arnold, 1978.

HOOK, S. *Towards the Understanding of Karl Marx*: a Revolutionary Interpretation. Nova York, John Day Co., 1933.

HOWARD, M. C.; KING, J. E. *The Political Economy of Marx*. Londres, Longman, 1975.

HUMPHRIES, J. Class Struggle and the Persistence of the Working-Class Family. *Cambridge Journal of Economics*, 1977, v. 1.

Hunt Commission Report. *Financial Structure and Regulation*. Washington, 1971.

HUNT, E. K. The Categories of Productive and Unproductive Labor in Marxist Economic Theory. *Science and Society*, 1979, v. 43.

HYMER, S. The Multinational Corporation and the Law of Uneven Development. In: BHAGWATI, J. (org.). *Economics and World Order from the 1970s to the 1990s*. Nova York, Macmillan, 1972.

ISARD, W. *Location and Space Economy*. Nova York, Technology Press of Massachusetts Institute of Technology/Wiley, 1956.

Itoh, M. A Study of Marx's Theory of Value. *Science and Society*, 1976, v. 40.
_____. The Formation of Marx's Theory of Crisis. *Science and Society*, 1978, v. 42.
_____. The Inflational Crisis of Capitalism. *Capital and Class*, 1978, v. 4.
Jacobi, O.; Bergmann, J.; Mueller-Jentsch, W. Problems in Marxist Theories of Inflation. *Kapitalistate*, 1975, v. 3.
Kalecki, M. *Selected Essays on the Dynamics of the Capitalist Economy*. Londres, Cambridge University Press, 1971.
Kautsky, K. *La question agraire*. Paris, Maspero, 1970. [Ed. bras.: *A questão agrária*, São Paulo, Nova Cultural, 1986.]
Keiper, J. S.; Kurnow, E.; Clark, C. D.; Segal, H. H. *Theory and Measurement of Rent*. Filadélfia, Chilton Co., Book Division, 1961.
Kemp, T. *Theories of Imperialism*. Londres, Dobson, 1967.
Keynes, J. M. *The General Theory of Employment, Interest and Money*. Nova York, Harcourt, Brace, 1936. [Ed. bras.: *A teoria geral do emprego, do juro e da moeda*, São Paulo, Nova Cultural, 1996.]
Koeppel, B. The New Sweatshops. *The Progressive*, 1978, v. 42, n. 11.
Kolko, G. *The Triumph of Conservatism*: a Reinterpretation of American History. Nova York, Free Press of Glencoe, 1963.
Kotz, D. *Bank Control of Large Corporations in the United States*. Berkeley, University of California Press, 1978.
Krelle, W. Marx as a Growth Theorist. *German Economic Review*, 1971, v. 9.
Kühne, K. *Economics and Marxism*. Nova York, St. Martin's Press, 1979, 2 v.
Laclau, E. *Politics and Ideology in Marxist Theory*: Capitalism, Fascism, Populism. Londres, NLB, 1977. [Ed bras.: *Política e ideologia na teoria marxista*, São Paulo, Paz e Terra, 1978.]
Laibman, D. Values and Prices of Production: the Political Economy of the Transformation Problem. *Science and Society*, 1973-1974, v. 37.
Lamarche, F. Property Development and the Economic Foundations of the Urban Question. In: Pickvance, C. (org.). *Urban Sociology*: Critical Essays. Londres, Tavistock Publications, 1976.
Lazonick, W. Industrial Relations and Technical Change: the Case of the Self-Acting Mule. *Cambridge Journal of Economics*, 1979, v. 3.
Lebowitz, M. A. Capital and the Production of Needs. *Science and Society*, 1977-1978, v. 41.
Lefebvre, H. *Le droit à la ville*. Paris, Anthropos, 1972.
_____. *La production de l'espace*. Paris, Anthropos, 1974.
Lenin, V. I. *The Development of Capitalism in Russia*. Moscou, Foreign Languages Pub. House, 1956. [Ed. bras.: *O desenvolvimento do capitalismo na Rússia*, São Paulo, Abril Cultural, 1982.]

_____. *Selected Works*. Moscou, Progress Publishers, 1970, 3 v.

Levine, D. *Economic Theory*. Londres/Boston, Routledge and K. Paul, 1978.

Lipietz, A. *Le tribut foncier urbain*. Paris, Maspero, 1974.

_____. *Le capital et son espace*. Paris, Maspero, 1977.

Lösch, A. *The Economics of Location*. Nova York, Science Editions, 1967.

Luxemburgo, R. *The Accumulation of Capital*. Londres, Routledge and K. Paul, 1951. [Ed. bras.: *A acumulação do capital*, São Paulo, Nova cultural, 1988.]

Luxemburgo, R.; Bukharin, N. *Imperialism and the Accumulation of Capital*. Nova York, Monthly Review Press, 1972.

Maarek, G. *An Introduction to Karl Marx's* Das Kapital: a Study in Formalisation. Nova York, Oxford University Press, 1979.

Macfarlane, A. *The Origins of English Individualism*: The Family, Property and Social Transition. Oxford, Blackwell Basil, 1978. [Ed. bras.: *Família, propriedade e transição social*, Rio de Janeiro, Zahar, 1980.]

Macpherson, C. B. *The Political Theory of Possessive Individualism*. Oxford, Clarendon Press, 1962.

Magaline, A. D. *Lutte de classe et dévalorisation du capital*. Paris, Maspero, 1975.

Malos, E. *The Politics of Housework*. Londres, Allison & Busby, 1980.

Mandel, E. *Marxist Economic Theory*. Londres, Merlin, 1968.

_____. *The Formation of the Economic Thought of Karl Marx*. Nova York, Monthly Review Press, 1971.

_____. *Late Capitalism*. Londres/Atlantic Highlands, NLB/Humanities Press, 1975. [Ed. bras.: *O capitalismo tardio*, São Paulo, Abril Cultural, 1982.]

_____. *The Second Slump*. Londres, NLB, 1978.

Massey, D. Regionalism: Some Current Issues. *Capital and Class*, 1978, v. 6.

_____. In What Sense a Regional Problem? *Regional Studies*, 1979, v. 13.

_____. The U. K. Electrical Engineering and Electronics Industries: the Implications of the Crisis for the Restructuring of Capital and Locational Change. In: Dear, M.; Scott, A. (orgs.). *Urbanization and Urban Planning in Capitalist Society*. Londres/Nova York, Methuen, 1981.

Massey, D.; Catalano, A. *Capital and Land: Landownership by Capital in Great Britain*. Londres, Edward Arnold, 1978.

Mathias, P. Capital Credit and Enterprise in the Industrial Revolution. *Journal of European Economic History*, 1973, v. 2.

Mattick, P. *Marx and Keynes*. Boston, P. Sargent, 1969.

_____. *Economics, Politics and the Age of Inflation*. White Plains, M. E. Sharpe, 1980.

Mckinnon, R. *Money and Capital in Economic Development*. Washington, Brookings Institution, 1973.

Meek, R. L. *Studies in the Labour Theory of Value*. Londres, Lawrence and Wishart, 1973.

_____. *Smith, Marx and After*. Londres/Nova York, Chapman & Hall/Wiley, 1977.
MEILLASSOUX, C. *Maidens, Meal and Money*. Londres, Cambridge University Press, 1981.
MERIGNAS, M. Travail social et structures de classe. *Critiques de l'économie politique*, New Series, 1978, n. 3.
MONTGOMERY, D. *Worker's Control in America*. Londres, Cambridge University Press, 1979.
MORIN, F. *La structure financière du capitalisme français*. Paris, Calmann-Lèvy, 1974.
MORISHIMA, M. *Marx's Economics*. Londres, Cambridge University Press, 1973.
_____. CATEPHORES, G. *Value, Exploitation and Growth*. Maidenhead, McGraw-Hill, 1978.
NAGELS, J. *Travail collectif et travail productif*. Bruxelas, Éditions de l'Université de Bruxelles, 1974.
NAIRN, T. *The Break-up of Britain*: Crisis and Neo-Nationalism. Londres, NLB, 1977.
NIEHANS, J. *The Theory of Money*. Baltimore, Johns Hopkins University Press, 1978.
NOBLE, D. *America by Design*: Science, Technology and the Rise of Corporate Capitalism. Nova York, Knopf, 1977.
O'CONNOR, J. *The Fiscal Crisis of the State*. Nova York, St. Martin's Press, 1973.
_____. Productive and Unproductive Labor. *Politics and Society*, 1975, v. 4.
OKISHIO, N. Technical Change and the Rate of Profit. *Kobe University Economic Review*, 1961, v. 7.
OLLMAN, B. *Alienation: Marx's Conception of Man in Capitalist Society*. Londres, Cambridge University Press, 1971.
_____. Marxism and Political Science: a Prolegomenon to a Debate on Marx's Method. *Politics and Society*, 1973, v. 3.
OSADCHAYA, I. *From Keynes to Neo-Classical Synthesis*: a Critical Analysis. Moscou, Progress Publishers, 1974.
PALLOIX, C. *Les firmes multinationales et le procès d'internationalisation*. Paris, Maspero, 1973.
_____. *L'internationalisation du capital*. Paris, Maspero, 1975.
_____. The Internationalization of Capital and Circuit of Social Capital. In: RADICE, H. (org.). *International Firms and Modern Imperialism*. Harmondsworth, Penguin Books, 1975.
_____. The Labour-Process: From Fordism to Neo-Fordism. In: CONFERENCE of Socialist Economists. *The Labour Process and Class Strategies*. Londres, 1976.
PALMER, B. Class, Conception and Conflict: the Thrust for Efficiency, Managerial Views of Labour, and the Working Class Rebellion, 1903-1922. *Review of Radical Political Economics*, 1975, v. 7, n. 2.
PANNEKOEK, A. The Theory of the Collapse of Capitalism. *Capital and Class*, 1977, v. 1.
PEET, R. Spatial Dialectics and Marxist Geography. *Progress in Human Geography*, 1981, v. 5.

Pilling, G. The Law of Value in Ricardo and Marx. *Economy and Society*, 1972, v. 1.

Pinkney, D. H. *Napoleon III and the Rebuilding of Paris*. Princeton, Princeton University Press, 1958.

Portes, A. The Informal Sector and the Capital Accumulation Process in Latin America. In: Portes, A.; Walton, J. (orgs.). *The Political Economy of Development*. Nova York, Academic Press, 1980.

Postel-Vinay, G. *La rente foncière dans le capitalisme agricole*. Paris, Maspero, 1974.

Poulantzas, N. *Classes in Contemporary Capitalism*. Londres, NLB, 1975. [Ed. bras.: *As classes sociais no capitalismo de hoje*, Rio de Janeiro, Zahar, 1978.]

_____. *State, Power, Socialism*. Londres, NLB, 1978. [Ed. bras.: *O Estado, o poder, o socialismo*, São Paulo, Graal, 1990.]

Radice, H. (org.). *International Firms and Modern Imperialism*. Harmondsworth/Baltimore, Penguin Books, 1975.

Report of the Commission on Money and Credit. *Money and Credit, Their Influence on Jobs, Prices, and Growth*. Englewood Cliffs, Prentice-Hall, 1961.

Revell, J. *The British Financial System*. Londres, Macmillan, 1973.

Rey, P-P. *Les alliances de classes*. Paris, Maspero, 1973.

Ricardo, D. *The Works and Correspondence of David Ricardo*. Londres, Cambridge University Press, 1970.

Roberts, S. Portraits of a Robber Baron: Charles T. Yerkes. *Business History Review*, 1961, v. 35.

Robinson, J. *An Essay on Marxian Economics*. Londres, Macmillan, 1967.

_____. "Marx and Keynes". In: Horowitz, D. (org.). *Marx and Modern Economics*. Nova York, Modern Reader Paperbacks, 1968.

_____. The Labor Theory of Value. *Monthly Review*, 1977, v. 29, n. 7.

_____. The Organic Composition of Capital. *Kyklos*, 1978, v. 31.

Roemer, J. Technical Change and the "Tendency of the Rate of Profit to Fall". *Journal of Economy Theory*, 1977, v. 15.

_____. The Effect of Technological Change on the Real Wage and Marx's Falling Rate of Profit. *Australian Economic Papers*, 1978, v. 17.

_____. Continuing Controversy on the Falling Rate of Profit: Fixed Capital and Other Issues. *Cambridge Journal of Economics*, 1979, v. 3.

_____. A General Equilibrium Approach to Marxian Economics. *Econometrica*, 1980, v. 48.

Roncaglia, R. The Reduction of Complex Labour to Simple Labour. *Bulletin of the Conference of Socialist Economists*, 1974.

Rosdolsky, R. *The Making of Marx's Capital*. Londres, Pluto Press, 1977.

Rostow, W. W. *The Stages of Economic Growth*: A Non-Communist Manifesto. Londres, Cambridge University Press, 1960.

Rowthorn, B. *Capitalism, Conflict and Inflation*. Londres, Lawrence and Wishart, 1980.
Rubin, I. *Essays on Marx, Theory of Value*. Detroit, Black & Red, 1972.
Samuelson, P. Wages and Prices: a Modern Dissection of Marxian Economic Models. *American Economic Review*, 1957, v. 47.
_____. Understanding the Marxian Notion of Exploitation: a Summary of the So-Called Transformation Problem Between Marxian Values and Competitive Prices. *Journal of Economic Literature*, 1971, v. 9.
Santos, M. *The Shared Space*: the Two Circuits of the Urban Economy in Underdeveloped Countries. Londres/Nova York, Methuen, 1979. [Ed. bras.: *O espaço dividido*, São Paulo, Edusp, 2008.]
Schmidt, A. *The Concept of Nature in Marx*. Londres, NLB, 1971.
Schumpeter, J. *The Theory of Economic Development*. Cambridge, Harvard University Press, 1934. [Ed. bras.: *A teoria do desenvolvimento econômico*, São Paulo, Abril Cultural, 1984.]
_____. *Business Cycles*. Nova York/Londres, McGraw-Hill Book Company, 1939.
Scott, A. *The Urban Land Nexus and the State*. Londres, Pion, 1980.
Scott, J. *Corporations, Classes, Capitalism*. Londres, Hutchinson, 1979.
Seccombe, W. The Housewife and Her Labour under Capitalism. *New Left Review*, 1974, v. 83.
Shaikh, A. Marx's Theory of Value and the "Transformation Problem". In: Schwarts, J. (org.). *The Subtle Anatomy of Capitalism*. Santa Monica, Goodyear Pub. Co., 1977.
_____. An Introduction to the History of Crisis Theories. In: *U. S. Capitalism in Crisis*. Nova York, Union of Radical Political Economics, 1978.
_____. Foreign Trade and the Law of Value. *Science and Society*, 1979-1980, v. 43-44.
Sherman, H. Marx and the Business Cycle. *Science and Society*, 1967, v. 31.
_____. Marxist Models of Cyclical Growth. *History of Political Economy*, 1971, v. 3.
_____. *Stagflation: a Radical Theory of Unemployment and Inflation*. Nova York, Harper & Row, 1976.
Smith, A. *An Inquiry into the Nature and Causes of the Wealth of Nations*. Nova York, The Modern Library, 1937.[Ed. bras.: *Investigação sobre a natureza e as causas da riqueza das nações*, São Paulo, Abril Cultural, 1974.]
Smith, N. The Production of Nature, 1980 (manuscrito não publicado).
_____. Degeneracy in Theory and Practice: Spatial Interactionism and Radical Eclecticism. *Progress in Human Geography*, 1981, v. 5.
Soja, E. The Socio-Capital Dialectic. *Annals of the Association of American Geographers*, 1980, v. 70. [Ed. bras.: "A dialética socioespacial", em *Geografias pós-modernas: a reafirmação do espaço na teoria social crítica*, Rio de Janeiro, Zahar, 1993, cap. 3.]
Sowell, T. *Say's Law*: an Historical Analysis. Princeton, Princeton University Press, 1972.
Spring, D. *The English Landed Estate in the Nineteenth Century*. Baltimore, Johns Hopkins

Press, 1963.

Sraffa, P. *The Production of Commodities by Means of Commodities.* Londres, Cambridge University Press, 1960. [Ed bras.: *A produção de mercadorias por meio de mercadorias*, Rio de Janeiro, Zahar, 1977.]

Steedman, I. *Marx after Sraffa.* Atlantic Highlands, Humanities Press, 1977.

Stone, F. The Origin of Job Structures in the Steel Industry. *The Review of Radical Political Economics,* 1974, v. 6, n. 2.

Studenski, P.; Kroos, H. E. *Financial History of the United States.* Nova York, McGraw-Hill, 1952.

Sweezy, P. *The Theory of Capitalist Development.* Nova York, Monthly Review Press, 1968. [Ed. bras.: *Teoria do desenvolvimento capitalista*, Rio de Janeiro, Zahar, 1967.]

_____. The Resurgence of Financial Control: Fact or Fancy? *Monthly Review,* 1971, v. 23, n. 6.

_____. Marxian Value Theory. *Monthly Review,* 1979, v. 31, n. 3.

Sweezy, P.; Magdoff, H. *The Dynamics of U. S. Capitalism.* Nova York, Monthly Review Press, 1972.

Taylor, J. G. *From Modernization to Modes of Production.* Londres, Macmillan Press, 1979. Therborn, G. *Science, Class and Society.* Londres, NLB, 1976.

Théret, B.; Wieviorka, M. *Critique de la théorie du capitalisme monopoliste d'État.* Paris, Maspero, 1978.

Thomas, B. *Migration and Economic Growth.* Londres, Cambridge University Press, 1973.

Thompson, E. P. *The Making of the English Working Class.* Harmondsworth, Penguin, 1968. [Ed. bras.: *A formação da classe operária inglesa*, Rio de Janeiro, Paz e Terra, 1987.]

_____. *The Poverty of Theory and Other Essays.* Londres, London Merlin Press, 1978.

Thompson, F. M. L. *English Landed Society in the Nineteenth Century.* Londres, Routledge/Kegan Paul, 1963.

Thompson, G. The Relationship Between the Financial and Industrial Sector in the United Kingdom Economy. *Economy and Society,* 1977, v. 6.

Tilly, L. A.; Scott, J. *Women, Work and Family.* Nova York, Holt, Rinehart and Winston, 1978.

Topalov, C. *Les promoteurs immobiliers.* Paris, Mouton, 1974.

Tortajada, R. A Note on the Reduction of Complex Labour to Simple Labour. *Capital and Class,* 1977, v. 1.

Tribe, K. Economic Property and the Theorization of Ground Rent. *Economy and Society,* 1977, v. 6.

_____. *Land, Labour and Economic Discourse.* Londres/Boston, Routledge & K. Paul, 1978.

Tsuru, S. Keynes *versus* Marx: the Methodology of Aggregates. In: Horowitz, D. (org.). *Marx and Modern Economics.* Nova York, Modern Reader Paperbacks, 1968.

Tucker, R. *The Marxian Revolutionary Idea.* Nova York, Norton, 1969.

Uno, K. *Principles of Political Economy*: Theory of a Purely Capitalist Society. Brighton, Harvester, 1980.

Van Parijs, P. The Falling-Rate-of-Profit Theory of Crisis: a Rational Reconstruction by Way of Obituary. *Review of Radical Political Economics*, 1980, v. 12.

Vilar, P. *A History of Gold and Money*. Londres/Atlantic Highlands, NLB/Humanities Press, 1976.

Von Bortkiewicz, L. Value and Price in the Marxian System. *International Economic Papers*, 1952, v. 2.

Von Weizsäcker. Organic Composition of Capital and Average Period of Production. *Revue d'Économie Politique*, 1977, v. 87, n. 2.

Walker, R. A. *The Suburban Solution*: Urban Reform and Urban Geography in the Capitalist Development of the United States. Tese de doutorado, Baltimore, The Johns Hopkins University, 1977.

Walker, R. A.; Storper, N. Capital and Industrial Location. *Progress in Human Geography*, 1981, v. 5.

Wallerstein, I. The Process of Accumulation and the "Profit-squeeze" Hypothesis. *Science and Society*, 1974, v. 43.

Weeks, J. The Process of Accumulation and the "Profit-Squeeze" Hypothesis. *Science and Society*, 1979, v. 43.

Weisskopf, T. Marxist Perspectives on Cyclical Crises. In: *U. S. Capitalism in Crisis*. Nova York, Union of Radical Political Economics, 1978.

Wilson, J. C. A Note on Marx and the Trade Cycle. *Review of Economic Studies*, 1938, v. 5.

Wright, E. O. *Class, Crisis and the State*. Londres, NLB, 1978. [Ed. bras.: *Classe, crise e o Estado*, Rio de Janeiro, Zahar, 1979.]

Yaffe, D. The Marxian Theory of Crisis, Capital and the State. *Economy and Society*, 1973, v. 2.

Zaretsky, E. *Capitalism, the Family and Personal Life*. Londres, Pluto Press, 1976.

Zeitlin, J. Craft Control and the Division of Labour: Engineers and Compositors in Britain, 1890-1930. *Cambridge Journal of Economics*, 1979, v. 3.

Zeitlin, M. Corporate Ownership and Control: the Large Corporation and the Capitalist Class. *American Journal of Sociology*, 1975, v. 79.

ÍNDICE ONOMÁSTICO

Nota: este índice não inclui os autores de obras citadas nas notas de rodapé. Ver "Referências bibliográficas". Marx também está excluído.

Althusser, L., 40
Amin, S., 40

Ball, M., 455
Baran, P., 40, 208
Bauer, O., 136
Baumol, W., 122
Bernstein, E., 265
Boccara, P., 208-9, 275-6
Böhm-Bawerk, E. von., 111, 114-5, 119
Braverman, M., 113, 167, 170-4, 176-8, 181, 183
Bukharin, N. 136, 381
Burawoy, M., 172, 174, 179

Catalano, A., 447
Catephores, G., 94, 121
Cherbuliez, A.-E., 191
Coronil, F., 19

De Brunhoff, S., 322, 368, 383
Desai, M., 85, 126, 242
Dobb, M., 40, 84

Edwards, R., 174
Elbaum, B., 179, 181

Elson, D., 86
Engels, F., 69, 94, 118-9, 121, 203-4, 208, 243, 251, 254, 321, 430

Fine, B., 455, 459
Foster, J. B., 27
Friedman, A., 178-9
Fromm, E., 176

Gillman, J., 253
Gramsci, A., 167, 176
Grossman, H., 136

Habermas, J., 176
Heertje, A., 255
Hegel, G. W. F., 18, 524-6, 549
Hilferding, R., 204, 265, 322, 373, 375, 379, 381-4, 388, 414-5, 417, 419-20
Hobson, J., 381, 383, 420
Horkheimer, M., 176
Hymer, S., 203

Jessop, B., 21

Kalecki, M., 134
Kautsky, K., 265

Keynes, J., 19, 134-5, 403
Koeppel, B., 40

Laibman, D., 120
LaSalle, F., 101
Lazonick, W., 173
Lefebvre, H., 25
Lenin, V. I., 204, 26, 322, 373, 375, 379-83, 388, 414-5, 419-20, 426, 554, 556-7
Levine, D., 293
Lukács, G., 176
Luxemburgo, R., 20, 28, 133, 135-6, 152, 240, 247, 265, 554, 559

MacPherson, C. B., 64
Magaline, A., 265
Malthus, T., 28, 103, 132, 134, 151, 234-5, 429
Mandel, E., 40
Marcuse, H., 176
Massey, D., 447
Meek, R., 84, 121
Mellon, A., 413
Mill, J., 132
Mill, J. S., 90, 92, 132, 134, 249
Morgan, J. P., 331-2
Morishima, M., 85, 94, 111, 121-2, 242, 255, 291-2

O'Connor, J., 27
Okishio, N., 258
Ollman, B., 44

Palmer, B., 174
Poulantzas, N., 40

Quesnay, F., 49, 240

Rey, P.-P., 444, 447
Ricardo, D., 12, 27, 59-60, 70-1, 83, 89, 96, 103, 132, 13, 153, 191, 234, 249, 269, 293, 325, 428-9, 433, 435, 450, 452, 455-6
Robinson, J., 85
Roemer, J., 85
Roncaglia, R., 112
Rosdolsky, R., 322
Rowthorn, R., 102, 112
Rubin, I., 85

Samuelson, P., 111, 120
Shaikh, A., 121
Sismondi, J., 132-4, 136, 153
Smith, A., 12, 89-91, 96, 166, 211, 213, 249, 266, 483
Sraffa, P., 90, 291-2
Steedman, I., 291-2
Sweezy, P., 40, 84, 133, 136, 208, 234

Thompson, E., 40, 176-7
Tortajada, R., 112
Tugan-Baranovski, M., 299, 300

Uno, K., 40

Van Parijs, P., 258
von Bortkiewicz, L., 119
von Neumann, O., 291

Wallerstein, I., 40

ÍNDICE REMISSIVO

açambarcamento, 57, 128, 145, 242, 312, 336, 348, 362
acumulação do capital (*ver* ciclos: superacumulação), 12-3, 16, 19, 20-2, 24, 34, 51-2, 104, 108, 133, 135, 148, 150, 152, 170, 173, 175, 178, 187, 199, 228, 230-1, 240, 281, 297, 311, 320, 347, 381, 419, 437, 459, 461, 464, 471, 473, 475, 481, 486-7, 524, 529, 540, 549-50, 559, 565
   acumulação pela acumulação, 33, 76, 82, 86, 106, 108, 145, 151, 155-6, 227-8, 236, 247, 268, 388, 525, 547
   de dívidas (*ver* capital fictício), 356, 391
   equilibrada (*ver* equilíbrio), 201-2, 230, 238, 243, 247-8, 263, 295, 347, 375-6, 394, 405, 410
   lei geral da, 227, 230-4, 236, 408
   modelos de, 226, 231, 254, 282, 318
administradores, 79, 170, 348, 377, 418, 542-3
agricultura, 27, 128, 185, 210, 283, 317, 432-5, 440-1, 451-8, 464, 467, 469
ajuste espacial, 22, 39, 497, 539, 544, 546, 548-9, 553-4, 556, 558-9, 564
alianças de classe, 20, 22, 409, 424, 479, 536, 555, 565-6

ambiente construído (*ver* infraestruturas), 124, 160, 289, 3148, 351, 359, 428, 432, 467, 481, 483-4, 503-6, 510, 518, 564

bancos, 30, 275, 329-34, 348, 361, 363, 367-8, 370, 378, 380-1, 388, 395-6, 403, 411-6, 419-20, 447, 469, 493, 542
   central, 331-4, 369-70, 384, 386-7, 389-401, 403-6, 409-19, 424, 493-4, 542, 564-5
base monetária, 39, 338-9, 347, 356, 365, 383-90, 393, 395-7, 402, 407, 409, 422, 480, 493-4, 534, 545
burguesia, 26, 73-4, 96, 129-30, 137, 145, 150-1, 157, 170, 220, 233, 237, 314, 342, 360, 362, 373-4, 377-8, 389, 394, 396, 405, 407, 411-4, 418-9, 423, 438, 445-6, 451, 463, 465, 469-70, 489, 507, 509, 513, 524, 531, 549, 551, 566
burocracia (*ver* Estado), 565

camponeses, 114, 235, 340, 443, 462, 465-7, 550
capital (*ver* circulação do capital; circulação do capital que rende juros; capital fixado)
   centralização do, 203, 205, 213, 218, 257, 274, 305, 348, 358-60, 376, 414, 534, 564

circulante, 194, 279, 284-6, 289, 294-99, 301, 304, 306, 308, 311, 315, 318-20, 352, 359, 374-5, 382
conceito de, 303, 373, 380-1, 414, 458
concentração de, 205
constante (*ver* composição do capital), 95-6, 112, 116-7, 150, 190, 193-8, 237, 241, 244-5, 247, 250-1, 254-7, 260, 271, 273, 278, 284-6, 289, 302, 305, 308, 318, 394, 396, 433, 481, 495, 499, 538, 547
fictício, 19, 31, 155, 352-9, 364-7, 374, 379, 386-7, 391, 393-7, 403-5, 409, 413, 417, 422, 431, 447-8, 468, 470-3, 476, 503-4, 517
financeiro, 13, 26, 39, 204, 316, 348, 367, 373-5, 377-425, 517, 556-7
mercantil, 124, 127, 129, 446, 534
monetário (*ver* circulação do capital que rende juros), 30, 67, 93, 103, 124-9, 141-3, 146, 149, 154-5, 179, 211, 217-20, 245-7, 259, 267, 271-2, 279, 298, 306, 308-9, 312-3, 317, 319, 322-3, 336-60, 364-5, 368-70, 373-8, 381, 387, 394, 396, 412-

Índice remissivo / 587

3, 420, 446, 469, 471, 473, 476, 492, 503-4, 516-8, 532, 539, 547, 555
produtivo, 67, 100, 125-6, 129, 142, 154, 204, 245, 353, 355, 395
variável (*ver* composição do capital; valor da força de trabalho), 95-6, 100, 107-8, 110, 116-7, 148-50, 190, 193-8, 200, 220, 227, 229, 231-2, 238-9, 241, 243-6, 256-8, 260, 279-80, 285-6, 362, 390, 481, 485-6
capital excedente (*ver* superacumulação), 19, 29, 31, 265, 268, 279, 319, 449, 517, 547
capital fixo, 12, 19, 37-9, 49-50, 84, 116, 124, 134, 145, 186-8, 193-7, 214-5, 230, 237, 241, 244-5, 250, 254, 258-9, 262, 266, 271-3, 275, 277-8, 282-320, 351-9, 374-5, 382, 393-8, 422, 428, 434, 457, 468, 483-4, 495, 502-3, 516, 540
desvalorização do (*ver* desvalorização), 299, 301, 303
durabilidade, 304, 307
tipo autônomo de, 307, 309-10, 351, 503
valor do, 145, 287-8, 291, 293, 354 5
capital social (e ações) (*ver* capital fictício), 149, 193, 206, 240, 250, 274-5, 357, 359-60, 378, 452, 503, 531
ciclos (*ver* acumulação de capital), 131, 134, 257, 393, 423, 551
ciência, 43, 45, 47, 60, 86-7, 161, 171, 175-6, 205, 214, 369, 412, 445, 516, 518, 561
circulação do capital (*ver* capital; circulação do capital que rende juros; capital fixo), 19, 26, 35-6, 66, 74, 124-9, 141-9, 166, 194, 196-7, 213, 220-1, 225-6, 241, 243-7, 258-61, 267, 270, 282, 286-9, 291-5, 300-12, 317-23, 335, 338-41, 344, 346-7, 350-4, 357, 361-2, 370, 373-4, 376, 378, 383, 385, 389-90, 393, 399, 403-4, 411, 413, 417-21, 424-5, 429, 434, 447-9, 468-70, 472, 475-6,

480-2, 485, 489, 502-9, 512, 514-5, 520-2, 526, 528-31, 533, 538, 540, 546, 548, 555-6
capital constante, 260
capital variável, 194, 241, 243, 245
mais-valor, 510
circulação do capital que rende juros (*ver* circulação do capital), 312, 321, 323, 346-7, 353-4, 357, 370, 378, 411, 413, 417-21, 424, 447-9, 470, 472, 475-6, 504
circulação das receitas, 361-2, 389-90, 392, 395-6, 399, 510
classe capitalista (*ver* conceito de classe; relações de classe; luta de classes;contradições do capitalismo – individual v. classe), 11, 13, 17, 28, 73-4, 77, 81-3, 93, 123, 150-1, 169, 193, 201, 220, 232, 262, 267, 278-9, 321, 323, 358, 370, 375-9, 381, 388, 407, 409, 419, 423, 491, 496
facções, 13, 74, 96, 322, 370-1, 377, 391, 418, 424, 451, 465, 488, 509, 521-2, 530-3, 535-6, 555-6, 565
classe trabalhadora (*ver* conceito de classe; relações de classe), 11, 13, 30, 77-83, 95, 100, 106, 109, 133, 148-9, 151-2, 165, 174-6, 183, 188, 227, 230-3, 243-4, 249, 263, 267, 280, 362, 399, 407-8, 419, 451, 467-3, 487, 489, 491, 510, 531, 562-3, 570
consumo (*ver* padrão de vida do trabalho), 244
cultura, 244
degradação/empobrecimento, 79, 147, 168-72, 230-1, 245, 276, 280, 326, 528
estratificação (*ver* hierarquias), 562
organização, 399
poupanças, 348-9, 351, 354, 362-3, 367-8, 370, 376, 378, 395, 407, 413
colonização, 446, 523-4, 549
comércio exterior (*ver* imperialismo; organização geográfica), 152, 250, 267, 478, 480, 552
comunidade, 54-5, 129, 172, 305, 326, 479, 489-90, 530, 562-3
competição, 75-82, 133, 136, 140, 146, 168, 175, 179, 183, 186-

9, 192-3, 200, 205-18, 221-2, 227, 230, 238, 242, 246, 248, 256, 258, 278-9, 287, 291, 307, 310, 313, 331-2, 338, 345, 354-5, 357-8, 360, 377, 380-2, 389, 395-6, 399, 402, 406, 408, 413, 416, 419, 431, 440, 442, 454, 456, 464-5, 468, 474-5, 483-4, 494-8, 500, 502, 506, 514, 531, 535, 537-9, 541-3, 548-9, 551, 555, 557-8, 564
espacial, 495-6, 498, 502, 531, 538, 541
entre Estados, 543
composição do capital, 196
conceito de classe, 71-2, 74, 80-1
concepções mentais, 161-3
consciência de classe, 81, 181, 232, 529, 565
conhecimento, 158, 161-3, 168, 189, 199, 259, 282, 320
consumo, 47, 52, 61, 73, 92, 106, 108, 110, 126, 131-59, 186-7, 200, 220, 226, 237-8, 243-4, 246, 249, 270, 273, 282-3, 286-8, 290, 295-7, 299-300, 310-20, 326, 350-2, 362, 375-6, 382, 390, 392, 395-6, 398, 405, 421-2, 428, 438, 454, 463, 469-70, 483, 503, 509, 516, 518, 527-8, 540-1, 547, 555
produtivo, 137, 237, 286-90, 295, 319
racional, 244, 313
contradições do capitalismo (*ver* relações de classe; lutas de classes, crises; desvalorização taxa decrescente de lucro; superacumulação), 201, 251-2, 261, 269, 360, 379, 399, 417, 450, 491, 541, 546, 549, 552, 554, 556-7
capital fixo v. capital circulante, 284, 286, 374
centralização v. descentralização, 257, 267, 307, 374, 376, 529
controle da produção v. anarquia do mercado, 201
dentro da forma monetária, 62, 272, 308, 320, 361-2, 388
dentro do sistema de crédito, 56, 128, 136, 153-4, 185, 238, 245, 247, 261, 267, 278, 295, 305-6, 310, 312-3, 321-3, 330, 337-40, 346-97, 400, 404-5,

418, 421-5, 448, 457,
469, 475, 484, 493-4,
504-6, 515-6, 545, 551
forças produtivas v. relações
sociais, 149, 157-9, 161-2,
183-4, 189-90, 252-3,
262-3, 267-8, 423, 538
individual v. classe, 118, 122-4,
149, 183-5, 193, 199-201,
256, 262-3, 277-80, 323,
374, 376, 421-2, 387-8,
496-7, 538
mobilidade v. imobilidade, 153-
4, 313-4, 476, 481-5, 492-
3, 494-502, 504-5, 520-2,
529-30, 542-4, 554-5
na forma de valor, 84-7, 268-
72, 294
produção v. distribuição, 118,
122-4, 148-54, 272, 375-
6, 453
produção v. troca/consumo/
realização
sistema financeiro v. base
monetária
cooperação, 79-80, 162-3, 166, 168,
174-6, 205
corporação, 203, 215-23, 364, 411-
26, 487-8, 517, 533-4, 542
sociedade anônima, 213, 274-5,
343-4, 364-7, 373, 379
crises (*ver* contradições do
capitalismo; desvalorização; taxa
decrescente de lucro;
superacumulação) 85, 104,
107, 123, 131-6, 139-40, 143,
156, 159, 183, 201, 221-2,
226, 240-4, 248-80, 302-3,
337, 351, 376-7, 382-3, 393-
411, 415-6, 421-6, 453, 493-4,
497, 502, 506, 512, 519-22,
526, 533-4, 537-59, 566
aspectos geográficos, 536-59
cíclicas, 298-300, 319, 351-3,
540-4, 548-9, 557-8
de desproporcionalidade, 131,
187, 238-48, 295, 376-7,
382-3, 469-70, 508-9
de formação de capital fixo,
298-304, 308, 320, 382-3
de realização (*ver* realização),
140-154
monetárias e financeiras, 221,
252, 277-8, 326-7, 329,
337-339, 352-3, 356, 374-
5, 387-8, 420-6, 493-4
subconsumo, 106-7, 133-154,
271-2, 544-7

custos da circulação, 126-8, 144-6,
153-4, 184-6, 196-7, 210, 227,
325-31, 349-50, 482
custos de transação, 144-6, 210-5,
227, 324-31, 349-50, 401-2

demanda e oferta, 52-4, 63-4, 131-
42, 147-8, 213-4, 324-5
de capital monetário (*ver*
capital; circulação de
capital que rende juros),
344-6, 362, 365-8, 389-
92, 393-9, 470-1
de dinheiro (*ver* dinheiro), 56-
8, 153-5, 245, 389-91,
393-410
de trabalho (*ver* força de
trabalho), 102-4, 107-8,
145-6, 227-37, 241-2,
247-8, 269-70, 281, 298-
9, 393-9, 404, 494-5
demanda efetiva, 132, 147-56, 200,
243, 246-8, 393-403, 408,468-
9, 494-5, 510-1, 531, 538,
544-7
departamentos de produção, 51,
236-48, 299-300, 305-6, 311-
2, 319, 393-9
descentralização, 203-4, 210, 213-
23, 359-60, 375-6, 413-4, 417,
563
desejos e necessidades, 47-50, 109,
137, 149-50, 160-2, 257, 269-
70, 453-4
desemprego (*ver* exército industrial
de reserva; população-
excedente relativo), 80, 84-5,
134-5, 143, 188-9, 228-37,
267-8, 272, 393-9, 405-6, 408,
498-9, 551-3
desenvolvimento desigual, 103, 178-
9, 184-7, 307, 380-2, 446
geográfico, 446, 477, 497, 501-
3, 511-3, 525-8, 535-59
desequilíbrio (*ver* crises), 226, 240-3,
314, 376-7, 391-2, 400-10,
421-6
desvalorização (*ver* crises;
superacumulação), 80, 141-3,
156, 250, 268-80, 298-9, 320,
329, 359-60, 369, 375-6, 386-
9, 393-402, 403-10, 424-6,
435-6, 476, 483, 493-6, 498-9,
501-3, 505-6, 510-2, 514, 517-
22, 531, 536-52, 563-5
do capital fixo (*ver* capital fixo),
274-80, 287, 298-305,
309-10, 316-7,

específica do local, 483, 498-9,
511-2, 531, 536-44
dinheiro, 52-9, 61-4, 81, 97-8, 124-
5, 138, 140-1, 143, 145-6,
153-5, 159, 240-1, 245, 262,
266-7, 271, 284-5, 303-5, 308,
320-35, 401-10, 436-7, 448-9,
480-1, 486-7, 491-4, 506, 526-
7, 533-5, 539, 541-2, 545-6
circulação do, 56-8, 127-8,
212-3, 237-8, 244-7, 295-
8, 304-7, 326-37, 347-51,
367-70, 385, 414-5, 443-
4, 480-1
como poder social, 56-9, 323-4,
328, 338-41, 374-5, 378-
9, 443-8, 469-70, 477,
514
mercadoria (*ver* ouro), 54-8,
273, 324-9, 386-8
medida de valor, 54-8, 323-35,
338-9, 369, 384-9
meio de circulação, 54-8, 262,
325-39, 347-50, 384-9
papel, 326-35, 385-6
qualidade, 329-35, 338-9, 356,
369, 396-8, 401-10, 413-
5, 418, 423-4, 493-4, 533-
5, 563
quantidade, 56-8, 326-32
transformação em capital, 57-9,
67-72, 322-3, 335-9, 341
velocidade de circulação, 56-8,
325-6
distribuição (*ver* capital – mercantil;
juros; lucro – da empresa;
renda; impostos; salários), 84-6,
89-130, 147-54, 159, 220-3,
253-4, 258-9, 260-1, 321, 375-
7, 390-1, 406-7, 428-31, 452-
5, 465-6, 505, 527-8, 540-1,
547, 564-5
divisão de trabalho, 47-8, 79-80, 86,
112-3, 138, 158, 167-8, 181-2,
184-5, 202, 257, 359-60, 374-
5, 464, 477, 499-501, 504,
529, 548-9, 551-2
detalhe, 158, 167-8, 205-6,
257, 499-500

economia política, 50, 60, 69-71,
84-6, 93-6, 98-9, 119-20, 131-
5, 136-41, 165-6, 194, 234-5,
249, 251-2, 260-1, 268-9, 295,
427-30, 435-6, 449-50
empresários, 169-70, 177-8, 213-5,
342-3, 376-7, 506
equilíbrio, 52-4, 56-7, 63-4, 102,

Índice remissivo / 589

107-10, 131, 133-6, 138-40, 149-50,155-6, 197-8, 202, 207, 209-11, 226, 229-31, 238-63, 268-9, 276-80, 305-6, 319, 345-6, 357-8, 391-3, 404, 417, 420-1, 423-4, 465-70, 496-503, 541-2, 563
espaço, 138, 140-2, 269-70, 315-20, 328, 349-50, 435-43, 536-43
  absoluto, 438
  integração do, 479-80, 482-6
  organização (*ver* organização geográfica), 210-3, 266-7, 314-20, 428-9, 435-43, 465-6, 473-6, 477-59, 563
especulação, 81, 265, 351-9, 364-9, 374-5, 378, 381-2, 395-6, 403-4, 412-3, 419-4, 428-9, 448-9, 455-6, 470-6, 484-5, 505-6, 532
Estado, 63-5, 72, 78, 82-3, 103, 132, 134-6, 144, 150, 180, 187, 203-4, 205-6, 218-22, 233, 244, 266-7, 275-6, 300-1, 305-6, 311-2, 314-5, 351-2, 367-70, 381-4, 389-410, 474-7, 483-4, 487-9, 492-5, 502-8, 509-11, 513-4, 518-21, 531, 534-5, 550-1,
  capitalismo monopolista, 204-23, 265, 275-6, 380-2, 408, 414-5, 417-26
  dinheiro (*ver* política fiscal e monetária), 326-7, 329-34, 338-9, 342, 347-8, 355, 359-62, 369-71, 386-9, 390-410, 418-26, 465-8, 478-9, 563-5
  dívida, 351-9, 364-7, 378, 404, 417, 447-8, 486-7,504-6
exército industrial de reserva (*ver* população; desemprego), 93-4, 103, 155-6, 188-9, 228-37, 250, 267-8, 276-7, 279, 281, 290-1, 298-300, 393-402, 408, 478-9, 486-8, 529, 557-8
exploração da mão de obra (*ver* mais-valor), 69-87, 95-112, 115-8, 119-20, 147-8, 154-5, 169, 175, 220, 225-37, 249-51, 260-1, 285-6, 290-1, 402-3, 408, 485-92, 500-1, 511-2, 547,
  formas secundárias, 98-9, 312-3, 354, 439, 441-2, 465-6, 505, 535-6

fábrica, 79-80

fetichismo, 62-4, 84-6, 90, 123-4, 127-8, 130, 175, 180, 186, 211, 283-4, 289-90, 343-5, 430-1
força de trabalho, 47-8, 68-87, 95-110, 112-4, 140-1, 145-6, 167-9, 194, 218, 336-41, 401-2, 439, 477, 485-92, 498-9, 521-2, 525-6, 531, 549-52, 557-8, 562-3
  desvalorização da, 141-2, 147-8, 156, 266-77, 406-9, 535-7
  oferta de, 102-4, 107-8, 110-6, 155-6, 227-37, 256, 269-70, 295, 393-9, 404, 494-5, 498-9
  quantidades e qualidades, 110-6, 155-6, 158, 188-9, 233, 487-92, 509-10, 526-7
  reprodução da (*ver* reprodução), 48-9, 68-74, 97-9, 109, 138, 149-50, 230-8, 243-4, 317-8, 487-8, 502-3
forças produtivas (*ver* mudança tecnológica e organizacional), 132-3, 152, 157-64, 167-8, 170-3, 177-90, 198-9, 204-5, 247-8, 252, 263, 272, 376-7, 410, 422-6, 444-5, 448-9, 453-4, 464, 475-6, 483, 521-2, 530, 532, 538, 540-1, 547-50, 551-2, 563

hierarquias (*ver* instituições), 533-7, 539, 542-5, 555-6
  de dinheiro, 330-5, 369-70, 387-8, 533-4
  gerenciais, 212-7, 222
  no processo de trabalho (*ver* processo de trabalho), 79-81, 113-5, 158, 167-70, 174-5, 181-3, 222, 551-2
  urbanas, 482, 534-5
história, 48-51, 53-4, 60, 69-71, 74-6, 81-4, 93-4, 100-2, 107-8, 112-4, 119-21, 128-30, 160-3, 166-7, 169, 172-83, 186, 201, 203-23, 231-3, 235-6, 253-4, 272, 275-6, 280, 339-40, 430-1, 439, 442-50, 461-2, 468-70, 477, 507-8, 517-9, 524-6, 553-4, 557-8

ideologia, 72, 80, 91-2, 98-9, 123-4, 172-4, 176, 180, 186, 267-8, 462-3, 507-10, 523-6, 535-6, 564-5
imperialismo, 117-8, 152, 204-5, 373, 380-4, 387-9, 419-21, 426, 493-4, 517-9, 524, 545-6, 548-50, 552-9
impostos (*ver* distribuição; Estado), 210, 219, 252-4, 355, 364-7, 375-6, 390-1, 395-6, 416, 448-9, 465-6, 484-5, 502-3, 508-10, 511-4
inflação (*ver* crises; desvalorização), 252, 272-3, 326-7, 338-9, 375-6, 387-9, 401-12, 424-6, 551-2, , 564-5
instituições (*ver* hierarquias; sistema legal; Estado), 72, 175, 211, 218, 322-3, 345-6, 347-8, 358-71, 381-2, 411-26, 489-94, 505-8, 526-7, 533-4, 542-4
investimento, 70-7, 237-45, 305-7, 347-8, 358-9, 362, 367-8, 393-402, 404-5, 441-2, 504

jornada de trabalho (*ver* mais-valor – absoluto), 76-8, 97-8, 105-6, 180, 467-8, 487-8, 506
juros (*ver* capital – finanças; circulação de capital que rende juros; distribuição) ,63-4, 89-90, 93-6, 115-6, 123-8, 134-5, 147-8, 252, 266-7, 274, 303-8, 311-2, 316-8
  taxa de, 260-2, 271, 320, 337-71, 374-5, 386, 388-402, 406-7, 412-3, 417-8, 428-9, 434-6, 456-7, 465-6, 468-9, 470-1, 476, 494-5, 502-3, 516, 519-20

lei do valor (*ver* tempo de trabalho socialmente necessário; valor), 60-1, 64-5, 69-70, 81, 182-3, 189-90, 207, 211, 217-9, 222, 262, 280, 344-5, 349-50, 440, 443-4, 449-20, 452, 475-6, 504, 527, 552-3, 555-6

mais-valor
  absoluto, 76-9, 167-8, 444-5, 448-9, 538
  conceito de, 66-71
  distribuição de (*ver* distribuição), 84-6, 89, 92-4, 116-30, 220, 341-5, 366-8, 394-410, 451, 454-5
  produção de, 66-84, 89, 92-4, 95-6, 109, 117-24, 137, 140-1, 145-6, 150-4, 159, 161-2, 164-6, 175, 200, 203-10, 282, 285-6, 288,

590 / Os limites do capital

291-2, 314, 342-5, 354-5,
362, 364, 367-8, 376-7,
381-5, 414-5, 421-6, 451,
454-7, 465-6, 472, 492-
503, 505-13, 526-7
reinvestimento da (*ver*
circulação do capital), 76-
81, 145-6, 229-30, 237-
44,
relativo, 78-9, 99-100, 102,
122-3, 193, 198-9, 201,
205-6, 230-1, 258-9, 263,
273, 281-2, 287, 302-3,
312-4, 319, 389-90, 401-
2, 433, 467-8, 496, 532,
536-7,
meios de produção, 47-9, 51, 68-87,
95-6, 107-8, 127-8, 140-1,
150, 157, 162-3, 190-1, 197-8,
237-9, 258-9, 282-5, 296-300,
310-1, 354, 430-7, 443-5,
448-9, 454-5, 456-63, 466-7,
499-500

nação (*ver* Estado), 492-3, 513, 530,
533-5, 556-7

organização geográfica (*ver* espaço),
209-13, 266-7, 315, 413-4,
430-1, 455-6, 473-514, 540-4,
563
concentração, 460-8, 499-500,
515-6, 527-30, 563
dispersão, 460-1, 499-500,
527-30, 563
expansão, 152, 155-6, 401-2,
500-1, 505, 519-21, 524-
59, 563
organização territorial (*ver*
organização geográfica; espaço),
380, 414-5, 478-9, 492-4, 506-
14, 526-8, 530-6, 539

planejamento, 214, 316, 475, 505,
537, 564
política fiscal e monetária (*ver*
inflação; Estado), 408-9, 588
população, 103, 188, 228-30, 234-
6, 265, 267-8, 296-8, 306, 456,
524, 540, 557, 588-90
crescimento, 61-2, 81, 100,
103, 135, 157, 163, 172,
183, 214, 217, 219, 227,
231, 234-5, 237-8, 240-3,
246, 256, 262-3, 297,
302, 309-10, 323, 350,
361, 377, 386, 392, 396,
404, 406, 416, 418, 439,

448-9, 479, 522, 538,
540, 548, 557, 562, 565
excedente relativo (*ver* exército
industrial de reserva), 231,
296, 588
teoria malthusiana da, 234
poupanças, 251, 306, 348-9, 351,
354, 362-3, 367-8, 370, 376,
378, 395, 407, 413, 518, 588
preços (*ver* valor de troca), 43, 52-4,
56, 58, 60, 62-3, 68, 71, 78,
84, 86, 90, 93, 95, 98, 111,
115, 117, 119-23, 141, 190,
209-11, 214-5, 217-9, 222,
227, 238-9, 253, 269, 273,
278, 287, 301, 316, 324-5,
355, 365-7, 377, 382, 385,
394, 396-8, 401-4, 406-8, 410,
417, 422, 437, 440, 444-5,
451-2, 454-5, 459-40, 463-4,
471-2, 474, 476, 583, 501, 545
desvio dos valores, 62-5, 84-5,
324-6, 385
monopólio, 114, 128-9, 170,
204, 206, 208, 210-2,
214, 217-9, 221, 275,
301, 332, 334, 370, 379-
80, 382, 408, 431, 449-
51, 454, 461, 463, 476,
483-4, 557
preços de produção (*ver* problema da
transformação), 95, 115, 117,
119-23, 238-9, 269, 273, 287,
377, 394, 452
problema da transformação (*ver*
preços de produção), 47, 95,
118-22, 124, 453
processo de trabalho (*ver* produção;
mais-valor – produção de), 49-
51, 55, 69, 72, 77, 79-80, 109,
113-5, 122, 141, 145-6, 157-9,
161-3, 165-9, 171-7, 179-83,
185, 187, 189, 191-5, 197,
199, 201, 205, 223, 232, 273,
281-3, 287, 319-20, 385, 481,
487, 494-5, 498-9, 511, 518,
526-7, 550, 589
luta de classes e, 158, 166-183,
124-5, 230-1
intensificação do, 79, 97, 177-
8, 183-4, 273
produção (*ver* processo de trabalho;
mais-valor – produção de), 46-
84, 91-5, 107-8, 115-25, 127-
56, 159, 170-1, 179, 181,
197-207, 215, 222, 225-6,
236-7, 240-1, 245-6, 248-52,
256-68, 284-5, 289-90, 300,

306, 317-8, 323-4, 334-5, 337,
347-8, 350-3, 364-5, 375-6,
393-405, 415-6, 421-4, 432,
438, 442-59, 468-504, 515-22,
538-49
e circulação do capital, 225
e consumo, 47, 131-3, 135-9,
141, 143, 145, 147, 151,
153, 155, 282, 300, 483
e distribuição, 91, 118, 213,
226
novos ramos de, 207, 250,
período de, 116-7, 151, 190,
240-1, 245, 254, 262,
291, 309, 350, 395
produtividade do trabalho, 70, 78-
80, 162, 164, 178, 187, 192,
196, 198-9, 212, 229, 256,
273, 518, 526
produto excedente, 48, 469, 550
propriedade, 48, 64-5, 81, 83, 128-
9, 157, 190, 203, 211, 213,
218, 225, 235, 239, 288,
304-5, 308, 314, 316-8, 328,
340-2, 352, 356, 358, 361,
364-6, 374, 382, 403-5,
428-33, 435-8, 442-4, 446,
448, 450, 452, 454, 457,
460-3, 467, 471, 475-6, 479,
485, 503-4, 506, 519, 523-5,
570, 578
proprietários de terra, 89-90, 93, 99,
128-9, 279, 314, 317, 340,
342, 348-9, 390-1, 407, 439,
441, 444-5, 4447-51, 453-4,
457-8, 463, 466-8, 470-4,
503-5, 531-2

realização do capital (*ver* circulação
do capital; mais-valor), 142,
145-6, 300, 404, 469
fictício, 404
relações
entre valor de uso, valor de
troca e valor, 44-8, 51, 66,
70-1, 92-3, 143, 240-1,
283-4, 323-5, 436-7,
479-80
internas (*ver* método de
investigação), 44-8, 51,
107-8, 137-8, 209, 320-1,
561
relações de classe (*ver* luta de classes),
43, 71, 72, 83, 85-7, 93, 104,
129, 159, 163, 165, 168, 186,
199, 223, 230, 247, 243, 267-
8, 278, 370, 308, 409-11, 436,
466, 587

Índice remissivo / 591

capitalistas monetários v. industriais, 343
entre facções do capital, 322, 418, 424, 488, 521-2, 531-2
reprodução das (*ver* reprodução), 163, 244, 247, 268, 278, 513, 562
relações de poder (*ver* relações de classe), 247, 268
relações sociais do capitalismo (*ver* relações de classe), 121, 186, 189, 208, 222, 235, 240, 242, 250, 269, 271, 303, 306, 315, 358, 442, 469, 497, 507
renda (*ver* distribuição; terra, proprietários de terra), 63-4, 81, 89-90, 92-3, 95-6, 115-6, 123-4, 128-9, 147-8, 252, 271, 303-4, 311-3, 316-8, 339-40, 355, 365, 375-6, 378, 395-6, 427-76, 494-504, 511-2
absoluta, 450-55, 463
diferencial, 450-56, 458-60, 464-5, 498
monopólio, 114, 128-9, 170, 204, 206, 208, 210, 211-2, 214, 217-9, 221, 275, 301, 332, 334, 370, 379-80, 382, 408, 431, 449-51, 454, 461, 463, 476, 483-4, 557
reprodução, 48-9, 51, 69, 81-3, 91-101, 109, 123, 133-5, 138, 149, 152, 163, 183, 201, 207, 218, 226-8, 231-5, 237, 239-48, 255, 259, 2623, 267-8, 277-8, 284, 287, 295, 299, 314, 318, 323, 351, 355, 398, 424, 429, 432, 438-9, 453, 461-2, 465
expandida, 226, 230-1, 236-48, 259-60, 299-300
simples, 236-8
social (*ver* relações de classe), 47-9, 80-4, 57-103, 246-7, 262-3, 267-8, 277-80, 341, 464-6, 504, 508-13, 526-7, 525, 531-4

salários (*ver* distribuição; valor da força de trabalho), 68-90, 92-116, 119-20, 130, 147-9, 167-8, 182-4, 200, 227-37, 245,

281, 348, 394, 397, 465, 510-1
e valor da força de trabalho, 57-110, 227-37
parcela de equilíbrio do produto nacional, 100-1, 200, 228-31, 404-5
real, 57-110, 257, 252-3
salário de subsistência, 101, 107, 457
socialismo, 90, 162-3, 174, 176, 183-4, 418, 424-5, 446

superacumulação (*ver* contradições do capitalismo; crises, desvalorização), 131, 143, 265-80, 339, 379, 405-22, 501-2, 510-1, 535-6, 538-51
superprodução, 131-7, 151, 225-7, 379

taxa decrescente de lucro (*ver* contradições do capitalismo; crises), 248-254, 270, 292, 309, 359, 588
tecnologia, 50, 60, 157-6
mudança de, 260-1
viável, 240-1, 247-8
tempo de trabalho socialmente necessário (*ver* valor),
terra (*ver* renda), 89, 128-9, 355, 404-5, 427-76, 494-5, 502-6
expropriação da, 256-7, 461-3, 485-9
fertilidade da, 432- 6
mercados, 365, 443-4
trabalho (*ver* relações de classe; valor)
abstrato v. concreto, 58-61, 110-6, 159, 225, 436-7, 543-5, 563
coletivo, 165-6
especializado, 110-6, 181-9, 486-92
mental v. manual, 79-80, 205-6
produtivo v. improdutivo, 164-8
simples, 95, 110-6, 167-70, 479-80, 455-500
trabalho assalariado (*ver* relações de classe), 60, 68, 70-1, 74-5, 81, 83, 93, 115, 235, 337, 341, 443, 462, 486, 491, 521, 526, 547, 550-1
trabalho feminino, 79, 165, 188-9, 231-2, 235-6

trabalho futuro, 300, 313, 320, 351-2, 376, 448, 471-2, 474, 476, 505, 531, 557
transporte e comunicações, 477, 519, 542
troca, 116-9, 126-8, 143-50, 196-8, 253-4, 257, 259-60, 266-7, 337-8, 343, 350-1, 374-5, 394-5, 473-4, 480-2, 494-503, 508-9, 515-7, 519, 538, 543-4

urbanização, 478, 530
usura, 339-41, 346, 397, 401, 404, 443

valor (*ver* trabalho; tempo de trabalho socialmente necessário), 43-8, 50-61, 63, 65-71, 75, 78-9, 93, 95-7, 99-105, 106, 107-11, 127, 139, 141-2, 146-7, 149, 158-60, 164, 188, 198-9, 227-8, 230-2, 237-8, 241, 243, 250, 277-9, 281, 284, 286-7, 288, 293-4, 296-7, 299, 304, 308, 311, 313, 315-7, 324, 328, 344, 349, 353, 375, 396, 428, 431-3, 436-7, 438-40, 476, 479, 482, 483, 489, 494, 495-6, 498, 502, 504, 517, 520, 521, 587
valor da força de trabalho (*ver* padrão de vida do trabalho; salários), 69, 78, 93, 95-7, 99-105, 107-11, 116, 149, 188, 198-9, 227-8, 230-2, 250, 279, 281, 311, 349, 396, 438-9, 483, 489, 495-6, 498, 521-2, 587
valor de troca, 43-8, 50-7, 61, 66, 68-70, 75, 79, 96, 99, 127, 139, 146, 158-9, 241, 277-8, 284, 286-7, 293, 313, 316, 324, 328, 344, 428, 436-7, 479, 482
valores de uso, 44, 47-850, 52, 57-61, 63, 65-7, 71, 93, 99, 101, 106, 108-10, 141-2, 146-7, 158-60, 164, 237-8, 241, 243, 277, 288, 294, 296-7, 299, 304, 308, 315-7, 324, 328, 353, 375, 431-3, 436-7, 440, 476, 479, 494, 502, 504, 517, 520

Este livro surgiu em um contexto de efervescência da economia política do espaço, em que despontou a obra de um dos principais teóricos marxistas brasileiros, o geógrafo Milton Santos (na foto acima), cuja pesquisa é descrita aqui como um estudo rigoroso sobre o desenvolvimento regional. Composto em Adobe Garamond Pro, corpo 11, e reimpresso em papel Luxcream 70 g/m², na gráfica Intergraf, para a Boitempo Editorial, em maio de 2015, com tiragem de 3.000 exemplares.